传承法务

CHUANCHENG FAWU

（上册）

主　编：陈　珺　陈洪忠
副主编：石先钰　黄中梓　张雄飞

中国民主法制出版社
全国百佳图书出版单位

图书在版编目（CIP）数据

传承法务/陈珺，陈洪忠主编．—北京：中国民主法制出版社，2022.3

ISBN 978-7-5162-2742-8

Ⅰ.①传… Ⅱ.①陈… ②陈… Ⅲ.①遗嘱—继承（法律）—研究—中国 Ⅳ.①D923.54

中国版本图书馆 CIP 数据核字（2022）第 010297 号

图书出品人：刘海涛
出 版 统 筹：乔先彪
责 任 编 辑：逯卫光

书名/传承法务
作者/陈珺　陈洪忠　主编

出版·发行/中国民主法制出版社
地址/北京市丰台区右安门外玉林里 7 号（100069）
电话/（010）63055259（总编室）　63058068　63057714（营销中心）
传真/（010）63055259
http：// www. npcpub. com
E-mail：mzfz@ npcpub. com
开本/16 开　710 毫米 × 1000 毫米
印张/36.5　**字数**/550 千字
版本/2022 年 3 月第 1 版　2022 年 3 月第 1 次印刷
印刷/北京华联印刷有限公司

书号/ISBN 978-7-5162-2742-8
定价/116.00 元（上下册）

本书编委会

主　审：

刘桂明　许身健

主　编：

陈　珺　陈洪忠

副主编：

石先钰　黄中梓　张雄飞

撰稿人（以撰写章节先后顺序排列）：

陈　珺　张　军　程　滔　王永强　陈洪忠　田　野　刘　建

吴红樱　陈　凯　罗卫国　冯加庆　胡　涛　石先钰　徐伟功

柳正权　龙　锐　尹　明　黄中梓　郑　翔　刘建设

主审简介

刘桂明，1962 年生，研究生学历，中国法学会法律文书学研究会副会长。原《中国律师》杂志社总编、《民主与法制》杂志总编辑，现任中国民主法制出版社法宣在线总编审。中国青少年犯罪研究会副秘书长、清华大学法学院联合硕士生导师、中国社科院法学所研究生导师、中央财经大学法律系兼职教授、华东政法学院法制新闻中心研究员、中国法学会法学期刊研究会常务理事、中国期刊协会常务理事、中华全国法制新闻协会常务理事。

多次获得司法部机关“优秀党员”和“先进工作者”光荣称号，多次获得全国法制好新闻评选报告文学类与通讯类奖及其报刊颁发的新闻作品奖，并荣获“全国百佳法制新闻工作者”荣誉称号。主持、参与了《法治天下》《律师中国》《中国刑事辩护学》《最新公司法与公司实务》《回首二十一世纪（丛书）》《打击犯罪大纪实》《雄辩之魅——中国名律师办案实录》《世纪末要案》等 10 余部专著的出版、发行。

许身健，中国政法大学教授、中国政法大学法律硕士学院院长、中国法学会法律文书学研究会副会长兼秘书长。中国诊所法律教育专业委员会副主任、模拟法庭专业委员会副主任、北京开发区法治建设研究会会长。曾任韩国国立庆北大学招聘教授，应邀在美国麦克乔治法学院、华盛顿法学院、葡萄牙里斯本大学法学院、克罗地亚萨格勒布大学法学院及西班牙庞培法布拉大学法学院担任访问教授，分别在上述法学院用英语讲授有关课程。

代表作品：主编《法律职业伦理论丛》《实践性法学教育论丛》，专著《刑事程序现代性研究》《电影中的律师职业伦理》，教材《法律职业伦理》《法律职业伦理案例教程》《法律实践教学手册》《法律诊所》《律师职业伦理》，法律随笔集《法心如秤：法律人的基本立场》《伟大的欺瞒》《零容忍的权利》，译著《法律诊所：理念、组织与方法》《律师职业伦理及行业管理》《完善法学教育发展方向与实现途径》《正义永不决堤：水牛湾惨案》等。

主编简介

陈珺，女，1968 年生，湖北典恒律师事务所创始人、名誉主任，武汉大学法律硕士，武汉仲裁委员会仲裁员，武汉市江汉区人民法院特约调解员，中国法学会法律文书学研究会理事。1990 年取得律师资格，1994 年起从事专职律师工作至今。

组织协调能力卓越，业务活动涉及面广，主持及参与了传承法务项目相关课题研究。有扎实的法学理论功底及丰富的办案经验，曾为上百家行政机关、社会团体、企事业单位担任法律顾问或提供法律服务；独立承办过各类案件 600 余件；多次主持及参与企业并购、投资、股权转让、资产处置、特许经营等项目谈判和运作；尤其擅长金融与房地产、公司法务、婚姻家事、财富传承等法律业务。在《民主与法制》《中国律师》等期刊或出版物上发表文章多篇，代表性论文有《传承法务的时代意义》《年轻律师确定专业定位之我见》《实质真实证据制度在民事诉讼中的运用 一件购房合同纠纷案引发的思考》《供给侧改革背景下的律师办理上市公司减员法律服务探析》等。

陈洪忠，1966 年生，北京老龄法律研究会会长，全国老龄法律论坛秘书长，京津冀老龄法律研讨会秘书长，北京市法学会常务理事，首都法学法律高级人才库专家，首都经济贸易大学等多所学校兼职教授、硕士生导师、法制校长，先后在国防科技大学、北京大学攻读本科、硕士。1989 年开始律师执业，现任北京合川律师事务所管委会主任。

出版个人专著或者主编《法治，不解之缘》《法律战争——大国军事的另类视角》《军事犯罪案件律师辩护指引》《时代聚焦是与非：全球视野》《时代聚焦是与非：财经视野》《养老法律那些事儿》《全国老龄法律论坛（2016 年卷）》《老龄产业法律文书精要详解及实务指南》《老年人权益维护案例精选与解析》《老年人防骗维权攻略》《民法典时代如何立遗嘱》《民法典时代遗嘱见证实务》等 10 余部，多次担任、参与国家部委级法学课题的研究或评审工作，发表专业论文 40 余篇，学术成果约 300 万字。

撰稿人简介
（以撰写章节先后顺序排列）

张军，1961 年生，湖北典恒律师事务所创设合伙人，毕业于武汉大学法学院，具有法学、理工科双文凭。1988 年取得律师执业资格，1997 年获中级律师职称，具有税务师和检验技师等职称，深耕司法实务 30 余年，尤其擅长刑事辩护和代理复杂疑难民商事案件。

共办理各类案件 500 余件，担任行政机关、社会团体和企事业单位法律顾问 50 余家，有着办理大型国有企业的资产转让和中外合资企业运作等高端非诉法律事务的丰富工作经验，对公司法、劳动合同法及相关业务有着深入研究，能够准确预判案件走向，是逻辑严谨、综合工作能力超强的资深复合型专家律师。

程滔，女，1967 年生，中国政法大学教授，法学博士，硕士生导师。中国法学会法律文书学研究会理事，中国立法学研究会会员。

主要研究领域为刑事诉讼法、司法制度、法律职业伦理、律师学、法律文书、法律诊所教育等。主持、参与《律师在社会矛盾的非诉讼解决机制中的功能研究》《公证法学》《刑事被害人的权利及其救济》《中国司法制度的基础理论问题研究》《法律文书写作与训练》《中国行政执法文书理论与实践》等近 20 部专著、教材的出版发行。主持多个科研项目，曾参加教育部、司法部重大课题；主持中国老年学与老年医学学会的课题：《老龄法治建设研究》；主持北京市老龄委的课题：《老年人侵权风险防范与干预路径》。发表专业论文 20 余篇。

王永强，1973 年生，法经济学博士，现任中南财经政法大学法学院副教授，硕士生导师，律师与公证学院执行院长。中国国际贸易经济仲裁委员会、武汉仲裁委员会等仲裁委员会仲裁员，具有较为丰富的法律实务经验。

出版著作《公司司法干预机理研究：以法经济学为视角》（北京大学出版社 2013 年版），在《人民日报》《光明日报》《法学》《法商研究》等报刊发表论文 20 余篇。

田野，1984 年生，中国人民大学民商法学博士，德国明斯特大学法学硕士。现为北方工业大学文法学院法律系讲师，北京社会治理法治研究会理事。

发表《家庭财产制研究》《〈民法典〉中合同解释规则的修正及其司法适用》《优先权性质新论》等多篇论文，参与翻译《美国持续性代理权和成年人监护制度立法及法律适用》，任副主编。

刘建，1981 年生，中国农业大学人文与发展学院副教授，山东大学老年法治研究中心研究员，法学博士后，硕士生导师。中国农业农村法治研究会会员、北京老龄法律研究会副秘书长、北京旅游法学研究会理事、威海市法学会理事。

主要研究领域为民法总论、知识产权法、老年法。自 2005 年至今，在各类期刊上公开发表学术论文 57 篇，其中，CSSCI 来源期刊 19 篇，参编著作 8 部；主持和参与课题 48 项，涉及：主持 2019 年国家社科基金一般项目、教育部 2018 年人文社会科学研究一般项目、司法部 2019 年度国家法治与法学理论研究项目、中国法学会 2018 年度部级法学研究课题、中国老龄协会 2021 年度老龄政策理论研究课题、北京市法学会 2020 年课题，参与省部级课题 7 项等。

吴红樱，女，1968 年生，毕业于中国政法大学和对外经济贸易大学法学院，获法学学士和硕士学位。现任北京合川律师事务所合伙人、家族办公室主任，北京老龄法律研究会家族财富传承专委会主任、高级研究员，北京市律师协会证券专委会委员，上市公司独立董事。

先后在高校任教、外企担任高管，长期专注于金融债券、资本市场、财富传承及慈善信托领域相关法律事务。曾主导多起涉及国有上市公司及大型民企公司的并购重组项目；大型国企混改上市；跨境收购；在上市公司合规、股权争端解决及家族办公室业务方面深入探讨和实践，积累了丰富的理论和律师实务经验。参与合著《国有资本运营公司实操与案例研究》《国有资本投资公司实操与案例研究》等。

陈凯，1977 年生，北京阳光老年健康基金会理事长，北京市中凯律师事务所高级合伙人、中华遗嘱库管理委员会主任、民盟中央法制委员会副主任。曾荣获“北京市十佳青年律师”“北京市十佳婚姻家庭法专业律师”等称号。

2007 年在澳大利亚工作，回国后专注于财富传承领域研究和实践。出版《传递财富传递爱》《守富与传富》等专著，发表大量专业文章。2012 年出资设立北京阳光老年健康基金会，成为 5A 级社会组织。2013 年创办全球首个具有公共服务功能的遗嘱保管库：中华遗嘱库，主持设计了中国第一个家族慈善信托：乐淳家族慈善信托，2017 年出资设立中国首个双层结构慈善信托：幸福传承慈善信托。

罗卫国，1968 年生，武汉大学法律硕士，武汉民政职业学院党委书记。曾任湖北省民政厅民间组织服务中心、湖北省涉外收养中心、湖北省民政厅婚姻登记处主任。

1994 年获得律师资格。在《中国社会报》发表文章 13 篇，在《桥梁与纽带》发表文章 5 篇，在《咨询与决策》发表文章 3 篇，在《民风》发表文章 2 篇，在《法商研究》发表文章 1 篇，在《理论月刊》发表文章 2 篇，在《调查与研究》发表文章 1 篇，在《湖北民政》发表文章 3 篇。全国民政政策理论研究成果二等奖 2 篇，三等奖 1 篇，优秀奖 1 篇，全省民政优秀论文研究报告一、二、三等奖各 1 篇。曾主持编写《湖北省志 · 民间组织》。

冯加庆，1971 年生，武汉大学法律硕士，现任上海市海华永泰律师事务所主任。上海交大凯原法学院、华东政法大学、上海外贸大学法学院、上海海事大学法学院兼职硕导；上海国际仲裁中心仲裁员、上海仲裁委员会仲裁员、上海经贸商事调解中心调解员。上海长宁区工商联副会长、上海律协规发委副主任、上海律协信托业务委员会副主任。上海律协第八、九、十、十一届律师代表。

编著、主编、参编过法律出版社、复旦大学出版社、人民法院出版社等出版的《房地产投融资法律操作实务与典型案例》《法学名家评案说法》《民法典背景下〈全国法院民商事审判工作会议纪要〉实务要点解读》等。

胡涛，女，1973 年生，中国社会科学院在读博士，北京市京师（武汉）律师事务所律所主任、创始合伙人。武汉市破产管理人协会副会长、中国社科院金博班湖北校友会首任会长、中国行为法学会第六届理事。

精通公司法、证券法、合同法等诉讼业务和非诉业务，包括基金发行、私募股权投资、企业改制、IPO、挂牌上市、再融资、PPP 等；谙熟资产并购重组交易结构的设计及方案的制定和实施。发起成立多层次资本市场联盟，主导发行全国首只诉讼融资基金；为武汉中央商务区发行规模 70 亿银行间交易商协会中期票据提供法律意见书；作为管理人、负责人主持承办武汉翼达建设服务股份有限公司破产重整案并成功重整；代表著作《政府投融资平台转型实操》（合著）。

石先钰，1964 年生，华中师范大学法学院教授，法学博士，硕士生导师。湖北法学会诉讼法学研究会副会长，中国法学会法律文书学研究会常务理事。获得湖北省社会科学优秀成果奖二等奖，曾宪梓教育基金会高等师范院校优秀教师奖三等奖，武汉市社会科学优秀成果奖二、三等奖。担任过湖北省高等学校教师高级职务评审委员会评委、湖北省制度廉洁性评估专家、武汉市人民政府第一届法律专家咨询委员会委员，曾任华中师范大学政法学院副院长。

出版《民事诉讼法学新编》《强制执行法新论》《法官道德建设研究》《检察官职业道德建设研究》《仲裁员职业道德建设研究》《法律职业伦理学》《研究型教学的理论与实践》等著作或教材，发表论文 80 余篇。

徐伟功，1970 年生，中南财经政法大学法学院教授、法学博士、系主任。湖北省人民检察院首批人民监督员，武汉仲裁委员会仲裁员，青岛仲裁委员会仲裁员，中国国际法学会理事，中国国际私法学会常务理事，湖北省国际法研究会常务理事，湖北省仲裁法研究会常务理事。

出版《不方便法院原则研究》《美国国（区）际民事诉讼中的若干问题研究》《冲突法的博弈分析》《国际商事仲裁理论与实务》《〈涉外民事关系法律适用法〉实施研究》《国际民商事程序法通论》等著作或教材。

柳正权，1963 年生，武汉大学法学院党委委员、教授，法学博士。中国立法学研究会常务理事，中国法律史学会常务理事，马克昌基金会理事，武汉仲裁委员会仲裁员，“一带一路”（中国）仲裁院专家咨询委员会专家委员，武汉市人民政府法律顾问。被评为 2019 年度“武汉市十大法治人物”、2020 年“全国公共法律服务工作先进个人”。

2000 年赴泰国、中国香港特区、中国澳门特区进行学术交流并考察司法制度，2001 年赴中国香港特区进行内地与香港法律制度比较考察；2002 年赴美国哥伦比亚大学、耶鲁大学进行法学学术交流。出版《中国法制史》《中国古代行政程序研究》《法治类型与中国法治》《公私合营模式（PPP）理论与实务》等专著。主编《中国仲裁史稿》《执念：武汉仲裁 20 年》，发表论文几十篇。

龙锐，1967 年生，武汉大学法律硕士，武汉市中星公证处主任，一级公证员。

业务方向、专业擅长：办理国内外各类公证事项，进行公证相关理论研究。自 1997 年 3 月起从事公证业务工作，2013 年 4 月被评为一级公证员（正高）专业技术职称。主持并领导武汉市中星公证处工作，中星公证处 2016 年获“全国优秀公证处”“全国老年法律维权工作先进集体”，2017 年获“2015—2016 年度全国青年文明号”称号，2020 年获 2019 年度“全国公共法律服务工作先进集体”；还先后获得“省、市青年文明号”“武汉五一劳动奖章”等荣誉称号。

尹明，1972 年生，毕业于中共湖北省委党校经济管理专业。原国有大型企业、世界 500 强外资企业管理人员，从事企业管理、培训、职业教育工作 20 余年。2016 年至今，任武汉市黎明静社会工作服务中心总干事；2021 年任武汉市江汉区得力社会工作服务中心理事长。兼任武汉市汉广社区、江汉里社区老年大学常务副校长，汉广社区志愿者服务站、居家养老服务中心负责人。

曾获“湖北省精锐策划人”“2015 年度中国最佳文化创意策划人物”等荣誉称号。2019 年的《探索社区老年教育与社区治理与服务融合发展项目》，上报联合国教科文组织被认可推广；2021 年的《汉广社区“专业 + 互助”闭环式社区居家养老项目》经验，作为全国社区治理与服务创新实验区成果被民政部认可推广。

黄中梓，1968 年生，法律硕士，安徽天贵律师事务所主任。 安徽律师协会破产与重组法律委员会主任委员，国际破产协会会员，中国政法大学破产法与企业重组中心研究员，合肥仲裁委和池州仲裁委仲裁员，池州市人民检察院人民监督员，破产管理人协会会长。

撰写的《浅论律师事务所的项目化管理》《P2P 规范发展的趋势分析》《浅议现行积极政策及破产法律制度下管理人制度完善》《规范破产档案管理　提升管理人能力　促进破产法律共同体建设》《企业破产清算中临时确定债权额制度之完善》《依法规范互联网 + 旅游　促进安徽智慧旅游发展》《完善地方立法助推互联网 + 旅游发展的若干思考》《青阳县禾田生态农业有限公司破产清算案例》等学术文章多次在全国、全省交流并分别被人民网、知网等转载和收藏。

郑翔，女，1971 年生，北京交通大学法学院副教授，产业经济学博士，研究生导师。 中国商业法理事，北京市交通运输法学会副会长，北京老龄法律研究会理事特聘研究员，中国老龄居家养老产业促进中心特聘专家，中国老年学和老年医学学会老龄法律分会常务理事，北京市老年学和老年医学学会理事，北京养老行业协会法律顾问。

主要研究领域：经济法、地方立法、交通运输法。 作为主要撰稿人完成北京市老龄协会决策咨询重大课题《北京市老年人权益保障条例》（修订建议稿）文本起草工作，研究成果作为法规案在北京市第十五届人民代表大会第三次会议上以议案方式提出。 作为主要撰稿人完成北京市老龄协会决策咨询重大课题《北京市老年人权益保障条例》修订预案研究，相关成果被北京市老龄办采纳。

刘建设，1952 年生，1977 年就读于武汉大学图书情报系，研究生学历。 中国电商长江经济带协会会长、CCTV 中国改革开放 30 年代表人物、国内多所知名大学兼职教授、企业实战派培训讲师、中国金穗联盟创始人、中国康养谷创始人、武汉博大科技集团董事局主席兼总裁。

业务方向、专业擅长：科技信息和数据检索，科技转化与文化产业发展，创新思维及商业模式研究。 勤于思考，勇于开拓，善于创新，将战略与执行、理性与情感、学院派与实战派高度地融为一体，被媒体誉为“实践着的思想者和哲商”。 先后在科技、文化、旅游、生态及有机农业四大产业打造出 4 个“独角兽”，即产值在 10 亿元以上的企业。

序　言

传承法务是一种潮流还是一个趋势？

刘桂明

岁末年初，最易动人情怀。回首即将过去的一年，有风有雨也有晴；展望即将到来的一年，有家有爱更有梦。无病无灾，就是幸福的一年；有笑有福，就是平安的一年。年轮有跨年，人生有传承，天经地义，顺理成章。

展现在读者面前的这部新书，就是一部既讲传承更讲法务的实用之作。

在我看来，这部新书最大的亮点是解决了有关传承法务的基本问题。所谓基本问题，就是传承法务究竟是什么、到底为什么、准备做什么、应该怎么做。

一是传承法务是什么？是一个法律新概念还是一个新领域或者说一个学科体系？

所谓传承法务，首先是一个源自立法及司法实践活动提出的法律概念，也就是指“生前身后命与财的系统化制度化平衡”，是运用领域法解决传承关系问题的法律实务。传承法务以财富传承为主线，以传者与承者的身份关系为核心，以生前身后命与财的系统化制度化平衡处置为主旨。

由此，传承法务支持传承人全面自主地处分其拥有的合法权益，包括生前身后的人身权益和财产权益两个方面，自然涵盖了自然人从出生前到死亡后的时间节点及各个人生阶段。每个家庭都有老有小，不论财富多少都有传承事务。具有传承意愿并作出合法的传承安排或依法达到传承条件后成为传者，无条件或附义务接受传者处分权益的是承者，承者包含胎儿阶段到去世前的不同年龄阶段。可见，传承法务适用于从出生前到去世后的所有人乃至所有家庭。

作为新中国成立后首部以法典命名的法律，更作为“社会生活大百科全书”，民法典的颁布实施，对老百姓到底有什么影响呢？很显然，这既是推进全面依法治国的重大标志性成果，更是人民权利的经典总结。民法典不仅完善了我国民商事领域的基本规则，更对现行财富传承模式具有重大影响。而解决传承问题涉及的法律往往带有交叉性，如传者人身关系中的养老问题涉及民法与社会法、行政法的交叉，传者财产关系中的资产分配与流转涉及民法与商法的交叉，对侵害人身及财产权益的犯罪行为由刑法予以保障，因而突破了部门法的界限需要应用领域法解决传承问题。传承法务注重传承互动，关注生与死、命与财、传与承等元素之间跨领域的系统化平衡，是贯穿传承服务过程多种业态的法律服务。

由于与传承相关的法学研究、法律实务涉及不同部门、领域、板块，不同主体的学术基础、视角、立场、认知不同，如何精准发挥法律效能，体现公权力、公信力对自然人私有财产依法传承的保护，实现传承人及相关主体间的公平正义，把握传承法律实务中的尺度和平衡，需要有一个相对明晰的体系总览和实操型工具。于是，编写一部既讲传承事务，也讲传承业务，更讲传承法务的实用教材，就显得尤为重要了。

各位读者阅读之后可以感受到，通过相关法学研究者、司法工作者、实务探索者共同参与本教材的研究与编纂，创造性地构建了相对明晰的传承法务的总体结构体系。在此基础上，倡导创立传承法务学科体系，将其作为发展中的新兴应用法学进行研究。

从内容上看，本教材秉持理论与实务相结合的编写思路，分别从“传承法务基本理论、传承法务基本内容、传承法务与相关行业”三个维度，以“传承法务理论＋案例与解析＋文书范本”的表达形式，论述了传承法务体系结构的内容。

因此，传承法务既是一个新概念，也是一个新领域，更是一个新体系。

二是为什么需要传承法务？这是社会的要求还是市场的需求乃至时代的追求？

根据第七次全国人口普查的最新数据，我国大部分地区都已经进入老龄社会。人口老龄化引起的代际资源紧张，也已经成了世界各国人口老龄化的普遍问题。我国改革开放四十多年来，不仅国家获得了大踏步的发展，同时也让创一代积累了丰厚的财富。于是，经济发展自然培育了一批拥有新形态财富的新青年群体，也形成了独特的财富结构现状。人口结构参数、社会财富分布的新变化，必然引发传承领域新问题的发生。为此，我们需要对生前身后、代际资源分配方案进行科学的调整。事实上，中国特定的家庭文化理念也使我国的传承模式自然而然地刻下了中国特色的烙印。

传承法务以新时代全面依法治国、为民服务为出发点和落脚点，以创新社会治理机制为使命，以探索老龄社会解决方案、守护小康时代人民群众的家庭和谐和幸福生活为目标，是立足我国社会现实，秉承中华民族血脉相传、家国情怀思维基因，展示中国特色社会主义国家以人民为中心，促进社会进步发展，实现中华民族伟大复兴的具体体现。

由此，传承法务的时代意义就显得顺理成章。事实上，其意义就是引导传承意识的提升、优化与拓展传承方式、便捷地满足传者对美好生活的需求，支持传者在安心养老的过程中主动、尽早、统筹安排传承事务，平衡解决传与承、生与死、命与财的传承关系问题，使传者意思自治的传承意愿依法得以实现。

由上可见，传承法务的社会要求、市场需求、时代追求，就实现了完美的一致。

三是传承法务准备做什么？是做一个项目还是做一个基地乃至做一本教材？

为探索创新法学会的组织形式和活动方式，积极整合资源，进一步发挥法学会在参与社会治理、化解矛盾纠纷、维护社会和谐稳定中的重要作用，中国法学会法律文书学研究会批复同意成立传承法务项目组，授权项目组开展传承法务理论研究与实践活动。

传承法务项目组 2021 年 3 月 3 日成立后，在全国范围内遴选特邀了来自国家重点法学院校、著名专业律所、司法行政部门、专业调解机构、关联行业产业以及基层社区组织的理论研究及实务专家，共 22 人组成本教材编委会。本教材是聚集作者们多年理论与实践研究经验，共同创新创作的成果。通过教材的出版发行，将推动传承法务教务创新，培养传承法务的专业化人才；通过传承法务的推广与实践，让司法者敢为能为，让人民群众会用善用，共同维护和提升公权力与公信力，支持传承人自主安排的传承意愿依法实现。

2021 年 10 月 23 日，全国首个传承法务项目实践研究基地落户武汉，中国法学会法律文书学研究会与武汉市中星公证处举行了传承法务项目实践研究基地签约和授牌仪式。项目实践研究基地建立后，项目组将探索“法学会 + 公证 + 律师”全新传承法律服务模式，发挥公证公信的作用，对接诉讼、调解、仲裁司法实践活动；在专业人员教培、传承法务系列教材编著、社区传承法务个案实践、各渠道各层面传承服务及产品便捷提供等方面，促进传承法务的适用与推广。

可见，项目要做，基地也要做。最重要的是，教材更要做。

四是传承法务应该怎么做？应该从哪里来，最后又到哪里去？

毋庸讳言，传承法务应该聚焦于全面依法治国，而且还要着重于理论联系实践，最后努力实现从群众中来到群众中去。

从目前研究的动态来看，传承法务的运行轨迹是应该从立法及学术研究开始，贯彻到传承法务的实践中，通过传承法务、传承服务与传承事务的连接与嵌入，落实到每个具体的传承实例及数据信息中。再从中归纳提炼经验、创新集成理论、回归指导实践进步，形成“立法及学术研究—传承法务实践—传承事务连接嵌入—从实践再到理论研究”的动态闭环。

在中国法学会法律文书学研究会领导与支持下，传承法务从概念的提出到《传承法务》教材的编著出版，再到传承法务项目实践研究基地的建设及研讨活动的开展，将习近平法治思想从法学理论研究落实到传承法务的具体实践正在稳步启动。后续传承法务的学科研究及适用推广工作，将聚集、号召、团结更多的法学专家和法律实务工作者加入，为全面建设社会主义现代化国家、实现中华民族的伟大复兴提供有力法治保障，贡献法律职业人应有的专业力量。

综上所述，传承法务既是一个潮流，更是一个趋势。最重要的是，传承法务又是一个责任和使命。这部实用教材的顺利完成并如期上市，正是责任和使命的承载担当。

匆匆数言，是以为序。

2021 年 12 月 29 日于北京

总目录

序言：传承法务是一种潮流还是一个趋势？／刘桂明

绪　论 ………… **001**

第一编　传承法务基本理论

第一章　传承法务概述 ………… 007

第一节　传承的概念 ………… 007
第二节　传承法务的概念 ………… 013

第二章　传承法务的政策法律与需求 ………… 019

第一节　传承法务的相关政策 ………… 019
第二节　传承法务的法律环境 ………… 026
第三节　传承法务的现实需求 ………… 039

第三章　传承法务的主体与体系结构 ………… 045

第一节　传承法务的主体 ………… 045
第二节　传承法务的特点 ………… 055
第三节　传承法务的体系结构 ………… 060

第二编　传承法务基本内容

第四章　传承法务中的人身权益 ………… 071

第一节　传承法务中的人身权益概述 ………… 071

第二节　传承法务中的意定监护 …… 082
第三节　传承法务中的生前预嘱 …… 092
第四节　传承法务中的遗赠扶养协议 …… 100
第五节　传承法务中的搭伴养老 …… 111
第六节　传承法务中的以房养老 …… 125
第七节　传承法务中的居家养老与机构养老 …… 135
第八节　传承法务中的生前契约 …… 150

第五章　传承法务中的财产权益 …… 162

第一节　传承法务中的财产权益概述 …… 162
第二节　传承法务中的传承财富保障 …… 173
第三节　传承法务中的保险与家族信托 …… 186
第四节　传承法务中的居住权 …… 198
第五节　传承法务中的遗产 …… 212
第六节　传承法务中的无主遗产 …… 221
第七节　传承法务中的遗产管理人 …… 240
第八节　传承法务中的遗嘱 …… 251
第九节　传承法务中的遗嘱登记 …… 262

第六章　传承法务中的财税、审计、评估 …… 273

第一节　传承法务中的财税 …… 273
第二节　传承法务中的审计 …… 287
第三节　传承法务中的评估 …… 293

第七章　传承法务中的金融投资 …… 305

第一节　传承法务与金融概述 …… 305
第二节　传承法务中的资产管理 …… 311
第三节　传承法务中的养老 PPP …… 329

第八章　传承法务与多元化解纠纷 …… 349

第一节　传承法务与多元化解纠纷概述 …… 349
第二节　诉讼与传承法务 …… 353
第三节　仲裁与传承法务 …… 365
第四节　调解与传承法务 …… 375

第五节　公证与传承法务 …… 391

第九章　传承法务中的涉外传承 …… 406

第一节　传承法务中的涉外传承 …… 406
第二节　传承法务中的涉外传承典型案例 …… 424

第三编　传承法务与相关行业

第十章　传承法务与社区运行及联动 …… 435

第一节　传承法务与社区养老服务 …… 435
第二节　传承法务与政府购买公共服务 …… 442
第三节　传承法务与社区梯次结构联动 …… 457
第四节　传承法务与社区中老年人防骗及维权 …… 465

第十一章　传承法务与科技应用 …… 476

第一节　科技应用与传承法务相关的政策法律 …… 476
第二节　传承法务与科技应用 …… 479
第三节　科技应用为传承法务赋能的展望 …… 493

第十二章　传承法务与相关产业 …… 498

第一节　传承法务与相关产业概述 …… 498
第二节　传承法务与传承地产 …… 511
第三节　传承法务与慈善信托 …… 521
第四节　传承法务与文旅康养 …… 531

后记 …… 542

本册目录

序言：传承法务是一种潮流还是一个趋势？/ 刘桂明

绪　论 ………………………………………… **001**

一、传承法务的研究对象 ………………………… 001
二、学习和研究传承法务的意义 ………………… 001
三、编写本教材的基本思路 ……………………… 003

第一编　传承法务基本理论

第一章　传承法务概述 ………………………… **007**

第一节　传承的概念 ……………………………… 007
一、传承的含义 …………………………………… 007
二、传承财富的布局 ……………………………… 007
三、财富传承的常见形态 ………………………… 008
四、传承的常见运用 ……………………………… 009
五、法制史中的传承 ……………………………… 012
六、传承在本书传承法务中的运用 ……………… 013
第二节　传承法务的概念 ………………………… 013
一、传承法务的定义 ……………………………… 015
二、传承法务与相关概念的区别 ………………… 017

第二章　传承法务的政策法律与需求 ………… **019**

第一节　传承法务的相关政策 …………………… 019
一、脱贫攻坚为传承法务提供经济基础 ………… 019

二、全面依法治国为传承法务的发展提供保障 …………………… 020
三、社会治理方式改革为传承法务提供发展环境 ……………… 022
四、老龄化社会应对为传承法务提出发展要求 ……………… 024
第二节 传承法务的法律环境 …………………………………… 026
一、传承法务的宪法保障 …………………………………… 026
二、传承法务的民商事法律支持 …………………………… 027
三、老年相关法律为传承法务提供帮助 …………………… 031
四、传承法务发展遇到的法律困境 ………………………… 037
第三节 传承法务的现实需求 …………………………………… 039
一、传承法务是社会发展的要求 …………………………… 039
二、人口老龄化问题的应对需要传承法务 ………………… 041

第三章 传承法务的主体与体系结构 ……………………………… 045

第一节 传承法务的主体 ………………………………………… 045
一、传承人 …………………………………………………… 045
二、利害关系人 ……………………………………………… 047
三、传承参与人 ……………………………………………… 049
第二节 传承法务的特点 ………………………………………… 055
一、合法有效的贯通性 ……………………………………… 055
二、体系内容的领域性 ……………………………………… 056
三、适用对象的广泛性 ……………………………………… 056
四、个体意愿的自主性 ……………………………………… 057
五、权益内容的私密性 ……………………………………… 058
六、服务周期的长期性 ……………………………………… 059
七、专业服务的延续性 ……………………………………… 059
第三节 传承法务的体系结构 …………………………………… 060
一、传承法务基本理论 ……………………………………… 061
二、传承法务基本内容 ……………………………………… 062
三、传承法务与相关行业 …………………………………… 066

第二编 传承法务基本内容

第四章 传承法务中的人身权益 ……………………………… 071

第一节 传承法务中的人身权益概述 …………………………… 071

一、传承法务与人身权益 …… 071
二、传承法务中的人格权 …… 073
三、传承法务中的身份权 …… 079
四、传承法务中人身权益与财产权益的关系 …… 081
第二节 传承法务中的意定监护 …… 082
一、意定监护的理解 …… 082
二、意定监护法律服务 …… 084
三、意定监护法律文书 …… 086
第三节 传承法务中的生前预嘱 …… 092
一、生前预嘱概述 …… 093
二、生前预嘱的实务要点 …… 096
三、生前预嘱法律文书 …… 098
第四节 传承法务中的遗赠扶养协议 …… 100
一、遗赠扶养协议理论概述 …… 100
二、实务案例 …… 106
三、协议范本 …… 109
第五节 传承法务中的搭伴养老 …… 111
一、搭伴养老概述 …… 111
二、搭伴养老的现代法理基础 …… 114
三、搭伴养老法律规制的价值趋向和基本原则 …… 116
四、搭伴养老立法规制的模式选择 …… 117
五、实务案例 …… 121
六、协议范本 …… 122
第六节 传承法务中的以房养老 …… 125
一、以房养老的概念 …… 125
二、以房养老的主要方式 …… 125
三、实务案例 …… 130
四、以房养老合同 …… 131
第七节 传承法务中的居家养老与机构养老 …… 135
一、传承法务中的养老服务 …… 135
二、居家养老 …… 136
三、机构养老 …… 137
四、社会养老服务设施 …… 139
五、养老服务法律文书 …… 140

第八节　传承法务中的生前契约 …… 150
一、祭祀文化的现代意义 …… 150
二、生前契约概述 …… 152
三、生前契约法律文书 …… 154

第五章　传承法务中的财产权益 …… 162

第一节　传承法务中的财产权益概述 …… 162
一、财产及财产权 …… 162
二、传承法务中的财产权益 …… 163
三、传承中的财产权益保护 …… 164
第二节　传承法务中的传承财富保障 …… 173
一、赠与协议 …… 173
二、夫妻财产协议 …… 177
三、离婚协议 …… 181
四、资产代持 …… 183
第三节　传承法务中的保险与家族信托 …… 186
一、保险的传承功能与实务要点 …… 187
二、家族信托的传承功能与实务要点 …… 191
第四节　传承法务中的居住权 …… 198
一、居住权的理论概述 …… 198
二、居住权的设立 …… 199
三、居住权的登记与消灭 …… 203
四、实务案例 …… 204
五、居住权合同 …… 206
第五节　传承法务中的遗产 …… 212
一、遗产的特征 …… 212
二、不是遗产的财产权益 …… 213
三、遗产的种类 …… 215
四、实务案例 …… 217
第六节　传承法务中的无主遗产 …… 221
一、无主遗产的传承服务 …… 222
二、传承法务的重点工作及流程 …… 228
三、传承法务无主遗产处理的法律文书 …… 231
四、实务案例 …… 237

第七节　传承法务中的遗产管理人 …… 240
一、遗产管理人概述 …… 240
二、遗产管理人的职责及责任 …… 244
三、实务案例 …… 246
第八节　传承法务中的遗嘱 …… 251
一、遗嘱概述 …… 251
二、遗嘱继承与法定继承、遗赠的关系 …… 254
三、遗嘱形式分类 …… 256
四、文书范本 …… 259
第九节　传承法务中的遗嘱登记 …… 262
一、国内外遗嘱登记制度现状 …… 263
二、遗嘱登记实务要点 …… 266
三、实务案例 …… 270

绪 论

《中华人民共和国民法典》的颁布施行，完善了我国民商事领域的基本规则，对现行财富传承模式具有重大影响。传承法务以新时代全面依法治国、为民服务为出发点和落脚点，以创新社会治理机制为使命，以探索老龄社会解决方案、守护小康时代人民群众的家庭和谐和幸福生活为目标。传承法务是源自立法及司法实践活动提出的法律概念，是指“生前身后命与财的系统化制度化平衡”，即“我的生活我作主，我命由我定，我财由我分”，是运用领域法解决传承关系问题的法律实务。创立传承法务学科体系，将其作为发展中的新兴应用法学进行研究，是立足我国社会现实，提升传承意识，优化传承方式，秉承中华民族血脉相传、家国情怀思维基因，展示东方文化自信的必然选择；是中国特色社会主义国家人民当家作主，以人民为中心，促进社会进步发展，实现中华民族伟大复兴中国梦的具体体现。

一、 传承法务的研究对象

传承法务以传承相关的法律规范的制定及其实施规律、传承现象及其发展规律、传承实务及其运作规律为研究对象。

由此可见，传承法务的研究对象主要有如下三个方面：第一，传承相关的法律规范的制定及其实施规律，如民法典继承编制定的背景，各条文的内涵以及如何适用等。第二，传承现象及其发展规律。所谓传承现象是指由传承引起的各种社会关系和社会现象，包括与传承有关的人的行为、心理和观念等，其中均有规律可循。第三，传承实务及其运作规律，如目前传承者主要是老年人，对其人身权、财产权保护的法律服务进行研究，在司法实践中，研究与传承关系相关的行业如何对接，多种业态如何融合联动，实现系统化制度化平衡等。

二、 学习和研究传承法务的意义

根据第七次全国人口普查的最新数据，2020 年，我国大陆地区 60 岁及以上的老年人口总量为2.64亿人，占到总人口的18.7%，其中，65岁以上的老年人口总量约为1.9亿人，占到总人口的13.5%。[①] 国际上目前普遍接受的联合国标准是：当一个国家或地区60岁以上老龄人口数超过人口总数的10%[②]或65岁以上老龄人口数超过7%，就意味着这个国家或地区进入老龄化社会；[③] 按照国际通用习惯，65岁人口达到14%，为老龄社会，超过20%则进入超老龄社会。按联合国划分标准，我国大部分地区都已经进入老龄社会（西藏自治区65岁以上人口占6%）。老龄化社会与工业化、城镇化、农业现代化、信息化相伴随，与家庭小型化、少子化、空巢化相叠加，与经济发展新常态和社会转型相交织，各类问题层层叠加、错综复杂。[④] 人口老龄化引起的代际资源紧张是各国人口老龄化的普遍问题，传统家庭结构的解体与“养儿防老”“家族延续”等传统传承观念的矛盾引发的代际权益失衡是我国人口老龄化的特殊问题和突出问题，可统称为“传承问题”。中国特定的经济发展现状，培育了一批拥有新形态财富的新青年群体，形成了独特的财富结构现状。人口结构参数、社会财富分布的新变化必然引发传承领域新问题的发生，需要对生前身后、代际资源分配方案进行调整，而中国特定的家庭文化理念也使我国的传承模式具有中国特色。

党的十九届五中全会提出：“实施积极应对人口老龄化国家战略，加强和创新社会治理。”人口老龄化是世界性问题，我国人口老龄化进程及其影响既符合世界人口老龄化的普遍规律，又具有自身的特殊性。“法律是治国之重器，良法是善治之前提”，良法善治是全面依法治国的前提，亦是中国特色社会主义法治的关键。[⑤] 传承法务，立足新的十六字方针，即“科学立法、严格执法、公正司法、全民守法”的贯彻落实，立足传统文化思维方式，立足当前正处于百年未有之大变局历史转换的时代节点，立足中国政法工作从法学法务的探索到依法治国全民运用的司法实践，既

① 《第七次全国人口普查公报解读》，国家统计局官网，http：//www. stats. gov. cn/tjsj/sjjd/202105/t20210512_ 1817336. html，2021年7月17日访问。

② 1982年维也纳老龄问题世界大会，确定60岁及以上老年人口占总人口比例超过10%，意味着这个国家或地区进入老龄化。

③ World Health Organization. （2002）. *Active aging*：*a policy framework*. World Health Organization. https：//www. who. int/ageing/publications/active_ ageing/en/. Visited on July 17，2021.

④ 王建军：《深入学习领会习近平总书记关于老龄工作重要论述　加快发展新时代老龄事业和产业》，载《时事报告：党委中心组学习》2019年第4期。

⑤ 江国华：《习近平全面依法治国新理念新思想新战略的学理阐释》，载《武汉大学学报（哲学社会科学版）》2021年第1期。

立足现在，又拥抱未来，具有重要的现实意义和社会价值。

随着民法典施行对我国民商事规则的完善，将“传承问题”作为一个领域研究的条件已然成熟。传承法务“集多元之力、解传承之难”,[①] 致力于解决“传承问题”，是在发展中不断完善的传承领域法学理论研究与实践应用一体的法律实务。传承法务注重传承互动，关注生与死、命与财、钱与权、传与承等元素之间跨领域的系统化平衡，是贯穿于传承服务过程中多种业态的法律服务。

传承相关的法学研究、法律实务涉及不同部门、领域、板块，不同主体的学术基础、视角、立场、认知不同，如何精准发挥法律效能，体现公权力、公信力对自然人私有财产依法传承的保护，实现传承人及相关主体间的公平正义，把握传承法律实务中的尺度和平衡，需要有一个相对明晰的体系总览和实操型工具。

通过相关法学研究者、司法工作者、实务探索者共同参与本传承法务教材的研究与编纂，创造性地构建了相对明晰的传承法务的总体结构体系。通过教材的出版发行，推动传承法务教务创新，培养传承法务的专业化人才。通过传承法务的推广与实践，让司法者敢为能为，让人民群众会用善用，共同维护和提升公权力与公信力，支持传承人自主安排的传承意愿依法实现。

三、 编写本教材的基本思路

全书秉持理论与实务相结合的编写思路，分别从“传承法务基本理论、传承法务基本内容、传承法务与相关行业”三个维度，以“传承法务理论 + 案例与解析 + 文书范本”的表达形式，论述了传承法务体系结构的内容。本书共三编十二章。

第一编《传承法务基本理论》共三章，详细论述了传承及传承法务的概念，国家政策、法律环境与现实需求，以及传承法务的主体、特点及体系结构。第一章论述了传承与传承法务的概念，首次突破民商法的边界，在领域法学视域下，提出了传承法务的概念。第二章对传承法务相关的政策及法律进行了归纳梳理，对传承法务的现实困境与未来发展进行了阐述。第三章论述了传承法务的主体、特点及传承法务的体系结构，既是基本理论构建的核心内容，也是传承法务实践发展应用的理论基础。

---

① 刘剑文、胡翔：《“领域法”范式适用：方法提炼与思维模式》，载《法学论坛》2018 年第 4 期。

第二编《传承法务基本内容》涉及传承法务中的人身权益及财产权益，传承法务中的财税、审计、评估，传承法务中的金融投资、资产管理及养老PPP，传承法务与多元化解纠纷及公证，传承法务中的涉外传承等六大板块共六章。第四章、第五章详细论述了民法典实施后，最新梳理的传承法律实务中，人身权益及财产权益保障所涵盖的主要内容，涉及民商法、社会法、行政法、刑法等法律法规的综合应用，论述了传承法务普遍涉及的基础服务内容。第六章介绍传承法务中的财税、审计、评估等关联业务的关系、作用和功能等，涉及传承人在自主处置和管理各类可流转资产过程中团队复合型专业法律服务的内容。第七章介绍传承法务中的金融投资，涉及资产管理及养老PPP等业务的关系、作用、功能等相关内容，金融投资与传承人的财产权益及传承行为方式相关，传承法务包含金融、投资、政策研究、产业或相关领域的复合型专业法律服务内容。论述了诉讼、仲裁、调解、公证与传承法务的关联性、工作流程和作用。公证参与传承服务可以起到对公信力提升的作用，诉讼、仲裁、调解可以对接公权力对传承法律实务的认可和支持，通过司法保障功能，达到预防传承纠纷、化解传承矛盾、打击侵犯传承权益的行为、维护合法传承权益的目的。第九章介绍传承法务中涉外传承的现状与特点，域外老年法治战略的主要经验与启示，分析了几个典型的涉外传承案例，凸显了两种传承工具的作用。

第三编《传承法务与相关行业》共三章。第十章论述了传承法务与社区运行及联动，涉及政府购买传承服务、传承法务与社区服务的梯次结构联动、社区中的老年人防骗及维权。第十一章论述了传承法务与科技应用，介绍传承法务与科技发展的关系，科技应用的现状与前景，探索深度融合、科技赋能的发展方向。第十二章论述了传承法务与相关产业的关系，重点介绍传承法务与传承地产、慈善信托、文旅康养等行业功能的链接联动，从传承法务从业者、相关产业从业者、服务对象等角度，探讨传承法务与相关产业的融合发展，进行案例分析并提供传承法律实务操作要点。

本书是国内第一部《传承法务》教材，可作为高等院校法学、社会工作、法律文书写作的专业课程或选修课程的教材或参考用书，也可供律师、法务工作者、民政和社区管理者在岗培训和社会读者参考使用。

第一编

传承法务基本理论

第一章

第一章　传承法务概述

第一节　传承的概念

传承一词在日常生活和各学科领域内均有广泛运用。本节尝试对传承的词语意义予以注释说明，并通过列举传承词语的常见使用情形的方式，来理解、感悟传承词语意义的博大精深。

一、传承的含义

“传”的词语意义。指由上一代交给下一代，由一方交给另一方。

“传”的常见词语运用：传出、传递、传达、传授、传播、传到、流传、传导、传说、传闻、传染、传令等。

“承”的词语意义。指接受、承受他人传递的东西。“承”的常见词语运用：继承、承接等。

传承的词语意义。传承二字组合起来就是日常生活中经常使用的汉语词语，泛指传统文化、家风、企业文化、财富、知识、学问、技巧、技艺、方法等的传授、继承和承续。传授，把学问、知识、方法和技艺等教给他人；继承，主要指后人承接前人的财产，也泛指承接知识、文化、学问等；承续，将前人的思想、人文、知识和事业等接受过来，后人继续做前人的事业，将前人愿景发扬光大。

二、传承财富的布局

“预则立，不预则废。”财富传承更应做到有规划、有安排、有目标，才能做到传递得到，承接得了，研究传承的布局就是研究传承财富的布局。具体方式如下：

第一，合理分散配置财产，分散风险。

包含但不限于：企业财产，体现为设立公司将部分家族财富配置成公司股权，将家族财富以股权形态进行传承，分散财富损失风险；房产财产，体现为购置房屋、厂房等固定资产，房屋厂房等固定资产是财富物化的有效形式，能抵抗货币贬值风险；现金财产，体现为存留充沛的本国和他国现金；理财财产，体现为用部分家族资产，进行理财，保障财富安全，实现财富保值增值的合理预期；信托财产，体现为将主要家族财富办理信托，保障传承财富安全；基金财产，体现为创立家族财富基金，以基金财富的方式进行传承，保障传承财富的安全；保单财产，体现为购买大额保单；赠与财产，体现为用赠与的方式配置部分家族财富，多方位地保值家族传承财富的安全。

第二，全球配置财产，防范风险。

有条件的，更应将财富进行全球布局，防范时局动荡风险，保障财富安全传承。

第三，协议配置财富，防范婚姻风险。

可签署婚姻协议、婚前财产协议、婚内财产协议，防范家族财产流失的风险。

第四，传承规划，保证传承安全。

确定传承方式，保障传承财富安全；确定财富管理模式，保障传承财富的保值增值；规划财富运用，预防传承财富的挥霍浪费，保证财富保值增值。

第五，慈善信托，兑现梦想。

人们奋斗往往都是为了实现某种梦想，财富的积累体现了个人成就，总结人生设置慈善信托，监察公益目的的实现，是保障天下为公中华文明传承大义，促进社会繁荣进步的善举风景线。

三、 财富传承的常见形态

传承的物质基础自然是财富传承，没有财富的传承，其他传承都是虚妄的。传承财富的方法多样，各有千秋，并可以组合运用，常见形态有如下几种：

第一，遗嘱传承。

通过生前立下遗嘱的方式，确定继承人及遗产的管理、处分方式，将财产安全合法地传递到继承人，为普遍的财富传承形态。

第二，遗赠传承。

通过生前立下遗赠，将财富赠与法定继承人之外的主体，财富传承，可以附条件地在遗赠人后代遇到困境时给予援手，更好地做到财富的安全传承。

第三，协议传承。

通过签订赠与协议、代持协议、代管协议、委托协议等方式，对财富进行专业化的管理分配与处置，保障财产的安全传承。

第四，保单传承。

通过投保大额保单的方式，固定收益，指定受益人，将财产传承。

第五，家族基金传承。

通过设立家族基金的方式管理家族财产，进行财富的管理、增值，保障财富安全传承。

第六，家族信托传承。

通过信托机构，个人为委托人以家族财富管理、保护和传承为目的的信托方式，将财富进行传承。

第七，混合传承。

通过采取遗嘱传承、信托传承、基金传承等多种混合方式，进行财富传承，尽可能地保障传承财富的安全。

第八，分离传承。

将财产适度分离，分为重资产、轻资产，投资公司、证券、基金等进行传承，充分保障传承财产的安全。

四、 传承的常见运用

传承词语在社会生活中的主要运用有如下几种情形，列举的各种运用情形也并非对传承词语的使用分类或归类，也无从或无必要对其进行分类归类。我们只须了解传承一词的广泛运用即可，传承一词的各种运用情形可能会有内涵与外延诸多重叠交叉之处。

（一）精神文化传承

1. 传统文化传承

中华文化上下五千年，从三皇五帝、夏商周朝、春秋战国、历经秦汉唐宋元明清、国民政府等历史时期，到新中国成立，中华文化一直传承延续到如今。

世界文化则更为璀璨，中华文化既是中华文明也是世界文明成就。古埃及文明、古罗马文明、近代的欧洲文明等更是数不胜数，世界文化的传承和发展，是奠定当今人类文化及现代文明的基石。

传统文化是前人在几千年的社会生活中，历代相传的知识财富、文明财富和精神财富等的总称。文化传承就是将这些有形无形的精神财富，在人类社会的传递和承接过程。“观乎天文，以察时变；观乎人文，以化成天下。”这是《易经》中对文化词义的理解。古人运用诗书礼乐、三纲五常来教化天下，“三玄”“四书”“五经”是中华传统文化的集中体现。

现代人提出传统文化传承，即希望继承传统文化中的优秀文化，提升社会文明程度，提高民众文化素质。传统文化传承涵盖了知识传承、文明传承和精神传承等传承词语意义，而知识传承、文明传承、精神传承是传统文化传承的更具体和有所着重的运用情形。

2. 古代文明传承

人们有时又将传统文化中体现社会文明层面的传统文化底蕴，概括为古代文明，提倡传承文明而使用文明传承一词。美国著名学者菲利普·李·拉尔夫、爱德华·伯恩斯等人撰写的《世界文明史》扼要叙述了人类自远古至今追求文明的历程，对欧洲、北美、中美和南美、英联邦、中国、日本、中东、东南亚、非洲、印度文明有着全面的介绍，对人类在文化、思想、制度和知识方面所取得的成就予以了记载。具体到我国文明历程，与人为善、仁者爱人、温文尔雅、彬彬有礼、平易近人、谦和好礼、礼尚往来、礼让三先、虚席以待；父慈子孝、尊老爱幼；举案齐眉、相敬如宾等成语，是中华民族古代文明传承的一种体现。

3. 前人精神传承

有时，人们又将传统文化中可以归属于精神层面的文化，概括为精神品德，使用精神传承一词来传递前人优秀品德。大爱无疆、光明磊落、明德惟馨、德才兼备、厚德载物、赤子之心、不屈不挠、临危不惧、克己奉公、大公无私、鞠躬尽瘁是前人对中华文明精神层面的成就，用汉语词汇予以的总结。传承并完善前人精神成就，是人类得以繁衍生息的精神需求，是社会文明进步的基石。

4. 知识传承

知识传承，是对文化传承内容的进一步深化和具体细化，偏重于思维方式、研究方法、科学原理、技能、技巧等可以感知和具体化的文化传承内容。知识传承显然比前述的三个传承表述更具有社会价值意义和资产价值意义，具有可物化、实用化、价值化、可感知、可触碰的表达。如《黄帝内经》《本草纲目》等便是中华医学知识传承的经典名著。

（1）思维方式的传承，人类祖先在历史的长河里养成和训练出丰富多样的思维方式，需要我们予以传承并发展完善。思维方式，即思考解决问题的思维模式，主要分为线性思维和非线性思维两大类。思维方式细分主要类型为：直觉思维、形象思维、类比思维、逆向思维、定向思维、逻辑思维、抽象思维、分析思维、发散思维、创新思维、聚合思维、价值思维、应变思维等。

（2）研究方法的传承，研究方法，是指发现新现象、新事物，或提出新理论、新观点，揭示事物规律的手段。一般包括观察法、行为研究法、比较研究法、概念分析法、文献调查法、历史研究法、思辨法等。研究方法是人类在研究事物过程中不断使用并总结、提炼出来的。

（3）科学原理的传承，人类在漫长的生活中，了解掌握了数不胜数的科学原理，作为后人当然需要传承前人发现的科学原理。

（4）技能的传承，从事农业生产，由相应的耕种、播种、田间维护、施肥、收割等农业生产技能构成。工业生产的技能更是纷繁各异，数不胜数。科学研究也有高深的实验技能……前人总结出的各项技能也需要在师徒之间、师生之间、上代和下代之间进行传承，才能使技能不致失传，得以发扬光大。

（5）技巧的传承，另有比知识、技术、技能更具有价值的各种生产技巧、工作技巧、科研技巧、配方技巧、祖传秘方等的传承，更多的只是口口相传，或传女不传男，或传男不传女，或禁止外传，更是在隐秘的小范围内传承。

（二）家业事业传承

1. 事业传承

现代人对传承一词运用得更为广泛，还经常将传承一词用于行业、专业、各学科，甚至政体等领域多使用事业传承的概念。例如，中医传承、京剧传承、地方戏传承、民主传承、国画传承、书法传承等。

2. 企业文化传承

随着社会经济的发展，许多企业积累了巨大的社会财富，企业财富需要传承，企业文化更需要传承。故在现代生活中，人们也广泛地使用企业文化传承的概念。企业文化是企业全体员工共同遵守的信念、目标、价值标准和行为规范的总和，企业文化是经济和文化意义的复合，即指在企业界形成的价值观念、行为准则在人群中和社会上生成的形象，是企业的美德所在。企业文化传承，是将该企业好的信念、目标、价值标准等，予以传递、持续，为社会创造价值，给企业积累财富。

3. 家风传承

随着私有家族财产的积累，家族将在中国大陆地区逐渐恢复与建立，家风传承也将会逐渐产生并普遍存在。传承家族财富必须同时并行家风即家族文化的传承。好的家风有助于财富传承的安全、积累。谦逊、低调、自信、坚韧、和睦、正直、勤奋、节约等是值得推荐的家风。“道德传家，十代以上”，家风传承，是家族财富能安全传承的前提，是财富得以持续传承的保障。

五、 法制史中的传承

（一）中国法制史中的传承

中国法制史中与传承最贴切的表述应该是继承，中国古代尚无明确的传承制度与表述，但继承制度已具有传承大部分的属性和职能。无论是从氏族习惯法到成文法，继承制度就是中国法制史上的传承。

中国古代社会，继承具有丰富的内涵以及宽展的外延，不仅包括财产继承，还包含身份上的继承。财产上的继承，是伴随着私有产权的出现而出现，人类一旦拥有私有财产，在生命结束时必然涉及财产的分配和传递。古代的分家析产，在一定程度上也是财产继承的重要形式，虽然无须以被继承人的死亡为前提，但其本质上也是达到了将家庭财富向下传承、交接的职能。[①]

传统继承制度的表现主要有，从西周开始确立的嫡长子继承制，即王位和财产必须由嫡长子继承，嫡长子是嫡妻（正妻）所生的长子，该制度延续至西周和汉代。唐朝时期，将身份继承与财产继承分开，身份继承延续了嫡长子继承制，财产继承开始采用诸子均分制，使得财富传承更加公平、合理，有效地缓解了家族和社会的矛盾。[②] 在之后的宋、元、明、清各朝代，基本延续了唐朝继承制度，在其基础上增加了其他制度，但普遍体现着女性继承权被严格限制。传统继承制度，始终是服务于目标：保证继承财产在代际顺利流动、家族延续发展，社会的平等、秩序、效率价值得以实现。虽然继承只是发生在家族内部，但是关系到社会以及国家的长治久安，甚至关系着国家政权的更迭。

中国传统社会下，宗祧与财富的传承关系着一个家族的兴衰命运，关系着一个国家的长治久安，是国民生活中不可或缺的部分，随着时代和社会的变迁，虽然宗祧继承逐渐退出了历史的舞台，但家族企业等以家族为单位的集团、公司成为传承的主体，因而传承仍将是现代社会所需要解决的问题，应予以重视。

（二）西方法制史中的传承

西方法制史中的传承也多指继承，西方各国的继承制度主要是从古罗

---

① 雷蕾：《当代中国分家析产纠纷的法律实践研究》，吉林大学2019年博士学位论文，第10页。

② 张淑雯：《唐宋继承制度与古罗马继承制度的比较研究》，载《暨南学报（哲学社会科学版）》2019年第2期。

马法的继承制度中发展继承而来的。拉丁文 succession 是“继承”一词的词源，它的原意指继承人获得被继承人的地位，换句话说就是法律承认被继承人的人格转给继承人，其人格在法律上得到延续。《十二表法》中专门以第五表“继承与监护”规定了遗嘱处分、无遗嘱继承、遗嘱监护、遗产分配以及遗产分割诉权等问题，确认了以遗嘱继承为主，法定继承为辅的继承方式，这也是与中国古代继承制度差异化的主要体现。[①]

在西方传统的继承关系中，家主以人格的延续来保持对家庭的掌控，而家庭成员慢慢取得人身自由和财产自由的过程就是家庭关系现代化的过程，[②] 继承也由身份继承逐渐演变为财产继承，主要对象由被继承人的人格变成了被继承人的遗产。

六、 传承在本书传承法务中的运用

本书就传承词语在法商领域的具体运用进行详细阐述，传承词语限定适用于现代社会生活的传承法律关系中。传承的内涵包含财富传承，涉及前述的文化、事业、知识和家风的传承，主要涉及传承法律实务的应用及关联领域运用。

本书对传承的内涵与外延在法商领域进行实务性拓展，在首创传承法务的概念、主体、特点及体系结构等基本理论的基础上，探索传承法务的基本内容、实务操作、业态模式，倡导将各个法学、法务通过传承法务适用领域的衍生，链接与嵌入相关行业进行分工协作，共同促进融合联动的传承法务新业态体系形成。

第二节 传承法务的概念

从语义角度看，传承法务是与传承有关的法律事务，这是传承法务的朴素定义。传承即“传出与继承”，包含了“传”“承”两个方面。其概念的内涵大于广义上的继承“对前人事业的承接和延续”，也大于现代法意义上的继承“对死者生前权利义务的承受”。[③] 强调“传”与“承”两个方面，以及与其密切关联的相关主体，从而与我国经典意义上的传承观

---

① 徐国栋：《〈十二表法〉研究》，商务印书馆 2019 年版，第 166—177、335—336、322—323 页。

② ［英］亨利 · 梅因：《古代法》，郭亮译，法律出版社 2016 年版，第 1 页。

③ 陈苇主编：《婚姻家庭继承法学》（第二版），群众出版社 2012 年版，第 305 页。

念保持了延续性。中国传统以家族或大家庭为单位的同居共财制下，调整代际关系的并非现代意义上仅包含财产内容的继承法律关系，“人的死亡是不产生在普遍意义上所称的遗产即离开旧主之手等待确定某种新的归属的那类财产”，[①] 而是以“继人的后（继嗣）、承担祭祀（承祀）、继承财产（承业）”[②] 为基本内容的传承关系实现代际过渡，同时调整代际间的人身关系与财产关系。在传承关系中，生与死是统筹考虑的，人身与财产是综合安排的，个人（传者）的人格身份在死亡后通过后继者（承者）延续，相应的财产主要流传给以夫妻关系为核心的直系后代，同时兼顾上辈及同辈血亲成员生存延续发展需要，承上启下血脉相传，小家庭及大家族的传承因此实现。在人身关系方面，随着我国家庭模式由大家族转向核心小家庭，传统传承观念下的宗祧延续等身份权的内容，由新时代民法典的生命权、健康权等人格权内容替代。在财产关系方面，分家析产的影响依然存续，“死后继承和遗嘱继承只是民间财产代际流转方式的一部分，通过订立分家协议、资助子女购房、操办婚事等方式，在父母在世的时候就把财产流转给下一代的方式仍然广泛存在”。[③] 个人（传者）倾向于生前身后适宜节点的财产安排强化后继者（承者）对自己的义务。[④] 语义的分析蕴含着历史的轨迹，传承法务的语义体现了我国“传承双向平衡，人身财产复合”的传承关系理念，是传承法务的文化起点。

传承法学是领域法学，是“法学”的下位范畴，是“与部门法学相辅相成、交织融合、同构互补的法学门类”。[⑤] 社会分工与环境的复杂化产生了大量新兴领域，相应法律调整方法与思维出现局限，从而衍生出“领域法”以作扩充与延展，为部门法之“墙”开拓了新的“窗”，[⑥] 着眼于解决问题。具体到传承法务而言，是解决传承关系相关问题的法律实务，传承关系所涉及的问题往往带有交叉性，例如，传者人身关系中的养老问题涉及民法与社会法的交叉，传承财产关系中的资产分配涉及民法与商法的交叉，公证、鉴证与见证等传承环节也有相关从业者的职业伦理要求，因而突破了部门法的界限需要应用领域法解决传承问题。除此之外，我国社

① ［日］滋贺秀三：《中国家族法原理》，张建国、李力译，法律出版社 2003 年版，第 88 页。

② ［日］滋贺秀三：《中国家族法原理》，张建国、李力译，法律出版社 2003 年版，第 95 页。

③ 雷蕾：《当代中国分家析产纠纷的法律实践研究》，吉林大学 2019 年博士学位论文，第 26 页。

④ 罗冠男：《我国继承制度中的价值取向和利益平衡》，载《法学杂志》2019 年第 10 期。

⑤ 熊伟：《问题导向、规范集成与领域法学之精神》，载《政法论丛》2016 年第 6 期。

⑥ 刘剑文、胡翔：《“领域法”范式适用：方法提炼与思维模式》，载《法学论坛》2018 年第 4 期。

会大背景下的传承关系问题还伴随着城镇化、信息化、人口老龄化、家庭小型化、空巢化等需要其他社会科学参与解决的现实问题。凡此种种，并非调整平等主体间人身关系和财产关系的民法所能统合，自然无法“削足适履”地当作继承法学或老年法学来研究。中共十八届三中全会“改革决定”将“国家治理体系和治理能力现代化”作为全面深化改革的总目标，而国家治理离不开家庭治理。将传承法学定义为领域法学，传承法务为应用领域法解决问题的法律实务，以“传承关系问题”为基点，囊括传承相关学科知识与社会资源，探究家庭治理中传承关系问题的系统化制度化解决，精准回应社会需求。

一、传承法务的定义

考虑到传承法务文化的延续性及研究探索处于开创阶段，我们决定从社会广泛存在的现实需要出发，从解决传承关系问题的实务应用入手，对传承法务进行定义。

传承法务是以现行法律规范为基础，维护传承人生前身后人身权益与财产权益系统化制度化平衡的法律实务的总称。传承法务是支持传者，对自身生前人身权益及生前身后财产权益统筹安排，平衡解决传与承、生与死、命与财的传承问题，使传者意思自治的传承意愿依法得以实现的法律实务。其具体内涵包括以下内容。

（一）传承法务以现行有效的法律规范为法律基础

传承法务即传承法律实务，应该在现行法律规范的框架内运行。已颁布施行的民法典是传承法务现行法律规范的主要基础，与公司法、合伙企业法、证券法、票据法、保险法、信托法、老年人权益保障法等法律及规章政策相结合，构成了传承法务的法律规范基础。传承法学的领域法特性，更强调传承法务在实践中对现行法律规范，以及不同部门、不同层级的操作规范的精确把握。传承法务是现行法律规范和规章政策在调整传承关系问题中的具体运用与实践；既要在现行法律规范的基础上运行，又要能通过司法实践推动现行法律规范的完善。

（二）传承法务是适用于传承关系人的法律实务

法律实务通常指需要综合运用法律专业知识，按照相关规范程序予以处理的事务。传承法务作为一种新型的法律实务，是整合了相关传统法律服务后形成的多层面复合性的业务集合。传承行为是传与承主体之间的行为，传承法务是以律师、法务工作者为主导，为传承行为人提供专业法律服务并对接与传承相关的行业予以支持的法律实务。传统的继承类法律实务主要是满足被继承人对财富及权益的传承安排，侧重适用于“传者”对身后财产分配安排的单方法律实务。传承法务的适用对象包含了“传者”与“承者”双方，既适用于“传者”在传承关系中对自身生前人身权益及生前身后财产权益的统筹安排，也适用于“承者”在传承关系中对“传承”权益的承接和运转，由此衍生出相关法律关系参与人权利义务的关联适用。

（三）传承法务是处理生与死及命与财的法律实务

传承法务支持传承人全面自主地处分其拥有的合法权益，包括生前身后的人身权益和财产权益两个方面，超越了继承节点前后的时间界限并延展了不同权益间的种类维度。传承法务的基本内容包含养老维权、意定监护协议、遗赠扶养协议、生前预嘱、居住权设计、遗嘱规划、遗产管理人、遗嘱鉴证与见证、财税与评估、金融投资、基金、慈善信托等法律实务。与传统的法律实务不同的是，传承法务具有业态链接与联动的特性，并嵌入关联行业、产业，转型升级为新型法律服务体系。

（四）传承法务是系统化制度化平衡的法律实务

由于传承法务具有“传承双向平衡，人身财产复合”的特征，因此，在实践中，仅依靠单一法、部门法等独立应用难以满足现代社会对传承法务的需求。由于传承法务涉及传者的健康权、生命权、人格权、财产权等相关权益的维护与统筹处理，与多层面多部门的社会分工与职能相关联在实践中需要结合法律、财税、金融、科技等多领域法律规范、标准工具及其他工具的多元应用。通过系统化的统筹设计与优化，将法学体系、实务体系、信息体系等多系统融合，构建一个集法律事务和技术经济手段于一体的系统来支撑和引领传承法务的工作，以满足当代社会对传承法务的需求。

传承法务以现行的法律法规为司法实践运用的基础。法律法规具有强制约束力，显示出一定程度的“刚性”特征。传承法务在实践中跨越了单一法、部门法的边界，因此，需要在法定弹性空间内，结合文化、心理、民俗等合力，从司法实践需要入手，从服务社会大众出发，逐渐形成一套完整的流程、规范和制度，做到既是专业性、规律性兼顾的法务实践，又不失范边界和底线，能对接公权力、提高公信力形成制度化力量，以适应社会现实发展对传承法务广泛适用的需要。

传承法务须“集多元之力、解传承之难”。[①] 传承法务定义中的平衡侧

---

① 刘剑文、胡翔：《“领域法”范式适用：方法提炼与思维模式》，载《法学论坛》2018 年第 4 期。

重公权力与公信力的融合调整，兼具刚性与弹性、法律与经济、文化等多元手段的融合运用。传承法务中的平衡主要体现在以下三个方面：第一，传承法务以现行的法律法规为司法实践运用的基础。在传承法务的实践中，民法典与单一法、部门法的应用需要平衡与考量。第二，传承主体的传者与承者之间，传者生前身后的时间节点谋划、人身权益与财产权益之间的兼顾与取舍，均需要平衡与考量。第三，传承法务实践中涉及的不同数据信息之间、不同证据判定之间、传承法务相关的机构之间，以及与传承法务的边界等，需要平衡与考量。

二、 传承法务与相关概念的区别

（一）传承法务与财富传承

财富传承是指新中国实行改革开放以来，创一代的企业家或者高净值资产持有者通过一定的方式，将其打拼创造或承接的物质财富传给下一代或者后几代的传接继承；或以客户意志为中心，通过预先的、持续的、系统化的设计规划，综合运用各种金融工具及法律手段，以实现客户家族财富的风险隔离与代际继承。传承法务与财富传承均侧重法律实务，其区别主要体现在以下三个方面。

1. 面向对象不同

传承法务是面向全体社会大众的传承需求，提供相应的法律服务；财富传承面向具有一定资产基数的精英人群。财富传承是传承法务的一部分。

2. 基本内容不同

传承法务的基本内容是在创新社会治理前提下，倡导老龄社会的人民大众，首先，保障年老健在时幸福生活、家庭和谐所需的人身权益与财产权益；其次，再统筹去世后遗留财产及相关权益的安排。财富传承的基本内容是满足客户财产划分、家族接班、财产管理的需求，关注于物质财富的保值增值及安全传接，以保障家人及后代享受前辈创造财富的护佑及发扬光大。

3. 产业方向不同

传承法务的发展路径是通过传承法律服务的系统化推动传承产业的体系化，形成包含联动便民服务、大健康产品、养老地产、传承金融等一、二、三产业融合发展的传承产业生态，财富传承聚焦于第三产业的法律服务与配套金融服务。

（二）传承法务与老年法律服务

老年法律服务是指维护老年人合法权益的法律服务，通常与法律援助搭配，称为“老年人法律服务和法律援助”，具有公益性特征。传承法务与老年法律服务均关注老年人权益维护，其区别主要体现在以下三个方面。

1. 面向群体不同

传承法务面向的群体是具有传承需求的传承人，传承人指“传”“承”双方即家庭中的多代及相关成员，包含老年人、中年人、青少年、儿童甚至胎儿。老年法律服务面向的群体是老年人，尤其是高龄、空巢、失独、失能半失能、失智及经济困难的老年人，关注的是相对弱势的老龄化群体。

2. 解决问题不同

传承法务解决的是传承人的传承问题，体现为对传承人生前身后人身权益与财产权益的维护，包含了对老年人权益的维护。老年法律服务聚焦于维护老年人权益，尤其是注重解决赡养权、房产权、婚姻权、医疗权这四个老年人最关心、最直接、最现实的法律问题。

3. 行业属性不同

传承法务注重传承互动，关注生与死、命与财、传与承等元素之间跨领域的系统化平衡，贯穿于传承服务过程中多种业态的法律服务。老年法律服务侧重于养老、维权或遗产安排及管理等领域，为特殊年龄人群提供所需的法律服务。

第二章 传承法务的政策法律与需求

党的十八大以来，我国的经济发展与社会环境发生显著的变化，为适应新时代条件下的发展要求，党中央在提出“四个全面”战略布局与“创新、协调、绿色、开放、共享”的新发展理念基础上，积极开展相关工作，取得了相应的成绩。当前，世界正经历百年未有之大变局，国际形势波诡云谲，于我国而言，既是机遇也是挑战。站在“两个一百年”奋斗目标的历史交汇点上，国家发展的前景光明而美好，但发展历程注定复杂且艰巨。这就要求党和国家立足社会实际，在实现“第一个百年”奋斗目标的基础上，继续坚持巩固脱贫攻坚成果，坚持推进体制机制改革和依法治国，坚持“以人民为中心”的发展理念，提高社会治理能力，在社会各个方面鼓励创新，在政策和制度建设上鼓励包括传承法务在内的新兴服务业及产业的发展，以巩固经济建设成果、推进法治建设、创新社会治理方式、应对新的社会问题、适应社会需求，为“第二个百年”奋斗目标的实现提供助力，为实现中华民族伟大复兴的中国梦贡献力量。

第一节 传承法务的相关政策

一、 脱贫攻坚为传承法务提供经济基础

（一）脱贫攻坚为传承法务提供潜在受众

2015 年 11 月 29 日，《中共中央、国务院关于打赢脱贫攻坚战的决定》发布，该决定的发布是为了确保到 2020 年农村贫困人口实现脱贫，完成全面建成小康社会最艰巨的任务。2017 年 10 月 18 日，党的十九大报告中指出，坚决打赢脱贫攻坚战需要动员全社会各界力量，精准扶贫，精准施策，确保到 2020 年我国现行标准下农村贫困人口实现脱贫，贫困县全部“摘帽”，解决区域性整体贫困，做到脱真贫、真脱贫，使更多人民的生计得到保障，个人财富逐渐得到自由，实现自我发展，产生更多在保障传者权益的同时按其意愿依法传承其财产权益的现实需求。2019 年 1 月 14 日，《国务院办公厅关于深入开展消费扶贫助力打赢脱贫攻坚战的指导意见》

（国办发〔2018〕129 号），为扶贫工作的深入开展提供了更加开放的渠道，为全面脱贫目标的实现找方法、寻出路，增强贫困地区的“自我造血”能力，多方位支持脱贫攻坚任务的进行。2021 年的中央一号文件则将脱贫攻坚与乡村振兴的衔接作为重点，强调巩固脱贫成果，实现乡村的全面振兴。脱贫攻坚工作的进行使得贫困人口的生产财富能力增强，生活水平不断改善，有利于推进我国关于增加中等收入人口的经济战略；同时，其所实现的社会普遍私人财富增加，使得原有贫困人口在经济层面上产生对传承的需求，并为其在实现一定的财务自由后发展自身精神层面的需求、享受更加立体服务的美好生活提供了可能。其加速了社会服务市场的多元化发展，对传承法务业务的开展积累了物质基础和受众群体。

（二）脱贫攻坚的法治保障需要传承法务参与

脱贫攻坚工作的开展需要法律规则、制度、体系和法律服务上的保障，《中共中央、国务院关于打赢脱贫攻坚战的决定》第 33 条提出：“推进扶贫开发法治建设……强化贫困地区社会治安防控体系建设和基层执法队伍建设。健全贫困地区公共法律服务制度，切实保障贫困人口合法权益……”《中共中央、国务院关于打赢脱贫攻坚战三年行动的指导意见》相关内容也指出，脱贫攻坚是乡村振兴在脱贫攻坚战中的主要任务，全面脱贫的目标实现后，研究脱贫攻坚与乡村振兴的衔接、2020 年后的扶贫战略以及研究推进扶贫开发立法的相关工作不可忽视。[①] 2019 年 4 月，司法部办公厅印发的《司法部办公厅关于开展律师助力脱贫攻坚专项行动的通知》也要求为困难群众提供精准法律服务，发挥律师作为“家庭法律顾问”的职能作用，切实帮助贫困户实现精准脱贫。法律服务工作与日常生活的联系，可以为进一步开展更多服务提供条件与信任基础。而传承法务的服务实践，可以使脱贫成果以法律权利的形式发挥生活保障的作用并实现代际流转，为巩固脱贫提供法律保障，脱贫成果能够为进一步地发展提供支持，同时也为相关领域的法治建设提供实践经验，切实保障政策落实。

二、 全面依法治国为传承法务的发展提供保障

（一）全面依法治国建设提高人民法治意识

人民的法律需求是法律服务活动生存的土壤，传承法务的发展依赖具备法治意识、需要法律服务支持的国民。在市场经济条件下，人民的权利

---

① 《中共中央、国务院关于打赢脱贫攻坚战三年行动的指导意见》，载《人民日报》2018 年 8 月 20 日。

需要通过法律的保障才能良好实现。但是需要承认的是，作为一个经历了两千余年人治统治的国度，我国人民群众思维意识中的人治思想仍较为浓重，群众特别是老年群众在面临问题时经常想到的办法是“找领导解决”，过往的生活经历使他们对于法律的理解往往停留在“包青天断案”的层面，依靠自身依法维权的意识不强，欠缺以多元化法律途径解决日常问题的思维方式与能力。新中国成立后，虽然国家对法律制度不断地进行了建设与完善，但转变民众长期形成的思维定式却是一个较为缓慢的过程。

2014 年 10 月，党的十八届四中全会通过的《中共中央关于全面推进依法治国若干重大问题的决定》要求国家与社会采取各种方式，增强全民法治观念，推进法治社会建设；通过深入开展法治教育，开展多领域依法治理等措施，增强人民群众法律意识，便于法律服务在日常生活中发挥作用。党的十九大报告中也指出：深化依法治国的实践，需要加大全民普法力度，建设社会主义法治文化，决不允许以言代法、以权压法，要在整个国家、整个社会形成遇事找法、依法维权的风气。中共中央所印发的《法治中国建设规划(2020—2025 年)》第 13 条要求：“……改进创新普法工作，加大全民普法力度，增强全民法治观念。建立健全立法工作宣传报道常态化机制，对立法热点问题主动发声、解疑释惑。全面落实‘谁执法谁普法’普法责任制。深入开展法官、检察官、行政复议人员、行政执法人员、律师等以案释法活动。加强突发事件应对法治宣传教育和法律服务……”《中共中央办公厅、国务院办公厅关于加强社会主义法治文化建设的意见》也指出，需要切实提高全民族法治素养和道德素质，在法治实践中持续提升公民法治素养，注重公民法治习惯的养成。坚持通过不同形式向广大群众进行法治宣传教育，提高人民学法、守法、尊法、用法的意识与能力，积极引导人民群众依法维权和化解矛盾纠纷，推进建设“办事依法、遇事找法、解决问题用法、化解矛盾靠法”的法治环境。①

（二）全面依法治国建设推进法治队伍建设

徒法不足以自行，良好法律制度的运行需要高素质法律从业人员进行实施，传承法务活动的开展需要大批高素质法律人才的具体推进。自全面依法治国概念提出以来，我国法治工作队伍的建设工作不断迈上新的台阶，例如，公证法、律师法、法官法、检察官法等法律法规在新的时代条件下陆续进行修订，使之更好地服务法律从业人员队伍建设，提高法律从

① 《中共中央办公厅、国务院办公厅关于加强社会主义法治文化建设的意见》，载《人民日报》2021 年 4 月 6 日。

业人员综合素质。《中共中央关于全面推进依法治国若干重大问题的决定》在“加强法治工作队伍建设”一节中要求，要建设高素质法治专门队伍和法律服务队伍，创新法治人才培养机制，打造高素质法律职业队伍，以便为社会提供高质量的法律服务。《法治中国建设规划（2020—2025年）》第19条指出：“加强队伍和人才保障。牢牢把握忠于党、忠于国家、忠于人民、忠于法律的总要求，大力提高法治工作队伍思想政治素质、业务工作能力、职业道德水准，努力建设一支德才兼备的高素质法治工作队伍……加快发展律师、公证、司法鉴定、仲裁、调解等法律服务队伍……发展公职律师、公司律师和党政机关、企事业单位、村（居）法律顾问队伍……”通过对高素质法律人才队伍的培养，增强其政治意识、理论功底与实践技能，有利于提供更好的法律服务，使之在实践中引导全体人民依法办事、依法维权，做社会主义法治的忠实崇尚者、自觉遵守者、坚定捍卫者。

（三）全面依法治国建设加快传承相关立法进程

法律是治国之重器，良法是善治之前提，传承法务需要依托现行法规体系开展活动。全面依法治国的建设要求国家加快立法进程、科学立法，为日常司法与法律服务活动提供可以遵循的法律依据和有力的法律保障，使之有法可依。立法机关根据以往的立法实践与对社会发展的研判，结合当前社会经济和技术发展，陆续出台了如《中华人民共和国老年人权益保障法》（2018年修正）、《中华人民共和国民法典》（2020年颁布）等诸多法律法规，使得包括老年人在内的自然人的财产权益和自由意志的实现以法律的形式固定下来，便于法律服务工作者依法开展服务，维护自然人的合法权益。

三、社会治理方式改革为传承法务提供发展环境

（一）深化社会治理需要优质社会力量参与

党的十八届三中全会以来，国家不断推动体制机制改革的深入，破除旧有且不合时宜的思想藩篱与机制弊端，以期打破可能存在的利益固化藩篱，构建系统完备、科学规范、运行有效的制度体系。会议通过的《中共中央关于全面深化改革若干重大问题的决定》将“国家治理体系和治理能力现代化”作为全面深化改革的总目标，而国家治理离不开个人、家庭与社会的参与。该《决定》指出要进一步转变政府职能、简政放权，注重政府在宏观调控领域所发挥的作用，通过购买公共服务等形式去行政化，打造服务型政府；创新社会治理体制，加强依法治理，激发社会组织的活

力，积极引导社会力量为社会的治理活动服务。① 除了以"放管服"助力社会经济发展外，国家部委对社会服务领域也大力推进项目设立和审批流程的简化，在民政部等 13 部门《关于加快推进养老服务业放管服改革的通知》中，即要求对养老服务机构的管理部门做到审批流程简化、管理依法合规、服务便捷高效、政策衔接有效，推进管理由事前审批向事后监督转化，加强监督，鼓励社会资本进入养老服务领域，打造一批连锁化、规模化、品牌化的机构。② 需要明确的是，虽然登记审批等流程实现了简化，但是登记审查却要进行强化，政策要求各级民政部门通过落实登记责任，实现更加良好的监督，注重信息化管理，实现对社会服务机构质量的辨别，引导促进社会服务机构健康有序发展，③ 引导优质机构为社会治理提供助力，这就需要传承法务等服务为社会主体的具体参与进行合规审查等服务帮助，使更多社会主体能够在规范内合理运行的同时，提升自身服务质量。

（二）社会治理需要坚持以人民为中心理念

党的十八届五中全会在为"十三五"规划提出建议时即强调必须坚持以人民为中心的发展思想，把增进人民福祉、促进人的全面发展作为发展的出发点和落脚点，急人民之所急，坚持发展为了人民，发展成果由全体人民共享。随着社会主要矛盾变为人民日益增长的美好生活需要和不平衡不充分的发展之间的矛盾，人民需求的多样化发展与社会治理上的矛盾也日益凸显，国家能够提供的基本公共服务难以完全满足社会发展带来的多元化需求，需要引入社会力量更好地为人民服务。在"十三五"和"十四五"规划纲要中，国家提出除了继续提供均等化的基本社会服务外，要引入社会资本与政府合作，发展多元化、多层次的公共服务供给，创新社会服务供给方式，并在科、教、文、卫等众多领域进行展开，④ 满足不同人群的不同需求。同时，为了使人民多样化需求得到满足，国家需要在法律框架内持续采取措施、制定规范，鼓励包括法律服务在内的社会公共产业的多

---

① 《中共中央关于全面深化改革若干重大问题的决定》，载《人民日报》2013 年 11 月 16 日。

② 民政部等 13 部门《关于加快推进养老服务业放管服改革的通知》，中国政府网，http：//www. gov. cn/xinwen/2017-02/09/content_ 5166789. htm#1，2021 年 7 月 17 日访问。

③ 《民政部关于进一步加强和改进社会服务机构登记管理工作的实施意见》，中国政府网，http：//www. gov. cn/zhengce/zhengceku/2018-12/31/content_ 5442029. htm，2021 年 7 月 17 日访问。

④ 《中华人民共和国国民经济和社会发展第十三个五年规划纲要》，第十五篇第六十一章，中国政府网，http：//www. gov. cn/xinwen/2016-03/17/content_ 5054992. htm，2021 年 7 月 17 日访问；《中华人民共和国国民经济和社会发展第十四个五年规划和 2035 年远景目标纲要》，第十五篇第六十一章，中国政府网，http：//www. gov. cn/xinwen/2021-03/13/content_ 5592681. htm，2021 年 7 月 17 日访问。

领域发展，切实保障人民平等参与、平等发展的权利，依规、依法充分调动人民的积极性、主动性、创造性，共同为满足人民在物质、精神、法治等诸多领域的需求作出努力，号召全社会各个领域为国家和社会治理贡献力量。

四、老龄化社会应对为传承法务提出发展要求

人口老龄化是我国进入21世纪以来愈加严重的社会问题，老年人口数量的不断增加，在对我国养老保障体系提出了新的要求的同时，其自身积累的个人财富（包括物质的与精神的）如何进行妥善安置也成为亟须考虑的问题，特别是我国社会主要矛盾已然发生转变，人民对美好生活的追求意识不断提升，多样化的物质需求与精神需求对原有规则与服务提出了新的挑战，社会对新的服务产业需求空前强烈。在此环境下，传承法务将为老年人提供相应的法律服务，补齐现有政策尚未顾及的短板，令老年人生有所养、逝有所继，拥有安心、舒适的晚年生活，为应对人口老龄化问题起到极大的助力作用。

（一）国家对老龄化问题的认识不断深入

自国家提出“计划生育”政策以来，截至“十五”规划期间，控制人口数量，防止人口爆炸性增长，使之处于国家发展与资源承受能力范围内，一直是国家重要任务。老龄化问题虽然存在，但是尚未进入国家经济建设规划的主要考量对象范围内。“十一五”期间，应对人口老龄化正式进入国民经济和社会发展五年规划当中，“十一五”规划要求：“积极应对人口老龄化。弘扬敬老风尚，营造老有所养、老有所乐、老有所为的社会氛围。积极发展老龄产业，增强全社会的养老服务功能，提高老年人生活质量，保障老年人权益。实施爱心护理工程，加强养老服务、医疗救助、家庭病床等面向老年人的服务设施建设。”“十二五”期间，对老年服务的规划更加具体，面对“未富先老”的问题，国家鼓励社会养老产业的发展，计划实现养老服务从基本生活向医疗健康、辅具配置、精神慰藉、法律服务、紧急援助等方面延伸，[①] 提倡多方位的养老服务体系。“十三五”规划首次对人口老龄化作出专章规划并提出：“全面放开养老服务市场，通过购买服务、股权合作等方式支持各类市场主体增加养老服务和产品供给。”[②] 进一步强调形成包括“社会参与”在内的综合养老政策，加强顶层

---

① 《中华人民共和国国民经济和社会发展第十二个五年规划纲要》，第八篇第三十六章，中国政府网，http：//www.gov.cn/2011lh/content_ 1825838.htm，2021年7月17日访问。

② 《中华人民共和国国民经济和社会发展第十三个五年规划纲要》，第十五篇第六十五章，中国政府网，http：//www.gov.cn/xinwen/2016-03/17/content_ 5054992.htm，2021年7月17日访问。

设计与法治保障。“十四五”规划提出发展银发经济，开发适老化技术和产品，培育智慧养老等新业态。推动养老事业和养老产业协同发展，健全基本养老服务体系，大力发展普惠型养老服务，支持家庭承担养老功能，构建居家社区机构相协调、医养康养相结合的养老服务体系。[①] 在新的时代背景下，鼓励发展新兴产业以适应人口结构变化，能够更好地运用社会力量为应对人口老龄化所带来的问题服务，同时也能够回应人口基数增多、社会发展所带来的多元化、个性化需求。

（二）老年社会保障不断加强

随着人口老龄化与社会保险基金发展的矛盾变化发展，国家积极推动以社会养老保险为基础，企业年金、职业年金、商业保险等共同支持的社会保障体系，保障老年人口在退休后仍具有一定经济能力。《国家人口发展规划（2016—2030年）》提出：“大力发展企业年金、职业年金、个人储蓄性养老保险和商业医疗保险，在试点基础上推出个人税收递延型养老保险。”政府部门也出台相应办法进行监管与保障，包括但不限于为企业年金设立相应第三方托管人以保障基金运作的安全性；[②] 细化缴纳与发放企业年金的设立、管理与救济方式[③]等，从而保障老年人口多渠道获取养老资金的可能性。同时，为缓解人口老龄化对社保基金的压力，建立养老保险基金中央调剂制度，[④] 进行社保资金的地区间调剂，解决部分地区资金短缺问题，保障养老金发放平稳运行，建立健全更加公平、更可持续的社会保障制度，切实保护好退休人口的“钱袋子”。

（三）养老服务行业的发展受到鼓励

老年人口的增多对老年产业与银发经济的产生与发展提出了社会需求，老年人对于生前生活质量与尊严的强烈需求，也为现代服务业拓展了发展方向。为响应社会对于老龄服务的需求并对其作出合理引导，中共中央、国务院印发的《国家积极应对人口老龄化中长期规划》明确指出，需要打造高质量的为老服务和产品供给体系，形成多层次养老服务体系，多渠

---

① 《中华人民共和国国民经济和社会发展第十四个五年规划和2035年远景目标纲要》，第十三篇第四十五章，中国政府网，http：//www. gov. cn/xinwen/2021-03/13/content_ 5592681. htm，2021年7月17日访问。

② 《企业年金基金管理办法》，中国政府网，http：//www. gov. cn/flfg/2011-02/23/content_ 1808854. htm，2021年7月17日访问。

③ 《企业年金办法》，中华人民共和国人力资源和社会保障部官网，http：//www. mohrss. gov. cn/SYrlzyhshbzb/zcfg/flfg/gz/201712/t20171221_ 284783. html，2021年7月17日访问。

④ 《国务院关于建立企业职工基本养老保险基金中央调剂制度的通知》，中国政府网，http：//www. gov. cn/zhengce/content/2018-06/13/content_ 5298277. htm，2021年7月17日访问。

道、多领域扩大适老产品和服务供给，提升产品和服务质量，为老年人口的物质与精神生活提供更好的服务。《服务业创新发展大纲（2017—2025年）》也要求："全面放开养老服务市场，丰富养老服务和产品供给，加快发展居家和社区养老服务，建立以企业和机构为主体、社区为纽带的养老服务网络。"在发展养老事业的同时建立联系机制，促进要素支持创新，鼓励社会力量与资金进入老年服务领域，[①] 为老年人口提供多元化服务项目，满足其不同层次的需求。同时，国家对老年服务的人才队伍培养工作也日渐重视，根据《国务院关于加快发展养老服务业的若干意见》（国发〔2013〕35号）、《国务院办公厅关于全面放开养老服务市场 提升养老服务质量的若干意见》（国办发〔2016〕91号），促进养老服务人才的发展，加强养老服务人才建设，明确了一系列养老人才优待政策，推动养老服务人员的高水平化、专业化发展。老年服务产业的发展也需要充分考量和尊重服务对象的合法权益与自主意志，在充分尊重老年人意愿的情况下订立合约，厘清双方权益，由提供服务的单位依约履行自身义务并获取自身应得的报酬，实现服务产业与被服务人员的互利互惠，鼓励社会资本的投入。《"十三五"国家老龄事业发展和养老体系建设规划》提出，为保障老年人口的权益，需要加强专门针对老年人所提供的法律服务和法律援助，从老年群体自身特点出发，开展适应老年人特殊需求的专项法律服务活动，将法律服务引入日常生活，引导老年人口在法律框架内合理合法地行使自身权利，保护自身利益，使其自身自由意志实现充分表达。

第二节 传承法务的法律环境

一、传承法务的宪法保障

宪法作为国家根本大法，具有最高法律效力，为其他法律提供制定和存在的依据。宪法中有关社会主义建设的方针和路线的规定、关于财产所有制和所有权的规定、关于公民基本权利和义务的规定等，都是调整民事关系的重要法律规范，[②] 有助于保障公民在社会生活中获得自我价值实现，同时为保障公民生前身后命与财的平衡为宗旨的传承法律实务的应用推

---

① 《关于建立积极应对人口老龄化重点联系城市机制的通知》，中国政府网，http://www.gov.cn/zhengce/zhengceku/2021-02/03/content_5584551.htm，2021年7月17日访问。

② 王利明、杨立新、王轶、程啸：《民法学》（第五版），法律出版社2017年版，第14页。

广，提供了相应的宪法支撑，构建了宏观框架。如宪法第 13 条第 2 款规定："国家依照法律规定保护公民的私有财产权和继承权。"以宪法条文的形式认可了公民对自身合法取得的财产予以支配的权利，并以之为基础实现自我意志和自身价值；同时，代际流转的权利保障也使其需要尽可能主动地对生前身后的人身权益与财产权益进行系统化制度化平衡，为"传者"与"承者"寻找适当的平衡点。

二、 传承法务的民商事法律支持

（一）民法典制定为传承法务业务开展提供便利

作为帮助行为人自主处分生前身后人身权益与财产权益的系统化制度化的综合法律服务，传承法务服务活动的开展离不开调整民事主体人身关系和财产关系的相关法律法规的支持，民法典作为新时代我国社会主义法治建设的重大成果，系统整合了新中国成立 70 多年来长期实践形成的民事法律规范，内容上吸纳先进技术，反映社会需求，其中许多的修订条款为传承法务的法律服务活动开展提供了法律上的动能与技术支持。

1. 民法典的新规定为传承法务提供法律支持

（1）规定遗嘱指定监护、合同确定意定监护，可约定监护监督

民法典第 29 条、第 30 条、第 33 条完善了遗嘱指定监护和意定监护，为老年人在身心照管、健康陪护、医疗方案、财产处分等各方面及早安排提供了有效的法律保障。实践中还可以通过不同的合同，错位确定不同的监护人职责，可以设立监护监督人，由其向委托人或其他近亲属报告监护人履行合同情况，依法、依合同履行监督责任。

（2）新增居住权

民法典第 366 条、第 367 条、第 368 条、第 369 条、第 370 条、第 371 条对居住权的产生、变更和消灭作出规定，作为新型用益物权的居住权应根据设立人自主意愿，订立书面合同或遗嘱，依据书面合同或遗嘱向登记机关申请登记，居住权自登记机关完成登记时设立。设立居住权的协议应具备法定内容，协议各方可根据自身需要约定其他法律未禁止的事项，居住权的权利范围需要受到该协议限制。

（3）可继承遗产范围扩大

民法典第 1122 条一改原继承法对于遗产范围的列举式规定，采用概括方式规定遗产是未被法律禁止继承的自然人死亡时遗留的个人合法财产，即只要是自然人合法取得且法律未规定不得继承的财产均属遗产范畴，网络财产、虚拟货币等均囊括其中，扩大了可供继承的遗产范围。

（4）增加了继承人的范围

民法典第1128条增加了第二顺位继承人的代位继承权，虽然看上去只是对代位继承人的范围作了规定，但实际效果是扩大了继承人的范围。这是顺应社会发展的需要而产生的新内容，避免失独或孤寡老人在没有第一顺位继承人时产生更多的无主财产。

（5）新增遗嘱执行人和遗嘱管理人制度

民法典第1133条、第1145条、第1146条、第1147条、第1148条、第1149条对遗嘱执行人和遗嘱管理人作出规定，这意味着新的遗嘱管理人制度的出台，有助于规范解决与继承相关的财产分配、身份权益安排、债权债务处理、相关主体权利义务、处理流程等，避免家庭争产纠纷，切实促进自主意愿实现。

（6）最后遗嘱为准、公证优先取消，见证类型扩大

民法典第1136条、第1137条、第1142条共规定了自书、口头、代书、打印、录音录像及公证六类遗嘱形式，立有数份遗嘱，内容相抵触的，以最后的遗嘱为准。新规定适应科技的发展增加了打印及录像遗嘱，确认对人脸识别、录像、云储存、区块链的应用，优化了遗嘱的形式；让科技赋能保障其真实性、关联性及有效性。

（7）首次明确遗嘱信托

民法典第1133条规定的遗嘱信托与我国信托法规定信托的内容及范围有区别，也有联系；民法典规定的信托比依据信托法的合同约定的信托财产范围宽广，可以视为对所有遗产事务的处理安排，是一种概括的托付处理，实际中要注意区别，不能将两者等同。

（8）遗赠扶养协议范围扩大

民法典第1158条扩大了遗赠扶养协议范围，遗赠扶养协议的签订人，由原来的抚养人扩大到继承人以外的组织或者个人。

2. 民法典规定了新技术的应用为传承法务提供科技支持

（1）网络视频技术

远程视频为代表的网络视频技术，借助计算机及网络技术建立的声音、视频图像传输通道及终端设备，实现了不同地域间的纠纷同步处理，与之匹配的证据演示及文书制作系统，更是提高了纠纷解决的效率，大量网上开庭、智慧法院等迅速推广运用。包括视频、网络视频、网络视频技术，通过技术手段让数据信号代替相关人员的来回奔波，解决远程交流的问题，解决时空限制的问题，解决真实性与关联性及存证问题。

（2）云存储技术

电子证据的实质是二进制代码的集合，人为因素、技术失误等都可能导致电子证据失真，因此存储备份的可靠性极为重要。相较于传统的物质存储载体，云存储技术解决并拓展了涉及视频及相关存证资料的储存备份。

（3）区块链技术

区块链技术的发展为审查认定传统电子证据提供了新思路：一方面，区块链技术的去中心化与分布式特征，有效地化解了传统电子证据容易被篡改的问题；另一方面，区块链本身具有的不可篡改性，可结合时间戳技术实现自我背书，可以免去相应的公证程序，降低了电子证据的技术鉴定成本，有利于改变电子证据低采信率的状况。区块链技术解决存证资料的防伪问题。通过防伪支撑公信力，通过公信力去解决公权力的犹豫判定、效率效能效果的问题。

（4）大数据技术

大数据技术通过分析庞大的数据来进行有效的信息运用或判断，在民事纠纷领域，妥善运用大数据技术分析案件信息，能为司法程序的高效运行提供有力辅助。大数据技术也能把抽象的现象转变为量化的分析结果，促进相关产业模型的完善，大数据技术还能解决客户反馈与完善服务的良性互动。①

（二）民法典相关司法解释为传承法务提供操作指导

司法解释作为最高人民法院、最高人民检察院对于处理案件时具体应用法律问题所作的解释，对各级法院、检察院均具有约束作用，也能够为法律服务的实施提供具体指导。《最高人民法院关于适用〈中华人民共和国民法典〉继承编的解释（一）》（以下简称《继承编解释（一）》）即对民法典关于继承的内容进行细化解释，对传承法务的见证服务与文书编纂提供了指导，避免不当服务造成权利人合法权益受到损害。

1. 遗嘱见证人的限制

《继承编解释（一）》第24条规定："继承人、受遗赠人的债权人、债务人，共同经营的合伙人，也应当视为与继承人、受遗赠人有利害关系，不能作为遗嘱的见证人。"对于遗嘱见证人员作出限制，排除对继承、遗赠具有利害关系的人员的任职资格。

2. 遗嘱特留份

《继承编解释（一）》第25条规定："遗嘱人未保留缺乏劳动能力又没

① 陈珺：《传承法务的时代意义》，载《民主与法制》2021年第12期。

有生活来源的继承人的遗产份额，遗产处理时，应当为该继承人留下必要的遗产，所剩余的部分，才可参照遗嘱确定的分配原则处理。继承人是否缺乏劳动能力又没有生活来源，应当按遗嘱生效时该继承人的具体情况确定。”该条款对特留份的保护对象作出规定，且明确对于继受特留份的继承人的能力判断，应根据遗嘱生效时的具体情况作为依据。

3. 附义务遗嘱的取消

《继承编解释（一）》第29条规定：“附义务的遗嘱继承或者遗赠，如义务能够履行，而继承人、受遗赠人无正当理由不履行，经受益人或者其他继承人请求，人民法院可以取消其接受附义务部分遗产的权利，由提出请求的继承人或者受益人负责按遗嘱人的意愿履行义务，接受遗产。”对于附义务履行的遗赠抚养协议而言，义务人无故不适当履行的，将面临被取消依据协议所获得的继承遗产资格的危险。

（三）信托法等金融法规为传承法务提供发展方向

进入现代社会，人民逐渐普遍认同自身可以借助他人的能力对其所获得的包括财产在内的成果进行巩固或实现再收益。通过借助受托人的能力与技能，使得已经取得的成果于自身力所不能及之处得到发展和延续，令自身或传人受益，信托、保险就是其中的重要方式。

信托服务使得委托人可以通过与受托人订立协议的方式来成立委托，使受托人有权对信托财产进行运作并取得报酬，帮助委托人实现本人或其指定受益人的利益或者特定目的。该项服务设立须采用法定书面形式，具备法律要求的必备要素，信托法第9条即规定，该书面文件应载明下列事项：“（一）信托目的；（二）委托人、受托人的姓名或者名称、住所；（三）受益人或者受益人范围；（四）信托财产的范围、种类及状况；（五）受益人取得信托利益的形式、方法。”同时，为进一步明确双方权利义务，使受托人积极、合规地运营信托事务，该条第2款还规定协议可以载明“信托期限、信托财产的管理方法、受托人的报酬、新受托人的选任方式、信托终止事由等事项”。为了保障信托服务安全有效运行，银监会在其颁布的《信托公司管理办法》中，针对信托公司所开展的信托服务进一步明确了信托合同的必要性，对委托人与信托公司所订立的信托合同作出了更加详细的规定，该《办法》第32条规定：“以信托合同形式设立信托时，信托合同应当载明以下事项：（一）信托目的；（二）委托人、受托人的姓名或者名称、住所；（三）受益人或者受益人范围；（四）信托财产的范围、种类及状况；（五）信托当事人的权利义务；（六）信托财产管理中风险的揭示和承担；（七）信托财产的管理方式和受托人的经营权限；

（八）信托利益的计算，向受益人交付信托利益的形式、方法；（九）信托公司报酬的计算及支付；（十）信托财产税费的承担和其他费用的核算；（十一）信托期限和信托的终止；（十二）信托终止时信托财产的归属；（十三）信托事务的报告；（十四）信托当事人的违约责任及纠纷解决方式；（十五）新受托人的选任方式；（十六）信托当事人认为需要载明的其他事项。以信托合同以外的其他书面文件设立信托时，书面文件的载明事项按照有关法律法规规定执行。”

保险，尤其是各类商业保险，是现代人保护自身安全、分担各种风险的重要金融投资方式，是规避重大风险、实现传承稳定的有效手段。投保人可以通过在保险合同中设立受益人权利的方式，实现在保险约定事项发生时将其带保障的利益，以保险人向受益人赔付的形式实现流转，使人身的或财产的利益借由保险这一途径得到长久存续，且主动作出规划，使得投保之人身或财产性利益在其预期被需要的节点发生效力。

为保障与人身利益切实相关的人寿保险的可靠性，保险法第 89 条第 2 款规定：“经营有人寿保险业务的保险公司，除因分立、合并或者被依法撤销外，不得解散。”采用限制经营有人寿保险业务的保险公司解散的方式，避免保险公司采用解散或恶意破产等方式逃避履行合同赔付义务。且该法第 92 条规定：“经营有人寿保险业务的保险公司被依法撤销或者被依法宣告破产的，其持有的人寿保险合同及责任准备金，必须转让给其他经营有人寿保险业务的保险公司；不能同其他保险公司达成转让协议的，由国务院保险监督管理机构指定经营有人寿保险业务的保险公司接受转让。转让或者由国务院保险监督管理机构指定接受转让前款规定的人寿保险合同及责任准备金的，应当维护被保险人、受益人的合法权益。”这些条款确立了对该种保险将以兜底的方式，保障人寿保险的受益人最终能够依法获得赔付，为该种保险方式提供有力的法律背书，为推动该领域保险服务的迅速发展提供助力。

上述介绍可知，建立信托、保险关系时将涉及诸多事务，例如，法律文书签订、有关法律协议的审议，包括协议执行时的跟踪维护等，是一般人群难以凭借自身能力完整处理的，需要专业人士根据其专业技能为活动双方提供评估、建议等服务，这也就为传承法务提供了需求。如在 2014 年，盈科律师事务所便设立了首批家族信托法律服务中心，以提供类似的法律服务。

三、 老年相关法律为传承法务提供帮助

老年人是传承活动的主要“启动”群体，是传承法务活动的重要服务

对象，作为“传者”，其自身生活、传承意志以及相互间的平衡均是传承法务需要关注的重点领域。而老年相关法律作为该群体的专门规范，对这一群体自身所处的社会环境、法律地位、法律保障进行考量与规制，为实务活动提供法律基础和保障，其中部分条文存在一定的宏观性与被动性，需要传承法务为代表的法律服务活动对其进行落实。

（一）老年人权益保障法发挥总领作用

老年人权益保障法作为以老年人为现阶段主要服务对象的法律服务活动，传承法务的开展需要考虑老年人权益保护的相关法律规制，作为我国第一部且唯一一部专门针对老年人的法律，老年人权益保障法所鼓励的养老、敬老、助老服务为传承法务的服务活动提供相应法律支持，该法的修订也要求法律服务活动对其提供保障。

1. 老年人自主意志的保障需要法律服务支持

对老年人的赡养与服务不仅需要照护其日常饮食、身体健康，精神需求也是重要的保护对象，法律保障老年人自由意志的实现。除特别要求家庭成员关心老年人精神需求、不得干涉婚姻外，订立相关协议时也需要得到老年人的认可。老年人权益保障法第20条规定：“经老年人同意，赡养人之间可以就履行赡养义务签订协议。赡养协议的内容不得违反法律的规定和老年人的意愿。基层群众性自治组织、老年人组织或者赡养人所在单位监督协议的履行。”也就是说存在多个赡养人的，赡养人之间可以订立赡养协议，但订立该协议需要经过被赡养老年人的同意，且协议内容须符合被赡养人的意愿，同时受到相关社会组织的监督，保障该协议得到顺利实行。同时，该法第26条规定：“具备完全民事行为能力的老年人，可以在近亲属或者其他与自己关系密切、愿意承担监护责任的个人、组织中协商确定自己的监护人。监护人在老年人丧失或者部分丧失民事行为能力时，依法承担监护责任。老年人未事先确定监护人的，其丧失或者部分丧失民事行为能力时，依照有关法律的规定确定监护人。”即老年人可以自主选择监护人并与之订立书面协议，建立意定监护，且该监护人可以是自然人，也可以是自然人之外的组织。但是，相关协议在订立和运行时所需要进行的利益权衡，以及其中可能涉及的法律问题的解决能力却并非现下老年人所具备的，这就需要引进包括“家庭法律顾问”在内的法律服务工作者，帮助其制定或完善协议内容，使得老年人的内心真实愿望通过协议的形式固定下来，避免因某些能力问题或心理因素导致协议内容模糊不清，产生推诿扯皮等损害老年人晚年生活权益的行为，或导致某方子女（或承受人）义务畸重，损害家庭和睦，伤害老年人的情感，亦不利于传承活动；同时，法律工作者还可以作为第三方监督人，在较长一段时间内，持续帮助维护协议的良好运行，提供配套法律服务。

2. 养老服务社会化程度加强需要法律服务保障

相较于法律制定之初偏重于家庭养老的立法模式，修订后的条款大力引进社会力量，重视社会组织与社会资本对老年服务的作用，开放老年服务行业为老年关怀提供保障。老年人权益保障法第43条规定："设立公益性养老机构，应当依法办理相应的登记。设立经营性养老机构，应当在市场监督管理部门办理登记。养老机构登记后即可开展服务活动，并向县级以上人民政府民政部门备案。"该条款将原有的养老机构登记许可制变更为备案登记制，强调养老机构自登记之后即可以开展相应的活动，鼓励经营性养老机构的发展，引导资本向养老服务方向布局。但是开放型的准入机制与资本的图利属性不可避免地会使养老服务机构整体形成鱼龙混杂、良莠不齐的局面，因此建立服务合同审核机制，加强相关跟踪保障服务，密切追踪老年服务对象的近况等工作变得尤为重要。

（二）涉及养老服务机构的法规提供实践遵循

"放管服"改革使得政府部门的诸多职能由直接运营转向推进社会服务、由事前审查转向事后监督，服务的社会化要求服务机构或人员与消费者订立完善的协议，厘清双方权益，订立协议时的法律服务保障对于不熟悉相关法律规定的人员极为重要。如民政部所颁布的《养老机构管理办法》第16条第1款规定："养老机构应当与老年人或者其代理人签订服务协议，明确当事人的权利和义务。"明确要求养老机构在老年人入院时，应当与其签订服务协议，明确权利义务，并以之为基础提供符合协议要求与规范的服务。

针对老年人身体的特殊情况，国家对养老服务机构建设提出了要求，并通过法律法规的形式加以落实。食品安全法第28条即规定，对包括养老机构在内的单位食堂应严格遵守法律、法规和食品安全标准，保障食品安全，消除安全隐患。《养老机构医务室基本标准（试行）》中也规定，养老机构中的医疗机构应当符合国家要求的专业人员、区域和设备的配置。所以除帮助老年人订立与养老服务机构的服务协议外，法律服务人员还可以在老年人选择机构时提供助力，帮助认识法律法规对于养老机构设施建设的要求，为其选择符合法律要求的机构提供助力。

而老年人群相对脆弱的特殊体质与自理能力对服务要求的精细化，在要求政府部门加强监督的同时，也可能使得其因具有众多监管对象分身乏术，这就要求除政府机关以外的第三方人员，对其服务对象在养老服务机构中的日常感受，进行有针对性的跟踪与反馈，帮助政府机关监督养老机构落实相关法律法规，保障其服务人员的身心安全。例如，《中华人民共和国食品安全法实施条例》第28条规定了关于包括养老机构在内的公共食堂食品安全问题的定期检查制度，检查的空档期可能难以及时发现问题，传承法务的适时介入将有助于其服务对象随时反映可能存在的问题，起到有效转达或帮助监督的作用，最终有利于老年人权益保障和养老机构提供符合质量和法律要求的服务。

（三）《中华人民共和国人口与计划生育法》的变革提出发展要求

《中华人民共和国人口与计划生育法》是为了实现我国人口与经济、社会、资源、环境的协调发展，推行计划生育，维护公民的合法权益，促进家庭幸福、民族繁荣与社会进步，根据宪法所制定的法律。该法制定之初，是为了应对人口过度增长，避免人口爆炸问题的发生，预计通过30年的调整，缓和人口问题。[①] 但随着经济社会发展，人口老龄化问题的加剧，该法愈发应当转变成我国应对人口老龄化，调整人口结构的法律。

2015年修正的人口与计划生育法第18条第1款规定，“国家提倡一对夫妻生育两个子女”，在法律层面上结束了施行近40年的独生子女政策。该法第27条第5款规定：“国家提倡一对夫妻生育一个子女期间，按照规定应当享受计划生育家庭老年人奖励扶助的，继续享受相关奖励扶助。”仍旧为独生子女家庭的老年人提供一定的生活保障，但是其调整人口结构向年轻化方向发展的规划也更加明显。可以预见，在今后一段时间，随着老龄化问题的发展，人口与计划生育法将更多地向兼顾人口调整和老龄人社会保障的方向发展。

（四）其他法律的涉老条款提供法治精神支持

对老年人的保护并非仅指对老年人享有的养老、助老法律权利的物质保障，更要求在整个法律体系制定时表现出对尊老、矜老精神的重视，这不仅是对我国社会传统文化的呼应，更是对现代社会实现不断发展的保障，同时也能为传承法务的实践活动提供相应法律精神和法治环境的指导与联动。

1. 刑法中对老年人进行保护的涉老条款

我国刑法总则的众多条款，在保护和尊重老年人权益方面作出了特别

---

① 《中共中央关于控制我国人口增长问题致全体共产党员、共青团员的公开信》，中国经济网，http://www.ce.cn/xwzx/gnsz/szyw/200706/13/t20070613_11735640.shtml，2021年7月17日访问。

规定。如该法第17条之一即规定:“已满七十五周岁的人故意犯罪的,可以从轻或者减轻处罚;过失犯罪的,应当从轻或者减轻处罚。”减轻对老年人刑罚上的责难,以示对老年人的尊重以及对在年龄增长后自身判断与控制能力有所衰减的人群的保护。刑法第49条第2款规定:“审判的时候已满七十五周岁的人,不适用死刑,但以特别残忍手段致人死亡的除外。”将七十五周岁以上的老年人列入限制适用死刑对象范围,除非采用极残忍的方式致人死亡,否则法庭对其不能判处死刑的刑罚。于第72条第1款中规定:“对于被判处拘役、三年以下有期徒刑的犯罪分子,同时符合下列条件的,可以宣告缓刑,对其中不满十八周岁的人、怀孕的妇女和已满七十五周岁的人,应当宣告缓刑:(一)犯罪情节较轻;(二)有悔罪表现;(三)没有再犯罪的危险;(四)宣告缓刑对所居住社区没有重大不良影响。”放宽老年群体适用缓刑的尺度,使老年人在认识到自身过错的条件下,通过自身行为积极改正错误,取得外界原谅,尽量避免使其在晚年遭遇牢狱之灾。

我国刑法在分则中针对包括老年人在内的弱势人群,作出专门保护,警示对其具有照护义务的人员需得认真履职,否则,可能受到刑法的追究,遭受刑罚的严厉惩处。刑法第260条之一即规定:“对未成年人、老年人、患病的人、残疾人等负有监护、看护职责的人虐待被监护、看护的人,情节恶劣的,处三年以下有期徒刑或者拘役。单位犯前款罪的,对单位判处罚金,并对其直接负责的主管人员和其他直接责任人员,依照前款的规定处罚。有第一款行为,同时构成其他犯罪的,依照处罚较重的规定定罪处罚。”该规定要求负有监护、看护义务的人或者单位妥善履行照护义务,起码不使得被照护人受到严重伤害,否则将受到刑罚处罚;且构成单位犯罪时,除对单位科处罚金外,仍须对其负责人判处拘役或者有期徒刑的刑罚处罚。该法第261条规定:“对于年老、年幼、患病或者其他没有独立生活能力的人,负有扶养义务而拒绝扶养,情节恶劣的,处五年以下有期徒刑、拘役或者管制。”该款“遗弃罪”,是对于以抛弃的方式拒绝供养老年人生活且造成严重后果的行为予以严厉制裁的规定,其敦促义务人履行照护义务,投入更多精力;坚决反对对老年人等弱势群体“一抛了之”等不负责任的行为。由此看来,传承法务运行中不但需要秉持尊重老年人的服务原则,更要适时介入陷入矛盾中的传承双方,积极维系传承双方的关系,实现私下调解,避免某方因受到某种缘由刺激或双方长期误解而形成对立,最终在矛盾爆发的情况下,采用极端手段处理导致一方或双方误入歧途,受到刑罚的严厉制裁。

2. 行政执法中对老年人进行保护的涉老条款

《中华人民共和国治安管理处罚法》作为公安机关在日常管理社会的活动中，对违法但尚不足以构成刑事犯罪行为的处罚依据，也强调对于老年人的保护，如该法第43条规定："殴打他人的，或者故意伤害他人身体的，处五日以上十日以下拘留，并处二百元以上五百元以下罚款；情节较轻的，处五日以下拘留或者五百元以下罚款。有下列情形之一的，处十日以上十五日以下拘留，并处五百元以上一千元以下罚款：（一）结伙殴打、伤害他人的；（二）殴打、伤害残疾人、孕妇、不满十四周岁的人或者六十周岁以上的人的；（三）多次殴打、伤害他人或者一次殴打、伤害多人的。"将对老人的伤害行为作为情节恶劣的情形给予严厉打击，加重对侵害行为人的处罚，突出对于弱势人群的保护，同时也呼吁社会给予其更多的尊重与帮助。

3. 司法解释中的涉老条款

司法解释作为最高人民法院、最高人民检察院对于执行法律时产生问题的详细规定，对于尊重与保护老年人在执法与司法活动时具有重要的指导作用。《最高人民法院关于办理减刑、假释案件具体应用法律的规定》第20条规定："老年罪犯、患严重疾病罪犯或者身体残疾罪犯减刑时，应当主要考察其认罪悔罪的实际表现。对基本丧失劳动能力，生活难以自理的上述罪犯减刑时，减刑幅度可以适当放宽，或者减刑起始时间、间隔时间可以适当缩短，但放宽的幅度和缩短的时间不得超过本规定中相应幅度、时间的三分之一。"该条款对于老年罪犯进行优待，放宽考察项目，和减刑、假释的条件，表现对老年人的尊重和矜老精神。《人民检察院刑事诉讼规则》第649条第1款规定，"执行死刑前，人民检察院发现具有下列情形之一的，应当建议人民法院立即停止执行，并层报最高人民检察院负责死刑复核监督的部门：（一）被执行人并非应当执行死刑的罪犯的；（二）罪犯犯罪时不满十八周岁，或者审判的时候已满七十五周岁，依法不应当适用死刑的；（三）罪犯正在怀孕的；（四）共同犯罪的其他犯罪嫌疑人到案，共同犯罪的其他罪犯被暂停或者停止执行死刑，可能影响罪犯量刑的；（五）罪犯可能有其他犯罪的；（六）罪犯揭发他人重大犯罪事实或者有其他重大立功表现，可能需要改判的；（七）判决、裁定可能有影响定罪量刑的其他错误的"。该款条文是对于刑法第49条所规定的限制死刑条款在司法实务中的又一重保障，同《律师办理刑事案件规范》第202条形成联动，保护老年人权益，在贯彻"省刑慎杀"的法治精神的同时，突出对老年群体的保护与社会关怀，在各个法律行业的行为规则领域中设立相关条款，将有助于法律职业者树立应当对老年群体进行特殊保护的意识和观念，在传承法务的日常工作中应当予以体现。

四、 传承法务发展遇到的法律困境

传承法务作为一个新兴的法律服务领域，虽然存在良好的前景以及一定的法律支持，但是毕竟尚处于起步阶段，仍存在大量法律上的空白以及不完善之处，无法有效指导和保障其服务活动，需要在实践中不断进行探索、完善。

（一）基础法律亟须完善

传承法务作为支持自然人，依法实现生前身后人身权益维护和财产权益传承意愿的法律服务类型，其一切服务须建立在现有实体法律的基础之上，以法律为依据为委托人提供法律上的建议，帮助其分析法律利益的得失，辅助其作出利益权衡。需要承认的是，虽然我国立法工作根据社会发展不断推进，目前已经制定的法律法规在许多方面尚不完善，需要立法机关在法律实践的基础上对相关法律法规进行进一步调整。

上文中提到的信托金融法律领域便存在相关问题：制定于2001年的信托法虽然有许多如《信托公司管理办法》的部门规章对其内容的实施进行细节上完善，但其所规制的服务领域仍集中在信托公司所经营的集合信托与资金信托，该种信托对于合格投资人要求较高，传承法务所服务的广普对象很难采取该种方式实现自身的权益维护。如银保监会发布的《信托公司资金信托管理暂行办法（征求意见稿）》第8条第2款即要求，资金信托的合格投资人为自然人的，应当符合“具有两年及两年以上投资经历，且满足家庭金融净资产不低于三百万元人民币，或者家庭金融资产不低于五百万元人民币，或者近三年本人年均收入不低于四十万元人民币”的资产底线，这意味着此种方式很难对一般传承法务的受众群体有所适用。而近年来发展迅速的“家族信托”服务，也缺乏配套法律法规的规制，可借鉴的司法判例数量亦不多，当传承法务活动存在此种服务需求时，将出现缺乏法律参考的局面，法律服务人员只能凭借自身经验提供意见，缺乏相应的准确性和稳定性。

除金融领域之外，在老年人口的照护方面，我国现行法律也存在过于宏观而缺乏配套法律的问题，老年人权益保障法虽然突出了对老年人权利的尊重和多元保护，但其相对粗放的宣告性内容，使得相当部分法律条文存在难以落地的问题，较难对当前社会出现的如“医养结合”等新养老模式进行有效的法律规制，对实务缺乏具体、明确的指导。虽然《北京市居家养老服务条例》等各个地方陆续颁布相关地方性法规，对老龄服务法律规制的细节进行探索，但是一方面其法律层级不高，难以对全国养老事业做出统筹指导；另一方面其原则性、提倡性的内容依旧较多，操作上不尽如人意。这也给希望为“传者”提供生前身后平衡的传承法务活动的开展带来了困难。因此，有必要借鉴国外对于老年人照顾领域的经验，推进“老年人照顾法”等法律法规的立法工作，为老年人权益保障法提供配套法律的支持，为服务人员提供规则引导。

（二）欠缺指导服务活动的法律行为规范

在现有法律法规框架内，以提供见证服务等帮助委托人主动平衡生前身后人身和财产利益为主的传承法务活动，并没有充分的程序规则加以规制和调整，在法律和行政法规层面仅具有《中华人民共和国公证法》和《公证程序规则》等为数不多的法律法规，对于从事公证工作的公证员提出了明确的行为规范的要求。而律师服务领域，似乎只有《律师见证业务工作细则》（中华全国律师协会2017年修订）等行业规范对律师的相关见证工作存在指导，而司法部于2016年修订的《律师执业管理办法》中，虽然对于“律师执业行为规范”作出了专章规定，但并未具体涉及律师服务细节，仅是在其第25条第6项与第7项中，规定律师可以从事“接受委托，提供非诉法律服务”和“解答有关法律的询问、代写诉讼文书和有关法律事务的其他文书”，虽然为律师执业提供了相当广泛的选择空间，但不能否认的是，该规定存在相当的模糊性，似乎无法对于具体执业细节提供规则指导。这样，在法律、行政法规甚至司法解释这一效力层面，缺乏明确规定，给律师从事相关服务带来了不小的问题。

具体法律行为规范的欠缺除了无法对法律服务人员在业务上提供有效指导外，对于法律服务的信赖力度和权威性方面也存在一定的打击。事实上，如律师见证服务，其法律效力在很长一段时间内并未得到足够认可，与公证员所出具的公证书相比，在一般人群的观念中，律师见证所出具的法律文书欠缺权威性，虽然其具备私密性、法律服务全面等诸多优点，但是缺乏专门的法律规范，使得其在广大人群中不被重视。对此，有学者提出，有必要把《中华人民共和国人民调解法》第33条作为借鉴，以保证律师见证行为的合法性，由人民法院对律师所要见证的文件、事项进行合法性审查，推进律师见证等服务操作指引的规范化。[①] 不管其将法院的审查引入律师服务的建议是否违背设立的初衷，使得人民法院的司法权力行使过分前置，足以说明现阶段没有专门法规进行规范的情形下，以律师见

① 孙晗：《浅谈律师见证的几点心得》，载《法制博览》2019年第29期。

证服务为代表的律师服务活动，在效力认同方面处境尴尬。将之推及传承法务的法律服务中，这种情形引起提供该法律服务的人才队伍发展出现职业上的限制，导致服务队伍逐渐单一化，不利于传承法务的发展。

第三节　传承法务的现实需求

一、传承法务是社会发展的要求

随着全面建成小康社会任务与全面脱贫任务的完成，如何巩固脱贫成果，使得已经取得的成就留得住、存得下、靠得牢，使人民以现有成果为基础取得更大成就，令发展成果在合法有序的环境下实现稳定的代际流转，成为新时代的重要课题。同时，站在“两个一百年”的历史交汇点上，我国国家经济获得长足发展，社会变化日新月异，国民消费能力逐年提高，社会主要矛盾已经转化为人民日益增长的美好生活需要和不平衡不充分发展之间的矛盾，人民对美好生活的愿景从简单的物质温饱转移到自我价值的实现上来，大众的生活理念、价值理念、消费观念等不断变化发展，日趋多元化、个性化；同时，社会发展导致的个体意识与规则意识觉醒，使其在对自我进行完善的同时，倾向于在法律框架内寻求更富有自愿性、便捷性、私密性的纠纷解决模式，对包括传承法务在内的诸多新兴产业的产生提出了社会需求，为新兴产业的发展提供了经济基础与社会环境。

（一）社会经济发展对传承法务发展提出了经济要求

党的十八大以来，平均每年1000多万人脱贫，相当于一个中等国家的人口脱贫。贫困人口收入水平显著提高，全部实现“两不愁、三保障”，脱贫群众不愁吃、不愁穿，义务教育、基本医疗、住房安全有保障，饮水安全也都有了保障。2021年2月25日，全国脱贫攻坚总结表彰大会在京隆重举行，习近平总书记庄严宣告：我国脱贫攻坚战取得了全面胜利。经过全党全国各族人民共同努力，在迎来中国共产党成立一百周年的重要时刻，我国脱贫攻坚战取得了全面胜利，现行标准下9899万农村贫困人口全部脱贫，832个贫困县全部“摘帽”，12.8万个贫困村全部出列，区域性整体贫困得到解决，完成了消除绝对贫困的艰巨任务。① 脱贫攻坚的胜利使数量庞大的人口摆脱绝对贫困，使其产生了物质资料盈余，具备了巩固自身成果并进行财富代际流转的条件与需求。同时，国家鼓励法律服务为

---

① 习近平：《在全国脱贫攻坚总结表彰大会上的讲话》，载《人民日报》2021年2月26日。

脱贫攻坚与乡村振兴保驾护航，积极引导已经取得的脱贫成果在法律框架内得到巩固，并在此基础上获得进一步发展，令脱离贫困人民的幸福“留得住”“传得下”。

同时，随着经济社会的发展，国家不断采取措施拓展居民的收入增长渠道，提高劳动报酬在初次分配中的比重，建立工资合理增长的保障机制，增加居民财产性收入，使一般群众分享经济发展红利，人民可支配收入增加。而且社会保障的不断完善也为人民的财富积累提供助力。2021 年 4 月 16 日，经党中央、国务院批准，人力资源社会保障部和财政部下发《关于 2021 年调整退休人员基本养老金的通知》，为上调社会养老退休金作出规划，该《通知》宣布，“全国总体调整比例按照 2020 年退休人员月人均基本养老金的 4.5% 确定。各省以全国总体调整比例为高限，确定本省调整比例和水平”，该政策的落实将使得我国养老金实现自 2005 年以来的 17 连增，可以极大提高以养老金为主要收入来源的退休人员群体的经济能力。考虑到这类人群的事业已经进入了巅峰期和平稳期，而平均寿命的增长也为老年人口的财富积累提供了时间条件，根据贝恩斯公司发布的《2019 中国私人财富报告》，“保证财富安全和财富传承”已超过“创造更多财富”，成为他们眼下的首要需求。老龄化社会的人口结构为传承法务提供了庞大的消费基数；老龄化社会的财富结构则提供了传承法务的强大消费需求。

值得注意的是，当前存在相当一部分老年人口，希望在自身生前即完成以物质财产为主的自身财富的代际流转，避免因身后遗产分配不清导致家庭内部失谐；另外，也可以使“承”者更早获取“传”者的经验和积累，追求更加宏伟的目标和光明的未来；同时，对“承”者的义务进行增强（更多是观念上的加强），为自身老年生活提供保障，这就更加要求传承法务帮助流转双方在法律框架内完成利益平衡的任务，确保老年人生前利益与其供养人的权益不发生较大冲突。

（二）需要传承法务的需求群体数量增加

身处高速发展变化的时代，职场竞争的压力加剧，影响生活和生存环境的不确定因素增多，特别是“新冠肺炎疫情”等突发性灾难的暴发，似乎加剧了中青年人群“明天和意外不知道哪个先来”的担忧。为了解决后顾之忧，让自己辛勤所得在“万一”的情况下能有一个较为理想的归宿，避免自己身后继承人因遗产分配不清利益受损并产生纠纷，越来越多的中青年人群选择提前从法律程序上做好安排，这也是人们法治观念增强的表现。

中华遗嘱库发布的 2020 年度《中华遗嘱库白皮书》显示：近四年来，中青年立遗嘱人群年龄变化趋势图趋于一致，都是呈现增长的态势。从增长的趋势上看，年龄段越低，其增长态势越明显。其中，“80后”订立遗嘱的人数，每年呈上升趋势，2020年比2019年增长了2倍多，该数据暴涨，或许与2020年暴发新冠肺炎疫情有一定关系，其承担的家庭、社会压力促使其提早考虑遗嘱的订立。“90后”订立遗嘱的人数虽不及“80后”增加显著，但相较2019年也增加了25.90%。值得注意的是，“千禧一代”也加入了订立遗嘱的行列，虽然其中大多不涉及数目较大的财产且多以对自身情感的表述为主（有向现任、前任、暗恋对象表白的，有向闺密好友倾诉的，也有向父母倾诉的等，多属于反映年轻人对于美好生活与未来的向往的表达），但这也说明了遗嘱本身所寄托的价值更加多元化，且越来越受年轻人群体关注，[①] 反映了人们对于以遗嘱为代表的法律服务观念上的变化，对传承法务的需求或将有巨大的增长空间。

同时，人民群众法律意识的增强，也使得在如遗产分配等关乎个人切身利益的事项安排不清时，彼此间更加容易发生法律上的纠纷。所以，生前即对各继承人之间的应得权益与被继承人自身的人身和财产权益进行衡量，早日作出安排，也成为越来越多传者的需求。

二、 人口老龄化问题的应对需要传承法务

全国老龄办在2006年发布的《中国人口老龄化发展趋势预测研究报告》显示，我国即将进入人口老龄化发展的第二阶段，即从2021年到2050年的加速老龄化阶段。伴随着20世纪60年代到70年代中期新中国成立后第二次生育高峰人群进入老年，我国老年人口数量开始加速增长；同时，由于总人口逐渐实现零增长并开始负增长，人口老龄化将进一步加速。截至2019年底，我国60周岁及以上人口达2.54亿人，占总人口的18.1%，中国已经成为世界上老年人口规模最大的国家，并在不久的将来呈现出高度老龄化的发展态势。

根据第七次全国人口普查的最新数据，2020年，我国大陆地区60岁及以上的老年人口总量为2.64亿人，占到总人口的18.7%，其中，65岁以上的老年人口总量约为1.9亿人，占到总人口的13.5%。[②] 国际上目前普遍接受的联合国标准是：当一个国家或地区60岁以上老龄人口数超过人

---

① 《中华遗嘱库白皮书（2020年度）》，中华遗嘱库网，https：//will.org.cn/portal.php？mod=view&aid=1917，2021年7月17日访问。

② 《第七次全国人口普查公报解读》，国家统计局官网，http：//www.stats.gov.cn/tjsj/sjjd/202105/t20210512_1817336.html，2021年7月17日访问。

口总数的10%[①]或65岁以上老龄人口数超过7%，就意味着这个国家或地区进入老龄化社会[②]；按照国际通用习惯，65岁人口达到14%，为老龄社会，超过20%则进入超老龄社会。

社会老龄化程度不断加深，预计到2050年前后，我国老年人口将达到峰值4.87亿人，占总人口的34.9%。然而，我国人口平均年龄的增加却高于发达国家同期增长水平，"未富先老"的事实、独生子女家庭的养老负担重、大量老龄人口带来的劳动力短缺、越发庞大的社会保障形成的对国家财政的经济压力将成为不得不面对的社会问题。

（一）社会保障制度的完善需要传承法务支持

面对激增的老龄人口，除需要解决其积攒的大量社会财富的流转问题之外，更为重要的是建立科学、有效的养老保障制度，使其度过一个有质量、有尊严的晚年生活，全社会依据法律对养老保障制度进行支持，使养老体系依规依法进行，实现养老的合理、合法、可持续。但是目前而言，国内养老与医疗保障水平不高，庞大的人口基数使得老年疾病人群数量居高不下，国家对老年人的保障体系尚未形成一个统一的标准，服务经验也相对缺乏，虽然政府部门已经通过建立一批示范城市的方式开展相关尝试，[③] 但是到标准的最终确立，还需要经历一个较长阶段，仅依靠政府的公共事业暂且难以对广大老年人口的生活质量作出全面保障。同时，在人口流动加速、核心家庭越发成为社会主流的情况下，家庭养老的模式变得缺乏及时性，以家庭为基本单位的养老不能有效满足老年人对日常生活的需求。而且，这种单纯供给式的养老方式似乎难以有效体现老年人的自主意志，无法发挥有条件进行服务选择的老年人的自主性，不利于被照护者本身的发声。因此，引进社会力量，推动养老保险的社会化、多样化，积极引导社会资本建设多层次的养老服务与养老保障，使接受服务的老年人口能够"用脚投票"，在使得老年人能够主动介入、为自己选择养老模式的同时，帮助遴选优质力量为社会服务，完善多元化的社会保障制度体系。通过大力发展银发经济，使养老活动本身为经济发展创造动力，推动

① 1982年维也纳老龄问题世界大会，确定60岁及以上老年人口占总人口比例超过10%，意味着这个国家或地区进入老龄化。

② World Health Organization.（2002）. *Active aging：a policy framework*. World Health Organization. https：//www. who. int/ageing/publications/active_ ageing/en/. Visited on July 17，2021.

③ 《关于建立积极应对人口老龄化重点联系城市机制的通知》（发改办社会〔2021〕37号），中国政府网，http：//www. gov. cn/zhengce/zhengceku/2021-02/03/content_ 5584551. htm，2021年7月17日访问。

包括传承法务法律服务在内的，帮助老年群体适应社会化服务、平衡自身人身与财产利益、作出理性选择的相关服务，将有助于社会力量合法有序地向养老领域进行投入，为老年人提供高质量的晚年生活。其中产生的新的案例与工作经验，对于老龄法律制度的建立、老龄社会保障制度以及相关政策的完善，形成国家宏观统筹、社会积极参与、家庭基本保障的养老体系也具有积极的促进作用。

（二）失能老人的长期照护需要传承法务帮助

伴随物质条件改善和医疗水平发达，人均寿命普遍延长，然而在伴随平均年龄增长的同时，老年人作为慢性病多发群体，身体健康状况复杂，并随着年龄逐渐增长，自我照顾能力减弱，罹患急性或慢性疾病的风险显著增加。2016 年全国第四次中国城乡老年人生活状况抽样调查[①]结果显示，我国失能半失能老年群体达 4063 万人（占老年群体比重的 18.3%）。对于失能半失能老人的医护问题尤其是疾病后的复健和护理需求成为老龄社会普遍需要面临的问题。个体意识逐渐增强、对家庭价值与功能渐渐忽视，加之社会成本和经济压力提高，老年长期照护的风险已经很难为一般家庭所承受。家庭照护功能的减弱，相应的养老保障的社会化趋向则增强，传统家庭养老及家庭照护存在的医疗专业性短板，也加大了对社会保障的需求和依赖度。因此，老龄人口提前对自身的看护、照顾甚至丧葬形式等人身权益进行安排将是应对该局面的有效手段，通过与相关个人或组织订立协议，使得特殊情况发生时，失能老人的自身意志得到最大限度的实现，厘清社会保障与被保障人权利义务，使社会资本大量进入养老服务领域时可以有序运行。除基本照护外，失能老人对家庭的精神需求（如子女陪伴等）仍然存在，引入法律见证等服务可以帮助维持与平衡各方之间的权利义务关系，可以防止出现在没有相关安排的情况下发生不必要的纠纷。

（三）特殊家庭养老需要传承法务保障

1. “空巢老人”

伴随国家现代化、人口城市化进程的加快，我国人口大规模流动，出现了家庭的空巢化现象，越发普遍的家庭成员离散型居住模式更加重了这一情况。2020 年家庭户人口（指以家庭成员关系为主、居住一处共同生活的人组成的户）首次低于 3 人，平均每个家庭户的人口为 2.62 人，比 2010 年第六次全国人口普查的 3.10 人减少 0.48 人，[②] 家庭小型化带来了

---

① 《三部门发布第四次中国城乡老年人生活状况抽样调查成果》，中华人民共和国民政部官网，http://jnjd.mca.gov.cn/article/zyjd/xxck/201610/20161000886652.shtml，2021 年 7 月 17 日访问。

② 《第七次全国人口普查公报解读》，国家统计局官网，http://www.stats.gov.cn/tjsj/sjjd/202105/t20210512_1817336.html，2021 年 7 月 17 日访问。

“空巢老人”现象的加剧。老年人随着年龄增长自我照顾能力逐渐减弱，长期独居生活往往伴随心理问题的产生，“空巢老人”的养老问题是我国养老服务建设的难点，也是社会化养老面对的核心问题之一。

2. “失独”家庭

自20世纪80年代国家实施独生子女政策以来，计划生育已经开始作为我国一项基本国情，独生子女成为社会主流。随着人口老龄化日渐严重，独生子女必须要面对“四二一”的家庭结构，负担“上有老，下有小”的双重压力。对于经济条件较差的家庭来说，多个孩子就多了一份分担养老压力的力量，而广泛存在的421家庭，一对夫妻可能要承担4—6个老人的照顾和赡养，这种情况下传统的家庭养老模式难堪重担，社会服务的支援和保障极为重要。

对于类似“空巢老人”“失独”家庭等处于特殊情况下的家庭而言，家庭养老义务根本难以承担，传统家庭养老模式在此情形下可能难以为继，将老人送入养老院等服务机构或许是对整个家庭更好的选择。传承法务的适时介入，将有利于帮助这些家庭维系生存与养老的平衡；在合适的条件下，甚至可以由数个情况类似的家庭共同委托法律服务人员，为其“打包”进行法律服务，以便于更好地为其向养老机构争取权益，发挥类似“家庭律师”的作用。

（四）老年教育发展呼唤传承法务支持

应对老龄化问题不仅要靠国家和社会的努力，更需要发挥老年人口本身的力量，使得老年人在退休之后仍旧能够发光发热，为经济社会建设发挥力量。这不仅要求社会不应对老年人参加工作设置障碍、表达歧视，更要求社会积极发展老年教育，引导老年人口适应社会发展，认识社会变化。以老年大学为代表的老年教育课程，对于丰富老年人日常文娱生活、改善旧有观念、树立法治意识均具有较大的帮助作用，使更多的老年人对于通过法律手段解决利益分配隐患、维系家庭和睦的意识增强，更加愿意对自身与家庭的实际情况进行主动衡量，对自身生前身后利益作出安排，使自己所积累的物质与精神财富得到流传。但鉴于大部分老年人对于专业法律知识的生疏，需要从事传承法务的服务人员对该事项提供法律帮助，担任其法律顾问，帮助处理和维护传承相关的法律事务。

第三章 传承法务的主体与体系结构

第一节 传承法务的主体

传承，《辞海》解释，意为传播与继承。在本书将传承置于法律语境下，将传承行为定义为支持行为人依法自主处分生前身后财产权益的系统化制度化的综合法律行为，即“生前身后命与财的系统化制度化平衡”行为。在此定义背景下，传承关系即为在该主体财产分配流转平衡过程中所发生的权利义务关系，而过程中所涉及的权利义务指向的具体承担主体即为传承法律关系的参与者，其与具体的传承行为相关联而享有相应的民事权利、履行民事义务、承担民事责任。

传承法务的主体是一个综合性的主体性概念，它既包括狭义上的财产权益发生流动转移中的传者与承者双方，也包括因对“传—承”过程中的财产权益享有特定利害关系的第三方以及在此过程中的专业服务主体。这一多主体参与的综合性事务以传承双方或其中一方为依托，囊括传承过程中紧密联系的主体，并与相关服务及行业分工协作，共同促进融合联动的传承法务新业态体系形成。

一、 传承人

承接上文，传承人作为构成传承关系最基本的主体，是传承行为中传出财产权益意思表示的传者与该意思表示最终指向对象的集合。根据财产权益安排模式不同，其构成结构可能仅有传出主体，如传者生前对自己财产权益所作出的经营管理、人身权益维护的安排，该财产权益的最终流向仍旧为传者本身。也可能是传者将其财产权益转移交付给他人，此时涉及财产权益所有者主体的变更，该传出意思表示最终指向对象即为承者。此种法律模式在传承法律关系中最为常见，其涉及的法律关系有可能为继承、赠与、委托、信托等不同法律制度，对应的法律关系不同而产生的传承权利义务安排不同，此模式是“传”“承”双方相互支撑、融合联动的主体性概念。具体而言，传者将其生前身后适宜节点的财产、人身安排交由承者承担，承者由此获得财产利益或要承受相应的义务。在个人合法财产的保障与延续功能上，传承人是一切法律关系的最终载体。

在“传—承”过程中，传者与承者并非总是处于一一对应的状态，相反，传承人可能为一方、双方甚至多方主体。比如，传者将部分财产预留给自己作为养老医疗费用、部分财产留给法定继承人、部分财产捐赠给慈善机构不特定的受益人，由此产生了不同的承者类型，其中养老医疗费用最终指向的财产权益对象为传者本身，而在后两者模式中分别对应了继承和赠与关系，均含有双方法律主体。同时也存在传者接受多个主体捐赠和向多个主体进行援助的情况，此时的传承法律关系就打破了“传—承”的一对一流动轨迹，形成错综复杂的关系线，丰富了传承法律关系及其衍生关联的内容。此种传承关系是对传统继承法律关系及其关联领域的极大突破。因此，对传承人的正确把握是理解传承法务的核心内容，同时也将助推传承法务的扩展与完善。鉴于传承关系中所涉法律关系种类复杂，所涉主体广、周期长，跨越时间界限长且不断呈扩大趋势，这显然是单纯处理身后财产事务的继承所不能比拟的。

（一）传者

传承中的传者即传出者，是指对生前身后财产权益作出安排和处分的自然人，其处分行为既包括传者为自身生前人身权益维护作出财产权益处分的安排，也包括传者就生前身后财产权益为他人所作出的安排。按照现行法律规定，传者应是十八周岁以上精神正常、能清晰表达，有特定的传承标的并对其作出个性意愿传出安排的自然人。而鉴于生命周期理论分析，理智的消费者会合理安排自己每个节点的消费，实现个人效用最大化。中年之后，人们会逐步将所得收入用于储蓄以备退休之后的消费支出，故中老年人作为最大的资金储备人群将是最大的传者群体。① 因此，传承法务现阶段的传者主要由中老年人构成，对于他们来说，往往有一定的经济基础且有现实的传承需求。但随着老龄化及社会家庭模式的更改，中青年传承意识逐步觉醒，未来传者的年龄结构会呈现为包含十八周岁青年到百岁老人的格局。

（二）承者

传承中的承者即接受者，即传者发出传出意思最终指向的对象。承接前文分析，承者结构意味着在传承法律关系中财产权益实现了所有者的变

---

① 王亚柯、叶雨彤、汤晟：《以房养老：经验、困境与发展路径》，载《江海学刊》2020 年第 1 期。

更。而在这一过程中，承者可能单独或者共同分享、处分单一或者多方传者的财产利益并或要承受相应的义务。传统继承人以近亲属为限，并基于遗赠和遗赠扶养协议衍生出受遗赠人或者扶养人等主体概念。传承法务中的承者范围显然要广得多，既包括继承语境下的近亲属、指定继承人，赠与语境下的被赠与人，也包括传者依法依意愿指定的任意人，既可以是自然人，也可以是法人、非法人组织甚至是国家，其涉及的法律关系既可能是继承、赠与，也可能是信托、委托等其他法律结构安排，承者财产的取得既可能附条件附义务，也可能无条件无偿取得。

伴随传承法律观念的扩展以及代际间承者身份的变化，传承行为将得到延续和扩展；传承法务也因此辐射至更广泛的主体需要的权益维护中，所以，传承法务中的传承方式更为灵活，传承主体也呈现多元化形态。

二、 利害关系人

有关利害关系人的规定可散见于我国民事诉讼法的具体条文中，[①] 对其主体概念的界定直接关联到当事人诉讼资格及民事权利义务的证成，以学界通行观点认为，利害关系人是其权益受到他人侵害或是与他们发生了实质争议，并与处理结果有利害关系的人，[②] 以其中利害关系强弱为进一步划分，可分为直接利害关系及间接利害关系，以不同关联程度作为区分当事人参与所涉争议权利大小的划分标准。[③] 承上所述，传承法务中的利害关系人也指对传者意欲传承安排的财产权益有实质争议或因该安排受到侵害，并与处理结果有利害关系的人。传者、承者与所涉财产权益有直接关联自不必言，而当财产权益牵扯其他主体权益，对其处分会涉及他人利害关系时，则当引入传承关系中利害关系人的概念以作区分。

（一）直接利害关系人

我国学界普遍以民事诉讼法第 122 条标准作为界定直接利害关系人的认定标准。从司法实务来看，最高人民法院对于何为直接利害关系人的认定存在不同表述。如认为利害关系人“应当是当事人自己的民事权益受到侵害或与他人发生争议”；[④] 或是“自己的民事权益受到侵害或者与他人发

---

① 《中华人民共和国民事诉讼法》第 122 条第 1 款规定，“原告是与本案有直接利害关系的公民、法人和其他组织”，虽有对直接利害关系人的直接表述，但无对其具体含义的解释。

② 杨荣新主编：《民事诉讼法学》，中国政法大学出版社 1997 年版，第 143 页。

③ 邹瑜、顾明主编：《法学大辞典》，中国政法大学出版社 1991 年版，第 222 页。

④ 参见最高人民法院（2013）民一终字第 139 号民事裁定书。

生争议，为保护自己的民事权益而提起诉讼的人”。[①] 可以看出，直接利害关系人直接对所涉标的享有独立请求权，在我国实际即为实体权利义务主体。[②] 依此概念，在传承法律关系中的直接利害关系人即对传承中所涉财产权益享有实体权利义务的主体。由于直接利害关系人并非局限于某一法律关系中，故传承法律关系中所涉及的任一法律关系均可能涉及直接利害关系人，在所涉争议无法调解时，直接利害关系人均有可能为保护自己民事权益以当事人身份提起诉讼。以继承关系为例，在传者将涉及第三方权益的房产作为传承财产转移给承者时，此时因房屋所有权或涉及所有权归属于第三方，或属于和第三方共同共有房屋所有权，此时第三方可以独立主体身份对传者或是已继承房产的承者提起诉讼，请求返还所涉财产或是请求重新分配房屋权益。而当传承关系中所涉房屋不涉及权益纠纷时，若原承者或违反规定将因法定事实被剥夺继承权，此时传者的其他法定继承人可以独立主体身份对承者提起诉讼，请求剥夺其继承权。[③] 凡此种种，均是对所设传承财产权益直接享有权益之主体，以其对财产权益享有的实体权利对传承人提起权利主张，而传承双方意欲流转安排的财产权益因此面临的法律风险，也成为阻碍财产权益顺利流转的一大障碍。

（二）间接利害关系人

间接利害关系人的概念多围绕民事诉讼法第59条展开，依规定，间接利害关系人为与诉讼结果之间存在法律上的利害关系人，但只能以无独立请求权的第三人身份辅助参加诉讼的第三方。[④] 司法实务常认为，间接利害关系人在辅助当事人一方进行诉讼时，虽不具有完全的当事人地位，对被辅助的当事人具有显著的依附性，但其以自己名义参与诉讼行为，旨在保护自身的实体权利，有一定的独立诉讼地位，其参与诉讼无须经过诉讼当事人的同意，可以独立提出防御方式、事实主张及证据。[⑤] 依此概念，传承关系中的间接利害关系人也以此概念为基准。如在房产赠与中，传者

---

① 参见最高人民法院（2014）民二终字第39号民事裁定书。

② 曹云吉：《民事诉讼正当当事人判断标准的建构——兼谈起诉条件的“双重高阶化”》，载《北方法学》2019年第5期。

③《中华人民共和国民法典》第1125条“继承权的丧失和恢复”、第1144条“附义务遗嘱”、第1150条“继承开始后的通知”。

④《中华人民共和国民事诉讼法》第59条规定：“……对当事人双方的诉讼标的，第三人虽然没有独立请求权，但案件处理结果同他有法律上的利害关系的，可以申请参加诉讼，或者由人民法院通知他参加诉讼。人民法院判决承担民事责任的第三人，有当事人的诉讼权利义务……”

⑤ 黄忠顺：《间接利害关系人诉讼实施权配置模式》，载《国家检察官学院学报》2021年第2期。

赠与的房屋前期已卖给第三方甲但未办理过户登记，甲又将房屋出租给乙，乙实际居住于该房屋内。如此，当承者接受房屋赠与时，由于房屋所有权的状况会实际影响乙的居住和租金的缴纳情况，但乙对房屋所有权并不享有独立权益，故乙此时无法作为直接利害关系人对房屋主张权利，但基于实际影响其最终权利义务的事实，乙此时可作为间接利害关系人，对传承关系中所涉的财产权益提出异议，以无独立请求权第三方的身份与甲一起进行诉讼。

三、传承参与人

传承法务中还存在其他关联主体，其不是传者引发的具体传承法律关系的主体与利害关系方，而是为传者生前身后财产权益提供流转服务而衍生出来，为实现传承关系的顺利进行、与传者生养死葬、与承者生存发展、与传承的标的或权益关联联动的主体。传承参与人以专业服务者为主体，以提供专业技术支持为主要活动，具体包括遗产管理人、律师、公证机构、见证人、鉴证机构及财税、审计、评估、保险、信托等专业机构。由于传承行为跨越时间节点长，权益间的种类维度多，既要保障“传者”生前幸福生活所需的财产权益，又要妥善处理逝世后权益的安排，因此其对服务主体和专业内容提出了更高的要求。伴随社会财产和法律关系的复杂化发展趋势，未来传承参与人为传承人提供的传承法律服务，不仅将需要更高的专业化水平，而且也将链接、嵌入为维护传承人相关权益提供服务、产品的相关行业主体。

（一）遗产管理人

随着民法典第 1145 条至第 1149 条对遗产管理人初步构建的完成，立法上遗产处理管理人制度开始有了明确的法律途径和法律保障。具体而言，继承开始后，依选任或指定产生遗产管理人，[①] 遗产管理人承担保护和管理遗产的法定职责，需要在继承开始后至遗产分割前，通过保管、评估、变卖、清理和分配等多项措施来实现维护遗产的完整与安全，保障遗产权利人的合法权益，保障遗产公平、有序分配，对死者的遗产负有保存、管理、处分职责。[②] 之所以专门设立一个制度是因为遗产涉及多方主体的利益且在还没有继承、分配的状态下极易受到侵犯，因此民法典新增

---

① 莫志：《论遗产管理人制度适用之边界——兼评民法典草案三审稿第 1145—1151 条》，载《光华法学》2020 年第 1 期。

② 付翠英：《遗产管理制度的设立基础和体系架构》，载《法学》2012 年第 8 期。

的遗产管理人制度是继承领域的一大创新，它突破了“直接继承”分配模式的弊端，限制了继承人对遗产的支配空间，为公平分配提供制度保障。在英美法系国家，遗产管理人通常是由第三方机构或者清算机关担任，[①]而我国则是按照遗嘱指定——继承人担任或推选——相关部门担任的路径依次进行，[②] 由此可见，我国虽引入独立的第三方主体机制，但是基于“家事自行处理”的传统，我国主要是由继承人担任遗产管理人，但是遗嘱指定继承人之外的个人或机构担任遗嘱执行人的可以担任遗产管理人；继承人或者相关部门担任遗产管理人的可以聘请专业人士或机构为其提供遗产管理服务。与之相关联的遗嘱信托也首次在民法典中亮相，这充分显示了专业化与独立化将成为遗产管理的发展趋势。此外，遗产管理人制度应是平衡保护继承法律关系当事人及债权人利益的重要桥梁。自原《继承法》实施“无条件限定继承”[③] 以来，债权人的利益长期难以得到有效保护。遗产管理制度则有效地避免了继承人隐匿挥霍遗产的情形，并对债权人的权益予以优先清偿，从而改变利益保护不平衡的局面。

（二）法律服务者

1. 律师

律师是承办传承法律服务的主力军，是为维护传承人生前身后人身权益及财产权益，按其个性化的传承意愿，进行统筹安排并协助履行、实现而提供系列法律服务的专业工作者。传承法律服务，目前由专职律师中从事婚姻家庭、财富管理与传承、公司法务、保险、信托、金融证券、财务税收、房地产、政府服务等业务领域的专业律师提供；随着传承法务概念共识的达成、传承法务学科体系及领域法研究的深入，将会形成专门的传承法务专业，传承法律服务就会由传承法务专业的律师主要提供服务。他们对传承法务的法律服务项目有着较为丰富的经验，并且还拥有较为稳定的律师从业群体和关联客户群体。随着传承法务的进一步拓展与成熟，其他复合专业的律师加入，例如，财税法、金融法、家事律师、房地产专业律师等组合形成传承法务律师专业团队，以传承法务律师为主导，其他专

---

① 张玉敏：《继承法律制度研究》，法律出版社 1999 年版，第 14 页。

② 民法典第 1145 条“遗产管理人的选任”。

③ 原《中华人民共和国继承法》第 33 条规定：“继承遗产应当清偿被继承人依法应当缴纳的税款和债务，缴纳税款和清偿债务以他的遗产实际价值为限。超过遗产实际价值部分，继承人自愿偿还的不在此限。继承人放弃继承的，对被继承人依法应当缴纳的税款和债务可以不负偿还责任。”从上述条文可以看出，我国实行限定继承原则，而且立法也没有规定丧失限定继承权利的任何事由，所以属于无条件的限定继承。

业如评估、审计等专业机构出具的结论报告作为传承财富、资产流转时必要的工具及产品支持，与相关行业主体相互配合形成传承法务、传承服务、传承事务合作的联动模式。通过传承法务链接、赋能、配套提供的理论与实践支持，从业律师的主观能动性与专业素养必将得到更大体现，从而激活庞大的传承法务的市场需求及存量资源，实现专业模块的扩展、融合、对接。

传承法务涉及多法律领域的专业知识，所以涉及复杂财富传承法律服务时，需要金融法、财税法、信托法、慈善法、保险法等专业深厚的多位律师的团队服务。关于传承法务专业律师及业务的细分，将在本章第三节内容中详细表述。

2. 公证机构

公证机构是根据自然人、法人以及其他组织的申请，依照法定程序对民事法律行为、有法律意义的事实和文书的真实性、合法性予以证明的主体。作为国家司法制度的组成部分，公证制度是国家预防纠纷、维护法治、巩固法律秩序的一种司法手段。我国继承领域早已广泛运用了公证的手段，例如，遗赠扶养协议公证、遗嘱公证、继承公证、夫妻财产约定公证、遗产分割协议公证、家庭财产分割协议公证、房屋赠与公证等。随着传承法务的发展，公证机构必然在更广的范围内发挥其显著的优势。民法典施行后，公证机构已经逐步开展意定监护、生前预嘱业务，将会参与遗产管理制度，充当类似于遗产管理人的角色。① 公证机构凭借其在专业、公信力、效力等方面的显著优势以及长期参与遗嘱、继承等家事业务的丰富经验，可以针对当事人需求设计产品和服务，从而更好地维护当事人的权益。虽然我国法律对于遗产管理人的任职资格并未明确，但是随着遗产管理制度的落实，公证所蕴含的服务、沟通、证明、监督功能，以及保全、登记、提存、保管、代书等综合性事务，对于遗产管理的提质增效会产生重大影响。

目前，国内已有个别城市的律师协会建立了“遗产管理人”律师库（个人），已有几个城市的公证处率先发布了“遗产管理人（机构）推荐名录（律师事务所）”。可以预见，律师行业协会、公证行业协会会将相应的遗产管理人机构或个人“入库名录”进行相互促进认证，形成相应共建共享的机制。由此，开启了打造“公证＋律师”行业全新、优质的传承法律服务模式，以探索公证行业的创新与改革。

---

① 李志江、吉松祥：《民法典视角下的公证参与遗产管理制度》，载《中国公证》2021 年第 1 期。

3. 见证人

遗嘱见证是指见证人应遗嘱人要求，根据自己所见所闻，以自己的名义依法对遗嘱订立过程的真实性、合法性进行证明的一种活动。广义的遗嘱见证指遗嘱人以及继承人以外的参与遗嘱订立过程进行见证的民事活动，包括公证遗嘱的公证（即公证员的见证）以及见证遗嘱的见证。这里所说的见证是从狭义角度来理解，即见证遗嘱的见证。民法典规定了六类遗嘱形式，除了自书遗嘱外，其他五类含公证遗嘱都需要见证，自书遗嘱也可以进行见证。所以，见证是继承领域的一项重要制度，见证人通过参与遗嘱订立、生效、执行全过程，对遗嘱的合法性、遗嘱生效的条件以及遗产分配是否按照遗嘱人的意志等内容进行证明以及监督。随着传承意识的提升，传者不再多是老年人，传承法务的需求出现年轻化态势，越来越多的人将通过遗嘱、生前预嘱等方式对生前身后相关权益作出安排，见证的事项及类型更加多元。

4. 鉴证机构

鉴证机构是基于传承法务概念凝练和项目设立而衍生的机构，兼顾公权力公信力的具体工作节点，主要由传承文书鉴证、督导两个主要模块和数据平台等配套模块构成。鉴证机构，既有类似于现有见证、公证效用，又有法律文书的引领规范、优化有效的效用，还有与督导执行环节的即时数据同步等功用。因此，鉴证员、鉴证督导员将会发展成专门的岗位或职业，可以预见还会由此产生新的管理制度及督导规范。

（三）其他专业机构

传承法务综合平衡了行为人生前身后不同时间跨度的人身和财产权益，其服务内容往往包含了多个行业的分工协作。以对传者的生前财富管理服务为例：实现传者对合法财产占有、使用、收益及处理的需求，往往需要专业的税务策划、保险、信托、基金、证券投资、物业管理、中介合作等配套服务支持。随着经济的持续快速发展，中国高净值人群的迅猛增长激发了家族财富传承意识，却又面临着“富不过三代”的考验，于是越来越多的人倾向于将其财产交由独立的第三方机构进行统筹安排，通过专业规划以及多元投资实现财产的保值增值，国内的家族办公室便是一种典型。[①] 而普通的中老年人注重储蓄及财富积累，大批金融机构以及专业机

---

① 根据美国家族办公室协会的定义，家族办公室是为（超）高净值客户家庭或家族在资产配置、资产保全、安全保障、税收筹划、财产传承以及慈善安排方面提供全方位财富管理和家族服务的综合性机构。

构加入投资与理财行列，从而使得专业的财富管理模式更加平民化、普及化。在传承过程中，为顺利完成相关传承环节，实现财产权益传递的结果，除了专业的法律服务机构外，还需税务、评估等专业机构的参与，以从法律、财税、审计、评估、金融投资等方面对传承财产提供全面的服务。通常情况下，这些环节非彼此独立，而是相互交织，共同成为传承中不可或缺的一环，并且伴随财产权益和制度结构的多样化发展，信托等其他理财服务机构也将逐步介入传承关系，以发挥对传承财产权益维护、经营、发展的作用。

1. 税务机构

传承作为财产权益流转安排模式集合，因须实现涉及财产权益在多个不同主体间的流转，故其中任意环节均有可能涉及税收问题。以继承为例，在继承房屋时，须对继承的传者房屋进行评估，评估机构按照所继承房地产的评估价向承者收取费用。而后承者要按照房屋评估价缴纳合同印花税，若承者为非法定继承人，是根据遗嘱承受土地、房屋权属的，还须按照房屋评估价缴纳契税。在承者出售时，须全额缴纳个人所得税及其他税费，即实际承担一定的房屋遗产税。在此时，税务机构作为调整所涉财产权益的公权力机关，将实际影响传承关系中传承双方的权利义务。值得注意的是，伴随社会财富的不均衡现象的日益突出，对财产流转环节进行调整，以最终实现财产的均衡化发展是各国普遍面临的问题和政策最终将要发展的趋势。例如，境外国家普遍征收的遗产税，虽然我国暂未对其立法，但是随着社会财富的不均衡分布状态的持续和日趋严重的偏向化，对代际间财产继承的调整则必然存在，届时遗产税就会成为影响传承关系中对财产处置的重要调整因素。

2. 评估机构

伴随传者财产权益的多样化发展，对部分价值波动较大的财产进行评估，以完成传承财产的分割是当前传承过程中不可或缺的一环。除去前文所提及的房屋继承时，须对房屋价值进行评估外，评估也更宽泛地存在于传承关系所涉的多个层面。例如，传者须以某种难以直接作价的财产进行类似委托、信托等安排时，为明确该委托或是信托的财产权益价值大小，对所涉财产进行评估则为财产权益安排的前置步骤。当前，司法实务中对于评估报告的证明力虽有不同意见，但多趋向于认定其证明力意见。在中国人寿与福清恒一案中，最高人民法院认可中国人寿所作的评估报告，并以其作为裁判依据参考。[1] 在厦门兴通海商贸有限公司财产损失赔偿纠纷案中，最高人民法院也以认定意见，将评估报告作为裁判依据。[2] 可以说，在传承关系所涉财产权益标的额大，涉及法律关系复杂的情况下，评估机构的专业结论支持应用，可以更好地保障传承人权益，以顺利推进传承财产的流转。

3. 商业保险机构

根据保险法规定，商业保险业务由依法设立的保险公司以及法律、行政法规规定的其他保险组织经营。商业保险机构作为保险人，承担保险合同约定的赔偿或者给付保险金责任。商业保险不仅是金融行业重要的组成部分，更作为社会保障体系的重要支柱发挥着独特的作用。我国的社会保障体系尤其是养老体系尚不健全，家庭须自行承担住房、教育、养老、医疗等长期或大额支出，健康保险和人身意外险可以保障家庭成员的生命和健康风险，财产保险可以有效分摊财产损失风险，养老保险可以降低家庭的养老支出、缓解家庭经济负担，商业保险的基本保障作用已不可或缺。而随着我国保险业营业规范的进一步放开，在商业保险保障功能的基础上，商业保险的财富管理功能进一步凸显。除了消费型保险，商业保险若不出险则在某种程度上承担了长期储蓄的功能，这一优势是其他金融投资品无法替代的，因此越来越多的人选择依托保险实现理财需求，家庭金融资产配置和商业保险消费需求间的联系逐渐紧密。基于商业保险自身聚合的“保障＋理财＋传承”的独特优势，传承法务之于商业保险业务的价值主要体现在两点：其一，为商业保险消费者提供基本的法律风险防控服务；其二，商业保险依其优势成为遗嘱、信托等多种传承方式的基础性制度安排，传承法务则应为此提供不同法律部门间的融通服务。

4. 信托等其他专业机构

为适应社会财产的种类宽泛化，法律关系复杂化的趋势。传统机构或已无法完全适应传承法务要求。为保障传者财产不被轻易减值，境外已形成多种特殊机构介入传承关系，如针对遗产税问题，境外多以信托方式将被继承遗产和继承人、被继承人相独立。随着信托财产与委托人相分离，该部分财产之上的纳税义务也随之与委托人相分离。通过灵活的信托安排对受益权利进行重构，对纳税人的身份、数量、纳税地点和纳税义务的发生时间等要素进行调整，为实现承者继承财产权益的最大化提供了巨大的

---

① 参见最高人民法院（2014）民申字第1007号民事判决书。

② 参见最高人民法院（2017）民申字第4403号民事判决书。

空间。[①] 我国当前遗产信托还未形成产业化趋势，民法典继承编第 1133 条新增的遗嘱信托条款，初步奠定了代际间遗产信托安排的基础，为日后传承法务中遗产信托安排奠立法理基石。除此之外，其他财产管理机构也将应市场需求，逐步渗入传承法务中，以最终实现财富在代际间的稳定流转，隔离财产风险，捍卫传承人的财产权益。

第二节　传承法务的特点

一、 合法有效的贯通性

传承法务是以现行法律规范为基础，通过对传者生前人身权益的维护及生前身后财产权益系统化制度化平衡的统筹安排与实施，使其个体传承意愿依法得以实现，以律师、法务工作者为主导，为传承行为人提供专业法律服务并对接与传承有关的相关行业予以支持的法律实务。因此，必然要求传承行为有关的主体、意思表示、内容及实施等均要合法有效，最终才能产生传承人预期的法律效果。

例如，合法地打印遗嘱要求：订立遗嘱的传者应该是十八周岁以上精神正常、能清晰表达个性意愿作出传承安排的自然人；有法律规定合格的两名见证人在场，对传者传承安排意思的真实性予以证明；传者安排的标的应该是其合法的个人财产；传者及两名见证人均应在打印的遗嘱即载明遗嘱内容的法律文书每一页签名并写上日期。有效的遗嘱是遗嘱生效后顺利执行的基础依据，若因遗嘱继承发生纠纷，相关传承关系参与人可以依照法律程序维护合法权益，对接人民法院运用公权力支持认可，直至由法院强制执行保障实现。

司法实践中，若有传承法务专业律师参与，制作规范表达传承人真实意愿与现行法律规范相一致的法律文书，有助于避免传承参与人的理解偏差以及传承人对自身权益的误判，保障传承人自主意愿的真实性、合法性，促进其意思自治有效、高效地实现；而有效的见证行为能支持遗嘱的合法效力得到公权力的认可，减少对遗嘱内容的存疑或争议，让遗嘱得以高效率执行，这既是对传承人合法权益的维护，也是对传承参与人的保护。所以，传承法律行为的主体、意思表示、内容到执行，各个层面都须

---

① 欧阳天健：《遗嘱信托中的遗产税规避法律问题研究——兼论我国未来遗嘱信托税收法律体系的构建》，载《税务与经济》2016 年第 3 期。

合法有效，才能实现传承人所期望发生的法律效果，若任意一个有效要素欠缺，可能导致遗嘱无效或被撤销，让传者的传承意愿不能依法顺利实施。

二、 体系内容的领域性

传承法务体系内容的领域性，体现为法律规范的跨部门运用，与业务内容的跨行业联动。

（一）法律规范的跨部门运用

民法典是传承法务现行法律规范的主要基础，与公司法、保险法、信托法、老年人权益保障法等法律及规章政策相结合，构成传承法务的法律规范基础。作为一种新型的复合性法律实务，传承法务以领域法思维协调适用民商法、社会法、行政法、刑法等不同部门的法律规范，以期着眼于解决传承问题，实现人民群众的传承需求。

（二）业务内容的跨行业联动

相较于财富传承、老年人法律服务、继承法律服务等近似概念，传承法务的法律实务链接、嵌入更多的行业。传承法务综合平衡了传承人生前身后不同时间跨度的人身权益与财产权益，服务内容往往涉及多个行业的分工协作。以对传者的生前服务为例：实现传者财产权益服务对合法财产占有、使用、收益、处分的需求，往往需要专业的财税法、保险法、公司法等律师开展团队服务，还需要监督专业理财、金融证券投资、物业资产管理、中介合作等配套支持服务，家族财富办公室便是围绕对传承人财产权益的安排而提供高端传承法律服务的一种形式；此外，传者的生前服务还有与养老、医疗、文旅、居家等生活、健康相关的配套服务，涉及的行业、产品、产业服务更为广泛，其中传承法务的专业监察监督必不可少。将各个法学、法务通过传承法务适用领域的链接、嵌入，促进传承服务、产业及配套的功能模块进行融合联动，助推传承法律服务产业体系的形成。

三、 适用对象的广泛性

传承法务适用对象的广泛性体现为，可以全面适用于具有传承需要的传承人，全方位、多层面地维护传者或承者的人身权益与财产权益，是以人民为中心积极应对人口老龄化的重要体现，事关亿万百姓福祉。

（一）传承法务的适用具有广泛性

传承法务主要源于传者的传承需求产生，以其个体意愿为基础，以现行法律规范为依据，以传者精神正常能够清晰、真实地表达传承意思为导向。传承法务追求促进传承意愿合法有效且能顺利的实现，法律效力是传承法务的使命与生命线，所以，只要传者提出传承意愿，需要辅助其依法统筹平衡安排，即可为其提供传承法律服务。

（二）传承法务是适用于所有人传承需求的法律服务

具有传承需求的传承人通常包含传者与承者，对应家庭中的多代及相关成员，包含老年人、中年人、青少年、儿童甚至胎儿。具有传承意愿并作出合法的传承安排或依法达到传承条件后成为传者，无条件或附义务接受传者处分权益的是承者，传承行为完成后，传者民事行为能力的丧失并不影响传承法务的适用。传承法务现阶段的传者主要由老年人构成，随着中青年传承意识的觉醒，未来传者的年龄结构会呈现为包含18周岁青年到百岁老人的格局，北京生前预嘱推广协会的数据显示，35岁以下的年轻人填写的生前预嘱已占比三分之一，[①] 即是这种趋势的写照。传承法务的承者不等于传者的法定继承人，而是传者依法依意愿指定的任意人，包含胎儿阶段到去世前的不同年龄阶段，而每个人都来自父母、家庭，这就是传承法务适用于所有家庭、所有人，可以对传者或承者从出生前到去世后提供法律服务的原因。随着承者成长为传者，传承行为在代际间得到延续，传承法务也因此辐射至全体人民需要的权益维护中，为增强人民群众获得感、幸福感、安全感，促进家庭和谐与社会稳定贡献其专业力量。

四、 个体意愿的自主性

传承法务的个体意愿主要是指传者的意愿，兼顾关联人的意愿，其自主性体现为传者自愿安排、主动安排、及早安排的传承意识，发挥传承法务对个体意愿自主性的优化、辅助作用，是民法典颁布实施后人民群众美好生活需要的必然趋势。

（一）自愿安排

传者按个性自愿处分生前身后的人身权益与财产权益，是传承的基本目的，“除了法定继承以外的财富传承工具，或多或少地都能体现当事人主动对财富进行分配的意愿”，[②] 因此，传者真实意愿的实现需要传承法务的广泛参与。传承法务推广以系统化的思维及见证等手段辅助传者的真实

① 选择与尊严网，http：//www. lwpa. org. cn/Index. shtml，2021年7月17日访问。

② 梅傲、戴宇倩：《民间财富传承的制度变迁：从继承到寿险和信托》，载《学术交流》2020年第10期。

意愿体现，并以满足制度化的安排来维护意愿的实现，促进传者自愿安排的贯彻执行。

（二）主动安排

传者主动处分生前身后的人身权益与财产权益，是传者权利意识的重要体现，过去大量的继承纠纷来源于传者对传承行为“避讳”的消极等待。传承法务强调以主动安排代替消极应对，“向死而生”，以主动的姿态平衡地作出传承行为，从法定的被动继承者变为主动订立有效遗嘱的参与者，避免矛盾的扩大化、公开化，实现纠纷的预防、化解，促进家庭与社会的和谐。

（三）及早安排

倡导传者及早安排生前身后的人身权益与财产权益，传承法务以代际传承视角，鼓励不同年龄段人群预先自主进行传承安排，特别是中老年的传者在精神正常、意识清醒时安排“生养死葬的人生大事”，谁也不知道明天或意外哪个先来，早一分安排多一分保障。

五、权益内容的私密性

传承法务权益内容的私密性体现为传承法律实务对传承人的紧密性与隐私性。

（一）紧密性

传承法务是以现行法律规范为基础维护传承人生前身后人身权益与财产权益系统化制度化平衡的法律实务，其涉及的主要内容是传承人的人身权益与财产权益，包含传者对自身权益的统筹安排与承者对传者权益的承接、运转，除法律确定的人身权益与财产权益外，还有其他关乎传承人的切身感受的权益，例如，生前预嘱、生前契约的安排。传承法务处理的是传承人最利害相关的人身、财产权益事务，绝大多数与家庭或家族成员关系密切，处理途径或方式不当，直接伤及亲人、破坏亲情，造成家庭分裂、财产流失，对传承人个人、家庭而言具有最相关的紧密性。

（二）隐私性

传承人作出的传承行为往往具有个性化，带有一定的个人偏好，对隐私的保护是对传承法律服务的基本要求。对传承人而言，传承行为关涉自己的切身权益，一般不想传承人之外的人知晓，赡养、继承等家庭内部传承问题更是需要保护隐私不应对外公示的事项。而在传承人范围内，一部分传者也不愿意让自己的家庭成员提前知晓传承意愿的安排，一方面是担心子女因财产分配问题引发不平衡或争利纠纷；另一方面也是担心子女后代知晓有确定的财富可以承接，丧失进取之心或打乱正常的生活节奏。

六、服务周期的长期性

传承法务服务周期的长期性体现为服务的长期性与产品的长期性，这与代际更替的长期性相适应。

（一）服务的长期性

传承法务承载行为人妥善处置生前身后人身权益与财产权益的期许，面临大量统筹性、跟踪性、维护性的服务需求，服务流程往往长于一般的诉讼代理业务或单项非诉业务。以遗嘱订立到执行的律师专项法律服务为例，通常情况下，经过咨询、设计、制作、见证、留存，有的须对接遗嘱登记或保管程序，随后就是漫长的维护、服务期，其间可能有遗嘱修改等情况，立遗嘱人逝世后才进入遗嘱的执行环节，直到遗嘱执行完毕流程才宣告完结；若行为人 30 岁就立遗嘱，到其去世时 80 岁，服务周期超过 50 年，若行为人 60 岁立遗嘱，到其去世时 80 岁，服务周期超过 20 年；中华遗嘱库的最新数据显示，截至 2020 年 12 月 31 日，中华遗嘱库已经向全国提供遗嘱咨询 256152 人次，登记保管 190866 份遗嘱，遗嘱生效却仅有 954 份，[①] 这足以反映传承法务服务的长期性。

（二）产品的长期性

“父母之爱子，则为之计深远”，传承法务的大量产品产生于传者对承者维持长久幸福生活的期望，所以传承法务会在赠与、遗嘱等财富传承工具的基础上，不断衍生出诸如百岁人寿保险、为隔代后辈服务的信托产品等金融法律服务。这类动辄周期长达几十年甚至过百年的传承产品，往往通过指定受益人、设置触发条件以及长期规划的方式，辅助解决承者的生活、发展问题与家风、教育问题需要长期性的跟踪、监察。

七、专业服务的延续性

传承法务专业服务的延续性体现为：本专业内的不同环节、岗位的延续；根据服务对象动态状况跨专业响应的延续；以及由传到承或第三人等主体服务对象变迁形成的延续。

（一）本专业内的不同环节、岗位的延续

针对传承人的具体需求，传承法务专业服务可由专业律师团队为主

---

① 《中华遗嘱库白皮书（2020 年度）》，中华遗嘱库网，https：//will. org. cn/portal. php？mod = view&aid = 1917，2021 年 7 月 17 日访问。

导，提供持续性代理、意定监护、意定监护监督、生前预嘱监督、信托监察、遗产管理等法律服务，帮助设计遗嘱信托、遗嘱公证、遗嘱见证、以房养老、殡葬祭祀、慈善信托等法律服务，实现不同服务需要的接力延续。面对失智失能老人比例不断增加的社会现实，倡导老年人在神志清醒时提前统筹安排监护、赡养、医护等人身权益保障及生前身后财产权益处分，当设置确定的意定监护、生前预嘱及至遗嘱执行条件达到时，触发相应的协议生效执行，发挥传承法务对传承行为人的延续服务及持续支持作用，保障传承意愿依法达成。

（二）根据服务对象动态状况跨专业响应的延续

传承法务链接与嵌入相关行业的服务和功能，是在精准把握服务需求后形成的梯次推进联动，体现为社会工作者、社区服务机构、医疗及护理机构、传承法务专业律师等不同行业、岗位就不同传承法务事项构建的梯次分工、延续响应的服务机制。例如，社区养老的传者与社区医疗护理机构签订了服务协议、与社会工作者签订了意定监护协议、与律师事务所签订了意定监护监督协议；当其正常生活时，享受社区配套的老年食堂、医疗保健、老年大学课程等服务项目，当其失智失能后重病需要手术时，意定监护人及意定监督人应配合送到综合医院手术救治并代理办理相关手续，当其手术治疗结束需要回到社区医院康复理疗时，意定监护人及意定监督人需要配合社区康复护理持续履行协议义务。这就是因为服务对象动态状况不同，应提供的跨专业响应并延续服务的体现。

（三）由传到承或第三人等主体服务对象变迁形成的延续

例如，民法典新增的遗产管理人，如果由传承法务专业律师团队提供服务，在帮助传者设计遗嘱信托、进行遗嘱见证后，被指定为遗产管理人，当遗嘱生效进入遗嘱执行及管理环节，传承法务的服务对象就由传者变迁、延续至为承者继承、管理遗产服务，并与相关联的遗嘱信托机构、债权债务人等第三人及相关行业发生连接与嵌入的法律关系。因此，在服务主体及对象发生变迁后，形成传承法律服务的延续，发挥平衡保护继承法律关系当事人利益及债权人等利益的作用及效能，体现传承法务介入遗产管理人制度的优势。

第三节　传承法务的体系结构

推行传承法务的目的，是通过对传者生前人身权益的维护及生前身后财产权益系统化制度化平衡的统筹安排与实施，使其个体传承意愿依法得以实现，以适应和促进老龄化社会依法治国、创新社会治理、共建和谐家庭、满足人民对美好生活的多层面需求。

本教材提出的传承法务体系结构既涉及传承人的传承行为，与相关联的法律法规和制度的实施以及传承法学理论及应用的研究，也关联到不同的部门、领域和板块与传承法律实务的链接与嵌入，共同构建了一个相对明晰的多层次体系构架。

本教材分别从“传承法务基本理论、传承法务基本内容、传承法务与相关行业”三个维度，以“传承法务理论＋案例与解析＋文书范本”的表达形式，论述了传承法务体系结构的内容。

一、 传承法务基本理论

（一）第一编基本理论概述

本教材第一编共分为三章，第一章论述了传承与传承法务的概念；第二章对传承法务相关的政策法律及现实需求进行了归纳梳理；第三章论述了传承法务的主体、特点及传承法务的体系结构。

传承法学是领域法学，是“法学”的下位范畴，是与民商法、社会法、行政法、刑法等部门法学相辅相成、交织融合、同构互补的法学门类。由于社会分工与环境的复杂化，产生了大量新兴领域，相应法律调整方法与思维出现局限，从而衍生出“领域法”以作扩充与延展，着眼于解决传承问题。而传承法务，是解决传承关系相关问题的法律实务，突破了部门法的界限需要应用领域法解决传承问题。传承法务是以现行法律规范为基础，维护传承人生前身后人身权益与财产权益系统化制度化平衡的法律实务的总称。

（二）传承法务的主体分类

传承人作为构成传承关系最基本的主体，是传承行为中传出财产权益意思表示的传者与该意思表示最终指向对象的集合。主要包括：

1. 传承人

指传承关系中传出与接受的当事人，涉及传者和承者。

2. 利害关系人

指与传承权益密切相关的人，涉及直接利害关系人和间接利害关系人。

3. 传承相关人

指传承关系的相关参与人，涉及遗产管理人、法律服务者（律师、公证机构、见证人、鉴证机构）、其他专业机构（税务、评估、保险、信托等）。

（三）传承法务体系结构的三个层次

传承法务体系结构分为以下三个层次：

1. 核心层

主要包含现行有效的法律法规及学术研究，是传承法务的核心内容及运行基础。

与本书的第一编传承法务的基本理论内容相对应，是传承法务的概念、主体、特点、体系结构等应用领域法学提出的依据和前提。

2. 实务层

主要包含现行有效的法律法规的施行、传承法律实务的司法实践，以及基于立法预留弹性空间的多学科复合和社会分工的专业化应用。

与本书的第二编传承法务的基本内容相对应，是传承法律实务的具体体系，其中，传承法务专业律师的服务是整个传承法律服务业态体系的主干，公证、诉讼、仲裁及调解是公信力与公权力的体现，也是传承法务司法实践的重要组成。

3. 关联层

主要包含与传承法务相关联的社会服务与行业的链接和嵌入，为传承法务的推广运用起到支撑和赋能的作用。

与本书的第三编传承法务与相关行业内容相对应，使得传承法律服务与传承服务及传承产业进行连接，并形成融合联动的发展模式，共同构成为传承人提供传承事务处理需要的新型传承法务生态。

二、 传承法务基本内容

（一）传承法务基本内容的六大模块

本教材第二编传承法务的基本内容主要涉及六大模块，共六章：

1. 传承法务中的人身权益；
2. 传承法务中的财产权益；
3. 传承法务中的财税与审计、评估的应用；
4. 传承法务中的金融投资、资产管理及养老 PPP；
5. 传承法务与多元化解纠纷；
6. 传承法务中的涉外传承。

第四章、第五章详细论述了民法典实施后，最新梳理的传承法律实务中，人身权益及财产权益涵盖的主要内容，涉及民商法、社会法、行政法、刑法等法律法规的综合应用。论述了传承法务普遍涉及的基础服务内容。

第六章介绍传承法务中的财税与审计、评估的应用等关联业务的关系、作用和功能，涉及传承人在自主处置和管理各类可流转资产过程中团队专业法律服务的内容。

第七章介绍传承法务中的金融投资，涉及资产管理及养老 PPP 等业务的关系、作用、功能等相关内容，金融投资与传承人的财产权益及传承行为方式相关，传承法务包含金融、投资、政策研究、产业或相关领域的复合型专业法律服务内容。

第八章介绍传承法务与多元化解纠纷内容。论述了诉讼、仲裁、调解、公证与传承法务的关联性、工作流程和作用。公证参与传承服务可以起到对公信力提升的作用，诉讼、仲裁、调解可以对接公权力对传承法律实务的认可和支持，通过司法保障功能，达到预防传承纠纷、化解传承矛盾、打击侵犯传承权益的行为、维护合法传承权益的目的。

第九章介绍传承法务中涉外传承的现状与特点、域外老年法治战略的主要经验与启示，分析了几个典型的涉外传承案例，凸显了两种传承工具的作用。

（二）传承法务专业律师的细分

传承法务应用层面的主要内容突破了民商法领域的范畴。传承法律实践是随着经济的发展和财富类型的多样化、传承人生前主动安排权益需求的增加而发展完善的。随着传承法务应用推广、传承法务学科体系及领域法研究的深入，传承法务专业服务逐渐成熟，传承法务将主要由传承法务专业的律师提供服务。

传承法务涉及多法律领域的专业知识，所以涉及复杂财富传承法律服务时，需要金融法、财税法、信托法、慈善法、保险法等专业深厚的多位律师的团队服务。传承法务专业律师细分如下。

1. 传承法务继承法律师（遗嘱、遗产管理、继承纠纷）

传承法务继承法律师业务，是指服务于客户传承意愿实现，就继承类法律规范提供完整的国内以及跨境规划方案的专业服务。相应法律服务包括：遗嘱咨询、订立及保管服务；担任遗嘱执行人、遗产管理人，向继承人报告遗产情况、清理遗产并制作遗产清单、保全遗产价值、处理被继承人的债权债务、分割遗产、实施与管理遗产有关的其他必要行为；代理法定继承纠纷、遗嘱继承纠纷、被继承人债务清偿纠纷、遗赠纠纷、遗赠扶养协议纠纷等各类继承纠纷。

2. 传承法务公证人律师、见证律师（遗嘱见证、意定监护协议见证、生前预嘱见证、涉外公文书）

传承法务公证、见证律师业务，是指具备相应资格的律师为传承过程中的法律行为、有法律意义的事实和文书提供证明的专业服务。相应法律服务包括：具有中国委托公证人资格的专业律师为发生在境外的法律行为、有法律意义的事实和文书所进行的证明服务；满足民法典见证人条件的专业律师，就遗嘱、意定监护协议、生前预嘱等传承法务文书的真实性、合法性进行专业审查及证明的服务。

3. 传承法务婚家律师（搭伴养老、必留份、赡养、防啃老）

传承法务婚家律师业务，主要指为传承人提供婚姻家庭、搭伴养老等专业服务，相应法律服务包括：被赡养权维护、搭伴养老协议设计、再婚婚前和婚内协议、防受虐待、防啃老维权，以及代理离婚、婚姻效力及撤销婚姻、离婚损害赔偿纠纷，夫妻财产约定、离婚后财产、分家析产、同居关系析产纠纷，夫妻扶养、子女抚养、监护权、探望权、赡养、收养纠纷，也包括涉及上述领域的非诉讼服务内容。

4. 传承法务金融法律师（以房养老、资本管理及运作、投资理财）

传承法务金融法律师业务，是指运用金融法律知识实现传承人意愿的专业服务。相应法律服务包括：根据客户需求对金融产品或事项进行风险判断，为客户提供以房养老、资产管理、投资理财、资本运作、居住权设计等事项的融资交易结构设计和文件企划，实现资金提供方和需求方的合作共赢；满足传承人对金融配套服务的需求。

5. 传承法务财税法律师（税务筹划、风险隔离、家族办公室）

传承法务财税法律师业务，是指接受高净值客户委托或者指定，协助客户降低纳税风险、优化节税空间、实现深层次合法化税务筹划，从而促进传承意愿实现的专业服务。相应服务内容包括：税法咨询业务、税务争议解决、税务尽职调查、应税财产申报、法律法规的咨询；设立家族办公室、统筹家族企业节税、财富传承的节税设计等有助于实现传承意愿的内容。

6. 传承法务信托法律师（信托、家族办公室、特殊遗愿）

传承法务信托法律师业务，是指依据我国信托法律规范所确定的范围为传承人以及传承相关的金融机构等提供的信托方案设计、项目审查、合法性论证、合同起草及修订、实务操作培训等专业服务；不包括民法典规定的遗嘱信托服务。相应服务内容包括：信托产品结构设计、信托业务规则及指引等制定、信托运营纠纷解决方案制订、信托监管政策解读、信托产品合法合规论证、信托项目尽职调查并出具法律尽职调查报告、信托项目法律意见书出具、信托法律文件起草及修订、信托项目商务谈判、信托法律及实务培训研讨。

7. 传承法务慈善法律师（家族办公室、公益目标实现）

传承法务慈善法律师业务，是指依据我国现行慈善类法律规范，为传承人的公益性意愿实现提供咨询、规划、协助建立慈善实体等服务的专业服务。相应服务内容包括：慈善捐赠、设立慈善基金、设立慈善信托、建立家族办公室。

8. 传承法务保险法律师（养老保险、医保、保单组合、以房养老）

传承法务保险法律师业务，是指帮助传承人妥善运用商业保险工具及社会保险福利实现传承意愿的专业服务。相应服务内容包括：针对传承人的住房、教育、养老、医疗等长期或大额支出，配置健康保险和人身意外险等产品；针对传承人的财产损失风险，配置财产保险等产品；为传承人的传承意愿设计保险方案，达到储蓄传承人财富的效果，展现“保障+理财+传承”的独特优势；为商业保险消费者提供基本的法律风险防控服务；将商业保险融入遗嘱、信托等传承方案的设计中，提供不同法律部门间的融通服务。

9. 传承法务合同法律师（生前预嘱、生前契约、权益处置协议、资产代持）

传承法务合同法律师业务，是指以传承相关的合同纠纷代理、合同风险防范为主要业务的专业服务。相应服务内容包括：为传承人提供生前预嘱、生前契约、权益处置协议、资产代持协议等专项法律服务咨询、制作合同文件或审查合同，预防和控制传承相关合同风险，为传承人的权益处置提供法律意见，从而确保合同效力及合同目的实现，减少相关法律风险。

10. 传承法务老年人权益保障法律师（家庭赡养、遗赠扶养、卫生权、防家暴、适老权）

传承法务老年人权益保障法律师业务，是指针对老年人养老问题、财产问题、赡养问题等关乎老年人人身、财产合法权益的问题提供咨询与解决方案的专业服务。相应服务内容包括：养老方案、财产分配方案、赡养权纠纷、医疗权保障等，旨在改善老年人因不具备专业法律知识在婚姻、财产、赡养等法律关系中处于的弱势地位。

11. 传承法务刑事律师（防骗维权、老年人犯罪预防、老年人刑事辩护）

传承法务刑事律师业务，是指以老年人为服务对象或者以老年群体为研究对象的刑事法律类专业服务。相应服务内容包括：侦查阶段为嫌疑人提供法律帮助，提供法律咨询、代理申诉、控告，为被逮捕的犯罪嫌疑人申请取保候审；审查起诉阶段和审判阶段为其担任辩护人，根据事实和法律，提出证明犯罪嫌疑人、被告人无罪、罪轻或者减轻、免除其刑事责任的材料和意见，维护犯罪嫌疑人、被告人的合法权益；刑事诉讼过程中，会见犯罪嫌疑人、被告人，查阅案卷和调查取证，参加法庭调查和法庭辩论等。

12. 传承法务行政法律师（社会优待政策权益）

传承法务行政法律师业务，是指就传承相关行政法律事务以及满足老年人社会优待需求而提供的专业服务。相应服务内容包括：接受客户委托对行政处罚、行政措施、行政机关及其工作人员行使职权不服等个案进行行政诉讼；以服务于政府法治建设及维护行政相对人合法权益为两大主线，聚焦行政行为、行政复议、行政诉讼及政府法律顾问等业务内容，为客户提供优质高效的法律服务；针对客户的传承意愿实现，提供从谈判到诉讼的全方位争议解决方案。

13. 传承法务 PPP 律师（养老 PPP 投资、运营、机构建设）

传承法务 PPP 律师业务，是指为传承法务 PPP 项目提供法律配套的专业服务。相应服务内容包括：[①] 项目识别，包含项目发起、项目筛选、物有所值评价、财政承受能力论证等环节；项目准备，包含管理架构组成、实施方案编制、实施方案审核等环节；项目采购，包含资格预审、采购文件编制、响应文件评审、谈判与合同签署等环节；项目执行，项目公司设立、融资管理、绩效监测与支付、中期评估等环节；项目移交，包含移交准备、项目测试、资产交割、绩效评价等环节法律服务。

14. 传承法务综合律师（传承法务学术、理论与实践研究）

传承法务综合律师业务，是指综合运用部门专业知识，研究传承法务理论与实践的专业服务。主要内容包括：传承法务的理论更新、传承法务的人才培养、传承法务的团队建设等。

传承法务具有自己独特的法律关系，传承法务专业律师既要掌握深厚的专业法律知识，服务时也要符合传承法律关系内在需要。这是整个传承法律服务业态体系的主干，是传承法务生态生存发展的基础保障。

三、 传承法务与相关行业

（一）链接与嵌入相关行业的四个环节

传承法务新业态的形成与推广应用需要一个过程。在这个过程中，既需要链接与嵌入相关行业的服务和功能，也要整体策划传承法务的应用和

---

① 陈洪忠：《老龄产业法律文书精要详解及实务指南》，法律出版社 2017 年版，第 237 页。

推广的模式。传承法务的应用推广模式可以概括为包含“人、点、面、术”等四个“梯次推进”的环节。

1. 人才培养

坚持以人为本的方针，着力传承法务所需的专业性复合型人才培养，以满足传承法务应用和推广的需求。加大学术研究、课程设计、教材编著和师资队伍的培训，包括：（1）学历教育；（2）职业培训教育。坚持从实践中来，到实践中去，为传承法务的应用和推广提供人才保证。

2. 选点实践

选择有代表性的法律专业服务机构、有代表性的社区基层单位，通过政府购买法律服务或其他提供传承法务服务的方式，试点推广应用传承法务工作。包括：

（1）公共服务类：①政府购买服务；②民间公益服务；③基层公益与商业创业就业的融合联动；

（2）综合服务类：①传承法务中的传承产业；②传承法务中的传承地产；③传承法务中的慈善信托；④传承法务中的旅居康养。

通过试点工作，积累推动传承法务的经验和案例，积累传承法务与科技应用、科技赋能和相关行业链接与嵌入的模式，探讨共同发展的模式和规律。

3. 推广应用

根据对试点实践的总结，有针对性地在不同城市、不同社区和不同行业推广传承法务的应用，形成规模效应。

4. 学术研究

在传承法务的实践过程中，关注应用过程中出现的与传承法务相关的新现象、新问题、新案例及数据信息，开展传承问题“领域法学”相关的学术探讨与研究，有利于指导和增强传承法务实践的推广及反馈，有利于相关法律政策的调整与完善。

（二）相关行业对传承法务的支撑与扩展

1. 传承法务进社区与政府保障

社区是我国最基本的单元。社区治理是国家治理的基本单元和关键环节，事关党和国家大政方针贯彻落实，事关人民群众切身利益，涉及各个领域各个方面。社区是传承法务工作的主要阵地，社区是连接传承人与传承法务的服务界面。第十章论述了传承法务与社区运行及联动，涉及政府购买传承服务、传承法务与社区服务的梯次结构联动、社区中的老年人防骗及维权。

2. 传承法务与科技应用及赋能

以信息技术和生物技术为主要内容的新一轮科技革命正在深入推进，以互联网、大数据、人工智能、区块链、云计算、传感技术、虚拟现实等为代表的信息技术和以DNA技术、基因技术等为代表的生物技术正在深入老百姓的生活，深刻影响着社会发展。第十一章论述了传承法务与科技应用，介绍传承法务与科技发展的关系，科技应用的现状与前景，探索深度融合、科技赋能的发展方向。

3. 传承法务与相关产业的融合发展

面对日益突出的老龄化问题，中国亟须发展为老年人服务的老龄事业及老龄产业，通过政府引导、市场化运作的方式解决老龄化社会的传承问题。相关产业的发展将以老年人人身权益保障和生前身后财产权益分配、流转、管理为基础，关注老年人财产传承的多层面个性需求，可以链接与嵌入形成新的产业形态即传承产业。第十二章论述了传承法务与相关产业的关系，重点介绍传承法务与传承地产、慈善信托、旅居康养等行业功能的链接联动，从传承法务从业者、相关产业从业者、服务对象等角度，探讨传承法务与相关产业的融合发展，进行案例分析并提供传承法律实务操作要点。

第二编

传承法务基本内容

第四章　传承法务中的人身权益

传承法务中的人身权益保护，是传承法律关系有效运行的前提，人身权益保障是财富传承的基础。

人身权与财产权是传承法务应用的重要研究对象，传承关系中传承人的人身权是指专属于传者或承者主体的权利，其人身权与权利主体不可分离，在传承过程中，人身权与财产权是相互交织、密切关联的。本章内容就是在人身权益概述基础上，从传者生前身后人身权益维护角度论述传承法务中的意定监护、生前预嘱、遗赠扶养协议、搭伴养老、以房养老、居家养老与机构养老及生前契约的内容，提供传承法律服务时需要对生前身后的人身权益及财产权益进行统筹维护与安排。

第一节　传承法务中的人身权益概述

人身权与财产权是公民的两大基本民事权利。民事权利包括人身权利，即人格权和身份权，也包括财产权利即物权、债权、知识产权、继承权和股权以及其他投资性权利。公民的民事权利受法律保护，那些地位尚未上升到民事权利的民事利益，尽管不能以民事权利的形式保护，但是法律都以法益的形式予以保护。

一、　传承法务与人身权益

（一）人身权与人身权利

人身权，是指与人身相关或不可分离的，没有直接财产内容的权利，亦称人身非财产权。

在民法体系中，人身权与财产权是两大基本民事权利。人身权包括人格权和身份权两类，人格权是指民事主体所享有的，以人格利益为客体，为维护民事主体的独立人格所必备的固有民事权利。[①] 身份权是指自然人

---

① 杨立新主编：《〈中华人民共和国民法典〉条文精释与实案全析·下》，中国人民大学出版社 2020 年版，第 4 页。

基于特定的身份关系产生并由其专属享有，以其体现的身份利益为客体，为维护该种利益所必需的人身权利。公民的人身权利是公民最基本的权利。它包括的内容比较广泛，但主要是指人的生命、健康、名誉、人身自由和婚姻自由等权利，以及与人身直接有关的权利。

按照民事权利是指民事主体为实现某种利益而依法为某种行为或不为某种行为的可能性的基本理论，人身权的权利主体所享有的权利，就是指在人身权法律关系中的权利主体，根据法律规定，依据自己的意愿，为实现自己人格利益和身份利益，为某种行为或不为某种行为的可能性。

通过某种行为而实现自己的人格利益或身份利益，就是行使人身权利。通常认为，人身权利包括三层意思：

1. 权利人有权在法律规定的范围内，根据自己的利益为一定行为或不为一定行为；

2. 权利人在法律规定范围内要求义务人不为一定行为；

3. 权利人有权在自己的人身权利遭到侵害或义务人不履行义务时，请求人民法院予以保护。

（二）合法的民事权益受法律保护

私权神圣原则是民法基本准则之一，指的是民事主体的人身权利和财产权利以及其他合法权益的地位神圣，受法律保护，任何组织和个人不得侵犯。这一原则的含义是：

1. 民事主体所有的民事权利受民法保护

民事权利包括人身权利，即人格权和身份权，也包括财产权利即物权、债权、知识产权、继承权和股权以及其他投资性权利。

2. 合法的民事利益也受法律保护

不仅民事主体的民事权利受到保护，而且合法的民事利益也受法律保护。那些地位尚未上升到民事权利的民事利益，法律以法益的形式进行保护，例如，胎儿的利益、死者的人格利益等，尽管不能以民事权利的形式保护，但是法律都依法以法益的形式予以保护，任何人不得侵犯。

3. 民事主体的民事权益神圣不可侵犯

民事主体享有民事权益，是保障其行使民事权利的前提，地位极为重要。禁止任何组织或者个人侵害民事主体的民事权益。任何组织或者个人侵害他人的民事权益，都要承担民事责任。

4. 民事权益受到侵害有权请求保护

民事主体的民事权益受到侵害，可以行使请求权予以保护。民事主体保护自己的民事权益，既享有民事权利本身所包含的请求权，也会因侵权行为而产生侵权请求权。行使这些请求权，就可以救济自己的损害，保护自己的民事权益。

（三）传承法务中的人身权益

传承法务是以现行法律规范为基础，维护传承人生前身后人身权益与财产权益系统化制度化平衡的法律实务。传承法务支持传承人全面自主地处分其拥有的合法权益，包括生前身后的人身权益和财产权益两个方面，超越了继承节点前后的时间界限，延展了不同权益间的种类维度。传承法务的主要内容包含养老维权、意定监护协议、遗赠扶养协议、生前预嘱、居住权设计、遗嘱规划、遗产管理人、遗嘱鉴证与见证、财税与评估、金融投资、基金、慈善信托等法律实务。

本章内容就是在本节传承法务中的人身权益概述基础上，从传者生前人身权益维护角度论述传承法务中的意定监护、生前预嘱、遗赠扶养协议、搭伴养老、以房养老、居家养老与机构养老等对传者的生命、健康、人格、尊严、居住、医疗、赡养、养老服务等人身权益的维护；第八节“传承法务中的生前契约”，则是从身后人身权益维护角度满足传者对其丧事的殡仪、葬礼及祭礼等精神传承活动需要而提供的法律服务。

二、传承法务中的人格权

（一）人格权概述

人格权又包括具体人格权和一般人格权。具体人格权包括：生命权、身体权、健康权、姓名权、名称权、肖像权、名誉权、荣誉权、隐私权等权利。一般人格权，是指自然人享有基于人身自由、人格尊严等产生的人格权利。传承法务中的人身权，主要是指传者与承者的具体人格权，以及死者人格权益和精神传承的保护。

根据民法典的规定，民事主体的人格权受法律保护，任何组织或者个人不得侵害。人格权不得放弃、转让或者继承。

死者近亲属依法维护死者人格利益，并不意味着其继承了死者的人格利益，而是法律基于对死者人格利益的延伸保护而给予其代为维权的资格。

（二）生命权

生命权，是指自然人享有的以维持其生命存在，保证其生命安全和生命尊严为基本内容的具体人格权。根据民法典规定，生命权的基本内容，一是生命安全受法律保护；二是生命尊严受法律保护。[①] 任何组织或者个

① 杨立新主编：《〈中华人民共和国民法典〉条文精释与实案全析·下》，中国人民大学出版社2020年版，第21页。

人不得侵害他人的生命权。在非法侵害生命的行为和危害生命的危险发生时，权利人有权采取相应的措施，保护生命，排除危害。比如，可以采取正当防卫。当不法侵害生命权的行为发生时，受侵害人有权针对侵害人进行正当防卫行为，防止生命危害发生；不仅本人有权正当防卫，其他人也有权实施正当防卫，以保护受侵害人的生命不受非法侵害，即便造成侵害人伤亡后果只要防卫不过当，均应受法律保护。

我国刑法对故意杀人罪规定了最重的刑罚，《中华人民共和国刑法》第232条规定，“故意杀人的，处死刑、无期徒刑或者十年以上有期徒刑；情节较轻的，处三年以上十年以下有期徒刑”。犯故意杀人罪的刑罚首选死刑，体现了我国刑法对于生命权的特别保护。2014年1月1日开始实施的《最高人民法院关于常见犯罪的量刑指导意见》规定，对于犯罪对象为老年人的，综合考虑犯罪的性质、犯罪的严重程度等情况，可以增加基准刑的20%以下。针对老年人的犯罪规定了从重处罚尺度，但是，仍需不断完善对老年人生命权的必要保护。

（三）身体权

身体权是指自然人对保持其肢体、器官和其他组织的完整而依法享有的权利。民法典第1003条中规定：“自然人享有身体权。……”自然人的身体完整和行动自由受法律保护。任何组织或者个人不得侵害他人的身体权。

生命权与身体权为相互依赖的人格权。生命存在于身体之内，身体依赖于生命的存在而存在。无身体，生命无所依存；无生命，身体则不复为身体。尽管如此，生命权与身体权并非一个权利，各有不同的权利客体。身体权的客体是人体的整体构造，以及维护该种构造的完整性的利益。身体权受侵害，表现为身体完整性被破坏；生命权受侵害，必须以生命不可逆转的丧失为标准。二者的区别极为鲜明。①

1. 对身体有适当的支配权利

自然人对自己的身体组成部分有适当的支配权利，可以进行适当的处置，这具有传承法务的意义。首先，自然人对自己的血液、体液、毛发等附属部分，有处置的权利，依照自己的意志进行支配。例如，义务献血、捐献脊髓救助他人，这是将自己的身体组成部分予以支配，奉献社会；将自己的精液捐给精子库，为人工授精提供资源；理发文眉，美化形象等，

---

① 杨立新主编：《〈中华人民共和国民法典〉条文精释与实案全析·下》，中国人民大学出版社2020年版，第23页。

这些都是对自己身体组成部分的支配。其次，自然人对自己的器官，也可以有限度地捐献给他人，救助他人的生命。这也是行使身体权的行为。例如，将自己的肾脏捐献给他人进行器官移植，将自己的角膜捐献给眼库，为他人带来健康和光明，都是高尚的传承行为，是正当行使身体权的行为。

2. 人体组织的身后传承

民法典第1006条规定："完全民事行为能力人有权依法自主决定无偿捐献其人体细胞、人体组织、人体器官、遗体。任何组织或者个人不得强迫、欺骗、利诱其捐献。完全民事行为能力人依据前款规定同意捐献的，应当采用书面形式，也可以订立遗嘱。自然人生前未表示不同意捐献的，该自然人死亡后，其配偶、成年子女、父母可以共同决定捐献，决定捐献应当采用书面形式。"民法典第1007条规定："禁止以任何形式买卖人体细胞、人体组织、人体器官、遗体。违反前款规定的买卖行为无效。"

自然人捐献自己的身体组成部分或者遗体，是行使身体权的行为，受民法典第130条规定的自我决定权的约束，须自主决定。公民享有捐献或者不捐献其人体器官的权利；任何组织或者个人不得强迫、欺骗或者利诱他人捐献人体器官。公民捐献其人体器官应当有书面形式的捐献意愿，对已经表示捐献其人体器官的意愿，有权予以撤销。公民生前表示不同意捐献其人体器官的，任何组织或者个人不得捐献、摘取该公民的人体器官；公民生前未表示不同意捐献其人体器官的，该公民死亡后，其配偶、成年子女、父母才可以以书面形式共同表示同意捐献该公民人体器官的意愿。

生前留下遗嘱，死后将自己的遗体或者角膜捐献给医疗机构、医疗教学机构和眼库，进行医学研究教学或者为他人救治疾病。这些也都是对自己身体组成部分的合理支配，是合法地行使身体权的行为。应当注意的是，自然人支配自己的身体组成部分，包括身体的附属部分和器官，应当合法并符合社会善良风俗。自愿捐献、救助他人的传承行为，是值得赞赏的。

但是，如果出于营利目的，进行非法的器官买卖等行为，超出了身体合理支配权的范围，便属于法律禁止的不当行使身体权的行为。

（四）健康权

健康权，是指自然人以自己的正常生理机能运作和功能完善发挥，维持人体生命活动的利益为内容的一项具体人格权。

根据民法典第1004条的规定，自然人享有健康权。自然人的身心健康受法律保护。任何组织或者个人不得侵害他人的健康权。

根据民法典第1005条的规定，自然人的生命权、身体权、健康权受到侵害或者处于其他危难情形的，负有法定救助义务的组织或者个人应当及时施救。

法律规定身体生理健康和心理健康都是健康权的客体。所谓心理，是指人的头脑反映客观现实的过程，如感觉、知觉、思维、情绪等，也泛指人的思想、感情等内心活动，属于精神的范畴。所谓身体生理，是指人的肌体的生命活动和体内各器官的机能。

健康权与身体权的关系是：健康权维护的是自然人的肌体生理机能正常运作和功能的完善发挥，身体权维护的是自然人身体组成部分的完整。或者说，健康权保护的是身体机能的完善性，身体权保护的是身体组成部分的完整性。

一般认为，健康损害的可康复性和生命损害的不可逆转性，是健康权和生命权的一个重要区别。但是，老年人的身心健康受损后康复并不容易，对于一些损害后果，现代医学尚无治愈能力，比如阿尔茨海默病。这种病症多发生于老年和老年前期，是以进行性认知功能障碍和行为损害为特征的神经系统疾病，主要表现为记忆障碍、失语、失用、失认、视空间能力损害、抽象思维和计算能力损害、人格和行为改变等，可通过药物治疗改善，本病目前尚不能治愈。[①] 阿尔茨海默病的病因和发病机制极为复杂，精神刺激、创伤、神经系统疾病等因素都可诱发。

（五）姓名权

姓名权，是指公民决定其姓名、使用其姓名和变更其姓名并要求他人尊重自己姓名的权利，是以姓名利益为内容的具体人格权。

民法典第1012条规定："自然人享有姓名权，有权依法决定、使用、变更或者许可他人使用自己的姓名，但是不得违背公序良俗。"民法典第1014条规定："任何组织或者个人不得以干涉、盗用、假冒等方式侵害他人的姓名权或者名称权。"第1017条规定："具有一定社会知名度，被他人使用足以造成公众混淆的笔名、艺名、网名、译名、字号、姓名和名称的简称等，参照适用姓名权和名称权保护的有关规定。"

---

① 阿尔茨海默病，百度百科，https：//baike. baidu. com/item/% E9% 98% BF% E5% B0% 94% E8% 8C% A8% E6% B5% B7% E9% BB% 98% E7% 97% 85/4865011？fr = aladdin，2021年7月17日访问。

姓名权的客体即姓名利益具有双重属性，既有精神利益，又有财产利益，因而形成了姓名权的这一特征。姓名权的经济利益，例如，利用著名作家的笔名发表作品，可以赚取稿费；利用著名演员的艺名，可以提高票房价值等。

自然人有许可他人使用自己姓名的权利，由于姓名权具有专属性，准许他人使用须有正式授权，如委托代理、法定代理、意定代理对本人姓名的使用是正当的许可使用；未经本人同意，又没有行使他人姓名权的免责事由，且故意不正当使用他人姓名造成损害后果的，构成侵害姓名权。

（六）肖像权

肖像权，是指自然人以在自己的肖像上所体现的人格利益为内容，享有的制作、使用、公开以及许可他人使用自己肖像的具体人格权。

民法典第 1018 条规定："自然人享有肖像权，有权依法制作、使用、公开或者许可他人使用自己的肖像。肖像是通过影像、雕塑、绘画等方式在一定载体上所反映的特定自然人可以被识别的外部形象。"

民法典还规定，任何组织或者个人不得以丑化、污损，或者利用信息技术手段伪造等方式侵害他人的肖像权。未经肖像权人同意，不得制作、使用、公开肖像权人的肖像，但是法律另有规定的除外；未经肖像权人同意，肖像作品权利人不得以发表、复制、发行、出租、展览等方式使用或者公开肖像权人的肖像。

合理实施下列行为的，可以不经肖像权人同意：

1. 为个人学习、艺术欣赏、课堂教学或者科学研究，在必要范围内使用肖像权人已经公开的肖像；

2. 为实施新闻报道，不可避免地制作、使用、公开肖像权人的肖像；

3. 为依法履行职责，国家机关在必要范围内制作、使用、公开肖像权人的肖像；

4. 为展示特定公共环境，不可避免地制作、使用、公开肖像权人的肖像；

5. 为维护公共利益或者肖像权人合法权益，制作、使用、公开肖像权人的肖像的其他行为。

肖像反映的是肖像者的真实形象和个性特征，所以肖像与特定人的人格不可分离。肖像权是公民对自己的肖像享有利益并排斥他人侵犯的一种人身权利，是以公民的形象、特征利益为内容的人格权。

（七）名誉权

名誉权，是指自然人和法人、非法人组织就其自身属性和价值所获得的社会评价，享有的不受他人侵犯的具体人格权。名誉权的基本内容是对名誉利益的保有和维护的权利。

民法典第1024条规定："民事主体享有名誉权。任何组织或者个人不得以侮辱、诽谤等方式侵害他人的名誉权。名誉是对民事主体的品德、声望、才能、信用等的社会评价。"

名誉是指社会或他人对特定公民、法人的品德、才干、信誉、商誉、资历、功绩等方面的评价总和。

民法典第994条规定："死者的姓名、肖像、名誉、荣誉、隐私、遗体等受到侵害的，其配偶、子女、父母有权依法请求行为人承担民事责任；死者没有配偶、子女且父母已经死亡的，其他近亲属有权依法请求行为人承担民事责任。"

人的死亡意味着生命的终结，失去了人们对其进行评价的前提，但死者生前的行为和表现却未随其肉体和精神的消亡而消亡。因为死者生前的行为和表现作为一种客观事实，仍可以在人们的意识中传承，对这些行为和表现，人们是能够进行评价的。因此，死者的名誉实际上是死者生前的名誉。

我国法律对侵害英雄烈士名誉权保护作出了特别规定。民法典第185条规定："侵害英雄烈士等的姓名、肖像、名誉、荣誉，损害社会公共利益的，应当承担民事责任。"民法典在本条特别规定英雄烈士人格权益的保护，有利于弘扬烈士精神，缅怀烈士功绩，培养公民的爱国主义精神、集体主义精神和社会主义道德风尚，培育和践行社会主义核心价值观，增强中华民族的凝聚力，激发实现中华民族伟大复兴中国梦的强大精神力量。

2021年3月1日生效的《中华人民共和国刑法修正案（十一）》，专门增设了侵害英雄烈士名誉、荣誉罪，规定："侮辱、诽谤或者以其他方式侵害英雄烈士的名誉、荣誉，损害社会公共利益，情节严重的，处三年以下有期徒刑、拘役、管制或者剥夺政治权利。"① 划出了英雄烈士保护的刑法调整边界。

（八）隐私权

隐私权又称个人生活秘密权，是指自然人不愿公开或让他人知悉私人秘密的具体人格权利。

民法典第1032条规定："自然人享有隐私权。任何组织或者个人不得

---

① 刑法第299条之一。

以刺探、侵扰、泄露、公开等方式侵害他人的隐私权。隐私是自然人的私人生活安宁和不愿为他人知晓的私密空间、私密活动、私密信息。”

民法典将隐私权规定为具体人格权，之前一般根据宪法和原侵权责任法来确认违法性。隐私权的保护范围受公共利益的限制，其与公共利益发生冲突时，应当依公共利益的要求进行调整。因而，隐私权所保护的范围，应是与公共利益无关的个人情报、资料。例如，出于国家安全调查的需要，不得以隐私权相对抗；当涉嫌贪污、受贿、拒不执行生效判决裁定等财产犯罪的，个人的资产状况、财富情况就必须接受调查；当进行征兵、选拔飞行员、招聘模特等活动时，应征、应聘者对个人的身体资讯、隐私器官等，则必须接受检查。在这些情况下，个人资讯就与公共利益有关，因而在一定范围内不得为隐私的内容。

三、传承法务中的身份权

（一）身份权概述

身份权，是指自然人基于特定的身份关系产生并由其专属享有，以其体现的身份利益为客体，为维护该种利益所必需的人身权利。换言之，身份权是由亲属身份关系发生的人身权利。其法律特征是：第一，身份权表达的是亲属之间的身份地位；第二，身份权是亲属之间的权利义务关系；第三，身份权的主体有范围的限制；第四，身份权的客体是身份利益；第五，身份权的本质以义务为中心。

具体身份权包括配偶权、亲权和亲属权。

1. 配偶权

配偶，是指男女双方因结婚而产生的亲属关系，即具有合法婚姻关系的夫妻相互间的同一称谓和地位。在婚姻关系存续期间，妻是夫的配偶，夫是妻的配偶，双方互为配偶。配偶权就是配偶之间的身份权，具体内容包括：（1）夫妻姓氏权；（2）住所决定权；（3）同居义务；（4）忠实义务；（5）职业、学习和社会活动自由权；（6）日常事务代理权；（7）相互扶养、扶助权；（8）生育权。

2. 亲权

亲权，是指父母对未成年子女在人身和财产方面的管教和保护的权利与义务。亲权确定的是父母与未成年子女之间的身份关系，属于亲属法上的身份权。亲权的主要内容是：（1）身上照护权，是父母对未成年子女人身的教养、保护的权利和义务；（2）财产照护权，是父母对未成年子女的财产负有的保护义务。

3. 亲属权

亲属权也叫作其他亲属权，是指除配偶、未成年子女与父母以外的其他近亲属之间的基本身份权，表明这些亲属之间互为亲属的身份利益为其专属享有和支配，其他任何人均不得侵犯的义务。主要内容是扶养权，分为抚养权、赡养权和扶养权。

（二）财富传承与身份权的关系

1. 继承的定义与特征

继承，是指继承人对死者生前的财产权利和义务的承受，又称为财产继承，即自然人死亡时，其遗留的个人合法财产归死者生前在法定范围内指定的或者法定的亲属承受的民事法律关系。在继承法律关系中，生前享有的财产因其死亡而移转给他人的死者为被继承人即传者，被继承人死亡时遗留的个人合法财产为遗产，依法承受被继承人遗产的法定范围内的人为继承人即承者。

继承的法律特征是：（1）继承因作为被继承人的自然人死亡而发生；（2）继承中的继承人与被继承人存在特定亲属身份关系；（3）继承是处理死者遗产的法律关系；（4）继承是继承人概括承受被继承人财产权利和义务的法律制度。

2. 继承以身份关系为基础

以继承人继承财产的方式为标准，可以将继承分为遗嘱继承和法定继承。这是对继承的基本分类。[①] 民法典第1123条规定："继承开始后，按照法定继承办理；有遗嘱的，按照遗嘱继承或者遗赠办理；……"法定继承中的继承人与被继承人存在特定亲属身份关系，民法典第1127条规定的法定继承的顺序为，第一顺序：配偶、子女、父母；第二顺序：兄弟姐妹、祖父母、外祖父母；继承开始后，由第一顺序继承人继承，第二顺序继承人不继承；没有第一顺序继承人继承的，由第二顺序继承人继承。

3. 财富传承以身份关系为核心

现实社会中，财富的传承主要是在家庭成员之间实现代际承接，财产的分配流转是传者的亲属成员为主要对象的，是以身份权和继承权为基础的，传者与承者依法处理配偶关系、亲子关系及其他家庭成员关系，注重传者与承者的扶养与赡养等人身权益保护，积极预防和化解家庭矛盾，使

① 杨立新主编：《〈中华人民共和国民法典〉条文精释与实案全析·下》，中国人民大学出版社2020年版，第189页。

得传者能够有序地进行财产权益处分和承继。不仅延续了血脉相传的传统，而且以家族的生存发展为传承目的。传承人的身份关系是财富传承的核心，身份关系也是当今世界主流继承方式的核心，因此，财富的传承在家庭及家族内实现代际流转是人类永恒不变的主题。

四、传承法务中人身权益与财产权益的关系

（一）传承法务以财富传承为主线

传承的物质基础是财富，没有财富的传承都是虚妄的。传承法务支持传者全面自主地处分其拥有的合法权益，是指对其生前身后的财产权益作出安排和处分，其处分行为既包括传者为自身生前人身权益维护作出财产权益处分的安排，也包括传者就生前身后财产权益为他人所作出的安排。比如，传者将部分财产预留给自己作为养老医疗费用，部分财产留给法定继承人，部分财产捐赠给慈善机构不特定的受益人，由此产生了不同的财富传承分配流向。其中，养老医疗费用最终指向的财产权益对象为传者本身，而后两者分别对应了继承和赠与关系，将其财产权益传承给了家人或者家人以外的他人，但无论如何，都是传者对其财产权益的自主安排。由于传承财富的处置方式多种多样，需要从不同的层面或环节予以考虑，而且涉及的法律领域及具体依据复杂，所以需要传承法务专业律师提供相应的服务，支持传者对其财富传承的个性安排依法实现。

（二）人身权益保障是财富传承的基础

传承法务中的人身权益保护，是传承法律关系有效运行的基础。财富的传承分配是以传者具备相应的民事行为能力为基础的，要求传者的身体、精神处于正常、清醒的状态，这就是各类养老维权问题是传承法务重要组成的原因，因为社会现实是，多数的传者是在养老过程中安排、确定其财富传承的，维护传者的人身权益，传者对其财产权益的处分才有基础和保障。

随着时代发展与思想观念的变化，越来越多的传者不再依赖养儿防老，而是主动加强自我养老，并且追求长寿时代的精彩生活，倾向于将个人财产首先用于自己晚年生活品质的提升及自我志向的追求上，提高了对养老过程中衣食住行、文化娱乐、健康养生、生活服务、居住环境等投入的比例，更加注重人身权益的保护及财产权益的保障。因此，改变了传统继承只对身后财产分配流转的模式，使得在自我生前人身权益保障投入比例加大的基础上，再统筹处分传承财富给他人成为一种社会现实及趋势。

（三）人身权益与财产权益相辅相成

传承法务是源自立法及司法实践活动提出的法律概念，是指“生前身后命与财的系统化制度化平衡”，是运用领域法解决传承关系问题的法律实务；是支持传者平衡解决传与承、生与死、命与财的传承问题，使传者意思自治的传承意愿依法得以实现的法律实务。其中，传与承是指传者与承者的传承关系与传承行为，生与死是指生前与死后的时间节点，命与财就是人身权益与财产权益的通称；传承法务以财富传承为主线，以传者与承者的身份关系为核心，以生前身后命与财的系统化制度化平衡处置为主旨，通过传承法务的适用与推广，将全面维护传承人的人身权益与财产权益落实到有广泛传承需求的家庭中，防范传承纠纷矛盾，促进家庭和谐与社会稳定。

传承法务的时代意义就是积极应对老龄社会的传承问题，促进传承人传承意识的提升及传承方式的优化，在便捷地满足传者对美好生活需求的前提下，全面维护传者生前身后的人身权益；在此基础上，支持传者主动、尽早、统筹、平衡地处分自身生前身后的财产权益，以达成“我的生活我做主，我命由我定，我财由我分”，并能依法顺利实现的传承目的。

第二节　传承法务中的意定监护

2012 年 12 月 28 日修订的《中华人民共和国老年人权益保障法》第 26 条规定了老年人的意定监护制度。2017 年 3 月 15 日通过的《中华人民共和国民法总则》第 33 条对成年人意定监护制度曾进行了规定，2021 年 1 月 1 日起施行的《中华人民共和国民法典》沿用了该条文。

一、意定监护的理解

意定监护是积极应对人口老龄化的产物，最早规定于老年人权益保障法之中，规定 60 岁以上的人可以根据自己的自由意志确定失智后的监护人。老年人监护制度是保护老年人权益的众多制度之一，民法典中的成年人监护制度虽然进一步发展了意定监护内容，但仍显不足，社会现实中运用意定监护最多的是老年人，就是传承法务中的传者，需要通过实践不断探索。因此，意定监护制度的不断完善不仅有利于更好地保障传者与承者的权益，还有利于传承法务的发展。

（一）意定监护的概念

根据民法典第 33 条规定，意定监护是指具有完全民事行为能力的成年人，可以与其近亲属、其他愿意担任监护人的个人或者组织事先协商，以书面形式确定自己的监护人。监护人在被监护人丧失或者部分丧失民事行为能力时，由该监护人履行监护职责。

意定监护制度的目的，是保障具有完全民事行为能力的成年人与其近亲属、其他愿意担任监护人的个人或者组织事先协商，以书面形式确定自己的监护人，在该成年人丧失或者部分丧失民事行为能力时，由协商确定的监护人履行监护职责，代理被监护人实施民事法律行为，保护被监护人的人身权利、财产权利以及其他合法权益。

在进入老龄社会较早的国家，意定监护人一般由社会监护机构担任，社会监护机构可以是非营利法人，也可以是营利法人，非营利法人和营利法人的服务对象、目的和表现形式有所不同。以营利为目的社会监护机构收取被监护人费用并向国家缴纳税费；非营利性社会监护机构一般以慈善组织或基金会形式出现，以社会公益为目的，其服务对象是几乎没有财产的被监护人，但不以营利为目的的社会监护机构的服务也并非没有报酬，其一般由多种渠道获取资金来源。

（二）意定监护与法定监护的关系

根据监护设立的方式不同，可分为法定监护和意定监护。法定监护是由法律直接规定监护人范围和顺序的监护；意定监护即在法定监护之外通过当事人协议设立的监护，也称委托监护。

成年精神病人的法定监护人的范围和顺序是：配偶、父母、成年子女、其他近亲属、关系密切的亲属或朋友、精神病人所在单位或住所地的居委会、村委会、民政部门。

相比按照法定和指定监护制度确定的监护人，成年人尤其是老年人在意思能力健全时预先选定的监护人，一般情况下都是信誉良好的专业监护机构或者是其比较信任、有能力履行监护职责的个人。按照事先协商好的意定监护协议，在被监护人出现失能或失智状态时，能够更好地履行对被监护人的人身照顾、医疗看护、财产管理、处理债权债务等事宜。当被监护人的人身、财产及其他合法权益受到损害时，监护人能够更积极主动地担任被监护人的代理人，进行民事活动。

（三）意定监护与遗嘱的关系

随着我国经济发展的不断深入，现今个人的财富越来越多，尤其是老年人，大多拥有一定数量的财产，但伴随人均寿命的不断延长，80 岁以上老年人罹患阿尔茨海默病的比例高达 20%。如何让这些老年人在丧失或部分丧失行为能力后，仍然能按照其意愿生活，能够有尊严地度过晚年生活，是意定监护要解决的问题。

意定监护与遗嘱的区别，主要在于前者是处理生前失智后包括人身、财产在内的各种事项，后者是处分离世后的遗留的个人财产。

根据民法典规定，限制民事行为能力人和无民事行为能力人，不能订立有效意定监护协议，所立的遗嘱也是无效的。所以，意定监护协议和立遗嘱均应当提早订立。

二、意定监护法律服务

意定监护法律服务，主要是指专业法律服务机构提供的意定监护法律咨询、担任意定监护人、担任意定监护监督人，以及提供与意定监护有关的法律服务。

（一）意定监护人的范围和条件

根据民法典规定，成年人可以与其近亲属、其他愿意担任监护人的个人或者组织事先协商，以书面形式确定自己的监护人。作为意定监护人的被监护人近亲属，包括配偶、父母、子女、兄弟姐妹、祖父母、外祖父母、孙子女、外孙子女；其他愿意担任监护人的个人，一般是指与被监护人关系密切的其他人；组织主要是指专业律师事务所、养老机构、社会团体或非营利组织等。

意定监护的监护人如果是个人，应该是具备完全民事行为能力的成年人。如果在签署监护协议时，委托的监护人尚未成年或者不具有完全民事行为能力，那么即便在被监护人失智时监护人已经具备了完全民事行为能力，仍然不能成为监护人。

如果是组织担任监护人，应当是具有专业服务能力的法人或者非法人组织。

（二）律师做意定监护人的优势①

意定监护人不一定具有身份关系，由谁来担任意定监护人更合适，相比之下，精通传承法务的专业律师无疑是最佳人选。

1. 律师担任意定监护人更专业。

2. 律师担任意定监护人更省心。

3. 律师担任意定监护人更安全。

4. 律师担任意定监护人效率高。

---

① 陈洪忠：《律师做意定监护人的10大好处》，https：//mp. weixin. qq. com/s/ZODbXRfl-CiTZzo9xxyjydQ，2021年7月17日访问。

5. 律师事务所服务没有后顾之忧。

6. 律师行业管理相对严格。

7. 律师事务所可以建立相对严格的诚信制约机制。

8. 律师担任意定监护人更经济。

9. 律师担任意定监护人解放了孝子。

10. 律师担任意定监护人提高老人生活品质。

（三）意定监护监督人服务

意定监护监督是保障意定监护安全、意定监护协议正确履行的配套机制。意定监护监督人，可以是在意定监护协议中指定的监督人，也可以是通过意定监护监督协议确定的监督人，还可以是由法院选任的就监护人对监护事务的执行情况定期向法院报告之人。

意定监护监督人的资格法律上并无限制，可以适用民法典关于监护人资格的规定。关于意定监护监督人的数量，与意定监护人一样，法律上也并无限制，可以选任数人担当，也可以与专业机构签约由组织担任意定监护监督人。专业机构担任意定监护监督人的，该机构不得同时担任意定监护人。

对养老服务的监督一直是发展居家养老的难点之一，除了应当大力完善政府、社会监督职责作用以外，引导家庭购买专业监督服务是非常重要的，应当尽快成为养老服务监督体系的有机组成部分。专业养老服务监督是传承法务研究的重点领域，意定监护监督的发展有现实的社会需求和广阔的服务空间。

（四）意定监护协议的法律适用

根据民法典第464条第2款规定，婚姻、收养、监护等有关身份关系的协议，适用有关该身份关系的法律规定；没有规定的，可以根据其性质参照适用合同编的规定。但是，意定监护不同于法定监护，后者的监护义务一般是基于身份关系，监护义务源于法律规定，无须约定服务报酬，无疑不适用合同编规定，即使是与法定监护人签订有意定监护协议并约定了报酬，该意定监护协议也不能直接适用合同编的规定；而意定监护制度规定的具有完全民事行为能力的成年人可以与法定监护人以外的其他近亲属、其他愿意担任监护人的个人或者组织签订意定监护协议，代理被监护人实施民事法律行为，保护被监护人的人身权利、财产权利以及其他合法权益等，属于特殊的代理关系，因而适用合同编委托合同一章的有关规定。

老年人的监护属于成人监护，监护人的行为受老年人权益保障法、民法典规定和意定监护协议的调整。老年人意定监护合同，是指老年人在其具有完全民事行为能力时，根据其真实意愿与信赖的机构或个人签订的，旨在让受托人在其意识能力衰退后对其人身和财产进行管理的委托监护合同。监护人应当保护被监护人的人身、财产及其他合法权益，除为被监护人的利益外，不得处理被监护人的财产。监护人代理被监护人行使继承权和受遗赠权，不得损害被监护人的利益。监护人一般不能代理被监护人放弃继承权、受遗赠权等。明显损害被监护人利益的，其代理行为是没有法律效力的。意定监护合同的合理设计，还可以在一定程度上减少被诈骗情形的发生。

三、意定监护法律文书

（一）意定监护合同范本[①]（自然人监护人）

甲方（委托方、意定被监护人）：姓名：　　，年龄：　，民族：　出生日期：　　，住址：　　　　　　，身份证号码：　　　　　，联系电话：　　　　。

乙方（受托方、意定监护人）：姓名：　　，年龄：　，民族：　出生日期：　　，住址：　　　　　　，身份证号码：　　　　　，联系电话：　　　　。

丙方（意定监护监督人）：姓名：　　，年龄：　　，民族：　　出生日期：　　，住址：　　　　　　，身份证号码：　　　　　，联系电话：　　　　。

根据《中华人民共和国老年人权益保障法》及《中华人民共和国民法典》等相关法律的规定，甲方拟委托乙方担任自己将来丧失或部分丧失民事行为能力时的监护人、选任丙方担任监护监督人，甲、乙、丙三方按照诚实信用原则，经协商一致，立此合同，以资共同遵循履行：

第一条　委托代理事项

1. 乙方接受甲方的委托，在甲方将来丧失或部分丧失民事行为能力时担任甲方的监护人，行使监护职责、履行监护事务。具体包括人身监护、财产管理、死后事务及财产继承事务。

（1）人身监护方面

①照顾甲方的生活起居，助餐、助浴，保证甲方身体及衣物的清洁；

---

① 陈洪忠、韩洪、童中礼、龙磊、翟晓静：《老龄产业法律文书精要详解及实务指南》，法律出版社2017年版，第5—9页。编入本书有部分删改。

②代理参加护理合同、家政合同、福利机构入住合同的缔结、变更和解除及费用的支付；

③代理甲方缔结医疗服务合同、签署术前同意书、特殊治疗、特殊检查同意书；

④代理甲方对其入住的养老机构的服务质量进行监督及提出改进建议等；

⑤作为民事代理人，代理甲方参加诉讼；

⑥安排就医、疗养等事宜；

⑦其他关于人身监护方面的事项。

（2）财产管理方面

①代理甲方对不动产、车辆、收藏字画及其他重要财产的管理和处分；

②代理甲方对退休金、租金、股权收益的收取；

③代理甲方对存款、基金的管理、存取；

④代理甲方对房租、公共费用、住院医疗费用、入住养老机构费用的支出；

⑤代理甲方生活费及购买日用品的花销；

⑥代理甲方缔结保险合同以及保险金的受领和管理；

⑦代理甲方处理遗赠、放弃继承等事项；

⑧房屋产权证书、股权证书、印鉴等书证及权利凭证的保管；

⑨代理甲方处理债权债务事项；

⑩其他涉及财产监护管理的事项。

乙方在处分上述条款中①项下财产时，必须同时符合以下两个条件，否则不得处分：

第一，出现了危及甲方生命、生活的情形（例如，甲方重病，急需资金入院救治），通过其他方式无法解决困境的；

第二，取得了丙方的同意。

（3）死后事务和财产继承事务

①火化遗体办理殡葬仪式并支付费用；

②开具死亡证明、火化证明；

③办理销户；

④领取丧葬补助费和死亡抚恤金；

⑤办理商业保险的赔偿事宜；

⑥乙方将其管理的甲方的财产移交给甲方的遗产管理人或继承人。

2. 甲方选任丙方担任监护监督人，负责监督乙方的监护行为。

第二条　意定监护报酬及支付方式

1. 乙方的意定监护报酬为每月　　　元人民币（大写）。

2. 支付时间为监护开始后的每月　日。

3. 支付方式为：乙方每月按照约定时间自行从甲方的账户中转账，并将转账凭证复印件交由丙方保存。

第三条　乙方的权利和义务

1. 有获得报酬的权利。

2. 乙方履行其监护职责时，应当在法律允许的范围内行使监护权，并且要尊重甲方的意愿，同时还要照顾其身心状态及生活状况，保护甲方的生命和健康安全，维护其合法利益。

3. 为了及时履行监护义务，自本合同签订之日起，乙方须每周与甲方电话联系一次，两周见一次面，确保及时、准确地了解甲方的身体状态。

4. 积极、负责地为履行本合同约定的监护职责，依法切实保护甲方的人身、财产权益。

5. 乙方处理合同约定的监护事务时必须制作工作日志，详细记录处理事务的经过、日常开销费用及支出用途等。

6. 乙方每季度末须向丙方提交本季度的工作日志及相关资料（包括金钱出纳账、存款明细、发票、转账凭证、存折等的复印件）。

7. 乙方应当亲自处理本合同约定的监护事务。经丙方同意，乙方可以转委托。转委托经同意的，乙方要对第三人的选任及其对第三人的指示承担责任。转委托未经同意的，乙方应当对转委托的第三人的行为承担责任，但在紧急情况下乙方为了维护甲方的利益需要转委托的除外。

所谓的“紧急情况”是指，由于急病、通信联络中断等特殊原因，甲方自己不能办理监护事项，又不能与丙方及时取得联系，如不及时转托他人办理，会给甲方的利益造成损失或者扩大损失。

8. 为了筹措护理、住院费用，并取得丙方同意的情形下处分甲方的不动产时，在交付或迁出前，要对房屋内进行搜查，整理甲方的财物。

9. 在处理涉及甲方人身重大医疗决定、处理放弃继承、放弃较大数额的债权等事务时，有向丙方报告征得其同意的义务。

第四条　丙方的权利和义务

1. 监督乙方的代理、管理行为，有查验乙方定期提交的记载事务处理状况的工作日志及相关资料的权利。

2. 有权随时要求乙方向自己报告监护事务处理状况及财务收支状况。

3. 丙方可以随时查阅乙方在监护过程中制作的监护记录、财产处置记录、日常开支单据等，调查甲方的财产状况。

4. 对涉及甲方重要人身利益及财产利益的重大事项，享有批准权。这些事项包括但不限于：处分不动产、车辆、收藏字画、对继承权益的拒绝或放弃、重大疾病的治疗措施的选择、数额较大的债权的放弃、为甲方选择住所等。

5. 在“紧急情况”下，在乙方的代理权限范围内，亲自作必要的处分。

此处的“紧急情况”，是指乙方因客观原因（例如，生病、不在现场等）无法执行监护事务，不迅速采取措施就会给甲方带来损害的状况。

第五条　合同的生效

在甲方事实上丧失或部分丧失民事行为能力时起，本合同生效，乙方即根据本合同行使监护职责，丙方同时开始行使监督职责。

此处的“丧失或部分丧失民事行为能力”，是指甲的身体机能衰退，记忆能力和判断能力下降，事理辨识能力不足。

第六条　合同的解除和终止

1. 意定监护合同生效前，合同解除的情形：

（1）甲方在两名见证人的见证下随时可以解除合同；

（2）乙方死亡。

2. 意定监护合同生效后，出现下列情形之一，合同解除或终止：

（1）因乙方年老、疾病或迁居外地等原因，无法继续履行意定监护事务的。

（2）乙方因与甲方或其亲属间发生矛盾，不适合继续执行意定监护事务的。

（3）因乙方不履行监护职责，或滥用职权侵占甲方的财产、私自挪用甲方财产，侵害甲方的合法权益的。

（4）甲方死亡后，乙方已按照合同约定处理完毕死后事务及财产继承事务的。

（5）作为意定监护人的乙方死亡或丧失民事行为能力的。

（6）甲方恢复民事行为能力的。

因上述第（1）（2）种情形导致合同解除时，乙方应为甲方申请法定监护。乙方出现第（3）项情形时，丙方应向法院申请解除意定监护合同。因第（5）种情形引起的合同终止时，丙方须通知甲方的亲属或直接为甲方申请法定监护。

第七条　违约责任

1. 乙方不履行监护职责或履行职责不当，侵害甲方合法权益，给甲方造成财产损害的，乙方应承担赔偿责任；

2. 由于乙方消极怠慢疏于管理，甲方给第三人造成损害的，乙方应当承担相应的民事责任，如果能够证明自己确实无过错的，可以免责。

第八条　其他条款

1. 本合同未尽事宜，在合同生效之前，甲、乙、丙三方可以协商签订补充协议，补充协议与本合同具有同等法律效力。

2. 本合同一式三份，甲乙丙各执一份。

甲方（签名）：　　　　乙方（签名）：　　　　丙方（签名）：

年　月　日　　　　年　月　日　　　　年　月　日

见证人1（签名）：　　　　见证人2（签名）：

年　月　日　　　　年　月　日

（二）签订意定监护合同注意事项

1. 关于签订合同的主体

意定被监护人应当是具有完全民事行为能力的成年人。一般情况下，成年人是否具有完全民事行为能力无须特意证明，只要无相反证据证明应当推定为具有完全民事行为能力。而在签订合同时，如果意定被监护人存在年龄偏高、身患疾病等状况时，应当有客观证据证明其具有民事行为能力，或者采用律师见证、公证处公证形式订立合同。

意定监护人既可以是自然人，也可以是具有监护能力的法人或者其他组织。如果意定监护人是自然人，既可以是意定被监护人的近亲属，也可以是与其关系密切的其他人。意定监护人也可以为多人，或者为法人、其他组织，多人作为意定监护人的，可以约定分工负责，约定相互监督的权利义务，以及约定各监护人之间监护权的附条件调整等。由律师事务所担任意定监护人的，律师事务所的职责是代为安排生活照料、医疗救治等服务，并监督服务的开展，相应条款应作调整。但是，律师事务所不可以同时担任意定监护人和意定监护监督人，二者的职责范围不同应予区分。

意定监护监督人既可以是自然人，也可以是法人或者其他组织。还可以是自然人与法人或者其他组织同时担任监督人，分别约定权利与义务。随着意定监护法律制度的建立与完善，将来可能会设立专业的老年人监护监督机构或者鼓励社会中介组织根据授权承担专业的监督职责，以监督专业化、制度化，使意定监护制度不断完善，使传承实务中传者的合法权益得到全面维护。

2. 关于监护事项

意定监护协议的委托代理事项，一般是自己的日常生活、医疗护理、财产管理等事务的安排。

例如，意定被监护人拥有知识产权，相应的权利保护法律规定比较复杂具体，应当在法律明确规定的基础上进一步完善合同条款，避免遗漏被监护人的权益。再如，意定被监护人在法人单位有职务，处理其职权行使的监护代理时，应当考虑到与法人章程等内部法律文件是否存在冲突，等等。

3. 关于意定监护的报酬

意定监护人、意定监护监督人有依照合同取得合理报酬的权利，这是意定监护的积极意义之一。《意定监护合同书》范本仅设计了按月固定付酬的一种方式，客观上可能会有多种形式，比如，按一定的资产比例付酬，或者通过遗赠形式取得回报，或者通过转移某些权利交换获得监护服务，等等。

4. 意定监护人的权利

除了法律规定的监护权以外，意定监护合同还可以约定监护人有取得合理报酬的权利，意定监护人享有法律不禁止的其他权利，以及承担更加个性化的约定义务。一般要遵循合法行使监护权，尊重被监护人意愿的原则。

5. 关于意定监护合同的监督

被监护人可以根据自己的意愿选任监护监督人，这是意定监护的另一个积极意义所在。主要根据财务管理上的角色不相容职能，收支两条线等制度设计，用来防止监护人、监督人侵吞被监护人财产；并赋予监督人，在监护人不履行、怠于履行监护职责或侵害被监护人权益时，代表被监护人行使追究监护人责任的权力。

《意定监护合同书》范本只设定了单独自然人承担监督职责的一种情形，客观上监护的监督环节非常重要，是签订意定监护合同目的实现的重要保障。

6. 意定监护合同的生效

根据《中华人民共和国老年人权益保障法》《中华人民共和国民法典》的规定，意定监护合同的生效，除了满足意定监护合同有效的前提条件之外，还要求被监护人丧失或者部分丧失民事行为能力。并且，行为能力的丧失或者部分丧失目前仍是一种法律状态，需要经过法定的宣告程序，意定监护合同方可生效。

按照这种规定，会很大程度上影响意定监护合同的及时生效，从而无法很好地保障被监护人的权益。

从意定合同的性质和内容来看，其本质上属于特殊的委托代理合同。可以直接签订包含意定监护内容的助孝信托法律服务合同，或者签订持续性代理合同和意定监护合同，从持续性委托代理合同开始履行，当被代理人丧失或者部分丧失民事行为能力以后，自然转为意定监护的合同履行。

7. 如何设计防骗功能

阿尔茨海默病（Alzheimer disease，AD），即老年性痴呆，是一种中枢神经系统衰退性疾病，起病隐袭，病程呈慢性进行性。主要表现为渐进性记忆障碍、认知功能障碍、人格改变及语言障碍等神经精神症状，严重影响社交、职业与生活功能。罹患阿尔茨海默病是老年人丧失部分或者全部行为能力的主要成因。根据流行病学研究，73 岁以上的人开始易患阿尔茨海默病，80 岁以上则增加到 20%。所以，老年人被骗时有的是已经全部丧失了行为能力，有的已经部分丧失，被骗是事理辨识能力下降所导致。具有一定社会知识的意定被监护人，可以在持续性代理活动中，或者在出现早期阿尔茨海默病症状时启动监护合同，可以发挥代管财产而避免上当受骗风险。

如果设计成老年人可以提前启动意定监护合同相关约定效力，其先期实质上表现为普通的持续性代理合同。那么在此情况下，可以参照代理合同范本，增加约定老年人在丧失行为能力前合同的变更、终止等条款。

8. 意定监护合同的变更、解除和终止

意定监护人，除了正常的监护事务和身后事务之外，在经过监督人同意或者情况紧急时，在为了维护意定被监护人利益的前提下，可以约定意定监护人享有复任权。

意定监护合同可以因期间届满、当事人死亡、监护人丧失民事行为能力以及被监护人恢复民事行为能力这些事实，约定合同终止条款。此外，意定监护人还可能因被法院废除监护权而使意定监护合同终止。

第三节 传承法务中的生前预嘱

生前预嘱追求的是自然死亡。一些被生理疾病困扰或是遭遇突发严重伤害，经过努力治疗无效，已到生命末期的病患者，如何面对死亡的来临，如何决定自己的生命与尊严，有没有选择的权利与机制，是非常复杂的法律问题，也是社会现实需要解决的问题。

一、 生前预嘱概述[①]

有人称生前预嘱为“尊严死”“安乐死”[②]“自然死亡”等的遗嘱，每一概念略有不同，有的可能会突破法律底线，涉及违法犯罪。

（一）生前预嘱的概念

生前预嘱（Living Will），是指自然人在意识清楚时签署的，说明在疾病不可治愈或疾病处于危重阶段现有医疗条件无法治疗的情况时需要或不需要哪种医疗措施的意愿文书。

在民法典第1002条的生命权内容中规定，自然人的生命尊严受法律保护。这是我国立法上第一次规定生命尊严的概念，也是第一次将生命尊严纳入生命权的内容之中，具有特别重要的意义。2017年1月25日国家卫生计生委发布的《安宁疗护实践指南（试行）》规定，要尊重患者的权利和意愿。可见，实现生前预嘱既有法律保障，也有基本的可操作的医疗标准。当然，还需要在民法典第1002条关于生命尊严规定的基础上，尽快制定和完善有关尊严死、生前预嘱、临终关怀方面的法律、行政法规、司法解释等，以便更好地引导、保障好生命权益。

2021年6月底，深圳市召开的第七届人民代表大会常务委员会第二次会议审议了《深圳经济特区医疗条例（修订草案）》。其中提到建立“生前预嘱”制度，规定具有完全民事行为能力的自然人可以立生前预嘱，明确其在不可治愈的伤病末期或者临终时，是否采取插管等创伤性抢救措施、是否使用生命支持系统等，医疗机构及其医疗卫生人员提供医疗服务时，应当尊重患者本人意愿。这是国内首次提出将“生前预嘱”制度列入地方立法中。该条例规定，具有完全民事行为能力的自然人可以以书面或者录音录像的方式立生前预嘱，明确其在不可治愈的伤病末期或者临终时，是否采取插管、心肺复苏等创伤性抢救措施，是否使用生命支持系统等。自然人立生前预嘱，应当经公证或者有两名以上见证人在场见证。患者立有生前预嘱并提供给医疗机构的，医疗机构提供医疗服务时，应当尊重患者本人的意愿。患者意愿与家属意愿不一致的，根据患者生前预嘱内容执行。

---

① 陈洪忠、陈子钧、邢在峰：《民法典时代如何立遗嘱》，中国法制出版社2021年版，第107—109页。

② 安乐死，是指对于身患绝症或者濒临死亡的病人，由于难以忍受的痛苦不能治愈，出于本人神志清醒时的真诚嘱托，医生为减少病人难以忍受的痛苦，采取措施提前结束病人的生命，使其安然死去的行为。

生命尊严包括生的尊严和死的尊严。但是，生的尊严与死的尊严对生命尊严的选择权是不同的。人没有选择出生的权利，个人难以维护自己生的尊严，通常是由社会和其父母予以保障的。人只有在出生之后，才能享有民事权利能力，可以自我维护活的尊严，得到社会和他人最起码的尊重。从这个角度看，生命尊严的核心不在于生的尊严，而在于死的尊严。

（二）立生前预嘱的意义

如果没有生前预嘱，无行为能力的患者或老年人在面对医疗决定行为时，往往在其不能、不知的状态下由儿女或者其他法定监护人介入，来作出是否继续维系生命的决定。而且，80 岁以上老年人患阿尔茨海默病比例高达 20%，极易出现意思表达障碍。通过在神志清醒且智力正常的情况下事先立遗嘱死亡前的各项事宜，可为因神志模糊或智力受损而无法自主决定生命处置时提供理性凭证，体现了老年人意思自治的价值追求，也是尊重老年人群的尚存能力，维护了老年人清醒时自由意志的一种尊严权益。

据说，邓颖超同志生前曾在某科学院计算中心周某某（一位身患癌症、生存无望、疼痛难忍的患者）坚决要求安乐死的材料上写道："该同志进行一次常人所不能进行的对死的革命，她是一位真正的唯物主义者。"她也说过这样的话："当我生命濒临结束，千万不要用抢救的方式以人工和药物来延长。"两院院士王选在遗嘱上也这样写道："一旦病情不治，我坚决要求安乐死……我不愿浪费国家和医生们的财力、物力，并且死后不再麻烦人。"

1976 年 8 月，美国加州首先通过了"自然死亡法案"，允许患者依照自己意愿不使用生命支持系统自然死亡。此后 20 年间，"生前预嘱"和"自然死亡法"扩展到几乎全美及加拿大。1990 年，美国危重症医学会和胸科学会先后发表了两个标志性文件：一是当 ICU 医生确认无益时，应当允许停止全部治疗；二是病人和病人的代理人有权决定是否治疗。

生前预嘱就是病人代理人的授权书，是有关生命权是否维系，事关维护离世前尊严而行使决定权的授权。实践中，家属对于患者在事前已签好的"生前预嘱"选择"尊严死"的相关文件基本都能表示尊重，尊重患者的自主权，家属与医院比较容易达成一致意见。

北京生前预嘱推广协会是 2013 年成立的公益社团组织，协会以承接和进一步履行尊重生命为使命，在"选择与尊严"公益网站推广尊严死"我的五个愿望"等理念，致力于与之配套利国利民的缓和医疗学科、机构和制度的建立与推广。现在，生前预嘱推出手机微信端应用"掌上我的五个愿望"，实现手机端填写生前预嘱文本"我的五个愿望"。力求坚持把生命教育与死亡教育做到图文并茂、表达形象、积极而不沉重。目前，已有5万到6万人关注网站并填写提交“我的愿望”。北京生前预嘱推广协会的数据显示，迄今为止填写生前预嘱的3万多份资料中，35岁以下的年轻人占三分之一，[①] 足见生前预嘱并非只是老年人需要，具有非常宽泛的年龄跨度。

深圳市生前预嘱推广协会于2021年3月26日成立，该协会在国内首次将“生前预嘱”制度列入地方立法《深圳经济特区医疗条例（修订草案）》中起到重要推动作用，协会成立目的就是运用民间力量，在市民中传播生前预嘱理念。协会在此次地方立法提案中提出：在深圳，只要是18岁以上心智健全的成年人都可以填写生前预嘱，它只有在患者生命末期时才生效。政府会将个人填写的“生前预嘱”通过电子签署的形式链接到本人医保卡中，如果当事人真正到了生命末期，医院会查看本人医保卡是否填写过生前预嘱，若确实填写，会根据患者本人填写的意愿进行医疗安排。在急性医疗等紧急情况下，不会启用生前预嘱。立法就是为了保障签署人的利益。希望深圳的地方立法起到先试先行，并推动国家立法规范的效应。

（三）生前预嘱与意定监护的关系

生前预嘱，包括声明型的生前预嘱以及代理型的医疗行为指示代理。生前预嘱类似行为人预先立遗嘱，[②] 只是其个人处分的是自己的生命健康权而非财产权。个人无论是在陷入危急状态下希望医疗机构全力抢救，还是在保守治疗时希望保证做人的生命尊严，都可以通过生前预嘱预先行使和表达，作出自主决定。与传统家人代作医疗决定不同的是，生前预嘱将具体医疗决定作出的时间提前，根据自己的意愿对医疗活动中可能出现的风险及将要采取的措施进行取舍决策，保证行为人的意愿贯穿于日后整个医疗活动。

意定监护，是指具有完全民事行为能力的成年人，可以与其近亲属、其他愿意担任监护人的个人或者组织事先协商，以书面形式确定自己的监护人。监护人在被监护人丧失或者部分丧失民事行为能力时，由该监护人履行监护职责。被监护人可以在自己清醒的时候，选择自己最信任的人做监护人，通过签订监护协议，委托监护人在自己失智后照护自己的生活，处置自己的财产、权利等。意定监护将优先按照个人意愿启动意定监护程

---

① 选择与尊严网，http：//www. lwpa. org. cn/Index. shtml，2021年2月26日访问。

② 生前预嘱不同于遗嘱，前者是在临终病危时生效，后者是在死亡时生效。

序，排除了法定监护的适用，也避免了由于法定监护人缺位或怠于履行而导致具体监护事务作出的延迟或混乱，损害被监护人的利益，提前解决可能出现的矛盾与问题。

将生前预嘱纳入我国意定监护制度中，有利于丰富及完善我国意定监护法律制度建设，有利于维护老年人等传承法务服务对象的生命尊严权利。

（四）生前预嘱与安乐死的关系

生前预嘱应当包含在安乐死的广义概念之中，狭义的安乐死包含了追求死亡的结果，因此被包括我国在内的大多数国家或地区的法律所禁止。在允许安乐死的国家和地区，其法律限制条件也是非常严格的。

比如，1994 年 11 月，美国俄勒冈州经过公民投票决定有条件准许安乐死。2006 年，美国联邦最高法院裁决支持俄勒冈州的准许医生协助自杀的州法。其条件是，医生证实患者仅剩不到 6 个月的生命，且病人具有提出安乐死要求的心智能力。符合条件的病人将得到一张处方，凭处方购得足量致死的药物，然后自行服用。法律禁止家属或朋友帮助患者自杀，同时禁止医生使用针剂或者一氧化碳实施安乐死。2008 年 11 月，美国华盛顿州成为第二个由选民投票允许安乐死的州。但是，美国绝大多数州仍禁止安乐死。

人在清醒时可以选择在无人帮助下的尊严离开，这种生前预嘱在一些地区很容易得到亲友的理解和认可。如在 2010 年夏天，美国俄勒冈州有一位 84 岁身患重病的哈特曼老太太，在妥善安排了身后的一切事务之后，以绝食的方式选择了死亡。哈特曼老太太住在波特兰，家庭背景良好，经济条件优越，有女儿，有孙辈，有朋友，有良好的医疗服务。然而，老太太不愿意再同病痛纠缠，决定结束自己的生命。老太太的亲朋们都得到事先关照，都知道老太太选择了死亡，都尊重老太太的决定。在绝食 36 天后，哈特曼老太太平静地死去。在俄勒冈州，越来越多患有不治之症的晚期病人作出同这位老太太一样的选择，以绝食的方式尊严死亡。

二、 生前预嘱的实务要点

在医生面前，生前预嘱仍然是新事物，医生还是习惯征询和遵从近亲属的意见，书面生前预嘱的真实性、合法性审查，以及法律地位等，目前都还处于不知如何确定的状态。生前预嘱的传承法务，有待进一步研究和发展。

（一）取得安宁疗护家庭会议的认同

安宁疗护，也称安宁和缓医疗、临终关怀、姑息疗护，是以现在的医疗手段不能救治且预计生存期在半年之内的患者为安宁疗护的对象，现实中患病老年人为安宁疗护的对象居多，通过由医生、护士、志愿者、社工、理疗师及心理师等人员组成的团队服务，为患者及其家庭提供帮助，在减少患者身体上疼痛的同时，更关注患者的内心感受，给予患者灵性照护。走访有安宁疗护病房的机构显示，一般疗护期为两周左右时间，长的有一个月左右的，病房环境温馨并会因人而设置一些临时摆件，有回归寿终正寝传统的感觉。安宁疗护不追求猛烈的、可能给病人增添痛苦的、无意义的治疗，但要求医务或护理人员以熟练的业务和良好的服务来控制病人的症状。安宁疗护的目标是提高患者的生命质量，让其有尊严地走完人生最后一段旅程。死者了无牵挂，生者还得坚强地继续自己的人生。

安宁疗护家庭会议，是指由安宁疗护工作者主导的，临终病人和家属参加，通报临终患者病情、治疗和预后，讨论积极性治疗的必要性、病人的护理偏好、应对情感疗护等如何提供姑息照护服务的会议。

有生前预嘱的，生前预嘱执行人、生前预嘱执行监督人应当促进安宁疗护家庭会议的及时召开，出示、宣读生前预嘱，解释有关患者权益保障的法律规定，推动家庭会议一致支持预嘱的内容，按具体预嘱形成决议。虽然安宁疗护家庭会议并非是生前预嘱执行的前置程序，但因生前预嘱是新事物，法律保障机制尚未形成，安宁疗护家庭会议是目前落实生前预嘱的一个有效渠道。

（二）争取生前预嘱获得医疗部门的认可

经向医疗机构医生进行调查，生前预嘱目前尚不能得到医院的认可，即使是公证的生前预嘱也是如此。因为需要在患者已被确认不可治愈，此时患者即使残存神智，一般都处于无法正常表达的状况，生前预嘱才需要产生效力。在现实中，一方面无立法规范引导和保障，立书面生前预嘱的人占比小；另一方面生前预嘱往往很容易被患者近亲属采纳，生前预嘱执行人与患者近亲属罕见发生无法确定生前预嘱执行与否的争议，更尚未发生启动司法程序解决的案例，所以目前还没有发现需要医生具体决断取舍的情形。有鉴于此，传承法务工作者应当注意发现和推广生前预嘱执行力的判例，或者推动相关立法或司法解释的出台，使人们自我生命权得到尊重，使有关生前预嘱规范能够尽快直接造福更多立嘱人。

三、 生前预嘱法律文书

2017年3月12日，80岁的作家琼瑶在Facebook上发表了一封她写给儿子和儿媳的公开信《预约自己的美好告别》,[①] 传达了她希望自然死亡、不要抢救、尊严离去的意愿。琼瑶曾说过："生时愿如火花，燃烧到生命最后一刻。死时愿如雪花，飘然落地，化为尘土!"充满了对于死亡的豁达。

预约自己的美好告别（节选）

我已经79岁，明年就80岁了！这漫长的人生，我没有因为战乱、贫穷、意外、天灾人祸、病痛……种种原因而先走一步。活到这个年纪，已经是上苍给我的恩宠。所以，从此以后，我会笑看死亡。我的叮嘱如下：

一、不论我生了什么重病，不动大手术，让我死得快最重要！在我能做主时让我做主，万一我不能做主时，照我的叮嘱去做！

二、不把我送进"加护病房"。

三、不论什么情况下，绝对不能插"鼻胃管"！因为如果我失去吞咽的能力，等于也失去吃的快乐，我不要那样活着！

四、同上一条，不论什么情况，不能在我身上插入各种维生的管子。尿管、呼吸管、各种我不知道名字的管子都不行！

五、我已经注记过，最后的"急救措施"，气切、电击、叶克膜……这些，全部不要！帮助我没有痛苦地死去，比千方百计让我痛苦地活着，意义重大！千万不要被"生死"的迷思给困惑住！

"活着"的起码条件，是要有喜怒哀乐的情绪，会爱懂爱、会笑会哭、有思想有感情，能走能动……到了这些都失去的时候，人就只有躯壳！我最怕的不是死亡，而是失智和失能。万一我失智失能了，帮我"尊严死"就是你们的责任！能够送到瑞士去"安乐死"更好！

你们亲爱的母亲

琼瑶写于可园

2017年3月12日

---

① 琼瑶，预约自己的美好告别，http：//www.360doc.com/content/17/0318/00/34967258_637931706.shtml，2021年5月1日访问。中国台湾地区是全亚洲第一个生前预嘱合法化的地区。

（一）生前预嘱范本

生前预嘱（范本）

我是×××，身份证号：××××××。我思维正常、神志清楚且无影响精神健康的疾病，现在委托某某律师事务所的×××、×××两位律师见证下立此嘱。

一、我要或不要什么医疗服务

我知道我的生命宝贵，所以希望在任何时候都能保持尊严。当我临终生命体征快速衰竭，或患病不可治愈，或疾病处于危重阶段现有医疗条件无法治疗的情况发生时，比如，在我生命末期，或者在我不可逆转的昏迷，或者在我持续植物状态的任何一种情况下，我希望以下这些意愿得到尊重和执行。

1. 我不要疼痛。希望医生按照世界卫生组织的有关指引给我足够的药物解除或减轻我的疼痛。即使这会影响我的神智让我处在蒙眬或睡眠状态。

2. 我不要任何形式的痛苦，如呕吐、痉挛、抽搐、谵妄、恐惧或者有幻觉等，希望医生和护士尽力帮助我保持舒适。

3. 我不要任何增加痛苦的治疗和检查（例如，放疗、化疗、手术探查等），即使医生和护士认为这可能对明确诊断和改善症状有好处。

4. 我希望在被治疗和护理时，个人隐私得到充分保护。

二、我希望使用或不使用生命支持治疗

我知道生命支持治疗有时是维持我存活的唯一手段。但当我的存活毫无质量，生命支持治疗只能延长我的死亡过程时，我经谨慎考虑后决定不使用它。我要求不使用生命支持治疗的情形包括：

1. 拒绝使用心肺复苏术。

2. 拒绝使用人工辅助呼吸机。

3. 拒绝使用喂食管。

4. 拒绝输血。

5. 拒绝使用心脏起搏器及血管升压素。

6. 拒绝使用特定疾病的治疗（化疗）。

7. 拒绝使用昂贵抗生素。

8. 拒绝使用肠内肠外营养支持。

三、我委托律师事务所的律师帮助我

我委托××律师事务所的×××律师和×××律师，在他们见证下立下这份生前预嘱，以证明我的郑重和真诚。同时，我委托××律师事务所指派律师执行此嘱并发出指令，请医疗机构支持此嘱！

见证人1姓名（签字）：
联系电话：　　　　　　　　日期：　　年　　月　　日
见证人2姓名（签字）：
联系电话：　　　　　　　　日期：　　年　　月　　日
立嘱人（签字）：
日期：　　年　　月　　日

（二）立生前预嘱注意事项

1. 对于我国现行法律规范来说，无论是意定监护还是生前预嘱都是从西方舶来的制度。事关立嘱人的生命健康权，在生前预嘱执行时，立嘱人可能是意识清楚但无法表达，所以，立生前预嘱应当谨慎。

2. 与立遗嘱一样，在立生前预嘱时，立嘱人应当具有相应的民事行为能力。

3. 生前预嘱指示务必明确。对于说明型的生前预嘱和代理型的预先医疗内容应当明确，最好明确具体的医疗机构。提倡对生前预嘱设立监督人，如果监督人明确反对，生前预嘱“熔断”，暂停执行。

4. 立嘱人可以随时更改生前预嘱的内容，也可以废除已立生前预嘱。

5. 只有当立嘱人不能作出医疗决策时，对生前预嘱代理人的委托才能生效。

6. 一般由提供助孝信托服务或私人律师服务的律师事务所执行生前预嘱，预嘱保管、诚信专业、及时执行都有较好保障。

7. 捐献遗体、器官、组织的，既可以与生前预嘱合并设立，也可以另行单独设立。

8. 生前预嘱内容不得触犯法律，受委托人不得唆使或帮助患者自杀，不得授权使用针剂、毒药或者一氧化碳等方式实施安乐死。

第四节　传承法务中的遗赠扶养协议

在传承法务中，签订遗赠扶养协议是解决无子女赡养的常规传统做法。

一、遗赠扶养协议理论概述

遗赠扶养协议是自然人（遗赠人、被扶养人）与继承人以外的组织或者个人（扶养人）之间订立的由扶养人承担遗赠人生养死葬的义务，遗赠人将自己的财产于其死后转移给扶养人所有的协议。需要他人扶养，并愿将自己的合法财产全部或部分遗赠给扶养人的人为遗赠人，系传承法务里传出财产的传者，遗赠人必须是具有完全民事行为能力、有一定可遗赠财产、需要他人扶养的公民；对遗赠人尽扶养义务并接受遗赠的人为扶养人，系传承法务里财产的接受人即承者，扶养人必须是遗赠人法定继承人以外的公民或组织，并具有完全民事行为能力、能履行扶养义务。民法典第1158条规定："自然人可以与继承人以外的组织或者个人签订遗赠扶养协议。按照协议，该组织或者个人承担该自然人生养死葬的义务，享有受遗赠的权利。"

遗赠扶养协议制度是具有中国特色的法律制度，长期以来发挥着重要的社会保障作用。特别是在养老方式多元化的今天，遗赠扶养协议可以发挥更重要的作用，为私人财富的传承提供有效的法律保障。

（一）遗赠扶养协议的意义

遗赠扶养协议制度是我国创建的独具特色的遗产转移制度，是在总结我国农村"五保户"制度基础上产生的。"五保户"制度是为了解决在农村地区无劳动能力，无生活来源，也无法定赡养、扶养义务人或者其法定赡养、扶养义务人无赡养、扶养能力的家庭或个人，由集体经济组织负责保吃、保穿、保住、保医、保葬。"五保户"与集体组织签订"五保"供养协议，按照协议的规定，集体所有制组织承担供养"五保户"生养死葬的义务，"五保户"死亡后的遗产则归集体所有制组织所有。原继承法第31条将"五保户"制度法律化，形成了遗赠扶养协议制度。

在遗赠扶养协议中，集体组织和"五保户"可以明确规定双方的权利义务，使集体组织能够更好地对"五保户"履行扶养的义务，更重要的是明确了"五保户"遗产的归属，解决了实践中农村"五保户"遗产纠纷的处理问题。根据原《最高人民法院关于贯彻执行〈中华人民共和国继承法〉若干问题的意见》第55条规定，集体组织对"五保户"实行"五保"时，双方有扶养协议的，按协议处理；没有扶养协议，死者有遗嘱继承人或法定继承人要求继承的，按遗嘱继承或法定继承处理，但集体组织有权要求扣回"五保"费用。

可见，遗赠扶养协议制度具有一定的社会保障制度的作用。但随着我国社会保障制度的完善，遗赠扶养协议的作用也发生了变化。其不仅具有社会保障的功能，更是成为多元化养老体系的重要组成部分，对社会养老起到了制度保障作用。

第一，遗赠扶养协议有利于弘扬中华民族养老育幼、照顾弱者的传统美德。我国老龄人口总量世界第一。根据最新的人口普查，我国60岁及以上人口占比18.70%，中国社会正面临着老龄化、空巢化问题。现有的社会保障制度能在一定程度上解决老年人的养老问题，但仍显不足。我国老年人权益保障法第5条明确规定，国家建立和完善以居家为基础、社区为依托、机构为支撑的社会养老服务体系。通过遗赠扶养协议，可以明确扶养人与遗赠人的权利义务，鼓励广大公民、社会组织承担社会责任，为那些无法定赡养义务人的，或者法定赡养义务人无法对其履行赡养义务的，以及无独立生活能力的自然人提供扶养和照料。遗赠扶养协议制度可以在社会养老保障体系中分担国家和家庭的责任，因此从法律上弘扬了中华民族养老育幼、照顾弱者的传统美德。

第二，遗赠扶养协议体现了以人为本的立法理念。自然人可以通过协议选择自己受扶养的方式，体现了民法意思自治的精神。特别是老年人可以依法与法定继承人以外的自然人或组织订立遗赠扶养协议，自行安排晚年生活。同时，遗赠扶养协议并不排斥老年人订立遗嘱。我国民法典第1123条规定："继承开始后，按照法定继承办理；有遗嘱的，按照遗嘱继承或者遗赠办理；有遗赠扶养协议的，按照协议办理。"可见，在继承开始后，遗赠扶养协议处于最优先的地位。根据《最高人民法院关于适用〈中华人民共和国民法典〉继承编的解释（一）》第3条规定，被继承人生前与他人订有遗赠扶养协议，同时又立有遗嘱的，继承开始后，如果遗赠扶养协议与遗嘱没有抵触，遗产分别按协议和遗嘱处理；如果有抵触，按协议处理，与协议抵触的遗嘱全部或者部分无效。遗赠扶养协议具有合同的效力，保障了老年人的财产安全，也体现了民法保障私权的精神。根据《最高人民法院关于适用〈中华人民共和国民法典〉继承编的解释（一）》第40条规定，继承人以外的组织或者个人与自然人签订遗赠扶养协议后，无正当理由不履行，导致协议解除的，不能享有受遗赠的权利，其支付的供养费用一般不予补偿；遗赠人无正当理由不履行，导致协议解除的，则应当偿还继承人以外的组织或者个人已支付的供养费用。

（二）遗赠扶养协议的特征

遗赠扶养协议的本质是合同，其与遗嘱不同，也不同于遗赠。作为合同，遗赠扶养协议也不同于外国法中的继承合同。其具有如下特征。

1. 遗赠扶养协议是双方法律行为

遗赠扶养协议必须由双方意思表示达成一致才能成立。协议签订后，双方应遵守约定、履行义务，否则将构成违约。这与遗嘱和遗赠有本质区别。遗嘱、遗赠都是单方法律行为，只需要遗嘱人、遗赠人单方作出意思表示即可成立。即使受遗赠人拒绝接受遗赠，也并不影响该项遗赠的有效成立。遗嘱人还可以随时更改遗嘱、遗赠，另立新的遗嘱、遗赠。

2. 遗赠扶养协议是双务、有偿法律行为

遗赠扶养协议的双方当事人互享权利、互负义务。扶养人承担对遗赠人生养死葬的义务并享有接受遗赠财产的权利；被扶养人享有接受扶养的权利，同时负有将遗产遗赠给扶养人的义务。这体现了权利与义务的一致性。遗赠扶养协议的双方当事人互享权利、互享义务，任何一方享有权利都是以履行相应的义务为对价的。扶养人接受遗赠财产，以对被扶养人进行扶养为对价。任何一方不能无偿地取得他方的财产，这表明其具有有偿性。但这种有偿性并不需要扶养人付出的代价与取得的遗产在价值上相一致，只需要是扶养人与遗赠人达成意思表示一致即可。而遗赠不需要以受遗赠人履行扶养义务为条件，仅仅需要遗嘱人单方作出即可。

3. 遗赠扶养协议是诺成性法律行为

遗赠扶养协议经双方意思表示一致即可成立，不需要转移遗产所有权。因为在遗赠扶养协议中双方履行义务的时间并不相同。遗赠扶养协议一经签订就具有法律效力，扶养人就应履行其扶养被扶养人的义务，被扶养人享有受扶养的权利。而关于遗赠的财产只能于被扶养人死亡后才能实现，扶养人依据约定取得被扶养人遗赠的财产。在被扶养人死亡之前，扶养人不得要求被扶养人履行转移其财产的义务。故遗赠扶养协议同时具有生前行为与死因行为性质。然而，双方履行义务时间上的不一致，并不影响遗赠扶养协议的成立。遗赠扶养协议自双方意思表示一致时即成立，属于诺成性法律行为。

4. 遗赠扶养协议是要式法律行为

对于遗赠扶养协议是否要采用特定形式，在理论上曾有争议。大多数学者主张其应该采用书面形式。原因在于，遗赠扶养协议涉及双方的重大利益，而且协议的履行时间较长，扶养人只能在被扶养人死后才能取得财产，具有不确定性。为避免被扶养人死后无法确认双方是否存在遗赠扶养关系，所以遗赠扶养协议应当采用书面形式，不能用口头形式。至于订立遗赠扶养协议是否需要见证人在场或进行公证，在理论上也有不同看法。有主张应有两名见证人在场订立的；也有主张须对遗赠扶养协议进行公证的；还有主张是否公证或是否有见证人在场，不影响协议效力的。本书认为，遗赠扶养协议与遗嘱相比具有较高的效力，若不能证明协议的有效性直接影响继承或赠与的进行与遗产的分配。所以在形式上应参考关于遗嘱形式的要求。虽然立法上没有对遗赠扶养协议的形式作出具体要求，但为了日后减少纠纷的发生，采用公证的方式订立较为妥当，具有更强的证明效力。

（三）遗赠扶养协议的内容

遗赠扶养协议是被扶养人与扶养人之间订立的合同。其具体内容应符合民法典合同编的一般规定。

第一，协议应当写明双方当事人的基本信息。协议应当载明被扶养人的姓名、身份证号码、住址等基本信息，以及扶养人的姓名、身份证号码、住址或者组织的名称、住所等基本信息。

第二，协议应写明扶养人义务和被扶养人的权利。对于扶养人来讲，其主要义务包括：一是对被扶养人的照料。在被扶养人生存期间，扶养人需要承担对被扶养人生活上的照料和扶助义务，包括平时的照料义务和特殊时期，例如，生病时的照料义务。在协议中应尽量写明照料和扶养的标准。二是对被扶养人死后的事宜处理。主要是在被扶养人死亡后，扶养人应当负责办理被扶养人的丧事。例如，按照被扶养人的遗愿办理火化、安葬等事宜。这些义务对应的是被扶养人的权利。

第三，协议应写明扶养人的权利和被扶养人的义务。扶养人的权利主要就是根据协议取得被扶养人所赠与的遗产。因此双方应当在协议中写明，被扶养人拟将哪些遗产赠与扶养人，即遗赠财产的范围。例如，房产的位置、面积；车辆的型号、车牌号等。同时，被扶养人还负有不得擅自处分协议所涉及的财产的义务。

第四，应写明协议的解除方式。由于遗赠扶养协议是双方法律行为，因此双方均不得任意解除。但双方可以约定协议的解除方式。例如，双方可以在协议中约定，双方协商一致可以解除协议，也可以约定如果一方违反约定，另一方有权要求解除遗赠扶养协议，并要求对方承担相应的补偿责任。还可以约定如果被扶养人擅自处分协议所涉及的财产，扶养人可以解除协议，并要求被扶养人支付相应的扶养费用。

第五，协议应写明违约责任和争议解决方式。遗赠扶养协议本质上是合同，如果一方不履行约定，另一方可以要求对方承担违约责任。双方还可以在协议中约定一旦发生争议，可以通过哪些途径解决，例如，可以通过仲裁方式，还是通过调解或者诉讼方式。

（四）遗赠扶养协议的效力

遗赠扶养协议一经签订，即发生效力。但遗赠扶养协议的效力与一般合同相比有所不同。一般合同的一方死亡，会因为缺少主体而使合同终止，遗赠扶养协议中被扶养人死亡不会引起协议的终止。同时，遗赠扶养协议因为可能涉及被继承人的遗产，因此会发生对协议外第三人的效力。故而一般将遗赠扶养协议的效力分为内部效力和外部效力。

1. 遗赠扶养协议的内部效力

遗赠扶养协议的内部效力主要表现为扶养人的权利义务以及被扶养人的权利义务。

扶养人的权利是在被扶养人死亡后按照遗赠扶养协议的约定，取得受遗赠的财产。被扶养人的权利是接受扶养人的生前扶养及死后安葬。扶养人的义务是对被扶养人的生前扶养和死后安葬。扶养人应认真履行扶养义务，否则，被扶养人有权请求解除遗赠扶养协议。扶养人的扶养义务应是持续性的，不得在被扶养人死亡前中断履行扶养义务。扶养人还应按照协议的约定完成被扶养人的丧葬事宜。扶养人不履行义务的，被扶养人有权解除协议，扶养人不再享有接受遗产的权利，其支付的供养费一般也不再补偿。扶养人履行遗赠扶养协议约定义务后，享有接受约定的遗赠财产的权利。被扶养人的义务是按照遗赠扶养协议的约定将其财产遗赠给扶养人。被扶养人对协议中约定的赠与财产，在其生前可以占有、使用，但不能处分，例如，买卖、赠与、交换。例如，被扶养人导致协议不能履行的，扶养人有权解除扶养协议，被扶养人应当偿还扶养人已经支付的供养费用。

除了上述的权利义务关系外，遗赠扶养协议在内容上还应参考民法典继承编和合同编的内容。例如，实践中，如果扶养义务人尽了生养死葬义务，但在履行协议的过程中实施了导致被扶养人死亡的行为，那么应当参照继承权丧失的规定，剥夺其接受遗产的权利。遗赠扶养协议在本质上属于财产性质的合同，在法律适用上，如民法典继承编中没有规定的，应当适用合同编的相关规定。

2. 遗赠扶养协议的外部效力

遗赠扶养协议的外部效力表现为遗赠扶养协议对外的优先效力。与其他处理财产的方式相比，在适用效力上高于遗嘱继承、遗赠和法定继承，具有最优先的效力。根据民法典第 1123 条规定，继承开始后，按照法定继承办理；有遗嘱的，按照遗嘱继承或者遗赠办理；有遗赠扶养协议的，按照协议办理。根据《最高人民法院关于适用〈中华人民共和国民法典〉继承编的解释（一）》第 3 条规定，被继承人生前与他人订有遗赠扶养协议，同时又立有遗嘱的，继承开始后，如果遗赠扶养协议与遗嘱没有抵触，遗产分别按协议和遗嘱处理；如果有抵触，按协议处理，与协议抵触的遗嘱全部或者部分无效。可见，遗赠扶养协议并不排斥遗嘱和遗赠的存在，但效力上却有高低之分。在被继承人死亡后，有遗赠扶养协议的，须先执行遗赠扶养协议，而后才能进行遗嘱继承和法定继承。这是因为遗赠扶养协议就其本质而言是一种有偿的双务合同，扶养人承担遗赠人生养死葬的义务并享有遗赠的权利，遗赠人享有受扶养权利的同时负有将遗产赠给扶养人的义务。遗嘱、遗赠是单方法律行为，法定继承人和遗嘱继承人或者受遗赠人取得遗产是无偿的，所以在遗产分配上，遗赠扶养协议具有优先于遗嘱继承和法定继承的效力。

遗赠扶养协议的外部效力并不解除遗赠人与其子女之间的权利义务关系。在协议订立后，遗赠人与其子女之间的赡养关系，或遗赠人与其他有赡养义务人之间的赡养关系并不解除。同样地，扶养人与其父母之间的权利义务关系也不因此而解除。子女对父母的赡养关系是基于特殊身份关系而产生的，而遗赠扶养协议本质上是一种财产性合同，其优先效力并不涉及身份关系。所以，遗赠扶养协议签订后，扶养人子女对于自己未离世的父母，仍负有赡养的义务，享有互相继承遗产的权利。而被扶养人的子女虽然可能不具备赡养的能力，但对被扶养人的赡养义务不因遗赠扶养协议的签订而免除，同时，其子女对遗赠扶养协议中被扶养人指定赠与财产以外的财产也仍享有继承权。

子女作为法定继承人不能与被继承人签订遗赠扶养协议。赡养老人是中华民族的传统美德，如果允许一部分继承人不用履行赡养义务，另一部分继承人赡养被继承人而继承遗产，这有悖法律规定的赡养义务，也不符合中华民族的传统美德。遗赠扶养协议不同于外国法中的继承合同，我国立法不允许法定继承人在继承开始前协议放弃继承权，同样也不允许子女和被继承人签订遗赠扶养协议。所以遗赠抚养协议的效力不适用于父母和子女之间。

二、 实务案例

董某、冉某、朱某遗赠扶养协议纠纷案[①]

基本案情：

2018 年 10 月 26 日，董某某与其保姆冉某签订《遗赠扶养协议》一份，协议载明：因甲方患有癌症，家人不予照顾，之前一直由冉某照料，经双方协商，现继续由冉某承担照顾董某某的责任，就遗赠扶养事宜自愿

---

① 本案例源自 2020 年度嘉兴法院弘扬核心价值观十大典型案例之六：董先生与保姆遗赠扶养协议纠纷案。案件内容源自浙江省嘉兴市中级人民法院（2020）浙 04 民终 2219 号判决书。

订立协议，并共同请见证人见证。一、董某某愿意在冉某依照本协议履行扶养义务后，将嘉兴市××公寓小区××幢××室房屋遗赠给冉某；二、本协议签订后，董某某应当对遗赠财产妥善保管，如董某某处分遗赠财产，应当与冉某协商一致，如甲方未经冉某同意另行处分遗赠财产，冉某有权解除本协议，并可要求返还已经承担的费用；三、冉某负责董某某日常一切照料，包括董某某的衣、食、住、行、病、葬，所需费用均由冉某承担，如冉某未能履行本协议约定的扶养义务，董某某有权解除本协议。董某某与冉某分别签名捺印，证人杨某、陆某分别于见证人处签名并备注居民身份证号码、联系电话，董某某兄弟姐妹四人分别于见证人下方签名捺印。协议签订后，冉某继续陪护董某某。董某系董某某女儿，朱某系董某某母亲。2018 年 10 月知晓父亲董某某癌症病危后，董某参与陪同董某某就医、照料。董某某分别于 2018 年 12 月 31 日、2019 年 1 月 15 日签署遗嘱书，确认赠与房屋给冉某的事实。2019 年 4 月 1 日，董某某去世后，冉某及董某因董某某遗产争议多次协商未果，冉某遂诉至法院。

另查明，2015 年 6 月 16 日，董某某与章美琴（董某母亲）经法院调解离婚，调解书确认双方共同财产位于嘉兴市××公寓小区××幢××室的房屋归董某所有。

“嘉兴老娘舅”栏目曾播放“女儿 8 年不来往，爸爸房子给保姆”节目，董某某在该节目中称，其由保姆（冉某）服侍，其“没儿没女”，医院需要家属签字时，只能由保姆签字，所以其对保姆说，“我这套房子，等我百年之后归你，你服侍我到老”；董某在节目中则表示不同意董某某将房屋遗赠给保姆。

2019 年 2 月 28 日，董某某在嘉兴市第三医院病床上订立口头遗嘱，鉴于决定赠与冉某房屋，故要求冉某为保障母亲朱某的养老，由冉某给付母亲朱某 10 万元。董某在 2018 年 10 月至 2019 年 4 月期间，因照料董某某就医、陪护、处理董某某丧葬事宜、代为归还董某某兄弟姐妹借款等，合计支出 121110.01 元（有票据）。

冉某向一审法院提出诉讼请求：一、确认冉某与董某某于 2018 年 10 月 26 日签订的《遗赠扶养协议》有效；二、确认嘉兴市××公寓××幢××室房屋及车库归冉某单独所有，冉某享有 100% 的份额；三、待上述房产可过户之日起一个月内，董某、朱某协助冉某办理过户手续；四、本案诉讼费由董某、朱某承担。一审审理中，冉某确认同意按照董某某遗愿，给予董某某母亲即朱某赡养费 10 万元；并就董某提供的医疗费等发票，酌情补偿董某。

一审法院认为，从冉某与董某某于2018年10月26日签订的《遗赠扶养协议》到董某某于2018年12月31日、2019年1月15日签署的遗嘱书，再到董某某于2019年2月28日口头遗嘱，以上证据可以形成较完整的证据链，足以弥补遗嘱在形式上的欠缺，且无相反证据证明协议无效的情形，可认定遗赠人董某某赠与房屋给冉某的真实意思表示，双方签订的《遗赠扶养协议》应属合法有效。当事人按照《遗赠扶养协议》的约定履行相应义务后，即享有协议中约定的权利。冉某负责照顾董某某的生活起居多年，就医、陪护上付出较多，对董某某生前尽了主要扶养义务，故对冉某诉请房屋归其所有，予以支持。另，结合《遗赠扶养协议》的约定，相应衣、食、住、行、病、葬等费用应由冉某承担，故针对董某支出的费用，酌情确定冉某补偿董某15万元。冉某对董某某要求保证朱某养老的事实不持异议，故冉某补偿朱某10万元。

董某不服一审判决，提起上诉。二审认为一审在尊重董某某遗愿、倡导尊老敬老的传统美德时，亦兼顾了各方当事人利益，一审判决并无不当，故维持原判。

案件评析：

董某某去世前，与照料自己多年的保姆签订《遗赠扶养协议》，将自己名下一套房子赠与保姆。女儿得知后，坚决不同意。保姆起诉要求确认《遗赠扶养协议》有效。南湖法院经审理认为，该房屋系董某某单独所有，董某某与保姆订立的《遗赠扶养协议》系双方真实意思表示，未违反法律、行政法规的强制性规定，应认定为合法有效。

本案的焦点在于确定遗赠扶养协议是否有效。遗赠扶养协议的本质是合同，故当事人只要具备行为能力，双方意思表示真实，能够达成合意，并且法律行为不违反法律法规的强制性规定，不违反公序良俗，那么就应合法有效。董某某与冉某签订遗赠扶养协议，并通过电视台、书写《遗赠》及《遗嘱书》等多种方式，多次明确表示将案涉房屋遗赠给冉某并解释作出该决定的原因，体现了董某某的内心真实意思。董某某具有完全的民事能力，并且有多位见证人，其所遗赠的房产属董某某单独所有，有处分的权利。故该遗赠扶养协议应该有效。

至于董某某之后作出的遗嘱，并不排斥遗赠扶养协议的效力。在内容上也没有与遗赠抚养协议冲突。所以不能用之后的遗嘱而否认遗赠扶养协议的效力。

该案虽然是普通的财产纠纷，但却反映出诸多社会问题。老年人签署遗赠抚养协议处理自己的财产是依法享有的权利，子女不能干涉。子女应积极履行赡养义务，而不是在老年人去世后通过否认遗赠扶养协议来争夺财产。老年人在签署遗赠扶养协议时，应注意订立的形式，最好采用公证或有见证人的方式，以避免日后不必要的纠纷。该案也体现了遗赠抚养协议的意义，引导了社会敬老爱亲风尚。

三、 协议范本

遗赠扶养协议

甲方（遗赠人、被扶养人）：

性别：　　　　　　　　　　；出生日期：

身份证号码：　　　　　　　　　　；住址：

乙方（受遗赠人、扶养人）：

性别：　　　　　　　　　　；出生日期：

身份证号码：　　　　　　　　　　；住址：

甲乙双方就遗赠扶养事宜在平等自愿的基础上达成如下协议：

一、遗赠财产的范围

由乙方承担扶养甲方的义务，甲方愿意在去世后将如下财产赠与乙方。乙方愿意承担扶养甲方义务，并愿意接受甲方遗赠的如下财产。

1. 房产：________________

2. 机动车：________________

3. 存款：________________

4. 其他财产：________________

二、甲乙双方的权利义务

1. 遗赠人的权利与义务

（1）甲方有权依据本协议要求扶养人履行扶养义务；

（2）甲方不得在生前处分遗赠的财产（包括但不限于赠与、买卖、设置抵押等）；

（3）甲方应负责对遗赠遗产的保管和维护责任。遗赠的财产损坏或者甲方单方处置给第三方，乙方有权要求甲方修理、更换或收回；甲方拒不修理、更换或收回的，乙方有权终止协议。

2. 受遗赠人的权利与义务

（1）乙方承担对遗赠人生养死葬的义务。乙方应忠实履行义务，不得虐待、辱骂、殴打遗赠人。

（2）乙方负责甲方的吃、穿、住、行、医疗、养老。扶养义务是指在生活上照顾、经济上给予帮助，精神上给予慰藉。具体为：

饮食安排：

生活安排：

医疗安排：

其他安排：

（3）甲方过世后的丧葬事务由乙方负责，乙方应当按照当地政策和风俗办妥甲方丧葬事务。办理甲方丧葬事务的费用首先由甲方去世后留下的财物支付，不足部分由乙方承担。

（4）如乙方忠实履行扶养义务，乙方有权获得遗赠财产。

三、遗赠财产所有权转移

乙方在甲方生前不得转移、处置甲方个人财产，乙方应在甲方去世之后　日内办理遗赠财产的所有权转移手续。不需要办理财产所有权转移手续的，乙方占有即视为已取得遗赠财产。

四、遗赠扶养协议的执行

甲乙双方一致同意指定________负责监督本协议书的履行。

五、本协议的解除

1. 双方协商一致可以解除本协议；

2. 一方当事人无正当理由拒绝履行协议内容，另一方可以解除本协议。

3. 如果乙方在甲方生前未经其同意处置（包括但不限于赠与、买卖、设置抵押等）甲方的个人财产，甲方有权解除该协议。

六、违约责任

1. 甲方单方处置遗赠的财产导致本协议解除，乙方有权要求甲方退还已支付的扶养费；

2. 乙方无故不履行扶养义务导致本协议解除，不得享有受遗赠的财产，已支付的扶养费也不予退回。

七、其他

1. 本协议自双方签字之日起生效。本协议一式三份，具有同等法律效力。甲乙双方各执一份，××公证处留存一份。

2. 如对本协议发生纠纷，甲乙双方应通过协商解决，如双方协商仍不能达成一致意见时，则向法院起诉。

甲方（签字）：　　　　　　　　乙方（签字）：

签订日期：　　　　　　　　　　签订日期：

第五节　传承法务中的搭伴养老

社会现实中普遍存在老年人再婚难、老年人空巢孤寂、老年人不想进养老机构养老等，这些社会现象或问题，可以适用搭伴养老的模式有效解决。

一、 搭伴养老概述

搭伴养老模式正在实践中探索，相关法律概念还没有问世。本节内容主要研究狭义上的“搭伴养老”,① 以供立法研究和搭伴养老传承法律服务时参考。

（一）搭伴养老的定义与法律适用

1. 搭伴养老的定义

“搭伴”属非法学术语，通说认为等同于老年非婚同居。所谓“搭伴养老”，是无配偶男女老人通过同居彼此提供生活资源来相互保障养老，以情感、精神依靠、生活互助照料为主要目的，没有生育的动因，不同于年轻群体的同居，不在于试婚而建立夫妻关系，而是以同居作为婚姻的替代，在于建立以互助形式彼此提供养老资源的生活方式。

现实中，除了一对同性或异性老人搭伴养老外，多个同性和一个异性老人以及多个同性或异性老人之间以生活照料为目的的共同生活居住，可以统称为抱团式养老，属于搭伴养老的类型之一。广义上的“搭伴养老”包括狭义上的“搭伴养老”，即一对同性或异性老人搭伴养老和抱团式养老两种类型。

狭义上的“搭伴养老”，是指丧偶或离异或未婚的男女老人在未办理结婚登记手续的情况下，选择非婚同居处理两性关系和养老的一种生活方式。从法律层面界定“搭伴养老”，应满足一定构成要件。“搭伴养老”任何一方当事人必须排除既存的婚姻关系和其他较为稳定的同居关系，不存在同居障碍，有较固定的同居场所，且同居生活达一定的期限，即建立较为稳定的同居关系，并以追求建立生活共同体进行养老为目标，没有缔结法定婚姻关系的主观意愿。所以，“搭伴养老”不同于事实婚姻，不同于婚外同居，是在准婚姻模式下的一种养老方式。

---

① 何丽新：《“搭伴养老”法律规制探析》，载《中国法学会婚姻法学研究会2007年年会论文集》，第420—431页。

2. 与相似概念的区别

（1）与非法同居的区别

非法同居作为我国婚姻制度中的一个历史概念，已退出了法律舞台。非法同居，强调的是当事人之间的同居关系明显违反法律的有关规定，不受法律保护并且被法律和道德所摒弃。

我国司法实践中所认定的非法同居之情形主要有两类：一是“有配偶者与他人同居”的情形，是指有配偶者与婚外异性，不以夫妻名义，持续、稳定的共同生活；[①] 二是重婚之情形，是指有配偶者与婚外异性，以夫妻名义，持续、稳定地共同生活。由这两种情形的概念和特征可以看出，非法同居的构成要件在目前法律上只有一点，即“有配偶者与他人同居”。而并非以往理解的，包括了未被法律认定为婚姻关系的事实婚姻和所有未经结婚登记的同居情形。

搭伴养老与非法同居的根本区别在于：非法同居关系的本质特征是当事人至少一方存在既有的合法配偶，其同居行为违背了一夫一妻婚姻制度的要求，形成了多重性关系。至于缔结合法婚姻在先非法同居在后，还是非法同居关系在先缔结合法婚姻在后，对非法同居行为的认定并无影响。而搭伴养老的当事人，应是无配偶者，在同居期间，任何一方均不存在另行结婚或已先行结婚的情形，彼此间的性关系没有违背一夫一妻制原则。

（2）与试婚的区别

试婚，顾名思义是指准备结婚的男女双方，在正式结婚前试验性地在一起共同生活一段时间，以求彼此熟悉、相互了解，从而帮助当事人就是否适合相互结婚作出决定。试婚期间，双方日常生活在一起，也可以发生性关系，如果双方相互满意在此期间的共同生活，都有正式结婚的意愿，当事人双方可择日结婚。如果双方或者一方经过试验性共同生活，认为相互不适合结婚，就会作出不结婚的决定或者结束与对方的同居生活。现在社会中有一种观点认为搭伴养老就是试婚，双方当事人通过搭伴养老来挑选合适的养老伴侣，试验同居生活是否使其自身满意，如不满意就立即更换伴侣另行试验，这使得搭伴养老没有任何限制，也无任何稳定性可言，导致搭伴养老在形象上缺乏道德价值。

实际上，搭伴养老并非试婚，二者之间存在本质的差别：搭伴养老的

---

① 张静波、任凤莲：《“搭伴养老”的两个法律问题》，载《中共山西省委党校学报》2009年第6期。

当事人所共同追求的目的是建立共同养老的生活共同体，借以提高养老生活的质量，其同居的出发点并非缔结婚姻，不论是基于当事人主观意愿或是外界因素影响而形成的，其同居行为在实质上是规避了婚姻所产生的法律效力。而且搭伴养老当事人对于这种同居关系的态度是希望其持续、稳定地发展下去，而并非是抱着试验的态度在短时期内解决某个问题。试婚在实质上也是非婚同居的表现形式，不同于搭伴养老当事人。试婚的当事人之间虽然也建立同居关系，但是同居行为之目的是通过同居过程来检验双方是否适合结婚，也就是说试婚当事人双方建立同居关系，最终目的是婚姻。另外，因试婚在当事人看来只是试验双方是否适合结婚的手段，所以不论试验结果与否，双方当事人都不会对这一同居关系抱有持续发展的态度。

（二）法律适用的困境

1. 无专门针对搭伴养老的法律规定

我国现行法与之相关的规定是关于非婚同居，或是以“未办理结婚登记而以夫妻名义共同生活为前提”，或是围绕当事人不符合结婚实质要件的无效婚姻、可撤销婚姻展开，对于老年人主动规避婚姻后果的无婚意的搭伴养老则完全没有涉及。

2. 对人身关系的处理过于简单化

民法典对于无配偶者之间的同居关系没有作出规定，只是在现已失效的部分规范性法律文件中有相关规定。如 1989 年，最高人民法院印发《关于人民法院审理未办结婚登记而以夫妻名义同居生活案件的若干意见》（以下简称《意见》）规定：“未办结婚登记而以夫妻名义同居生活的男女，一方要求离婚或解除同居关系，经查确属非法同居关系的，应一律判决予以解除。”在审理过程中不进行调解，也不允许当事人撤诉，只要有此类纠纷诉至法院，一律予以解除。2003 年通过的最高人民法院关于适用《中华人民共和国婚姻法》若干问题的解释（二）规定“当事人起诉请求解除同居关系的，人民法院不予受理。”司法机关的态度从“一律解除”转变为“不予受理”。

3. 主要参照适用的法律依据存在缺失

（1）缺乏认定标准。有关财产关系的规定缺乏可操作性，“共同所得”“共同购置”“一般共有”应如何理解，成为长期困扰我国司法审判实践的问题。在一定程度上凸显我国缺乏规制搭伴养老关系的立法经验，不利于法律的统一适用。

（2）对一些重要问题未予规定。1989 年《意见》总共只有 15 个条文，除了对财产分割的规定不够完备外，该《意见》对非婚同居关系的认定、同居合同的效力等司法实践中的重要问题更是根本未予规定。

二、搭伴养老的现代法理基础

（一）新型模式的价值

搭伴养老这一新型模式与自然权利制度化理论契合，也符合人性尊严的尊重与保护原理。

1. 自我决定权的尊重

民主法治国家，就搭伴养老的法律规范，应符合宪法的意旨。现代立宪主义国家宪法规范核心为人性尊严，其主要内涵在于人所拥有的自由权利范围内，有自治自决的高度自立性。人不能成为纯粹客体，不论是依自由意志或他意，人都不能被工具化、物化、商品化。每个人有“人格自我型塑”的自治自决权，是以国家应对于个人自主性予以尊重的权利。

2. 节约社会成本

从成本与收益角度分析，为老年搭伴者提供照料服务的搭伴者比社区组织具有很大的灵活性，其成本比政府直接提供要低，更能促进老年人生活正常化的有效实施。

3. 减轻社会保障负担

维护老年人生活正常化是社会保障体系的关键一环，其发展也要符合社会保障制度相关的本质特征。分别是：

（1）以增强老年搭伴者的日常活动与社交能力为宗旨；

（2）老年搭伴者生活正常化的持续发展应以完善的法律制度为依据；

（3）政府与国家应担任起老年搭伴者生活正常化的相应主体责任等。

4. 促进积极老龄化

积极老龄化主要由健康、参与、保障三个方面构成。健康是实现积极老龄化的基础，只有保持身心健康，老年人才有可能在社会、文化等各领域施展抱负，才有可能为社会发展作出贡献。参与是实现积极老龄化的前提条件，老年人即使有再多的知识和经验，如果不能融入社会实现自我价值，就无法参与社会发展。因此，应该为老年人参与社会创造更多、更好的条件，并采取措施鼓励老年人积极融入社会的发展。

（二）现有学说理论的检讨

1. 肯定说

搭伴养老作为以非婚同居方式存在的两性关系，本身不产生婚姻的生育功能。同时，婚姻的巨大功能在于经济相互支持，而搭伴养老则是以较少的相互依赖关系获得伴侣生活和养老。搭伴养老满足老年人对于共同生活方式的需求，以非婚同居开拓新的家庭生活，是对传统婚姻弊端的矫正，应受到法律的重视和调整。[①] 理论依据是公平、自由、秩序。

2. 否定说

其一，缺乏法律基础。搭伴养老的意思是两个老人生活在一起相互照料和扶持。但其法律本质却是非婚同居、无证同居。[②] 按照我国民法典的规定，凡是作为夫妻一起生活的均应履行结婚手续。搭伴养老未遵守我国民法典的相关规定，缺乏法律基础，不受法律保护。

其二，不符合道德规范。搭伴养老将严肃的婚姻随意化，不符合道德规范。

其三，有损老年人传统形象。遵纪守法、沿袭传统，都是这种文化价值的具体体现。

其四，未必能够解决养老和照料问题。实际情况是，旧的矛盾没有解决，又会产生新的矛盾。特别是临时夫妻的现实使老年人双方在家庭生活投入上持保留态度。

其五，潜在的心理压力。“搭伴养老”的形式可能会被社会和子女们有条件地接受，但其从根本上违背道德原则和是非标准的内涵会成为老年人永远的心病，也会成为影响家庭代际关系的潜在因素。[③]

3. 评析

肯定说与否定说观点的相悖实则是个人自由与国家干预二者之间矛盾的体现。在法律无视搭伴养老存在的情况下，当事人可以完全自由地协商、决定其共同生活事务，国家不介入其间，不对其实施任何干预。而当法律正视搭伴养老存在后，国家则又以不同方式、在不同程度上对其予以干预，一方面，通过法律对同居者施加一定的义务和责任，要求其必须为一定行为或不为一定行为；另一方面，通过公权力机关直接介入，定分止争，实施干预。搭伴养老中个人自由的正当性基础包括：遵循人类两性关系发展史的共性、两性结合多元化是趋势、个人对家庭生活事务具有自我决定权、法律对搭伴养老的禁止和惩罚缺乏正当性、个人自由彰显是家庭法的历史发展趋势。搭伴养老中的国家干预包括：国家干预的正当性与必要性、国家干预的依据与限度和国家干预的方式。

---

① 吴国平：《老年人搭伴养老现象的法律规制研究》，载《老龄科学研究》2018 年第 6 期。

② 颜梅生：《搭伴养老不受法律保护》，载《黄河 · 黄土 · 黄种人》2013 年第 6 期。

③ 颜梅生：《“搭伴养老”：老人“无证婚姻”伤不起》，载《家庭医药：快乐养生》2013 年第 10 期。

三、搭伴养老法律规制的价值趋向和基本原则

（一）价值中立

法律规制搭伴养老应当保持中性立场，不等同引导和激励搭伴养老，也不是责难和打击，而是对搭伴养老期间产生的人身关系和财产关系进行合理的规制，以充分实现法律资源的有效配置。[①] 保障传统婚姻不受冲击，也体现了法律对人们选择家庭生活方式自由的尊重。

（二）意思自治

意思自由，搭伴协议优先适用，意思自由与法律规制相结合。

（三）不得对抗善意第三人

同居协议具有法律效力，不得对抗善意第三人。

（四）公平保障同居者合法权益原则[②]

公平保障同居者合法权益原则，是我国宪法及民法典赋予公民的平等权利的体现，也是平等原则作用于搭伴养老法律规制的体现。平等是公平的前提，平等原则最集中地反映了民法所调整的社会关系的本质特征，表明民法只调整具有平等特征的横向关系。平等原则应是基于两种平等观所实现的：实体的平等观，即不论人的天赋、才能、机遇如何，通过民事活动产生的结果应是均等的；程序的平等观认为只要社会向人们提供了同等的机会，便做到了平等，即平等是机会的平等。

搭伴养老作为人们以自由的方式对养老模式的选择，当事人通过合意契约自行规制搭伴养老内容，这一行为是实体平等观的体现。对于搭伴养老关系中弱势一方权益的保护，法律应鉴于弱势方在同居关系中的地位，自身养老资源的缺乏而造成对强势方的经济依赖，以及对共同养老生活承担的较多义务和作出的家务劳动贡献等情形，在立法规制时注重加强对弱者权利的保护，尤其是在同居关系解除或终止时，依据财产的实际情况和双方的过错程度，给予弱势一方适当的经济补偿。这种立法保护上的倾斜也是对平等原则适用的体现，能够更加全面实际地公平保障同居者权益。

---

① 何丽新：《“搭伴养老”法律规制探析》，载《中国法学会婚姻法学研究会2007年年会论文集》，第420—431页。

② 尚昆：《试论知识产权法中的公共领域》，载《经营管理者》2015年第30期。

四、搭伴养老立法规制的模式选择

（一）搭伴养老立法的模式选择

1. 合同模式

合同模式规制作用的发挥须以当事人订立搭伴养老合同为必要前提，这一点往往成为制约其效果的最大瓶颈。其主要原因在于：一是思想观念，大多数人认为，通过订立合同来明确彼此的财产关系是相当不浪漫，甚至伤感情的做法，因此对搭伴养老合同难以接受；二是同居时间较短，同居期间财产较少，没有约定的必要；三是不知道可以约定、如何约定；四是想对财产进行约定，但双方不能达成合意等，也是影响同居伴侣进行财产约定的因素。即使在双方当事人有同居合同的情况下，该模式普遍存在的因缔约地位不平等造成的权利义务失衡、口头合同不易证明等问题，在我国也很难得以解决。

2. 身份模式

法律对同居双方在关系存续期间和终止时的权利义务均有强行性规定，这对于保护处于弱势地位的当事人权益具有非常积极的作用，但这一作用的发挥以当事人主动登记为前提，如果大多数同居者都没有登记意愿，此规制模式便失去了应有的存在价值。作为婚姻替代者，绝大多数老人是为了摆脱婚姻中的法律责任和国家干预才选择自由、不受拘束的非婚同居，身份强加给当事人的义务和责任无疑会使他们望而却步。也就是说，在无婚意的当事人中，愿意进入“身份模式”的恐怕只是极少数。

合同模式和身份模式在我国均缺乏广泛适用的社会基础，若采用这两种模式仍会有大量同居伴侣无法在权益受到侵害时得到法律的救济，不能有效改变现状。事实状态模式不考虑当事人的主观意愿，也无须其积极作出某种行为，在符合特定标准的搭伴养老关系终止时主动出击，对当事人予以必要保护，很好地解决了前两种模式在当事人不作为时的缺陷。不过，与身份模式相比，事实状态模式在举证和认定方面存在劣势。前者当事人只需提供官方的登记记录、证书等即可证明搭伴养老身份的存在，进而有权主张该身份的权利和利益。它避免在特别情形下进行权利的个别裁量，以致使法律变得复杂、不一致。在后者，当事人则须举证证明存在符合特定标准的搭伴养老同居的事实状态，例如，双方共同生活，关系具有持续性和稳定性等，这对当事人较为不利，而法官据个案对搭伴养老同居事实状态进行认定也具有一些不确定因素。因此，在维护当事人权益和减轻当事人举证负担之间，前者应是更重要的目标，事实状态模式仍可谓瑕不掩瑜。而且有一些采用事实状态模式的法域在减轻当事人举证负担方面作出了有益的尝试，这些经验大可为我所用，以更有效、更充分地发挥该模式的效用。

3. 事实状态模式

事实状态模式既能充分尊重搭伴养老当事人选择生活方式安排生活事务的自由，又能对当事人，特别是处于弱势地位的当事人提供必要的法律救济，实现当事人之间的实质平等和正义，是在我国当前的社会现实中能够最有效地实现和平衡上述两个目标的模式。同时，在事实状态模式下，同居者并无与婚姻配偶并列或类似的身份，而是处于一种低于婚姻配偶的地位，这不会引起搭伴养老冲击、削弱婚姻制度的顾虑，更易于为立法者和社会大众所接受。综合看来，事实状态模式是我国对搭伴养老进行法律规制的首选模式。

（二）构建我国搭伴养老法律制度的设想

我国搭伴养老应立法规制，有以下两种方式，一种是采用单行立法的方式，在将婚姻置于法律保护的第一位前提下实行婚姻与搭伴养老差别待遇，充分保障搭伴养老的自主性，并以事实状态模式创设一种约束力弱于婚姻的二人共同生活模式，从积极方面为搭伴养老设立获得社会承认的条件，并提供目前搭伴养老现状的最低限度的保护。在法律标榜婚姻制度的倾向性意见的情况下，不能因此设置激励搭伴养老的规定，而应充分发挥法的指引作用，使人们在选择婚姻或搭伴养老之前对自己选择的生活方式有明确而清晰的预期，减少选择搭伴养老生活方式的盲目性，避免影响法律婚姻的权威地位和对传统婚姻制度构成重大冲击。另一种就是在后续国家出台统合型的养老服务法时，应明确设置搭伴养老等新型养老模式的条款，最大限度地细化设置，例如，法律关系的成立、人身关系和财产关系的法律规范，从而提供具有规范性和可操作性的法律供给。

1. 搭伴养老法律关系的成立

主体是年满六十周岁的老年人（老年人之间无近亲属或姻亲关系）；

同居当事人均无配偶、事实伴侣或登记伴侣；

同居当事人须持续地公开共同生活达到一定期间。

2. 搭伴养老的法律效力

（1）内部效力

①人身关系

当事人的独立人格不因同居关系的成立或终止而改变；保护当事人的自由权，使其在同居关系存续期间可以完全依照个人意愿对其人身和行为进行自由支配，不受同居伴侣的限制和干涉。当事人之间具有拟制的扶养义务。[①]

我国民法上的身份权主要包括亲权、亲属权和配偶权，这些权利都是基于当事人之间的特定身份关系产生的。学界普遍认同搭伴养老者间不享有配偶身份的亲权、亲属权，也不适用法律有关亲权和亲属权的相关规定。如果是多个同性或异性同居者，彼此有独立的人格权和身份权。

隐私权问题。作为共同生活体的成员，对共同体外部而言，享有同居者共同的隐私权、任何第三人都负有不得侵害的义务。同时，同居者各自在共同生活体中平等地享有个人隐私权。由于搭伴养老是亲密的人际关系，彼此生活空间的开放性，使同居者掌握对方的个人信息往往多于其他任何人，任何一方不得以不正当的方式探知对方的隐私，不得公开宣扬或扩散对方的隐私。尤其当搭伴养老关系出现矛盾或解除搭伴养老关系时，任何一方不得为泄私愤或其他目的而侵害对方隐私权。

②财产关系

第一，财产制。在约定财产制优先的原则下，实行有限制的分别财产制。具体而言，当事人之间有约定的从约定。无约定的情况下、同居前的财产为双方各自的个人财产；同居期间个人所得的财产归个人所有；同居期间共同劳动所得和共同出资购置的财产由双方共同所有；同居期间为共同生活之需要购置和积累的财产由双方共同所有，房屋等价值特别大的除外。法院可以在搭伴养老关系终止时，根据实际情况，对财产作适当分割。

第二，经济帮助请求权。原则上，搭伴养老者之间没有类似于婚姻的扶养权利义务关系。但从公平和人道主义的角度出发，我们可以在较为严格的条件下，在搭伴养老关系解除时，赋予确有困难一方当事人经济帮助请求权。

第三，继承权问题。就狭义的搭伴养老而言，遗嘱优先，如无遗嘱，处理原则是：各自有子女的或者其他法定继承者的，适用法定继承；没有法定继承者的，互相有继承权。对多个异性或同性搭伴养老者来说，遗嘱优先，如无遗嘱，处理原则是：各自有子女的或者其他法定继承者的，适用法定继承；没有法定继承者的，按照实际付出的多少按份享有继承权。

第四，日常家事代理权。由于搭伴养老者间不存在因婚姻而产生的配偶人身关系，因此涉及配偶身份而形成的夫妻同居权利和义务、夫妻互负

---

① 陈皓、曹瑞璇：《婚姻家庭关系中弱者保护功能评析——以我国民法典婚姻家庭编为中心》，载《〈上海法学研究〉集刊（2020 年第 9 卷 总第 33 卷）——民法典婚姻家庭妇女权益保护文集》，第 6 页。

忠实义务、夫妻生育权等无法明确界定在其人身关系范畴。但同居者仍以共同住所为同居生活依托，在日常生活中，必然处理与共同生活有关的事项，基于共同生活需要和交易安全考虑，适用表见代理规则，一定程度上赋予搭伴养老者日常家事代理权。

第五，信赖利益问题。搭伴养老是一种特殊对待关系，搭伴养老者将自己的利益和前途寄托在相互之间的配合与协作上，且从同居开始，进入一种相对于外界而言属于内部的关系，且彼此产生权利义务关系。以合同形式约束彼此关系的，信赖关系是围绕合同关系展开的动态关系。即使不存在明示的合同关系，但搭伴养老者之间的利益互相发生某种联系时，彼此之间也存在信赖关系。因此，搭伴养老关系存在信赖利益保护的基础。损害赔偿是信赖利益保护的基本方法，因一方过错而不当终止搭伴养老关系时，有过错的一方应赔偿对方的物质损失。

第六，居住权问题。搭伴养老者一方如无赡养义务人且无生活来源的，搭伴养老者另一方可以为其设立居住权。

（2）外部效力

①身份关系

第一，搭伴养老者之间不产生姻亲关系。

第二，搭伴养老者之间可以享有家庭成员的某些权益。如到医院探病、到监狱探监等。

第三，搭伴养老者有向法院和有关机关寻求救助的权利。

就狭义上的搭伴养老而言，值得思考的是，搭伴养老者一方在同居期间，可否随时以通知或申明的方式解除同居关系，与第三者缔结婚姻，而不必受到同居义务和忠实义务的约束、其缔结的关系不具有婚姻效力、依法不一定构成重婚。

②财产关系

第一，债务问题。就狭义上的搭伴养老而言，搭伴养老期间所产生的债务，个人债务由债务人独自承担，但为保护第三人利益，搭伴养老的另一方就共同债务向第三人承担连带责任。搭伴养老者在同居关系存续期间为维持共同生活或为共同生产、经营活动而产生的债务为共同债务，由于善意第三人难以知晓当事人的共同生活状况，为保护交易安全，同居双方对共同债务应承担连带清偿责任。就对外效力而言，债权人对于搭伴养老者一方或双方可同时或先后请求全部或部分给付。即使搭伴养老同居关系解除，同居双方各自对同一债务仍负全部清偿责任，非经债权人同意不免除连带责任。

第二，对第三人的损害赔偿请求权。事实同居关系双方当事人“具有经济上的牵连和情感上的依赖”，如果一方因第三人实施的侵权行为死亡，往往会给另一方造成财产或精神上的损害。根据我国现行法的规定，侵权死亡损害赔偿的请求权主体多限于受害人的近亲属，而搭伴养老当事人之间并未建立身份关系，彼此也不能被纳入传统意义上的近亲属范畴，因此生存一方是否有权向侵权行为人主张损害赔偿成了一个问题。

第三，搭伴养老同居者享有对共同居住房屋的优先承租权。

五、实务案例

王某、陈某解除同居关系纠纷案①

基本案情：

64岁的退休工程师老王，2009年秋天在晨练点上认识了与自己同岁的陈大妈，两人决定一起生活。很快，陈大妈便搬到老王家。同居后，由于两人在性格和观念等方面的差异，经常发生争吵。陈大妈向老王提出分手，并搬离了老王家。但老王坚决不同意，一直纠缠着陈大妈。陈大妈无奈之下，向法院起诉要求解除同居关系，但法院并没有受理她的起诉。

案件评析：

民法典第1049条规定：“要求结婚的男女双方应当亲自到婚姻登记机关申请结婚登记。符合本法规定的，予以登记，发给结婚证。完成结婚登记，即确立夫妻关系。未办理结婚登记的，应当补办登记。”由此可以看出，这种同居关系并不受法律约束。本案中的老王和陈大妈即属于此种同居关系，因此陈大妈随时可以提出解除同居关系，而不必通过法院诉讼解除。

李某、王某解除同居关系纠纷案

基本案情：

2013年，73岁的退休干部李大爷认识了王大妈，双方相处融洽决定共同生活，在约了亲朋好友，摆了几桌酒席后开始同居，但是没有办理结婚手续。两人都感觉到这样的生活胜过空巢和独居，解决了日常孤独和寂寞，互相关心的日子也算是幸福美满。王大妈把自己的住房和部分家具也卖掉了，一个心眼和李大爷过日子。

---

①《“搭伴养老”：分手也要依法进行》，中工网，http：//right. workercn. cn/893/201312/07/131207083955844. shtml，2021年8月15日访问。

2018年5月，祸从天降，李大爷突然遭车祸死亡。该年7月初，李大爷的孙子认为李大爷与王大妈不是合法夫妻，以准备结婚装修房子为由让王大妈搬走，双方产生争议诉诸法院。

案例评析：

双方争议的焦点在于，王大妈认为她与李大爷系事实婚姻，应按照事实婚姻继承老李的房产，而老李的孙子认为他们不是合法夫妻，对同居之前的房产没有继承权。

根据《最高人民法院关于适用〈中华人民共和国民法典〉婚姻家庭编的解释（一）》第7条规定，未依据民法典第1049条规定办理结婚登记而以夫妻名义共同生活的男女，提起诉讼要求离婚的，应当区别对待：（1）1994年2月1日民政部《婚姻登记管理条例》公布实施以前，男女双方已经符合结婚实质要件的，按事实婚姻处理。（2）1994年2月1日民政部《婚姻登记管理条例》公布实施以后，男女双方符合结婚实质要件的，人民法院应当告知其补办结婚登记。未补办结婚登记的，按解除同居关系处理。该解释第8条规定：未依据民法典第1049条规定办理结婚登记而以夫妻名义共同生活的男女，一方死亡，另一方以配偶身份主张享有继承权的，依据本解释第7条的原则处理。老李和王大妈是在1994年2月1日民政部《婚姻登记管理条例》公布实施以后共同生活居住的，未补办结婚登记，在此期间老李去世，因此应按照解除同居关系处理。

值得注意的是，民法典婚姻家庭编的司法解释延续了原"婚姻法解释"对事实婚姻的认定规则，保留了"1994年2月1日"这一时间节点作为认定依据，考虑到了进入老龄社会在高龄夫妻中依然存在大量事实婚姻的社会现实。通过此案的分析提醒老年人：1994年2月1日后搭伴养老的，若不领取结婚证就是同居关系而不是事实婚姻，不享有继承权；办理了结婚登记的，才是受法律保护的婚姻关系，享有继承权；两者法律后果差异很大。

六、协议范本[①]

搭伴养老协议

甲方：________性别（男），生于________年________月________日，

① 陈洪忠、韩洪、童中礼、龙磊、翟晓静：《老龄产业法律文书精要详解及实务指南》，法律出版社2017年版，第19—21页。

身份证号码：____________________，住址：____________________

乙方：________性别（女），生于________年________月________日，身份证号码：____________________，住址：____________________

甲、乙双方均系独身老年人，为了生活上有所照料，情感上有所依托，双方自愿同居。为了家庭和谐，避免纷争，双方及子女特定此协议：

第一条　总则

1. 甲、乙双方自愿同居，目的是晚年生活互相陪伴、互相照顾，情感有所寄托。

2. 甲、乙双方共同居住在________方位于________________的住所。

第二条　财产约定

1. 甲、乙双方各自同居前的个人财产不因同居发生权益归属的转化。

（1）同居前登记在甲方名下的位于____________________的房产产权证号为____________________为甲方个人财产。

（2）同居前登记在乙方名下的位于____________________的房产产权证号为____________________为乙方个人财产。

（3）同居前各自的储蓄、有价证券，为个人财产。同居后，各自同居前的储蓄本金和储蓄利息仍归个人所有。

（4）同居前各自的债权债务在同居后仍归个人承担，对方不享有相应的受益权及偿还债务的义务。

2. 甲、乙双方在同居关系存续期间所获得的收入属于同居双方共同财产，甲、乙双方有权共同使用。

甲方收入主要来源：____

乙方收入主要来源：____

3. 甲、乙双方的个人房产在同居关系存续期间被政府征用拆迁，所得的拆迁补助费、安置费等仍为个人财产。

第三条　扶养与赡养约定

1. 甲、乙双方同居关系存续期间，若有一方生病，第一护理人是同居的老伴，第二护理人则是自己的子女。对方子女没有护理义务。

2. 在一方患有重大疾病需要经济支持时，出资顺序为：患病者本人、患病者子女、同居的老伴（根据实际能力提供相应的支持）。

3. 在甲、乙同居关系存续期间，各自的子女只需赡养自己的父母，不负责赡养父母同居的老伴。

4. 甲、乙双方若一方去世，对方子女不负有对另一方老人的赡养照料义务。

5. 提供同居居住房产的一方去世，另一方须在三日内搬离该房产，并将该房移交给去世一方的子女。

第四条 继承约定

1. 甲或乙死亡后的个人财产由各自子女继承，对方及对方子女无权继承。

2. 在同居关系存续期间，若甲或乙一方去世，同居期间取得共同财产的二分之一由健在的同居老伴所有，其余二分之一应交由去世方的子女继承；死亡抚恤金、丧葬补助费等由去世方的子女所得，其子女负责办理丧葬事宜，另一方不得干涉。

第五条 同居关系的解除

1. 甲、乙双方协商一致解除；

2. 一方去世，同居关系自动解除；

3. 一方存在家庭暴力、虐待等行为，造成另一方身心损害时，受害一方有权解除同居关系。

4. 甲、乙双方若经常产生矛盾，三天内两次正式提出终止同居关系，同居关系解除。

同居关系解除后，同居的一方必须在七日之内搬离房产所有方或有权占有方的住所。同居期间的共同财产甲、乙各分得二分之一。

第六条 争议解决

同居期间或解除同居关系后产生的财产及财产性权益争议应当协商解决。协商不成，向人民法院提起诉讼。

第七条 特别约定

1. 同居期间，一方赠与对方的财产，受赠与方须取得赠与方子女的书面认可方为有效；若以后双方书面协议与此条内容抵触，以本条约定为准。

2. 若同居期间，一方违反前项规定通过公证方式赠与对方的财产，受赠子方承诺其将放弃该公证书载明的财产，并将该财产转交给赠与方子女。

3. 若同居期间，一方违反第 1 项规定赠与对方财产，受赠方若不放弃该财产，则在实际取得该财产之前，以该财产的评估价的 2 倍向赠与方的子女先行赔偿。

第八条 其他

1. 本协议自双方签字之日起生效，甲、乙双方均须遵照执行；

2. 本协议一式四份，由甲、乙及见证人各执一份。

甲方（签字）：　　　　　　　　　　　乙方（签字）：
　　年　月　日　　　　　　　　　　　　年　月　日
甲方见证人（签字）：　　　　　　　　乙方见证人（签字）：
　　年　月　日　　　　　　　　　　　　年　月　日
附件：甲、乙双方见证人身份证复印件

第六节　传承法务中的以房养老

中华民族向来注重住有所居和祖宅、商铺的传承，现代房屋资产往往占据了私人财富的主要部分，由于传统思想观念一时难以转变，加之社会现实中“以房养老”骗局层出不穷，实践中以房养老的生活方式很难让老百姓接受。2015—2016 年，北京有数十位老人陆续遭遇“以房养老”骗局，这些骗局都是老套路，经过熟人介绍，用高回报利诱，哄骗老人签下以房抵押贷款合同；2019 年，某保险公司的以房养老事件又导致了数百套老年人房产被骗，一不小心家就没了，导致老无所居、家庭失和、纠纷增多、社会矛盾加剧。因此，选择运用合法有效的以房养老方式，对提升老年人生活品质，提高资产利用效益具有重要的社会意义。

一、以房养老的概念

以房养老，是指利用人们去世后住房可能尚余存的价值，通过一定的金融或非金融方式以提前套现变现，为老年人生存期间建立起一笔延续终生、稳定的现金收入或服务，以保障或者提升晚年生活质量的理财方式。

以房养老，通常是指老年人对自己所拥有的房产进行最优化的配置，利用自己拥有产权的房产提前变现，提供一笔长期、稳定的资金收入用于养老，并以此实现房产价值的流动。用作以房养老的住房，一般要求老年人拥有完全产权、与子女分开居住、房屋的价值不能过低。

二、以房养老的主要方式①

以房养老的形式多样，它包括银行倒按揭贷款、遗赠扶养协议、招徕房客、合居搭伴养老等，也包括民法典新规定的在子女婚房设置居住权，这些做法看上去有很大差异，但其最终都是为了老年人养老。

---

① 陈洪忠编著：《老年人权益维护案例精选与解析》，中国法制出版社 2018 年版，第 268—274 页。编入本书时有删节。

（一）倒按揭贷款养老

倒按揭贷款，也称“反向住房抵押贷款”。是指把自有产权的房子抵押给银行、保险公司等金融机构，后者在综合评估借款人年龄、生命期望值、房产现价值以及预计房主去世时房产的价值等因素后，每月给房主一笔固定的现金，房主继续获得居住权，一直延续到房主去世；当房主去世后，其房产出售，所得用来偿还贷款本息，其升值部分一般亦归抵押权人所有。

这是众多以房养老形式中最典型，也是最为复杂的一种，在西方金融业发达的国家采用较多。这种贷款方式最大的特点是分期放贷，一次性“偿还”，贷款本金随着分期放贷而上升，负债也相应增加，自有资产则逐步减少。由于这种贷款方式与传统的按揭贷款相反，故被称为“倒按揭”。

2013 年 9 月 13 日，国务院发布《国务院关于加快发展养老服务业的若干意见》，明确提出，“开展老年人住房反向抵押养老保险试点”。2014 年 6 月 23 日，中国保监会下发《中国保监会关于开展老年人住房反向抵押养老保险试点的指导意见》，决定自当年 7 月 1 日起，在北京、上海、广州和武汉四地率先开展老年人住房反向抵押养老保险（即以房养老）试点，参加的老年人年龄须在 60 岁到 85 岁，试点期为两年。2016 年 7 月 15 日，中国保监会发布了《中国保监会关于延长老年人住房反向抵押养老保险试点期间并扩大试点范围的通知》，将老年人住房反向抵押养老保险试点期间延长至 2018 年 6 月 30 日，并将试点范围扩大至各直辖市、省会城市（自治区首府）、计划单列市，以及江苏省、浙江省、山东省、广东省的部分地级市。2018 年 8 月 8 日，银保监会发布了《中国银保监会关于扩大老年人住房反向抵押养老保险开展范围的通知》，即从同年 8 月起把老年人住房反向抵押养老保险推广至全国范围。不过，在 4 年多的试点期间，虽有多家保险公司得到了试点资格，但实际开展业务的仅幸福人寿一家。截至 2018 年 7 月底，幸福人寿累计承保 139 单（99 户），签约意向客户 201 单（141 户），其中，北京、上海、广州三地的保单数占总数的 80%。

（二）遗赠扶养协议养老

遗赠扶养协议是我国原继承法确立的一项法律制度，经民法典沿袭，是指遗赠人和扶养人之间关于扶养人承担遗赠人的生养死葬的义务，遗赠人的财产在其死后赠与扶养人所有的协议。因为房屋产权一般在老年人个人财产中所占比重最大，也比较保值，往往在遗赠扶养协议养老中房屋成为交换价值的“主角”。

在签订遗赠扶养协议时，应当注意：

1. 提供扶养的主体必须是法定继承人以外的公民或组织；

2. 协议内容应明确具体写出遗赠扶养双方各自的权利义务，扶养人承担被扶养人生养死葬的义务，享有受遗赠房产等遗留财产权利；

3. 扶养人或组织无正当理由不履行致协议解除的，不能享有受遗赠的权利，其支付的供养费用一般约定不予补偿；

4. 遗赠人无正当理由不履行致协议解除的，应偿还扶养人或组织已支付的供养费用和赔偿损失；

5. 遗赠内容应写明遗赠财产的名称、数量、处所，并提供有效的证明文件；

6. 扶养内容应写明提供扶养具体内容、办法和期限。

例如，北京某街道办事处与65岁的孤寡老人薛某某签订了《遗赠扶养协议》，约定由街道负担薛某某的经济供给、生活照料和丧葬事宜，薛某某所有的房产遗赠给街道办事处所有。2013年，93岁的薛某某去世，协议得到了很好的履行。

遗赠扶养协议以房养老的其他方面，请参看本章第四节“传承法务中的遗赠扶养协议”内容。

（三）招徕房客养老

招徕房客，这里是指老年人拥有较大住宅，将部分空置房间对外出租，收取租金养老的行为。

当然，也有老年人年轻时投资购买第二套或更多套房产，晚年用出租住宅或商铺的租金收益来养老。虽然这也属于出租房屋的以房养老，我们本节内容权且特指唯一住房的老年人。

招徕房客养老，多数是为了增加养老资金上的收入。有的老年人并不是为了收取租金，甚至选择特定房客给予减免租金出让房屋使用权，目的是获得一定的生活照料或者精神慰藉。

例如，陕西省榆林市区有一对80多岁的老两口，对外租房每月只收80元，十几年不涨价，因为在他们看来，有人陪伴比租金更珍贵。他们的子女长年在外做生意，虽然儿孙满堂，但都没时间回家陪伴，老两口的日子过得非常孤单。为了增加人气，他们将客厅装成宿舍式公寓对外出租。老奶奶说，自己并不想靠房租赚钱，每个月只是象征性地收些钱，而且水电取暖费全免，但她对租房者却提出了要求，一般只出租给善良朴实的女孩，后来就有4个女孩租住在她家。老奶奶说，孩子们下班回来后，每天叽叽喳喳地说着笑着，这个帮着拖地、那个帮着烧水，再听她们说说单位的一些趣事儿，觉得她的生活多姿多彩，老两口也不再孤独寂寞。一些曾经租住在这里，后来成家立业的年轻人现在偶尔还回来看望老两口。

（四）出租异地养老

出租异地养老，是指离开生活消费较高或者不宜养老的家乡，出租房屋获取的收益，到异地更为节约或者更为合理的地方度过自己的晚年生活。例如，从都市到中小城市或者乡村生活，或者搬到其他物价水平较低的国家去养老，或者旅游养老，等等。

比如，在北京的一套60平方米的陈旧学区房每年租金7万多元，可是到沿海城市租住一套110平方米现代楼房的年租金还不到2万元，空气变好了，告别了拥挤，每年还节约下来5万多元可以用于补贴养老。

（五）出租集中养老

出租集中养老，是指在大城市周边生态环境优越的地域，由政府或社会资金建造一些养老基地或者老年公寓，并附设以完备的饮食起居、清洁卫生、生活护理、健康管理和文体娱乐养老服务，吸引城市中的老年人自愿移入养老，将老年人原居住的住宅通过价值转换，变换为老年人养老所需要的现金收入，支付各种费用。

出租集中养老方式，多数是由当地政府或农村集体经济组织，为了改善老年人的生活条件，利用自然环境和康养结合的模式，以及优化城镇建设规划而兴建和推动。

（六）租售入院养老

租售入院养老，是指老年人将自有住宅出租或者出售，自己住到敬老院或福利院中，用租金收益或者售房款资助养老。

机构养老是社会养老服务体系建设的重要方面，租售入院养老，主要适合于低收入的高龄、失能、孤寡老人或丧偶等情况的有房产老年人，不同星级的养老院在舒适度方面会有一定差别。

（七）合居搭伴养老

合居搭伴养老，是指若干志同道合的老年人，如生活习惯相似的表兄弟姐妹、同学、战友，或者昔日农村集体户的农友，将各自住房资源予以重新配置后，将空置的房屋出租，自娱自乐，共建食堂，相互帮扶，互助式的搭伴养老。

（八）置换小屋养老

置换小屋养老，是指对于一些居住在原来较大面积的老年人来说，如果子女长大成人并且已经搬到他处居住，老年人将现有住房置换成面积较小的住房，以大换小后获得的差价收入用作养老开支。

英国的此种以房养老形式较为普遍，政府、社会引领举措较多。新加坡政府也特别规定，允许当事人根据经济状况选择一次性或者分步地完成住房的以大换小。比如，卖掉私人住宅后换取政府出资建设的五房式的组屋，然后再换取三房式的组屋，依次类推。

（九）售房保留居住权养老

老年人以相对低的价格将房屋出售，但出售人仍保留有生之年对于房屋的居住权，在出售人死亡之前，购买人虽为房屋所有人，但不能实际使用房屋。老年人也可以在出卖房屋所有权时，只为自己登记一两间房屋的居住权。

在操作步骤上，房屋所有权变更登记与居住权的设立登记可以同步进行，但可以看作是出卖房屋的登记在先、居住权登记在后，这样就相当于在房屋的所有权转移给他人后老人才拥有居住权，避免了法律规定上的障碍。

根据民法典设立的居住权制度，房屋过户给买家并进行居住权登记，该种以房养老方式既快捷解决了部分养老金的筹集，居住权也具有了很好的法律保障。

售房保留居住权养老方式在欧洲已经广泛存在，一般称这种以房养老的产品为“空虚所有权交易”，在法国还称之为 Viager，在德国称之为终老财产制度。[①]

在为子女购置的婚房内设置居住权的应用与操作，请参看本书第五章第三节中关于“传承法务中的居住权”内容。

（十）遗赠变现养老

遗赠变现养老，是指把自有产权的房子遗赠作为条件，接受者在综合评估借款人年龄、生命期望值、房产现在价值以及预计房主去世时房产的价值等因素后，每月给房主一笔固定的钱，房主继续获得居住权，一直延续到房主去世，接受者获得遗赠房屋所有权。

遗赠变现养老很像个人版的“倒按揭”，但是手续相对方便快捷，遗产房屋的处置也不是倒按揭贷款的拍卖而是过户，也不存在还贷余额给子女继承的问题。

遗赠变现养老也不同于遗赠扶养协议，前者只负担定额的资金供给，而不负担生活照料、精神慰藉和送终殡葬等义务。后者接受的遗赠往往不仅包括遗赠房屋，可能还包括遗赠其他遗产，前者一般只享有遗赠房产的权利。

有一个报道于 1997 年的新闻故事。1965 年，一名法国律师相中了法国南部阿尔勒的一套别墅，房主是一位 90 岁高龄的寡妇。可能预计老人时

---

① 终老财产（Altenteil）：在德国是指老年农民将庄园移交给继承人后，而自己保留下来的住房等。参见《德汉词典》编写组编：《德汉词典》，上海译文出版社 1987 年版，第 39 页。

日无多，这名律师和她签了协议，约定律师每月向老人支付 2500 法郎（约合 500 美元），直到老人去世；之后，别墅归这名律师所有。那一年，这名律师才 47 岁。如果没有什么意外，一个 40 多岁的壮年应该能活过 90 岁的老人，在有生之年一定会住进心仪的别墅。但他遇到的是神一般的对手，这位老妪活到 100 岁还在骑车，110 岁尚能生活自理，117 岁才戒烟，120 岁的时候，还能享受鸭腿、奶酪和巧克力蛋糕……这名律师 77 岁时不幸离世，在这漫长的 30 年中，为这栋别墅支付的款项已经是房屋市值的两倍了。虽然已经亏本，但有约在先，如果断供，此前的一切投资会一笔勾销，房主可以重新挂牌出售。在这名律师去世后，他的遗孀继续履行合同，每个月向老妇人支付 2500 法郎。一年多以后，老妪安然离世，享年 122 岁，一度成为吉尼斯世界纪录上最长寿的老人。

在法国，这是很独特的一种买房方式，从公元 800 多年就有了，也称“终身交易”。目前，法国每年大约有 5000 笔这样的交易，只占房屋交易总量的 1%。随着人口老龄化，退休金减少，生活成本增加，预计这种交易还会继续增加。

三、 实务案例

高某诉刘某、龙某确认合同无效纠纷案①

基本案情：

2016 年，高某经人介绍参加“以房养老”理财项目，与王某签订《借款合同》，约定王某出借 220 万元给高某。高某将案涉房屋委托龙某全权办理出售、抵押登记等，如高某不能依约归还，则龙某有权出卖案涉房屋偿还借款本息，双方对相关事项进行了公证。后龙某作为高某的委托代理人为案涉房屋办理抵押登记，并出卖给刘某。房屋转移登记至刘某名下后，龙某自称系刘某亲属，委托房屋中介机构再次寻找买家，同时，刘某为房屋办理抵押登记，登记的抵押权人为李某。王某、龙某、李某等人在本案交易期间存在大额、密集的资金往来。后高某起诉请求判决龙某代理其签订的房屋买卖合同无效，并判令刘某将案涉房屋过户回高某名下。

法院判决：

北京市朝阳区人民法院认为，王某、龙某、李某等人存在十分密切的

① 《高某诉刘某、龙某确认合同无效纠纷案》，中国法院网，https：//www. chinacourt. org/article/detail/2021/02/id/5818113. shtml，2021 年 7 月 17 日访问。

经济利益联系，相关五人系一个利益共同体，就案涉房屋买卖存在恶意串通。龙某以规避实现抵押权法定程序的方式取得出卖案涉房屋的委托代理权，且滥用代理权与买受人刘某恶意串通签订房屋买卖合同，损害了高某的合法利益，应当认定龙某代理高某与刘某就案涉房屋订立的房屋买卖合同无效。故判决确认案涉房屋买卖合同无效，刘某协助将案涉房屋变更登记至高某名下。

案例分析：

近年来，“以房养老”理财骗局事件频发。许多老年人为投资“以房养老”理财项目，将自有房产进行抵押，背负巨额债务，又在行为人的恶意串通之下失去自有房产，导致房财两失。此类“套路贷”难以根除的原因之一，是行为人常常在法律空白或者规定不明确的领域，利用老年人性格特点以及寻求投、融资渠道的迫切心理，披上“迷惑外套”变装成“以房养老”理财项目，进而非法占有老年人房产。人民法院在对“套路贷”采取刑事手段打击的同时，亦应注重通过民事审判依法维护老年人的合法财产权益，保障人民群众老有所养、住有所居，切实享受到国家“以房养老”政策的红利。同时，也提醒老年人，还需时刻保持理性和冷静，审慎选择投、融资渠道，以免落入“请君入瓮”的“套路”之中。

四、以房养老合同

不同的以房养老形式，都应当订立相应的以房养老书面合同。现仅对反向抵押贷款的以房养老合同展开讨论。

以房养老反向抵押贷款，是指达到一定年龄的老年人以其拥有产权的房屋做抵押，向金融机构贷款用于养老消费，同时在其有生之年保留房屋居住权和所有权的一种新型贷款方式。以房养老反向抵押贷款合同即是老年人和金融机构之间就贷款抵押事项签订的合同。

根据以房养老反向抵押贷款合同的特殊性，主要表现为以下几点：

第一，借款方必须是达到一定年龄，并且拥有独立产权的住房的老年人。

第二，贷款方必须是通过中国银监会办理金融业务经营许可证的金融机构。

第三，借款方在以房养老反向抵押贷款合同到期前仍然拥有房屋的所有权和居住权，负有房屋所有人应尽的义务。

第四，偿还方式的特殊性：在借款方去世时即合同期限届满时，贷款方依据合同约定取得房屋，将其出售并用所得款项清偿贷款本息总额，如果有余额，贷款方应当归还给借款方的继承人。如果房屋所售款项不足以清偿贷款本息总额，贷款方无权就差额部分向借款方的继承人追偿。

第五，由于以房养老反向抵押贷款合同的抵押期限是由借款方的寿命长短来决定的，因此合同抵押期限具有不确定性。

（一）以房养老反向抵押贷款合同

反向抵押贷款合同（范本）

甲方（抵押人、借款人）：姓名，年龄，身份证号码，住址，联系电话等。

乙方（抵押权人、贷款人）：××银行，住所地。

法定代表人：　　　　　　　　　　　　联系电话：

为了解决养老资金问题，甲方将其所有的房屋作为借款抵押物，向乙方借款，甲乙双方根据《中华人民共和国民法典》及相关法律法规的规定，经平等协商，就有关事项达成如下协议。

第一条　借款事项

1. 借款金额

甲方将其拥有独立产权的房屋作为抵押物抵押给乙方，乙方根据房屋评估价值及甲方的预计寿命，每月向甲方发放贷款金额×××元，直至甲方去世。

2. 借款用途

甲方借款用于养老消费，不得作为他用。

3. 借款期限

自20××年××月××日起至甲方去世之日止。

4. 还款方式

在甲方去世后，乙方将该房屋出售并用出售所得偿还贷款金额，如果有剩余金额，则交给甲方的继承人。

第二条　抵押物事项

（一）该抵押物为甲方拥有独立产权的房屋，房屋上无其他抵押。

（二）抵押物基本情况：

1. 房屋所有权证：（）房权字第×××号，土地使用权证：（）字第×××号。

2. 名称：

3. 坐落：

4. 建筑面积：×××m^2；用地面积：×××m^2。

5. 抵押房地产价值：

第三条　甲方的权利和义务

1. 在合同履行期间，甲方拥有抵押房屋的所有权和居住权，乙方不得以任何形式加以干涉。

2. 反向抵押贷款相关信息的知情权。包括但不限于：房屋价值评估数额、发放贷款数额、贷款利率的计算等。

3. 回赎权。在本合同终止后的××日内，甲方或其继承人有权向乙方还清反向抵押贷款本息总额，将房屋的抵押权赎回，继而拥有房屋的所有权。

4. 应真实、完整、准确地向乙方告知个人身体状况、既往病史、家庭情况、抵押房屋的详细信息及使用现状等信息。

5. 合理使用房屋的义务。包括：合理使用并保管房屋、不得改变房屋用途和结构、未经乙方书面同意不得以任何方式（包括但不限于转让、赠与、出租、再抵押）处分已抵押房屋。

6. 在合同履行过程中，发生非甲方自身原因造成的房屋毁损情况，应及时告知乙方，并采取相应措施防止损失的扩大。

7. 在本合同签订后，配合乙方到房地产登记部门办理抵押登记的义务。

第四条　乙方的权利和义务

1. 享有反向抵押权。在办理完抵押登记后，乙方享有抵押权。当抵押权客体房屋的价值由于甲的行为受到损害时，乙方可以行使物权请求权，要求甲方停止侵害行为。

2. 借款期限到期后，享有房屋的所有权。

3. 及时足额向甲方发放贷款的义务。

4. 负有向甲方披露相关信息的义务。乙方应及时、准确、全面地向甲方披露诸如甲方的预估寿命、抵押房屋的评估价格及评估方法、贷款利率等贷款信息。

5. 不得追索的义务。具体包括两个方面：

（1）甲方去世后，房屋的价值不足以偿还甲方所贷款项本息总额，对于差额部分，乙方不得向甲方继承人追要。

（2）在本合同履行期间，房屋的价值由于非甲乙双方的原因迅速贬值，甚至直到合同到期，房屋价值仍然低于评估价值，乙方不得要求甲方或其继承人用其他资产予以补偿，也不得自行减少约定的贷款金额。

6. 在合同终止时，当房屋出售价格高于贷款本息总额时，乙方负有将剩余金额返还给甲方继承人的义务。

第五条　合同解除和终止

1. 甲乙双方协商一致，本合同可以解除。但甲方必须偿还清贷款本息。

2. 因甲方人为破坏抵押房屋，使得抵押物毁损灭失，致使抵押合同不能继续履行时，乙方有权解除合同，并有权要求甲方偿还已发放的贷款本息。

3. 乙方利用自己的优势虚假评估，造成抵押房屋评估价格明显低于市场价格时，甲方有权解除合同，并有权向乙方主张损失赔偿。

4. 当甲方去世时，合同终止。

第六条　违约责任

甲乙双方违反本合同约定，应承担贷款总额的20%的违约金，给对方造成损失的，还应当承担赔偿责任。

第七条　争议的解决

在合同履行过程中发生的任何争议，甲乙双方首先应当协商解决；协商不成的，任何一方均可向×××仲裁委员会申请仲裁。

第八条　其他条款

1. 本协议未尽事宜，甲乙双方可以签订补充协议，补充协议与本协议具有同等法律效力。

2. 本协议一式三份，甲乙各执一份，房屋登记中心留存一份。

甲方（签字）：　　　　　　　　乙方（盖章）：

法定代表人（签字）：

______年______月______日　　　______年______月______日

（二）签订合同的注意事项

以房养老反向抵押贷款合同订立的目的是解决拥有住房但缺少现金的老年人养老现实问题。通过融资行为，使老年人提前将房屋的资产价值变现，有效解决养老资金缺乏的困境。因为涉及养老问题，关系到老年人的切身利益，所以在签订该合同时，借贷双方都必须慎之又慎，并注意以下事项：

1. 合同的订立要遵循自愿平等原则

合同内容应当双方协商一致，避免运用格式条款损害老年当事人的权益。

2. 应注意合同主体资格的认定

（1）借款方应当是达到一定年龄具备完全民事行为能力并拥有独立产权住房的老年人。对于有精神病等限制民事行为能力或无民事行为能力的老年人，则不能作为以房养老反向抵押贷款合同的主体，只能由他们的法定代理人作为主体签订合同。

（2）贷款方应当是信誉良好的商业银行，要有雄厚资金保障，同时具有丰富的抵押贷款经验。

（3）借款方在申请以房养老反向抵押贷款时，应出示合法有效的房屋产权证及土地使用权证书。贷款方应当查验证书的真实性和合法性，确认抵押房屋上未设定其他抵押权。

（4）由于老年人寿命不确定，在合同期限届满时，房屋价值有可能不足以清偿贷款本息总额，而贷款方又不得行使追索权，增加了合同履行的风险。为了减少和避免反向抵押贷款发放、运营及回收中的种种风险，贷款方可以通过向保险公司投保的方式解决。可以将保险公司纳入以房养老反向抵押贷款合同中来，通过其与金融机构的通力合作，保障反向抵押贷款合同的顺利履行。

第七节 传承法务中的居家养老与机构养老

从2016年起，面向老龄化应对和养老体系建设的国家政策开始陆续出台。“十三五”规划、党的十九大报告中都对养老体系建设提出了指导意见，[①] 2021年3月，“十四五”规划更是在第四十五章专章设置了《实施积极应对人口老龄化国家战略》，指出“推动养老事业和养老产业协同发展，健全基本养老服务体系，大力发展普惠型养老服务，支持家庭承担养老功能，构建居家社区机构相协调、医养康养相结合的养老服务体系。”应对人口老龄化问题、推进养老体系转型升级已经成为国家发展战略的一部分。

一、 传承法务中的养老服务

（一）养老的定义

养老，主要是指与经济和社会发展水平相适应，以满足老年人基本生活需求、提升老年人生活质量为目标，面向所有老年群体，提供基本生活照料、护理康复、精神关爱、紧急救援和社会参与的设施、组织、人才和技术要素形成的网络，以及配套的服务标准、运行机制和监督制度。

（二）养老服务体系

养老服务体系，是老年人在生活中获得的全方位服务支持系统，既包

---

① 2016年3月，“十三五”规划简要提出“开展应对人口老龄化行动，加强顶层设计，构建以人口战略、生育政策、就业制度、养老服务、社保体系、健康保障、人才培养、环境支持、社会参与等为支撑的人口老龄化应对体系”；2017年10月18日，党的十九大报告中指出，“积极应对人口老龄化，构建养老、孝老、敬老政策体系和社会环境，推进医养结合，加快老龄事业和产业发展。”

括家庭提供的基本生活设施和生活环境，也包括社区提供的各种服务和条件，同时包括政府、社会提供的有关服务的形式、制度、政策、机构等各种条件，但一般不包括物资和经济供养内容。

依据服务主要提供主体可划分为：家庭养老服务体系、社区养老服务体系、社会养老服务体系。依据老年人生活居住形式可分为：居家养老和机构养老。

我国的社会养老服务体系，主要由居家养老、社区养老和机构养老三个部分有机组成。逐步形成“9073”的特有养老模式，即90%家庭自我照顾、7%社区居家养老服务、3%机构养老。社会养老服务体系建设以居家为基础、社区为依托、机构为补充，着眼于老年人的实际需求，优先保障孤老优抚对象及低收入的高龄、独居、失能等困难老年人的服务需求，兼顾全体老年人改善和提高养老服务条件的要求。

（三）传承法务与养老的关系

实践中，传者主要是中老年人，传者在养老的过程中安排传承事项是最普遍的社会现象，而传承不仅仅只面向承者，更需要考虑现实的传者自身的利益。比如，养老需要经济基础，养老花销相关安排当然构成传者自己有关财富分配的一部分，养老的质量对传承意愿的变化、维持和确认具有重要的影响，因老年或晚年是绝大部分传者自身权益最容易遭受忽视和侵害的阶段，同时预期寿命的不断提高，使得人们拥有更多的时间来思考和安排自身的传承问题。因此，无安定有效的养老，就不能保证真实、有效、确定的个性意愿的传承。

传承法务，是支持传者对自身生前人身权益及生前身后财产权益统筹安排，平衡解决传与承、生与死、命与财的传承问题，使传者意思自治的传承意愿依法得以实现的法律实务。传承法务的基本内容包含养老维权、意定监护协议、遗赠扶养协议、生前预嘱、居住权设计、遗嘱规划、遗产管理人、遗嘱鉴证与见证等法律实务，这些服务内容最有可能在传者变老的过程中逐渐变成传承服务需要，而传承法务专业律师的主要服务对象就是传者，所以，切实做好传承法务中的养老维权服务，对保障传者晚年的幸福生活具有重要的社会意义。

二、居家养老

（一）居家养老概述

居家养老，是指以家庭为基础，在政府主导下，以城乡社区为依托，以社会保障制度为补充，由政府提供基本公共服务，企业、社会组织提供专业化服务，基层群众性自治组织和志愿者提供公益互助服务，满足居住在家老年人社会化服务需求的养老服务模式。

1996年老年人权益保障法第10条中规定：“老年人养老主要依靠家庭，……”2012年修订的老年人权益保障法第13条中规定：“老年人养老以居家为基础，……”居家养老服务相对过去传统的家庭养老而言，虽一字之差，但却被赋予了全新的含义，将传承法务与传承服务融合，是对传统家庭养老模式的补充与创新。

传统家庭养老模式的基本支持系统为血缘关系，责任主体和支撑单位为家庭或宗亲。在这种模式下，赡养老人是每个子孙后辈责无旁贷的责任，“养儿防老”“父母在不远游”“百行孝为先”都是孝道伦理在人们日常生活中的反映，不遵守伦理会受到道德舆论的谴责。

（二）居家养老服务

居家养老服务，一般是指由社区和社会帮助家庭成员，为在家里居住的老年人，提供生活照料、医疗护理和文化娱乐、精神慰藉等方面服务的一种社会化养老服务形式。居家养老服务实际上是在社区建立一个支持家庭养老的社会化服务体系，它具有服务主体多元化、服务对象公众化、服务方式多样化、服务队伍专业化的特点。居家养老使老年人在自己熟悉的家中安度晚年，既可以享受子孙绕膝的天伦之乐，又能得到社区和社会提供的专业、便捷的服务，对于提高老年人生命、生活质量具有非常重要的意义。

居家养老服务涵盖生活照料、家政服务、康复护理、医疗保健、精神慰藉等，以居家上门服务为主要形式。对身体状况较好、生活基本能自理的老年人，提供家庭服务、老年食堂、法律顾问等服务；对高龄、独居、失能等生活不能自理的老年人提供家务劳动、家庭保健、辅具配置、送饭上门、无障碍改造、紧急呼叫和安全援助等服务。有条件的地方政府还对居家养老的失能老年人给予专项补贴，以支持和鼓励他们配置必要的康复辅具，提高生活自理能力和生活质量。

三、机构养老

（一）机构养老概述

机构养老，是指国家、社会组织和个人通过建立、运营养老机构，为老年人提供养护、康复、托管等服务。机构养老服务是居家养老服务的补充，是在居家与社区无法实现养老服务基本需求时，承担养老服务的重要载体。机构养老是专业化和规范化的养老服务，它面向的主要对象：一是须由政府供养的孤寡老人；二是空巢老人；三是家庭无力照顾的生活不能自理或半自理老人；四是有经济支付能力且愿意到机构接受照料的老人。

社会养老服务应当以养老机构为支撑，发挥机构养老服务的优势。养老机构能够满足老年人的集中服务需求，尤其是为失能、半失能老年人提供专业化照料。同时，养老机构可以利用设施、人员和技术等方面的优势，辐射周边社区，支持居家养老和社区照料服务，提高整个社会养老服务的专业化水平。

（二）机构养老服务

机构养老服务以设施建设为重点，通过设施建设，实现其基本养老服务功能。养老服务设施建设重点包括老年养护机构和其他类型的养老机构。老年养护机构主要为失能、半失能的老年人提供专门服务，重点实现以下功能。

1. 生活照料

设施应符合无障碍建设要求，配置必要的附属功能用房，满足老年人的穿衣、吃饭、如厕、洗澡、室内外活动等日常生活需求。

2. 康复护理

具备开展康复、护理和应急处置工作的设施条件，并配备相应的康复器材，帮助老年人在一定程度上恢复生理功能或减缓部分生理功能的衰退。

3. 紧急救援

具备为老年人提供突发性疾病和其他紧急情况的应急处置救援服务能力，使老年人能够得到及时有效的救援。鼓励在老年养护机构中内设医疗机构。符合条件的老年养护机构还应利用自身的资源优势，培训和指导社区养老服务组织和人员，提供居家养老服务，实现示范、辐射、带动作用。其他类型的养老机构也可根据自身特点，为不同类型的老年人提供集中照料等服务。

《国务院办公厅关于推进养老服务发展的意见》指出，继续深化公办养老机构改革。充分发挥公办养老机构及公建民营养老机构兜底保障作用，在满足当前和今后一个时期特困人员集中供养需求的前提下，重点为经济困难失能老年人、计划生育特殊家庭老年人提供无偿或低收费托养服务。坚持公办养老机构公益属性，确定保障范围，其余床位允许向社会开放，研究制定收费指导标准，收益用于支持兜底保障对象的养老服务。探索具备条件的公办养老机构改制为国有养老服务企业。制定公建民营养老机构管理办法，细化评审标准和遴选规则，加强合同执行情况监管。公建民营养老机构运营方应定期向委托部门报告机构资产情况、运营情况，及时报告重大突发情况。

四、 社会养老服务设施

国家鼓励民办公助方式兴办养老服务设施的运营。

民办公助，是指非公主体兴办各种社会事业，市场运营，政府给予一定资金支持的建设模式。这种模式在那些市场经济比较发达、市场观念比较成熟的地方得到普遍认可。在以民办公助的方式兴办养老服务设施的运营上，是以统一规划、尊重民意为前提，以财政补助为引导，以公民个人、企业或养老组织为载体，变政府主导为政府引导，鼓励民间自主参与建设与管理，投资与运营并举，即用活用好财政资金，调动民间力量投资养老服务的积极性，缓解社会养老难题。

以作为民办公助居家养老服务设施为例，主要通过政府购买向居家养老服务对象提供家政、精神慰藉、康复护理、应急救助等项目基本服务，发展养老事业。政府购买居家养老服务对象一般包括：相关社区辖区范围内登记在册的五保老人、三无对象、军烈属老人、低保家庭中的独居或与残疾子女生活的老人，高龄老人、无子女照顾或子女因残疾等无能力照料的老人等。

实践中，民办公助的连锁经营模式在一些养老机构发展得比较好、专业化服务水平比较高的地区已有运用。一些地区根据社区居家养老服务与机构养老服务相通、相似的特点，采用政府出资和社区筹资，委托或资助专业养老机构在社区承办居家养老服务设施和站点，并在建成后管理运营，为社区老年人提供居家养老服务。

《国务院办公厅关于推进养老服务发展的意见》要求，按照国家相关标准和规范，将社区居家养老服务设施建设纳入城乡社区配套用房建设范围。对于空置的公租房，可探索允许免费提供给社会力量，供其在社区为老年人开展日间照料、康复护理、助餐助行、老年教育等服务。市、县级政府要制定整合闲置设施改造为养老服务设施的政策措施；整合改造中需要办理不动产登记的，不动产登记机构要依法加快办理登记手续。推进国有企业所属培训中心和疗养机构改革，对具备条件的加快资源整合、集中运营，用于提供养老服务。凡利用建筑面积1000平方米以下的独栋建筑或者建筑物内的部分楼层改造为养老服务设施的，在符合国家相关标准的前提下，可不再要求出具近期动迁计划说明、临时改变建筑使用功能说明、环评审批文件或备案回执。对养老服务设施总量不足或规划滞后的，应在城市、镇总体规划编制或修改时予以完善，有条件的地级以上城市应当编制养老服务设施专项规划。

五、 养老服务法律文书

根据养老服务的不同形式，应当签订相应的养老服务合同。

（一）居家养老服务合同

居家养老服务协议书（范本）

甲方（社区居家老人）：（写明姓名、性别、民族、出生年月日、职业、身份证号码、现住址、联系电话等）

乙方（居家养老服务公司）：

本着服务社会、服务老人、互助互利的原则，为营造温馨、舒适、安全的生活环境，保证居家养老服务质量，规范服务行为，满足老年人“老有所养、老有所乐”的需要，切实保障老年人的合法权益，明确各自的权利义务，结合当前有关养老的规定，经过甲、乙双方友好协商，就养老服务事宜，自愿达成以下协议条款，供各方遵照履行：

第一条　服务内容和标准

1. 乙方参照《　　省社区居家养老服务条例》标准为甲方提供服务。

2. 乙方的服务时间：从每天　时至　时。

3. 协议期限：协议期为　　年。20　年　月　日至20　年　月　日止。

4. 服务地点：

第二条　甲方的权利和义务

1. 甲方有权享受所选择的服务等级内的一切服务，有选择、更换乙方服务人员的权利。但是，请求调换服务人员的，应提前一周告知乙方。

2. 甲方应正确理解居家养老工作的性质，依约定享有接受服务的权利，服从护理人员因工作需要的各项指引。

3. 甲方按时向乙方缴纳须承担的服务费的义务。

4. 在服务期间，乙方服务人员为甲方提供生活服务时，正常所需支出的费用应由甲方承担；甲方如需就医，其产生的费用应由甲方自行承担；非因服务人员的过失所造成的事故（如甲方自己在日常生活中，外出活动时所发生的人身伤害），其赔偿费用应由责任人来承担。

5. 甲方及时提供服务所需各种证件。若因甲方原因致使乙方服务人员无法服务，乙方不承担责任。乙方服务人员应及时将情况反映给甲方，由乙方与甲方协调处理。

6. 甲方积极配合乙方做好服务工作，提高工作效率。实事求是地对服务人员进行考勤和工作评定，不得有无故强加服务人员服务项目的行为。

7. 乙方服务人员有不按标准服务，或违法、犯罪，或有刁难、虐待甲方行为的，甲方有权向乙方反映情况，并有权解除协议。

第三条　乙方的权利和义务

1. 乙方须主动关心老年人的需求，向甲方提供合适的服务人员，建立服务人员档案并保持经常联系。乙方负有保证服务人员身份清楚、手续完备、身体健康、无不良社会记录的义务。

2. 乙方负有向甲方家人告知服务人员情况的义务，根据实际情况调整居家养老服务人员或者护老助理员。

3. 乙方应每月一次电话或者派出工作人员走访、征求甲方意见，了解服务人员服务情况。及时核实甲方提出的问题，负有予以协调沟通的义务。

4. 乙方尊重和维护甲方的合法权利，合理安排志愿者服务人员开展居家养老服务项目，全心全意为老人服务，负责监督管理服务人员日常工作。

5. 乙方有义务及时协调解决甲方和服务人员在服务过程中出现的矛盾纠纷。

6. 由于乙方服务人员工作疏忽或照料不当造成甲方意外事故的发生，乙方应承担相应的责任。

7. 乙方按月向甲方收取服务费。收费时间为每月　日至　日，当月收取当月服务费　元。

8. 乙方有权拒绝超出约定服务范围、地点、内容以外的服务。

9. 甲方无特殊原因未按时支付照料服务费，或违反法律、法规，或非疾病原因侮辱、伤害服务人员行为的，乙方有权解除服务协议并停止服务。

第四条　解除协议

1. 协议期满、协议内容变更、终止等，甲方应及时联系乙方或者到乙方办公室处理相关手续。甲方如果愿意继续聘用原护理人员，应在协议期满前　　天内与乙方签订新一轮协议；如甲方与乙方服务人员私下达成服务协议，一旦发生任何问题，乙方概不负责，并保留追究其责任的权利。

2. 协议期未满，甲方要求解除协议，应提前　天通知乙方。

3. 乙方无故要求解除协议的，应由乙方支付违约金或赔偿金。

4. 甲方属于个人负担居家养老服务费的，逾期两个月不缴纳服务费，乙方有权提出解除协议。

第五条　违约责任

乙方应在服务期限内，选派适合为甲方提供优质养老服务的服务人员，如果没有做到，乙方应为甲方及时调换服务人员，并支付违约金。

第六条　争议解决

协议执行期间，如发生纠纷，应先通过友好协商解决。协商不成的，任何一方均可向乙方所在地人民法院提起民事诉讼。

第七条　其他约定

1. 在志愿者服务期间内，非因服务人员原因，甲方发生意外，乙方及服务人员均不承担责任。

2. 本协议一式两份，甲乙双方各执一份。

3. 本协议履行过程中有未尽事宜，双方可协商后签订补充协议，补充协议一经签订即与本协议具有同等效力。

甲方：（签字并按手印）

20　年　月　日

监护人或直系亲属：（签字、盖章或捺手印）

20　年　月　日

乙方：（公章）

法定代表人或负责人：（签字）

20　年　月　日

（二）家政服务协议

家政服务协议（范本）

甲方（经营者）：家政服务公司

法定代表人：

注册地址：

联系电话：

乙方（老年人）：（写明姓名、性别、民族、出生年月日、职业、身份证号码、现住址、联系电话等）。

丙方（服务人员）：（写明姓名、性别、民族、出生年月日、学历及专业、身份证号码、现住址、联系电话等）。

根据《中华人民共和国民法典》《中华人民共和国消费者权益保护法》《中华人民共和国老年人权益保障法》等有关法律、法规的规定，甲、乙、丙三方按照平等、自愿、公平、诚实信用的原则，就家政服务的有关事宜协商一致，签订本家政服务协议。

第一条　家政服务事项

1. 服务内容：甲方同意为乙方家庭选派家政服务员丙方，承担乙方的第　　项服务：

（1）一般家务；（2）健康老人护理；（3）半自理老人护理；（4）不能自理老人护理；（5）医院护理病人；（6）其他。

丙方按甲方和乙方要求应达到工作标准。

2. 服务期限：20　年　月　日起至20　年　月　日止。如须续签协议，乙方应于本协议期满前　日内通知甲方和丙方。

3. 工作时间：丙方每天工作时间为　　　　，每周休息日为　　　　。

4. 工作地点：　　　　。

5. 服务费用：乙方应支付甲方服务费（含家政服务员丙方工资和甲方管理费）：　　　元人民币　/日（或周、月）。

按日向乙方提供家政服务的，服务费用当日结算；按周结算服务费用的，乙方于每周前向甲方支付服务费用；按月结算服务费用的，乙方于每月　日前向甲方支付服务费用。

6. 工伤保险及其他保险福利待遇：甲方应为丙方缴纳社会保险。

第二条　甲方权利和义务

1. 甲方应为乙方选派体检合格和具备相应服务能力的家政服务员，家政服务员必须具有《身份证》、《健康证》和《职业技能培训证》，方可从事家政服务。

2. 甲方应为其家政服务员依法缴纳工伤保险费，费用由甲方承担。甲方应组织服务人员参加商业意外伤害保险，费用由丙方承担。如因丙方责任，对乙方造成人身财产损失的，由保险公司按规定赔偿。

3. 乙方有下列情况之一的，甲方有权解除协议并追究乙方相应责任：

（1）误导丙方脱离甲方管理；

（2）家庭成员中有传染病人而隐瞒不报；

（3）未按时缴纳服务费；

（4）住址或服务地址变更后未及时通报甲方或私自将丙方带离约定服务地；

（5）对丙方工作要求或内容违反国家法律法规或治安管理条例；

（6）刁难、虐待、打骂家政服务员；

（7）指使家政服务员从事危险工作或违规作业，以及由于乙方的不当安排，导致丙方发生意外伤害。

4. 甲方所派丙方如对乙方有违法行为，甲方应为乙方和相关部门对相关事项的处理提供必要的协助。

第三条　乙方权利和义务

1. 乙方应在签订协议书时出示有效身份证件，如实说明对家政服务员的具体要求，以及与家政服务员健康安全有关的家庭基本情况（如家中是否有传染病人等）。一经签订协议，乙方应负责对丙方的管理和指导。

2. 乙方有权合理选择、更换和辞退家政服务员。协议期内，如对家政服务员的服务项目或服务类别要求有所改变，应及时通知甲方，以便双方变更协议内容及服务费。符合下列情况之一，乙方有权解除协议：

（1）有充分理由证明服务需求不再存在的；

（2）有效证据证明丙方有违法行为的；

（3）提出调换家政服务员后间隔　个工作日甲方无法选派新的家政服务员到岗工作的；

（4）丙方在上岗　　个工作日的适应期后，仍不能完成协议所要求的工作，且甲方已先后调换 3 人均未能达到相应服务标准的。

3. 乙方有权要求丙方重新进行体检，费用由乙方承担；如体检不合格则由丙方自行承担。

4. 乙方应平等待人，尊重甲方所派服务人员的人格和劳动，不准虐待和歧视，并负有保护丙方在服务期间的人身安全和财物安全的责任和义务。乙方有权拒绝家政服务员在其住宅从事与家政服务无关的活动，具体要求由乙方与丙方约定。

5. 乙方有权以合法方式追究丙方因其责任造成损失的经济责任和法律责任，但不得采取搜身，扣押钱物、身份证及其他有效证件，以及殴打、威逼等非法方式处理。

6. 乙方对初次上岗的丙方应具体说明家政服务方面的要求和进行相应指导，乙方应妥善保管家中的现金和贵重物品，以免因此发生纠纷。

7. 乙方应向丙方提供与其一般家庭成员基本相同的伙食，为其提供适当和安全的居住场所，不得安排丙方与异性成年人同居一室。

8. 乙方应按国家规定安排丙方的休息和法定假日。若不能保证丙方休息，按规定给予休息日和节假日的加班补助。乙方要保证丙方每天不少于八小时的睡眠时间。

9. 乙方未经丙方及甲方的同意，不得擅自将丙方转为第三方服务；不得擅自将其带往外省市等非约定服务场所提供服务；不得误导丙方做违法和违反甲方有关家政服务管理规定的事项。

10. 乙方对丙方在服务期间和服务场所的安全负责，不得指使其从事危险工作；由于乙方人为或因其设施、设备等原因造成丙方发生意外伤害，乙方应承担相关责任，并应立即通知甲方。如遇丙方突发急病或其他伤害时，乙方应采取必要的救治措施。

第四条　丙方权利和义务

1. 丙方享有休息、休假和获得劳动安全卫生保护的权利，乙方劳动安全、卫生条件恶劣或强令冒险作业，丙方有权拒绝执行。

2. 乙方不按规定支付报酬的，丙方有权提前解除服务协议。

3. 乙方不履行服务协议或侵害丙方合法权益，丙方有权向有关部门申诉，有获得赔偿的权利。

4. 丙方必须提供《身份证》、《健康证》和《职业技能培训证》方可从事家政服务。

5. 丙方须遵守甲方的各项规章制度，服从乙方的管理。

6. 丙方须认真完成乙方对工作的安排，并达到服务协议规定的各项指标。

第五条　违约责任

1. 甲、乙、丙三方均应遵守本协议约定，任何一方违反协议约定的，另外二方均有权解除协议并有权要求违约方赔偿因违约造成的损失，另有约定的除外。

2. 有关违约的其他约定事项：　　　　　　　　　　　　。

第六条　协议解除与签订

1. 本协议期满，如不再续签协议，协议自动终止。

2. 协议期满经协商，可续签协议。若续签协议，乙方应提前　天与甲方、丙方协商，经甲方同意方可续签协议。

3. 协议期内，非因违约而由三方依照约定或经协商正常解除协议的，甲方应退还乙方剩余的服务费。

第七条　当事人三方约定的其他事项：　　　　　　　　　。

第八条　争议处理方式

履行协议出现争议，应当协商解决；如果协商不成，按照如下方式解决。

□ 向仲裁委员会提起仲裁。

□ 向人民法院提起诉讼。

第九条　其他事宜

1. 本协议未尽事宜，甲、乙、丙三方另行商议解决。

2. 本协议执行过程中如有争议，经协商不能解决的，应依照消费者权益保护法等有关法律法规处理。

3. 本协议一式三份，甲、乙、丙三方各执一份，自签字或盖章之日起生效。

甲方：（签字或盖章）20　年　月　日

乙方：（签字或盖章）20　年　月　日

丙方：（签字或盖章）20　年　月　日

（三）机构养老服务协议

机构养老服务合同（范本）

甲方（养老机构）：名称：　　　　　　统一社会信用代码：
住所（址）：　　　　　　邮编：

法定代表人：　　　　　　联系电话：

乙方（入住老年人）：姓名：　　性别：　　出生年月：

身份证号码：　　　　住所（址）：　　户籍所在地：　　邮编：

丙方（担保人）：姓名：　　性别：　　出生年月：

与乙方关系：　　　　联系电话：　　身份证号码：

住所（址）：　　邮编：

根据《中华人民共和国民法典》《中华人民共和国老年人权益保障法》《×××省养老机构条例》及有关法律、法规的规定，甲方、乙方、丙方本着平等、自愿、诚实守信的原则，经协商一致，签订本合同。

第一条　服务内容

甲方根据本省老年照护等级评估等相关标准，确定乙方照护等级。甲方为乙方提供相应服务，见《服务项目确认表》。

第二条　服务期限

本合同服务期限为　　年，自　　年　　月　　日起至　　年　　月　　日止。其中，试住期为　　日，自　　年　　月　　日起至　　年　　月　　日止。

第三条　费用

1. 乙方向甲方支付费用　　元/月，其中：

（1）服务费用：　　元/月，包括床位费：　　元/月，护理费：　　元/月；

（2）膳食费：　　元/月；

（3）其他费用：　　费，　　元/月。

2. 费用按以下第　　种支付方式支付：

（1）按月支付（每月　　日前支付当月费用）；

（2）其他：　　　　　　　　　　　　　　。

3. 试住期按以上标准，根据实际入住天数结算费用。

第四条　入住保证金

1. 自本合同签订之日起　　日内，乙方向甲方支付入住保证金，金额为　　元。本合同终止后，甲方根据实际使用情况向乙方无息返还入住保证金。

2. 入住保证金的用途为补足月费用、医疗费、违约金、赔偿金及其他经乙方同意的甲方为乙方垫付的费用。

3. 乙方未按规定期限支付本合同第三条约定的费用超过　日的，经甲方书面催告仍不支付的，甲方有权将入住保证金的部分或全部直接抵付相应费用。入住保证金抵付后，乙方应在收到甲方付款通知后　日内，补足入住保证金。

第五条　合同的变更

1. 甲方在乙方入住期间对其身体状况进行持续评估。根据评估结果，需要调整乙方相应的照护等级、服务内容和服务费用的，经乙方确认，变更合同的有关内容，见《变更事项确认表》。

2. 乙方对评估结果有异议的，可自行向有资质的第三方机构申请复评，根据复评结果，仍需要调整乙方相应的照护等级、服务内容和服务费用的，经乙方确认，变更合同的有关内容，见《变更事项确认表》。

第六条　甲方权利义务

1. 乙方出现机能进行性衰退、认知能力下降、精神异常导致行为不能自主，危及自身或他人安全的，经丙方同意（紧急情况除外），甲方有权采取必要的安全保护措施。

2. 甲方向乙方提供符合有关国家、行业、地方标准和规范要求以及本合同约定的服务。

3. 甲方的收费标准和调整应遵守本省养老机构服务收费管理的相关规定。

4. 甲方定期组织所在地的医疗卫生机构为乙方开展体检，建立包含乙方的入住登记表、体检报告、日常费用开支情况等信息在内的个人档案资料。

5. 乙方须外出就医的，甲方应及时告知丙方并由丙方携乙方就诊。紧急情况下，甲方可送急诊处置，由此产生的医疗费等相关费用由乙方承担。

6. 自乙方委托甲方管理其外出就诊所配药品并办理药品移交手续之日起，甲方应按卫生行政部门的规定及相关医嘱，提供相应的服务与管理。

第七条　乙方权利义务

1. 乙方有权查阅、复印甲方为其建立的个人档案资料，对自身的健康状况、费用支出等享有知情权。

2. 乙方享有人身、财产安全依法受保护的权利，乙方人格尊严应当受到尊重。

3. 乙方有优先续约权，可以在合同期满 30 日前提出续约。

4. 乙方应当向甲方如实告知健康状况、用药情况及过往病史，并填写《入住健康状况说明》。

5. 乙方应当配合甲方的正常服务和管理，遵守甲方制定的规章制度。

6. 乙方应当按照本合同约定的费用、支付时间和支付方式向甲方支付费用。

第八条　丙方权利义务

1. 丙方有权探视乙方，有权对甲方的照护工作提出意见建议，但不得影响甲方的正常服务和管理。

2. 乙方不能履行告知义务的，丙方应当向甲方如实告知乙方的健康状况、用药情况以及过往病史，并填写《入住健康状况说明》。

3. 乙方支付本合同约定的费用，丙方承担连带责任。

4. 乙方违反本合同约定或甲方制定的规章制度，造成甲方损失或第三人人身、财产损害的，乙方向甲方或第三人承担赔偿责任，丙方承担连带责任。

5. 乙方需要外出就医的，丙方应当及时携乙方到医院就诊，并向甲方如实告知乙方的就医情况。

6. 对甲方反映的乙方事宜，丙方应当配合甲方共同处理。

第九条　合同的解除

1. 有下列情形之一的，甲方可以书面通知乙方、丙方解除本合同：

（1）乙方逾期未补足入住保证金　　日以上，经甲方书面催告，仍不补足的；

（2）乙方出现精神障碍或患有必须隔离治疗的传染病，危及自身或他人人身、财产安全的；

（3）乙方连续请假外出超过 30 日以上；

（4）乙方违反本合同第七条第 4 款、第 5 款或者丙方违反本合同第八条第 2 款之一的；

（5）当事人不能就本合同第五条第2款或者当事人不能就本合同第六条第1款达成一致的；

（6）乙方无法适应集体生活或出现其他乙方不适宜继续入住的情况。

2. 有下列情形之一的，乙方、丙方可以书面通知甲方解除本合同：

（1）甲方未按合同约定提供相应服务的；

（2）当事人不能就本合同第五条第2款或当事人不能就本合同第六条第1款达成一致的；

（3）乙方提前办理出院或死亡的；

（4）乙方对甲方的服务不满意或出现其他乙方认为不适宜继续入住的情况。

第十条　违约责任

1. 甲方未按合同约定提供相应服务，给乙方造成损失的，甲方应当予以赔偿。

2. 乙方逾期支付入住保证金的，每逾期一日应按逾期未付金额的　　‰向甲方支付违约金。

3. 乙方或丙方未将乙方健康状况、用药情况及过往病史如实告知甲方，造成甲方在提供服务过程中护理失当的，由乙方或丙方承担相应的后果。

4. 乙方需要外出就医的，丙方拒绝及时携乙方到医院就诊而造成的后果，由丙方承担。

5. 其他违约责任：　　　　　　　　　　。

第十一条　其他约定

1. 外出约定：　　　　　　　　　　。

2. 委托发放外配药品约定：　　　　　　　　　　。

3. 紧急联系人约定：　　　　　　　　　　。

4. 其他约定：　　　　　　　　　　。

第十二条　争议解决方式

本合同在履行过程中发生争议，当事人可以协商解决。协商不成的，当事人可以选择下列方式：

□ 1. 向仲裁委员会申请仲裁。

□ 2. 向人民法院提起诉讼。

第十三条　附则

1. 本合同未尽事宜，可以另行协商签订补充协议。本合同补充协议与本合同具有同等法律效力。

2. 本合同附件是本合同的组成部分，与合同正文具有同等法律效力。

3. 本合同自甲方、乙方、丙方签字或盖章之日起生效。本合同一式三份，甲方、乙方、丙方各执一份。

本合同附件：1.《服务项目确认表》；2.《首次入住健康状况说明》；3.《变更事项确认表》（1—3）。

甲方（养老机构）：

乙方（入住老年人）：签字/盖章

丙方（担保人）：签字/盖章

签约日期：　　年　　月　　日

第八节　传承法务中的生前契约

生前契约，是为了慎终追远而签订的殡葬、祭祀礼仪服务合同。“丧事简办”“厚养薄葬”，在许多地方已经成为倡导的社会风尚纳入了“村规民约”，祭祀文化中许多殡葬陋习受到人们的普遍排斥。“事死如事生”，脱离凡体的想象“人身权”并不受法律保护，但服务移风易俗、合法的殡仪、葬礼、祭礼活动，是传承法务中的一个不可或缺的方面。

一、祭祀文化的现代意义

无论是《山海经》还是《诗经》中，祭祀文化都是其重要组成部分，而祭礼也是儒家礼义文化的核心。中国古代的祭祀文化自成体系，意蕴丰富，卓具特色。中国传统祭祀文化也在很大程度上影响和塑造了中华民族的精神生活。古时祭祀的对象就是神灵，分为天神、人鬼和地祇。天界神灵主要有天神、日神、月神、星神、雷神、雨神和风云诸神，比如，北京的日坛公园就是明清两代帝王祭祀大明之神“太阳”的处所。地界神灵主要有社神、山神、水神、石神、火神及动植物诸神，它们源于大地，与人类生存密切相关，比如，我国东南沿海人们广泛信奉的海神妈祖。人界神灵种类繁多，主要有祖先神、圣贤神、行业神、起居器物神，等等，它们直接与人们的日常生活密切关联，享受了最多的祭品，比如，祭祖、祭孔子。现代祭祀主要分为祭英烈、祭神、祭祖、祭孔子、祭黄帝等，自 2014 年开始，国家将每年 12 月 13 日设立为南京大屠杀死难者国家公祭日。祭祀文化的现代意义主要体现在以下三个方面。

第一，清明节成为人们生活中的一个重要节日。

清明节是传统的重大春祭节日，扫墓祭祀、缅怀祖先，是中华民族自古以来的优良传统，不仅有利于弘扬孝道亲情、唤醒家族共同记忆，还可促进家族成员乃至民族的凝聚力和认同感。思考死亡，人们将会认真地检视对生命的义务，可以更有效地去评价自己的生活，鼓励人们形成健康幸福的生活方式。清明节融汇自然节气与人文风俗为一体，充分体现了中华民族先祖们追求“天、地、人”的和谐合一，讲究顺应天时地宜、遵循自然规律的思想。清明节与春节、端午节、中秋节并称为中国四大传统节日。除了中国，世界上还有一些国家和地区也过清明节，比如，越南、韩国、马来西亚、新加坡等。2006 年 5 月 20 日，清明节被国务院批准列入第一批国家级非物质文化遗产名录。

第二，祭祀文化有利于中华文明的伟大复兴。

随着改革开放的深入，西方思想文化被大量引进，并大受追捧，已经渗透到民众生活的各个角落。加之我国近代积贫积弱导致的文化自信的丧失，我们的传统文化正遭受长期的偏见、批判与反思，处于不断流失、遗忘的局面。传统祭祀是社会道德生活的整合器，是赋予社会成员公共意识、公共理性的重要途径。国家建立祭祀制度，适当发展祭祀文化，有利于促进祭祀群体的向心力。例如，拜祭黄帝大典是连接所有中华儿女的精神纽带，可以产生出一种向心型的血缘亲和力与民族凝聚力，是海内外炎黄子孙保持血脉相连、心心相印、共同维护祖国统一的重要精神源泉，有利于在政治层面为传统文化的复兴提供有力保障。通过祭祀华夏先祖来强化民族本源意识，通过祭祀孔子来加深对民族文化的认识，通过祭祀历史英杰、革命先烈来增强民族自信，通过祭祀先祖来传承家庭家族传统、弘扬祖德和传承精神文化。

第三，发展祭祀活动有利于协调与其他宗教信仰的关系。

世界上的宗教战争此起彼伏，宗教冲突不断。随着晚清民国时期西方宗教信仰的不断传播，曾经在一定程度上造成了西方宗教与中国传统祭祀的隔阂。以基督教为例，基督教是典型的一神宗教，信教者只能崇奉耶稣一人，不可再祭祀他神，这就与中国传统文化中的“多神祭祀”观念产生了对峙。正因如此，在现代乡村社会基督教徒与传统祭祀群体之间的冲突时有发生，只有适当复兴祭祀文化并辅以法治化发展，才能避免西方宗教与传统祭祀之间的矛盾激化，实现中国传统文化求同存异和兼收并蓄式发展。当然，祭祀文化的当代发展应当重在弘扬中华民族的传统文化，摒弃宣扬统治权威，愚弄普遍民众的成分。应当避免出现借机蛊惑人心、奢靡浪费，以及祭祀群体相互攀比的弊端，加强对其祭祀对象的登记、备案和监测研究，使祭祀文化在健康、有序的环境中走向复兴。

二、生前契约概述

虽然我们推崇科学生活理念反对封建迷信，然而几千年的祭祀文化已经成为我们生活中不可或缺的一部分，许多年长的传者希望通过自身生前安排妥当的祭祀活动将一生功绩弘扬下去，同时可以感受到后辈承者的奋斗不息。祭祀中蕴含了诚敬孝道思想与和谐理念，同时也弘扬了美善道德，表现出对生命价值的无限关注。生前契约法律服务的意义在于，更好地把握和应对当前伦理观和礼仪规范所发生的变化，提升人们对祭祀仪式重要性的认知，促进家庭和谐和社会稳定。从长远来看，研究祭祀文化及其孝老伦理意义，有助于实现祭祀文化的传承，使祭祀成为传承和弘扬相关精神文化价值的长期文明活动。

（一）生前契约的概念

生前契约，也称为生前殡仪、葬礼、祭礼服务合同，是指当事人依照自己的意愿，就本人或他人去世后的祭祀咨询、殡葬礼仪安排、祭礼物品准备，以及后续的祭奠关怀服务内容在生前时作出的提前安排，并与有资格提供这些服务和物品的祭祀服务单位所签订的合同。生前契约可分为墓地葬礼生前契约、殡仪服务生前契约、祭扫服务生前契约，也可以包括与生前预嘱有交叉的临终关怀生前契约等。

殡仪，是指围绕已经去世人的尸体开展的相关服务，如净身、穿寿衣、化妆、入殓、殡车、移灵、守灵、告别仪式、把灵柩送到埋葬或火化的地方去等，由殡仪馆或专业机构提供的生前契约服务。

葬礼，是指落葬礼仪，由专业机构、陵园或公墓提供的生前契约服务。在葬式上，世界各民族中有土葬、海葬、火葬、水葬、厚葬、天葬、洞葬、树葬、悬棺葬、壁橱葬、食葬、木乃伊等多种形式，我国目前以火葬后骨灰落葬形式为主，提倡突出环保理念的海葬、树葬、壁橱葬等形式。由于宗教信仰的不同，各地都存在佛教、基督教、天主教、伊斯兰教等不同形式的葬礼。

祭礼，是指祭祀或祭奠的仪式，由专业机构提供的一种较为长期的生前契约服务。在古时，祭礼也指祭奠、祭祀用品。

殡葬祭祀服务有很强的文化传承属性，与其说殡葬是一种物质消费，不如说是一种精神消费，人们对逝去亲人的哀思需要通过礼仪和习俗来表达。按照国人的传统，亲人去世后要守孝、入殓、守灵、告别，请亲戚朋友吃饭，送伴手礼，等等。这些寄托哀思的传统习俗，与政府倡导的移风易俗、简朴治丧不完全一致，在提供法律服务过程中要注意相关法律知识的释法和普法，注重家庭家族文化的传承。生前契约咨询或合同审查的目的是，规范殡葬、祭祀服务行为，推进传统礼俗的现代复兴，强化祭祀服务的文化功能，使丧属的情绪得到宣泄、逝者的精神得到传承，促进国家的殡葬改革和制度体系不断健全。

（二）死亡教育与律师服务

生不言死，人们对死亦十分忌讳，连与死字谐音的“四”都成了不吉利的象征，甚至有些楼房没有四楼、十四楼等楼层。这种躲避的行为与习俗经过长年的累积，无形中就造成了人们对死亡的恐惧与否定。

死亡教育，指帮助个人意识到死亡在生命中所扮演的角色，并提供合理相应的课程设置，以协助传者与承者检视死亡的真实性，并将之统整于生命中的一个教育过程。从事生前契约服务的律师，首先应是一名出色的死亡教育的导师，否则无法开始法律服务工作。

生前契约是对将来希望选择什么样的丧葬仪式、遗体要如何处理、祭祀怎样安排的生前宣告，是围绕个体自然生命死亡而展开的告别与祭奠活动，应当注重其丰富而深刻的文化内蕴，要体现人对生命价值的认识、理解与把握。

在欧美地区，约有七成的老年人会预先为自己的后事作出安排。尽管生前契约早已盛行于欧美地区的许多国家以及日本，但在我国，生前契约仍是一个十分新颖的事物，只有少数殡葬业者开始提供部分阶段生前契约的相关服务，庄严、肃穆而隆重的葬礼，每年不同风格的扫墓祭奠仪式，正在悄然进入人们的生活。

律师可以提供生前契约设计咨询服务，律师事务所可以提供生前契约执行信托、监督人服务。

（三）生前契约的注意事项

祭祀礼仪在中国传统文化中占据很重要的地位，大部分殡葬企业都开设或正在酝酿开展生前契约服务业务，借助殡仪、葬礼和祭礼活动来表达我们内心的怀念以及诚敬，传承宝贵文化、精神和责任，祭祀文化发展前景非常看好。

殡仪服务生前契约，各项服务首先均需体现哀戚之情。哀戚之情源于人强烈的生命意识。生命不可复归，死亡就是永远的失去，因此亲人的逝世会给活着的人以沉重打击，使人产生不可抑制的悲痛之情。哀戚之情是殡葬活动的主导情感，须明确规定为合同义务，贯穿于殡葬仪式的始终，使之形成一种凝重、庄严的氛围，使得殡葬活动体现出人与人之间的感通、感应和关怀。殡仪服务还须传承孝道仁爱、虔诚恭敬、以人为本的殡葬文化仪轨。

因为社会并不提倡厚葬和复杂的祭祀，倡导移风易俗，在一些地区还存在社会遏制迷信风气的现象。所以，在签订生前契约合同时，应当考察殡葬、祭祀服务企业的信誉，最好通过信托服务支付费用和监督有关殡葬及后续服务，特别注意合同内容不能触犯法律规定的界限，避免陷入非法吸收公众存款、集资诈骗等刑事犯罪陷阱。

三、生前契约法律文书

（一）生前契约合同范本

生前契约

甲方：使用人（应不小于60周岁。也可以是委托人，委托人须为指定使用人的近亲属，相关条款应作调整）

身份证号码：　　　　联系地址：　　　　联系电话：

乙方：服务单位

法定代表人：

住所地：　　　　　　　　　联系电话：

丙方：律师事务所（监督方）

法定代表人：

住所地：　　　　　　　　　联系电话：

为了甲方（或使用人）身后殡葬、祭礼等服务，经过甲、乙双方充分协商达成如下一致供甲、乙、丙三方共同遵守。

第一条　合同标的

甲方身故后，由乙方为甲方（或使用人）提供以下各项服务，丙方对乙方履行进行监督。

1. 提供一份殡仪服务（也可以为夫妻双方预定两份服务），以××省××市范围为限，如超出服务地域范围时，其所增加的费用另行结算。

2. 提供墓位/龛位下葬礼仪服务。其中　平方米墓位/龛位优先选择权已经某某陵园经营方同意，如超出服务范围时，其所增加的费用另行处理（注：墓位/龛位优先选择权面积含墓位使用面积、绿化景观面积等）。

3. 提供代为祭祀服务。在甲方（或使用人）身后第一年提供七次代为祭祀或协助祭祀服务；第二年、第三年每年各提供两次代为祭祀或协助祭祀服务；从第四年开始每年清明节（前三日以内）提供一次祭祀服务，直至第××年止。

第二条 合同价款

本合同总价款由产品服务价款和履约尾款两个部分构成：

本合同的产品服务价款为人民币 元。其中，当期服务价款即生前契约策划服务费为 元（产品服务价款之百分之 ），产品服务价款扣除当期服务价款即尾款部分。

第三条 付款方式

本合同的产品服务价款的支付方式为当期服务价款一次性全款支付，由甲方于本合同生效之日一次性支付完毕。本合同的履约尾款支付方式为一次性全款支付。

第四条 犹豫期

本合同犹豫期为10个自然日，犹豫期自甲方支付完毕产品服务价款之次日起算。

在犹豫期以内，甲方可以书面形式向乙方提出解除本合同，本合同自乙方收到甲方书面解约通知之日起解除，乙方应在本合同解除之日起30日退还甲方已交付的全部价款。

在犹豫期以外，因甲方原因导致本合同解除的，因乙方已提供完成的生前契约策划服务，甲方已支付的当期服务价款因服务完毕故无须退还；乙方于本合同解除之日起30日协调专业信托机构将除当期服务价款以外的剩余已缴纳价款退至甲方，甲方享有的信托权益随即终止。

在犹豫期以外，因乙方原因致本合同解除的，由乙方退还已交当期服务价款且由乙方协调专业信托机构将信托款项退还至甲方，乙方按照当期服务价款向甲方承担违约金；本合同自甲方收到乙方书面解约通知之日起解除。

第五条 合同履行的监督

乙方同意甲方指定丙方为本合同履行监督人。

乙、丙双方法律服务协议另行签署。

当甲方身故后，丙方有权要求乙方执行本合同。

在合同款项已全部交付的情况下，丙方依据本合同行使监督的权利：

1. 依据合同向乙方提出服务申请；

2. 在乙方服务过程中根据需求调整服务类别，支付相关款项，并有权领取发票；

3. 依据本合同代表甲方向乙方换取发票；

4. 本合同其他条款约定的权利。

丙方不享有甲方或者合同项下使用人享有的财产权利，丙方无权转让本合同权利。

第六条　信托资金安排

信托资金由以下产品服务价款组成：自犹豫期届满次日起，至使用人身故、契约终止或解除前，就甲方已缴纳当期服务价款扣除当期服务剩余价款部分，由乙方收取后于犹豫期届满后次日交付专业信托机构进行信托监管。

甲方知悉并确认，甲方被乙方指定为他益信托受益人后，乙方为甲方指定的使用人提供服务，并得到本合同指定的合同丙方的履约确认后，专业信托机构将上述信托监管资金支付给乙方，甲方享有的他益信托受益权随即消灭；发生本合同约定的合同解除、终止与退款情形的，专业信托机构将上述信托监管资金本金（即剩余价款部分）支付至甲方账户，支付完成后，甲方享有的他益信托受益权随即消灭。

甲方有权通过乙方在线服务平台查询上述信托监管情况，包括但不限于乙方交付信托监管的金额、甲方享有的信托受益权等信息。

如果甲方在犹豫期内申请使用合同约定服务的，则乙方不再将上述费用进行信托监管。

第七条　其他相关费用

本合同总价款不包括下列费用：

1. 国家政府机关相关设施或其他第三方设施使用费用。

2. 因甲方或丙方的要求，导致服务项目、规格变动或需要服务范围超出之前约定的服务范围时，所产生的相关费用届时另行结算。

除上述费用外，在使用人接受本合同第九条项下服务时，甲方、丙方无须再缴纳任何附加费用。

第八条　退款的支付

本合同任一需要退款的情形发生，若甲方无法收取相关退款，则乙方按照以下优先顺序予以支付至以下人员账户中：

1. 支付至甲方的法定继承人；

2. 支付至使用人；

3. 支付至使用人的法定继承人；

4. 支付至丙方；

5. 当以上第 1 ~ 4 项约定的相关人员均无法收取时，乙方不再予以退款，乙方将相关款项视为沉淀款项，甲方同意乙方在合适时机捐赠社会公益组织。

第九条　产品服务项目与规格

乙方为甲方或使用人提供如下服务项目、规格（见表4-1）：

表4-1　服务项目及规格

服务阶段	服务项目	人员及用品提供
生前契约服务策划	对生前契约服务项目提供咨询 对殡仪流程提供设计策划 对殡葬产品提供咨询 对祭礼流程提供设计策划 协助客户锁定能为客户提供相关服务的服务商	客服咨询人员 专业殡仪、祭礼服务策划师1名
临终咨询	365天24小时客户专线咨询服务电话： 提供殡仪礼仪及习俗咨询并上门服务 提示亲属应办理的文件、证件及相关注意事项 介绍本合同项下各项服务内容及流程	客服咨询人员 专业殡仪服务策划师1名 殡仪服务流程单
接运安置	24小时专业灵车接体服务 安排接体人员按行车时间、路线将故人遗体安置在殡仪馆内 协助亲属处理各项殡仪事宜	专业殡仪服务策划师1名 专业接灵人员1组 灵车1辆 接体袋1个 殡仪馆基础遗体冷藏（3天）
入殓更衣	协助亲属办理相关殡仪证明文件 专业入殓师为故人净身、更衣 专业入殓师协助亲属完成故人纳棺仪式	专业殡仪服务策划师1名 专业入殓师1组 被褥铺盖1套 寿衣1套（普通款或现代款择1，依当地风俗提供） 移灵风俗用品1套 往生头脚枕头1对 洁身用品1套 祥寿巾1块
安灵服务	配合亲属在家中或守灵场馆内设立灵堂，供亲属祭拜 指导安排灵堂布置，安置灵位及祭拜用品 提示亲属祭拜礼仪及注意事项 帮助亲属选定故人留影遗照并制作	专业殡仪服务策划师1名 依各地风俗提供守灵用品1组 遗像照片及相框1套 祭奠风俗物品1套

（续表）

服务阶段	服务项目	人员及用品提供
治丧协调	与亲属协商确定治丧计划 协助家属选定服丧物品并指导使用 依家属意见及故人生前愿望，结合当地风俗习惯，协调奠礼流程及相关事项建议 提示亲属需提供的证件及资料	专业殡仪服务策划师1名 治丧流程表1份
告别追思	协助亲属预约告别场馆及时间 指导告别场馆的整体布置 专业司仪按祭奠流程主持各项仪式 专业殡仪服务人员引导家属祭拜人员瞻仰遗容 专业化妆师为故人整理遗容	专业殡仪服务策划师1名 专业礼仪服务人员1组（含司仪） 专业化妆师1名 告别小厅1间 告别鲜花篮2个 戴孝用品1套 （依风俗及家属需求提供）
遗体火化	协助家属办理火化证明等材料 协助家属办理火化炉预订 陪同家属恭送灵柩到火化室 引导家属拜祭、焚烧纸品（允许范围为限） 专业殡仪服务人员捡骨、封盒、包装后交家属确认后领回 专业殡仪服务人员持黑伞奉灵 引导亲属完成送灵或灵骨寄存	专业殡仪服务策划师1名 专业殡仪服务人员1名 普通寿盒1个 基础火化棺1个 普通火化炉1次 奠祭用品1组（依风俗提供） 免费送骨灰至乙方控股陵园1次
落葬服务	就以上增项内容与家属进行确认与结算 提供陵园及选墓咨询服务 协助预订车辆接送骨灰至陵园 落葬仪式 墓穴物业管理20年，期满后物业管理费须另行按标准支付	专业殡仪服务策划师1名 结算清单1份 协助安排陵园自有购墓班车 专业礼仪服务人员1组（含司仪）

（续表）

服务阶段	服务项目	人员及用品提供
祭祀服务	祭祖节日及习俗咨询 第一年：做一七、三七、百日、周年，清明节、中元节、小年（后）；第二年、第三年：周年、清明节；第四年至第20年：每年清明节代为祭拜或协助家属祭拜，期满后祭祀服务费须另行按标准支付	专业祭礼服务策划师1名 专业礼仪服务人员1组 祭祀用品1套 鲜花篮2个
补充说明	本合同约定以外的殡仪馆服务项目及服务内容，均属增添服务，费用另计，如：大棚搭建、功德法事、接送亲友、落葬仪仗、摄影录像、餐饮服务等 所有约定项目须在法律范围及殡葬政策规定内进行	

第十条　乙方稳定履行的义务

乙方应确保本合同内服务内容的真实性，并严格按照本合同约定的服务内容提供服务。

在合同履行期间，若乙方对服务相关规定进行修订的，其修订内容除非经甲方同意，否则对甲方不发生法律效力。

第十一条　提供服务的通知

在收到甲方全部合同总价款的情况下，乙方于接到丙方的电话通知或者收到丙方提交的《殡葬服务申请书》时，应于24小时内依本合同开始提供约定的服务。

第十二条　专项服务人员要求

乙方履行本合同时应指派专职服务人员提供各项服务，按照法律法规规定服务人员须具备相关资格的，应保证具备。

第十三条　商品、服务的替换

因不可抗力或不可归责于乙方的事由，致本合同约定的殡仪、祭礼服务项目或商品无法提供时，乙方可经过甲方或者丙方同意后，以同级或等值商品或服务替代，乙方无权自行更改已约定的服务内容。

第十四条　甲方行权条件

甲方知悉并同意，甲方使用人约定的优先选择权并不针对特定墓位/龛位，行使其优先选择权选定具体墓位或龛位时，其指定使用人须满足墓位或龛位所在地当时法律法规对于墓位或龛位的购买或租赁的条件要求。

如届时国家地方相关法律法规另有规定，应以国家地方相关法律法规为准。

第十五条　甲方权利的转让

本合同自甲方支付完毕产品服务价款之日起，甲方有权将本合同约定权利转让给他人。

甲方权利的转让应通知乙方，并按照乙方要求履行相关转让登记手续。未按乙方要求办理审核登记的，乙方有权不予认可，视同转让无效且不对乙方发生法律效力，由此造成的损失均由甲方承担。

本合同转让后，若因本合同约定情形发生退款的，乙方只按照原始产品服务价款（即原合同载明的产品服务价款金额）进行退还，与转让价款无关。

第十六条　合同的检视与修改

使用人身故前，以签约日为基础，甲方可以每满五年复核本合同内容一次，并在总价不变前提下，经乙方同意，根据市场情况调整部分服务项目或规格，乙方应配合办理。

使用人身故前，以签约日为基础，乙方可以每满五年复核本合同甲方、丙方、使用人情况，遇到需变更的，相关方应根据本合同约定原则在乙方协助下进行相应变更。

第十七条　不可抗力

使用人因空难、海难、战争、重大公共卫生事件或其他不可抗力事件身故，致使乙方客观上无法提供主要服务时，如果甲方要求终止本合同的，在甲方或丙方向乙方提供相关政府部门或组织出具的书面证明文件后，乙方同意无条件终止本合同。

如果甲方申请变更使用人的，在符合本合同关于使用人限制范围的前提下，乙方需配合变更使用人，本合同继续有效。届时按照乙方相关变更流程办理。

第十八条　合同的违约处理

如甲方未及时缴交费用，经催告后30日内仍不付清费用的，乙方可以书面通知甲方解除本合同，甲方已缴纳的当期服务价款因乙方已向甲方提供完成生前契约策划服务而无须退还，超过部分应于解除本合同后30日内退还甲方，甲方享有的信托权益随即终止。

乙方未按约定时间提供本合同约定的服务，经甲方合理催告后3天仍未开始服务的，甲方或丙方可书面通知乙方解除本合同，并要求乙方返还甲方已交付的全部价款，并按照产品服务价款的百分之三十承担违约金。

但因不可归责于乙方原因导致服务无法提供的，乙方无须返还价款和承担违约责任。

本合同其他条款有违约责任约定的，从其约定。任一方均可从对方应付未付的款项中直接扣除违约金、赔偿金。

第十九条　合同的有效期间

本合同的有效期为自签约日期起到本合同履行完成为止。

本合同在乙方履行全部约定的服务内容，并经丙方在《服务完成确认函》上签字确认后完成。

（二）合同签订的注意要点

生前契约法律服务处于刚刚起步阶段，社会上由公墓、陵园提供葬礼服务的越来越多，但还十分罕见专门从事祭礼服务的企业。因为祭礼服务相对简单，但周期长。前述合同范本将殡仪、葬礼、祭礼合在一个文本之中，条文略显粗糙，随着经济社会发展，将来可能会由专业企业分别提供各阶段的服务，分别签订服务协议。

本合同范本的甲方既可能是传者作为使用人是本人在意志清醒时对身后殡葬祭祀的安排，也可以是传者为配偶或者包括配偶在内的一种事先安排，因为可能涉及遗产处分，后一种情况配偶也应签名确认。

甲方也可能是承者为传者作为使用人准备的后事安排，在签订具体合同时应作具体调整。近亲属，是指配偶、父母、子女、兄弟姐妹、祖父母、外祖父母、孙子女、外孙子女。

第五章　传承法务中的财产权益

传承法务以财富传承为主线，财产权益保护是传承法务的核心。传承的物质基础是财富，没有财富的传承都是虚妄的。传承法务支持传者全面自主地处分其拥有的合法财产，是指对其生前身后的财产权益作出安排和处分，其处分行为既包括传者为自身人身权益维护作出财产权益处分的安排，也包括传者就生前身后财产权益为他人作出的安排。

本章内容就是在财产权益概述基础上，从传者生前身后财产权益维护及传承财富处分角度论述传承法务中的传承财富保障、保险与家族信托、居住权、遗产、无主遗产、遗产管理人、遗嘱、遗嘱登记等相关内容。由于传承财富的处置方式多种多样，需要从不同的层面或环节予以考虑，而且涉及的法律领域及具体规定复杂，提供传承法律服务时需要科学地设计、规划、应用不同的传承工具，支持传者实现对个人合法财产的有效管理，并在不同承者之间有效分配，最终达成财富的有序传承。

第一节　传承法务中的财产权益概述

本节内容从支持传者自主安排其财产权益角度，无论是维护其人身权益，还是统筹分配其拟传承的财产，均涉及相关财产权益保护的问题，以下从不同维度阐述了传承法务中的财产权益保护。

一、 财产及财产权

（一）财产的类型

传承法务中的财产包括公民合法收入、房屋、储蓄、生活用品、文物、图书资料、林木、牲畜、虚拟财产和法律不禁止的公民拥有的生产资料及其他财产。不同类型或形态的财产是财富传承指向的标的，或是财产权益处置安排的客体、对象。

（二）财产权与财产权利

在民法体系中，人身权与财产权是两大基本民事权利。财产权是指以财产利益为内容，直接体现财产利益的民事权利。财产权是可以以金钱计算价值的，一般具有可让与性，受到侵害时需以财产方式予以救济。财产权利的内容包括：（1）物权；（2）债权；（3）知识产权；（4）继承权；（5）股权和其他投资性权利；（6）其他财产权利与利益。

民事主体的财产权利受法律保护，而且合法的财产利益也受法律保护。那些地位尚未上升到财产权利的财产利益，法律以法益的形式进行保护，例如，知识产权中的收益、投资性收益等，尽管不能以明确规定的财产权利的形式保护，但是法律都依法以财产法益的形式予以保护，任何人不得侵犯。任何组织或者个人侵害他人的财产权益，都要承担民事责任。

二、传承法务中的财产权益

（一）传承法务中财产权益的概念

公民的财产权益，是指公民对自己合法的财产依法享有占有、使用、收益和处分的权利，以及这些权利受非法侵害有权依法请求保护的权利。

传承法务中的财产权益，是指传者对合法拥有的财产及收益，有权用于支持养老消费，有计划地传承给后人，赠与给他人或者是支持社会公益的权利。即传者有权按照自己的意愿，将其财产用于自身、留给家人、赠与他人的财产处分权利，以及这些权利受非法侵害有权依法请求保护的权利。

为了保障公民财产的合法权益，需要发挥法律的保护作用，给予不同财产不同主体以同样的法律保护。公民的财产权益，从获得时开始拥有，于丧失持有时终止，或者在丧失民事权利能力时进行传承。

法律本身不能创造社会财富，但可以通过对私有财产的各项保护措施，保障和促进市场经济中的个体经济发展，对维持良好的社会生产生活秩序具有重要意义。传承法务中的财产权益不仅事关传者生存质量和生活的改善，更重要的是让财富的传承能按照传者的意愿依法实现，所以财产权益的保护与处分是传承法务的核心内容之一。

（二）传承法务中财产权益的范围

随着经济的不断发展，财产权及权益也有了更多类型，包括物权、债权、继承权，也包括知识产权中的财产权益、经营收益、虚拟资产收益等几大类。这些都是与公民经济利益相关的民事权利，不同的社会有不同形式的财产权利，随着老龄社会的快速发展，财产权的保护范围也在不断的扩大，这些大都具有传承法务中的财产权益属性，这些权利都属于我国法律保护的范畴。

三、传承中的财产权益保护

在本书中，无论是传承法务中的人身权益部分，还是传承法务中的财产权益部分，均涉及相关财产权益保护的问题。

（一）意定监护中的财产权益保护

意定监护。民法典第33条规定：“具有完全民事行为能力的成年人，可以与其近亲属、其他愿意担任监护人的个人或者组织事先协商，以书面形式确定自己的监护人，在自己丧失或者部分丧失民事行为能力时，由该监护人履行监护职责。”即是对意定监护的法律规定。

现实中，意定监护最多发生在老年人丧失或者部分丧失民事行为能力之时。在意定监护制度设立之前，老年人的监护主要是由赡养人承担的，被监护人的权利如果被侵犯一般都发生在家庭内部。但是，根据意定监护法律制度而委托他人担任意定监护人，从某种意义上说，等同于将老年人生交给了监护人，需要非常慎重。

比如，2020年11月22日央视网一则“上海88岁老伯将300万房产送给楼下水果摊主”的报道引发网友广泛关注。马老先生是一位独居老人，前些年老伴去世，后来儿子也在家中意外猝死。老人随后让小游一家五口住进自己家里。2017年，老人带着小游到公证处办理了“意定监护”，同时决定将自己价值300万元的房产都留给小游。老人将自己未来养老送终的监护权，以房产赠与的方式办理了“意定监护”公证，体现出对监护人的信任托付。

目前，我国监护制度中存在监护监督机制的不足，虽然民法典第36条规定“其他依法具有监护资格的人”可以申请撤销监护人资格，可以行使监护监督权。在确立意定监护的同时，即须确立监护监督人，被监护人事先购买的专业监督应当承担意定监护监督的主要责任，应当尽快立法引导和规范监护监督行为的有效实施。

根据我国传承法务实践，设立由意定监护监督机构，如专业律师事务所，指派律师担任监督人较为稳妥。

需要注意的是，意定监护人的近亲属不能担任监护监督人，但监护监督人原本就是被监护人的近亲血亲的除外。在监护监督合同中，明确规定监督人有权监督监护人执行的重大具体行为，例如，批准一些涉及被监护人人身、财产重大利益的行为等。

（二）生前预嘱中的财产权益保护

生前预嘱，是指具有完全民事行为能力的自然人可以立生前预嘱，明确其在不可治愈的伤病末期或者临终时，是否采取插管等创伤性抢救措施、是否使用生命支持系统等，医疗机构及其医疗卫生人员提供医疗服务时，应当尊重患者本人意愿。生前预嘱的目的在于自己清醒时亲自确定未来是否靠医疗技术继续维系生命，防止出现临终出现生不如死，丧失尊严。

随着现代医学技术快速发展，为了争得救治机会，持续生命的新发明、新手段越来越多，但是救治费用也是十分高昂的。比如，因无法自主进食、无法自主呼吸、生命临终而入住 ICU 病房，相当于用流水般的钱来延续生命，如若注定是“人财两空”时，原本非常体面干净的一个老人，全身插满了管子，仅仅在医学意义上“活着”，但却承受着各种痛苦。

更可悲的是，在这个过程中，老人甚至没有表达自己意愿的机会。客观上，如果没有生前预嘱，儿女出于情感上的不舍，往往会不惜花费金钱延续父母的生命，遗产在快速地减少或者儿女倾尽所有后债台高筑，虽然旁观者清，类似情景却总是不断在上演。生前预嘱就是事前的有效表达，自己决定维持临终尊严，拒绝无谓的救治的有效法律行为，从而避免财产权益之巨大且无益的损失。

生前预嘱在民法典中尚未规定，期待后续立法完善。

（三）遗赠扶养协议中的财产权益保护

遗赠扶养协议是遗赠人和扶养人之间关于扶养人承担遗赠人的生养死葬的义务，遗赠人的财产在其死后转归扶养人所有的协议。民法典第 1158 条“自然人可以与继承人以外的组织或者个人签订遗赠扶养协议。按照协议，该组织或者个人承担该自然人生养死葬的义务，享有受遗赠的权利。”对遗赠扶养协议，有具体规定。

依照民法典继承编的相关规定，遗赠扶养协议若出现不能履行的情形，不履行一方将失去既定的权利。遗赠扶养协议承担着一定程度的社会保障功能。

如果在财产继承中有各种合法继承方式并存的，应首先执行遗赠扶养协议，其次是遗嘱和遗赠，最后才是法定继承。遗赠扶养协议一经签订，双方必须认真遵守协议的各项义务。如果扶养人不尽扶养义务，人民法院可以剥夺扶养人的受遗赠权。

在有赡养人的遗赠扶养纠纷实际案件中，常常有赡养人尽了一定的赡养义务，但遗赠扶养人只要没有主动违反履行扶养义务情形的，甚至被扶养人单方立遗嘱改变遗赠承诺，遗赠扶养协议遗赠财产的约定仍然可以受到法律保护。

“在司法实践中，扶养人与遗赠人订有遗赠扶养协议，扶养人无正当理由不履行扶养义务，遗赠人可以要求解除遗赠扶养协议。遗赠扶养协议不同于一般合同，如果扶养人不履行扶养义务导致协议解除，其已支付的供养费用一般依法不予补偿。这是法律对老年人权益的特别保护，个别人为了获得遗赠极力表现，签订了遗赠扶养协议就以为目的达到了，法律已为老人筑牢了防线。如果是遗赠人无正当理由不履行保持约定财产完整安全而导致协议解除的，则应偿还扶养人已支付的供养费用。”①

应当在遗赠扶养协议中设立遗赠扶养监督人。当发生扶养人虐待被扶养人，或者是不完全、不按照约定内容履行扶养义务，侵犯被扶养人及其继承人的财产权益时，为了保护遗赠人受扶养的权益，最好在协议中确定遗赠扶养监督人。遗赠扶养监督人既可以是律师事务所、基层组织或社会组织，也可以是遗赠人的亲友个人，可以签订三方的遗赠扶养协议。协议可以约定，遗赠扶养监督人有权检查、抽查扶养人履行义务是否足额到位，是否有虐待被扶养人的现象，有权根据合同约定代理被扶养人（失智老年人由其监护人或监护监督人）控告、起诉扶养人。同时，也可以约定被扶养人处置遗赠财产的行为受其监督，在发现被扶养人有不当处分行为时，遗赠扶养监督人要及时提出异议和劝阻。还可以约定，在遗赠人死亡后由遗赠扶养监督人担任遗赠执行人。建议在遗赠扶养协议中约定意定监护，一旦被扶养人丧失民事行为能力后，扶养人成为被扶养人的意定监护人，遗赠扶养监督人也随之转为意定监护监督人，履行监护监督职责。

（四）搭伴养老与再婚中的财产权益保护

狭义上的搭伴养老，是指孤寡老人在实践中为解决“再婚难题”而创造的一种有效的非婚同居形式。从情感上能够排遣一些孤独，从生活上互相间能有所照料，从经济上避免了不必要的纠纷，这种同居模式相对正式结婚存在一定的优势。

老年人再婚，是指单身老年人自由决定登记结婚的行为。因为往往涉及各自财产问题复杂，大多各有子女意见不一，女性老人再婚行为又与传统文化不合，有过世后与前、后配偶合葬的困扰，等等，与中年人相比，老年人再婚困难大、比例较小。

---

① 陈洪忠、陈子钧、邢在峰：《民法典时代如何立遗嘱》，中国法制出版社2021年版，第204页。

搭伴养老同居协议的应用并不限于老年人非婚同居，也可以适用于不违法且不违背公序良俗的同性同居，以及叔侄搭伴、姨妈甥女搭伴、多人搭伴养老同居的模式。一份周全的、合法的同居协议，既可以弥补法律规定的不足，还可以弥补法律规范的不能。

搭伴养老同居协议，或者再婚婚前财产协议，一般应约定，对同居前或婚前的个人财产仍归个人所有。婚后财产的约定比较复杂，在实践中，同居财产约定存在多种形式，其中一方出定额生活费入伙的情形比较多。一般的老年人已经丧失了劳动能力，他们共同生活期间的收入大部分来源于养老金或者子女给予的赡养费，具有明显的身份属性。设计协议条款时，最好将生活费用分摊与收入结余分别约定。还应当考虑相关财产法律保护的规定，协议条款不能与法律规定存在冲突。共同生活期间，也有老年人有股权分红、知识产权收益等形式的收入，可以约定归各自所有，或者共同所有，或者部分各自所有、部分共同所有。对于共同生活期间双方购买的生活用品，如制氧机、空气净化器、冰箱、彩电、电脑、电动轮椅等，一般要约定共同共有，一旦一方去世，这些生活用品属于对方，不属于遗产范围。一方去世留有的遗产，在协议中可以约定处分的空间十分有限。因为继承权是基于一定的合法身份的一项财产权利，搭伴养老同居关系因无适法身份一般不享有继承权，“同居前各自的储蓄、有价证券，为个人财产。同居后，各自同居前的储蓄本金和储蓄利息仍归个人所有”,①《同居协议范本》② 主要考虑到股票可能带来的较大收益，所以没有约定为同居后共同财产。

对于扶养应进行约定。对于再婚老年人，按照婚姻法的规定，双方有互相扶养的义务。而搭伴养老同居协议可以将类似的扶养内容，如经济上供养、生活上照料和精神上慰藉，分别进行约定，以保证合同约定的合法有效。遇有特殊情况，如生病、一方去世，可能需要动用同居前的经济储备，可能发生扶养与赡养关系的变化，为了避免发生纠纷，需要有特别的约定。“提供同居居住房产的一方去世，另一方须在三日内搬离该房产，并将该房产移交给去世一方的子女。”③ 也可以视双方同居期间感情设置一

① 陈洪忠、韩洪、童中礼、龙磊、翟晓静：《老龄产业法律文书精要详解及实务指南》，法律出版社2017年版，第20页。

② 陈洪忠、韩洪、童中礼、龙磊、翟晓静：《老龄产业法律文书精要详解及实务指南》，法律出版社2017年版，第20页。

③ 陈洪忠、韩洪、童中礼、龙磊、翟晓静：《老龄产业法律文书精要详解及实务指南》，法律出版社2017年版，第20页。

条自动生效条款：约定无房一方在另一方去世后可继续享有居住权直到去世，或约定若再婚或又与他人同居或另有可居住地时视为自动放弃居住权。

在财产继承方面，搭伴养老同居的可以约定，一方先死亡且没有法定继承人的情况下，如去世方无遗嘱，其遗产可约定由另一方受赠遗产，并负责处理后事。

搭伴养老同居期间产生的财产归属应进行一些特别约定。因为老年人的认知能力呈逐渐减弱趋势，不排除同居生活一段时间后，一方不是出于本意将重大财产赠与另一方的可能。事先可以进行特别约定，一是防止引起子女的不满，引发老人同居矛盾；二是防止目的不纯的人以图财为目的诱骗老年人进行同居，意欲对老年人的财产进行侵占。这些特别约定应当有子女参与并签字确认。如此约定，可能限制了老年人将来处分自己财产的自由权利，应当谨慎制定。

搭伴养老在民法典尚未规定，司法实践中对以夫妻名义同居的权益保护已取得文明进步。

（五）以房养老中的财产权益保护

以房养老，是指人们利用自有产权住房，通过一定的金融或非金融方式套现变现，为老年人生存期间建立起一笔延续终身、稳定的现金收入或服务，以保障或者提升晚年的生活质量的理财方式。用作以房养老的住房一般要求老年人拥有完全产权、与子女分开居住、房屋的价值不能过低。

2016 年、2017 年北京发生的几十起“以房养老”被骗案例，均是因为忽视自己一系列民事法律行为可能产生的法律后果所造成的。2019 年再次发生的 700 余套房产因“以房养老”被骗走……与一些国家的以房养老做法相比，我们被骗老年人无一例外都缺少传承法务律师的帮助，非常值得反思。律师签字会为我们的财产权益把关，如若房产被骗，律师事务所就须赔偿。

以房养老在民法典中尚未规定，本着法无禁止即可为的原则，实践中仍可以谨慎操作。

（六）居家养老与机构养老中的财产权益保护

无论是居家养老，还是机构养老，都是由社会对养老伸出援手，外人、专业、规矩等，是养老服务的重要标志。不同于建立在血缘关系基础上的家庭内部养老。

居家养老，也就是由家庭养老逐步转变为与法治社会合拍的法律养老，[①] 转变为以保护好老年人人身权与财产权为核心的专业养老。比如，助孝信托法律服务，律师可以为老年人提供保护人身权、财产权维度的法律养老服务，例如，担任意定监护人或意定监护监督人、担任生活照料服务的监督人、担任机构养老的监护人或监督人、担任遗嘱信托受托人或者担任遗嘱信托监察人、担任信托监察人、提供生前预嘱法律服务、担任遗嘱执行人、担任遗产管理人、提供精神慰藉和法律咨询服务、担任持续性代理人、担任财产管理人、担任生前契约执行人或担任生前契约执行监督人等专业服务，使老年人得到“孝子”般的法律服务，生活照料和医疗救治等都在法律监督下进行，能有效避免财产被骗，维护好老年人在新时代的各项权益。

（七）生前契约中的财产权益保护

生前契约，是指老年人与殡葬礼仪企业签订的殡葬、祭祀礼仪合同。生前契约的社会意义在于弘扬孝道亲情、唤醒家族共同记忆，促进家族成员乃至民族的凝聚力和认同感。

当今社会提倡厚养薄葬，是倡导在老人健在时要尽量多地尽孝，给他们好的生活使他们安度晚年，让长辈在晚年玩好、吃好、穿好，有病得到很好的治疗，使其居安食美，心畅神爽，颐养天年，当他们去世后下葬的时候就简约一点。厚养薄葬，主要是对后人孝老文明的告诫，破除旧的丧葬习俗，推行节俭办丧事。

生前契约虽然会使遗产减少，但是老年人消费的是自己所有的财产，是对自己财产处分权利的行使，也是为自己子女减轻丧葬祭祀等负担的一项有意义的举措。

殡葬祭祀服务的订立，主要在于优秀精神传承和长存，要避免铺张浪费，避免相互攀比，不应当给后人设定任何经济负担。

生前契约是生前签订，发生在身后的信托服务，合同签订与合同履行的监督非常重要。最好由信誉良好的专业律师事务所提供生前契约法律服务，提供长期的扫墓和祭祀服务，促进精神传承，满足传者意愿。

---

① 法律养老：是指在法治社会中的社会养老，应当主要由法律服务主体承担社会养老职责，养老的法治秩序和专业质量才有保障。现代社会分工越来越细，越来越专业，养老责任主体不一定要直接从事生活照料服务，例如，农村五保户的扶养人是村集体组织，而多数村委会都是委托敬老院完成具体养老服务的，村委会向敬老院支付养老服务费并监督养老服务行为，将来再支付相应的丧葬费用。

（八）家族财富传承中的财产权益保护

2021年5月17日，招商银行联合贝恩公司发布的《2021中国私人财富报告》指出，2020年中国可投资资产在1000万元人民币以上的高净值人群达262万人，到2021年底，中国高净值人群可接近300万人，可投资资产总规模将突破90万亿元人民币。2021年高净值人群家庭需求前五名是：多元化的资产配置；境内外子女教育；稳健的大类资产配置；代际传承安排；全球化定制化的产品服务。①

在家族财富传承的过程中，人们往往遭遇同样的“家无三代富”之魔咒，因为家业财产权益保护更加复杂，产业资本、金融资本、人力资本、无形资本等如何保值增值，信托设计非常专业，也非常必要。

信托是指委托人基于对受托人的信任，把其财产权委托给受托人，由受托人按委托人的意愿以自己的名义，为受益人的利益或者其他特定目的对委托人的财产进行管理或者处分的行为。

家族财富传承中的财产保护，除了家族信托以外，还可以采取赠与协议、夫妻财产协议、离婚协议、资产代持、家族基金会等财富传承工具保护。

（九）设立居住权中的财产权益保护

居住权，是指住宅权利人为特定自然人的生活用房之需要而设定的，赋权其使用建筑的全部或一部分，是一种不可转让、不能继承的独立用益物权。民法典专设第十四章专门规定居住权的相关事宜，可见立法机关对人权中的居住权的高度重视。

居住权可以通过订立居住权合同或者立遗嘱的方式确立。订立居住权合同，既可以设立无偿居住权，也可以约定有条件的居住权；既可以约定居住权的住宅不得出租，也可以约定一定情形下可以出租获利。传者多是老年人，如果想提前出售自有房产弥补养老金不足，可以通过设立居住权保障老有所居。老年人也可以通过在子女婚房内设置居住权、签订“养老腾宅”协议等方式，实现老有所居。

遗嘱取得居住权，有遗嘱继承和遗赠两种方式。在被继承人死亡后，目前仍需要基于其遗嘱请求全体继承人或者遗嘱执行人为居住权进行登记，如果有继承人不愿意、不配合产权转移与登记，需要起诉至人民法院解决。

---

① 《2021中国高净值人群的资产是如何分配的》，腾讯新闻，https：//new. qq. com/omn/20210527/20210527A06XZD00. html，2021年7月1日访问。

依据法律的规定直接产生的居住权，是法定居住权。父母作为监护人对未成年子女所有的房屋一般享有居住权，未成年子女对其父母的房屋一般享有居住权；赡养人对与父母共有的房屋一般享有居住权；无自有房屋的老年人对为子女购买的房屋享有居住权；等等。

（十）慈善信托中的财产权益保护

慈善信托，也叫公益信托，是指出于公共利益的目的，为使社会公众或者一定范围内的社会公众受益，依法将其财产委托给受托人，由受托人按照委托人意愿以受托人名义进行管理和处分，开展慈善活动的行为。慈善信托是社会资源参与公益事业的重要途径之一，涉及救济贫困、救助灾民、扶老助残、促进生育、发展教育、科技、文化、艺术、体育、医疗卫生、环境保护、国家安全等社会公益事业。

慈善信托是家族信托体系中的重要组成部分。“中国人自古乐善好施、行侠仗义，‘天下为公’的大爱传统早已融入中华民族的血脉骨髓，早在春秋战国时期，富甲天下的各君子以及吕不韦等人就能舍尽家财招徕数千门客，谋划国家安全、关怀黎民安康，慈善信托的发展必将成为中华民族伟大复兴的重要方面。”① 实践中，越来越多事业有成的老年人，通常以公益慈善作为家族传承的最高境界，即在家族财富管理中既考虑私人利益，又兼顾公众利益，为后人留下永不磨灭的精神财富。

通过慈善信托，可以在身后传扬光大某种精神，促进社会的文明进步，可以委托专业律师策划、代理设立慈善信托。也可以委托律师事务所担任慈善信托监察人，按约定对受托人的行为进行监督，依法维护善举传者和受益人承者的权益；发现受托人违反信托义务或者难以履行职责的，应当向善举传者报告，并有权以自己的名义向人民法院提起诉讼。

（十一）遗嘱继承中的财产权益保护

遗嘱，是遗嘱人生前在法律允许的范围内，按照法律规定的方式处分其个人财产或者处理其他事务，并在其死亡时发生效力的单方法律行为。遗嘱有自书、代书、打印、录音录像、口头形式。

“遗嘱不仅是解决老年人遗产继承问题，使老年人拥有财产处分的自主权利，还能引导老年人的子女积极履行赡养义务，是避免因继承产生纠纷和家庭不睦的最佳方案。老年人的财产都是用毕生勤俭节约积攒而来，想立遗嘱的意愿比较普通，而法律对立遗嘱的形式规定又非常严格，往往

---

① 陈子钧、阎云天、陈洪忠：《民法典时代遗嘱见证实务》，中国法制出版社 2021 年版，第 215 页。

因为所立遗嘱无效而留下无法弥补的遗憾。”① 实践中，在没有专业律师帮助立遗嘱的情况下往往存在很多问题，例如，遗嘱没有签名，仅写“父”“老爸”等类似字样，不写日期，或签日期仅写年、月未写日，等等，都可能导致遗嘱无效、主张无法实现或遗嘱载体意外消失，如果有遗嘱却得不到执行，更是违背老年人的根本遗愿。即便遗嘱书写得很规范，法院有时也会认定遗嘱人笔迹存疑、受胁迫、无民事行为能力等而判决遗嘱无效。还有就是遗嘱见证人选择不当，因见证人先死亡、找不到、没有见证能力、不适格等而判决见证遗嘱无效，见证人因不能证明见证经过造成见证遗嘱无效。所以，立遗嘱最好获得专业遗嘱见证服务。

立遗嘱时应当具有清醒的意识，精神状态良好，保证遗嘱内容是其真实意思表示，否则遗嘱可能会被认定无效。有慢性疾病的老年人更应提前安排好身后事，许多药物会导致人的精神受到影响，早立遗嘱可以避免立遗嘱能力的意外丧失。

老年人在立遗嘱之后，有的受益人觉得目的已经达到，于是出现虐待、遗弃老人的现象。遇到此类情况，可以根据民法典规定，通过赋予的反悔权变更遗嘱的部分内容，也可以通过任何合法形式撤回或者重新立遗嘱，即便以前立的是公证遗嘱也可以变更。

遗嘱继承中的遗赠，是指公民以遗嘱方式将个人财产赠给国家、集体或者法定继承人以外的人，于其死亡时发生法律效力的民事行为。

遗嘱继承人在继承开始后遗产分割前未明确表示放弃的，即视为继承；而受遗赠人在知道或应当知道受遗赠后两个月内未作出接受遗赠表示的，视为放弃，即丧失受遗赠权。常有老年人把二者概念混淆，导致遗嘱人不能准确界定受益人的身份，或导致受遗赠人不能及时主张权利，从而不能合理维护各方合法利益，产生不必要的麻烦和损失。比如，立遗嘱把财产遗留给孙子女、外孙子女，或者自己的侄子女、外甥或外甥女，甚至还有老年人把财产遗留给关照自己较多的搭伴养老同居者、保姆、朋友、邻居等，这些都属于遗赠。务必记住：受遗赠人须在两个月内作出接受遗赠的表示，否则视为放弃遗赠！

（十二）遗产的财产权益保护

民法典用许多条款新确立了遗产管理制度，明确了遗产管理人的产生路径、争议解决程序、职责内涵、过错责任的承担，以及报酬请求权，实

---

① 陈洪忠、陈子钧、邢在峰：《民法典时代如何立遗嘱》，中国法制出版社2021年版，序言。

现了遗产管理的制度化、规范化，保障了遗产安全。

民法典规定，继承开始后，遗嘱执行人为遗产管理人；没有遗嘱执行人的，继承人应当及时推选遗产管理人；继承人未推选的，由继承人共同担任遗产管理人；没有继承人或者继承人均放弃继承的，由被继承人生前住所地的民政部门或者村民委员会担任遗产管理人。也就是说，遗嘱执行人、继承人推选的人、全体继承人、被继承人生前住所地的民政部门或者村民委员会，可以依次担任遗产管理人。可见，遗嘱执行人最优先成为遗产管理人，专业的遗产管理人主要是由遗嘱人指定，其他遗产管理服务者，可以通过委托或指定等方式参与。

遗产管理人应当履行下列职责：（1）清理遗产并制作遗产清单；（2）向继承人报告遗产情况；（3）采取必要措施防止遗产毁损；（4）处理被继承人的债权债务；（5）按照遗嘱或者依照法律规定分割遗产；（6）实施与管理遗产有关的其他必要行为。遗产管理人应当依法履行职责，因故意或者重大过失造成继承人、受遗赠人、债权人损害的，应当承担民事责任。

委托专业的遗产管理人一般应当明确支付报酬，遗产管理人也可以依照法律规定请求获得报酬。

第二节　传承法务中的传承财富保障

随着社会经济的发展，家庭及个人财富的增加，人们的传承意识在提升，传承财富的方式在优化，传承财富保障越来越成为每个家庭的需要。无传承不财富，人们传承观念的进步带来了传承财富保障工具的革新。传承财富保障是复杂且与每个人息息相关的社会现实，并非高净值人群专属，需要传承法务专业律师依据传者对财富进行管理与分配的特定服务需求，综合运用各类传承财富保障工具，将传者的物质财富及精神财富代代相传、发扬光大。

本节结合传承财富保障的理论知识与现实需求，重点介绍常用的保障财富传承工具，包括赠与协议、夫妻财产协议、离婚协议、资产代持等；保险、家族信托、家族基金会、慈善信托等传承工具，将在本书其他章节中另行介绍。

一、赠与协议

赠与是将自己的财产无偿给予受赠人、受赠人表示接受的一种行为，这种行为的实质是财产所有权的转移，无疑是一种非常重要的法律行为。

（一）概念

民法典第三编“合同编”对赠与协议给出了明确的定义，即赠与合同是赠与人将自己的财产无偿给予受赠人，受赠人表示接受赠与的合同。根据民法典的定义，赠与协议是以赠与行为作为主要内容的协议，是双方的、无偿的法律行为。如果仅有赠与人的意思表示，而没有受赠人接受赠与的意思表示，赠与合同就无法成立。

赠与协议主要运用的场景常见于婚姻中的赠与以及亲属之间的赠与，当然也存在陌生人之间的赠与。

作为赠与协议的双方当事人，赠与人与受赠人在签订赠与协议时，应注意各自依法可以享有的权利和应当承担的义务。

（二）当事人的权利和义务

民法典对赠与协议中的赠与人和受赠人的权利义务作出了明确规定，主要内容如下：

1. 赠与人的权利和义务

(1) 赠与人的任意撤销权及其限制

民法典第658条规定：“赠与人在赠与财产的权利转移之前可以撤销赠与。经过公证的赠与合同或者依法不得撤销的具有救灾、扶贫、助残等公益、道德义务性质的赠与合同，不适用前款规定。”

上述条款表明，民法典一方面赋予了赠与人任意撤销权；另一方面对任意的程度给予相应的限制，即赠与人行使撤销权须在一定的条件下进行，而非无条件的任意。限制的情形主要体现在以下三个方面。

第一，赠与行为的时间限制。

赠与人撤销赠与必须在赠与财产的权利转移之前，若赠与财产的权利已经转移，赠与人不得撤销赠与。

依据法律规定，不同类型的财产权利的转移生效要件不同，通常不动产权利的转移以登记为生效要件，而动产的转移以交付为准，因此在赠与财产交付或办理权利转移登记之前，赠与人可以撤销赠与。即对于动产赠与，在赠与物交付前，赠与人可以撤销赠与；对于不动产赠与，在办理权利转移登记之前，赠与人可以撤销赠与。

第二，赠与协议的形式限制。

法律规定赠与的撤销仅限于没有经过公证的赠与合同。既然赠与人对赠与合同进行了公证，说明赠与人在作出赠与的意思表示时经过了慎重考虑；同时，国家公证机关对赠与合同进行公证的行为也体现了法律的严肃性。因此，对于经过公证的赠与合同，在撤销权的行使上应该加以限制，才能够确保公证的严肃性，也体现了民法典确定的诚实信用原则。

第三，赠与行为的性质限制。

对于救灾、扶贫等具有社会公益、道德义务性质的赠与，赠与人不得撤销赠与。

具有道德义务性质的赠与，是指基于道义上的情感而作出的赠与。因此，凡是具有救灾、扶贫等具有社会公益、道德义务性质的赠与，不论当事人何时以何种形式订立赠与合同，赠与人均不得撤销该赠与。

（2）赠与人的法定撤销权及其行使

依据民法典，赠与财产的权利转移之后，赠与人即丧失了任意撤销赠与合同的权利，但是，当具备一定条件时，赠与人仍可享有撤销赠与合同的法定权利。即赠与人在一定条件下，具有法定撤销权。具体法定条件如下。

第一，受赠人严重侵害赠与人或者赠与人的近亲属。

该条件表明，受赠人对赠与人实施的是严重侵害行为，而非轻微的、一般的侵害行为；此外，受赠人侵害的是赠与人本人或其近亲属。近亲属包括配偶、直系亲属（父母、子女、祖父母、外祖父母、孙子女、外孙子女等）和兄弟姐妹。如果侵害的是其他亲友则不成就此条件。

第二，受赠人对赠与人有扶养义务而不履行。

该条件表明，受赠人对赠与人有扶养义务；此外，受赠人具备扶养赠与人的能力，而不履行扶养义务。如果受赠人没有扶养能力或者丧失了扶养能力的，则不产生赠与人撤销赠与的权利，即此条件不成就。

第三，受赠人不履行赠与合同约定的义务。

该条件表明，赠与合同约定受赠人须履行一定的义务且赠与人已将赠与的财产交付受赠人；但是，受赠人不履行赠与合同约定的义务。即在附义务的赠与中，在赠与人向受赠人交付了赠与的财产后，受赠人如不依约履行其义务，赠与人可以撤销赠与。

法律规定，赠与人法定撤销权的行使，自知道或者应当知道撤销事由之日起一年内行使。该期间为除斥期间，超过这一期间，赠与人则不得再行使撤销权。

（3）赠与人要求返还赠与财产的请求权

赠与人具有返还赠与财产的请求权，即对于可撤销的赠与，作为赠与协议的一方当事人，赠与人可以向受赠人请求返还赠与的财产。

（4）赠与合同的法定解除权

赠与人的经济状况显著恶化，严重影响其生产经营或者家庭生活的，可以解除赠与合同，不再履行赠与义务。该合同解除不发生溯及既往的效力，赠与人就原已履行的赠与，无权要求受赠人返还。

（5）赠与人继承人或者法定代理人的撤销权

赠与人的继承人或者法定代理人在一定情形下也具有赠与撤销权。依据民法典，因受赠人的违法行为致使赠与人死亡或者丧失民事行为能力的，赠与人的继承人或者法定代理人可以撤销赠与。赠与人的继承人或者法定代理人的撤销权，自知道或者应当知道撤销事由之日起六个月内行使。

（6）赠与人的义务

第一，移转赠与标的物的义务。

赠与合同以使赠与财产的权利归于受赠人为直接目的，赠与人的主要义务是依照合同约定的期限、地点、方式、标准将标的物转移给受赠人。赠与的财产需要办理登记等手续的，应当办理有关手续。

第二，赔偿义务。

应当交付的赠与财产因赠与人故意或者重大过失致使毁损、灭失的，赠与人应当承担赔偿责任。

赠与人故意不告知赠与财产的瑕疵或保证赠与的财产无瑕疵，造成受赠人损失的，应当承担损害赔偿责任。

第三，瑕疵担保义务。

赠与的财产有瑕疵的，赠与人一般不承担责任。但有如下两种例外。首先是在附义务赠与中，赠与的财产有瑕疵的，赠与人在附义务的限度内承担与出卖人相同的违约责任。其次是赠与人故意不告知瑕疵或者保证无瑕疵，造成受赠人损失的，应当承担赔偿责任。

第四，赠与义务的例外。

如果赠与人的经济状况显著恶化，严重影响其生产经营或者家庭生活的，可以不再履行赠与义务。

2. 受赠人的权利和义务

（1）受赠人请求交付赠与财产的权利

法律规定，经过公证的赠与合同或者依法不得撤销的具有救灾、扶贫、助残等公益、道德义务性质的赠与合同，赠与人不交付赠与财产的，受赠人可以请求交付。

对于具有救灾、扶贫等社会公益、道德义务性质的赠与合同，以及经过公证的赠与合同，赠与人不交付赠与物的，受赠人可以请求交付。

（2）受赠人的义务

受赠人有无偿取得赠与物的权利，但赠与协议约定负担义务的，受赠人须按约定履行义务。

在赠与属于附义务赠与时，受赠人应在赠与物的价值限度内履行所附义务，受赠人不履行其义务时，赠与人有权请求受赠人履行其义务或撤销其赠与。

（三）对财富传承的影响

赠与协议作为传承工具之一，对家族或家庭财富传承一方面起着保障代际传承的作用，同时对财富传承也会产生一定的积极影响。

1. 传承中的节税作用

在世界各法系中，赠与大多是节税最优的一种所有权传承方式。

（1）通过享受赠与免税额度保障财富传承

比如，按照美国联邦法律，美国居民每人每年享有一定的赠与免税额度，若是利用分年赠与的方式将每年的赠与总额控制在赠与免税额度之内，可以享受免缴赠与税的优惠。此外，其他征收赠与税的国家以及我国台湾地区的法律也有类似的规定。若能够善用赠与免税额，提前做好财富管理规划，对于家族或家庭财富传承可以节省一大笔税款，对财富传承保障起着积极的作用。

（2）赠与使家庭所得分散产生节税保障财富传承

通常税负较高的国家或地区，例如，美国以及我国台湾地区，如果个人的收入较高，加上个人的银行存款、公债利息收入等已超过所得税的优惠额度，且所得达到了所得税的最高税率，则可运用赠与方式将部分资产赠与成年子女，利用子女申报来分散所得，对于家庭财富既可达到节税的效果，也可保障财富的传承。

2. 避免家族纷争保障财富传承

享有财产所有权的传者可在生前意识清醒时，依自己的意愿对财产进行分配，把不同性质的家庭财富传给想传的承者，由于身前的财富规划，避免了身后发生继承时，因遗产分配不均引起家族纷争，或导致家族财富传承受到不利影响。

二、 夫妻财产协议

法律规定，夫妻各方均享有婚姻自由，其中对于财产的处分、分割主要分为两类，除了上述介绍的夫妻赠与，另一类为夫妻财产分割，即夫妻关系存续期间，当事人可以对夫妻共同财产的归属进行约定，财产赠与和财产分割两者的法律后果不同。夫妻财产分割通常采取签订夫妻财产协议的方式解决。

（一）概念

1. 夫妻财产协议

即夫妻婚内财产约定，是指夫妻双方就婚姻存续期间所得的财产所属进行约定签订的协议，是夫妻财产制度的一种形式。

民法典婚姻家庭编明文规定，男女双方可以约定婚前和婚后的财产归各自所有、共同所有，或者部分各自所有、部分共同所有，采用书面形式约定后具有法律效力。婚内财产约定是指对就婚姻存续期间所得的财产所属进行约定，但必须满足以下几个条件。

（1）夫妻要采用约定形式处理夫妻财产关系，必须平等、自愿，不允许任何一方强迫或威胁对方。

（2）男女可以在婚前或婚后任何时期作出财产约定。

（3）只要约定的财产是夫妻合法所得，夫妻可以自由地确定内容，可以就部分财产作约定处理，也可就全部婚后财产作约定处理。

（4）夫妻不得利用约定规避法律或者损害第三人利益。

（5）夫妻对财产的约定，一般以书面形式进行；口头约定，须双方一致认可或者有可靠证据证明，方予以认可。

2. 夫妻财产约定制度

民法典着眼中国具体实际，本着约定先于法定、夫妻财产权利和财产义务平等、保护弱者利益、保障夫妻合法的财产权益和维护第三人利益相结合的原则，规定了法定财产制和约定财产制两种夫妻财产制度。

夫妻约定财产制，是指法律允许夫妻以契约的方式对他们在婚前和婚后财产的归属、占有、管理、使用、收益和处分以及对第三人债务的清偿、婚姻解除时财产的分割等事项作出的约定，从而排除或部分排除夫妻法定财产制适用的制度。

夫妻约定财产制度体现了平等、自愿的契约自由原则，随着经济的发展，实行夫妻之间财产约定渐成趋势，立法上确立夫妻约定财产制度是在私法领域给予了当事人充分的自由，允许其在法律规定的范围内自主处分其财产权利。

（二）夫妻财产约定与夫妻财产赠与的比较

1. 成立的条件不同

夫妻财产约定是以夫妻身份关系存续为前提的财产协议，没有婚姻关系就不存在夫妻财产约定的情形；夫妻财产赠与不以夫妻身份关系为前提，夫妻身份关系的存续或解除并不影响赠与行为的成立与否，其行为性质与普通赠与无本质区别。

2. 行为性质不同

夫妻财产约定必须经双方同意，签订协议时不得存在欺诈、胁迫、乘人之危等导致合同无效或可撤销的法定情形，否则夫妻对婚内财产的约定就是无效的，对双方不产生约束力；夫妻财产赠与是一种单方行为，无须征得双方同意，只要一方作出赠与的表示，而另一方表示接受即可。

3. 处分的财产对象不同

夫妻财产约定处分的财产系夫妻关系存续期间共同所有的财产；夫妻财产赠与处分的是原本属于夫妻一方的财产。

4. 财产交付方式不同

夫妻财产约定无须交付财产，自签订之日起财产权利的转移就依约定发生；夫妻财产赠与则必须以交付为条件，但是，如果应当进行物权变更登记而未经物权变更手续的，对外不得对抗善意第三人。

5. 行使撤销权的条件不同

夫妻财产约定除非存在胁迫等可撤销情形外，无权撤销该约定。但对于夫妻赠与，除不得撤销情形外，在赠与财产的权利转移之前有权撤销赠与。

（三）对财富传承的影响

1. 有助于资产代持家族的财富传承

有些高净值人士特别是家族企业，为了解决财产代际传承问题，会将不动产、公司股权等提前放在第二代名下，但是，无论是从资产的取得还是实际运营的角度，事实上，这些财富并不完全属于名义上的持有人。近十年来我国离婚率攀升，对于家族企业继承人的婚姻风险，尤其在结婚前就代持家族大量资产的人来说，家族不得不采取一定的防范措施避免家族财产外流。这样的人群，在婚前签订财产约定协议，对于保障家族财富的传承不失为一个有效的解决方法。

所以，对于资产较大的家族，子女结婚前签订一份财产约定，从家族财富传承和管理的角度，是一项很好的选择。

2. 有利于创业者隔离债务风险，保障家族财富传承

有些已婚的创业者，在创业和公司成长初期，可能要以个人名义大量举债，而公司及投资等还未产生实际利益。事业的最终成功需要一个过程，如果创业成功且创业者一直身体健康，家庭财产不会受到创业带来的不良影响；如果一旦创业失败或者创业者突然故去，所留下的巨额债务会给配偶带来巨大的压力和生活变故。

例如，前几年发生的春雨医生创始人意外去世留有巨额债务，以及小

马奔腾创始人突然去世遗留巨额债务案例，一旦巨额债务被认定为夫妻共同债务，配偶将承担无限连带的还款责任，家庭将遭遇经济等各方面的极大变故。事实上，这样的不良影响，通过夫妻财产约定的安排就可以解决。

因此，夫妻财产协议是已婚高净值人士创业初期应该考虑签署的文书，也是传承法务专业律师可以提供法律服务的业务领域。

3. 消除婚姻危机，保障家族财富传承

现实生活中，涉及巨额财产的离婚案件，财产中不仅包括银行存款、有价债券、不动产和古玩字画等，往往还包括公司股权或上市公司的股份。如果没有夫妻财产约定，离婚时平分家庭财产，经营者一方很难向对方支付相应的股权对价，此时会出现两种危机：一是如果经营者一方支付股权或股份对价，将导致其无法继续经营，严重影响企业的运营发展；二是经营者一方选择拒不支付对价，除了自毁信誉，还将导致前配偶既不能享有现金补偿，也无法顺利成为公司股东，享受不到股权带来的预期利益。

无疑，离婚是家庭财富管理与传承中最大的风险之一。在家族财富管理与传承中，传者离婚不仅带给本人甚至给承者带来较大的财产损失。对于家庭财富较大、婚龄较长、婚姻基础较好的婚姻，如果在婚姻风险来临前，已经将双方全部或部分共同财产进行了约定并签署夫妻财产协议，同时履行了物权变动的手续等。一方面，即使无法挽回婚姻，也能避免家族企业资产缩水，承者依然会享受父母传承的资产；另一方面，因离婚将造成财产分割，付出巨大成本，财产约定强势的一方会更加谨慎处理婚姻关系，离婚时多一分犹豫，弱势方则可争取时间挽回婚姻。在某些情况下，夫妻财产约定可以说是婚姻危机的缓冲剂，也为保持家庭和睦、促进家族财富传承起到积极的作用。

4. 财富传承的常用方法之一

众所周知，我国现行夫妻法定财产制度是婚后所得共同制，即婚后所得一般是共同共有，所谓共同共有就是夫妻不分份额地共有某项财产，或者说对这项财产的所有权份额都是百分之百。但是在现实生活中，出于各种需要，夫妻之间有可能需要改变财产共同共有的现状，如前所述创业者为避免企业债务风险累及家庭，或者防止婚姻危机带来的财富传承风险。除此之外，夫妻财产约定还是家庭财富传承常用的方法之一，比如，一方在病重需要安排遗产继承事宜的情况下，对于打算给配偶的财产，可以直接通过夫妻财产约定的方式进行处置，而不一定需要通过立遗嘱。

遗嘱只能处分属于自己的份额，否则可能导致处分无效或部分无效。

而立遗嘱的目的就是明确财产归属，尽量减少纠纷和不确定性，所以夫妻二人为了立遗嘱的方便，也可以考虑在立遗嘱前先签署夫妻财产协议对夫妻财产进行约定，如对于不动产的传承安排，可以先将不动产整体进行分割，如有两处房屋的，一处房屋作为一方的个人财产，另一处房屋作为另一方的个人财产，然后二人再分别对自己拥有绝对处分权的不动产立遗嘱处分，这样会避免财产归属不明确导致遗嘱无效的风险，更方便地完成整个物权的传承，减少在遗产实际分割中发生纠纷的可能。

三、离婚协议

（一）概念

离婚协议是指夫妻双方就自愿离婚的意思表示和对子女抚养、财产以及债务处理等事项协商一致的意见签订的书面协议。

法律规定，夫妻双方自愿离婚的，应当签订书面离婚协议，并亲自到婚姻登记机关申请离婚登记。

离婚协议应当载明双方自愿离婚的意思表示和对子女抚养、财产以及债务处理等事项协商一致的意见。

（二）离婚协议的关键条款

依据我国民法典的规定，离婚协议应包括如下内容：

1. 男女双方的姓名、工作单位、家庭住址；
2. 离婚原因；
3. 财产处理（婚前婚后）；
4. 子女抚养和教育；
5. 住房的归属；
6. 其他约定（债权债务等）。

离婚协议附件还应附上：户口证明、居民身份证复印件；民政机关发给的结婚证。

（三）对财富传承的影响

1. 创一代离婚对财富传承的影响

婚姻对于任何群体，不论是高净值人士还是普通居民，都是人一生的财富，因此经营好婚姻就是最好的财富管理。当婚姻关系破裂时，鉴于婚姻财产的法律属性，夫妻财产分割是绕不过去的坎儿。但是，如果能运用各种财富传承工具，对婚前婚后个人和夫妻共同财产提前做好规划，则有利于家族财产的传承，离婚协议正是这样一类财富传承工具。一份理性的离婚协议不仅可以和平友好地分割夫妻财产，而且也是对离婚后家庭或家族财富管理的规划，对财富传承起着关键的作用。因此，夫妻离婚，如果向着有利于家族财富传承的方向处理婚姻关系，需要在离婚协议条款中充分考虑传承的因素，尤其是家庭财富巨大且离婚时有儿女的夫妻，更需要考虑如何传承有利于儿女的成长以及今后的代际传承。

传媒大亨默多克的离婚处理则是一个很典型的案例。1999 年，默多克与第二任妻子安妮离婚时，他们在离婚协议中签署了如下条款。安妮离婚分得 10 亿美金，但要求默多克将其名下持有的新闻集团股权转移到家族信托名下。而这个家族信托，默多克是没有权利进行单方面修改的，需要家族委员会共同讨论决定。即如果默多克未来想处理自己的股权，比方说留给谁、送给谁、给多少的时候，需要家族委员会共同商讨确定之后，他才能把这个股权转给他想要给的人。离婚协议作这样的安排，正是考虑了财富传承的因素，不至于在默多克再次结婚离婚时让家族财富大幅缩水。

我们知道，默多克后来迎娶了邓文迪，再后来他俩也离婚了。但这次离婚，默多克不仅有上一段离婚协议作出约定对家族财富传承的保护，而且他在离婚前已经提前做好了规划，因此没有损失很多。从公开的信息看，邓文迪没有获得任何信托基金的继承权，以及新闻集团的股份，只有北京一个四合院、曼哈顿的一套房产，还有两个女儿的生活费，不到默多克财产总额的 1%，可见离婚协议对于财富传承的影响。

2. 二代离婚对财富传承的影响

近年来，中国富豪的离婚率也持续走高，不仅创一代富豪的婚姻变化会让财富大幅缩水，富豪子女的婚姻变化，也会让家庭财产遭受损失。

有个案例，徐先生是一家大型建筑材料企业的老板，父母早年去世，妻子也先他而去，一个人独自生活十几年，现在只有一个女儿，正准备离婚，如果徐先生意外去世，女儿将是他名下 100 多亿元资产的唯一法定继承人。这种情况下，这 100 多亿元资产是女儿的个人财产还是女儿和女婿的共同财产呢？徐先生的财富传承，要看其女儿女婿离婚协议的安排，而且还取决于徐先生有没有写遗嘱或赠与合同。如果都没有，根据民法典婚姻篇的规定，徐先生的财富就属于女儿和女婿的共同财产。

因此财富所有者在向已婚子女交付家业时，既要让子女认识到其肩负的家族财富传承使命与责任，本着既要对自己婚姻幸福负责，又要对家族财富负责的态度慎重选择自己的人生伴侣，还要慎重选择是否排除子女配偶的权利。

如果财富的所有人传者希望财富的承者限定为子女个人，则需要在安排继承、赠与时作出明示的安排，即使将来子女离婚时也不会产生太多争议，离婚协议对财产分割也更明确；未作明示的赠与或继承，会使相应财产依法成为受赠人或继承人的夫妻共同财产。例如，传者拟向婚后子女赠送房产等不动产，可以出资购买后仅登记在该子女名下，从而构成只对自己子女一方的赠与。如果传者拟向婚后子女赠送其他财产，则需要在赠与合同中明确说明是赠与受赠人承者个人的，并对赠与合同进行公证。

正因为如此，运用各种财富传承的工具，对于婚前婚后个人和共同财产做好规划是非常重要的，离婚协议只是解决财富传承的一个工具，实践中，针对不同情况，往往需要组合其他工具一起解决财富传承问题，如夫妻财产约定 + 遗嘱 + 赠与协议 + 离婚协议。

不过，大多数人士在离婚前没有做到未雨绸缪，更没有考虑到离婚对于财富传承的影响，因此很多人为离婚付出了巨大经济代价。

四、 资产代持

（一）概念

1. 资产代持，是指家族成员不直接持有家庭财富，而将公司的股权、不动产、金融资产等委托他人（比如，亲戚、朋友等）代持，并且财富的管理也以他人的名义代为安排。

出于对资产保护、法规限制、隐私维护等目的，资产代持因其隐秘性和灵活性，被高净值、企业家人群广泛使用。

2. 分类

根据代持资产的不同，资产代持可分为股权代持、不动产代持和金融资产代持。

（1）股权代持

股权代持又称委托持股、隐名投资或假名出资，是指实际出资人（隐名股东）出于保密（隐私保护）、关联交易、身份规避、股东人数限制等因素，让代持人（名义股东）代持企业股权的行为。

（2）不动产代持

此处的不动产代持主要指房产代持，是指房产的所有权人将自己的房产登记在他人名下，由他人代为持有，即权利证书上登记的所有权人并非真正的产权人，仅为名义上挂名的权利人。房产代持大多是为了隐匿财产，也有的是为了规避房屋限购政策所为。

（3）金融资产代持

在应用金融资产代持之前，首先需要了解什么是金融资产。金融资产是由企业或者个人持有的、以价值形态存在的各种资产，它和实物资产有所区别，不具有物质形态。本节所指的金融资产，主要包括银行存贷款、债券、股票、票据、信用卡、外汇等资产。金融资产又可以分为债权类金融资产、所有权类金融资产两类。债权类金融资产包括各种债券、票据、信用卡、银行存款等；所有权类金融资产主要指股票。

现实中，金融资产的所有权人出于各种目的，往往在形式上将其资产以他人的名义代为持有。比如，把钱存在家人或亲戚朋友的银行卡上，股票、债券放在别人的股票或债券账户上，这种资产安排的行为就是金融资产代持。

（二）股权代持及其风险

1. 股权代持的应用

相比不动产代持和金融资产代持，股权代持更加常见和普遍，本节仅就股权代持作更深入的探讨。

当今社会，公司股权已经越来越成为高净值人士最为核心的资产，出于保护资产、规避法律限制、保护隐私等需要，中国的高净值人士中股权代持的现象非常普遍。

从法律角度来看，代持确实可以让资产拥有者实现保护隐私或者隔离风险的目的。但同时因代持人的身份或行为变化，股权实际出资人将面临股权代持的诸多法律风险。例如，若代持人欠债，则股权有可能被用于偿还债务；代持人若意外过世，则股权将会变成代持人的遗产；若代持人离婚，则面临婚姻财产分割的问题；另外，还有代持人反悔等道德风险。

2. 股权代持的风险

实践中，如果实际出资人与显名股东之间存在股权代持协议，并且能够提供实际出资证明，这种情形下法院对股权代持行为是认可的。但是大量案例证明，举证非常艰难。常见风险如下：

（1）代持人否定其代持身份的风险

在民营企业中，借用家人身份进行股权代持的现象很普遍。鉴于家族内部的股权代持，相互比较信任，因此很多情况下，没有签署代持协议也未留下任何证据，其实，面对巨大的经济利益诱惑，这份亲人之间的信任也可能会崩塌。

（2）股权代持协议被认定无效的法律风险

很多人认为只要签署了股权代持协议，肯定就安全了，答案是不确定的。

依据民法典合同编的规定，如果股权代持的目的在于恶意串通、损害第三方利益，以合法形式掩盖非法目的，或者规避法律、法规的强制性规定，则股权代持协议会被认定为无效。

（3）股东身份不被认可的风险

根据《最高人民法院关于适用〈中华人民共和国公司法〉若干问题的规定（三）》（以下简称《公司法解释（三）》），隐名股东如果要确认股东身份，将自己记载于公司股东名册、章程和工商登记的股东信息中，需要公司过半数股东同意。即实际出资人想解除代持关系变成显名股东，得不到公司过半数股东同意，则股东身份将不被认可。

（4）代持人债务危机导致股权被司法保全或执行

如果代持人自身原因产生负债，即使双方签署了股权代持协议且隐名股东没有债务危机，债权人到法院起诉的是显名股东即股权代持人，可以要求冻结代持股权。

因为，股权代持协议只能约束双方，对外没有约束力，一旦显名股东被追债，债权人完全有权利申请法院查封其股权，代持的股权可能遭遇被执行的风险。

（5）代持人离婚，代持股权面临被分割的风险

如果代持人离婚，配偶主张对代持股份进行分割，隐名股东的抗辩是否能获得司法支持具有不确定性，需要拿出充分的证据证明股权的实际归属。

（6）代持人意外过世，代持股权面临被继承的风险

代持人若意外过世，则股权将会变成代持人的遗产，代持人的继承人将会主张继承代持的股权，隐名股东能否拿出足够的证据获得司法支持也具有不确定性。

（7）隐名股东意外过世，代持股权不被确认为遗产的风险

若隐名股东意外过世，则代持股权实际是隐名股东的遗产，继承人要继承被代持股权，须先确认被继承人与名义股东的代持关系，该代持关系能否被认可具有不确定性，继承人有可能失去该股权的继承权。

（三）对财富传承的影响

通过上述分析，不可否认，股权代持在财富管理中有其存在的价值，但是，其本身存在的不确定性，也可能导致财富的传承规划难以实现、家族财富大幅缩水。

基于股权代持存在的风险，对财富传承的影响，可通过下述方式保障财富传承的安全。

1. 确保股权代持协议的效力

实际出资人可以和代持人签订股权代持协议，根据《公司法解释（三）》第25条第1款规定，有限公司的实际出资人与名义出资人订立合

同，约定由实际出资人出资并享有投资权益，以名义出资人为名义股东，实际出资人与名义股东对该合同效力发生争议的，如不存在民法典合同编规定的合同被认定无效的情形，人民法院应当认定该合同有效。这样可以有效地保护实际出资人的合法权益。

2. 股权代持最好提前得到其他股东认可

代持协议如果有效，那么实际出资人出现婚姻、债务、意外等问题时，债权人可能主张以其股权或收益偿还债务，因此股权代持并不能起到债务隔离的作用。因此，签署了有效的股权代持协议之后，还应取得其他股东的认可。

根据我国《公司法解释（三）》第25条第3款规定，隐名股东主张变更股东、要求公司签发出资证明书、记载于股东名册、记载于公司章程及要求办理工商登记的，应当经过公司其他股东过半数的同意。

即在隐名股东无法提供公司其他过半数股东同意的相关证据下，即使该隐名股东是涉案股权的实际出资人，对于其要求公司办理股东工商变更登记的诉讼请求，法院难以支持。

如果提前获得其他股东的认可，就可有效防止实际出资人想要变更股东时，其他股东未过半数同意协助其变更身份的风险。

3. 以家族信托取代资产代持的方式实现财富传承

因为股权代持的风险很高，其他资产代持也一样，所以不是在万不得已的情况下最好选择其他方式取代资产代持，比方说采取家族信托的方式可以更好地实现财富传承。

家族信托作为代持的一种特殊表现，越来越被企业家认可。信托使得资产的所有权与收益权相分离，企业家将资产委托给信托公司打理，相应的收益依然根据他的意愿收取和分配。富人如果离婚分家产、意外死亡或被人追债，这笔钱都将独立存在不受上述变故影响。在信托框架下，委托人即资产的实际持有人，受托人即代持人。委托人可以自愿选择建立家族信托，将其名下的现金、股权或不动产转移到家族信托中，并与专业的信托机构签订信托合同。因为家族信托合同属于重大复杂的商事合同，为确保家族财产安全，应委托传承法务专业律师起草相应的信托协议，防范法律风险。

第三节　传承法务中的保险与家族信托

有关保险与家族信托在财富传承的运用上，需要特别说明的是，许多人会存在认识误区，认为这两个传承工具主要是为了避税。其实不然，通过科学的设计与安排，可以实现传者对个人合法财产的有效管理，并实现财产在不同承者之间的有效分配，进而实现财产的有序传承。

众所周知，保险与家族信托在财富传承的过程中，是不可或缺的两大工具，两者都具备资产隔离、避免争产、保值和增值等功能，作为传承法务专业律师，应该深入了解家族信托和保险的功能与作用，以备在为传承人设计财富方案时能有的放矢。本节将介绍保险与家族信托的财富传承功能与实务要点。

一、 保险的传承功能与实务要点

保险是许多高净值人士在财富传承时使用的标配工具。保险具有较强的投资属性，并且可以实现避税、避债的功能，保险赔付金可以顺利传承给下一代。此外，通过保险进行财富传承无须将被保人的信息公开，便于有效地保障客户隐私。

我国台湾地区经营之神王永庆去世后，缴纳了100多亿元的遗产税，创下史上最高遗产税纪录。而我国台湾地区首富蔡万林，身前财产约2564亿元新台币，按我国台湾地区现行遗产税率50%，蔡家后人应缴纳遗产税约500亿元新台币，但实际上只缴了1亿多元新台币。因为蔡万林预先为自己购买了巨额的人寿保险，达到了规避遗产税、合理安排和转移财产的目的。

不过，传者身故后，承者一般会一次性收到保险赔付金，而该笔资金如何进行进一步的管理并不在本节内容的传承安排范围内。尤其当承者年龄尚小，缺乏管理承继资金的知识与能力时，家庭资产还可能面临被挥霍、缩水的困境。

（一）保险的功能

保险是人类经济和法律文明发展的一项重大发明。最早的保险是以互助基金形式出现的，以损失分摊作为主要功能，之后衍生出“大数法则”的现代保险。随着时代的发展，保险除了损失分摊功能之外，逐步衍生出了投资理财和财富保障传承两大功能。

1. 保险的财富传承功能

从法理上讲，因为保费是“大数法则”的基石和后盾，是给每个人的保障，因此每个人缴的保费的安全性是全社会的最大利益。因此，法律需要给这份保费最大限度的保护和维护，以维持社会的稳定和安全。可以说，法律为了维护这份保费的安全，秀出了自己的底线，甚至把一些“欠债还钱”“夫妻共享”“惩治犯罪”“缴粮纳税”这样的规则都逾越过去了，当然前提是在科学设计并在合法规避的基础上才能实现。

保险公司收取的保费，成了保险公司的收入，传者仅享有保险合同的权益，承者享有获得保险金的权益，这样就把一份实有的资产，分裂成了两项合同权益，使其具有对抗继承、债务、婚姻等风险的能力。衍生出保险的财富保障传承功能。正因为保费受到法律的特别关照，所以保险就产生了财富保障和传承的效果：一旦将财产置入保单之中，这份财产就受到法律的保护，可以排除许多导致财产受损的风险。

此外，按照个人所得税法第 4 条第 5 项规定，保险赔款免纳个人所得税。因此，作为财富传承领域的专业律师，务必懂得如何运用保险这一金融工具，更好地协助客户做好资产保全和传承。

2. 保险具有保障性功能

保险的保障性功能以“大数法则”为基本原理。根据传者的年龄、健康状况、工作性质等厘定保费的水平，一般来说，年龄大、健康非标、工作危险程度高就会导致保费增加，原因就在于保险其实是收集所有人的保费，然后以此作为对人群中发生保险事故的人进行理赔的应急金。

从法理上讲，人们所缴的保费应当刚刚好能够涵盖发生事故的个别人的理赔金额，扣除保险公司的成本之后，略有盈余。这时候概率的计算就非常关键，计算得过高，则违背保险的初衷；计算得过低，则保险公司可能发生亏损甚至破产，严重影响保障利益，因此对概率计算得越准确，保费就越客观。因此保险精算尤为重要。

3. 保险金可由承者无缝专享

传者想要把一部分财产移转给自己的子女继承时，往往会遇到一个两难选择：如果在生前移转，意味着自己丧失了财产的控制权，全由子女控制，考虑到自己晚年养老等方面的需求，以后用钱的场合还很多，不符合自己的想法；如果在身后以遗嘱的方式出现，又无法阻止其他继承人争产，导致子女长时间得不到财产，或者得到财产的过程中花费很多成本。

这时候可以将这部分财产买成保险，将生存受益金指定为自己享有，将身故受益金指定为子女享有，这样一来得到了两个效果：生前能控制，身后能顺利传承。

根据保险法的规定，保险指定受益人，那么保险金就不作为被保险人的遗产，由受益人直接受益，排除了继承法规则的适用，隔离了其他继承人的权利。不但从实体权利上排除了，而且从程序上也排除了，具体如下：其一，其他继承人如对保险受益金有质疑，不能依据继承法起诉分割遗产，因为保险金不作为遗产；其二，也不能起诉保险公司，因为其他继承人并非保险金的受益人，即使认为保险公司有违法或违约行为，这种诉讼的胜率也几乎为零。子女作为受益人，独立领取保险金，不需要任何人的配合，也不需要得到任何人的同意，经过很短的、很简单的理赔手续即可获得保险金。

4. 保险具有财务杠杆的功能

保险是所有财富保护传承工具中唯一具有财务杠杆功能的工具。

所谓财务杠杆功能，简单地说，就是以小博大，用较少的金钱投入，确定性地、没有悬念地、没有风险地获得较大资金的回报。这种特性，在终身寿险中尤其突出，因为死亡是唯一可以确定的、百分之百没有悬念会发生的事情，用死亡作为保险事故，从而为后代保有并传承一笔确定的金额，这就是人寿保单的财务杠杆功能。

用好财务杠杆功能，可以实现两个效果：第一是传递给后代一笔确定的“飞来资产”，让后代的财务状况一举得到改善；第二是在这笔确定发生的杠杆资金，将解决后代在代际传承过程中的阵痛。代际传承的阵痛风险又有两种：一是因为烦琐的继承手续导致后代不能立即取得遗产；第二种则是与未来可能开征的遗产税有关。

遗产税的缴纳规则有两点：第一是现金缴税；第二是额外缴税。就是说，继承人如果继承到一大笔遗产，继承人应当先自己掏钱缴纳遗产税，不能让政府从遗产中扣除遗产税，再将剩余的金额移转给继承人，也不能让政府拍卖股权、房产等资产，从拍卖款中缴纳遗产税。因此，如果继承人不能尽快筹集到现金缴上去，遗产就被政府管理着，政府在处理和管理遗产的时候会产生很多的费用和滞纳金，这些费用最终都由当事人承担。但是，继承人如果要缴纳的遗产税金额很高，继承人在筹集税款的过程中就会产生很多财务费用，甚至可能因为长期无法筹集到足够的税款而导致无限期地承担政府课以的管理费和滞纳金。

避免这种局面的唯一方法，就是通过保险的财务杠杆功能，为继承人准备一笔在将来可以第一时间、无费用、无悬念的本身不必缴纳遗产税、还可以用来缴纳遗产税、以尽快获得遗产的保险。

（二）保险合同的实务要点

1. 保险合同订立

为客户完成保险合同的订立，是一名专业的财富传承律师重要的工作之一。客户在与保险公司签订保险合同时，必须对合同条款进行认真仔细的审查，确实了解客户可以享受什么样的保险权利，在什么样的情况下客户就会造成单方违约。

同时，由于保险合同通常都是由保险公司提供的格式合同，而且随着保险种类的增多和日益多样化，保险公司出具的保险合同更为复杂，更具有专业性。因此，作为律师在为客户办理签订商业保险合同的有关法律事务中，要认真审查合同的主要条款，明确诸如保险标的、保险责任及其免除、保险期间，保险价值和金额、保险费和保险金赔偿及其支付办法等合同的主要条款，而且要根据不同种类的保险合同进行有着重点的审查。同时还要明确保险人以及投保人、被保险人、受益人及其相互关系。只有这样，才能尽可能地保护投保人的合法权益。

2. 保险合同变更和履行

保险合同的变更，表现在保险合同的一方主体如投保人、被保险人或受益人的变更，或保险合同的内容如保险期限、保险费或保险赔偿金等的变化上。主要的是这种变更必须是保险当事人的双方自愿而且要经过合同确认等。

保险合同的履行，是保险法律事务中重要的内容之一，主要表现在要明确保险合同当事人的双方具有什么样的权利和义务以及双方履行合同义务的具体情况方面。投保人或被保险人如何索赔、在合同约定的什么条件下可以索赔、保险人在什么条件下应按约理赔等。保险事故是否发生、事故的基本情况以及其真实性程度等，这些都是专业的财富传承律师在办理此类事务时所要进行的主要工作内容。当然，根据具体的保险合同，所要进行的工作内容不尽相同，而且要复杂很多。

3. 保险合同纠纷处理

当保险合同双方当事人在保险合同的履行过程中对保险事故是否发生及其真实性程度、是否应予理赔、索赔是否成立以及金额应该是多少等方面发生纠纷时，作为一名专业律师的主要工作应是依据事实和法律，进行全面仔细的调查取证，争取使双方取得和解或进行调解。若协商解决不成，就需与当事人签订协议，接受委托进行案件的代理工作。

（三）保险的实务案例

人身保险金是否是遗产纠纷案①

基本案情：

被继承人黄琪琳于2019年3月2日死亡，生前未立有遗嘱，导致法定继承人之间对遗产继承分割等问题未达成一致，诉至人民法院，被继承人

① 广东省韶关市浈江区人民法院（2020）粤0204民初3348号民事判决书。

留下的遗产中包括了被继承人生前投保的一份人身保险。经法院查明案件事实：被继承人黄琪琳于 2017 年 12 月 23 日向中国人民人寿保险股份有限公司投保“人保寿险无忧人生重大疾病保险”，按保险单记载，其指定身故金受益人为配偶陈某某，受益比例 100%。黄琪琳死亡后，陈某某办理了上述人身保险金理赔手续，陈某某自认已收到上述保险单项下的保险金。被告认为该人身保险金属被继承人黄琪琳遗产，要求分割；陈某某则表示该人身保险金属其个人所有。

法院判决：

关于被继承人黄琪琳于 2017 年 12 月 23 日向中国人民人寿保险股份有限公司投保“人保寿险无忧人生重大疾病保险”的保险利益是否属遗产的问题，被继承人黄琪琳所投保的“人保寿险无忧人生重大疾病保险”指定身故金受益人为陈某某，根据《最高人民法院关于保险金能否作为被保险人遗产的批复》，人身保险金能否列入被保险人的遗产，取决于被保险人是否指定了受益人。指定了受益人的，被保险人死亡后，其人身保险金应付给受益人；未指定受益人的，被保险人死亡后，其人身保险金应作为遗产处理。因此，黄琪琳死亡后，其人身保险金应支付给受益人陈某某，该保险款项不属被继承人黄琪琳的遗产。陈某某已领取上述保险单项下的保险金，两被告主张对此分割，本院不予采纳。

案件分析：

人身保险是指以人的生命或身体为保险标的与保险公司签订合同，在被保险人发生保险合同约定的风险事故时，由保险公司赔付给保险受益人一定数额金钱的合同行为。

当人身保险合同中指定了受益人的，一旦保险事故发生，被指定的受益人即为享有保险金请求权的人，将取得保险金。可以理解为这是投保人生前对自己的财产所做的赠与，属于投保人生前已处分的财产，它已经不属于投保人在死亡时的财产，因此，其不能作为遗产，它已成为受益人的合法财产，不能被继承，也不能用来偿还投保人生前的债务。

二、 家族信托的传承功能与实务要点

在家族财富传承与管理方面，家族信托不仅实现了家族财富的代际转移，还可以进一步为财富的保值增值提供个性化的服务。家族财富放入家族信托后，不是简单地投资一套资产组合，而是可以聘请专业投资管理人，以合理的资产配置来管理信托资产，并提供持续且长久的跟踪服务。

当然，除了财富的传承，家族信托还有一双“隐形的手”。家族信托可以按照设立人的意志，对受益人的行为加以规范和约束，一来避免了后代挥霍无度，使家族资产缩水；二来鼓励家族成员遵守家族的价值观，携手发展，保证每一位后代都事业有成、生活富足。即使设立人身故以后，家族的精神与价值观也可以得到传承与延续。

家族信托甚至可以通过合理的传承规划，培养有意愿接手家族企业的子女的能力，为家族企业的传承保驾护航，为基业长青奠定牢固的基础。

除此之外，家族信托的避税功能、保密性等也是其在众多传承工具中脱颖而出的原因。

（一）家族信托的概念

对家族信托最形象的理解，就是客户在信托机构那里开了一个账户。但深究起来，家族信托还是与我们说的“开账户”有很大区别。这些区别，正是家族信托的特殊之处。家族信托和开银行账户最大的区别就是账户户名。银行账户上写的名字是存款人自己的名字，这样做带来了许多风险：如果存款人负债，债权人可以查封这个账户；如果存款人去世，账户里的财产就变成了遗产，不但需要缴税，而且继承人可以争夺。

信托财产交给受托人以后，财产的所有权人写的是受托人，委托人名下不再有这份财产，因此委托人的债权人就不能执行这份财产，继承人也就不能争夺这份财产。而且，因为委托人把这份财产独立于自己的其他财产，在长期的婚姻关系中由于管理不清晰导致婚前财产混同于婚后财产，一旦离婚可能被配偶起诉甚至分割。

1. 家族信托的来源

最早的信托来源于古罗马，现代信托则来源于中世纪英国，经过上千年发展，信托在今天的西方发达国家中产以上的家庭财富传承中，发挥着举足轻重的作用。

按照古罗马法律，很多人不能继承遗产，比如，已经出嫁的女儿，当父母希望把遗产留给这些人就会遇到问题。这时候，有人就想出了一个方法，他把自己的财产委托给自己信任的朋友管理，但是和朋友约定，这些财产要用在这些没有继承权的子女身上。

过了一千多年以后，欧洲中世纪越来越多的人开始信奉基督教。教徒们相信生前多捐赠，死后才可以上天国，于是很多人在去世时把自己的财产和土地捐给教会。教会的势力越来越大，导致了欧洲贵族的担忧，于是国王下了一道命令：所有人如果要捐赠土地给教会，必须事先得到国王的同意，否则就是非法的。面对这样的法律，许多人开始想办法，他们在临终前把土地委托给自己的朋友，叮嘱朋友管理这些土地，并把收到的租金捐给教会。

面对这种情况，英国国王亨利八世下了一道法令，对以上行为征税。亨利八世规定这条法律的目的是缴税，但用法律认可了这种做法，在法律上叫作尤斯制度。经过若干年之后，欧洲的律师和法官一起联手把尤斯制度发展成为尤斯的尤斯（Use of Use），就是信托制度。

随着历史的发展，信托制度在很多场合都发挥了作用，比如，十字军东征的时候，贵族去远征的时候，家中的妻儿老小没有管理家产的能力，这时候他们就会把土地家产委托给自己信任的其他贵族代管，等到自己儿子长大了再交给儿子管理。还有第二次世界大战之前，希特勒对犹太人实施种族迫害，越来越多的犹太人害怕自己的财产受到损失，于是就把财产转移到中立国瑞士，由于自己没有能力管理这些财产，而且害怕这些犹太人的财产被德国政府征收，他们就把财产委托给瑞士银行或受托人管理，法律上这些财产的主人是瑞士银行或受托人，但他们之间的约定受益人还是犹太人自己的家人。

在所有的故事里面，都有三种人存在：委托人、受托人和受益人。这三种人构成了信托的基本法律结构：委托人把财产委托给受托人，受托人虽然持有财产，但并不是财产真正的主人，只能把财产按照和委托人约定的方式，将财产用在受益人身上。

这样解释信托比较容易理解：信托其实就像委托人开的一个账户，委托人把财产放到这个账户里面，受托人替委托人管理账户，只有受益人才能从账户里受益。

2. 家族信托的财富传承功能

“富不过三代”是一句俗语，说明很多继承人对于所拥有的财富都没有充分的管理能力，由此会逐渐丧失管理权的控制，更有甚者，花天酒地、肆意挥霍，最终导致了家族财产的损失。

由专业谨慎的受托人管理家族财富可以避免财富被缺乏管理能力的受益人控制并为受益人提供长期稳定的收入。财富所有权与控制权从家族信托中得以分离，从而确保财产的损失降到最低程度。此外，家族信托还可以将信托财产从死亡、离婚、破产等诸多不确定事件中剥离出来，实现了财产的风险隔离。

例如1999年，默多克与第三任妻子邓文迪结婚，育有2个女儿，2013年离婚。这一次邓文迪仅获得位于纽约曼哈顿第五大道的一套豪宅，以及中国北京的一套四合院。原因在于新闻集团的股权分为两种：一种是A类股权，没有投票权；另外一种是B类股权，具有投票权。

第一个信托是默多克家族信托，它将持有的2600万股新闻集团的A类股权平均分给了默多克的6个孩子。但A类股权没有投票权且被放入信托，因此6个子女只享受收益，不能介入公司运营。

默多克家族持有新闻集团近40%的B类股权，默多克与前两任妻子的4个子女是默多克家族信托的监管人，作为家族信托的监管人可以在默多克去世后指定信托的受托人，不仅如此，4个子女还拥有新闻集团的投票权。他与邓文迪的女儿没有公司的投票权但享有信托的收益权，避免了邓文迪借女儿的名义插手公司的运营。同时，家族信托能协助开展正确的纳税筹划，家族信托的税务筹划主要体现在家族信托能实现合理避税，信托资产所有权已经转移给受托人，在法律上已经不归属委托人所有，因此不用缴纳遗产税。

（二）设立家族信托的实务要点

家族信托在家族财富的传承、管理和保护等方面具有独特的优势，而这些都需要建立在家族信托具有财产隔离效果的前提上；我国信托法明确规定了受托人与家族信托财产的隔离效果，因此，作为一名专业的财富传承律师，在为客户设立家族信托时，应注意以下要点。

1. 设立家族信托的目的要合法

信托法规定，设立信托必须有合法的目的。信托目的是构成信托的基本要件之一，而且需要在设立信托的书面文件中载明信托目的。目的是确定未来的计划和目标的基础，同样在信托关系中，委托人设立信托的目的也是信托成立的基础。法律规定要求委托人设立信托必须有信托目的，其实更着重强调委托人的信托目的必须合法，如果信托目的违法，那么，该信托即属于无效信托。就设立家族信托而言，其目的合法性的内容主要包括以下三个要素。

（1）信托目的合法

家族信托目的不得违反有关法律、行政法规的规定或者损害社会公共利益。例如，我国民法典第1141条规定："遗嘱应当为缺乏劳动能力又没有生活来源的继承人保留必要的遗产份额。"这属于继承法律的特留份制度，如果设立家族信托时该留的没有留，那么继承人就可以来主张权利。

（2）禁止专以诉讼或者讨债为目的设立家族信托

这种信托系由债权人通过与受托人订立信托合同的方式设立，其受托人系以行使作为信托财产的金钱债权并将由此所获得的财产作为信托利益交付给受益人为其基本义务。有的国家与地区称之为“金钱债权信托”。①

（3）委托人设立家族信托不得损害其债权人的利益

对于损害债权人的家族信托，债权人可申请撤销该信托。尽管法律对于“损害债权人利益”没有更进一步的细化规定，但谨慎起见，委托人在设立家族信托时，必须考虑到其设立家族信托、分割出一部分财产作为信托财产之后，其剩余资产是否足以偿还其债务。

2. 成立家族信托的财产为委托人合法所有

设立信托必须有确定的信托财产，并且该信托财产必须是委托人合法所有的财产。首先，非法的财产不得用于设立家族信托。例如，走私、盗窃、抢劫获得的非法财产以及其他非法侵占的公私财产，都属于上述情况。其次，用于设立家族信托的财产必须权属清晰。由于目前国内家族信托的委托人只能是单一的自然人，而用以设立家族信托的财产，大多是委托人的夫妻共同财产。根据婚姻法的相关规定，共同财产的重大处置，需要征得另一方的同意。所以，委托人在设立家族信托时，需要配偶对设立该家族信托的书面同意，以明确委托人有权处置用以设立信托的共同财产。②

3. 家族信托财产转移的形式符合法律规定

信托法规定，设立信托时，对于信托财产，有关法律、行政法规规定应当办理登记手续的，应当依法办理信托登记。未依照前款规定办理信托登记的，应当补办登记手续；不补办的，该信托不产生效力。这实际是要求信托财产所有权真实转移到受托人名下。对于家族信托而言，根据用于设立家族信托的财产不同，具体的要求又有所不同。

（1）对于现金类资产

理论上认为作为种类物之货币占有适用“占有即所有”原则，即货币一旦交付，将会发生所有权的移转。

（2）对于金银、古董、文物等限制流通物

以该等限制流通物信托设立前，只有在依法经有关主管部门批准取得该项财产（权利）的授权后，才可以作为家族信托财产。

（3）对于不动产

我们目前已针对房屋、车辆等不动产建立起了登记制度，以此类财产

---

① 张淳：《我国信托法关于讨债信托与诉讼信托无效的规定应当删除》，载《南京大学法律评论》2014 年第 2 期。

② 韩良：《家族信托设立的有效性刍议》，载《当代金融家》2015 年第 8 期。

设立家族信托办理过户登记应该没有问题，但限于我国目前尚未出台关于家族信托的特殊性税务处理，实践中，家族信托的财产在转移过程中（委托人转移给受托人、受托人转移给受益人等）可能仍被视为一般的财产转移而征税。

（4）对于股权信托

由于信托公司开展股权信托业务已有先例，无论工商还是证券登记结算部门都容易接受这种登记方式。

（三）家族信托实务案例

张某甲、沈某与齐某等法定继承纠纷再审案①

基本案情：

张某甲、沈某申请再审称：1. 原审判决认定的基本事实缺乏证据证明。原审法院在没有任何证据的情况下，臆断被继承人张德奎系张某丙之父，是错误的。本案中的张某丙不是张德奎的儿子，原审庭审中张某丙没有提供任何证据能够证明其系张德奎的儿子。二申请人已向原审法院提交了张德奎的婚姻证明，能够证明张德奎与张某丙的生母张爱娜没有夫妻关系，张德奎没有张某丙这个儿子，二申请人还向原审法院提交鉴定申请，请求作亲子鉴定，但原审法院对此未作任何处理，在没有任何证据支持的情况下，原审法院直接认定张德奎系张某丙之父是错误的。2. 原判决认定事实的主要证据是伪造的。原审法院仅凭一份未经查实的"张德奎的遗嘱"的复印件，就判决将张德奎在张裕公司股权每年的收益及衍生利益归张某丙所有是错误的。张某丙提供给原审法院的遗嘱仅为复印件，无原件，无法确认这份遗嘱的真实性。二申请人当庭对这份遗嘱提出异议并向原审法院提交鉴定申请，要求张某丙提供原件，并且要求对遗嘱原件进行鉴定，但原审法院对二申请人的异议和要求不予理会，没有让张某丙提供遗嘱原件，也没有对遗嘱进行鉴定。二申请人认为这份复印的遗嘱是伪造的，是没有法律效力的。原审法院仅凭一份伪造的遗嘱就判决将张德奎在张裕公司53049元股权每年的收益及衍生利益归张某丙所有是错误的。二申请人请求烟台市中级人民法院让张某丙提供原件，然后进行鉴定，依法查清本案事实并判决该股权每年的收益及衍生利益归张某甲、沈某及齐某所有。3. 原判决遗漏诉讼请求。张德奎去世后，骨灰一直存放在二申请人家中，二申请人多次在原审庭审中提出，在分割张德奎遗产时，先划分一

---

① 山东省烟台市中级人民法院（2013）烟民申字第235号民事裁定书。

笔坟墓安葬费用，余下的遗产再分割，但原审法院对此要求未予审理也未予判决，直接将张德奎的遗产全判给了张某丙。正是由于原审法院的漏判，才导致张德奎的骨灰至今放在二申请人家中无法安葬。综上，请求撤销（2012）烟民四终字第1385号民事判决，依法确认张某丙提供的张德奎的遗嘱无效，由张某甲、沈某、齐某三人平均分割张德奎的张裕公司53049元股权每年的收益及衍生利益，并判决从张德奎的遗产中优先支付张德奎的坟墓安葬费用。

2004年10月26日，张德奎作为委托人出资53049元与受托人滕爱荣签订《资金信托合同》，该合同第三条3.2约定，委托人指定委托人本身为本信托合同的唯一受益人。3.3约定，受益人的信托受益权可以依法转让和继承，也可用于清偿到期债务，委托人和受益人在受托人处办理完成相关的信托受益权转让手续后，信托受益权转让方能生效。3.4约定，在本合同项下的信托有效期间，委托人在征得受益人同意后可以变更受益人，变更受益人应向受托人提供如下文件：（1）以附件方式出具的“受益人变更通知”；（2）新受益人有效身份证明、联系方式及银行账号；（3）由委托人出具的加盖委托人章且签名的经办人授权委托书。在委托人向受托人提交上述文件后的30个工作日内，受托人对上述文件进行核实并予以确认，受托人核实无误后即按委托人及受益人的要求变更受益人并向委托人出具符合附件之形式要求的“受益人变更确认书”。2008年6月30日，张德奎与受托人滕爱荣签订《资金信托合同》补充协议，在该协议中，张德奎并未变更受益人，附件三“受益人变更通知书”为空白。2010年12月9日，滕爱荣出具了“受益人变更确认书”，将受益人变更为张某丙。一审审理中，张某甲、沈某对该“受益人变更确认书”的真实性没有异议。

法院判决：

本院审查认为，本案的焦点问题是被继承人张德奎的53049元应否作为遗产予以分割，解决该问题的关键是该53049元的性质如何认定。2004年10月26日张德奎作为委托人与作为受托人的滕爱荣签订了《资金信托合同》、2008年6月30日又签订了《资金信托合同》补充协议。从上述两份合同约定的内容看，是依据《中华人民共和国信托法》和《中华人民共和国合同法》签订的，委托人张德奎的委托资金53049元作为信托资金属于《中华人民共和国信托法》的调整范围，该53049元应认定为信托财产。《资金信托合同》第三条3.2约定，委托人指定委托人本身为本信托合同的唯一受益人。又根据该合同第三条3.4的约定，在本合同项下的信托有效期间，委托人在征得受益人同意后可以变更受益人。信托法第15条规定："信托财产与委托人未设立信托的其他财产相区别。设立信托后，委托人死亡或者依法解散、被依法撤销、被宣告破产时，委托人是唯一受益人的，信托终止，信托财产作为其遗产或者清算财产；委托人不是唯一受益人的，信托存续，信托财产不作为其遗产或者清算财产；但作为共同受益人的委托人死亡或者依法解散、被依法撤销、被宣告破产时，其信托受益权作为其遗产或者清算财产。"因本合同的委托人和受益人同为张德奎，其于2010年3月28日以遗嘱的形式将本合同项下的受益人变更为张某丙，2010年12月9日，受托人滕爱荣出具了"受益人变更确认书"，将受益人变更为张某丙。因此，张德奎已不再是上述信托合同的唯一受益人，信托存续，该53049元的信托财产不应作为张德奎的遗产进行分割。张某甲、沈某要求分割的请求不应支持。

案例分析：

信托法规定，信托财产与属于受托人所有的财产相区别，不得归入受托人的固有财产或者成为固有财产的一部分。对于家族信托而言，这就要求家族信托的受托人必须依法将家族信托财产与其固有资金分别管理、分别记账；将不同委托人交付的资金分别管理、分别记账；为家族信托财产在商业银行开设信托财产专户。家族信托设立后，如果发生受托人死亡或者依法解散、被依法撤销、被宣告破产而终止的情形，家族信托财产不属于其遗产或者清算财产。

第四节 传承法务中的居住权

民法典增加了"居住权"这一新型的用益物权，是我国民法典依据社会现实及规制的需要创新设立的，并以物权编专章规定了居住权制度。

一、居住权的理论概述

居住权，是指自然人依照约定，对他人所有的住宅享有占有、使用的用益物权。民法典第366条规定："居住权人有权按照合同约定，对他人的住宅享有占有、使用的用益物权，以满足生活居住的需要。"

（一）居住权的意义

居住权是我国民法典的新规定，居住权规定的意义在于：可以较好发挥房屋的效能；充分尊重所有权人的意志和利益；可以发挥家庭职能，体现自然人之间的互帮互助。当然，法律也不禁止组织对自然人提供居住权予以奖励或帮助。

（二）居住权的特征

居住权作为用益物权具有特殊性，即居住权人对于权利的客体——住宅只享有占有和使用的权利，不享有收益的权利，不能以此从事出租等营利活动。

民法中的居住权与我们以往所称的衣食住行中的住房权不同。《世界人权宣言》第 25 条规定：“人人有权享受为维持他本人和家属的健康和福利所需的生活水准，包括食物、衣着、住房、医疗和必要的社会服务；……”还有十几个国际条约将拥有体面的住房规定为一种神圣的权利，这都属于公法权利，是基本人权和自由，不是民法用益物权中的居住权。

居住权的特征主要表现在以下 7 个方面：

1. 居住权作为一种独立的用益权制度，属于物权，是一种他物权。

2. 居住权的主体范围限定为特定的自然人。

3. 居住权的客体为他人所有的建筑的全部或一部分，还包括其他附着物。

4. 居住权是因居住而对房屋进行使用的权利，也就是为特定的自然人的生活用房的需要而设定的权利。

5. 居住权具有时间性，期限一般具有长期性、终身性。

6. 居住权一般具有无偿性，居住权人无须向房屋的所有人支付对价，所以有人称之为“恩惠行为”。

7. 居住权具有不可转让性，不能继承。

二、 居住权的设立

（一）法律规定及设立类型

1. 设立居住权相关的法律规定

民法典第 368 条规定：“……设立居住权的，应当向登记机构申请居住权登记。居住权自登记时设立。”

民法典第 369 条规定：“居住权不得转让、继承。设立居住权的住宅不得出租，但是当事人另有约定的除外。”

民法典第 370 条规定：“居住权期限届满或者居住权人死亡的，居住权消灭。居住权消灭的，应当及时办理注销登记。”

2. 居住权设立的类型

居住权分为意定居住权和法定居住权两种类型。意定居住权指根据房屋所有权人的意愿而设定的居住权，设立人必须是房屋所有权人，其他人不得在他人所有的房屋之上设定居住权。意定居住权可以通过订立居住权合同或者立遗嘱的方式确立。居住权法律制度的设立，使得传者中的老年人有机会将房屋的所有权与居住权分离，不仅可以在保证居住权的前提下出售自有房产弥补养老金不足（参见第四章第六节“传承法务中以房养老”中“售房保留居住权养老”部份），也可以通过在子女婚房内设置居住权、“养老腾宅”、合资取得农村住房居住权等方式，实现以房养老等功能。

（二）意定居住权的设立方式

1. 订立合同设立居住权

根据民法典第367条规定，设立居住权的，当事人应当采用书面形式订立居住权合同。居住权合同一般包括下列条款，并注意写明如下内容。

（1）当事人的姓名或者名称和住所

应当写明双方当事人的姓名或者名称和住所，特别是居住权人的姓名或者名称和住所。

（2）住宅的位置

约定清楚设定居住权的住宅地址、门牌号码、面积等事项，使居住权的标的能够确定。

（3）居住的条件和要求

明确约定依据合同约定的条件取得居住权，行使居住权的要求是什么。

（4）居住权期限

明确从何时起至何时止。

（5）解决争议的方法

即发生争议后，通过何种程序解决纠纷。

2. 立遗嘱设立居住权

民法典第371条规定：“以遗嘱方式设立居住权的，参照适用本章的有关规定。”

当事人应当采用书面形式设立居住权。公证遗嘱属于书面形式，自书遗嘱、代书遗嘱、打印遗嘱显然也都符合书面形式的要求，而口头遗嘱显然不能满足书面形式而不能设立居住权。有疑问的是，录音录像遗嘱是否能够满足书面形式？录音录像遗嘱虽然不是传统的书面形式，但是依据民法典第469条第2款规定的“可以有形地表现所载内容的形式”都属于书面形式，录音录像也应当属于有形表现其内容的一种形式，亦能客观转为文字显示内容，能够满足书面形式的要求，故民法典第371条规定的“以遗嘱方式设定居住权的，参照适用本章的有关规定”，这个规定中的遗嘱应当包括录音录像遗嘱。

依据遗嘱继承的方式设定居住权。房屋所有权人可以在遗嘱中对其死后房屋作为遗产的使用问题作出安排，为法定继承人中的一人或者数人设定居住权，但须留出适当房屋由其配偶终身居住。

依据遗赠的方式设定居住权。房屋所有权人可以在遗嘱中，为非法定继承人之外的人设定居住权。例如，遗嘱指定将自己所有的房屋中的一部分，让自己的保姆终身或者非终身居住。

不论是依据遗嘱继承方式还是遗赠方式取得居住权，都是遗嘱取得居住权。遗嘱是住宅所有权人对自己生前财产的处分，遗嘱的生效是以被继承人死亡为条件的。对于以遗嘱的方式设定居住权的，根据民法典第368条规定，遗嘱生效后，还须进行居住权登记，否则不能取得居住权。在被继承人死亡后，得基于其遗嘱请求全体继承人或者遗嘱执行人为居住权之登记，如果继承人不愿意、不配合产权转移与登记，在法律赋予居住权人申请强制登记的权利之前，目前还需要起诉至人民法院解决。

3. 在子女婚房内设置居住权

在子女婚房内设置居住权，主要是指当父母倾其所有为子女购置房产时，为了老有所居，可以在为子女购买的婚房内设置居住权。

据统计，我国年青一代房产自有率远高出世界的平均水平，其中最主要的原因是父母垫资、出资为子女购房的现象比较普遍。特别是婚前，男方父母往往倾其所有帮助儿子购置婚房，即便在农村，也经常出现父母为成年子女出资建房的情况。

基于浓厚的传统家庭观念，父母的垫资、出资性质往往表述不清，一般也没有明确的证据能够证明是无偿赠与还是借贷，抑或是婚前赠与己方子女。房屋产权登记在子女名下，父母不享有产权，居住权法律制度又长期缺位，在出现子女婚后离异或是因为家庭矛盾而不履行赡养父母义务等情况后，父母的出资、垫资在后续的纷争中就很难行使有效的主张，父母的居住权得不到保障。随着离婚率的攀升，年长父母在子女离异时因房屋所有权不在其名下，而被赶出家门、流离失所的情形时有发生。

当房屋所有权归属子女时，为垫资、出资的父母设定好居住权，上述纠纷、矛盾就可以得到极大缓解与避免，有助于维护垫资人、出资人的利益。

4. 以“养老腾宅”方式设立居住权

“养老腾宅”，是我国农村地区常用的一种以房养老交换方式，即由选定的某人家负责对老人进行奉养，老人故去，房子即归这家所有，俗称“养老腾宅”。

奉养人家多数为老人众多子女之一，少数为其他亲属或者其他村民。这种做法经过村民自治组织同意或备案设定居住权后，老年人让渡住宅的所有权，居住需求有了满足，以房养老还有法律与制度的保障，这样既能盘活房屋价值又不降低老年人的生活水平，同时也有效破解了养老资金入不敷出的窘境。

目前，各地“养老腾宅”做法不尽统一，因为多为未纳入城市建设的农村宅基地，住宅很少有经过房屋产权登记的，如果遇有老人健在时房屋拆迁情形，那么被拆迁对象是老人还是奉养人？各地做法不一，形成的纠纷较多。“养老腾宅”以房养老方式应当向制度化发展，根据居住权法律规定进行立法规范，不仅要签订书面养老腾宅合同，明确约定双方权利义务、变更或解除条件等，还应当进行有效登记备案。

5. 合资建房方式设立农村住房居住权

长期以来，大城市居民想往农村养老成为一种趋势，曾出现纷纷购买农村现代农业大棚而导致被清理受损的现象。我国城镇居民的人均住房面积也低于农村居民，但受制于农村宅基地只能由本集体村民获得而不能向城镇居民流转，所以，也就不能实现到农村养老的目的，同时也无法解决城镇低收入人群的改善居住的需求。

农民宅基地上设居住权并未突破土地的性质，这可以有效激活农村闲置的土地资源，让农民享受更多的改革红利。随着居住权制度的确立，城镇居民虽仍然不能获得农村宅基地的所有权，但是可以对在宅基地上建造的住宅享有一定的居住权。

宅基地的所有者（农民）获得建设注资以后，城镇居民可以获得居住权的回报，两全其美，各得所需，宅基地的利用效率大大提高，可以有效减少农村住房的空置率。居住权制度也能大大促进新农村小城镇建设，通过合资买房，城市居民可以取得部分住房或者住房的一部分用益物权，或者在不能登记成为所有权人时尝试设立居住权。这些都是城市居民农村养老的一个不错的选择。

值得注意的是，纳入城市建设计划的新农村改造住房可以通过房屋登记机构申请居住权登记获得居住权，但是，农村宅基地确权登记部门是否可以进行居住权登记，民法典及司法解释尚未明确。所以，对于属于农村宅基地的房屋，如果不能依法进行居住权登记，可以在法律不禁止范围内通过签订合同方式确定双方的权利义务。

（三）法定居住权及其设定

法定居住权，是指依据法律的规定直接产生的居住权。

一般认为，法律可以直接规定父母作为监护人对未成年子女所有的房屋享有居住权，或者未成年子女对其父母的房屋享有居住权；作为赡养人对与父母共有的房屋享有居住权，无自有房屋的老年人对为子女购买的房屋享有居住权。

依据裁判方式取得居住权，也是依照法律设定居住权的一种方式。

法定居住权是特定的人依据法律的规定而当然享有的居住权，法定居住权效力高于意定设立居住权，所有人不得通过遗嘱、遗赠或者合同的方式予以改变或者剥夺。

三、居住权的登记与消灭

（一）居住权的登记

居住权为无偿设立，因而居住权人对取得居住权无须支付对价。不过，居住权人应当支付住房及其附属设施的日常维护费用和物业管理费用，以通常的保养费用、物业管理费用为限。如果房屋需要进行重大修缮或者改建，只要没有特别的约定，居住权人不承担此项费用。对于居住权收费另有约定的，按照约定处理。

居住权是用益物权，对其设立采用登记发生主义，只有经过登记才能设立居住权。设立居住权的双方当事人在订立了居住权设立协议后，还应当向登记机构申请居住权登记。经过登记后，居住权才正式设立，居住权人取得居住权。居住权设立的时间，是自登记时设立。之所以对居住权采取登记发生主义，是因为居住权与租赁权相似，但是租赁权是债权，而居住权是物权，性质截然不同，如果不采取登记发生主义，可能会与租赁权相混淆。规定居住权须经登记而发生，就能够确定其与租赁权的界限，不会发生混淆，一旦没有登记，就没有发生居住权。

（二）居住权的消灭

居住权依据一定的事实而消灭。民法典第370条只规定了居住权期限届满和居住权人死亡是居住权消灭的原因，其实这只是居住权消灭的部分原因。

居住权消灭的原因包括：

1. 居住权抛弃

居住权人采用明示方法抛弃居住权的，居住权消灭。这种明示的抛弃意思表示应当对所有权人作出。居住权人作出抛弃意思表示的，即发生消灭居住权的效力，并且不得撤销，除非得到所有权人的同意。

2. 居住权期间届满

居住权设定的期间届满，居住权即时消灭，所有权的负担解除。

3. 居住权人死亡

权利主体消灭，居住权也随之消灭。

4. 解除居住权条件成就

在设定居住权的遗嘱、遗赠或者合同中，对居住权设有解除条件的，如果该条件成就，则居住权消灭。

5. 居住权撤销

居住权人具有以下两种情形的，房屋所有权人有权撤销居住权：第一，故意侵害住房所有权人及其亲属的人身权或者对其财产造成重大损害的；第二，危及住房安全等严重影响住房所有权人或者他人合法权益的。居住权人行使撤销权，应当经过法院裁决，不得自行为之。

6. 住房被征收、征用、灭失

房屋被征收、征用，以及房屋灭失，都消灭居住权。住房所有权人因此取得补偿费、赔偿金的，居住权人有权请求分得适当的份额；如果居住权人没有独立生活能力，也可以放弃补偿请求权而要求适当安置。

7. 权利混同

住房所有权和居住权发生混同，即两个权利归属于同一人的，发生居住权消灭的后果。例如，房屋所有权人将房屋转让或者赠与居住权人，此时居住权的存在已经丧失意义，因此发生居住权消灭的后果。

居住权消灭，在当事人之间消灭居住权的权利义务关系。居住权人应当返还住房。同时应当到物权登记机构办理居住权注销登记。

四、 实务案例

唐某三人诉俞某某返还原物纠纷案[①]

基本案情：

案涉房屋原系唐某三人的父亲唐某某与母亲韩某某的夫妻共同财产。2007 年，韩某某去世。2008 年，唐某三人通过继承遗产及唐某某的房屋产权赠与，取得案涉房屋所有权，并出具承诺书，承诺：父亲唐某某及其续

---

① 《唐某三人诉俞某某返还原物纠纷案》，中国法院网，https：//www. chinacourt. org/article/detail/2021/02/id/5818110. shtml，2021 年 7 月 17 日访问。

弦未离世前，有终身无偿居住该房屋的权利，但此房只能由唐某某及其续弦居住，其无权处置（出租、出售、出借等），唐某三人无权自行处置该房产。后俞某某与唐某某登记结婚，共同居住案涉房屋。2016 年 1 月，唐某某去世，64 岁的俞某某仍居住在内。同年 6 月，唐某离婚，其以无房居住为由要求入住该房屋，遭俞某某拒绝。唐某三人提起本案诉讼，要求判令俞某某立即返还唐某三人名下的案涉房屋。

法院判决：

安徽省合肥市庐阳区人民法院认为，唐某三人在取得案涉房屋所有权时作出的承诺系其真实意思表示，且不违反法律强制性规定，俞某某依据该承诺享有继续在案涉房屋居住的权利，唐某三人应按承诺履行其义务。同时，俞某某不存在违反承诺书中对案涉房屋出租、出售、出借的行为，故对唐某三人要求俞某某立即返还其名下案涉房屋的请求，不予支持，判决驳回唐某三人的诉讼请求。

案例分析：

物权人将房产赠与他人，受赠人承诺允许赠与人及其再婚配偶继续居住使用房屋至去世。在现行法律规定下，该承诺应视为赠与人作出赠与房产时所附的赠与义务，或称之为附条件的赠与。在房产已经转移登记至受赠人后，受赠人无权单方撤销承诺。本案纠纷发生时我国法律并未直接对居住权作出规定，在此情况下，应充分尊重当事人的意思自治。本案的裁判结果不仅符合情理，也与新颁布实施的民法典关于居住权规定的相关精神一致，即不动产过户后，原物权人继续使用不动产，该种保留房屋居住使用权的赠与，可视为设立居住权的合同，新产权人亦无权单方撤销该合同。这一审判思路贯彻了党的十九大提出的加快建立多主体供给多渠道保障住房制度的要求，有利于解决老年人赡养、婚姻家庭生活中涉及的房产问题，保障老有所居，切实保护老年人的权益。

许某与李某遗产纠纷案[①]

基本案情：

现年 72 岁的李先生与许女士（化姓）于 2006 年结婚，婚后未生育子女。两人居住在许女士婚前购买的一套房屋内，该套房屋登记在许女士名下。2014 年 1 月，许女士立下遗嘱，她和李先生共同居住的这套房屋所有

---

① 《武汉首例强制执行》，湖北经视，https：//mp. weixin. qq. com/s/_ NJlvb3kp8qRhwTRguMZmQ，2021 年 7 月 17 日访问。

权归弟弟许先生（化姓），并在遗嘱中表示，李先生再婚之前可一直住在房屋内。2016年许女士病逝后，许先生和李先生曾因许女士的遗产纠纷对簿公堂。

法院判决：

经法院审理查明，许女士的房屋为其婚前购买，属于许女士的个人婚前财产，因此按照许女士的遗嘱规定，房子所有权归许先生。因该房为许女士生前与李先生共同居住，许女士在遗嘱中也明确表达了李先生再婚前可以一直在该房屋居住的愿望。2016年11月，武汉市洪山区法院判决该房屋归许先生所有，李先生拥有该套房屋的居住使用权。

判决后，李先生一直居住在房屋内，许先生也未曾打扰。2021年初，李先生发现房子被许先生挂在某网络平台出售，他得知已正式实施的民法典新增了居住权相关规定，担心房子被卖以后影响自己居住，连忙来到了武汉市洪山区法院执行局，申请居住权强制执行。2021年2月26日，法院作出执行裁定，将该套房屋居住权登记在李先生名下。

案例分析：

民法典正式施行后，居住权可以通过合同方式设立，也可以通过遗嘱方式设立。无论是通过合同还是遗嘱方式设立居住权，都应当向登记机构申请居住权登记，这既是对居住权人自身权利的有效保护，也可以避免没有居住权的房屋，在后续买卖过程中可能出现的一些法律风险。居住权人有权按照合同约定，对他人的住宅享有占有、使用的用益物权，以满足生活居住的需要。居住权不得转让、继承。设立居住权的住宅不得出租，但是当事人另有约定的除外。居住权期限届满或者居住权人死亡的，居住权消灭。居住权消灭的，应当及时办理注销登记。

五、 居住权合同

（一）居住权设立合同范本

居住权设立合同

甲方（所有权人）：

统一社会信用代码/身份证号码：

乙方（居住权人）：

身份证号码：

甲乙双方经平等自愿协商，就居住权设立事宜，签订本合同以共同遵守。

第1条　住宅情况

1.1　本合同中约定的“住宅”相关信息（以下简称住宅）：

（1）房产地址：

（2）房产证号：

（3）登记所有权人：

（4）房屋建筑面积：　　　　平米。

（5）装修情况：

（6）房产结构：　　　　室　　　　厅　　　　卫。

1.2　下列范围不在本合同约定的“住宅”范围之内，无论其是否在房产证登记范围内：

第2条　居住权期限

2.1　双方确认，居住权期限以下列第　　　　项约定为准：

（1）固定期限：共　　　　年，自　　　　年　　　　月　　　　日起至　　　　年　　　　月　　　　日止。

（2）不固定期限：自　　　　年　　　　月　　　　日起至乙方过世时为止。

（3）其他期限：

2.2　符合本合同约定的条件时，甲方有权提前解除居住权合同。

第3条　甲方的权利与义务

3.1　甲方应配合乙方完成居住权的登记手续。

3.2　甲、乙双方应于本合同签订之日起　　　　日内到居住权登记机构完成居住权登记手续。

3.3　居住权登记手续费用由甲方/乙方承担。

3.4　甲、乙双方同意，住宅按现状移交给乙方。

3.5　在不影响乙方居住权的前提下，甲方有权对住宅进行出售、抵押等处分。

第4条　乙方的权利与义务

4.1　乙方在使用住宅期间，对于住宅附属设施、住宅内生活设施均有权使用。即使住宅所有权人发生了变化，但居住权并不因此而受到影响。居住权人所发生的合理范围内的老化与损耗，无须承担相应的责任。

4.2　居住权期限内，乙方有权对住宅进行装修及改造，但不得改变住宅的基础承重结构，不得损害住宅使用功能。乙方违反此义务而造成住宅损害的，应承担损害赔偿责任。

4.3　居住权期限内，乙方装修房屋或增加房屋附属设施的，装修添附及相关附属设施所有权归　　　方所有。

4.4　居住权期限内，关于住宅维修事宜，双方确认按以下第　　　种方式处理：

（1）乙方对住宅的灯管破损、墙皮脱落或门窗毁坏等的日常简单维修承担维修责任，对于住宅房屋结构等的重大修缮则不承担维修责任。

（2）关于住宅维修费用，乙方按　　　比例承担维修费用。

4.5　住宅使用过程中所发生的相关费用（包括但不限于物业、供暖、水电、燃气、电话、网络等费用）由乙方自行承担。

4.6　未经甲方书面同意，乙方不得将该住宅对外转让、抵押、处分等，不得转让本合同约定的居住权。

4.7　该住宅不属于乙方的可继承财产，乙方的继承人无权继承乙方的居住权。

4.8　关于住宅的出租，双方确认按以下第　　　种方式处理：

（1）未经甲方事先书面同意，乙方不得将该住宅对外出租；

（2）乙方有权对外出租并取得相应租金收益，但租赁期限不得超过居住权期限。

4.9　若住宅已被甲方抵押或是有地役权等负担，乙方在签订本合同之前明确获知此情况，依然签订了本合同，则乙方应承受该权利负担所带来的后果。

4.10　关于乙方与他人同住权事宜，双方确认按以下第　种方式处理：

（1）乙方可以与家庭成员或保姆等为乙方提供生活服务的人员同住。

（2）乙方不得与他人同住。

4.11　住宅如被拆迁，本合同及居住权终止，双方同意按下列方式处理：

（1）所有拆迁补偿归甲方所有或处置，除住宅中由乙方添设的设施对应的补偿归乙方所有以外，甲方无须向乙方支付其他补偿。

（2）所有拆迁补偿归甲方所有或处置，但甲方应向乙方退还乙方所支付的费用（如有），并向乙方额外补偿　　　元。

第5条　居住权费用

5.1　乙方取得本合同约定的居住权，应按下列第　　　项约定向甲方支付费用：

（1）乙方无须向甲方支付费用，即乙方无偿取得居住权。

（2）乙方应向甲方支付共计　　　元。

支付方式：本合同签订后　　　日内支付　　　元，居住权登记完成

后　　　日内付清余款。

（3）乙方应按年向甲方支付费用。

费用标准：每年　　　元。

支付时间和方式：

5.2　无论是否无偿取得居住权，本合同约定的乙方义务或取得居住权的其他条件，乙方应予遵守。

5.3　如乙方要求开具费用发票，则由此产生的税费应由乙方承担。

5.4　甲方指定收款账号：

开户行：

户名：

账号：

第6条　居住权的消灭

6.1　合同履行过程中，出现下列任一情形的，居住权消灭：

（1）居住权期限届满的；

（2）乙方死亡的；

（3）本合同依法或按约定提前解除的；

（4）其他：

6.2　居住权消灭时，乙方或乙方遗产管理人、继承人应及时配合完成居住权注销登记。

6.3　乙方应于居住权消灭之日起　　　日内向甲方退还住宅，否则乙方或责任人应按房屋正常租金的两倍计算向甲方支付房屋占用费用。

6.4　乙方取得及享有居住权，应符合下列条件：

第7条　违约责任

7.1　出现下列情形之一时，甲方有权解除本合同及相应的居住权：

（1）乙方将住宅转让、抵押、处分或违反本合同约定将住宅对外出租的；

（2）乙方转让居住权的；

（3）乙方对甲方或甲方家庭成员实施犯罪行为，或是有其他严重违反社会道德行为的；

（4）乙方未按本合同约定支付费用或未履行本合同约定的义务，经甲方催告后仍不支付或整改的；

（5）乙方不合理使用住宅，导致或可能导致住宅严重损害的；

（6）其他：

在上述情形下，乙方还应赔偿甲方造成的全部损失。

7.2 甲方提前解除本合同的，如乙方按约定向甲方支付了居住费用，则居住费用应按乙方实际居住年限对应约定的整个居住权年限的比例折算，剩余部分由甲方退还。

7.3 如甲方出现下列情形之一，乙方有权解除合同，要求甲方退回所有居住费用（如有），并要求甲方支付违约金人民币　　　元：

（1）甲方对住宅的处置，导致乙方无法正常使用住宅的；

（2）甲方未按照约定配合办理居住权登记，逾期超过2个月的；

（3）其他：

第8条　附则

8.1 本合同一式两份，双方各执一份，均具有同等效力。

8.2 本合同经双方签字或盖章后生效。

甲方（签字或盖章）：　　　　　　　乙方（签字或盖章）：

法定代表人或　授权代表（签字）：　　　授权代表（签字）：

甲方配偶或家庭成员（签字）：　　　乙方（签字或盖章）：

授权代表（签字）：

（二）签订居住权合同注意事项

1. 居住权设立可附条件或期限

依据《中华人民共和国民法典》第158条、第160条规定，对于民事法律行为可附条件或期限，但是根据其性质不得附条件的除外。居住权是基于满足特定人生活居住需要而设立，并未涉及身份行为，而且法律关系亦非确定性的。故而，对于居住权合同而言，其在设立时可设置条件或期限。

2. 居住权合同表现形态

（1）居住权合同的签订双方为所有权人、居住权人，且二者间仅具合同关系；

（2）对于住宅，所有权人不仅将其转售给买受人，而且在转卖的同时保留了居住权，即附条件合同，出卖人在转卖住宅时，约定由买受人同时为其设立居住权。这份合同中的双方当事人均为双重身份；

（3）所有权人转让住宅所有权给买受人，同时为第三人设立了居住权。此时，涉及的当事人便有三方，即所有权人、买受人及居住权人；

（4）所有权人在转卖住宅的同时，买受人为第三人设立居住权，即所有权人为买受人设立的附加义务。

3. 对居住权人的权利可以约定

（1）合理使用权。居住权设立是为了满足居住权人生活居住需要，故居住权人对于住宅拥有占有与使用的权利，当然可以约定限定其使用权仅为满足个人生活所需。对于住宅附属设施、住宅内生活设施均有权使用。即便住宅所有权人发生了变化，但居住权并不因此而受到影响。居住权人在使用住宅的期间，所发生的合理范围内的老化与损耗，无须对相应的责任予以承担。

（2）与他人同住权。在合同约定条件中，若并无禁止性的条文，则允许居住权人与他人同住，但同时这个其他人存在特定范围限制，比如家庭成员，或是保姆之类可为居住权人提供生活服务的人员等。

（3）出租住宅权。对于只有住宅居住权而出租住宅的问题，若在合同设立时明确规定，允许居住权人对住宅进行出租，否则出租住宅一般是不被允许的。同时，居住权人在出租住宅时，不应超出其本身合同约定的居住权期限，且在承租人对住宅造成不合理损害时，应承担相应的赔偿责任。

4. 居住权人须履行的义务：

（1）管理住宅。在居住住宅期间，居住权人应对住宅进行妥善的管理，维持其原有用途，不得使房屋结构产生改变，若违反此义务而造成住宅损害的，需给予赔偿。

（2）维修住宅。设立居住权合同应对住宅维修作出约定。在未明确约定的情况下，在居住权为无偿设立的情况下，灯管破损、墙皮脱落或门窗毁坏等的通常维修应由居住权人承担，而对于房屋结构等的重大修缮则应由所有权人承担；而若居住权为有偿设立，则住宅维修工作应由所有权人来承担。或若是约定居住权人占有部分住宅没有约定维修费用的，一般应按比例承担维修费用。

（3）出租住宅或转让居住权，若没有约定不被允许。居住权人不得在未经所有权人同意时，擅自进行住宅出租和居住权转让，否则便构成了权力滥用。同时，亦不可将居住权设立为抵押权，这已违背居住权设立目的。

（4）支付使用费的约定义务。对于明确设立为有偿居住权的，居住权人负有支付使用费的义务。而若未有明确规定，则视为无偿居住。

（5）容忍义务。首先是对于在设立居住权时，住宅本身已被所有权人抵押或是有地役权等负担，在居住权人明确获知此情况的前提下，依然签订了居住权合同，则其应承受该权利负担所带来的后果。其次是在居住权设立后，住宅本身的所有权仍为所有权人所持有，故其拥有在双方约定时间或紧急情况发生时检查住宅的权利，对此，居住权人应承担容忍义务。

5. 居住权的登记

签订合同并不能代表居住权设立成功，当事人应于登记机构进行居住权登记申请，自登记时起居住权设立。

第五节　传承法务中的遗产

遗产，是指自然人死亡时遗留的个人合法财产，是传者财产权益的主要组成部分，是传承法务必须面对处分的一个核心焦点。民法典第1122条规定："遗产是自然人死亡时遗留的个人合法财产。依照法律规定或者根据其性质不得继承的遗产，不得继承。"遗产是传承法务的核心对象之一，是继承法律关系的客体，是继承人享有的继承权的标的。没有遗产继承法律关系就不存在，传承法务也就失去了研究的主要动力。

从广义的角度上讲，继承是指对死者生前事务的承受，其中包括死者生前的地位、爵位、身份、荣誉以及财产等，不同的历史时期，可以继承的遗产范围是不同的。从现行继承法律的角度上讲，遗产是指依照法律规定，或者按照其性质不得继承以外的，自然人死亡时遗留的个人合法财产。

一、遗产的特征

遗产具有五个特征。

（一）必须是公民死亡时遗留的财产

在被继承人死亡之前，该自然人具有民事权利能力，依法享有各种权利和承担各种义务，可以对自己的财产占有、使用、收益和处分，其他任何单位和个人均不得非法干涉，而已经被处分的财产不可以作为遗产。只有当自然人死亡，不再享有权利和负担义务时，其财产即转化为遗产。

（二）必须是公民个人所有的财产

只有生前属于被继承人个人所有的财产，才能为遗产。虽为被继承人生前占有，但不归其所有的他人的财产，如被继承人生前租赁、借用而于死亡时尚未返还的财产，不属于遗产；如被继承人只享有居住权的房屋，也不能继承。被继承人占有的但为其与他人共有的财产，不属于被继承人的部分，不属于遗产。

自然人与他人共有财产，如按份共有的，则于该人死亡时，将其份额从共有财产中分出应作为遗产；如为共同共有，则原则上应按其潜在应有份额从共有财产中分出作为遗产，比如，夫妻共同财产应先行分割后确定为个人的遗产。

虽然属于被继承人生前掌控的财产，死亡时也不一定都属于遗产，如指定保险受益人的保险金便不属于遗产的范畴。

（三）遗产具有财产性

遗产的范围仅仅包括被继承人遗留的财产和财产权利，而不包括会因为被继承人的死亡而消灭的权利，诸如，被继承人的姓名权、肖像权、名誉权、生命权、健康权等人身权利。因遭受侵害而死亡，侵权人进行赔偿的，所得到的损害赔偿金可属于遗产（但损害赔偿中具有专属于特定人的具有救济性质的部分不得作为遗产，如被扶养人生活费赔偿部分，应当直接给予需要抚养的未成年人，或者需要扶养的丧失劳动能力又无其他生活来源的成年近亲属）。在某些人身权利上，在被继承人死亡后还会存在一定的财产利益，例如，肖像、隐私等人格利益利用而产生的财产利益，对此，其近亲属作为保护人予以保护，但不能继承。

（四）遗产必须是合法财产

自然人死亡时遗留下的财产，无论是积极财产还是消极财产，并非都为遗产，也并不是都能由当事人自行决定的，只有依法可以由自然人拥有的，才为遗产。自然人没有合法根据而取得的财产，例如，通过贪污、盗窃、诈骗、抢劫、走私等不法手段侵占国家的、集体的或者其他个人的财产，不能作为遗产；依照法律规定不允许自然人个人所有的财产，也不能为遗产。

（五）遗产必须具有流转性

遗产是要转由他人承受的被继承人死亡时遗留的财产，因而必须具有流转性。反言之，虽为被继承人生前享有的财产权利和负担的财产义务，但因具有专属性而不能转由他人承受的，也不能列入遗产的范围。例如，以人身关系为基础的财产权利义务，以当事人的相互信任为前提的财产权利义务，一般都不能转让，不能作为遗产。

二、 不是遗产的财产权益

遗产范围，是指传者在其死亡时遗留的可以作为遗产被承者继承的财产范围。

我国宪法明确保护公民的私有财产，并且对公民拥有的合法财产也少有限制。原继承法对遗产以列举方式规定存在着十分明显的缺点，很难囊括全部能够继承的财产，同时，社会发展到今天，可作为继承客体的财产种类已经远远超出了原继承法中规定的遗产范围。可见，以列举的方式已经很难穷尽遗产的范围，极不利于立法资源的合理分配，所以现行民法典改为概括规定与排除式相结合的方式规定遗产范围。确定遗产范围，是判断遗产归属、进行遗产分配的前提和基础。遗产范围，是指被继承人在其死亡时遗留的可以作为遗产由继承人继承的财产范围。

民法典第1122条第2款规定："依照法律规定或者根据其性质不得继承的遗产，不得继承。"不属于遗产的财产性权利主要包括如下。

（一）依照法律规定不能继承的财产权益

自然人可以依法取得和享有某些国有资源的使用权，如国有资源的采矿权、海域使用权等，这些权利虽在其取得时须经特别程序，权利人不仅有使用、收益的权利，同时也有管理、保护和合理利用的义务。国有资源使用权是由特定人享有的，不得随意转让，不得作为遗产。享有国有资源使用权的自然人死亡后，继承人要从事被继承人原来从事的事业，须取得国有资源使用权的，应当重新申请并经主管部门核准，不能基于继承权而当然取得。

（二）与自然人人身不可分离的财产权益

具有抚恤、救济性质的财产权利，如抚恤金、补助金、残疾补助金、救济金、最低生活保障金等，不能继承。这些财产权利专属于自然人个人，随着符合救济条件而享有该财产权利的自然人死亡而终止，不能转移，不能作为遗产由其继承人继承。不过该自然人生前已经根据此种权利而取得或应取得的部分，可以作为遗产继承。

例如，在一起继承纠纷案件中，被告李某某系被继承人曹某某母亲，年近70岁。原告贾某系曹某某妻子，双方于2019年6月4日登记结婚。2019年8月7日曹某某因所在单位组织的体育活动中突发疾病去世。曹某某父亲已于之前去世，曹某某无其他继承人。贾某诉请均分曹某某遗产。陕西省西安市新城区人民法院认为，本案被继承人无遗嘱，应按照法定继承进行遗产分配。对被继承人尽了主要抚养义务或者与被继承人共同生活的继承人，分配遗产时，可以多分。结合对子女抚养的付出及贾某与被继承人结婚、共同生活时间、家庭日常贡献等因素，酌定遗产分配比例为：贾某分配20%，李某某分配80%。工亡补助金部分不属于遗产范围，被继承人单位已考虑实际情况对李某某予以充分照顾，故二人各分配50%。[1]

（三）自留山、自留地

自留山和自留地是指农村集体经济组织分配给农民个人使用的少量的土地和山坡地或山岭地，农民个人具有使用权。农民个人对自留山、自留地的使用权具有专属性，农民个人死亡的，农村集体经济组织应当收回。在现实农村生活中，农村集体经济组织对自留山、自留地都是按家庭人口、劳动能力，以农户为单位分配的，一般不作过多调整，以保持其稳定

① 《贾某诉李某某继承纠纷案》，中国法院网，https://www.chinacourt.org/article/detail/2021/02/id/5818127.shtml，2021年7月17日访问。

性。家庭个别成员死亡，并不妨碍农户其他成员对自留山、自留地的继续经营权和使用权。但这并不是继承，自留山、自留地的使用权也不是遗产，只是由家庭共同生活人继续经营和使用。

（四）机动车号牌指标

在很多大城市为了缓解交通压力，对于机动车号牌的发放采取摇号的方式，由于资源稀缺，机动车号牌指标具有较高财产利益。但是，机动车牌照是行政许可，不是公民的个人财产，因此不可以继承，但车辆可以继承。由于车牌与车辆不可分割，如果继承人继承了车辆，车牌号经过申请依法转移登记后，自然也就取得了车牌，而指标并不能直接继承。

（五）居住权

依法设立的居住权作为用益物权具有特殊性，即居住权人对于住宅只享有占有和使用的权利，不享有收益的权利，不能以此从事出租等营利活动，也不能继承。

三、遗产的种类

（一）原继承法列举的遗产

遗产是公民死亡时遗留的个人合法财产，民法典第1122条规定："遗产是自然人死亡时遗留的个人合法财产。依照法律规定或者根据其性质不得继承的遗产，不得继承。"对遗产只作出了概括式的规定。

依原继承法列举式的规定，可以作为传者遗产的主要有七种：

1. 公民的收入

公民的收入，是指公民在法律允许的范围内，以自己的劳动或其他方法所取得财产收入。如公民通过自己的劳动取得的工资、奖金、津贴，以及从事个体劳动所取得的实物或金钱收入；劳务报酬；通过合法的买卖、租赁、储蓄、继承等所取得的营利、租金、利息和遗产等。

2. 公民的储蓄、房屋和其他生活用品

储蓄，是指公民存入银行或信用合作社的货币。公民的房屋，是指公民的私有房屋，包括自住房、出租房、营业用房等。公民的生活用品，是指满足公民日常生活基本需求的物质资料，包括衣、食、住、用等方面用途的生活资料。

3. 公民的林木、牲畜和家禽

公民的林木，是指公民在自留地、允许开垦的荒山、宅基地等上面种植的树林、竹林。公民的牲畜和家禽，是指公民自己饲养的农畜和家禽，如牛、马、驴、鸡、鸭等动物。

4. 公民的文物、图书资料

公民的文物，一般指公民生前个人收藏的历史文化物品，主要包括具有历史、艺术、科学价值的石刻，重大历史事件及人物的纪念物、手稿、古旧图书资料等。公民的图书资料，是指公民为了工作、生产、学习等需要参考的资料，包括法律允许公民个人所有的各种类型、各种文版、各种内容的藏书及资料。

5. 法律允许公民所有的生产资料

随着我国经济体制的进一步改革，公民的个人财产权也发生了新的变化。我国已有一部分公民拥有一定数量的合法的生产资料。生产资料包括劳动资料和劳动对象。其中最主要的是属于劳动资料中的生产工具。在我国，农村各种专业户、城乡个体劳动者所有的生产工具，包括拖拉机、机器、汽车等，都允许公民个人所有，也都应列入遗产范围，允许继承人继承。

6. 公民的著作权、专利权中的财产权利

著作权，也称版权，指著作人对其作品所享有的权利。专利权，指国家专利机关依专利法授予发明人对某项发明创造享有的专有权利，著作权和专利权包括人身权与财产权两个部分的内容。人身权与人身紧密相连，不能转让，也不能继承。财产权，是指因作品、发明而获得的金钱和其他物质报酬的权利。这种权利可以转让，也可以继承。

7. 公民的其他合法财产

能够作为公民遗产的财产，范围相当广泛。除了上述所列财产之外，公民的其他合法财产还包括：理财产品、有价证券（例如，支票、股票、国库券等）、公民个人承包应得的个人收益、被继承人生前已领取的一些费用（例如，复员费、转让费、退休金等），等等。

（二）遗产范围的扩张

随着网络社会和以数字经济为基础的人工智能时代的到来，从生产生活方式到商业运营模式，经济发展业态开始全面迈向去中心化的分布式升级，随着科技发展的日新月异，带来了遗产范围的扩张。未来社会，数据财产及相关权益可能会占据越来越重要的地位。财产不再局限于传统法律上的有型财产，以下财产已经走进了现实生活，作为传者的财富在其去世后可以作为其遗产予以处分。

1. 网络虚拟财产

网络社会出现了大量的虚拟财产，例如，域名、网络游戏装备、虚拟货币（如QQ币）；如各类互联网账户及账户里的数字化信息；等等。这些虚拟财产能否作为遗产继承？如果能作为遗产继承，又应当如何继承？这些问题还需要法律法规或司法解释进一步明确。

2. 数据和信息权利

2021 年 4 月，围绕美国新能源汽车公司生产的特斯拉智能汽车产生的一系列争议，关于数据的相关争议走进大众视野。在人工智能用于医疗服务和养老服务过程中，相关公司或主体会随时收集传者的身份信息、健康状况、运动轨迹等数据。这些数据兼具人格属性和财产属性，是传者和承者的重要权利。随着大数据时代来临，数据资源日益成为重要生产要素和社会财富。但数据和信息的性质、分类、权属、使用规则和法律责任等，在现有法律规则中都没有明确规定。

3. 人工智能作品

知识产权是一项重要的财产。传统的知识产权都是由自然人创造，权属相对明确。但随着人工智能的发展，人工智能也参与知识产品的创造。人工智能在新闻、音乐、美术等领域的应用日渐广泛，例如，美联社与 AI 公司合作研发的人工智能新闻写作平台 Wordsmith，已可以达到每季度几千篇新闻稿件的产量；腾讯公司开发的新闻写作机器人 Dreamwriter 不仅能批量撰写财经类新闻报道，还能根据不同受众群体生成差异化的风格和版本。人工智能作品的知识产权归属问题引起了很大争论。

可以预见，未来肯定会有包括但不限于上述的种种新型财产走进我们的生活，可以作为遗产的传承财富的范围将急剧扩张。

四、 实务案例

（一）有婚内财产约定的继承纠纷案件中的遗产

基本案情：

唐某忠与前妻于 1996 年 11 月 26 日协议离婚，约定婚生女唐某 1 由前妻抚养。唐某忠与李某某于 1999 年 10 月 8 日登记结婚，于 2000 年 7 月 25 日生育一子唐某某。

唐某忠与李某某婚后共取得 4 套房产，其中，1. 北京市朝阳区财富中心房屋系唐某忠于 2002 年 12 月 16 日购买，并登记于其名下，尚欠房贷 877125.88 元未偿还，现市场价值为 6188210 元；2. 朝阳区金兴街公有住宅，由其 2004 年 3 月 31 日从其单位承租；3. 朝阳区广泽路慧谷根园房屋于 2009 年 11 月 10 日登记于李某某名下；4. 朝阳区湖光中街房屋系唐某忠、李某某共同购买，2008 年 9 月 18 日登记于唐某忠名下，现价值 540 万元。

2010 年 10 月 2 日，唐某忠与李某某签订分居协议书，双方约定：“双方感情已经破裂。为了不给儿子心灵带来伤害，决定分居，对财产作如下切割：财富中心和慧谷根园的房子归李某某拥有，可以任何方式处置，唐某忠不得阻挠和反对，并有义务协办相关事务。湖光中街和金兴街的房产归唐某忠所有，可以任何方式处置，李某某不得阻挠和反对，并有义务协办相关事务。儿子唐某某归李某某抚养，唐某忠承担监护、教育之责。双方采取离异不离家的方式解决感情破裂问题，均不得干涉对方的私生活和属于个人的事务。”后相关房产未及变更产权登记，唐某忠于2011年9月16日去世，未留下遗嘱。现唐某1起诉要求对四套房产进行分割继承。

法院判决：

一审法院经审理认为：金兴街房屋为公有住宅，法院无权直接确定承租人。湖光中街房屋因登记在唐某忠名下，且分居协议书中已约定该房屋为其所有，应认定为唐某忠个人财产，作为遗产分割。双方均认可该房现值540万元，应在三人间予以均分，因唐某某尚未成年，而唐某1只要求获得折价款，故该房归李某某所有，李某某应向唐某1支付折价款180万元。慧谷根园房屋因登记在李某某名下，且分居协议书中已约定该房屋为其所有，故应认定属于李某某个人财产，不属于遗产范围。分居协议书虽约定财富中心房屋归李某某拥有，但直至唐某忠去世仍登记于其名下，故协议书并未实际履行，因此应根据物权登记主义原则，确认该房属于唐某忠与李某某夫妻共同财产。该房屋价值应以现值减去唐某忠去世时尚未还清的贷款，所得数额的一半为李某某夫妻共同财产，另一半为唐某忠遗产，遗产份额应均分为三份。考虑到唐某某尚未成年，而唐某1要求获得折价款，故判决该房归李某某所有，由李某某向唐某1支付折价款885180.69元，并偿还该房屋剩余房贷。判决后，唐某某、李某某不服，以财富中心房屋为李某某个人所有，不属唐某忠遗产为由提起上诉。

法院二审认为：本案须厘清以下三个问题：第一，分居协议书的性质。该协议是婚内财产分割协议，而非离婚财产分割协议。首先，双方是在婚姻关系存续的基础上选择以分居作为解决方式并对共同财产予以分割，并非以离婚为目的而达成财产分割协议；其次，双方在协议书中明确提出“分居”“离异不离家”，是以协议规避离婚法律事实的出现；再次，分居协议书中，唐某忠与李某某一致表示“对财产作如下切割”，系双方不以离婚为目的对婚姻关系存续期间所得财产作出的分割，应认定为婚内财产分割协议，是双方通过订立契约对采取何种夫妻财产制所做的约定。第二，本案应优先适用婚姻法，而非物权法。理由如下：物权法作为调整平等主体之间因物之归属和利用而产生的财产关系的基础性法律，重点关注主体对物的关系，其立法旨在保护交易安全以促进资源的有效利用。而婚姻法作为身份法，旨在调整规制夫妻之间的人身关系和财产关系，财产关系则依附于人身关系而产生，仅限于异性之间或家庭成员之间因身份而产生的权利义务关系，不体现直接经济目的，而是凸显亲属共同生活和家庭职能的要求。在调整夫妻财产关系领域，物权法应保持谦抑性，对婚姻法的适用空间和规制功能予以尊重，尤其是夫妻之间关于具体财产制度的约定不宜由物权法过度调整，应由婚姻法去规范评价。分居协议书关于财富中心房屋的分割，属夫妻内部对财产的约定，不涉及家庭外部关系，应优先和主要适用婚姻法。第三，分居协议书已确定财富中心房屋归李某某所有，虽仍登记在唐某忠名下，并不影响双方对房屋内部处分的效力。物权法以登记作为不动产物权变动的法定公示要件，赋予登记以公信力，旨在明晰物权归属，保护交易安全和交易秩序，提高交易效率。但由于法律例外规定、错误登记的存在、法律行为的效力变动、当事人的真实意思保留以及对交易习惯的遵从等原因，实践中存在大量欠缺登记外观形式，但依法、依情、依理应给予法律保护的事实物权。婚姻法及其司法解释规定的相关情形亦应包括在内。结婚作为客观事实，已具备了公示特征，无须另外再为公示。而夫妻约定财产制是双方通过书面形式对婚后共有财产归属作出的明确约定，系意思自治的结果，应受到法律尊重和保护。故不宜以产权登记作为确认不动产权属的唯一依据，只要有充分证据确定不动产权属状况，且不涉及第三人利益，就应尊重夫妻之间的真实意思表示，按照婚内财产分割协议履行，优先保护事实物权人。分居协议书系唐某忠与李某某基于夫妻关系作出的内部约定，是在平等自愿的前提下对家庭财产分配的结果，不涉及第三人利益，具有民事合同性质，对双方均具有约束力。财富中心房屋并未进入市场交易流转，所有权归属的确定亦不涉及交易秩序与流转安全。唐某1作为唐某忠的子女并非物权法意义上的第三人。因此，财富中心房屋应认定为李某某的个人财产，而非唐某忠之遗产。原审法院根据物权登记主义原则确认财富中心房屋为唐某忠与李某某夫妻共同财产实属不妥，应予调整。二审法院故改判财富中心房屋归李某某所有，并由李某某偿还剩余贷款。①

案例分析：

本案中涉及4套房产存在4种状况，对于相关类型遗留房产与债务的理解很有借鉴意义。二审判决书对于法律关系、法律适用等的说理较为充分，很有指导意义。比如，对“婚内财产分割协议”与“离婚财产分割协

---

① 北京市第三中级人民法院（2014）三中民终字第9467号民事判决书。

议”如何区分，对我国原物权法与原婚姻法的相关规定哪一个优先适用，物权登记对于夫妻共同财产的效力判定等，都有情、理、法的阐释，是教科书般的典型案例。

（二）保险金纠纷案件中的遗产

基本案情：

2003 年，原告何某某的女儿何某熙以自己为被保险人向被告保险公司投保个人抵押商品住房综合保险并缴纳了保险费，保险公司也签发了保险单。依保险公司所签发的保险单，何某熙投保的险种为个人抵押商品住房综合保险，被保险人为何某熙，受益人为中国民生银行总行营业部，贷款金额为 58 万元，保险期限为自 2003 年 8 月 21 日 0 时起至 2023 年 8 月 20 日 24 时止共 20 年，保险金额为 58 万元。在保险合同有效期间，何某熙去深圳旅游，在其所住酒店坠楼身故。事故发生后，原告何某某向保险公司提出索赔要求，但保险公司拒赔，因此，何某某向法院起诉保险公司，要求保险公司给付保险金 518500 元。

法院判决：

法院判决认为，还贷保证保险虽然由财产保险公司经营，但该险种是以被保险人何某熙因意外伤害事故所致死亡或伤残，而丧失全部或部分还贷能力为保险公司承担保险责任的条件，并且指定了受益人。投保人指定的受益人中国民生银行总行营业部是有权向保险公司请求给付保险金的主体。指定了受益人的保险合同的保险金不属于遗产范畴，保险金应给付投保人指定的受益人，而不应由被保险人的遗产继承人取得。因此，何某某以被保险人遗产继承人的身份作为原告起诉，要求保险公司给付保险金，属于主体不适格，裁定驳回原告何某某的起诉。①

案例分析：

区分财产保险和人身保险的最重要的标准在于保险标的不同。如果保险标的是人的寿命和身体，则该保险是人身保险；如果保险标的是财产及其有关利益，则该保险是财产保险。本案属于后者，因为合同指定了保险受益人，所以不属于遗产。

（三）死亡赔偿金执行案件中的遗产

基本案情：

被告张某于判决生效后 10 日内赔偿原告高某借款本金 10 万元并按约

---

① 北京市西城区人民法院（2006）西民初字第 2294 号民事判决书；北京市第一中级人民法院（2006）一中民终字第 13063 号民事判决书。

定利率（月息 3 分）支付利息，利息从 2011 年 12 月 8 日起至还款日止。该判决已经发生法律效力。后张某于 2014 年 10 月 24 日死亡。张某妻子李某及其子张某某因张某死亡获得死亡赔偿金等赔偿款共计 63 万元。申请执行人向法院申请强制执行，法院依法立案执行。

在执行过程中，法院于 2014 年 10 月 31 日裁定冻结原被执行人张某妻子李某的银行存款 16 万元，即本案争议款项。异议人李某以冻结行为违反法律规定为由提出执行异议，请求撤销裁定，解除冻结异议人存款 16 万元。

法院判决：

法院裁判认为，根据原继承法第 3 条规定，遗产是公民死亡时遗留的个人合法财产。遗产是公民死亡时尚存的个人财产，而死亡赔偿金是公民因人身损害事故死亡之后才发生的，而不是死亡时遗留的，不属于遗产范围，仅是赔偿人给死者亲属的补偿，因此本案争议的 16 万元属于张某的近亲属李某及其儿子等人的个人财产。关于争议款项是否属于夫妻共同债务一节，李某作为原被执行人张某的妻子，如需要确定李某与张某对高某承担连带清偿责任，则须通过诉讼程序认定。争议款项 63 万元赔偿金归属张某近亲属所有，张某近亲属之间的分配比例及李某的具体所得数额并未查清。法院在执行过程中对法律责任尚未确定的案外人名下财产予以冻结确有不妥，冻结裁定应予撤销。[①]

案例分析：

遗产表现的财产权益系死者生前已经合法所有，而死亡赔偿金的形成及赔偿金的实际取得均发生在死亡之后，死亡赔偿金因此不符合遗产的构成要件和法律特征。在这起案件中，死亡赔偿金因被认定不属于遗产而裁定免予强制执行。

第六节　传承法务中的无主遗产

由于独生子女家庭的日益增多、家庭财产的丰富和生活观念变化等多种原因，无主遗产的出现会越来越多，处理起来也会更加复杂，需要更多地借助法律服务，使之依法得到妥善及时处理，因而传承法务的推广适用也会越来越重要。

---

① 张俊、陈恒维：《案外人以死亡赔偿金不应纳入遗产范围为由提出执行异议应予支持》。源于北大法宝官方网站。

一、 无主遗产的传承服务

（一）无主遗产的内涵和特征

1. 无主遗产的内涵

只要有财产继承，就可能会出现无主遗产的情形。无主遗产指无人继承的遗产，既无人继承又无人受遗赠的遗产。具体而言，无主遗产是指继承开始后，经过公告在法定期限内无人继承遗产也无遗赠人受领，或者受领遗赠后，经清偿债务以及酌情分给扶养人之后的剩余财产。[①] 无主遗产的形成原因是遗产无人继承，也无人受遗赠。形成无主遗产的原因主要有：

（1）被继承人没有法定继承人、法定继承人都放弃继承权或丧失且未恢复继承权；

（2）被继承人未设立遗嘱、遗赠或者虽设立遗嘱、遗赠但无效；

（3）被继承人立遗嘱剥夺继承人继承权；

（4）受遗赠人放弃继承遗产或遗赠之外仍有未处置的遗产。

无主遗产的处理是遗产处理方面的兜底性制度，妥善处理无主遗产要求在无主遗产处理过程中确定权属，实现债权人、酌情分得人等相关利害关系人利益的合理分配。

2. 无主遗产的特征

（1）遗产自身价值的不确定性

在改革开放之初，我国公民的财产主要来源于公民个人参加国营企业、集体企业、农村集体经济组织的劳动所获取的劳动报酬，或担任国家干部、事业单位职员所得的工资，在财产形式上也仅限于现金、储蓄、日常生活资料和简单的劳动工具。[②] 公民的收入来源相对比较固定，因此在遗产价值方面也相对比较稳定。而现在，公民的财产收入早已不再局限于依靠单一的职业劳动取得报酬，越来越多的人从事着独立的经营活动，但是出于维持经营或者扩大生产规模的需要，这些经营者可能要大规模举债，而商业活动的固有风险又可能使其得不偿失甚至血本无归。[③] 再加上现代人消费观念的改变，出现了很多超前消费的现象，比如，贷款买房、

---

① 陈苇主编：《中国遗产处理制度系统化构建研究》，中国人民公安大学出版社 2019 年版，第 496 页。

② 胡晓敏：《论我国无人继承遗产处理程序之构建》，华东政法大学 2015 年硕士学位论文，第 1 页。

③ 胡晓敏：《论我国无人继承遗产处理程序之构建》，华东政法大学 2015 年硕士学位论文，第 1 页。

贷款买车、信用卡消费等情形，使得实践中遗产管理人在清算遗产时出现了很多资不抵债的情况。

（2）归属的不确定性

根据无主遗产的概念，无主遗产是指继承开始后，经过公告在法定期限内无人继承也无人受领遗赠的遗产。这就意味着无主遗产要以公告程序为前提条件。当法定公告期限届满，无人对遗产主张权利，该笔遗产就会被认定为无主遗产。这一规定的前提条件是默认所有对遗产享有权利的主体在该法定期间内都看到了公告。但是实践中，受很多因素的影响，继承人或者权利人根本没有看到公报。而且由于这些公报通常发布在《人民法院报》等相关的报纸上，其受众群体比较小，即使遗产在法定公告期限内无人认领，我们也有理由怀疑死者有其他的继承人。因此，在对无人继承遗产的制度设计方面，需要充分考虑继承人没有及时获悉的情况，保留其回复继承权的可能。[①]

（3）涉及利益的多方性

任何人都存在于一定的社会关系之中，对于被继承人来说，其与他人在财产方面的社会关系即债权债务关系并不会因为被继承人的死亡而消失。在有继承人的情况下，根据民法典第1161条，继承人以所得遗产实际价值为限清偿被继承人依法应当缴纳的税款和债务。超过遗产实际价值部分，继承人自愿偿还的不在此限。根据民法典第1160条,[②] 即使遗产在没有继承人而归国家或者集体所有的情况下，国家和集体也有义务以所得遗产实际价值为限偿还死者对其他债权人的合法债务。同时，根据我国民法典第1131条,[③] 无主遗产有时还会涉及遗产酌给请求权人的利益。

（二）传承法务中无主遗产服务的处理

无主遗产的处理可能不是传承法务的重点，但却是传承法务中不可忽视的业务类型，需要传承法务发挥应有的作用，具体而言，传承法务贯穿于无主遗产确定、管理、归属的全过程。

1. 传承法务中无主遗产的确定

传承法务中无主遗产的确定，是传承法务的开始，传承法务参与无主遗产的处理首先需要确定遗产是否属于无主遗产。民法典第1160条规定，

---

① 周顺：《论无人继承的遗产》，西南政法大学民商法学院2019年硕士学位论文，第11页。

② 民法典第1160条规定：“无人继承又无人受遗赠的遗产，归国家所有，用于公益事业；死者生前是集体所有制组织成员的，归所在集体所有制组织所有。”

③ 民法典第1131条规定：“对继承人以外的依靠被继承人扶养的人，或者继承人以外的对被继承人扶养较多的人，可以分给适当的遗产。”

无主遗产需要符合两个要求即无人继承和无人受遗赠。[①] 确定无主遗产的重点是确定遗产无继承人，实践中可能出现继承开始后，继承人不明或者没有继承人，此时确定遗产无主需要通过司法程序进行。民事诉讼法规定，公民、法人或者其他组织均可以采用书面形式向法院提出申请认定财产无主。实务中，有关主体一般根据民事诉讼法的规定，通过特别程序认定遗产无主，由法院发出公告寻找继承人、相关利害关系人，经过司法程序谨慎地将遗产无主的事实固定下来，确定遗产无人继承也无人受遗赠。具体而言，经申请，法院受理后查明被继承人的遗产范围，确定是否存在法定继承人和没有法定继承人情况下申请人是否有权继承遗产，对无人继承也无人受遗赠的遗产作出处理。

实践中，请求法院确认财产无主的申请人分为以下四类：

（1）不属于被继承人的法定继承人范围内的朋友、近亲属、债权人；[②]

（2）被继承人所在地基层组织如村委会、居委会；

（3）民政部门；[③]

（4）被继承人所在单位。[④]

人民法院受理后，经调查核实遗产归属确属不明的，应当发出公告。在一年的公告期内，无人对财产提出请求，人民法院作出判决，如根据民法典第1160条，收归国家或集体所有。无主遗产的确认中，需要传承法务参与其中，辅助利害关系人完成无主遗产的确认。

2. 传承法务中无主遗产的管理

继承开始后，在继承人不确定或者利害关系人确认遗产无主的过程中，需要有专门负责的主体承担遗产管理工作，以防止遗产可能发生的不利损耗，维护未来可能出现的继承人或遗产最终归属者的利益。无主遗产的管理是整个传承法务中承上启下的中间环节，为了妥善处理无主遗产，传承服务的内容应当包含接受遗产管理人委托承担遗产管理工作。

民法典专门规定了遗产管理人制度，为传承服务中无主遗产的管理提供了法律空间。公民尤其是没有法定继承人或者继承人不明的，可以在生前或遗嘱中指定遗产管理人。被继承人未确定遗产管理人或者对其有争议

---

① 民法典第1160条规定：“无人继承又无人受遗赠的遗产，归国家所有，用于公益事业；死者生前是集体所有制组织成员的，归所在集体所有制组织所有。”

② 沈阳市铁西区人民法院（2020）辽0106民初4666号民事判决书；苏州市吴江区人民法院（2020）苏0509民特14号民事判决书。

③ 上海市浦东新区人民法院（2020）沪0115民特46号民事判决书。

④ 贵州省安顺市西秀区人民法院（2019）黔0402民特22号民事判决书。

的，民法典也规定了遗产管理人的选任或指定。根据民法典第 1145 条和第 1140 条规定，无主遗产由被继承人生前住所地的民政部门或村民委员会担任遗产管理人，对遗产管理人确定有争议的，可以申请法院进行指定。[①]这意味着，从事传承法律服务的组织或个人可以受委托担任遗产管理人，负责处理涉及遗产有关事务。具体而言，传承法律服务者如律师、公证处可以由被继承人指定或者法院指定作为遗产管理人，也可以在被继承人生前住所地民政部门或村民委员会担任遗产管理人情况下，受其委托处理遗产管理事宜。

3. 传承法务中无主遗产的归属

无主遗产是继承过程中遗产可能出现无人继承的状态，但并不是最终结果，无主遗产最终也要归属于确定的主体。无主遗产的归属是指无人继承也无遗赠的财产，向债权人清偿债务并酌情分给与被继承人具有扶养关系或者关系亲密的主体之后，最终遗产由谁承受。鉴于我国国情的特殊性，全民所有制和集体所有制并存，民法典第 1160 条规定无主遗产归国家所有（全民所有），死者生前是集体所有制组织成员的，归属于该集体所有制组织所有。传承法务处理无主遗产的过程也是确定无主遗产最终归属的过程。遗产管理是在清偿债务、分给酌情分得遗产权人后，负责将剩余遗产移交国家或集体所有制组织，完成无主遗产的处理，随之传承法律服务相关工作即告结束。值得注意的是，这种最终归属仅是一种拟定的状态，经过无主财产认定程序或者法院审理后确定无主遗产归属，并不能排除后续继承人、请求权人、债权人出现并主张相应的权利。

（三）传承法务中无主遗产的服务对象

在无主遗产的处理中，传承法律服务可以向被继承人、继承人或受遗赠人、债权人、酌情分得人以及国家或基层组织等主体提供。实际上，这是无主遗产从继承开始到最终确定归属整个过程中可能出现的主体，传承法律服务针对不同主体提供法律服务的思路也有差别。

1. 继承人或受遗赠人

除了被继承人死后没有继承人或受遗赠人之外，无主遗产形成的原因包括继承人或受遗赠人自愿放弃继承遗产，以及丧失继承权或被剥夺继承

---

① 民法典第 1145 条规定："继承开始后，遗嘱执行人为遗产管理人；没有遗嘱执行人的，继承人应当及时推选遗产管理人；继承人未推选的，由继承人共同担任遗产管理人；没有继承人或者继承人均放弃继承的，由被继承人生前住所地的民政部门或者村民委员会担任遗产管理人。"民法典第 1146 条规定："对遗产管理人的确定有争议的，利害关系人可以向人民法院申请指定遗产管理人。"

权。实践中，由于一些原因如被继承人债务关系过于复杂，继承人或受遗赠人可能放弃接受遗产。为了稳定遗产的归属，放弃继承的意思表示一经作出即具有溯及既往的效力，继承人或受遗赠人不可恢复地丧失参与遗产分配的权利。① 鉴于放弃继承的法律后果较为严肃，传承法务在协助处理继承人和受遗赠人放弃继承事宜时，需要注意以下几点内容。

放弃继承或遗赠的时间。传承服务中，需要把握继承人和受遗赠人放弃继承的不同时间要求，提供不同的服务策略。根据民法典第1124条规定，继承人应当在继承开始后遗产处理前明确作出放弃继承的表示；遗产处理后作出放弃继承表示的仍视为接受继承，不发生放弃继承的法律效力。② 而受遗赠人可以在知道受遗赠后明确作出放弃受遗赠的意思表示，或者不作任何表示60日后自动视为放弃受遗赠。

放弃继承或遗赠的方式。为了减少不必要的争议，放弃继承或者遗赠的意思表示具有要式性要求，必须以书面方式作出。传承法务参与处理无主遗产时，继承人或受遗赠人放弃遗产应当提供标准文本供其使用，必要时，协助继承人或受遗赠人办理公证。办理公证需要由继承人本人向户籍所在地公证处提出申请，提交申请人身份证、户口簿、房产证等所要放弃继承遗产的证明、与被继承人关系证明等，按照公证处要求填写放弃继承权公证申请表。

在丧失继承权争议中对继承人提供的传承服务，须调查被继承人是否有对继承人表示宽恕的事实发生，是否属于不丧失继承权情形，维护遗产在家庭内部传承的权利。

对被剥夺继承权的继承人提供传承服务时，需要调查遗嘱的效力，尤其要考察被继承人作出剥夺继承人继承权决定时是否具有遗嘱能力，是否存在重大误解情形。

2. 债权人

传承法务中无主遗产处理的目的之一是清偿被继承人所负债务和所欠税款，消灭被继承人生前债权债务关系。在确定无主遗产后，遗产管理人需要对被继承人债权债务关系进行清算，在清偿所欠税款和其他债务后，剩余遗产归属国家或集体所有制组织，从制度上而言，债权人的利益得到了保障。传承法务为无主遗产债权人提供服务的法律依据体现在民法典第

---

① 梁慧星：《中国民法典草案建议稿附理由：继承编》，法律出版社2013年版，第165页。

② 民法典第1124条规定："继承开始后，继承人放弃继承的，应当在遗产处理前，以书面形式作出放弃继承的表示；没有表示的，视为接受继承。受遗赠人应当在知道受遗赠后六十日内，作出接受或者放弃受遗赠的表示；到期没有表示的，视为放弃受遗赠。"

1147 条和第 1159 条的规定中。根据民法典规定，在分割遗产时，被继承人应当清偿所欠税款和其他债务，遗产管理人的职责包括处理被继承人的债权债务。这也说明，传承法律服务在对无主遗产的处理时，债权人直接或间接成为传承法务的服务对象。

无主遗产确定归属需要经过公示催告程序，其目的在于通过法院公示催告特别程序督促、催告有关债权人提出异议，申报权利。在这个特别程序中，债权人可以向法院提出异议，人民法院应当裁定终结程序；债权人也可以通过诉讼或其他方法主张债权以获清偿。遗产管理人在管理遗产时，也需要清理被继承人债务，公示催告有关债权债务，债权人可以申报债权并获得清偿。

3. 酌情分得人

实务中，无主遗产虽无继承人或受遗赠人，但经常有被继承人的继承人之外的近亲属基于扶养关系向法院主张分配遗产。为了鼓励帮扶，发挥遗产的扶养功能，同时考虑到法定继承人限定之外可能存在其他关系亲密的扶养人，民法典规定了被继承的扶养人或关系亲密的人可以酌情分得继承人遗产。根据民法典第 1131 条规定，酌分遗产请求权人包括两类：一是继承人以外依靠被继承人扶养的人；二是继承人以外对被继承人扶养较多的人。

传承法务在无主遗产处理中，应当从保护私有财产同时实现遗产扶养功能出发，关注酌情分得人的请求。在遗嘱确定归属于国家或集体所有制组织前，确定遗产是否存在酌情分得人。酌情分得人应当在遗产分割时提出请求，酌情分得人的权利不能实现或者受到侵犯时，可以协助请求权人以独立的诉讼主体资格向人民法院提起诉讼。酌情分得遗产请求权人不知道或不可能知道分割遗产时，遗产被认定为无主遗产归属国家或集体所有制组织时，请求权人需要在 3 年内起诉。关于请求权人可以分得的份额，民法典仅规定“可以”“适当”分给遗产，具体份额需要根据请求权人对被继承人扶养的程度，遗产多少等由法院确定。值得注意的是，应当注重相关扶养事宜的证据收集，以证明对被继承人扶养和付出较多，进而分得与其付出相适应的遗产份额。

4. 国家和基层组织

在清偿债务和分给酌情分得请求权人相应份额后还有剩余的，无主遗产最终归属于国家和集体所有制组织。这和多数国家立法类似，国家将成为无主遗产的最终归属主体。这意味着，在无主遗产处理过程中，国家或者集体所有制组织会参与其中。同时，民法典也规定了无主遗产由被继承人生前住所地的民政部门或村民委员会担任遗产管理人。社会发展进步过程中，人们财产的形式复杂多样，如有价证券、知识产权等，这往往需要一些专业管理知识。由于国家或基层组织在无主遗产处理上的时间精力或专业性有限，可以委托专业机构人士代为处理有关事务，也就是说，传承法律服务可以为国家或基层组织提供相关服务。具体而言，国家和基层组织可以与传承法务机构签订书面委托协议，约定双方在无主遗产处理中的权利义务。

传承法务服务对象是多样的，包括但不限于以上对象，如被继承人单位或继承人都可以成为服务对象。实践中，被继承人单位往往基于和被继承人之间存在的关系，对被继承人的遗产进行处理。民法典规定了丧失继承权的几种行为，同时也规定了有某些行为如伪造、篡改遗嘱行为获得被继承人谅解宽恕后，仍可以恢复继承权。因此，传承法务在无主遗产处理中，可能的服务对象范围很广。

二、传承法务的重点工作及流程

（一）传承法务的重点工作

传承法务在无主遗产的处理中所扮演的主要角色是提供法律服务，这就涉及无主遗产的认定、无主遗产的处理以及处理围绕着无主遗产所产生的其他法律问题等业务。传承法务主要涉及申请认定财产无主、密切跟踪公告、代理委托人进行诉讼以及无主遗产的管理等内容。

1. 申请认定财产无主

认定财产无主是无主遗产传承的前置环节，前文所述，我国民事实体法以及程序法对于无主财产的认定有着一套严密的流程。传承法务在该阶段的主要工作是辅助自然人、法人和其他组织向法院申请认定财产无主。作为专业的法律从业人员，该阶段传承法务的工作不仅囊括文书撰写和与法院的对接，也包括前期对无主遗产进行固定，核查与无主遗产相关债权债务以预判将来是否会涉及债权债务处理和诉讼。

2. 密切跟踪公告

向法院提出申请之后就进入无主财产的公告阶段，该阶段随时会出现对无主财产主张权利的人员。因此，在无主财产公告阶段，传承法务工作者应当密切跟踪公告情况，与法院保持对接。如果出现对无主财产主张权利的当事人，应当根据不同情况，结合委托人的诉求进行处理。

3. 代理委托人进行诉讼

诉讼是一种传统的纠纷解决方式，由于无主遗产中涉及的主体较少，无主遗产传承法务中诉讼工作并不多。常见的情形为无主遗产原所有权人生前负有债务，其逝世后债权人多会对遗产管理人或相关人员提起诉讼，以主张自己的债权，被告一般为管理无主遗产的组织或者放弃遗产继承权的继承人，例如，（2021）冀08民终990号一案中，债权人向放弃继承权的继承人提起诉讼。再如，（2020）辽0106民初4666号，债权人向无主遗产原所有权人关系密切的人提起诉讼被法院驳回。

涉及诉讼时，传承法务开展工作的内容应当区分诉讼提起的时点。在无主遗产认定前，传承法务工作者如律师、其他法律服务人员应当建议债权人核实当前财产归属以确定起诉对象，避免因主体错误被驳回起诉，从而浪费时间和财力。将来的遗产管理人、放弃继承权的继承人以及其他人员一方的传承法务工作者则应当准确掌握无主遗产当前的情况，一旦委托人成为被告，可以诉讼主体错误为由进行答辩，维护委托人的利益。

4. 无主遗产的管理

在完成申请与公告以及诉讼之后，无主遗产的属性已经确定，通过向法院再次申请，自然人或者组织可以取得无主遗产的所有权。在确定无主遗产的归属之后，围绕着无主遗产之上的债权债务关系等法律关系才可以随之确定。传承法务工作者在该阶段主要的工作是根据前期所确定的法律关系，代理委托人对无主遗产进行分配。首先，应当以遗产清偿原遗产所有人生前所负债务。其次，如果遗产最终归属于国家或者集体，还要注意该财产是否需要用于公益用途，以确定是否需要向民政部门进行备案。

（二）传承法务中无主遗产处理的流程及作用

根据民事诉讼法规定，提出申请认定财产无主的申请人是公民、法人或者其他组织。一般是财产的发现人；财产所在地的基层组织或者基层人民政府；该继承人死亡后的财产代管人等。按照民事诉讼法的规定，申请人申请认定财产无主，应当以书面形式向财产所在地基层人民法院提出。申请书应当写明财产的种类、数量以及要求认定财产无主的根据。

我国民事诉讼法规定了无主财产的认定程序与条件。首先，发现无主财产或作为财产管理人的机关、团体、企业事业单位、基层组织或个人，都可以向财产所在地基层人民法院提出无主财产认定申请。其次，申请人必须提交书面申请，写明财产的种类、数量，以及要求认定财产无主的根据。最后，法院审理认定财产无主案件适用特别程序。受理申请后，经审查核实，发出财产认领公告满一年无人认领的，就可以判决认定财产无主，收归国家或集体所有。财产的受托管理人向法院提出认定无主财产申请。法院立案后，首先对财产的受托管理人提交的证据材料进行审查，委托书、死亡证明、人事档案证据都能说明被继承人身故后财产确实无人继承或受遗赠。

认定财产无主是个严谨的程序，除了法院审查基本证据之外，还要通过公告广而告之，其目的是让潜在可以向财产主张权利的人知晓财产的存在，从而可以通过向法院提出申请来主张对可能被认定为无主的财产所享有的权利。法院依法在《人民法院报》上发出公告。一年公告届满后无其他权利人申请的，法院可判决无主财产收归国家所有。

（三）无主遗产的认定流程及传承法务的作用

尽管我国民法典、民事诉讼法以及两部法律的司法解释对无主财产的认定与无主财产的最终归属作出了明确的规定，但是徒法不足以自行，由于缺乏专门法律工作者的辅助，实践中在无主遗产的认定和处理问题上，仍出现了许多组织和个人因为不清楚程序和主体问题导致无主遗产迟迟未能申请认定，以及起诉主体错误从而浪费司法资源等问题。基于此，这里以流程图的形式简明概括无主遗产的认定、处理的流程，以及在此过程中传承法务所能发挥的作用（见图1）。

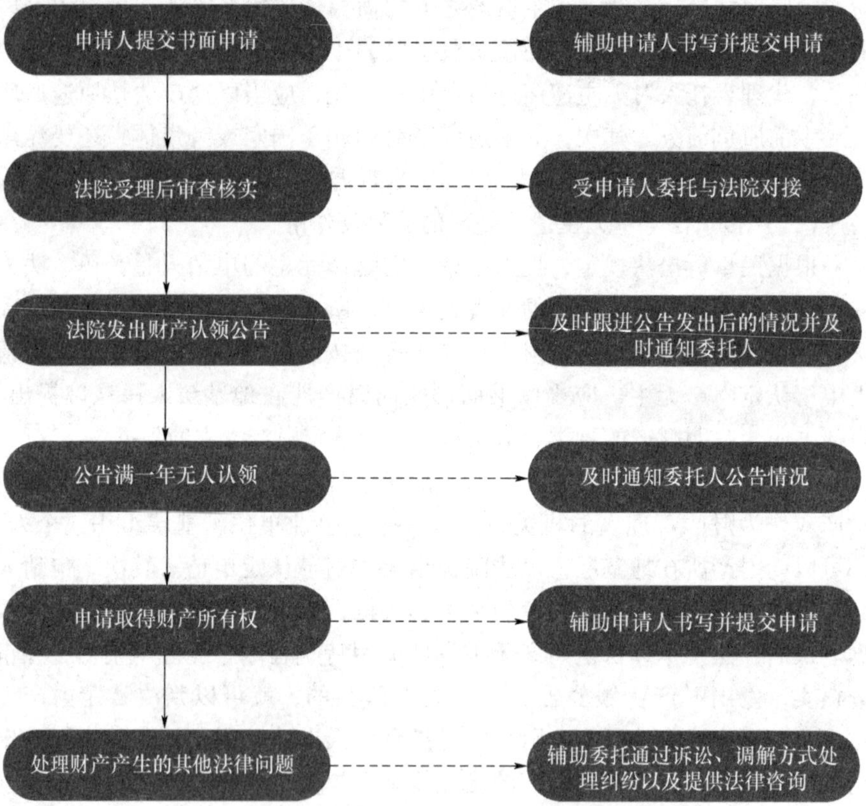

图1　无主遗产认定流程

三、 传承法务无主遗产处理的法律文书

（一）认定财产无主申请书

申请书（自然人）

申请人：×××，男/女，××××年××月××日生，×族，××××（工作单位及职业），住×××。

联系方式：×××××××××

法定代理人/指定代理人：×××，男/女，××××年××月××日生，×族，××××（写明工作单位和职业），住×××。

联系方式：×××××××××××

委托诉讼代理人：××××，×××××（工作单位及职业）

请求事项：

认定××××（写明无主财产的名称、数量）为无主财产，收归国家/×××（集体名称）所有。

事实和理由：

×××（遗产原所有人）于××××年××月××日因病去世，其逝世后留有××××（无主财产名称数量），×××生前未立遗嘱，亦无法定继承人（或继承人或被遗赠人放弃继承或遗赠），因此申请认定该财产为无主财产。

此致

××××人民法院（财产所在地人民法院）

申请人（签名或盖章）

×××年××月××日

申请书（法人或其他组织）

申请人：×××（组织名称），统一社会信用代码××××，住所地为×××××。

法定代表人：×××，男/女，××××年××月××日生，×族，××××（写明工作单位和职业），住×××。

联系方式：×××××××××××

委托诉讼代理人：××××，×××××（工作单位及职业）

请求事项：

认定××××（写明无主财产的名称、数量）为无主财产，收归国家/×××（集体名称）所有。

事实和理由：

×××（遗产原所有人）于××××年××月××日因病去世，其逝世后留有××××（无主财产名称数量），×××生前未立遗嘱，亦无法定继承人（或继承人或被遗赠人放弃继承或遗赠），因此申请认定该财产为无主财产。

此致

××××人民法院（财产所在地人民法院）

申请人（单位公章）

×××年××月××日

（二）放弃继承（受遗赠）声明书

放弃继承权声明书

声明人姓名：

性别：

出生日期：

身份证号码：

工作单位：

住址：

我是被继承人×××的×××，被继承人于××××年××月××日在×××死亡。

被继承人死后遗有财产如下（写明被继承人遗产）：

1. ×××银行存款××××元；

2. ××××房屋×套。

对上述遗产，现我郑重声明，我自愿无条件放弃上述财产中我应继承的份额，特此声明。

声明人：

声明地点：

声明时间：

在场证人：

放弃遗赠声明书（自然人）

声明人姓名：

性别：

出生日期：

身份证号码：

工作单位：

住址：

××年××月××日被继承人以遗嘱方式将其财产赠送给×××，被继承人于××年××月××日在×××死亡。

被继承人遗赠财产如下：

1. ×××银行存款××××元；

2. ××××房屋×套。

对上述遗产，现郑重声明，×××自愿无条件放弃上述遗赠财产，特此声明。

声明人：

声明地点：

声明时间：

在场证人：

放弃遗赠声明书（法人或其他组织）

声明人名称：

联系方式：

住址：

××年××月××日被继承人以遗嘱方式将其财产赠送给×××，被继承人于××年××月××日在×××死亡。

被继承人遗赠财产如下：

1.

2.

对上述遗产，现郑重声明，×××自愿无条件放弃上述遗赠财产，特此声明。

声明人：

声明地点：

声明时间：

在场证人：

（三）遗产管理委托协议书

遗产管理委托协议书

甲方：

住所地：
联系电话：
电子邮箱：
乙方：
住所地：
联系电话：
电子邮箱：

为维护甲方权益，甲方聘请乙方提供法律服务。甲乙双方经协商一致，订立本合同，以资共同遵守。

第一条　委托代理事项

甲方委托乙方管理（遗产原所有人）的遗产，乙方委派律师为其提供法律服务。甲方同意乙方律师委派其他律师或助理配合完成辅助工作。乙方提供遗产管理的具体服务内容为：

1.1 协助甲方申请认定财产无主；

1.2 处理因无主遗产所产生的各类法律纠纷；

1.3 梳理遗产以及遗产原所有人的债权债务情况，形成书面的定期报告；

1.4 若乙方委派的律师不在乙方单位执业或因其他原因导致乙方认为其不宜继续执行甲方的委托代理事项，乙方可另行委派本单位的其他律师完成本合同约定的法律服务。乙方变更委派律师自乙方作出书面决定时生效；

乙方另行委派其他律师的，应根据实际情况向甲方或甲方的继承人作出书面通知。

第二条　甲方的义务

2.1 若乙方认为甲方有必要提供乙方进行委托工作所必要的各项材料，甲方应予配合；

2.2 甲方应确保其向乙方提供的所有资料的真实性及准确性；

2.3 若甲方变更经常居住地、联系方式等信息，甲方应及时以书面形式通知乙方；

2.4 甲方应积极配合乙方完成本合同约定法律服务内容的相关事宜。

第三条　乙方的义务

3.1 乙方应当严格遵守职业道德和执业纪律，尽职尽责地根据法律、法规的规定完成本合同约定的委托事项，积极地维护遗产权利人的合法权益；

3.2 乙方应当遵循诚实守信的原则，依据法律、法规的规定作出专业判断，客观地告知甲方所委托事项可能出现的法律风险；

3.3 乙方应当及时告知甲方有关工作情况，对甲方了解委托事项的正当要求，应当尽快给予答复；

3.4 乙方对其获知的甲方的商业秘密/或者甲方的个人隐私负有保密义务，非由法律规定或者甲方同意，不得向任何第三方披露，否则将承担法律责任；

第四条　甲方应当向乙方律师就委托事务的具体事项提出明确、合理、合法的要求，应当真实、详尽和及时地向乙方律师叙述案情，提供与委托代理事项有关的全部证据、文件及其他事实材料，并对证据材料的真实性、合法性负责；若甲方隐瞒事实、伪造证据，由此产生的一切法律后果及给乙方造成的损失由甲方承担。

第五条　费用支付

根据《×××省律师服务收费管理办法》，经双方协商同意，甲方向乙方支付法律服务费的收费标准及支付方式如下：

5.1　甲方于本合同签订时向乙方支付如下费用：

5.1.1　首期法律服务费×××元；

5.1.2　乙方提供的首期法律服务内容为：申请认定遗产无主、遗产无主公告期间他人针对无主遗产所提起的诉讼、仲裁以及梳理遗产以及遗产原所有人的债权债务情况；

5.2　甲方于本合同订立之日起届满壹年前××日内，向乙方支付后期跟进服务费×××元，之后乙方的法律服务内容主要包括××××；

5.3　甲方取得无主遗产后，乙方按甲方评估价值的×××%收取后期法律服务费，该笔法律服务费应从甲方取得的无主遗产中先行扣除；若甲方取得的无主现金遗产不足以支付乙方的后期法律服务费，则由甲方或甲方指定的遗产受益人按比例先行垫付；

5.4　乙方收取上述法律服务费的银行账户如下：

银行户名：

银行账号：

开户行：

第六条　乙方律师办理本合同委托事项所发生的以下工作费用由甲方另行支付：

1. 相关行政、司法、邮政、公证、翻译、鉴定、评估、拍卖等其他机构收取的费用；

2. 律师调查取证过程中相关部门收取的费用；

3. 录音录像转录费（人民币×××元/小时）；

4. 提供法律服务期间发生的交通费、食宿费等；

5. 乙方征得甲方同意后支付的其他费用。

第七条　违约责任

7.1　乙方无正当理由不提供本合同约定的法律服务或者违反己方义务，甲方有权要求乙方退还部分或者全部已付的律师费。但甲方不得以如下理由要求乙方退费：

7.1.1　乙方应当依法履行职责，因故意或者重大过失造成委托人、遗产原所有人的债权人损害的，应当承担民事责任；

7.1.2　甲方就已委托乙方代理的事项单方面另行委托其他律师事务所的律师代理的；

7.1.3　乙方接受委托后，甲方以乙方收费过高为由要求退费的；

7.1.4　其他非因乙方或乙方律师的原因，甲方单方解除本合同的；

7.2　因甲方追加委托事项或因客观原因导致代理事项明显增多时，乙方有权增加律师代理费。否则，乙方仅在原委托范围内工作；

7.3　乙方律师因工作延误、失职，导致甲方蒙受重大经济损失，乙方应当通过律师执业责任保险确定赔偿，甲方不得要求乙方先行赔付，执业责任保险赔偿不足以弥补甲方损失的，乙方补充赔付金额不高于乙方因本合同而收取的代理费；

7.4　甲方有下列情形之一的，乙方有权解除合同或暂停工作直至甲方自行纠正时止：

7.4.1　甲方的委托事项违反法律或者违反律师执业规范的；

7.4.2　甲方有捏造事实、伪造证据或者隐瞒重要情节等情形的；

7.4.3　甲方逾期10日仍不向乙方支付律师代理费或者工作费用的。

第八条　法律服务期限

自本合同经双方签字生效时起算，至委托事项完成或因第九条之原因导致合同终止时结束。

第九条　合同终止

9.1　合同的终止

9.1.1　因甲方的原因导致本合同约定的法律服务无法完成的，视为合同终止；

9.1.2　如双方无法就变更本合同内容达成一致意见的，应视为乙方已经完成本合同约定的法律服务，合同终止；

9.1.3　若申请认定遗产无主期间，有第三人申请为财产所有人或遗产继承人、受赠人且法院支持第三人诉求，导致本合同无法继续履行的，合同终止。

第十条　争议的解决

甲乙双方如发生争议，应当友好协商解决。协商不成的，应将争议提交××仲裁委员会，按照提交仲裁时该会现行有效的仲裁规则进行仲裁。仲裁裁决是终局的，对甲乙双方均有约束力。

第十一条　本合同一式肆份，甲方执两份、乙方及乙方律师各执壹份。本合同自甲乙双方签字盖章之日起生效，自本合同约定的法律服务完结时终止。

第十二条　双方确认各自预留的地址和电子邮箱为有效的送达地址，涉及本合同的相关法律文件送达至对方预留的地址或成功发送至对方预留的电子邮箱即视为有效送达。

第十三条　甲乙双方在友好协商的基础上签订本合同，双方均对本合同的所有内容知悉了解并完全同意。

甲方：　　　　　　　　　乙方：××律师事务所

　　　　　　　　　　　　承办律师：

签约时间：　年　月　日　签约时间：　年　月　日

四、实务案例

申请指定民政局为遗产管理人案

基本案情：

申请人刘俊杰申请指定被申请人天津市河北区民政局为徐东遗产管理人一案，天津市河北区法院于2021年1月6日立案后，依法适用特别程序进行了审理。2月4日法院审结。

该案中申请人刘俊杰称，申请人与徐东系朋友关系，2020年4月2日，徐东因资金周转困难，向申请人借款200万元，到期未还。徐东与其母吴清霞于2020年4月5日同日同时跳楼自杀死亡。2020年7月2日申请人向天津市东丽区人民法院提起民间借贷纠纷诉讼，因徐东无其他继承人，东丽区人民法院作出（2020）津0110民初3674号之四民事裁定书，驳回申请人的起诉。现民间借贷之诉须确定遗产管理人后方可重新启动，根据民法典规定，应由徐东生前住所地的民政部门担任遗产管理人。2020年12月30日申请人通过电话、函件的形式与被申请人天津市河北区民政局沟通，但被申请人以无法确定徐东是否存在其他继承人为由，建议通过诉讼解决。综上，申请人作为利害关系人，向天津市河北区法院提出申请，判决指定被申请人天津市河北区民政局作为徐东遗产的管理人。

被申请人天津市河北区民政局称，不同意作为徐东的遗产管理人，本案申请人主体不适格，依据民法典规定，对遗产管理人有争议的，由利害关系人申请，申请人是否是利害关系人并没有生效文书明确身份，主体是否适格请法庭查明。本案作为非诉讼程序被继承人是否有其他继承人存在，在没有继承人的情况下才会指定民政局为其遗产管理人。本案中，应先确认徐东与其母是否有其他继承人，如本案有其他继承人存在，即便继承人放弃继承权，法庭仍可指定其继承遗产履行义务。另外，由河北区法院管辖不正确，公民经常住所与住所地不一致的，经常住所地优先登记为住所地，申请人应证明徐东生前经常住所地在河北区，对此应当举证。

经审理查明：徐东于2020年4月5日死亡，生前未婚、未生育子女。第一顺序继承人中，徐东父亲徐世江于2015年11月1日死亡，母亲吴清霞与徐东于2020年4月5日坠楼死亡。第二顺序继承人中，徐东祖父徐桂元于2004年2月26日死亡，祖母王惠凤于1999年9月20日死亡，外祖父吴树权于2019年3月18日死亡，外祖母杨连华于2010年12月24日死亡。

徐东的户籍地为天津市河北区××村××号，本人系非农业户口。

申请人刘俊杰于2020年7月2日以徐东为被告向天津市东丽区人民法院提起民间借贷纠纷诉讼，2020年12月9日天津市东丽区人民法院出具（2020）津0110民初3674号之四民事裁定书，认为原告起诉时被告已死亡，裁定驳回原告的起诉。

法院判决：

该法院认为，申请人以徐东无继承人为由，要求指定天津市河北区民政局作为徐东的遗产管理人。根据法院查明的事实，徐东于2020年4月5日死亡，依照原《中华人民共和国继承法》第10条的规定，徐东第一顺位的继承人为其配偶、子女、父母，第二顺位继承人为兄弟姐妹、祖父母、外祖父母。因徐东母亲与徐东同日死亡，徐东并无原《中华人民共和国继承法》第10条规定的其他继承人，致其遗产处于无人管理的状态。《中华人民共和国民法典》第1145条、第1146条对于没有继承人时遗产管理人的选任问题作出了新的规定。依照《最高人民法院关于适用〈中华人民共和国民法典〉时间效力的若干规定》第3条，民法典施行前的法律事实引起的民事纠纷案件，当时的法律、司法解释没有规定而民法典有规定的，可以适用民法典的规定，但是明显减损当事人合法权益、增加当事人法定义务或者背离当事人合理预期的除外。该案中，在徐东没有继承人的情况下，以法院指定的方式确定遗产管理人，解决各权利人针对徐东遗产的争议，更有利于管理和维护徐东的遗产，确保各权利人利益得以顺利实现。因此，该案可以适用《中华人民共和国民法典》第 1145 条、第 1146 条的规定。《中华人民共和国民法典》第 1145 条规定，继承开始后，遗嘱执行人为遗产管理人；没有遗嘱执行人的，继承人应当及时推选遗产管理人；继承人未推选的，由继承人共同担任遗产管理人；没有继承人或者继承人均放弃继承的，由被继承人生前住所地的民政部门或者村民委员会担任遗产管理人。徐东系城市居民，其于 2020 年 4 月 5 日死亡，现无原《中华人民共和国继承法》第 10 条规定的继承人。在此情况下，依照《中华人民共和国民法典》第 1145 条的规定，应由其居住地的天津市河北区民政局作为徐东的遗产管理人。

被申请人提出申请人主体不适格问题，因申请人已向法院提起债权之诉，法院以原告起诉时被告已死亡为由，裁定驳回起诉，应视为申请人刘俊杰与徐东存在利害关系。且选定天津市河北区民政局作为遗产管理人能够充分体现妥善管理、维护徐东财产的职责作用，因此对被申请人的主张不予支持。

依照《中华人民共和国民法典》第 1145 条、第 1146 条，《中华人民共和国继承法》第 10 条，《最高人民法院关于适用〈中华人民共和国民法典〉时间效力的若干规定》第 3 条，《中华人民共和国民事诉讼法》第 177 条的规定，该院判决如下：指定天津市河北区民政局为徐东的遗产管理人。该判决为终审判决。

专家点评：

在司法实践中，由债权人作为利害关系人申请法院指定遗产管理人的案例较为常见。由于指定遗产管理人是债权人获得清偿的前提条件，债权人一般会积极地推动该程序的启动。

本案是一起非典型的因指定无主遗产的遗产管理人而引起的纠纷。本案的焦点有两点：申请人主体是否适格，被申请人是否应当担任遗产管理人。

1. 关于申请人主体是否适格的问题

根据我国民法典第 1145 条和第 1146 条，无主遗产的利害关系人有权向人民法院申请指定遗产管理人，并且可以担任遗产管理人的对象仅有民政部门和村民委员会两类主体。本案申请人作为遗产原所有人的债权人，显然属于法律所规定的利害关系人，该利害关系人只要由申请人证明其与遗产原所有人之间存在合法的债权债务关系即可，并不需要生效法律文书加以明确。作为被申请人的民政部门所提出的其他理由也与民事诉讼法中的举证原则相悖。

2. 被申请人是否应当担任遗产管理人的问题

本案反映了法律条文规定与实务之间的差距，由法院指定遗产管理人制度的本意是为了确定无主遗产的管理责任主体，以保障无主遗产的公平处理，因此由民政部门和村委会担当无主遗产的遗产管理人更为合适。但是作为具体的责任主体，民政部门和村委会也有自己的利益考量。一旦成为无主遗产的遗产管理人，其需要清理遗产、防止遗产毁损灭失、依法分割遗产以及实施其他管理行为。与承担的义务形成鲜明对比的，是无主遗产的遗产管理人仅能依法获得一定的报酬。作为政府机关和基层群众自治组织，对民政部门和村委会在履行遗产管理人责任期间的权利义务并不对等，这也是本案民政部门不愿担任遗产管理人的原因。

为及时有效处理无主遗产，应完善无主遗产处理的政策法律规定，细化程序，明确各方权利和义务，增强操作性和可执行性。在实践层面应当加强对民政部门和村委会的宣传，使其认识到作为最后的法定遗产管理人所承担的重要责任。同时，要制定激励措施，例如，担任遗产管理人期间的工作成果纳入业绩考核中，以增强其担任遗产管理人的动力。

第七节　传承法务中的遗产管理人

民法典新确立的遗产管理人制度，将促使遗产得到妥善、有效的传承和管理，维护了继承人、遗产债权人等利害关系人的利益以及社会秩序的稳定。

一、遗产管理人概述

民法典第四章第1145条至第1149条对遗产管理人的选任、指定、职责和报酬等予以了规定，还有其他条款也涉及遗产管理人。

（一）遗产管理人的概念

遗产管理是指对死者遗产负责保存和管理的制度。在继承开始后到遗产的最终分割、处理时止，为了保护遗产不被损毁或散失，必须确定遗产管理人，对被继承人的遗产进行管理。遗产管理人是对死者遗产负责保存和管理的人。

遗产管理人，是指依法产生的，对自然人死亡后遗留的个人合法财产进行有效的清查、保管、计划，对受遗赠人、继承人和债权人进行的组织、领导、协调，最终达到依法、公平、合理分配遗产的管理人。

（二）遗产管理人的产生方式

民法典第1145条规定：“继承开始后，遗嘱执行人为遗产管理人；没有遗嘱执行人的，继承人应当及时推选遗产管理人；继承人未推选的，由继承人共同担任遗产管理人；没有继承人或者继承人均放弃继承的，由被继承人生前住所地的民政部门或者村民委员会担任遗产管理人。”民法典第1146条规定：“对遗产管理人的确定有争议的，利害关系人可以向人民法院申请指定遗产管理人。”对遗产管理人的产生方式有明确的法律规定，具体分为：

1. 遗嘱指定遗产管理人

当被继承人在遗嘱中指定了遗嘱执行人，但未另行指定遗产管理人时，继承开始后，应当由遗嘱执行人行使遗产管理人的职责。

如果遗嘱只处分了部分遗产，或者遗嘱只有部分有效，那么基于遗嘱人的信任，根据“遗嘱执行人为遗产管理人”的概括性法律规定，可以被认为对全部遗产具有管理权。但是，在这种情况下，如果遗嘱执行人坚持只执行和管理遗嘱涉及的遗产而明确不处理其他遗产时，就应当由遗产继承人担任遗嘱继承范围以外的遗产管理人；如果因此形成了争议，人民法院应当根据遗嘱人的真实意思表示和遗产继承人的主张，依法确定遗产管理人和遗产管理的范围。

2. 被继承人指定遗产管理人

被继承人在遗嘱中明确指定了遗产管理人的，或者被继承人与他人有指定遗产管理人约定的，属于被继承人生前根据自己的意志对遗产管理事项作出的安排，法律应当尊重，继承人也应服从。

被继承人指定遗嘱执行人，或者通过协议由被继承人确定遗产管理人，这是律师担任遗产管理人的唯一途径。因为如果没有被继承人的有效指定，那么只能由遗产承继人担任遗产管理人。

3. 继承人担任遗产管理人

没有被继承人生前指定遗产管理人的，继承人应当及时推选遗产管理人。由于我国采取当然继承主义，在继承开始后，遗产的权利应当归属于各继承人。继承人为一人的，则遗产直接转化为该继承人的个人财产，其进行的管理就是所有权人的管理，是当然的遗产管理人；继承人为多人的，各继承人皆可为遗产管理人，但为了遗产管理更好地进行，全体继承人可以共同推选一人或数人作为遗产管理人，由其进行遗产的管理活动；如果继承人未推选出遗产管理人，应由全体继承人共同担任遗产管理人，行使遗产管理人的职责。为维护家庭亲属关系和谐，在被继承人未留有遗嘱时，法律鼓励由继承人担任遗产管理人，以避免遗产流失损失，从而尽可能地保障继承人的继承利益。

如果没有遗嘱人确定，律师提供遗产管理法律服务的主要途径，那就是接受遗产管理人或者遗产继承人的聘请，这时律师的权力外观不是遗产管理人，而是受聘管理遗产的人。

4. 民政部门或者村民委员会担任遗产管理人

没有继承人或者继承人均放弃继承的，无主遗产由被继承人生前住所地的民政部门或者村民委员会担任遗产管理人。

值得注意的是，遗产管理人不能由居民委员会担任，而只能由被继承人生前住所地的民政部门担任。也就是说，无人继承又无人受遗赠的遗产归国家或集体所有制组织所有，由民政部门或村民委员会代表国家或集体所有制组织行使权利。由于“一村一律师”的村居顾问公益法律服务已经较为普及，民政部门一般也都配备了公职律师，目前遗产管理法律事务主要是通过政府购买服务方式由相关的律师提供服务。

5. 法院指定遗产管理人

对遗产管理人的确定有争议的，利害关系人可以向人民法院申请指定遗产管理人。主要适用于以下 4 种情况：（1）遗嘱未指定遗嘱执行人或遗产管理人，继承人对遗产管理人的选任有争议的；（2）没有继承人或者继承人下落不明，遗嘱中又未指定遗产管理人的；（3）对指定遗产管理人的遗嘱的效力存在争议的；（4）遗产债权人有证据证明继承人的行为已经或将要损害其利益的。法院指定遗产管理人应当遵循传者指定、承者自治的原则，既首先要满足遗嘱人传者的真实意愿，其次是遗产继承人的合理主张，原则上不能超过法定遗产管理人的范围去指定。

（三）遗产管理人与遗嘱执行人的区别

遗产管理人与遗嘱执行人存在一定区别。

1. 适用范围不同

遗嘱执行人只适用于遗嘱继承的情况，而遗产管理人除了可以遗嘱设定外，还可在法定继承、遗赠、无人继承遗产等相关继承事务中设定。

2. 产生方式不同

在遗嘱执行人由被继承人生前在遗嘱中指定的情况下，根据民法典规定，其自然为遗产管理人。只有在无遗嘱执行人又无指定遗产管理人的情况下，遗产管理人才由继承人及时推选产生或由继承人共同担任，或当没有继承人或者继承人均放弃继承的情况下，由被继承人生前住所地的民政部门或者村民委员会担任，在特定情形下，经利害关系人申请，还可由人民法院指定遗产管理人。

3. 行为依据不同

遗嘱执行人依遗嘱和法律规定执行遗嘱，遗产管理人在无遗嘱时只依照法律规定管理遗产，在有遗嘱但无遗嘱执行人时依照遗嘱和法律管理遗产。

4. 担任条件不同

遗嘱执行人必须是完全民事行为能力人，而遗产管理人在少数情况下可能是无行为能力人或限制行为能力人。在仅有一个继承人而该继承人是无行为能力或限制行为能力人的情况下，该继承人是法定的遗产管理人。但无行为能力人的遗产管理行为应当由其法定代理人代理，限制行为能力人管理遗产则应得到其法定代理人的允许。

（四）遗产管理人的变更和退出

被继承人可以通过遗嘱或者签订协议方式确定遗嘱执行人或者遗产管理人，在生前具有立遗嘱能力时，被继承人可以以书面形式予以反悔和变更。在遗嘱人去世后，遗产管理人的变更和退出的情形主要有：

1. 因主体因素变更遗产管理人，如法人或非法人组织担任遗产管理人的，执业许可证或者营业执照被吊销或者注销，出现解散、破产事由或者丧失承担执业责任风险的能力；自然人担任遗产管理人意外死亡、下落不明，或者丧失民事行为能力、健康出现问题的。

2. 遗产分割处分结束，遗产管理人终止履职。

3. 遗产债权人、受遗赠人、继承人基于相关事由请求变更遗产管理人，双方达成一致的。

4. 遗产管理人主动请辞且不至于造成利害关系人损失的，或以合理事由申请终止履职的。

5. 遗产管理人未尽其义务或损害继承人及遗产债权人利益的，利害关系人可以请求人民法院予以撤换遗产管理人。人民法院在指定遗产管理人之前，经利害关系人的请求，可以对遗产进行必要处分。

被继承人遗嘱指定的遗嘱执行人或者通过订立合同确定的遗产管理人，对遗产管理人发生争议，法院对申请变更遗产管理人的，需要满足一定条件才可以判决变更遗产管理人。如果遗产管理人不同意辞任，又不存在违法，或违背公序良俗，或有违诚实信用原则情形的，法院一般不得变更被继承人确定的遗产管理人；但如果遗产债权人、受遗赠人、继承人协商一致请求变更遗产管理人，被继承人指定遗产管理人却也未约定报酬的，法院可以在综合评判被继承人的遗嘱自由保护和遗产有效处置的基础上，据实判决是否变更。

（五）遗产管理人的报酬

民法典第1149条规定："遗产管理人可以依照法律规定或者按照约定获得报酬。"民法典只对遗产管理人的报酬作了原则性规定，具体数额的确定还须依照其他法律或当事人自行约定。

1. 依照法律规定获得报酬

如指定律师担任遗产管理人，可以按照律师收费标准确定报酬数额。按照法律规定或者合同约定遗产管理人获得报酬，如果不履行给付报酬的，遗产管理人可以向法院起诉请求给付。

2. 按照约定获得报酬

在委托遗产管理人时，双方可以签订合同约定报酬数额；在指定遗嘱执行人的同时也可以确定一个遗嘱执行人执行费用的比例，相当于遗产管理报酬的要约。遗产管理人报酬应当在遗产中支付，享有优先权。遗产管理人也可以委托专业律师进行遗产管理，约定遗产管理的报酬。

3. 无偿提供遗产管理

遗产管理人也可以是无偿的。

二、遗产管理人的职责及责任

（一）遗产管理人的职责

根据民法典第1147条规定，遗产管理人应当履行的职责为：第一，清理遗产并制作遗产清单；第二，向继承人报告遗产情况；第三，采取必要措施防止遗产毁损、灭失；第四，处理被继承人的债权债务；第五，按照遗嘱或者依照法律规定分割遗产；第六，实施与管理遗产有关的其他必要行为。明确规定遗产管理人必须履行的管理职责，没有做到就是失职，应依法承担相应责任。

在继承遗产与清偿债务方面，在权衡保护遗产债权人和继承人利益时，法律对遗产债权人利益倾斜性保护，继承人利益的保护则用限定继承和特留份、必留份制度加以协调。遗产管理人作为平衡继承法律关系当事人利益的独立法律体，应当具有比继承人管理和处分未决遗产的优先权利顺位。遗产管理人应当履行的职责体现在以下几个方面。

1. 清理遗产并制作遗产清单

清理遗产，是指查清遗产的名称、数量、地点、价值等状况。在对有关遗产查清的基础上，遗产管理人应当编制遗产清单，全面、准确地载明遗产的具体情况，既包括对积极财产的记载，也包括对消极财产的记载。

2. 向继承人报告遗产情况

遗产清理后，遗产管理人应及时向继承人报告，使继承人掌握被继承人遗留遗产的情况，监督遗产清理工作。

3. 采取必要措施防止遗产毁损

遗产管理人在管理遗产时，需要采取必要的保护措施，例如，变卖易腐物品、修缮房屋、进行必要的营业行为、收取到期债权等。这些必要的处分措施是为了保存遗产而为的，不能超越必要限度。如果超出限度，则属于遗产管理人的非必要处分行为，对继承人、受遗赠人等造成损害的，应由遗产管理人承担赔偿责任。在遗产管理中，如果有必要进行诉讼的（如为了取得到期债权），遗产管理人可以向法院提起诉讼。

4. 处理被继承人的债权债务

遗产管理人应当对已知的继承人、受遗赠人、债权人进行通知，告知继承的开始，使其表明是否受遗赠或申报债权。在无法得知继承人、受遗赠人、债权人时，遗产管理人应当向法院申请公告，要求继承人、受遗赠人、债权人等在公告所规定的期限内申报债权或表明是否受遗赠。遗产管理人在通知或公告后，对于有关遗产债务应当进行清偿，以遗产的实际价值为限。对遗产债务的清偿应当按照一定的顺序，对同一顺序的债务无法全部清偿的，可以按一定的比例清偿。对遗产债务的清偿应当先清偿后继承，只有在清偿完毕债务后尚有剩余遗产的，才能按照被继承人的遗嘱执行，或者依法继承。

5. 按照遗嘱或者依照法律规定分割遗产

在继承开始后，如果存有被继承人遗产的人不是继承人，或者是存有遗产的是放弃继承权的继承人，应当将遗产进行集中管理。如果只有一个继承人，则应当及时将遗产移交给继承人。如果有两个以上继承人的，则应当进行遗产分割，将分割后的遗产交给继承人。

6. 实施与管理遗产有关的其他必要行为

遗产管理人应查明被继承人是否留有遗嘱，如果留有遗嘱，应当确定该遗嘱是否真实、合法，是否有效。同时，遗产管理人应当查明并且通知承受遗产的权利人，包括继承人、受遗赠人、遗赠扶养协议中的扶养人等，也应当查明被继承人的债权人和债务人，以及是否有需要一并处理的保险、财富信托、慈善信托、助孝信托服务、搭伴养老、以房养老、生前契约等合同权利义务。

（二）遗产管理人未尽职责的民事责任

遗产管理人应当依法、忠实、谨慎地履行管理职责，不得利用手中的职权和地位为自己或他人牟取不正当利益，从而损害利害关系人的合法权益。

民法典第1148条规定："遗产管理人应当依法履行职责，因故意或者重大过失造成继承人、受遗赠人、债权人损害的，应当承担民事责任。”明确规定遗产管理人因故意或者重大过失的民事责任。

1. 故意造成的损害

2. 重大过失造成的损害

3. 合同约定过失

但是，如果遗产管理人履行管理职责为有偿时，根据权利义务相一致的原则，即使轻过失依据管理合同约定，也应承担责任。

4. 承担民事责任的方式

遗产管理人承担民事责任的归责原则是过错责任原则。根据民法典第179条规定，承担民事责任的方式主要有：停止侵害；排除妨碍；消除危险；返还财产；恢复原状；修理、重作、更换；继续履行；赔偿损失；支付违约金；消除影响、恢复名誉；赔礼道歉。法律规定惩罚性赔偿的，依照其规定。

目前，我国法律规定的民事责任主要以补偿损失为原则，对遗产管理人在遗产管理活动中因故意或者重大过失给继承人、受遗赠人、债权人造成损害的，应根据具体情况来选择适用上述十一项民事责任中的一项或几项方式。对于是否适用惩罚性规定，民法典继承编并无规定。

三、 实务案例

（一）被继承人债务清偿纠纷中继承人放弃继承时的司法处理[①]

基本案情：

2012年5月10日，建行某支行与黄某平签订《个人住房贷款借款合同》《抵押贷款合同》，约定建行某支行向黄某平发放贷款30.4万元，黄某平以其白塔路某号的房产提供抵押担保，并办理了抵押登记。建行某支行按约发放了贷款，黄某平亦按月归还贷款。2016年6月2日，黄某平死亡。黄某峰系黄某平唯一法定继承人，黄某平死亡后其房屋一直由黄某峰代管。黄某峰代还几期按揭贷款后未再继续还款。

建行某支行遂诉至法院，请求黄某峰在继承遗产范围内偿还贷款本息、违约金及律师费等实现债权的费用；确认建行某支行对案涉房产享有抵押权，在黄某峰不清偿上述债务时，有权以该抵押物折价或者以拍卖、变卖的价款在上述债权范围内优先受偿。

黄某峰辩称，黄某平借款属实，但其放弃继承。

① 重庆市合川区人民法院（2018）渝0117民初11178号民事判决书。

法院判决：

法院经审理认为，黄某峰已在诉讼中明确表示放弃继承，对被继承人债务可以不负偿还责任，黄某峰不是本案适格被告，遂裁定驳回起诉。

建行某支行不服，向中级人民法院提起上诉。二审法院经审理认为，《最高人民法院关于贯彻执行〈中华人民共和国继承法〉若干问题的意见》第60条主要适用于继承纠纷，在被继承人债务清偿纠纷中，不能简单依此认定被告不适格。本案债权债务关系明确，且案涉房屋为抵押财产，在现有无人继承遗产清偿债务制度尚不健全的情况下，根据公平和诚信原则，应从黄某峰遗产保管人身份确定其责任。遂裁定撤销原裁定，指令一审法院审理本案。

法院经重审后判决：建行某支行在黄某平遗产范围内享有借款本金268015.43元及利息9488.85元的债权；黄某峰对建行某支行在处分黄某平所有的白塔路某号的房产时有相应的协助义务；驳回建行某支行的其他诉讼请求。

宣判后，双方当事人均未上诉，判决已经生效。

案例分析：

本案判决时民法典尚未出台。根据原继承法第32条第2款规定，继承人放弃继承的，对被继承人依法应当缴纳的税款和债务可以不负偿还责任。被继承人债务清偿纠纷中，当债务超过遗产的实际价值时，继承人往往趋向于放弃继承，从而导致遗产无人继承的情形并不鲜见。可见，民法典有关遗产管理人制度的建立具有现实意义。

当只有一个继承人且遗产为不动产的，取得继承判决或完成所有权过户登记可表征继承人已完成继承。本案中，黄某峰既未取得继承判决，也未办理案涉房屋过户登记手续，因此，黄某峰未完成继承，其在本案诉讼中声明放弃继承符合原继承法的规定。但我国当时既无遗产管理人制度，也无管理无人继承遗产的专门机构，债权人往往面临无适格被告的尴尬境地，必将使债权长时间无法实现。在本案中，法院认为黄某峰一直实际控制和管理案涉房屋，应当认定黄某峰为黄某平遗产的保管人。因黄某平与建行某支行之间借贷、抵押的法律关系非常明确，应当对建行某支行请求黄某峰协助清偿被继承人债务的诉讼请求予以支持。这一类判决对于加快民法典有关遗产管理人制度确立和出台起到了推动作用，本案判决结果与民法典新规定也有异曲同工之处。

虽然保管与管理制度之间存在重合的部分，但二者本质上是有很大差别的。首先，遗产保管人唯一的义务在于保管，其主要功能在于保障遗产免受侵害，对保管的遗产没有权利进行管理与处分，所以本案法院仅判决了一个协助义务。而遗产管理人对遗产拥有管理与处分的权利，法律规定了明确的权利和职责，既需要对遗产实施保管的职能，也需要行使管理与处分的职能，从而保障遗产利害关系人的合法利益。可见，遗产管理人的功能明显广于遗产保管人。

根据民法典第 1145 条规定，没有继承人或者继承人均放弃继承的，由被继承人生前住所地的民政部门或者村民委员会担任遗产管理人。根据民法典第 1147 条规定，遗产管理人应当采取必要措施防止遗产毁损、灭失；处理被继承人的债权债务。也就是说，如果在民法典生效后审理本案，依法追加当地民政部门或者村民委员会为被告，并判决其承担管理人职责即可。

（二）未推选遗产管理人的应由其继承人共同担任遗产管理人[①]

基本案情：

张某君从王某俊处借款 57500 元的事实已被（2016）吉 0723 民初 834 号生效判决确认，并对担保合同进行了认定，判决由被上诉人（原审原告）王某某承担担保责任。（2019）吉 0723 执恢 352 号结案通知书证实王某某承担保证责任一案已执行完毕……故法院认定，原告王某某已实际履行了保证责任，给付王某俊 49237 元，王某某在 49237 元的范围内有权向债务人张某君进行追偿，由于张某君已死亡，王某某有权在该范围内以张某君遗产价值为限向其继承人进行追偿。

法院判决：

法院认为，原告王某某因生效判决承担保证责任后，依法对债务人享有追偿权，其追偿数额应为其实际承担的数额 49237 元。因债务人张某君已死亡，应以其遗产实际价值为限，清偿张某君依法应当缴纳的税款和债务。因遗产尚未分割，且未推选遗产管理人，应由其继承人即四被告共同担任遗产管理人。现查明的遗产仅为收割机的变卖款 60000 元，四被告应以此款为限清偿原告上述债务。故对原告王某某诉请中的 49237 元，本院予以保护，对其余部分，本院予以驳回。

案例分析：

本案是一起依据民法典保护债权人债务确定遗产管理人的实际案例。遗产管理人制度的建立，有利于更好地解决遗产纠纷，保障遗产利害关系人的利益。被继承人死亡后，其遗产利益可能会涉及其生前的债权人，在

① 吉林省松原市中级人民法院（2020）吉 07 民终 1882 号民事判决书。

缺失遗产管理人制度的状况下，部分债权人的权益就得不到保障，遗产管理人职责的确立，当遗产管理人因故意或者重大过失，造成遗产受损的，遗产管理人必须承担相应的责任，以此限制遗产管理人滥用权利，实现了法律的正义价值。

（三）转继承的继承人的遗产管理人异议申请案①

基本案情：

被继承人徐某于2020年4月5日坠楼死亡。徐某生前未婚，无子女。第一顺序继承人中，徐某父亲徐某江于2015年11月1日死亡；母亲吴某霞与徐某同日坠楼死亡。第二顺序继承人中徐某祖父徐桂元于2004年2月26日死亡，祖母王惠凤于1999年9月20日死亡；外祖父吴树权于2019年3月18日死亡，外祖母杨连毕于2010年12月24日死亡。异议申请人吴某风与吴某霞系姐妹关系。

2021年1月6日，被申请人刘某某以与徐某存在民间借贷关系，作为利害关系人，向法院提出申请，请求指定天津市某区民政局作为徐某遗产的管理人。

法院于2021年2月4日下达（2021）津0105民特9号民事判决书，认为：徐某系城市居民，其于2020年4月5日死亡，并无当时《中华人民共和国婚姻法》第10条规定的继承人。在此情况下，依照《中华人民共和国民法典》第1145条的规定，应由其居住地天津市某区民政局作为徐某的遗产管理人，判决指定天津市某区民政局为徐某的遗产管理人。

在法院指定天津市某区民政局为徐某的遗产管理人后，异议申请人吴某风以其在异议中提出的事实及理由，对此判决提出异议，并提交徐某、吴某霞二人的居民死亡医学证明（推断）书及（2020）津河西证字第3548号公证书等材料进行佐证。

法院判决：

法院审查后认为，依照徐某死亡时有效的《中华人民共和国继承法》第10条的规定，继承人的范围和继承顺序为，第一顺序：配偶、子女、父母；第二顺序：兄弟姐妹、祖父母、外祖父母。虽然异议申请人吴某风提交的证明材料表明吴某霞后于徐某死亡，但异议申请人吴某风相对于被继承人徐某而言，显然不在上述规定的继承人范围之内，并非徐某的继承人。根据《中华人民共和国民法典》第1145条的规定，继承开始后，遗嘱执行人为遗产管理人；没有遗嘱执行人的，继承人应当及时推选遗产管

---

① 天津市河北区人民法院（2021）津0105民特监1号民事裁定书。

理人；继承人未推选的，由继承人共同担任遗产管理人；没有继承人或者继承人均放弃继承的，由被继承人生前住所地的民政部门或者村民委员会担任遗产管理人。因此，法院在徐某遗产的处理已起争议的情况下，从有利于管理和维护徐某的遗产，确保各方利益得以顺利实现，而指定天津市某区民政局为徐某的遗产管理人并无不当。异议申请人吴某风提出的继承公证问题，该指定也未直接排除异议申请人吴某风的权利，故异议申请人吴某风提出的异议不成立。综上所述，依照《最高人民法院关于适用〈中华人民共和国民事诉讼法〉的解释》第374条之规定，裁定如下：驳回异议申请人吴某风撤销（2021）津0105民特9号指定天津市河北区民政局为徐某遗产管理人一案民事判决的请求。

案例分析：

本案异议申请人吴某风系被继承人徐某母亲吴某霞的姐姐，虽徐某与吴某霞于2020年4月5日同日死亡，但徐某的死亡时间先于吴某霞，且徐某生前未婚无子女，其第一顺序继承人只有母亲吴某霞一人，应由吴某霞继承徐某的相关遗产。而吴某霞在徐某去世后遗产分割前死亡，且吴某霞死亡时无第一顺序继承人，吴某霞系被继承人徐某的合法继承人，故其继承徐某遗产的权利应转给吴某风继承，并已办理了相应的继承公证。但是在本案发生之前，利害关系人刘某某以被继承人徐某无继承人为由向法院申请指定遗产管理人，法院作出了指定民政局为徐某的遗产管理人的判决。本案的转继承的继承人诉请撤销这一先前指定判决是否应当受到支持？该判决结果确有值得商榷的一面。

首先，根据民法典的规定，当没有继承人的，由被继承人生前住所地的民政部门担任遗产管理人。本案徐某与吴某霞虽于同日死亡，但徐某的死亡时间先于吴某霞，也就是说，继承开始后徐某是有继承人的，同时具有转继承的客观现实，这与无主遗产具有本质上区别，判决应否适用“由被继承人生前住所地的民政部门担任遗产管理人”的法律规定存有疑问。

其次，吴某霞是徐某的唯一继承人，公证处也已经为转继承的继承人吴某风作出了继承公证，所以本案遗产并不存在有归属国家承继的部分，这种情况下判决民政部门担任遗产管理人，并不符合立法的本意，这种扩大民政部门责任的认定还可能会令民政部门不堪重负。确定遗产管理人并不是遗产继承的必经程序，况且民法典第1152条还规定，继承开始后继承人于遗产分割前死亡并没有放弃继承的，该继承人应当继承的遗产转给其继承人，吴某风的转继承公证书也已开具了，证明相关事实已经得到了依法确认，这时应当根据民法典第 1161 条的规定，由转继承的继承人以所得遗产实际价值为限清偿被继承人债务即可。

第八节 传承法务中的遗嘱

遗嘱既是一份具有法律意义的文书，也是财富传承的工具之一，在传承法务中具有重要的作用。随着我国经济的高速发展，人们生活水平不断提高，个人财富持续增长，人们对传承的重视程度逐渐加强，立遗嘱的行为也变得较为普遍。基于民法典取消了公证遗嘱最高法律效力的地位，遗嘱与过去相比变得更为自由，但实践中也会因为质疑遗嘱的效力而产生纠纷，因此对遗嘱的规范提出了较高要求。

本节将全面介绍遗嘱的概念、特征、效力、分类，并提供遗嘱范本。具有涉外因素的遗嘱，作为涉外传承的一部分，于本书第九章第一节进行专门介绍。

一、 遗嘱概述

遗嘱是指传者生前对其死后遗产所作的处分和处理其他事务的嘱咐或嘱托。民法典第 1133 条明确规定：“自然人可以依照本法规定立遗嘱处分个人财产，并可以指定遗嘱执行人。自然人可以立遗嘱将个人财产指定由法定继承人中的一人或者数人继承。自然人可以立遗嘱将个人财产赠与国家、集体或者法定继承人以外的组织、个人……”

（一）遗嘱的定义

遗嘱是指遗嘱人生前依法定形式对其所有的个人财产进行处分或对其他事务的处理，并于死亡时发生法律效力的单方民事法律行为。

（二）遗嘱的法律特征

根据遗嘱的定义，总结遗嘱具有以下特征：

第一，遗嘱是立遗嘱人的单方法律行为。只要有立遗嘱人的单方意思表示，遗嘱即成立，不要求有他人的相对应的意思表示。故遗嘱人在死亡前，可以随时变更或撤销遗嘱。

第二，遗嘱权是一种具有人身性质的权利，只能由遗嘱人自己行使，故设立遗嘱不能代理。

第三，遗嘱是立遗嘱人死后生效的法律行为。

第四，遗嘱是要式的法律行为，即立遗嘱必须符合法律规定的形式。

（三）遗嘱的效力

根据遗嘱的定义，我们知道立遗嘱是遗嘱人处分自己财产的法律行为，作为一种法律行为，立遗嘱与所有的法律行为一样，需要具备一定的条件才能确定有效。这一定的条件，就是遗嘱的有效要件。遗嘱的有效要件可分为形式要件和实质要件两种。遗嘱的形式要件，是指不同的遗嘱类型必须具备相应的形式才能确定有效。民法典规定了六种遗嘱类型，本节会在遗嘱形式的分类中详细介绍。

遗嘱的实质要件，民法典分不同条款进行了明确规定。具体如下：

1. 遗嘱人立遗嘱时，应当具有遗嘱能力

遗嘱能力是指遗嘱人具有完全民事行为能力，依法享有设立遗嘱，并自由处分其财产的行为能力。

民法典第1143条第1款规定："无民事行为能力人或者限制民事行为能力人所立的遗嘱无效。"所以，此要件表明只有完全民事行为能力人才具备遗嘱能力，且在立遗嘱时具备此能力。

换言之，在立遗嘱时，遗嘱人有遗嘱能力的，其后虽丧失遗嘱能力，遗嘱也不因此失去效力。

2. 遗嘱人立遗嘱时必须是自愿的，且意思表示真实

遗嘱人在立遗嘱时完全是出于自愿，是立遗嘱人的真实意思表示，而不是受他人的胁迫或欺骗而设立的。遗嘱人生前可能立几份遗嘱，判断遗嘱是否为遗嘱人的真实意思表示，原则上应以遗嘱人最后一份遗嘱中作出的意思表示为准。

3. 遗嘱的内容必须合法

遗嘱的内容不得与国家的法律法规相悖，且遗嘱所处分的财产范围，应当是遗嘱人个人所有的合法财产。民法典第1122条第1款规定："遗产是自然人死亡时遗留的个人合法财产。"第1133条中规定，"自然人可以依照本法规定立遗嘱处分个人财产"。

以上条款明确遗嘱的内容必须具备两个特征——"私有性"和"合法性"。"私有性"表明，遗嘱人仅能以遗嘱的方式对个人所有的财产进行处置，而不能处分国家、集体或者他人所有的财产，否则遗嘱的该部分内容无效。"合法性"表明，遗嘱处分的个人财产应当是遗嘱人合法所有的财产，如遗嘱内容涉及的财产不具有合法性，则遗嘱对应的该部分内容应被认定无效。

4. 遗嘱的必留份

民法典第1141条规定："遗嘱应当为缺乏劳动能力又没有生活来源的

继承人保留必要的遗产份额。”即遗嘱人立遗嘱时必须对缺乏劳动能力又没有生活来源的继承人保留必要的遗产份额，包括给胎儿保留继承份额，否则，这份遗嘱将会被认定部分无效。实践中，也有学者称其为“必留份制度”，属于强制性规定。该制度能够实现保障遗嘱自由和限制遗嘱自由的统一，养老育幼、维护弱者利益，[①] 以此起到一定的维护社会秩序的作用。

5. 遗嘱不得违背社会公共秩序和善良风俗

民法典规定违背公序良俗的民事法律行为无效。即遗嘱人所立遗嘱如果损害了社会公共利益，或者遗嘱的内容违背社会公共道德，则该遗嘱当然无效。

（四）遗嘱的其他问题

1. 遗嘱的撤回、变更

根据民法典第1142条规定，遗嘱人可以撤回、变更自己所立的遗嘱。立遗嘱后，遗嘱人实施与遗嘱内容相反的民事法律行为的，视为对遗嘱相关内容的撤回。

此条款说明，遗嘱人从立遗嘱到遗嘱人死亡、遗嘱生效的这段时间，可能会因种种原因，改变其当初立遗嘱时的意愿和想法。法律允许并保障遗嘱人撤回、变更自己所立的遗嘱，这是民法典意思自治原则在继承领域的具体体现。同时，需要注意的是，遗嘱人立遗嘱后，虽然没有明确的意思表示撤回遗嘱，但是其行为已经表明撤回遗嘱时，应当视为遗嘱人具有撤回遗嘱的意思表示。例如，遗嘱人立遗嘱去世后将房产留给子女，结果生前却把房产出售给他人，此行为视为撤回了所立遗嘱中将房产留给子女继承的内容。

遗嘱的撤回和变更产生的法律后果为：遗嘱中被撤回、被变更的内容不发生效力。

2. 遗嘱的效力顺位

当遗嘱人立有数份遗嘱，内容相抵触的，以最后的遗嘱为准。对遗嘱人所立数份内容相抵触的遗嘱，民法典改变了以前“自书、代书、录音、口头遗嘱，不得撤销、变更公证遗嘱”的公证遗嘱效力最高的规定，现行法律是以立遗嘱的时间作为判断标准，认定遗嘱的效力，无论遗嘱形式如何，以遗嘱人所立的最后一份遗嘱为准，即遗嘱人最后立的遗嘱具有优先适用的效力。

---

① 李晓娟：《我国〈继承法〉应完善必留份制度》，载《湖北社会科学》2013年第9期。

3. 附义务遗嘱

民法典第1144条规定，遗嘱继承或者遗赠附有义务的，继承人或者受遗赠人应当履行义务。没有正当理由不履行义务的，经利害关系人或者有关组织请求，人民法院可以取消其接受附义务部分遗产的权利。

二、遗嘱继承与法定继承、遗赠的关系

（一）遗嘱继承与法定继承

遗嘱继承与法定继承是以继承人继承财产的方式为标准所作的分类，这也是对继承最基本、适用范围最广泛的分类。遗嘱继承是指于继承开始后，继承人按照被继承人的合法有效的遗嘱继承被继承人遗产的一种继承方式。在遗嘱继承中，具体的继承人、继承顺序、应继份、遗产的管理、遗嘱的执行等都由被继承人在遗嘱中指定，也就是直接决定于被继承人生前的意思。法定继承是指继承人范围、继承顺序、继承条件、继承份额、遗产分配原则及继承程序均由法律直接规定的继承方式。在法定继承中，有关继承的各个方面是由法律直接规定的，而不是由被继承人的意思直接确定的。

1. 遗嘱继承与法定继承的联系

（1）遗嘱继承与法定继承可以并存

法定继承与遗嘱继承并非对立，被继承人立有合法有效遗嘱对其部分财产进行处分时，则继承开始后，对于遗嘱所处分的部分遗产应当按照遗嘱继承办理，而对于遗嘱未涉及的遗产部分则按照法定继承处理。存在法定继承与遗嘱继承并存适用的情形。

（2）法定继承是遗嘱继承的基础

虽然遗嘱继承优先于法定继承适用，但被继承人在订立遗嘱时，必须遵照法定继承的有关规定。在我国，立遗嘱人指定的遗嘱继承人必须限定在法定继承人范围之内，法定继承有关法定继承人范围的规定是遗嘱继承的基础。如果立遗嘱人指定法定继承人范围之外的人承受遗产则不再是遗嘱继承，而是遗赠。

（3）法定继承是对遗嘱继承的补充

继承开始后，如果存在合法有效遗嘱的，应优先适用遗嘱继承或遗赠；只有在不存在遗嘱或者遗嘱无效以及未对有关遗产进行处分等情形时，才能适用法定继承。因此，法定继承是对遗嘱继承的补充。

（4）法定继承是对遗嘱继承的限制

在遗嘱继承中，立遗嘱人不能违反法律的限制规定，如立遗嘱人处分

特留份或者必留份的遗嘱无效。尽管遗嘱继承适用在先，法定继承适用在后，遗嘱继承限制了法定继承的适用范围，但同时法定继承也是对遗嘱继承的限制。

2. 遗嘱继承与法定继承的区别

（1）继承事项的产生基础不同

在遗嘱继承中，被继承人用遗嘱的方式对遗产由哪些人继承、继承多少等事项的确定，主要取决于被继承人对继承人的经济情况的关注以及彼此的感情好坏等。在法定继承中，法律根据血缘关系、婚姻关系以及扶养关系，直接确定继承人的范围、继承的顺序、遗产分配原则以及继承份额等。

（2）体现被继承人意愿的程度不同

在遗嘱继承中，遗嘱是被继承人意愿的直接表示与体现，根据遗嘱来确定继承人以及继承份额，则是对被继承人意愿的尊重。在法定继承中，在法定继承人、继承份额的确定上，都是由法律直接加以规定的，对被继承人的意愿体现并不充分。

（3）继承人参加继承的顺序不同

在遗嘱继承中，继承开始后，遗嘱继承人就按照遗嘱的内容参加继承，获得遗产，不受法定继承顺序的限制，即使被指定的遗嘱继承人是第二顺序的法定继承人中的继承人，也依遗嘱参加继承。在法定继承中，继承开始后，先由第一顺序继承人参加继承；当没有第一顺序继承人或者第一顺序继承人全部丧失继承权或放弃继承权时，第二顺序继承人才可参加继承。

（二）遗嘱继承与遗赠

遗赠是指自然人在生前订立遗嘱，将其个人财产赠与国家、集体或者法定继承人以外的自然人，而于其死亡后才发生法律效力的单方民事法律行为。立遗嘱的自然人为遗赠人，被指定赠与财产的人为受遗赠人，遗嘱中指定赠与的财产为遗赠财产或遗赠物。遗赠是在遗产继承中发生的赠与他人财产的法律现象。因此，遗赠与遗嘱继承、赠与有相似之处，但它们是不同的法律行为。首先，受遗赠人和遗嘱继承人的范围不同。受遗赠人可以是法定继承人以外的任何自然人，也可以是国家和集体，但不能是法定继承人范围之内的人。遗嘱继承人则只能是法定继承人范围之内的人，而不能是法定继承人以外的自然人或单位。而赠与是遗嘱之外，自然人生前处分财产给他人的法律行为，他人可以是法定继承人或是法定继承人以外的自然人或单位。

其次，受遗赠权与遗嘱继承权客体的范围不同。受遗赠权的客体只是遗产中的财产权利，不包括财产义务，受遗赠人接受遗赠时只承受遗产中的权利而不承受遗产中的债务。而遗嘱继承权的客体是遗产，而且遗嘱继承人对遗产的继承是概括地承受，在承受遗产的同时，还担负着清偿被继承人债务的义务。

最后，受遗赠权与遗嘱继承权的行使方式不同。受遗赠权是一种形成权，而且60日的期间为受遗赠权的除斥期间，从知道受遗赠后60日内未作出接受的表示，即视为放弃受遗赠。受遗赠人表示接受遗赠的，得要求遗嘱执行人向其移转遗赠的标的，受遗赠权优于继承人的继承权，继承人只能继承执行遗赠后剩余的遗产。而遗嘱继承人自继承开始至遗产分割前未明确表示放弃继承的，即视为接受继承，放弃遗嘱继承权须于此期间内作出明确的意思表示。

三、遗嘱形式分类

民法典规定的遗嘱形式包括以下六种：自书遗嘱、代书遗嘱、打印遗嘱、录音录像遗嘱、口头遗嘱和公证遗嘱。

（一）自书遗嘱

1. 定义

根据民法典第1134条规定，自书遗嘱，是指遗嘱人生前亲笔书写，签名，注明年、月、日的遗嘱。即自书遗嘱是遗嘱人根据自己的意愿，对其去世后的财产或其他事务预先作出处分，遗嘱的形式为遗嘱人亲笔书写。

2. 必备形式要件

除了应具备遗嘱的实质要件外，自书遗嘱必须具备以下形式要件方才有效：

（1）遗嘱人亲自书写遗嘱全文；

（2）须注明年、月、日；

（3）须有遗嘱人的亲笔签名；

（4）如遗嘱内容超过一页以上，则每一页都需要注明年、月、日，并有遗嘱人亲笔签名。

（二）代书遗嘱

1. 定义

根据民法典第1135条规定，代书遗嘱，是指由遗嘱人口述遗嘱内容，有两个以上见证人在场见证，他人代为书写或打印的遗嘱。

2. 必备形式要件

除了应具备遗嘱的实质要件外，代书遗嘱必须具备以下形式要件方才有效：

（1）遗嘱人口述；

（2）两个以上无利害关系的人见证，其中一人代书且亲自书写形成遗嘱；

（3）见证人应当适格。

依据民法典第1140条规定，下列人员不能作为遗嘱见证人：

①无民事行为能力人、限制民事行为能力人以及其他不具有见证能力的人；

②继承人、受遗赠人；

③与继承人、受遗赠人有利害关系的人。

（4）代书遗嘱须由多方主体签字

遗嘱人、代书人、其他见证人在遗嘱的同一落款处签字；如果遗嘱分页的，须在每一页签字，表明遗嘱人的真实意思已被完整、准确地记录且得到确认。

（5）代书遗嘱须载明具体的形成时间

代书遗嘱上须载明具体的形成时间，注明年、月、日，每一页签字处都要注明。即遗嘱人、代书人、见证人均应当在同一份遗嘱的落款处注明年、月、日并签名，且在每一页的签字处注明时间。

（6）确保代书遗嘱系遗嘱人的真实意思

为确保代书遗嘱系遗嘱人的真实意思表示，代书遗嘱的订立过程应当保持时空一致。即立遗嘱的三个行为（遗嘱人意思表达行为、代书人的代为书写行为和见证人的见证行为）的全过程在同一场合、同一时间段完成。

（三）打印遗嘱

1. 定义

根据民法典第1136条规定，打印遗嘱，是指遗嘱人以打印的形式设立的遗嘱。

2. 必备形式要件

除了应具备遗嘱的实质要件外，打印遗嘱必须具备以下形式要件方才有效：

（1）遗嘱正文打印而成；

（2）两个以上无利害关系的见证人在场见证，见证人资格与代书遗嘱相同；

（3）遗嘱人和见证人在每一页遗嘱上签名并注明年、月、日。

3. 注意事项

打印遗嘱的形式必备要件，除了无代书人外，其他要件与代书遗嘱一致。

（四）录音录像遗嘱

1. 定义

根据民法典第1137条规定，录音录像遗嘱，是指由遗嘱人口述，以录音录像为记录载体形式的遗嘱。

2. 必备形式要件

除了应具备遗嘱的实质要件外，录音录像遗嘱必须具备以下形式要件方才有效：

（1）遗嘱载体形式为录音录像影视资料；

（2）遗嘱人亲自叙述遗嘱的全部内容，记录姓名或者肖像，以及年、月、日；

（3）两个以上无利害关系的见证人在场见证，见证人资格同前所述；

（4）录音开始时，遗嘱人、见证人必须分别说明自己的姓名、身份证号码、职业、所在工作单位和家庭住址等身份信息；

（5）遗嘱人必须说明制作录音录像遗嘱的具体地址和年、月、日、时。

3. 注意事项

（1）录音录像遗嘱制作完毕后，通常须将存储介质当场封存，并由遗嘱人、见证人在封存好的录音录像遗嘱的封口上签名，注明年、月、日，由遗嘱人或见证人保管。

（2）继承开始，由见证人及继承人到场并检验封皮的完好情况。

（五）口头遗嘱

1. 定义

依据民法典第1138条规定，遗嘱人在危急情况下，口头立的遗嘱。

2. 必备形式要件

除了应具备遗嘱的实质要件外，口头遗嘱必须具备以下形式要件方才有效：

（1）必须是遗嘱人在危急情况下所立遗嘱；

（2）应当有两个以上见证人在场见证，见证人资格同前所述。

（3）危急情况消除后，遗嘱人能够以书面或者录音录像形式立遗嘱的，所立的口头遗嘱无效。

3. 注意事项

（1）当危急情况消除后，遗嘱人一定要以书面或者录音录像的形式立一份遗嘱，确保遗嘱的有效性；

（2）书面或者录音录像遗嘱，要遵循相应遗嘱类型的形式要件。

（六）公证遗嘱

1. 定义

依据民法典第 1139 条规定，遗嘱人经公证机构办理的遗嘱是公证遗嘱。

2. 必备形式要件

除了应具备遗嘱的实质要件外，公证遗嘱必须具备以下形式要件方才有效：

（1）遗嘱人亲自去公证机构办理；

（2）公证机关根据遗嘱人的意愿，代为办理公证遗嘱；

（3）遗嘱上有公证人签字，公证机关盖章。

四、 文书范本

（一）自书遗嘱

遗　　嘱

立遗嘱人：

居民身份证号码：

本人经过慎重考虑，对本人个人所有的财产作以下安排：

一、我去世后，所有我的遗产均由我的配偶×××继承，其他人均不得继承。

二、如我去世，我的配偶先于我或者同时与我去世，则我的遗产只由我的儿子×××个人继承，遗产均由×××个人继承，归×××个人所有，与×××的配偶无关。

三、我的遗产范围包括但不限于以下财产中属于我个人的部分：

1. ××公司的股份；

2. 房产；

3. 银行存款、理财产品、信托产品、保险收益、债权、国债等；

4. 现金；

5. 文物字画；

6. 贵金属和其他贵重物品；

7. 其他财产。

特立此遗嘱

立遗嘱人（签名）：

日期：

（二）代书遗嘱

遗　嘱

立遗嘱人：

立遗嘱人居民身份证号码：

代书人：

代书人居民身份证号码：

见证人1：

见证人1居民身份证号码：

见证人2：

见证人2居民身份证号码：

本人经过慎重考虑，对本人个人所有的财产作以下安排：

一、我去世后，所有我的遗产均由我的配偶×××继承，其他人均不得继承。

二、如我去世，我的配偶先于我或者同时与我去世，则我的遗产只由我的儿子×××个人继承，遗产均由×××个人继承，归×××个人所有，与×××的配偶无关。

三、我的遗产范围包括但不限于以下财产中属于我个人的部分：

1. ××公司的股份；

2. 房产；

3. 银行存款、理财产品、信托产品、保险收益、债权、国债等；

4. 现金；

5. 文物字画；

6. 贵金属和其他贵重物品；

7. 其他财产。

特立此遗嘱！

立遗嘱人签名：

日期：

代书人签名：

日期：

见证人1签名：

日期：

见证人 2 签名：

日期：

（三）打印遗嘱

遗　　嘱

立遗嘱人：

立遗嘱人居民身份证号码：

见证人 1：

见证人 1 居民身份证号码：

见证人 2：

见证人 2 居民身份证号码：

本人经过慎重考虑，对本人个人所有的财产作以下安排：

一、我去世后，所有我的遗产均由我的配偶×××继承，其他人均不得继承。

二、如我去世，我的配偶先于我或者同时与我去世，则我的遗产只由我的儿子×××个人继承，遗产均由×××个人继承，归×××个人所有，与×××的配偶无关。

三、我的遗产范围包括但不限于以下财产中属于我个人的部分：

1. ××公司的股份；
2. 房产；
3. 银行存款、理财产品、信托产品、保险收益、债权、国债等；
4. 现金；
5. 文物字画；
6. 贵金属和其他贵重物品；
7. 其他财产。

特立此遗嘱！

立遗嘱人签名：

日期：

见证人 1 签名：

日期：

见证人 2 签名：

日期：

（四）公证遗嘱

遗　嘱

立遗嘱人：×××，性别，××××年××月××日出生，

现住：××××，身份证号码：××××××××××××××××××。

我的配偶（姓名、是否健在），我的子女状况（姓名）；我在××××××××××××号楼×××号有房产一处（按照房产证书写具体地址）。我的父亲、母亲、配偶已死亡；现没有依靠我生活的其他人。经考虑，我决定立遗嘱如下：

我去世后，将上述房产中我的份额遗留给我的×××（称谓）×××（姓名）继承，不作为（或作为）其与其配偶的夫妻共有财产。

立遗嘱人签名：

日期：

公　证　书

（　　）××字第××号

申请人：×××（基本情况）

公证事项：遗嘱

兹证明×××（申请人）于××××年×月×日来到我处，在本公证员和本处公证员×××的面前，在前面的遗嘱上签名，并表示知悉遗嘱的法律意义和法律后果。

中华人民共和国××省××市（县）××公证处

公证员（签名或签名章）

××××年×月×日

第九节　传承法务中的遗嘱登记

随着国人法律维权意识的加强，传承意识的不断提升，在人口老龄化加剧以及家庭财富增加的社会现实中，为了防止家庭财富传承纠纷，避免承者将来继承财产时办理各种烦琐的手续，越来越多的传者选择生前立遗嘱。通过立遗嘱处分遗产的中老年人越来越多，而且中青年人立遗嘱的占

比也在大幅增加，法律对遗嘱的形式规范也越来越完善。目前，无论是大陆法系国家还是英美法系国家，在有效遗嘱的规范治理方面相对完善，而我国法律对遗嘱的形式要求显得相对不足，所立遗嘱无效率相对较高，立遗嘱自主处分遗产的占比也远低于西方国家的老百姓。

我国法律对遗嘱登记没有明确规定，立遗嘱的秩序保障急须完善。在本节中，将重点展开介绍遗嘱登记的法律效力以及遗嘱登记的实务要点。

一、 国内外遗嘱登记制度现状

遗嘱的登记并不属于法律意义上的登记，登记与否对遗嘱本身效力不发生影响，不存在登记生效效力或登记对抗效力，仅是为了便于遗嘱的顺利执行，由某些机构对遗嘱人所立遗嘱提交保管而进行的一系列程序及文书资料的存档、备案、登记。

（一）国外遗嘱登记现状

1972 年 5 月 16 日，欧洲理事会各成员国在巴塞尔签署了《关于设立遗嘱登记体系的协议》（以下简称《协议》），《协议》一方面旨在降低遗嘱不为人知或迟为人知的风险；另一方面则通过在立遗嘱人死亡后公布持遗嘱人的姓名与联系方式，便于人们查询遗嘱的具体情况。根据《协议》，法国成立了遗愿信息登记中心（FCDDV），登记对象包括公证遗嘱、自书遗嘱、撤回、撤销及其他改动。在遗嘱人死亡后，任何持有遗嘱人死亡证明副本或任何其他可证明立遗嘱人死亡的文件的人都可以申请查询遗嘱信息。遗嘱人立遗嘱后，由本人或者公证人、律师、见证人、执行人等填写相关卡片，内容包括遗嘱人的姓名、性别、立遗嘱的时间、地点、所立遗嘱保管的处所、遗嘱保管人和执行人等，若遗嘱经公证的，还包括公证人事务所的名称及公证人的姓名等，邮寄至遗愿信息登记中心所在地，由信息中心专人进行登记并通过信件向相关人员发送处理报告。该登记具有一定的强制性，法国公证人高等理事会要求法国公证人均要将所办理的公证遗嘱相关信息登记到遗愿信息中心。

2002 年 6 月，欧洲遗嘱登记系统（简称 RERT）正式启动，该遗嘱登记系统由法国和比利时的公证行业共同发起设立。2005 年 7 月 8 日，欧洲遗嘱登记系统协会成立，斯洛文尼亚、意大利、葡萄牙、荷兰、圣彼得堡等国的公证人协会均加入该协会。通过欧洲遗嘱登记系统，公证人可以通过本国的登记机构向外国的登记机构进行查询，被查询的外国登记机构通过该名公证人本国的登记机构向其提供答复。

法国设有遗愿信息登记中心。2003 年，新加坡政府设立了遗嘱登记署，这是全球首个政府设立的遗嘱登记机构。

为规范对遗嘱的管理，奥地利联邦民法公证人协会建立了最后遗嘱登记中心，统一进行最后遗嘱登记。根据奥地利有关法律规定，不论遗嘱在何处保管，遗嘱人都必须向联邦民法公证人协会最后遗嘱登记中心办理最后遗嘱登记。最后遗嘱登记中心只登记遗嘱人姓名、出生日期、遗嘱的形式、遗嘱订立日期以及遗嘱的保管地点，最后遗嘱登记中心不负责保管遗嘱，对遗嘱的具体内容也不作登记。遗嘱人死亡后，办理继承事务的公证人或者法院可以直接向最后遗嘱登记中心查询最后遗嘱登记和保管的情况，以核实当事人提交的用于办理继承事务的遗嘱是否与登记和保管的遗嘱内容相符，是否为立遗嘱人所立的最后遗嘱。

德国公民在办理公证遗嘱后，承办公证事务的公证机关要将公证遗嘱的立嘱人的相关情况向该公民出生地户籍管理部门转达，并由该部门进行备案，如果该个体在不同时空区域内立了不同的遗嘱，承担公证遗嘱的所有机构均须向立嘱人户籍管理部门进行备案，这样，在立嘱人死亡后，利害关系人只需向户籍管理部门进行查询即可。但涉及遗嘱的具体详细内容影响承办遗嘱公证的相关机构进行查询。由各公证机关按照严格的法律程序进行处理。

（二）我国台湾地区遗嘱登记现状

我国台湾地区“公证法”及其实施细则明确规定了公证遗嘱登记制度，该法第98条明确规定，“公证人应于做成公证遗嘱之日起十日内制作善本一份，将其密封，于封面上记明遗嘱人之人别资料及作成之年、月、日，加盖职章后”递交公证人联合会保存，法律规定的相关权利人可以通过提交查询申请查询相关内容。该法实施细则第67条、第68条规定，公证人公会联合会成立前“依本法第九十八条第二项及第四项规定应送交该会保存之公、认证遗嘱善本，有法院公证处或承办之民间公证人各自集中保管，俟该会成立后函请送交时，再送交保存之”。

（三）中国大陆遗嘱登记现状

我国民法典对遗嘱登记问题并无涉及，在学界和实践中也未对遗嘱登记进行实质研究。2013年12月13日，司法部原律师公证工作指导司和中国公证协会联合向各地下发《关于开展全国公证遗嘱备案查询工作的通知》，通知规定自2014年1月1日起，各公证机构办理遗嘱公证后，应当将公证遗嘱备案信息在全国公证遗嘱备案查询平台备案。但是，公证遗嘱毕竟占比小，目前全国尚无统一的遗嘱登记平台。

北京市西城区人民法院在一份报告中建议，为了避免自书、代书等类型的遗嘱在效力上可能存在的风险，除了做公证之外，还应该开辟新的形式。例如，让公益组织、居委会、人民调解委员会、律师等具有法律常识、权威性较高的机构和人群积极加入，作为遗嘱见证人，不仅可以为立遗嘱人提供法律帮助，而且费用也能低于公证机构。[①] 而未经专业机构登记的遗嘱，往往会出现以下问题。

1. 遗嘱人意愿不真实

《北京晨报》曾报道，国内某家知名遗嘱登记机构，曾多次发现子女胁迫老人订立遗嘱的现象，工作人员均予以了制止。[②] 如果老人登记遗嘱不成功，并不妨碍其子女在家中对老人进行胁迫，这种情况下订立的遗嘱当然是无效的，但是，由于外人无法知晓，也没有证据证明胁迫的事实，此类遗嘱和非法侵权行为在现实中无法被制止。

2. 遗嘱真实性难保障

遗嘱真实性问题是遗嘱继承案件中最常见的争议焦点。在双方对遗嘱真实性无法达成一致的情况下，按照以往的诉讼程序，法院应当启动笔迹鉴定程序。但笔迹鉴定存在周期长、不确定性两个弊端，对家庭破坏力比较大，也不利于尽早促成调解。

鉴定程序一旦启动，就意味着长期诉讼。以知名画家许某某遗产案件为例，该案诉讼时间长达五年多，其中笔迹鉴定程序耗费了两年多时间。许某某生前留下的遗嘱将财产指定由老伴王某某继承，但该遗嘱遭到部分子女质疑，法院启动鉴定程序。在鉴定过程中，法院委托多家鉴定机构对许某某的遗嘱进行鉴定，但鉴定机构均表示，根据现有检材，无法对遗嘱真实性进行认定。

该案从王某某 93 岁一直打到 98 岁高龄，一个原本和谐美满的家庭面临不幸。

3. 遗嘱核实难

遗嘱核实是对遗嘱人是否立有遗嘱、立有几份遗嘱、遗嘱是否真实进行核查。当前，我国公证机构和房地产登记部门在遗嘱核实方面常常遇到困难。遗嘱继承人持遗嘱申请办理继承公证或房产过户时，受理申请的公证机构和房地产登记部门只能向其他继承人进行核实。在该过程中，经常会发生其他继承人不予配合的情况，从而直接损害遗嘱继承人的权益。

此外，遗嘱人为了保密，把遗嘱放在自认为特别安全的地方，致使继

---

① 《一份遗嘱如何才能善处身后事》，载《法制日报》2017 年 8 月 20 日，第六版。

② 《胁迫老人立遗嘱，本周连发三起》，载《北京晨报》2015 年 2 月 6 日，第 A10 版。

承人难以发现遗嘱，最后只能在不知情中按法定继承办理了遗产继承。还有遗嘱人在立有数份遗嘱的情况下，如果不能找到最后一份遗嘱，可能导致遗产分配不符合遗嘱人的意愿。

4. 遗嘱保密难

遗嘱保密是确保遗嘱人晚年生活安宁，确保遗嘱人拥有修改遗嘱自由的前提。遗嘱人一旦向继承人透露遗嘱内容，容易因分配问题引起继承人之间的矛盾，也容易因继承人心态的变化导致自己的晚年生活受到影响。

如果提前将遗嘱内容透露给继承人，对于遗嘱人而言，因其与继承人的关系发生变化或其他人事变迁的原因想要修改遗嘱，就不得不承受来自继承人的心理压力，甚至导致更大的纠纷。

民法典规定的遗嘱的表现形式有以下六种：自书遗嘱、代书遗嘱、打印遗嘱、录音录像遗嘱、口头遗嘱、公证遗嘱。不管是何种形式遗嘱，法律仅规定了立遗嘱的形式要件，并未规定登记和保管问题。凡是接触到遗嘱的人很容易知悉遗嘱内容，这将不利于对遗嘱人和继承人的利益保护。

我国遗嘱目前的保管形式主要是自行保管、委托子女或他人代为保管、委托公证机构保管，或者租用金融机构保管箱保管。其中，遗嘱人自己保管的占大多数，而让配偶和子女或其他亲属保管，又很容易暴露遗嘱内容从而对遗嘱人产生不利后果。此外，遗嘱人若想变更或撤销原遗嘱，往往不能提供原遗嘱和相关的证件。而委托公证机构保管虽然能够避免自行保管的尴尬，但公证遗嘱开展此项业务较晚，且遗嘱公证业务仅占公证业务总量的1%—2%，公证机构只建立了内部信息共享平台，并未建立统一的遗嘱保管体系，目前委托公证机构保管遗嘱的当事人较少。而将遗嘱存放在金融机构的保险箱里，保管费用一般较高，且金融机构不提供保管人去世后继承人的查询提取服务，不具普适性。

二、 遗嘱登记实务要点

国内首家遗嘱登记机构中华遗嘱库早在2013年起就建立了一整套规范的遗嘱登记流程，根据最高人民法院的“中国裁判文书网”公示的案例显示，该机构登记制作的遗嘱均受到法院的采纳，因此，中华遗嘱库的遗嘱登记流程，可作为遗嘱登记实务领域里的标准参考。

该流程通过专业的登记软件，借助人脸识别、身份验证、精神评估、密室登记、指纹扫描、现场影像、专业见证、文件存档、保密保管以及司法备案等功能，使遗嘱人立遗嘱的真实性得到了有力保障，从而使得遗嘱的真实性在法律上做到无懈可击（见图2）。

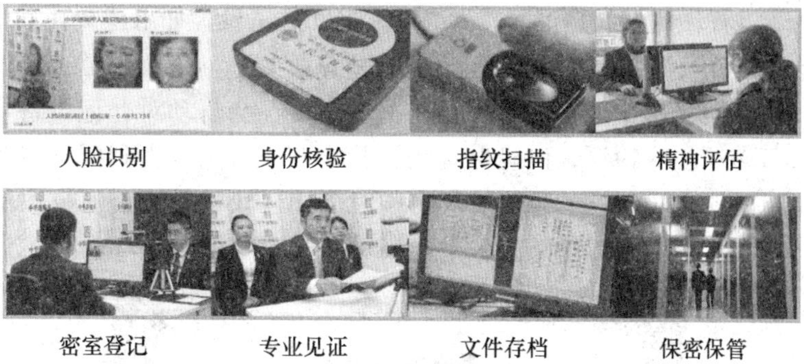

图2 遗嘱登记流程

（一）遗嘱登记技术流程

人脸识别：读取遗嘱人身份证信息并与其本人脸部影像进行计算机比对，进行身份确认。

密室登记：在独立空间内，只有遗嘱人和工作人员在场，排除了外界干扰和胁迫的可能性，确保遗嘱人完整表达自己的真实意愿。

精神评估：由专业精神评估师根据专业测评体系，对遗嘱人立遗嘱的民事能力进行认定，并出具评估报告，与遗嘱档案一同存档备查。

精神评估结果正常，是进行遗嘱登记的前提条件。精神评估并非精神鉴定。对遗嘱人的精神评估仅能用于证明遗嘱人当天的精神状态，是对于认知功能是否异常的快速筛查和评定，不具有精神疾病诊断的作用。

全程录像：遗嘱登记系统会对遗嘱登记的全过程进行同步录音录像，并自动记录时间，自动上传到遗嘱登记库服务器，作为未来法院调取的证据，做到真实无漏洞。

身份核验：遗嘱登记库系统读取遗嘱人的身份证信息，与公安部身份证信息系统联网进行核对，最大限度地杜绝冒名顶替办理遗嘱的现象。

指纹扫描：遗嘱登记系统采集遗嘱人的三枚指纹信息，作为未来身份核对的证据。

专业见证：遗嘱登记机构的专业见证人对遗嘱订立过程进行现场见证。

现场拍照：遗嘱人手持遗嘱文本与见证人合影存证。

文档扫描：系统对全部流程文件进行扫描，纸质存档与电子存档同步。

保密保管：遗嘱的保管和传递问题关系到遗嘱是否真实，是否具有公信力，是否能够消除继承人之间的猜疑和误解，对发挥遗嘱促成家庭和谐的功能具有非常重要的意义。

除了通过电子手段登记遗嘱，而且对包括遗嘱在内的纸质文档也进行存档保管。这样做的好处是可以减少继承人之间的猜疑。如果遗嘱在其中一个继承人手里，其他继承人可能就会怀疑遗嘱的真实性，怀疑会不会被篡改过。

司法备案：中华遗嘱库系统在登记遗嘱时，会自动对登记设备和网络环境进行多项技术检测，以确保真实，并将取证时间发送到国家授时中心认证，以证明电子证据的生成时间，同时利用区块链技术对所提取的哈希值进行分布式存储，以防篡改、外泄（见图3）。

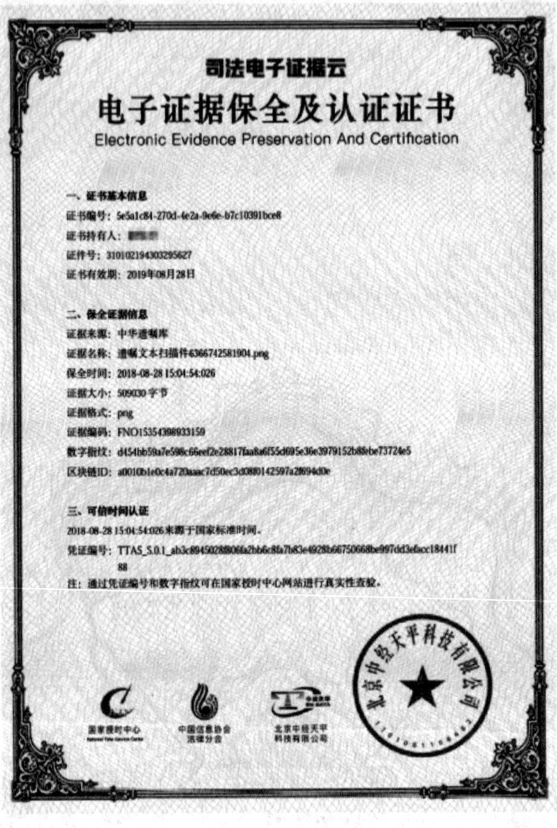
司法电子证据云

电子证据保全及认证证书

Electronic Evidence Preservation And Certification

一、证书基本信息

证书编号：5e5a1c84-270d-4e2a-9e6e-b7c10391bce8

证书持有人：

证件号：310102194303295627

证书有效期：2019年08月28日

二、保全证据信息

证据来源：中华遗嘱库

证据名称：遗嘱文本扫描件636674258l904.png

保全时间：2018-08-28 15:04:54:026

证据大小：509030字节

证据格式：png

证据编码：FNO15354398933159

数字指纹：d454bb59a7e598c66eef2e28817faa8a6f55d695e36e3979152b8febe73724e5

区块链ID：a0010b1e0c4a720aaac7d50ec3d080142597a2f694d0e

三、可信时间认证

2018-08-28 15:04:54:026来源于国家标准时间。

凭证编号：TTAS_S.0.1_ab3c8945028806a2bb6c8fa7b83e4928b66750668be997dd3efacc18441f88

注：通过凭证编号和数字指纹可在国家授时中心网站进行真实性查验。

国家授时中心

中国信息协会法律分会

北京中经天平科技有限公司

北京中经天平科技有限公司

图3　遗嘱电子证据保全证书

登记遗嘱包含以下内容：遗嘱人的姓名、性别、遗嘱订立日期、遗嘱订立地点、遗嘱的形式、遗嘱的保管地点，以及遗嘱的撤回、撤销及其他改动等信息。遗嘱经见证的，还包括见证人的姓名。遗嘱经公证的，还包括公证处名称及公证人的姓名。遗嘱人可以自愿选择是否对遗嘱内容和遗嘱副本进行登记。

在遗嘱人去世后，任何持有遗嘱人的死亡证明者，都可以查询遗嘱的信息，但是只有其提前在登记机构设定的查询提取人才有资格办理查询或提取遗嘱的手续。

通过以上严谨流程登记的遗嘱，一旦发生诉讼，遗嘱登记机构将向法院出具证明。实践中，经遗嘱登记机构登记制作的遗嘱，即使当事人双方存在争议，法院也不再进行笔迹鉴定。相关判例已在最高人民法院“中国裁判文书网”上公示。

（二）打印遗嘱的实务要点

值得关注的是，新颁布的民法典承认了打印遗嘱的法律效力，该法律条款出自民法典第1136条，全文为：“打印遗嘱应当有两个以上见证人在场见证。遗嘱人和见证人应当在遗嘱每一页签名，注明年、月、日。”打印遗嘱的出台，将会大大提升立遗嘱的效率，也会成为立遗嘱形式的主流，但在实务中应注意以下几点。

1. 遗嘱人应当具备完全民事行为能力

民法典第1143条第1款规定：“无民事行为能力人或者限制民事行为能力人所立的遗嘱无效。”因此，无民事行为能力人或是限制民事行为能力人所立的遗嘱无效。

同时，在实践中，对立遗嘱能力的确定还应注意以下三种情况：

（1）间歇性精神病人，精神正常时，所立遗嘱有效，发病期间所立遗嘱无效；

（2）精神病治愈后的成年人，所立遗嘱有效；

（3）被诊断为痴呆症及年老而神志不清的人所立遗嘱无效。

对此，在为一些年老、病重病危，或曾患有精神疾病，如抑郁症的遗嘱人立遗嘱时，一般会要求其在具有精神、心理等方面评估鉴定资质的机构出具精神状态正常的证明报告，以确保遗嘱效力无瑕疵。

2. 遗嘱内容应为遗嘱人的真实意思表示

民法典第1143条规定：“……遗嘱必须表示遗嘱人的真实意思，受欺诈、胁迫所立的遗嘱无效。伪造的遗嘱无效。遗嘱被篡改的，篡改的内容无效。”

虽然打印遗嘱与其他形式遗嘱效力相同，但由于其制作简单，相比其他形式的遗嘱而言，打印遗嘱更难辨别真伪，如果在法庭上出现多份遗嘱的情况下，如何认定哪份遗嘱是最后一份真实的遗嘱将非常重要。

打印遗嘱并没有明文规定必须由遗嘱人亲自打印制作，因此打印遗嘱在确保是本人真实意愿的前提下，可以委托他人打印制作，再由本人在遗嘱上每页签字、写日期。此外，根据《最高人民法院关于民事诉讼证据的若干规定》第77条规定，经过公证、登记的书证，其证明力一般大于其他书证、视听资料和证人证言。为了防范打印遗嘱真实性难以自证的风险，制作遗嘱的全过程应进行录像、拍照记录；遗嘱人条件允许的，建议其到中华遗嘱库或者公证处这类专业的遗嘱服务机构登记遗嘱。

3. 见证人身份应客观、中立

民法典第1136条规定："打印遗嘱应当有两个以上见证人在场见证。遗嘱人和见证人应当在遗嘱每一页签名，注明年、月、日。"由此可见，一份打印遗嘱能否被法院认定合法、有效，有没有见证人、谁当见证人、见证人应注意什么等问题，我们都应予以重视。

根据民法典第1140条规定，下列人员不能作为遗嘱见证人：

（1）无民事行为能力人、限制民事行为能力人以及其他不具有见证能力的人；

（2）继承人、受遗赠人；

（3）与继承人、受遗赠人有利害关系的人。

除了要注意见证人资格的问题外，对于见证的方式也需要重点关注：两名见证人应全程参与遗嘱人订立制作遗嘱的过程，并且与遗嘱人一同在遗嘱每页上签名、写日期，见证整个过程建议进行录像、拍照记录，以确保见证行为真实、合法、有效。

不能忽视的一点是，遗嘱订立完成后，并不是立即生效，可能在未来10年、20年直至遗嘱人去世后才生效，因此在选定见证人上，对年龄以及所从事的职业、居住地等方面需要多作考量，假如见证人年纪太大，可能就会先于遗嘱人去世；又或者见证人的职业、住所不稳定，将来就难以联系出庭作证。因此，在有条件的情况下，建议邀请法院、检察院退休从业人员、公证处从业人员、律师等具备法律专业的人员担任遗嘱见证人，以确保见证人的客观、中立性。

三、实务案例

（一）法院优先采信经登记的遗嘱

在北京市第一中级人民法院审理的一起继承纠纷案件中，[①] 原告分别出示了两份不同的遗嘱：一份是母亲自己写的遗嘱，另一份是父亲经某遗嘱登记机构制作的遗嘱，被告对两份遗嘱真实性均不认可。在庭审中，法院对原告母亲自己制作的遗嘱启动了笔迹鉴定程序（鉴定结果为：无法鉴定），但对原告父亲在某遗嘱登记机构制作的遗嘱，没有做笔迹鉴定，而

---

① 北京市朝阳区人民法院（2018）京0108民初51389号民事判决书；北京市第一中级人民法院（2020）京01民终5043号民事判决书。

是直接判决遗嘱合法、真实、有效。

该案例显示，法院对两份遗嘱的真实性上，处理方式有很大区别，这也充分说明，经过权威机构登记制作的遗嘱，因为具有中立、客观性，可以破解遗嘱真实性存疑的难题。

（二）遗嘱登记能避免“接受遗赠”时效问题

遗嘱保存在中立第三方机构，无证据表明受遗赠人在知道遗嘱内容的情况下，接受遗赠期限应从受遗赠人知道遗嘱内容时起算。同时，受遗赠人向中立第三方机构作出接受遗赠的意思表示，不违反法律规定，应为有效。以下为真实的案例情节。①

被继承人韩某3系韩某2、韩某4（已去世）之父，韩某1系韩某2之子，李某系韩某4之子。2016年11月29日韩某3在中立第三方机构中华遗嘱库订立登记遗嘱，将名下的房屋指定由韩某1继承，并将该遗嘱交由中华遗嘱库保管。2018年6月韩某3去世。2019年1月29日韩某1向中华遗嘱库申请查询涉案遗嘱，并在同年3月8日提取该遗嘱原件时，在领取通知上签名表示同意接受遗赠。后李某因韩某3遗产纠纷诉至法院，要求依法继承韩某3名下的房屋。

北京市西城区人民法院经审理认为：韩某3所立遗嘱真实合法有效。本案中，韩某3于2018年6月去世，韩某1于2019年1月29日对涉案遗嘱进行查询，于同年3月8日提取涉案遗嘱原件，并在提取时表示同意接受遗赠。现李某主张韩某2已于韩某3生前知晓遗嘱内容，从而推定韩某1早已知晓遗嘱内容，并认为韩某1未在知道遗赠后的两个月内表示接受遗赠，故已丧失继承权；但未有充分证据证明韩某1在2019年1月29日查阅涉案遗嘱前知晓受遗赠事实或知晓遗嘱内容。韩某1向保存遗嘱的相对中立的第三方作出接受遗赠的意思表示，并不违反法律规定。据此，法院认为韩某1已在知道受遗赠后两个月内，作出接受遗赠的意思表示，最终判决按照涉案遗嘱内容由韩某1继承涉案房屋。李某不服一审判决，提起上诉。北京市第二中级人民法院经审理后判决驳回上诉，维持原判。

该案例显示，在法律无限制规定的前提下，受遗赠人能够举证证明已向不特定第三人作出接受遗赠的意思表示，即为完成对受遗赠权的处分。而本案中的受遗赠人向登记保管遗嘱的中立第三方机构中华遗嘱库作出接受遗赠权的意思表示，并不违反法律规定，得到了法院的支持。

---

① 北京市西城区人民法院（2019）京0102民初23006号民事判决书；北京市第二中级人民法院（2020）京02民终428号民事判决书。

传承法务

CHUANCHENG FAWU

（下册）

主　编：陈　珺　陈洪忠
副主编：石先钰　黄中梓　张雄飞

中国民主法制出版社
全国百佳图书出版单位

总目录

序言：传承法务是一种潮流还是一个趋势？/ 刘桂明

绪　论 …… **001**

第一编　传承法务基本理论

第一章　传承法务概述 …… 007

第一节　传承的概念 …… 007
第二节　传承法务的概念 …… 013

第二章　传承法务的政策法律与需求 …… 019

第一节　传承法务的相关政策 …… 019
第二节　传承法务的法律环境 …… 026
第三节　传承法务的现实需求 …… 039

第三章　传承法务的主体与体系结构 …… 045

第一节　传承法务的主体 …… 045
第二节　传承法务的特点 …… 055
第三节　传承法务的体系结构 …… 060

第二编　传承法务基本内容

第四章　传承法务中的人身权益 …… 071

第一节　传承法务中的人身权益概述 …… 071

第二节　传承法务中的意定监护 …… 082
第三节　传承法务中的生前预嘱 …… 092
第四节　传承法务中的遗赠扶养协议 …… 100
第五节　传承法务中的搭伴养老 …… 111
第六节　传承法务中的以房养老 …… 125
第七节　传承法务中的居家养老与机构养老 …… 135
第八节　传承法务中的生前契约 …… 150

第五章　传承法务中的财产权益 …… 162

第一节　传承法务中的财产权益概述 …… 162
第二节　传承法务中的传承财富保障 …… 173
第三节　传承法务中的保险与家族信托 …… 186
第四节　传承法务中的居住权 …… 198
第五节　传承法务中的遗产 …… 212
第六节　传承法务中的无主遗产 …… 221
第七节　传承法务中的遗产管理人 …… 240
第八节　传承法务中的遗嘱 …… 251
第九节　传承法务中的遗嘱登记 …… 262

第六章　传承法务中的财税、审计、评估 …… 273

第一节　传承法务中的财税 …… 273
第二节　传承法务中的审计 …… 287
第三节　传承法务中的评估 …… 293

第七章　传承法务中的金融投资 …… 305

第一节　传承法务与金融概述 …… 305
第二节　传承法务中的资产管理 …… 311
第三节　传承法务中的养老 PPP …… 329

第八章　传承法务与多元化解纠纷 …… 349

第一节　传承法务与多元化解纠纷概述 …… 349
第二节　诉讼与传承法务 …… 353
第三节　仲裁与传承法务 …… 365
第四节　调解与传承法务 …… 375

第五节　公证与传承法务 …… 391

第九章　传承法务中的涉外传承 …… 406

第一节　传承法务中的涉外传承 …… 406
第二节　传承法务中的涉外传承典型案例 …… 424

第三编　传承法务与相关行业

第十章　传承法务与社区运行及联动 …… 435

第一节　传承法务与社区养老服务 …… 435
第二节　传承法务与政府购买公共服务 …… 442
第三节　传承法务与社区梯次结构联动 …… 457
第四节　传承法务与社区中老年人防骗及维权 …… 465

第十一章　传承法务与科技应用 …… 476

第一节　科技应用与传承法务相关的政策法律 …… 476
第二节　传承法务与科技应用 …… 479
第三节　科技应用为传承法务赋能的展望 …… 493

第十二章　传承法务与相关产业 …… 498

第一节　传承法务与相关产业概述 …… 498
第二节　传承法务与传承地产 …… 511
第三节　传承法务与慈善信托 …… 521
第四节　传承法务与文旅康养 …… 531

后记 …… 542

本册目录

第六章　传承法务中的财税、审计、评估 …………………………… 273

第一节　传承法务中的财税 ……………………………………… 273
　一、传承法务中的财税法律师 ………………………………… 273
　二、财富传承中涉及的财税问题 ……………………………… 274
　三、财富传承中的税务筹划 …………………………………… 278
　四、实务案例 ………………………………………………… 282
第二节　传承法务中的审计 ……………………………………… 287
　一、相关概念界定 …………………………………………… 287
　二、我国审计现状 …………………………………………… 288
　三、实务案例——以华泽钴镍案为例看审计失败 ……………… 291
　四、传承法务中审计的作用 …………………………………… 293
第三节　传承法务中的评估 ……………………………………… 293
　一、不动产评估 ……………………………………………… 294
　二、无形资产评估 …………………………………………… 295
　三、其他评估 ………………………………………………… 300
　四、实务案例——以夫妻共有股权分割案为例看评估重要性 …… 302
　五、传承法务律师涉及评估应用的注意事项 …………………… 303

第七章　传承法务中的金融投资 …………………………………… 305

第一节　传承法务与金融概述 …………………………………… 305
　一、传承与金融的关系 ………………………………………… 305
　二、传承法务与金融新业态 …………………………………… 309
第二节　传承法务中的资产管理 ………………………………… 311
　一、家庭资产管理综述 ………………………………………… 311
　二、传承法务与金融资产管理 ………………………………… 316

三、传承法务与非金融资产管理 …… 324
第三节 传承法务中的养老 PPP …… 329
一、PPP 与养老 PPP 综述 …… 329
二、养老 PPP 模式分析 …… 333
三、养老 PPP 相关法律问题 …… 342

第八章 传承法务与多元化解纠纷 …… 349

第一节 传承法务与多元化解纠纷概述 …… 349
一、多元化解纠纷的政策法律 …… 349
二、多元化解纠纷的含义和意义 …… 350
三、多元化解纠纷与多元化纠纷解决机制 …… 351
四、传承法务中多元化解纠纷的具体形式 …… 352
第二节 诉讼与传承法务 …… 353
一、传承法务与诉讼 …… 353
二、传承法务与民事诉讼 …… 354
三、传承法务中的诉讼文书范本 …… 359
第三节 仲裁与传承法务 …… 365
一、仲裁介入传承法务的优势 …… 366
二、仲裁介入传承法务的开展 …… 368
三、仲裁介入传承法务的仲裁文书范本 …… 373
第四节 调解与传承法务 …… 375
一、调解制度在传承法务适用中的历史考察 …… 375
二、调解意识成因的文化分析 …… 378
三、现行调解制度在传承法务中的运用 …… 379
四、调解文书范本 …… 385
第五节 公证与传承法务 …… 391
一、公证与传承法务中常见的类型 …… 392
二、实务案例及相应文书范本 …… 396
三、公证介入传承法务的前景展望 …… 404

第九章 传承法务中的涉外传承 …… 406

第一节 传承法务中的涉外传承 …… 406
一、涉外传承概述 …… 406
二、域外老年法治战略的主要经验与启示 …… 409

三、涉外传承的工具 …… 414
第二节 传承法务中的涉外传承典型案例 …… 424
一、家族信托案例 …… 424
二、家族基金会案例 …… 428

第三编 传承法务与相关行业

第十章 传承法务与社区运行及联动 …… 435

第一节 传承法务与社区养老服务 …… 435
一、社区特征与社区功能 …… 435
二、社区主体及其在传承法务中的作用 …… 437
三、社区的治理与建设 …… 440
第二节 传承法务与政府购买公共服务 …… 442
一、政府购买公共服务与传承法务概述 …… 442
二、政府购买传承服务 …… 445
三、政府购买公共服务协议范本 …… 450
第三节 传承法务与社区梯次结构联动 …… 457
一、传承法务的社区梯次联动 …… 458
二、案例及点评 …… 461
第四节 传承法务与社区中老年人防骗及维权 …… 465
一、传承法务与社区中老年人防骗 …… 465
二、常见被骗典型案件解析 …… 469
三、老年人权益保护典型案例解析 …… 471

第十一章 传承法务与科技应用 …… 476

第一节 科技应用与传承法务相关的政策法律 …… 476
一、科技应用与传承法务相关国家政策 …… 476
二、科技应用与传承法务相关法律 …… 478
第二节 传承法务与科技应用 …… 479
一、信息技术在传承法务中的应用 …… 479
二、生物技术在传承法务中的应用 …… 489
第三节 科技应用为传承法务赋能的展望 …… 493

一、传承环境的变革 …… 493
二、传承法务的相关法律制度面临挑战 …… 494
三、加强传承法务高新科技应用监管 …… 496

第十二章 传承法务与相关产业 …… 498

第一节 传承法务与相关产业概述 …… 498
一、传承产业概述 …… 498
二、传承产业体系的社会定位 …… 503
三、传承产业相关主体 …… 506
第二节 传承法务与传承地产 …… 511
一、传承地产的概念 …… 511
二、传承地产的种类 …… 512
三、传承地产中的相关法律服务 …… 516
第三节 传承法务与慈善信托 …… 521
一、慈善信托概述 …… 521
二、慈善信托典型案例 …… 528
三、律师的慈善信托法律实务 …… 529
第四节 传承法务与文旅康养 …… 531
一、文旅康养的国家政策及社会需求 …… 532
二、“康养谷”模式介绍及实例解析 …… 535
三、传承法务与文旅康养产业的链接及适用 …… 537
四、传承法务与相关行业融合联动的探讨 …… 540

后记 …… 542

第六章 传承法务中的财税、审计、评估

本章将主要探讨传承过程中财产权益传承、流转涉及的财税、审计、评估等传承法律实务问题。

第一节以常见股权传承、不动产传承、知识产权传承为例介绍家族财富传承中常见的财税负担。财富传承中，做好税务筹划可以合法减轻财税负担。本节重点介绍税务筹划的相关内容，并以雷军等家族税收筹划方案的实例，说明传承法务中税务筹划的重要性。

第二节介绍审计在财富传承中的应用，以华泽钴镍审计失败的实例，分析说明审计在传承法律实务中的应用。

第三节探讨评估在财富传承中的应用，简要介绍评估方法，并通过夫妻股权分割评估等案例的分析，说明传承法务中财富评估的重要性。

第一节 传承法务中的财税

一、 传承法务中的财税法律师

财税，是国家财政收入的主要来源，财富传承中不可避免地会遇到财税问题。巨额财富传承，可能会产生大量的税负，研究财税问题可以减少财富传承时的财产减损。

2020 年，韩国三星家族会长李健熙突然去世，由于没有在生前进行合理的税收筹划，根据韩国税法，三星家族将分次缴纳高达 700 亿元人民币的遗产税，创全球最高税额纪录，这不仅使得家族财富大量缩水，甚至还将丧失对三星集团的控制权。

2004 年 9 月，我国台湾地区首富蔡万霖去世，按照当地法律，他的子女需要缴纳 782 亿新台币的遗产税。而以寿险、信托业务起家的蔡万霖对于合法避税很有心得，对传承财富进行了税收筹划，一次性购买数十亿新台币的巨额寿险保单，将其庞大的资产通过人寿保险的方式安全合法地传承给了下一代，我国台湾地区税务部门只征收到 5 亿新台币的遗产税金。

税务律师，是指依法取得律师执业证书、税务师或注册会计师执业证

书，接受委托或者指定，为客户提供专业财税法律服务的执业人员。税务律师的主要工作内容是接受国家机关、企业、团体或个人的委托，协助处理财税法律事务以及代理当事人进行涉税诉讼工作。其主要目标是在遵循国际、国内税收法律法规的前提下，为客户提供“专业化、多元化、深层次”的税务法律服务，以协助客户降低税收风险、优化节税空间、实现深层次合法化税务筹划。

传承法务财税法律师业务，是指接受高净值客户委托或者指定，协助客户降低纳税风险、优化节税空间、实现深层次合法化税务筹划，从而促进传承意愿实现的专业服务。相应服务内容包括：税法咨询业务、税务争议解决、税务尽职调查、应税财产申报、法律法规的咨询；设立家族办公室、统筹家族企业节税、财富传承的节税设计等有助于实现传承意愿的内容。

二、 财富传承中涉及的财税问题

（一）股权传承时所涉财税

2009 年以来，为加强股权转让的税收管理，国家税务总局颁布了一系列规范性法律文件。根据《中华人民共和国个人所得税法》，个人股权转让所得归属于财产转让所得项目，税率为 20%，以股权转让的收入额减除股权原值和合理费用后的余额作为应纳税所得额。根据《中华人民共和国企业所得税法》，企业法人股权转让所得为转让股权收入扣除为取得该股权所发生的成本后的所得，但不得扣除被投资企业未分配利润等股东留存收益中按该项股权所可能分配的金额，税率为 25%。同时，依据转让取得的对价不同，分为一般性税务处理及特殊性税务处理。

2014 年 12 月 7 日，国家税务总局发布《股权转让所得个人所得税管理办法（试行）》（国家税务总局〔2014〕67 号，以下简称《办法》）。《办法》详细规定了股权转让行为的类型、股权转让收入确定的原则及方法、股权原值的确认等问题。在传承过程中，传者生前身后在直系亲属之间的股权转让是否缴纳个人所得税，按照是否有偿区分为两种情况：若将股权无偿转让给直系亲属，根据《办法》规定，属正当理由，股权转让没有取得收入，个人所得税计税依据为零，不用缴纳个人所得税；若将股权按照有偿转让给直系亲属，需要按“财产转让所得”项目计算缴纳个人所得税，税率为 20%。同时不管是否有偿，股权转让均须缴纳印花税。

股权转让完税是股权转让变更登记的前提。国家税务总局、国家市场监督管理总局规定，个人转让股权需要先报税，再以完税凭证去市场监督管理局办理股权变更登记。一些地方将适用范围由自然人股东扩大到了全体股权转让方。

《国家税务总局关于个人终止投资经营收回款项征收个人所得税问题的公告》（国家税务总局〔2011〕41号）第1条规定，个人因各种原因终止投资、联营、经营合作等行为，从被投资企业或合作项目、被投资企业的其他投资者以及合作项目的经营合作人取得股权转让收入、违约金、补偿金、赔偿金及以其他名目收回的款项等，均属于个人所得税应税收入，应按照“财产转让所得”项目适用的规定计算缴纳个人所得税。

由上所述，传者在向承者有偿转让企业股权时，面临着较高的税务负担；又因为股权原值确定具有一定的复杂性，从而使得股权转让时需要缴纳相关税费。

（二）不动产传承时所涉财税

大量传承财富是以住宅、商铺、办公楼等不动产形式存在，根据我国相关税收法律法规规定，不动产传承涉及个人所得税、增值税及其附加、契税、印花税、土地增值税等税种。

1. 个人所得税

根据《财政部税务总局关于个人取得有关收入适用个人所得税应税所得项目的公告》（财政部税务总局〔2019〕74号）第2条规定，房屋产权所有人将房屋产权无偿赠与配偶、父母、子女、祖父母、外祖父母、孙子女、外孙子女、兄弟姐妹；或房屋产权所有人将房屋产权无偿赠与对其承担直接抚养或者赡养义务的抚养人或者赡养人的，免征个人所得税。房屋产权所有人死亡，依法取得房屋产权的法定继承人、遗嘱继承人或者受遗赠人，免征个人所得税。

2. 增值税及其附加

根据赠与主体间关系的亲疏有不同的规定：若单位或者个人无偿赠送动产、不动产、无形资产、服务给其他单位或者个人的，视同发生应税行为，应缴纳增值税；若个人无偿赠与不动产、土地使用权给其近亲属和具有抚养、赡养关系的人，以及发生继承、遗赠取得房产的，免征增值税。

3. 契税和印花税

根据《中华人民共和国契税法》第1条规定，在中华人民共和国境内转移土地、房屋权属，承受的单位和个人为契税的纳税人；第6条规定，法定继承人通过继承承受土地、房屋权属的，免征契税。对于个人无偿赠与不动产行为，应对受赠人全额征收契税。

根据《中华人民共和国印花税法》第1条规定，在中华人民共和国境内书立应税凭证、进行证券交易的单位和个人，为印花税的纳税人，需要缴纳转让（包含继承、赠与）书据所载金额的0.05%的印花税。

4. 土地增值税

土地增值税相关法律法规规定，因土地使用权人未基于权属转让而取得任何收入，故以继承、赠与方式无偿转让房地产的行为，包括房产所有人、土地使用权所有人将房屋产权、土地使用权赠与直系亲属或承担直接赡养义务人，以及通过中国境内非营利的社会团体、国家机关将房屋产权、土地使用权赠与教育、民政和其他社会福利、公益事业的，均无须缴纳土地增值税。

关于不动产的持有形式，在财富传承中不仅存在自然人持有，还有大量以法人或者非法人组织名义的持有。这些不动产在转让过程中，会涉及缴纳增值税、土地增值税和企业所得税。由于其持有人是法人或者非法人组织，转让行为不再适用上述提到的免税规定。除了按规定缴纳增值税外，土地增值税以增值部分按照超率累进税率计征；企业所得税亦按普通经济行为税率25%征收。

（三）知识产权传承时所涉财税

知识产权传承主要涉及著作权、商标权和专利权的传承。《中华人民共和国著作权法》第10条①规定，发表权、署名权、修改权、保护作品完整权属于人身权利。著作权中的人身权不可传承，只有财产性权利才有传承的可能。根据目前的税法规定，著作权的财产性权利传承暂不涉及税收

---

①《中华人民共和国著作权法》第10条第1款规定："著作权包括下列人身权和财产权：（一）发表权，即决定作品是否公之于众的权利；（二）署名权，即表明作者身份，在作品上署名的权利；（三）修改权，即修改或者授权他人修改作品的权利；（四）保护作品完整权，即保护作品不受歪曲、篡改的权利；（五）复制权，即以印刷、复印、拓印、录音、录像、翻录、翻拍、数字化等方式将作品制作一份或者多份的权利；（六）发行权，即以出售或者赠与方式向公众提供作品的原件或者复制件的权利；（七）出租权，即有偿许可他人临时使用视听作品、计算机软件的原件或者复制件的权利，计算机软件不是出租的主要标的的除外；（八）展览权，即公开陈列美术作品、摄影作品的原件或者复制件的权利；（九）表演权，即公开表演作品，以及用各种手段公开播送作品的表演的权利；（十）放映权，即通过放映机、幻灯机等技术设备公开再现美术、摄影、视听作品等的权利；（十一）广播权，即以有线或者无线方式公开传播或者转播作品，以及通过扩音器或者其他传送符号、声音、图像的类似工具向公众传播广播的作品的权利，但不包括本款第十二项规定的权利；（十二）信息网络传播权，即以有线或者无线方式向公众提供，使公众可以在其选定的时间和地点获得作品的权利；（十三）摄制权，即以摄制视听作品的方法将作品固定在载体上的权利；（十四）改编权，即改变作品，创作出具有独创性的新作品的权利；（十五）翻译权，即将作品从一种语言文字转换成另一种语言文字的权利；（十六）汇编权，即将作品或者作品的片段通过选择或者编排，汇集成新作品的权利；（十七）应当由著作权人享有的其他权利。"

问题。个体工商户的商标权因其可以归属于个人，可以由家族直接传承。在商标有效期内，商标注册人死亡的，其继承人应及时向商标行政主管部门提出申请，更改商标注册登记，变更商标权人名称，成为新的商标权人。企业单位的商标权不能归属于某一个人而只能转让，商标权的转让会涉及增值税、企业所得税等问题。专利权的继承人在专利权的保护期内，可以继承专利权中的财产权利部分，例如，许可他人使用专利、收取专利使用费的权利等。发明专利权的期限为 20 年，实用新型专利权的期限为 10 年，外观设计专利权的期限为 15 年，均自申请日起计算。继承人继承专利权应于保护期内行使，超过此期限专利权人便丧失了专利权，他人可以无偿使用该专利，在办理专利权证书的变更时，可能涉及印花税问题。

（四）遗产税

遗产税是以被继承人去世后留下的财产为征税对象，向遗产的继承人和受赠人开征的税种。

有观点认为，遗产税的渊源产生于4000 多年前的古埃及。近代至 1598 年，荷兰开征遗产税，其后英国、法国、德国、日本、美国等相继开征。

我国目前虽然没有遗产税的正式立法，但相关立法准备由来已久。1950 年通过的《全国税政实施要则》将遗产税作为拟开征的税种之一，但限于当时的条件并未予以开征。1996 年全国人大批准了《国民经济和社会发展“九五”计划和 2010 年远景目标纲要》，提出“逐步开征遗产税和赠与税”。总的来说，尽管我国目前没有开征遗产税，未来却存在开征遗产税的可能性。

（五）全球税负负担

在企业发展全球化和资产配置国际化的背景下，家族财富的全球税负负担日益加大。全球范围内很多发达国家和地区开征遗产税。在美国、日本、我国台湾地区等地大量购置不动产，该传承房产可能就会产生遗产税。

此外，如果要设立境外信托，那么就得将境内的资产（例如，公司股权、不动产）转移到海外的类“红筹”架构中，这就必然带来转股产生的巨大税负，如果没有专业人士帮助设计合理的方案并进行高效的税务筹划，就会导致信托架构无法搭建而被搁浅。

值得注意的是，基于共同申报准则（Common Reporting Standard，简称 CRS)，信托也有可能被判定为金融机构，而需要对其账户持有人（例如，委托人和受益人等）进行尽职调查；或者被判定为消极非金融机构，如果其在金融机构持有账户，会被要求提供信托实际控制人（例如，委托人和受益人）的信息。

三、财富传承中的税务筹划

（一）税务筹划的概念和特点

1. 税务筹划的概念

税务筹划的概念，目前尚无权威且统一的定义，但理论界已达成一定的共识，即税务筹划是指在法律许可的范围内，采取合理合法的手段来降低税收负担和税务风险的经济行为。

本节将税务筹划定义为：纳税人根据既有规定，通过事前对涉税事项的计划和事中对涉税事项的动态调整，以达到节约税款、递延缴纳税款和降低税法负担的税务规划活动。

2. 税务筹划的特点①

税务筹划一般具有合法性、事先性和风险性的特点。

合法性是指税务筹划必须在税收法律法规许可的范围内。包括两层含义：一是遵守税法；二是不违反税法。违法法律规定、逃避纳税责任的行为不属于税务筹划的范畴。

事先性是指税务筹划必须是在纳税义务发生之前对涉税事项所作的规划和安排。

风险性包括两层含义：一是税务筹划的结果并未达到预期的结果。因为税收筹划是在纳税义务发生之前作出的，等到纳税义务实际发生时，由于宏观经济政策、国家税收政策等因素的变化和调整，本来的税务筹划方案目标可能会落空或打折。二是在制订税务筹划方案时，由于对税收法律法规及政策理解不透彻等原因，面临违法及纳税调整的风险。

（二）税务筹划的目的

税务筹划的目的在于通过合理合法的手段，减轻个人及家庭的整体税务负担。在我国的税收理论及实践中，普遍认为税务筹划等同于节税。

具体来说，由于税收风险意味着补税、滞纳金或罚款等法律责任及企业声誉的损失。所以税务筹划的首要目标就是排除拟进行的交易或事项可能发生的税收风险，避免该风险导致企业承担不必要的成本。其次，针对民营企业中大量的家族企业，通过家庭成员间股权架构的安排及调整、退出以及家族企业经营层面的税务筹划，重构结构和模式，为适用更优税收政策创造条件，提高盈利水平。

---

① 梁俊娇主编：《税收筹划》（第五版），中国人民大学出版社2016年版，第3—4页。

（三）税务筹划与漏税、避税、逃税

在财富传承税务筹划中，应注意区分税务筹划与漏税、避税和逃税的区别，避免触犯税法甚至刑法，给传承人带来负面影响。

1. 税务筹划与漏税

（1）漏税的界定及法律责任

漏税是指纳税人因无意识而发生的漏缴或少缴税款的行为。例如，由于不了解、不熟悉税法规定和财务制度，或因工作粗心大意，错用税率，漏报应税项目，少计应税数量、销售金额和经营利润等。漏税是纳税人并非故意未缴或少缴税款的行为。对漏税者税务机关应当令其限期照章补缴所漏税款；逾期未缴的，从漏税之日起，按日加收税款滞纳金。

（2）税务筹划与漏税的区别

税务筹划是通过合法手段实现少缴税款或递延缴纳税款的行为。通过实施税务筹划方案，可以达到不缴、少缴或晚缴税款的目的。税务筹划对纳税人不会产生不利的法律后果；漏税虽然是无意识的，但必须履行补缴的义务，逾期未履行义务的，还应缴纳滞纳金。

2. 税务筹划与避税

（1）避税的概念

联合国税收专家小组将避税解释为：避税是纳税人采取利用法律上的漏洞或含糊之处的方式来安排自己的事务，以减少其应承担的纳税额的行为。虽然避税行为可能被认为是不道德的，但避税所采取的方式是合法的，而且纳税人的行为不具有欺诈的性质。

《中国税务百科全书》[①] 对避税的解释是：避税是指负有纳税义务的单位和个人在纳税前采取各种合乎法律规定的方法，有意减轻或解除税收负担的行为。

各国对避税的定义表述各有不同，但其具有相同的内涵，格拉斯哥大学税务学访问教授汤姆·林奇对避税有一段精辟的评论：避税一词不幸地被赋予一种不守规矩的含义，事实上，它涵盖了许多方面的内容。不仅包括对简单和现实的业务进行合理而方便的重新组合，还包括复杂的组合策略。这些组合安排可能并无其他实质性的意义——除了减轻纳税负担外，这些人为的规划并不违法，但许多人认为这种行为应该受到惩罚，而且会潜在地导致无效率。

---

① 梁俊娇主编：《税收筹划》（第五版），中国人民大学出版社 2016 年版，第 3—4 页。

（2）税务筹划与避税的区别

税务筹划以遵守税收法律法规为前提，具有合法性，且税务筹划是在理解国家税法和政府的税收政策意图基础上选择最优方案的方式实现税后利益最大化，因此又有合理性，是在纳税义务确定之前所作的对于投资经营财务活动的事先筹划和安排；避税行为则是利用税法的疏忽、漏洞，采取一定的技术手段，绕过或避开税收法律法规的规定，达到少缴或不缴税款的目的，避税具有合法性，但不具有合理性，政府在道义上持反对态度，税务部门有权进行调整，通过加强税收征管予以加强治理。

3. 税务筹划与逃税

范冰冰逃税案曾引起社会极大关注。2018 年 10 月 3 日，税务机关公布了范冰冰逃税案处理结果，依据《中华人民共和国税收征收管理法》（2001 年）第 32 条、① 第 52 条、② 第 63 条、③ 第 69 条，④ 对其处以 8.8 亿元罚款。由此可见，偷逃税款不仅无法节约税款，还会面临巨额罚款，甚至有可能触犯刑法。

（1）逃税的法律界定及法律责任

逃税是指负有纳税义务的纳税人故意违反税法，采取欺骗、隐瞒手段进行虚假纳税申报或者不申报，逃避缴纳税款的行为。在我国税收实践中，逃税具体方式可表现为：纳税人伪造、变造、隐匿、擅自销毁账簿或记账凭证；在账簿上多列支出或者不列、少列收入；税务机关要求其申报而拒不申报；进行虚假的纳税申报，不缴或者少缴应纳税款。

逃税属于违法行为。纳税人逃避缴纳税款的，由税务机关追缴其不缴或少缴的税款，并处罚款；构成犯罪的，依法追究刑事责任。逃避缴纳税

---

① 《中华人民共和国税收征收管理法》第 32 条规定：“纳税人未按照规定期限缴纳税款的，扣缴义务人未按照规定期限解缴税款的，税务机关除责令限期缴纳外，从滞纳税款之日起，按日加收滞纳税款万分之五的滞纳金。”

② 《中华人民共和国税收征收管理法》第 52 条规定：“因税务机关的责任，致使纳税人、扣缴义务人未缴或者少缴税款的，税务机关在三年内可以要求纳税人、扣缴义务人补缴税款，但是不得加收滞纳金……”

③ 《中华人民共和国税收征收管理法》第 63 条规定：“纳税人伪造、变造、隐匿、擅自销毁帐簿、记帐凭证，或者在帐簿上多列支出或者不列、少列收入，或者经税务机关通知申报而拒不申报或者进行虚假的纳税申报，不缴或者少缴应纳税款的，是偷税。对纳税人偷税的，由税务机关追缴其不缴或者少缴的税款、滞纳金，并处不缴或者少缴的税款百分之五十以上五倍以下的罚款；构成犯罪的，依法追究刑事责任……”

④ 《中华人民共和国税收征收管理法》第 69 条规定：“扣缴义务人应扣未扣、应收而不收税款的，由税务机关向纳税人追缴税款，对扣缴义务人处应扣未扣、应收未收税款百分之五十以上三倍以下的罚款。”

款可能涉及的罪名包括逃税罪、虚开增值税专用发票罪等。[①]

（2）税务筹划与逃税的区别

税务筹划属于合法行为，逃税是违法行为。所以，是否违法是税务筹划与逃税之间最本质的区别。税务筹划是在不违反国家法律情况下的一种涉税行为，纳税人在进行税务筹划时所涉及的一切安排，是在税法许可甚至鼓励的情况下进行的。逃税是触犯了国家相关税收法律法规的行为，将承担相应的行政责任甚至刑事责任。逃税会严重影响传承人的声誉，给传承人带来负面影响。

总之，借用一句流行很广的话，愚蠢的人逃税，聪明的人避税，智慧的人节税。传承法务工作者应发挥自己的智慧，在财富传承中帮助传承人尽可能地节税，使传承的财富不至于大幅缩水。

（四）国际税收征管合作

1. 金融账户涉税信息自动交换标准（AEOI）

近年来，我国在国际税收征管合作方面取得快速进展。2013 年 8 月 27 日，我国签署了《多边税收征管互助公约》（以下简称《公约》），至此，G20 所有成员国都加入了该公约。签署和执行《公约》将进一步推动我国利用国际税收征管协作，提高对跨境纳税人的税收服务和征管水平，有助于营造公平透明的税收环境。

随着经济全球化进程的不断加快，纳税人通过境外金融机构持有和管理资产，并将收益隐匿在境外金融账户以逃避居民国纳税义务的现象日趋严重，各国对进一步加强国际税收信息交换、维护本国税收权益的意愿愈显迫切。受 G20 委托，OECD 于 2014 年 7 月发布了《金融账户涉税信息自动交换标准》（*Standard for automatic exchange of financial information in tax matters*，以下简称 AEOI 标准），为打击跨境逃避税提供了强有力的工具。

AEOI 标准由《主管当局协议范本》（*Model Competent Authority Agreement*，以下简称 MCAA）和《统一报告标准》（*Common Reporting Standard*，以下简称 CRS）两部分内容组成。MCAA 是规范各国（地区）税务主管当局之间如何开展金融账户涉税信息自动交换的操作性文件，它以互惠型模式为基础，分为双边和多边两个版本。CRS 规定了金融机构收集和报送外国税收居民个人和企业账户信息的相关要求和程序。根据 AEOI 标准开展金融账户涉税信息自动交换，首先由一国（地区）金融机构通过尽职调查

① 《中华人民共和国刑法修正案（七）》对逃税罪进行了规定；《中华人民共和国刑法》第 205 条规定了虚开增值税专用发票罪。

程序，识别另一国（地区）税收居民个人和企业在该机构开立的账户，按年向金融机构所在国（地区）主管部门报送上述账户的名称、纳税人识别号、地址、账号、余额、利息、股息以及出售金融资产的收入等信息，再由该国（地区）税务主管当局与账户持有人的居民国税务主管当局开展信息交换，最终实现各国（地区）对跨境税源的有效监管。

2. 统一报告标准（CRS）在中国的实施

经国务院批准，2014 年 9 月，我国在 G20 财长和央行行长会议上承诺将实施 AEOI 标准，通过加强全球税收合作提高税收透明度，打击利用海外账户逃避税行为，并将首次对外交换信息的时间定为 2018 年 9 月。2015 年 7 月，《多边税收征管互助公约》由第十二届全国人大常委会第十五次会议批准，已于 2016 年 2 月在我国生效，为实施 AEOI 标准奠定了多边法律基础。2015 年 12 月，经国务院批准，国家税务总局签署了《金融账户涉税信息自动交换多边主管当局间协议》，为我国与其他国家（地区）间相互交换金融账户涉税信息提供了操作层面的多边法律工具。2017 年 1 月 1 日对个人和机构账户开展尽职调查。同年 5 月，《非居民金融账户涉税信息尽职调查管理办法》正式发布。2018 年 5 月 31 日前金融机构完成向国家税务局的首次信息报送，此后按年度定期向国家税务总局报送，4 个月后，国家税务总局与其他国家（地区）税务主管当局第一次交换信息。此后每年度定期自动交换。

四、 实务案例

（一）离岸信托案例——从税务筹划角度看刘强东、雷军家族财富安排

1. 用离岸地税收优惠进行税务筹划

2014 年京东集团正式登录美国纳斯达克，上市主体 JD 注册地为开曼群岛。创始人刘强东通过英属维尔京群岛的离岸公司 Max Smart Limited 持有京东股票。

（1）用开曼公司进行税务筹划

开曼群岛是全球四大离岸金融地之一，是世界最大的离岸银行业中心。该群岛外汇资金自由，没有开征个人所得税、企业所得税、一般财产税、利息税、资本增值税、物业税和遗产税，同时，可以享受永久性的税收豁免权。因此，刘强东先生设立开曼公司，不会被征收所得税和资本增值税，利用税收豁免规定对境内 20% 的个人所得税进行了规划。

（2）用英属维尔京群岛公司进行税务筹划

英属维尔京群岛作为重要的离岸金融中心，以其优惠的税收政策吸引

了大量的投资者。根据《英属维尔京群岛所得税法》规定，所有在英属维尔京群岛设立或在英属维尔京群岛受管控的公司被视为居民，应缴纳所得税。但是，《英属维尔京群岛商业公司法》（2004）进行了部分豁免。对于公司而言，英属维尔京群岛不征收公司所得税、资本利得税、资本税、增值税以及各种附加税；股权转让也不征收印花税；对公司集团重组不征任何所得税和资本利得税。同时，公司的分支机构也不在征税主体范围内。刘强东先生通过在英属维尔京群岛离岸公司 Max Smart Limited 持有京东股票，将财产所有权与收益权分开，达到减轻自身税负的目的。

2. 用离岸家族信托进行税务筹划

2018 年小米集团在我国香港特区上市，创始人雷军在公司上市前借助离岸家族信托对家族财富进行规划，实现减轻自身税负目的。

小米集团上市前信托共有六层架构[①]：第一层为上市公司小米集团；第二层为两家公司分别持有 AB 股；第三层、第四层分别为 Sunrise Vision Holdings 及 Parkway Global Holdings 两家离岸公司；第五层为家族信托，雷军作为委托人，雷军及其家族作为受益人；第六层为受托人 ARK Trust (HK) Co. Ltd。

雷军的家族信托旗下有两家控股公司[②]，一家为 Smart Mobile Holdings，持有 AB 股，而另一家为 Smart Player Limited，仅持有 B 股，这两家控股公司持有境外上市主体小米集团。从股权结构看，小米股票分为 A 类股份和 B 类股份，A 类股份持有人每股投票权为 10 票，B 类股份持有人每股投票权为 1 票。具体来看，小米集团 A 类股份全部由创始人雷军（4.29 亿股）和另一位联合创始人林斌（2.4 亿股）持有。雷军将其持有的大量小米股份托管给了海外家族信托，受益人为雷军及其家人。如此一来，雷军家族和企业之间进行了资产和风险的隔离，他对小米的实质控制权也集中在了信托主体上，即便将来他离婚或后代继承时，也不至于对小米的控制权产生影响。同时这也意味着，未来小米分红时雷军只需要缴纳信托公司分红后他个人作为受益人的税负，大幅减少了因持有小米股份在中国缴纳的个人所得税，实现合法节税。[③]

3. 通过对刘强东、雷军家族税务筹划的梳理，我们可以得到如下

---

① 《互联网三巨头的离岸家族信托案例》，个人图书馆，http：//www.360doc.com/content/19/0731/14/10240337_852177381.shtml，2021 年 12 月 7 日访问。

② 《小米的六层信托架构，让雷军不再担心未来风险》，搜狐新闻，https：//www.sohu.com/a/245753542_798664，2021 年 12 月 7 日访问。

③ 赵建勋：《小米总裁套现背后的财富逻辑》，载《经理人》2019 年第 12 期。

启发：

第一，税务规划要合法趁早。刘强东、雷军先生的财富安排开始于企业上市之前，并且建立在合法的基础上，而不合法的税收规划势必会造成巨额罚款，甚至触犯刑事责任。

第二，综合利用离岸地税收优惠政策、慈善基金会、家族信托等进行税务筹划。税务筹划是一项系统而复杂的工程，多种工具、政策的综合运用才能达成筹划的目标。

第三，高净值人士考虑的不仅是财富的保值增值，同时会综合统筹考虑财富的代际传承及社会影响力。在生前的财产规划和身后的财产继承分配、流转过程中，常会涉及财税问题，针对企业传承中的财税风险，若不主动、尽早、平衡地进行税务筹划，不仅可能面临家族财富大幅缩水的窘境，甚至会留下不可弥补的隐患，需要传承法务专业律师综合统筹相关专业力量，全方位考量予以应对解决。

（二）房屋过户案例——以买卖、赠与、继承三种房产传承方式来看税务筹划

1. 税费标准表（以各地具体标准为准）

房产传承税率表（个人/住宅）

传承方式	传承主体	房屋属性		增值税及其附加	个人所得税	土地增值税	印花税	契税	其他
买卖	卖方	家庭唯一住房	两年以内	5.30%	1%	免征	免征		评估费、测绘费、交易手续费、工本费等
			两年到五年	免征	1%				
			五年以上						
		家庭非唯一住房	两年以内	5.30%	免征				
			两年以上	免征					
	买方	首套	$90m^2$ 以下	无	1%			1%	
			$90m^2$ 以上					1.50%	
		二套	$90m^2$ 以下		1%			1%	
			$90m^2$ 以上					2%	
		三套及以上			无			3%	

（续表）

<table>
<tr><th>传承方式</th><th>传承主体</th><th colspan="2">房屋属性</th><th>增值税及其附加</th><th>个人所得税</th><th>土地增值税</th><th>印花税</th><th>契税</th><th>其他</th></tr>
<tr><td rowspan="4">赠与</td><td rowspan="4">受赠人</td><td>配偶、父母、子女、祖父母、外祖父母、孙子女、外孙子女、兄弟姐妹</td><td rowspan="2"></td><td rowspan="2">免征</td><td rowspan="2">免征（后续出让受赠房屋的，按 20% 征收）</td><td rowspan="4">免征</td><td rowspan="4">0.05%</td><td rowspan="4">3% ~5%</td><td rowspan="6">评估费、测绘费等、公证费、工本费等</td></tr>
<tr><td>对赠与人承担直接抚养或赡养义务的抚养人或赡养人</td></tr>
<tr><td rowspan="2">其他受赠人</td><td>两年以内</td><td>5.30%</td><td rowspan="2">20%（按照偶然所得项目计算税率）</td></tr>
<tr><td>两年以上（含两年）</td><td>免征</td></tr>
<tr><td rowspan="2">继承</td><td rowspan="2">继承人</td><td>法定继承人、遗嘱继承人或者受遗赠人</td><td></td><td rowspan="2">免征</td><td rowspan="2">免征</td><td rowspan="2">免征</td><td rowspan="2">0.05%</td><td>配偶、子女、父母、兄弟姐妹、祖父母、外祖父母免征</td></tr>
<tr><td>非法定继承人根据遗嘱过户的</td><td></td><td>参照赠与形式征收</td></tr>
</table>

说明：(1) 该税率表不动产形式为个人名下住宅。

(2) 买卖房产的个人所得税存在两种方式：一种是核定征收，根据核定价格固定税率征收个税，一种是据实征收，按照评估价与此前房屋价格差额及相关费用的固定比例征收个税。个人转让自用达5年以上家庭唯一用房免征个人所得税。

(3) 契税税率为3% ~5%，各省、自治区、直辖市可对不同主体、不同地区、不同类型的住房权属转移确定差别税率，湖北地区契税税率为3%。该税率表契税税率不含北京、上海、广州、深圳地区。

(4) 印花税税率为0.05%，对个人销售或购买住房暂免征收印花税。

(5) 对个人销售住房暂免征收土地增值税。

主要文件：

(1)《中华人民共和国契税法》，2021 年 9 月 1 日施行。

(2)《中华人民共和国印花税法》，2022 年 7 月 1 日施行。

（3）财税〔2016〕23号：财政部、国家税务总局、住房和城乡建设部《关于调整房地产交易环节契税个人所得税优惠政策的通知》。

（4）财税〔2016〕36号：《财政部、国家税务总局关于全面推开营业税改征增值税试点的通知》附件3：《营业税改征增值税试点过渡政策的规定》。

（5）财税〔2009〕78号：《财政部、国家税务总局关于个人无偿受赠房屋有关个人所得税问题的通知》。

2. 案例分析

老张丧偶后在武汉购置住宅一套，购房合同价人民币180万元，建筑面积$115m^2$，房产登记在老张个人名下，房产现市场价约人民币300万元，该房屋系家庭唯一住房。现老张想将房屋传给独子小张，根据不动产转让所涉税费，该房产以哪种方式传承最划算？

（1）以买卖方式传承房产

房屋购买不满两年的：

老张作为卖方，需要缴纳5.3%的增值税及附加税，1%的个人所得税。因房屋面积超过$90m^2$，小张作为买方，需要缴纳1.5%的契税。所涉房产买卖税款约为人民币234000元，即3000000元×（5.3%+1%+1.5%）=234000元。

房屋购买已满两年不满五年的：

老张作为卖方，需要缴纳1%的个人所得税。因房屋面积超过$90m^2$，小张作为买方，需要缴纳1.5%的契税。所涉房产买卖税款约为人民币75000元，即3000000元x（1%+1.5%）=75000元。

房屋购买已满五年的：

老张作为卖方无须缴税。因房屋面积超过$90m^2$，小张作为买方，需要缴纳1.5%的契税。所涉房产买卖税款约为人民币45000元，即3000000元×1.5%=45000元。

根据房屋购买时间不同，以买卖方式传承房产的所涉税费约为45000元—234000元。

（2）以赠与方式传承房产

因小张与老张系直系亲属，以赠与方式传承，受赠方小张须缴纳3%契税，若重新办理不动产权证，须缴纳0.05%印花税。小张受赠该房屋所涉税款约为人民币91500元，即3000000元×（3%+0.05%）=91500元。

如果小张后续将房屋出卖，须按照差额征收的方式另行缴纳个人所得税20%，即个人所得税为（3000000元－1800000元）×20%＋赠与转让的税费≈240000+91500≈331500元，因此小张受赠之后若再将房屋出卖所涉税款合计约人民币331500元。

（3）以遗嘱方式传承房产

若小张为老张所立遗嘱的继承人，小张凭继承权公证文书或确认遗嘱生效的法律文书等相关材料办理过户，办理不动产权证，须缴纳0.05%印花税，即人民币1500元，其他税免征（截至2021年底未开征遗产税）。

现实生活中，无论家庭财富多少，都会涉及住房的传承问题。传者是生前赠与或是买卖方式过户给家人，还是身后通过继承方式将房产留给家人，相关税费差异较大，而且涉及面广，需要从税务筹划角度统筹考虑后作出传承安排。

对比上述三种房产传承方式所涉税费可知，买卖须考虑房屋面积和年限，亲属之间赠与所涉税费看起来较低，但要考虑后续转让的税费问题。买卖，受赠房屋须满足当地购房政策，继承则不受限购影响，继承税费最低但会涉及继承开始时遗嘱是否有效、房产办证手续是否齐全及届时是否开征了遗产税等不确定因素。因此，不同家庭、不同资产状况、不同传承目的使房产传承的最优方式也不尽相同，会因人而异，由传承人自行综合考量各方面因素确定。

第二节 传承法务中的审计

财富传承涉及的资产类型多种多样，了解可传承资产的真实状况是财富传承的前提，也是传承法务业务中的重要内容。明确可传承资产的真实状况必须借助审计，这对保持家族财富安全和增长，减少财富传承争议具有重要意义。

传承法务中的审计应用，是指在财富传承过程中，由传承法务专业律师跟进审计全过程，分析审计重点、难点，识别与防控审计风险，依法以审计专业机构出具的权威报告结论为依据，主导传承法律服务财富传承专项工作，帮助传者更好地传承资产。

一、相关概念界定

（一）企业内部审计

内部审计是一种客观、独立的活动，旨在通过一系列的活动来提升经营管理效率，从而实现组织增加价值的目标。内部审计通过评价和评估，充分了解企业内部控制情况及其是否发挥作用，针对内部控制中存在的问题，可以提出富有成效的意见和建议，完善内部控制制度，同时通过对企业经济活动进行检查、分析，可以及时堵塞漏洞。通过审查评价，查证账簿资料及其他信息资料反映的内容是否真实、正确和及时。

（二）企业内部控制审计

内部控制审计是一种现代审计方法，通过分析和评估内部控制系统，从而确定被审计单位控制体系的整体可信度。内部控制审计的具体目标是：检查和评估内部控制是否可以确保资金和资产的安全，即检查和评估内部控制是否可以保护资产，资金是否存在并且完整，是否拥有对资产记录相关金额以及资产的增值状态等。本节主要介绍民营企业的内部控制审计。

（三）企业外部审计

企业外部审计指财务报表审计，即注册会计师对财务报表是否不存在重大报错提供合理保证，以积极方式提出意见，增强除管理层之外的预期使用者对财务报表信赖的程度。

二、我国审计现状

（一）内部控制审计的现状

1. 法律依据

根据我国对内部控制审计的相关法律法规，目前并未对未上市企业的内部控制审计进行强制要求，对上市的企业有进行内部控制审计及信息披露的强制要求。

1996 年，我国财政部专门针对内部控制和审计风险颁布了《独立审计具体准则第 9 号——内部控制与审计风险》（以下简称九号准则），九号准则将对审计单位内部控制的评价纳入审计师在制订审计计划前研究的范围内，并且对内部控制的目标及其固有限制进行了归纳总结，此时对内部控制要素的定义依旧停留在三要素时期，将内部控制概括为控制环境、会计体系和控制程序三大要素。在 2001 年 6 月 22 日财政部发布的《内部会计控制规范 - 基本规范（试行）》（财政部财会〔2001〕41 号）中，相关条例对内部控制的目标的定义也与 1996 年准则中对内控的三大要素相契合，认为内部控制的主要目标应该包含以下三个方向的标的：其一是关于企业财产安全的；其二是关于会计资料的真实性和规范性；其三就是整个企业日常运行的合法合规性。另外，此次相关准则的六大原则中对单位负责人对于企业内部控制的责任进行了强化，对公司有效内部控制机制的健全和实施有积极的促进作用。

除此之外，还对内部控制的内容、评估方法和内控检查的主要职责等方面进行了具有实践可能性的说明，使得关于内部控制的准则更有现实指导作用和实践意义。2006 年，相关监管机构对我国的央企和商业银行的内部控制出台了适合各自的内控指引，上交所和深交所也针对内部控制和公司的风险控制出具了相关的管理办法。具体包括：《中央企业全面风险管理指引》（国资发改革〔2006〕108 号）、《上海证券交易所上市公司内部控制指引》（上证上字〔2006〕460 号）、《证券公司风险控制指标管理办法》（证监会令〔2006〕34 号）、《商业银行内部控制指引》（银监会令〔2007〕6 号）。此后，相关机构于 2008 年出台了《企业内部控制基本规范》[（财会〔2008〕7 号）]，该配套指引的 18 项《企业内部控制应用指引第 1 号——组织架构》分别就公司在经营过程中可能涉及的相关经营活动的内部控制给出了具体详细的指导。另外，配套中含有的《企业内部控制评价指引》（财会〔2010〕11 号）和《企业内部控制审计指引》（保监会财会〔2010〕11 号）也为企业的实践提供了参考，该配套指引被称为“中国式萨班斯法案”，对于实施内控评价有了更加详细和更加规范的指定。2015 年财政部发布《小企业内部控制规范（试行）》（财会〔2017〕21 号），专门针对小企业内控的建立健全和有效实施提供指导。

2. 民营企业内部控制现状

我国对企业内部控制实施整合审计还是独立审计尚未作出明确规定，民营企业目前普遍使用的内部控制审计方法是自上而下的整合审计，结合我国风险导向审计的思路，《企业内部控制审计指引》（保监会财会〔2010〕11 号）规定，注册会计师使用自上而下的审计方法开展内部审计工作。从财务报表层次开始了解内部控制的整体风险，再到企业层面，按照重要性原则，将审计工作的重点集中于重大账户。

内部控制审计的对象是民营企业的内部控制制度，具体对企业的责任控制制度、内部牵制制度、会计控制制度、经营方面各个循环系统的控制以及财产和凭证管理制度等内容进行审计。

根据《企业内部控制审计指引》（保监会财会〔2010〕11 号），我国内部控制审计报告的类型如下：标准内部控制审计报告、带强调事项段的无保留意见内部控制审计报告、否定意见内部控制报告、无法表示意见内部控制审计报告。

我国实施内部控制并对其进行规范起步较晚，自 2011 年起，相关文件规定，我国在境外同时上市的企业必须对其内部控制开展审计工作，在沪深两市主板上市的企业也从 2012 年开始分批实施内部控制审计。2012 年国有控股上市公司全部进行内部控制审计，非国有控股的主板上市企业从 2013 年开始在披露公司年报外对财务报告内部控制审计报告进行披露，

2014 年开始其他主板上市公司也必须全部进行内部控制审计，最后对于非上市公司不强制性地要求其必须实施内部控制审计，但是鼓励大中型企业提前执行内部控制审计。

（二）外部审计的现状

1. 企业财务报告审计的法律依据

我国的财务报告审计主要针对公众公司。《中华人民共和国证券法》第 79 条①规定，上市公司、公司债券上市交易的公司、股票在国务院批准的其他全国性证券交易场所交易的公司，应当按照国务院证券监督管理机构和证券交易场所规定的内容和格式编制定期报告，并在每一个会计年度结束之日起四个月内，报送并公告年度报告，其中的年度财务会计报告应当符合证券法规定的会计师事务所审计，同时在每一个会计年度的上半年结束之日起二个月内，报送并公告中期报告。根据上述法规，我国的财务报告审计主要是公众公司的年度报告审计。

2. 企业外部审计的现状

根据我国证券监督管理委员会会计部发布的《2019 年度证券审计市场分析报告》，该报告对上市公司年报审计现状及会计师事务所执业问题进行了总结，具体如下。

（1）上市公司年报审计市场集中度较高

2019 年度，按照收入总额、证券业务收入、上市公司客户数量、客户总市值、客户总资产计算的市场集中度 CR8 分别为：56. 3%、64. 1%、62. 0%、70. 2% 和 91. 9%。

（2）2019 年度更换会计师事务所的数量大幅增加

2019 年度换所上市公司数量达 717 家，占全部上市公司数量的比例达 18. 6%，较 2018 年数量增长 1. 4 倍以上。更换会计师事务所的原因主要包括前任审计机构被立案调查、审计团队换所、按实际控制人等要求或发展需要换所、按照国有企业轮换规定场所、与前任审计机构存在分歧等，其中，前任审计机构被立案调查及审计团队换所，是导致换所上市公司数量大幅增长的主要原因。

（3）新从事证券服务业务的小型事务所呈现与“高风险公司”组合的

---

① 《中华人民共和国证券法》第 79 条规定：“上市公司、公司债券上市交易的公司、股票在国务院批准的其他全国性证券交易场所交易的公司，应当按照国务院证券监督管理机构和证券交易场所规定的内容和格式编制定期报告，并按照以下规定报送和公告：（一）在每一会计年度结束之日起四个月内，报送并公告年度报告，其中的年度财务会计报告应当经符合本法规定的会计师事务所审计；（二）在每一会计年度的上半年结束之日起二个月内，报送并公告中期报告。”

苗头

2019 年修订的证券法取消会计师事务所从事证券服务业务资格审批后，少数未从事证券审计业务的会计师事务所进入资本市场执业，并呈现出与高风险公司组合的苗头。例如，2 家高风险上市公司及 11 家高风险挂牌公司曾公告选聘新从事证券服务业务的小型会计师事务所，目前仅有 1 家挂牌公司由新从事证券服务业务的会计师事务所出具的保留意见的审计报告。

（4）2019 年度非无保留意见增长显著

2019 年度上市公司的非无保留意见为 170 份，占比为 4.4%，较 2018 年度增长显著。

（5）会计师事务所审计工作的专业问题突出

以 2019 年度为例，上市公司审计报告凸显的问题主要有：非标报告、审计机构变更问题、关联方资金占用、金融工具相关审计问题、重要交易与事项审计。

三、实务案例——以华泽钴镍案为例看审计失败

（一）华泽钴镍案背景简介

成都华泽钴镍材料股份有限公司（以下简称华泽钴镍）系陕西华泽镍钴金属有限公司（以下简称陕西华泽）通过成都聚友网络股份有限公司（原成都泰康化纤股份有限公司）进行重大资产重组，于 2014 年 1 月成功借壳上市后更名而来。

华泽钴镍由王氏家族控制，王应虎任副董事长，其子王涛任董事长，其女王辉任董事。华泽钴镍与陕西华泽、陕西天慕灏锦商贸有限责任公司（以下简称天慕灏锦）、陕西臻泰融佳工贸有限公司（以下简称臻泰融佳）、陕西星王企业集团有限公司（以下简称星王集团）构成关联关系。① 王氏家族一致通过以非经营性资金占用的方式掏空公司，将巨额资金转移至其家族控股的星王集团，其主要手段是用银行存款转账或者开立本票支付资金等方式，并搜集制作票据复印件、以虚假票据入账的方式掩盖关联方长期非法占用资金的事实，最终导致华泽钴镍经营困难、严重损害债权人、中小股东和相关投资者利益。

瑞华会计师事务所（以下简称瑞华）系华泽钴镍聘用的审计机构，

---

① 罗开心：《上市公司财务造假审计失败原因分析——以华泽钴镍为例》，载《大经贸》2020 年第 1 期。

但在2013年、2014年连续两年的会计审计中均未发现上述问题，审计报告连续出具错误的审计意见，导致审计失败。瑞华及其相关从业人员于2018年受到证监会处罚。2019年7月9日，华泽钴镍退市，华泽钴镍、瑞华、国信证券股份有限公司（系华泽钴镍保荐人）被166名投资者以证券虚假陈述责任纠纷为由提起民事诉讼，并于2020年1月10日被成都市中级人民法院判决赔偿共计人民币49055400.25元，三者承担连带责任。

（二）华泽钴镍审计失败分析

华泽钴镍财务造假产生连锁反应，不仅仅是公司内部控制人王氏家族进行关联交易非法占有公司资产的原因，更是由于公司的内部审计和瑞华的外部审计双双失责，未起到应有的审计监督、风险控制的作用。

从内部审计来看。第一，目前，我国的民营企业虽然迫于外部环境和政策压力设立了审计机构，但管理层认为审计部门无法为企业创造利润而轻视审计部门，华泽钴镍亦不例外；第二，华泽钴镍系民营控股企业，且王氏家族拥有绝对控制权，有合理理由怀疑审计部门已经完全失去独立性，内部审计的质量和范围也会因此受限而失去权威性；第三，企业审计部门工作人员对内部审计工作的价值认识不足，存在工作懈怠行为。面对如此不合理的关联交易和直接拙劣的造假行为，内部审计部门没有进行行之有效的监督管理，在面对董事会整体违规的情况下，审计工作人员没有进行有效的风险提示或者及时举报王氏家族的“掏空行为”，以致造成中小股东和投资者损失，公司受损陷入无法挽回的境地。

从外部审计来看。第一，瑞华对于“一股独大”的企业缺乏足够的重视和警惕，对华泽钴镍的内部环境未进行充分了解。据后续披露，瑞华在例行询问程序时，只是简单地询问非公司治理层成员华泽钴镍财务总监和发展部经理，没有向公司管理层直接了解公司的内部控制情况以及关联交易情况，而是简单地基于对公司治理层的信任，使得王氏家族内部控制风险的徇私行为未被识别。第二，瑞华未能严格遵循审计程序，在发现华泽钴镍票据异常时，未能实施抽检、盘点等进一步审计程序，而仅仅询问相关人员并且在华泽钴镍方提供证据困难时，直接将员工的口头解释作为审计底稿记录，导致票据造假行为未被发现而出具错误的审计意见。

近年来，我国家族企业财务造假事件时有发生，不仅损害了企业自身经济利益，还对家族企业的长远发展造成重大影响，家族企业的内部审计和外部审计必不可少。不仅如此，内外部审计以及内控审计对保持家族财富安全和增长，减少财富传承争议也具有极强的现实意义，传承法务专业律师提前介入家族企业的审计环节，可以综合统筹相关专业力量，规避审计问题处理不当对家族企业传承造成不利后果。

四、 传承法务中审计的作用

在财富传承中，传承法务专业律师的重要职责之一是对可传承的财富（资产）进行尽职调查，弄清楚传承资产的真实状况，包括权属、数量、价值等。有的工作可由传承法务律师自行完成，有的还须借助审计等专业力量的支持。在承接财富传承的相关项目中，传承法务机构可以和相关的专业审计机构组成联合体，共同提供财富传承服务；也可以参照破产管理人工作模式，由律师事务所担任管理人时，审计机构配合资产审计、出具审计报告，由管理人律师主导工作，依法采信或否认审计结论，认可或重新选择审计机构出具审计结论予以支持、辅助。

在财富传承中，如传承资产涉及股权等，可能会涉及企业的经营行为。借助审计，可以维护企业的财务纪律和经营秩序，促进企业内部廉政建设，揭露企业经济资料中的错误和舞弊行为，促进企业经济管理水平和经济效益的提高。通过财政财务审计和经济效益审计，可以发现影响被审计单位财务成果和经济效益的各种因素，并针对问题所在提出切实可行的改善措施，有利于被审计单位改善物质技术条件和人员管理素质，进一步挖掘潜力，提高经济效益。从而实现传承财富保值增值，实现传承财富的最大化。

第三节 传承法务中的评估

财富传承中，可传承资产的数量多寡、价值大小是财富传承的前提，同样属于传承法务业务中的重要内容。弄清楚可传承资产的数量和价值必须借助资产评估。伴随传者财产权益的多样化发展，对部分价值波动较大的财产进行评估，以完成传承财产的分割是当前传承过程中不可或缺的一环。除通常涉及的房屋继承须对房屋价值进行评估外，评估也更宽泛地存在于传承关系所涉的多个层面。例如，传者须以某种难以直接作价的财产进行委托、信托等安排时，为明确该委托或是信托的财产权益价值大小，对所涉财产进行评估是财产权益安排的前置步骤。当前，司法实务中对于评估报告的证明力虽有不同意见，但多趋向于认定其证明力意见。在传承关系所涉财产权益标的额大，涉及法律关系复杂的情况下，对评估机构的专业结论予以支持应用，可以更好地保障传承人权益，以顺利推进传承财产的流转。

传承法务专业律师在处理传承财产涉及评估业务的作用为：对评估事项、评估方法、评估结论出具专业的法律意见，提示评估过程中可能出现的法律风险，并对评估过程中的合规问题进行有效监督，从而有效地发挥评估在财富传承过程中的专业支持、配合及辅助作用。

资产评估是专业机构和人员按照国家法律、法规以及资产评估准则，根据特定目的，遵循评估原则，依照相关程序，选择适当的价值类型，运用科学方法，按照规定的程序和标准，对资产价值进行分析评定、估算。传承法务中，通常会涉及不动产和无形资产的评估，不动产评估类型主要是不动产，无形资产主要包括股权、知识产权和商誉等。

一、不动产评估

（一）不动产评估的概念

根据中国资产评估协会发布的《资产评估执业准则——不动产》第3条，不动产评估是指资产评估机构及其资产评估专业人员遵守法律、行政法规和资产评估准则，根据委托对评估基准日特定目的下的不动产价值进行评定和估算，并出具资产评估报告的专业服务行为。上述准则所称不动产是指土地、建筑物及其他附着于土地上的定着物，包括物质实体及其相关权益。

（二）不动产评估的基本方法

1. 市场法

（1）基本思路，根据替代原则，通过对与评估对象类似的不动产的交易价格的修正调整，得出评估对象在评估基准日的价值。

（2）适用范围

市场法适用于居住、商业、工业、综合、特殊等各类不动产的评估。在同一地区或同一供求范围内的类似地区，与被评估不动产相类似的不动产交易越多，市场法应用越有效。而在下列情况下，市场法往往难以适用：一是不发生不动产交易或发生较少的地区的房地产；二是特殊类型的房地产，如风景名胜区土地、古建筑；三是很难成为交易对象的不动产，如教堂、寺庙等；四是很难发生交易的房地产，如图书馆、体育馆、学校用地等。

（3）前提条件

在市场发育不够或房地产交易较少的地区，市场法是很难适用的。因此，市场法适用的前提条件包括：一是具有充分发育的、活跃的、公平的不动产交易市场；二是可以收集到被评估不动产的市场参照物及其相比较的指标、技术参数等资料。

（4）计算公式

市场法的基本计算公式为：

被估不动产评估价值 = 可比交易实例价格 × 交易情况修正系数 × 交易日期修正系数 × 区域因素修正系数 × 个别因素修正系数 × 权益状况因素修正系数。

2. 其他方法

除市场法外，还有收益法、成本法等其他评估方法。

二、无形资产评估

（一）无形资产评估概述

1. 无形资产评估的概念

根据中国资产评估协会发布的《资产评估准则——无形资产》第 3 条，无形资产评估是指资产评估机构及其资产评估专业人员遵守法律、行政法规和资产评估准则，根据委托对评估基准日特定目的下的无形资产价值进行评定和估算，并出具资产评估报告的专业服务行为。上述准则所指的无形资产是指特定主体拥有或者控制的，不具有实物形态，能持续发挥作用并且能带来经济利益的资源。无形资产包括可辨认无形资产和不可辨认无形资产、单项无形资产和无形资产组合。可辨认无形资产包括专利权、商标权、著作权、专有技术、销售网络、客户关系、特许经营权、合同权益、域名等。不可辨认无形资产是商誉。

2. 无形资产评估的特征

无形资产评估与有形资产评估存在市场性、公正性、专业性、咨询性等共性，但无形资产的属性决定了无形资产评估独有的特征。

（1）复杂性

从无形资产的属性来看，虽然品类众多，但是无形资产之间的可比性不强，需要根据每一个无形资产的特征确定其最终价值。

（2）动态性和预测性

由于宏观环境、政策因素等的影响，无形资产所能带来的超额收益也在不断变化中。

（3）需要结合无形资产的载体和作用空间进行评估

无形资产若要发挥作用，必须依附于有形资产或相关载体，无形资产价值与其附着载体以及无形资产发挥作用的空间具有较强的对应性。

（4）需要结合无形资产所属行业性质进行评估

民营企业的性质，会决定无形资产的贡献程度，例如，文化企业中，社会效益尤为重要，其对文化企业无形资产价值的影响需要格外关注。

（5）广泛使用收益法

基于无形资产的复杂性，无法简单复制或者批量生产，市场法在此类产品的评估中会产生较大偏差。与此同时，由于无形资产的成本与其价值之间存在弱对应性，成本法的适用性也不高。收益法能够合适地度量无形资产所贡献的经济收益，所以在无形资产的财富传承评估中被广泛适用。

（二）股权评估

1. 股权的概念

所谓股权，是指股东因出资而取得的、依法定或者公司章程的规定和程序参与事务并在公司中享受财产利益的、具有可转让性的权利。从经济学角度看，股权是产权的一部分，即财产的所有权，而不包括法人财产权。从会计学角度看，二者本质是相同的，都体现财产的所有权；但从量的角度看可能不同，产权指所有者的权益，股权则指资本金或实收资本。而从法学角度，股权是财产权和人身权集于一身的特殊权利类型。因此股权评估也有其特殊性。

2. 股权评估的方法

价值评估是一项综合性的资产评估，是对企业整体经济价值进行判断、估计的过程，主要是服从或服务于企业的产权转让或产权交易。伴随中国经济改革的深入和现代企业制度的推行，以企业兼并、收购、股权重组、资产重组、合并、分设、股票发行、联营等经济交易行为的出现和增多，企业价值评估的应用空间得到了极大拓展，企业价值评估在市场经济中的作用也越来越突出。目前，企业价值评估方法主要有：资产价值评估法、现金流量贴现法、市场比较法和期权价值评估法四种。

（1）资产价值评估法

资产价值评估法是利用企业现存的财务报表记录，对企业资产进行分项评估，然后加总的一种静态评估方式，主要有账面价值法和重置成本法。

第一，账面价值法。

账面价值是指资产负债表中股东权益的价值或净值，主要由投资者投入的资本加企业的经营利润构成，计算公式为：

目标企业价值 = 目标公司的账面净资产

但这仅对于企业的存量资产进行计量，无法反映企业的盈利能力、成长能力和行业特点。为弥补这种缺陷，在实践中往往采用调整系数的方法，对账面价值进行调整，变为：

目标企业价值 = 目标公司的账面净资产 ×（1 + 调整系数）

第二，重置成本法。

重置成本指并购企业自己，重新构建一个与目标企业完全相同的企业，需要花费的成本。当然，必须要考虑到现存企业的设备贬值情况。计算公式为：

目标企业价值 = 企业资产目前市场全新的价格 - 有形折旧额 - 无形折旧额

以上两种方法都是以企业的历史成本为依据对企业价值的评估，最重要的特点是采用了将企业的各项资产进行分别估价，再相加综合的思路，实际操作简单易行。其最致命的缺点在于将一个企业有机体割裂开来：企业不是土地、生产设备等各种生产资料的简单累加，企业价值应该是企业整体素质的体现。将某项资产脱离整体单独进行评估，其成本价格将和它所给整体带来的边际收益相去甚远。企业资产的账面价值与企业创造未来收益的能力相关性极小。因此，其评估结果实际上并不是严格意义上的企业价值，充其量只能作为价值参照，提供评估价值的底线。

（2）现金流量贴现法

现金流量贴现法又称拉巴鲍特模型法，是在考虑资金的时间价值和风险的情况下，将发生在不同时点的现金流量按既定的贴现率统一折算为现值再加总求得目标企业价值的方法。

（3）市场比较法

市场比较法是基于类似资产应该具有类似价格的理论推断，其理论依据是“替代原则”。市场法实质就是在市场上找出一个或几个与被评估企业相同或近似的参照企业，在分析、比较两者之间重要指标的基础上，修正、调整企业的市场价值，最后确定被评估企业的价值。运用市场法的评估重点是选择可比企业和确定可比指标。其中，现金流量和利润是最主要的指标，因为它们直接反映了企业盈利能力，与企业价值直接相关。市场比较法通过参照市场相似的或可比的资产进行定价来估计目标企业的价值。

（4）期权价值评估法

期权价值评估法下，利用期权定价模型可以确定并购中隐含的期权价值，然后将其加入按传统方法计算的静态净现值中，即为目标企业的价值。期权价值评估法考虑了目标企业所具有的各种机会与经营灵活性的价值，弥补了传统价值评估法的缺陷，能够使并购方根据风险来选择机会、创造经营的灵活性，风险越大，企业拥有的机会与灵活性的价值就越高。

（三）知识产权评估

1. 商标权

（1）商标资产评估对象的界定

评估对象应当是被赋予了评估约束条件的评估客体。就商标资产而言，应该是在某种约束条件下的商标权。商标资产评估对象界定涉及评估客体的界定和评估客体约束条件的界定两个方面。

（2）商标资产价值影响因素

商标权作为一种无形资产，其经济价值体现为它能获得超额收益。商标权实际上是对企业生产经营的素质，尤其是技术状况、管理状况、营销技能的综合反映。商标资产价值的评估应重点考虑如下几个方面。

第一，宏观经济状况。

商标资产的价值与宏观经济形势密切相关。宏观经济政策对商标价值评估也有一定影响。财政政策、货币政策以及行业相关的政策走向，也是商标评估需要考虑的因素。

第二，商标的市场影响力。

商标的市场影响力是影响商标资产价值最重要的因素，反映商标资产市场影响力的具体指标主要包括商标的知名度和信誉度。

第三，商标声誉的维护。

商标资产的价值与商标声誉的维护有关。商标资产维护时间越长，价值越大。同时，对于大部分商标资产而言，广告投入的数量及广告宣传的密度与媒介的层次会在很大限度上影响商标的知名度和市场影响力。另外，商标的广告宣传费用也是商标成本的重要组成部分。因而商标的广告宣传会对其价值产生重大影响。需要注意的是，商标资产的价值与商标的广告宣传费的多少有关但并不相等。

除上述几个方面，商标权的法律状态、商标的使用方式、类似商标的交易情况等都会对商标价值产生影响，在实际评估中需要予以关注。

2. 著作权

（1）著作权资产评估对象的界定

著作权资产评估对象是指著作权中的财产权益以及与著作权有关权利的财产权益。按照不同类别作品的特征以及各种财产权益的概念，并不是每一类作品都具有全部财产权利。著作权资产评估对象的界定需要关注财产权利形式，其中包括著作权人享有的权利和转让或者许可他人使用的权利。此外，著作权资产评估对象的界定还需要充分关注评估目的的影响。比如，以投资、转让为目的的著作权评估，直接关系到投资各方或者转让方与受让方之间的利益，所以应注意确认著作权各项权利的归属，明确投资、转让的权利的内涵、时间、范围等，以保持评估目的与评估对象的一致性。

（2）著作权资产价值影响因素

相关无形资产评估准则要求，执行无形资产评估业务，需要关注评估对象的成本因素、市场因素、法律保护等相关因素，具体可从以下一些方面来考虑影响著作权资产价值的因素。

第一，宏观经济状况。

著作权产业的发展与区域经济发展密切相关。根据国际经验，当人均GDP超过3000美元的时候，文化消费会持续快速增长，接近或超过5000美元时，文化消费则会“井喷”，消费的增加自然会增加与文化产品密切相关的著作权资产需求，增加著作权资产收益和提高其价值。因此，如果著作权资产交易发生在经济发达区域，其价值会高于经济落后区域。但是，文化消费又不同于实物消费，在满足消费者物质需求的同时，还可以满足消费者的精神需求，因此其消费对外部经济环境的反应相对具有弹性。尤其在经济出现增长缓慢的时期，著作权产业可能出现逆势增长。

第二，市场需求状况。

著作权资产作为一项特殊的资产，价值受到市场活跃程度及供求规律的影响。当市场对某项著作权资产的供应大于需求时，其价值会降低，反之，价值会得到提升。市场相关作品的价值以及新版本作品会影响所估作品著作权资产的价值。市场竞争程度也会影响著作权资产价值的大小，同类作品的竞争激烈，作品的著作权资产价值实现也会受到影响。

第三，著作权资产的法律状态。

根据著作权法的相关规定，作品一旦产生，作者便享有著作权，不论登记与否都受法律保护。随着著作权纠纷越来越多，许多作者要求将自己的作品交著作权管理部门登记备案。作品办理自愿登记后，则有了一个法律的初步证据。一旦发生侵权纠纷或权利归属纠纷，登记记录可以作为其是真实权利人的有力证明，降低著作权人在维护合法权益或对抗诉讼中的成本，从而间接影响著作权资产的价值。

3. 专利权

（1）专利资产评估对象的界定

专利资产评估业务的评估对象是指专利资产权益。评估对象的确认需要明确专利资产的基本状况并核实专利权的有效性。

明确专利资产的基本状况可以从专利种类及名称、专利申请号、专利法律状态、专利权利要求书所记载的权利要求和专利资产的权利形式等角度进行。

专利资产凭借法定的垄断权，为特定权利主体带来经济利益。对专利资产有效性的分析可以判断其是否享有法定垄断权。具体包括：一是核实专利是否为有效专利，著录项目是否属实；二是核实该专利是否具有专利性，丧失专利权的技术不具有评估的意义。

（2）专利资产价值影响因素

第一，专利权的法律状态。

专利权是依法而获得的权利，相关法律规定不仅确定了保护对象、保护期限及相应权利，而且对权利的获得及要求均作出了详细的规定。这些规定不仅规定了专利资产的法律特性，同时对专利资产的价值有着显著影响。

第二，专利权利要求内容与保护。

专利的权利要求是指该项专利要求法律保护的核心内容，合适的专利权利要求，可以有效防止竞争者利用漏洞，侵害专利权，因而增加专利资产价值。除此之外，专利权的稳定性也十分重要，一般来说，审核越严格的专利权稳定性就越高，而稳定性越高的专利其价值就越高。

第三，专利的创新性及实用性。

专利的创新性高低体现在其竞争对手无法采用其他方式轻易地达到同样的效果，这样的专利价值较高。另外，专利的实用性也会对价值产生影响。实用性表现为以下两个方面：其一是可靠；其二是实施成本尽可能低。可靠性高的技术价值一定会高于可靠性低的技术，同样的实施成本低的技术价值一定会高于实施成本高的技术。

三、其他评估

除了不动产、无形资产外，在财富传承中，珠宝首饰也大量存在。珠宝首饰不仅资源稀缺、不记名、没有遗产税、携带方便、国际流通性强，还可以抵御资产风险，传承和寄托家族精神，让资产保值增值。特别是在中国，自古就有“传家宝”一说。随着社会和经济的发展，特别是改革开放以来，人们生活水平大幅提升，国内外珠宝首饰正越来越多地走进中国广大消费者。中国黄金、钻石、玉石等重要产品的消费均居世界前列，而且增长率持续领先欧、美、日等其他主要市场。2012 年中国珠宝行业市场规模为 5149 亿元，2019 年则达到 8200 亿元。根据近年数据，预计到 2024 年为 14000 亿元。珠宝首饰的评估在财富传承中应受到更多重视。

（一）珠宝评估的发展

国际上，珠宝首饰评估是一个相对成熟的产业。1958 年，美国评估师协会（ASA）会员 Max Strasburg 撰写了第一本珠宝首饰评估的专著。1993 年，美国评估师协会（ASA）正式将珠宝首饰评估从动产评估中分离出来。现今国外珠宝评估主流上分为美国与英国两大流派，澳大利亚、新西兰、新加坡等与英国类似，加拿大、日本、俄罗斯则较为综合，兼有两大体系的特点。国际上通常由珠宝估价的行业协会提供资格认证、人员注册、制定行业标准、教育培训以及进行行业指导等服务。

在我国，珠宝首饰评估是一个新兴的职业。2001 年中国资产评估协会珠宝首饰艺术品评估专业委员会正式成立。2003 年中国资产评估协会（CAS）发布《珠宝首饰评估指导意见》。2009 年发布《资产评估准则——珠宝首饰》，该准则于 2017 年 10 月 1 日重新修订后施行。2019 年发布《珠宝首饰评估程序指导意见》，并于 2020 年 3 月 1 日起施行。2004 年开考资产评估师（珠宝），至 2018 年已有 144 名获得职业资格。2005—2020 年，共有 10 家资产评估公司取得珠宝评估资格。珠宝首饰评估服务对象和范围广泛，例如，质押贷款、保险、拍卖、司法鉴定、捐赠、继承、典当、破产清算、资产处置、珠宝企业价值评估，以及为珠宝流通领域提供公允定价。

（二）珠宝评估的方法

珠宝首饰评估有三种方法：成本法、市场比较法及收益法。

成本法是指评估资产时，按照现时条件下重新生产一项全新的被评估资产所需要的全部成本减扣各项损耗价值来确定被评估资产价值的方法。通常在被评估珠宝可复制或存在品质相似的替代品的情况下被使用。珠宝成品的重置成本包含：原石成本、制作成本、管理费、财务费用、销售费用、投资利润、相关税费及其他费用。市场法的理论依据主要有替代原则、供求原则、边际效用原则等。任何一个理性的人在购买珠宝首饰时愿意支付的价格不会高于市场上同类珠宝首饰的价格。

市场比较法则要求评估师收集评估对象以往的交易信息、相同或者类似珠宝首饰交易的市场信息；确定若干相同或者类似的珠宝首饰作为参照物，充分考虑其价值因素的可比性；根据评估对象与参照物之间的区别，以及市场级别、市场交易条件等因素的差异，对相同或者类似珠宝首饰交易信息及相关资料进行分析调整。这是珠宝价值评估最常见的方法。

收益法通过估算被评估资产未来收益并折算成现值，借以确定被评估资产价值。珠宝较少采用收益法进行评估。收益法通常只适用于租赁、展览等持续经营活动中，具有独立的获利能力。

四、实务案例——以夫妻共有股权分割案为例看评估重要性

（一）实践中夫妻股权分割的方式

根据《最高人民法院关于适用〈中华人民共和国民法典〉婚姻家庭编解释（一）》第72条，夫妻双方分割共同财产中的股票、债券、投资基金份额等有价证券以及未上市股份有限公司股份时，协商不成或者按市价分配有困难的，人民法院可以根据数量按比例分配。可以看出关于夫妻共有股权分割方面，最高人民法院在尊重当事人意愿的前提下，给了地方法院相当的自由裁量权。实践中，人民法院对于夫妻共有股权纠纷的处理方式大体可以分为予以分割和不予分割两类。在准予分割的案例中，人民法院判决分割的对象包括出资额、股权份额、股权价值、股权收益、股权转让款等。而在不予分割的案例中，人民法院通常将股权确认为具有股东资格的配偶一方享有，由该方当事人对另一方折价补偿，或者基于股权的特殊性而要求另案处理，这种情况下一般对股权进行价值评估，而判决股权归一方享有，对另一方进行折价补偿。①

（二）价值评估案例解析

在温州吴某、黄某的离婚案②中，申请依法委托浙江和诚房地产估价有限公司通过市场法对夫妻共有房产价值进行评估，委托中安房地产评估咨询有限公司温州分公司通过市场法对夫妻共有的车位价值进行评估，委托温州华欣资产评估有限公司对夫妻共有的万佳公司、万兆公司的股权价

---

① 王琦：《离婚时夫妻共有股权的处分规则——以夫妻共有股权的价值评估为中心》，载《河南财经政法大学学报》2020年第3期。

② 参见浙江省温州市中级人民法院（2015）浙温民终字第2864号民事判决书。

值进行评估，并将万兆名下的公寓一并计入公司股权价值进行考虑。一审法院判决由吴某持有公司股权，根据评估报告对黄某进行现金补偿，二审法院亦予维持。虽然本案中评估分割财产的方式产生了后续争议，但是其使得争议的处理变得简单和高效，吴某继续持有股权维护了公司的稳定和发展，同时使得股权的整体价值和控制利益不因分割而受损。

在中国创业史中，不乏因夫妻股权分割争议导致严重后果的例子。2009 年，真功夫借壳上市前夕，董事长蔡达标的前妻潘敏峰要求分割其离婚时放弃的股权或者折价补偿 4.7 亿元财产。双方未能达成一致意见，小舅子潘宇海在蔡达标向银行申请贷款时给银行写信，提示股东矛盾产生贷款风险，导致银行不敢放贷，紧接着潘宇海又将真功夫告上法庭，控告公司内部财务混乱获得法院支持，"家斗"的内耗让真功夫的上市计划搁浅。而蔡达标也因利用自己职务之便进行资金调拨以加强对真功夫的控制权，而以涉嫌挪用资金、职务侵占等罪行被捕入狱。其实，若是蔡潘二人及时处理好夫妻股权分割事项，也许就不会有后续这些问题，即使蔡达标不同意分割股权而失去控制权或者认为折价补偿 4.7 亿元价格过高，通过评估确定股权价值再确定补偿金额不失为一种出路，这既能够保留其对公司的控制权继续发展企业，亦能使双方都获得相对公平和易于接受的处理结果。

可见，股权价值评估虽不是最完美的处理方式，但是仍然具有不可比拟的优越性。股权价值评估以公司资产、专利技术、盈利状况等客观因素为依据，避免了拍卖或转让股权时可能出现的拍卖价格或转让价格严重低于股权真实价值的情况，排除了恶意转让股权而损害非股东一方利益的可能。同时，股权价值评估后，由具有股东资格的一方按照股权财产价值的一半向非股东一方进行补偿，不涉及股权变动，法律关系简单明了，操作上也更为简便。其实，不仅仅是夫妻财产分割中的股权评估，在民营企业涉及继承、并购重组时，进行不动产、知识产权等评估亦是相同的逻辑，专业的资产价值评估能够有效地确定资产价值，从而减少经济活动中的舞弊行为和争议的产生，使得财富能够得到有效的传承。

五、传承法务律师涉及评估应用的注意事项

（一）出具法律意见书时注意的影响

财富传承中评估机构能解决的仅仅是财产的经济价值问题，但是财产的价值往往是经济价值和法律价值的结合，比如，产权存在的抵押权、质权属法律风险，必然损害财产价值；再如，股权的控制利益亦能产生溢价而增加股权价值。由此可见，财产的法律状态对其自身价值会产生影响，

而财富传承中财产的法律问题，需要传承法务专业律师在进行充分调查的基础上，出具专业的法律意见书，从而支持评估有效地反映财产真实价值。

（二）提示风险并有效监督评估过程

不同的评估方式会产生不同的评估结果，传承法务专业律师需要充分了解各种评估方法，对各自的法律问题和风险进行充分提示，并对评估过程中的合规问题进行有效监督，从而使得评估在财富传承中发挥积极作用。

（三）针对《资产评估报告》应依法客观发表法律意见

传承法务专业律师需要频繁接触资产评估，例如，在《法律意见书》中，针对评估机构就企业的土地、房产的转让价格或租金水平等事项出具的《资产评估报告》，发表法律意见；在诉讼中对争议标的物的《资产评估报告》，发表支持或异议的意见。

传承法务专业律师应就《资产评估报告》、评估委托、评估程序等事项是否合乎资产评估法和法律层面的规定发表意见时，在法律上审查资产评估各事项的要点包括以下几点：

1. 评估师的职业资格证书、执业信息；
2. 评估机构的资产评估资格证书、资格信息；
3. 委托人与评估机构之间签订的委托合同；
4. 评估人员是否对评估对象进行现场调查；
5. 评估方法的采用是否符合评估准则；
6. 是否有两名以上评估人员签名、评估机构盖章等；
7. 评估内容如基准日、评估结论、报告特别事项、报告适用范围、报告有效期等是否符合《资产评估基本准则》《资产评估执业准则》等法律规定。

第七章 传承法务中的金融投资

本章介绍传承法务中的金融投资，涉及资产管理及养老 PPP 等业务的关系、作用、功能等相关内容。从理论上提出，不论是个体传承还是群体传承，都面临着资源不均衡、相关产业发展不充分的问题，而金融天然具备的资源配置功能有望为传承问题提供全新的解决思路，将探讨金融的功能供给如何能与个体和群体的传承需求相匹配。

传承法务介入金融新业态是以法律服务作为本质定位：传承法务直接服务于个人和家庭的传承事务，也间接服务于传承公共事业；既与金融新业态相互配合，也链接着传承相关产业；既属于正向的协助性质的服务，也具有逆向的监管合规的性质。

第一节 传承法务与金融概述

一、 传承与金融的关系

（一）金融的功能

金融即货币资金融通，泛指一切与信用货币的交易和流通有关的经济活动。金融是现代市场经济的核心要素，健全的金融体系越来越成为国家与社会正常运转不可或缺的一环：于政府，货币金融政策是宏观经济调控的理论基础；于企业和机构，金融为业务发展提供了丰富的投融资渠道；于个人，从储蓄消费到理财投资，金融助力个体和家庭创造出了多样化的生活场景和发展前景。金融已愈加融入社会生活的方方面面。

然而，随着全球化和市场经济的深化以及金融工具和金融市场的发展，金融固有的不确定性愈加突出，违规违法的金融投机活动愈加频繁。这一背景下，加强金融监管已愈加必要，而常常见诸各类文件和文章的“金融应当服务实体经济”论述似乎已成为一种共识。这一论述的提出，实际反映了本能够为经济活动起到良性辅助作用的金融活动已经干扰了正常的经济秩序，而为进一步理解这一论述，需要明确金融在经济活动中承担的具体功能。

美国经济学家 R. Merton 和 Z. Bodie 于 1995 年首次提出金融功能论，提出了金融的六项基本功能：（1）提供结算和支付方式以促进交易；（2）为企业提供资源集中和股权细化机制；（3）提供跨时空、跨行业领域的资源流通渠道；（4）提供风险管理功能；（5）为协助各经济部门分散决策的协调提供价格信息；（6）协助解决在交易双方拥有不对称信息，或一方为另一方代理情形下的激励问题。[①] 基于这一初始理论已经发展出了多种表述，考虑到本书并非金融学专著，这里便通俗地概括出金融的五项主要功能。

第一，结算功能。金融机构能为市场主体提供支付和清算服务，从而提高交易的效率。历史上，很长一段时期内人们用以交易的一般等价物都是特定物品或金属货币，直至成本更低、制造更易、便于携带的纸币出现；从纸币又发展出了各种支付票据；现代社会中，随着信息技术的发展，数字交易不论在个体间交易还是企业间交易中都已成为常态。

第二，实现资源的集中和流通。市场经济活动必有收支，因此总会存在某些市场主体缺少资金（所谓资金短缺）而某些市场主体资金富足（所谓资金盈余），金融即解决资金盈余与资金短缺的平衡问题。金融调剂不同行业、不同地域的市场主体间的资金余缺，所谓跨主体、跨空间，而若由金融机构中介业务，又能通过资金的同一汇集和再分配而降低交易成本；金融为企业、家庭和个人的长期投资提供资金、为未来消费提供积累，又所谓跨时间，贷款、保险都是体现这一功能的典型产品。

第三，提供流动性。流动性可以简单理解为资产快速变现以完成支付的能力，流动性越强则抵御风险的能力越强，相关经济活动的开展也就越顺利。金融提供流动性是前一功能的应有之义，不同市场主体、不同经济活动对资金流动性的需求不同，金融机构中介资金在流通的同时也实现了流动性的平衡；政府和金融机构更可以设计专门的机制和产品来实现多层次的流动性构造。

第四，分摊风险。金融能够分摊风险同样是第二项功能的必然结果，贷款和保险也是这一功能的典型体现，经济活动的风险随着资金的集中和流通而在市场经济主体间重新分配。

第五，提供激励。市场交易双方所掌握的交易信息通常并不一致，信息不对称情形下就存在一方滥用信息优势而不正当竞争的道德风险和法律

---

① Robert C. Merton, Zvi Bodie, *Financial Infrastructure and Public Policy: A Functional Perspective*, Harvard Business School Working Paper, No. 95-064, 1955.

风险。金融机构作为市场交易资金管理中介，同时承担交易双方的代理角色，以服务所获利润为驱动，凭借其信息优势和控制融资的优势实现对交易的监督；证券市场等高流动性交易场景下则通过价格的波动提供激励。

虽然金融具有如此功能，但在我国长期由银行业主导的金融体系下，专业人士和民众对金融功能的理解基本上集中于储蓄和投资方面，金融仅仅被看作是向经济活动输送资金的血脉，而金融其他或许更重要的功能却被忽视。[①] 因此，所谓金融服务实体经济也不能局限地理解为金融机构应当降低门槛甚至无条件地满足市场经济活动资金需求，而应当充分发挥以往被忽视但相当重要的金融功能，回归金融协助资金流通和资源配置、提升市场交易效益的根本目标。

（二）金融供给与传承需求

传承法务是通过对传者生前人身权益的维护及生前身后财产权益系统化制度化平衡的统筹安排与实施，使其个体传承意愿依法得以实现的法律实务。传承事务是满足传承人对美好生活的多层面需求，对传者个人生前身后个性安排提供相应的综合性服务的事务，不仅包括财产权益层面对财富的分配、分割与继承，更包括针对传者自身利益和家庭家族一代或数代的人身权益保障层面的规划。

理论上所有人都将面对传承（不论是狭义的传承如继承还是广义的传承），因此传承不仅是每个个体、每个家庭的问题，传承更是构成了群体性、公共性的社会问题。现今不论是个体传承还是群体传承都面临着资源不均衡、相关产业发展不充分的问题，而金融天然具备的资源配置功能有望为传承问题提供全新的解决思路。基于前述金融的五项主要功能，我们将探讨金融的功能供给如何与个体和群体的传承需求相匹配。

1. 个体传承需求

明确个体传承需求不妨从继承切入，继承的需求同样也构成传承的需求。继承对应的一个概念是遗产，继承处理的主要事项也是财富在家庭成员及代际之间的流转，虽然继承问题看上去并不复杂，但现实中不论是一般民众还是高净值人群的继承都暴露了很多问题，可以总结为二：一是供继承分配的财产的价值不高（尤其在债务和遗产概括承受的情形下）；二是遗产的分配并不符合被继承人的本来意愿或根本无法确定被继承人的本来意愿（例如，被继承人订立的遗嘱或遗赠扶养协议不具有完备的法律效力，或被继承人根本未作安排）。

---

① 李扬：《“金融服务实体经济”辨》，载《经济研究》2017 年第 6 期。

以上两个问题可以作更进一步的深入。对于财产价值问题，民法典第1122条规定，遗产是自然人死亡时遗留的可以继承的个人合法财产，那么对于不属于遗产范围的财产或不能继承但具有经济价值的财产或权利，单纯依据继承规则是无法处理的；此外，继承只关注分配，当然无法解决财产价值维护的需求。对于财产分配问题，虽然很多民众订立遗嘱的意识越来越强、遗嘱的内容越来越丰富，但依据民法典第1133条第2款、第3款的意旨，遗嘱或遗赠原则上只能覆盖确定的继承人或受遗赠人（胎儿的预留份为法定例外），由此不少人通过遗嘱（不包括遗嘱信托）实现跨数代传承的期望很可能落空。如此，我们便可发现个体传承的需求主要集中在两个方面：一是实现财富的保值增值；二是充分实现传者对于财富流转的意愿。

应当注意到，以上两项需求本质上仍针对的是财富向家庭成员及后辈流转的问题，而传承不仅仅是财富的传承，更需要传承财富之外的价值；传承不仅仅只面向承者，更需要考虑现实的传者自身的利益。由此，在第一项需求即实现财富保值增值外，我们将第二项需求明确为包括财富传承和未来安排在内的传者意志的传承，并将第三项需求定位于养老问题。第三项需求限定为养老问题是基于如下的考虑：养老需要经济基础，养老花销相关安排当然构成传者自己有关财富分配的一部分；养老的质量对传承意志的变化、维持和确认具有重要的影响，因老年或晚年是绝大部分传者自身权益最容易遭受忽视和侵害的阶段，同时预期寿命的不断提高使得人们拥有更多的时间来思考和安排自身的传承问题，因此无安定有效的养老，就不能保证真实、有效、确定的个性意志的传承。

那么金融功能供给如何匹配个体传承的三项需求呢？其一，金融以其媒介资源配置的基本功能实现各类财富的保值增值，同时发挥其风险控制功能确保财富的安全流转。其二，资源通过金融活动集中和再分配的过程并不是自主的、单向的，金融活动体现着市场主体的经济目的，金融交易的达成需要交易双方、金融中介和市场的共同响应，因此可以通过设计特定的金融交易结构来实现具体的传承目的。其三，对于一般民众和家庭来说，养老的普遍痛点在于养老资金的缺乏，金融一方面可以通过增强家庭财富的流动性而增加现金流；另一方面可发挥其激励功能引导民众理性投资、长远投资，从而实现实质意义上的现金流增加。可以看出，面向个体传承需求，金融始终无法脱离其配置资源、促进交易的基本属性和功能。

2. 群体传承需求

群体传承需求是个体传承需求的归并集合，体现着单纯从个体或家庭层面无法充分解决的个体传承需求数量或质量不达标的部分，本质上属于社会问题。明确群体传承需求不妨从个体传承需求的由来切入：第一项和第二项需求直接来源于继承制度无法充分满足传承需求的问题，第三项需求直接来源于传承资源缺乏的问题。进而，审视金融在个体和家庭层面上是否真正地解决了这些问题：对于第一项和第二项需求，金融以其相较于法律更灵活的调整手段能弥补法律制度建设的缺位，但我们不能忽视金融活动自身亦应依法开展，然而现今金融监管尚未达到令人满意的状态；而对于第三项需求我们可以通过数据判断。截至2019年底，中国养老保障体系中“第一支柱”基本养老保险和“第二支柱”企业年金占养老资金存量的主要部分，“第三支柱”商业养老保险占比仍微乎其微，人均养老金只有不到2.5万元/每年度，养老金缺口十分巨大，[①] 由此可见，养老问题的重心仍在养老公共服务基础设施建设上，从个体层面尚无法解决普遍的养老问题。

由此，群体传承需求就对应着两项社会建设：一是制度性基础设施建设；二是物理性基础设施建设。在群体层面，金融又可从以下两个方面提供功能匹配：其一，金融之于制度建设最必要者是加强监管，具体到金融功能上则是优化金融活动的激励作用，对内（内部约束）不断消解短期的投机性激励机制、有效防范系统性金融风险，对外（外部环境）通过各种形式的金融知识普及活动增进民众对金融投资行为及其风险的理性认识；其二，金融应充分发挥其媒介资源配置的基本功能，引导政府资本之外的社会资本投入养老相关产业之中，如此不仅能缓解政府提供养老公共服务的巨大压力并协助政府厘清公共管理职责范围，还有助于金融回归本源、避免无限制的“脱实向虚”以稳定和优化市场秩序，而在一个政府有效监管、资本良性循环的市场环境下，养老服务不仅能够实现覆盖群体“量”的增加，更能实现服务水平“质”的提升。

二、 传承法务与金融新业态

（一）以传承为目标导向的金融新业态

近年来，诸如，农村金融、绿色金融、互联网金融、产业链金融、区块链金融等新的金融概念层出不穷，反映着社会发展对金融的强力需求。通过前文所述，我们似乎可以看到一幕新的金融前景，似可将其称作传承金融，但本书并不意图创造一片新的金融应用领域，这一方面是由于本章

---

① 江世银、陈曦、魏君飞：《居民生命周期内养老资产配置研究》，载《财经科学》2021年第3期。

并非金融专论；另一方面则在于传承是涉及住房（工程建设）、医疗、养老、实业（制造业）等产业交融的网状业务领域，更简洁的说法是，传承是一种目标导向。虽然不冠以传承金融的名号，但不可否认，以传承为目标导向的金融活动将构成一种新的金融业态。

作为法律服务的传承法务自然不应与这种金融新业态脱节，而二者的结合更会带来优越的实践价值，主要体现在以下三个方面：专业普适、监管合规和规则发展。第一，虽然金融活动和法律实践都具有较高的专业门槛，但相较于技术色彩更浓的金融活动，法律实践的社会属性更为显著。传承法务为不了解金融知识的民众提供了更经济的沟通渠道，有助于增进民众对金融投资应用于传承的理性认识。第二，当货币交易自身开始成为目的而非服务经济的手段时，应当警惕金融监管措施的有效性和完备性。传承法务是具有公共属性的私法实务，可从公法的角度介入金融新业态，将金融业利润追求的模式和目标约束在传承目标导向下，挖除监管套利的土壤，使得金融业的发展回归正途。第三，金融活动相较于法律实践更具有扩张性色彩，金融新业态下的金融学研究和实践或有助于法律拓展自身的边界，借力金融活动的前沿性弥补法律滞后性的不足，带动法律规则的发展。

（二）行业发展与从业展业的准则

传承法务介入金融新业态一定需要明确其作为法律服务的本质定位：传承法务直接服务于个人和家庭的传承事务，也间接服务于传承公共事业；既与金融新业态相互配合，也链接着传承相关产业；既属于正向的协助性质的服务，也具有逆向的监管合规的性质。具体而言，金融新业态下传承法务的业务发展方向应依循以下两项标准。

一是坚持尽职履责的专业取向。传承法务作为调整传承行为、解决传承关系中的传承问题的法律实务，基于传承业务的综合性特征，传承法务必然呈现法律技术的专业性、业务领域的交叉性、服务对象的广泛性和跨地域性，尤其是在以传承为导向的金融业态中，传承法务应与金融服务有效配合、有机结合。既要以法律为准绳规范金融行为、防范和化解不必要的金融风险，也要充分发挥金融活动的灵活性和开拓性，利用法律手段抑制和消解不健康的金融激励模式，为传承服务中金融实践和金融创新提供稳健而高效的法律支持。

二是坚定以公共利益为核心追求的价值取向。法律反映着社会现实和社会需求，承载着社会发展的价值趋向，传承法务作为面向所有人生前身后综合性事宜的法律服务更不能例外。由于传统面向普通大众和一般家庭的家事、继承业务和相关产业投资的微利特征，当下实践中传承类法律业务和金融产品明显注重以满足高净值群体对财富传承需求为导向的特征。然而，传承法务本质上应当属于公共服务，公益性应成为传承法务的根本特征之一，因此传承法务应自始至终以人性需求和社会整体利益最优为追求。

上述标准同样引导和约束着传承法务从业者（尤其是作为传承法务核心从业者的律师）的执业和展业路径：在专业取向上，应当意识到职业道德同样是专业评价不可忽视的一面，传承关涉服务对象作为人最本质的利益，传承服务中的金融服务又直接处分服务对象的生存和发展资源，诸如信托等传承服务的开展更强烈依赖着信任关系；[①] 在价值取向上，服务高净值群体获取高额回报虽无可厚非，但仍应摒弃“高端服务”“优质客户”等功利性执业倾向，尤其对于大部分青年律师和其他基层传承法务从业者来说，诸如，社区法律服务、特定机关单位法律顾问服务不仅是实现传承法务公益价值的根本，随着基层法治的优化和普惠金融的发展，同样也能成为个人实现专业化传承法务执业的突破口。

第二节　传承法务中的资产管理

一、　家庭资产管理综述

（一）家庭资产管理基本概念

1. 实物资产和金融资产

金融学上一般将资产划分为实物资产和金融资产。一个社会的物质财富最终取决于该社会经济的生产能力，即为社会成员提供产品与服务的能力，社会财富水平则具体由实物资产承载；与实物资产相对应的是以价值形态存在的金融资产，这些金融资产并不是社会财富的代表，它们对社会经济的生产能力并没有直接的贡献。实物资产是创造收入的资产；金融资产对实物资产所创造的利润享有请求权，能够为持有它们的公司或个人带来财富，因此金融资产在社会层面上表现为社会财富的分配状态。

虽然金融资产不直接创造财富，但在市场经济中金融资产仍具有相当重要的作用。金融资产的一项重要作用是实现企业所有权和经营管理权的分离，而这种分离在经济全球化和大规模生产的背景下尤为重要，金融资

① 实践中出现过律师家属代持代管委托人财产，但财产却遭律师恶意转移侵占的案例。

产为股东持有的所有权提供了流动性，股东买卖股份不会影响企业的管理，而企业也能以此提供有吸引力的投资机会。不同类型的金融资产（金融工具）还能实现风险的分配，投资者会选择与他们偏好风险匹配的投资类型，因而这种风险的分配对于需要通过融资以增加资本投资的公司是有利的。而对于个人和家庭来说，因持有金融资产而享有对实物资产价值的请求权，实际相当于将财富以金融资产的形式储存起来，借助不同的金融资产能够实现不同的经济目的（如长期消费规划、保值、避税等）。因此，在某种程度上正是金融资产使我们得以创造经济中的大部分实物资产，同时我们也可以发现，金融资产的优势也正是金融功能在市场经济中的具体实现。

金融资产一般包括货币资产、债权资产、股权资产、信托资产、理财产品资产、证券投资基金资产等。货币资产包括现金和银行存款；债权资产一般指的是银行存款之外的政府债券和企业债券，它们都是具有一定面额和偿还条件的债权债务凭证；股权资产即股票，代表对公司特定份额的财产所有权和公司清算后的剩余资产特定份额的索取权；信托资产是购买由信托公司发行的营业信托产品而形成的金融资产；理财产品资产一般指的是购买银行等金融机构发行的专门投资于某种特定金融工具的产品而形成的金融资产；证券投资基金则是由基金管理人发行的专门投资于某些有价证券的金融工具。

2. 家庭投资的影响因素

在目前通货膨胀的大环境下，持有大量的现金或银行存款并不划算，因为相较于其他金融资产，现金和银行存款自身并无很高的收益预期而更多地用于消费，当存款利息低于 CPI 和固定资产价格涨幅的情况下，现金和银行存款未来能交易的实物资产越来越少，因此民众倾向于将现金和银行存款投向房地产、贵金属等所谓的抗通胀产品。但持有大量实物资产也存在不足，实物资产的流动性极低，在急需现金时很难以合理价格及时卖出。正因如此，随着社会经济水平的不断提升，家庭对投资多样化的要求也愈加强烈。

收入是影响家庭投资方向的首要因素，这很容易理解，对大部分人来说（不包括某些投机者），不论是现时消费还是未来消费都严格依赖于现实的财富状况、收入水平或未来的收入增减预期。就特定的金融工具而言，这一影响因素或体现得更为明显。例如，在养老保险领域，当家庭或个人不存在借贷约束以及不确定性时养老保险对储蓄有替代作用，养老保险会降低私人储蓄率，而当借贷约束以及不确定性存在时这种替代关系随着借贷约束的改变而改变。[①] 而信托产品、私募资金产品等金融产品更是本身就设置了净资产或年均收入的投资者准入门槛。

与收入因素密切相关的另一影响因素是风险，风险代表某种资产发生价值减损的可能性，财富状况越不理想、收入水平越低，则客观上抵御或消化风险的能力越脆弱，那么金融投资也应更加谨慎。通常来说，人们对待风险的态度有三种：风险规避型、风险中立型和风险偏好型，对应着主动回避风险、既不回避风险也不追求风险和主动追求风险。风险规避型群体投资的一项典型特征是要求刚性兑付，即不仅不希望受到本金损失，更要求获得投资收益。

进一步理解风险需要考虑另一影响因素即投资产品的预期收益率，投资产品的高预期收益率往往都与高风险相伴。假定投资者在无风险的情况下所能获得的确定收益与在有风险的情况下能获得的期望收益相等，那么前述三种对待风险的态度可作如下区分：风险规避者偏好无风险情况下的确定收益；风险偏好者倾向有风险情况下的预期收益；风险中立者并不在乎有无风险，只关注预期回报率的大小。

对风险的判断不仅需要参照投资产品的预期收益率，还应考察投资产品的流动性。若一项资产流动性很低而价值很高，当你急需现金而准备将资产脱手时，可能难以寻得买主或买主的交易条件很苛刻（如压价），不论放弃交易或是接受苛刻的交易条件，都将遭受资产变现的损失。高流动性的金融资产在某种意义上起到了储蓄的作用。

（二）我国家庭资产结构

家庭财富是社会财富的重要组成部分，家庭财富直接反映了社会经济的发展状况，也会影响该经济社会的消费、储蓄和投资潜力。根据西南财经大学2013—2019年四次中国家庭金融调查数据（CHFS），我国人均资产虽不断增加，但以房地产为主的非金融资产的持续快速增长是我国家庭财富增长的主要原因，2019年的数据更显示中国家庭住房资产占比达到了70.71%，住房已成为我国家庭资产和财富的主要部分。房地产资产尚不具备普遍的流动性风险解决及融资变现渠道，因此过高占比的房产资产吸收了大量的流动性，用以驱动家庭或个人消费、储蓄和投资的财富被大大压缩。

金融资产方面，我国个人和家庭投资人多为风险规避型，家庭金融资

---

① 袁志刚、张冰莹：《养老体系、家庭资产需求与金融结构研究》，载《复旦学报（社会科学版）》2020年第4期。

产长期也以风险性最小的银行存款为主要构成，保险及企业年金账户之外的银行理财产品、基金、股票、债券等风险类资金资产占比较低。总体上看，我国家庭金融资产配置注重安全性，投资品种不多、投资方向较为保守。但随着我国家庭财富水平的不断增长，我国家庭金融资产管理的整体需求已发生变化，主要表现在存款迁移、对保险和理财产品的需求提高、资产配置要求多元化和个性化、资产配置意识提高、对专业投资顾问的需求加大等。①

虽然我国家庭多层次财富管理的新需求不断显现，但不合理的家庭金融资产配置结构的转变在一定时期内仍具有不小的阻力，我们可以从个体传承需求的视角上审视这一问题。

第一，金融产品的投资准入门槛较高。中国证监会《证券期货投资者适当性管理办法》（2020修正）、中国银保监会《保险资产管理产品管理暂行办法》等对专业投资者和产品当事人都规定了家庭金融资产不低于500万元的要求，原中国银监会《信托公司集合资金信托计划管理办法》（2009修订）也规定了100万元个人或家庭金融资产的自然人合格投资者门槛。在除去高占比的房产资产后，多数家庭是无法投资很多金融产品的，家庭金融投资品种和金融产品的规模也就受到了限制。

第二，我国家庭整体的金融基础知识比较欠缺。中国家庭金融调查数据（CHFS）显示，我国居民在利率计算、通货膨胀理解和投资风险认知三项重要问题上的反馈都不容乐观。家庭投资是一个复杂的决策过程，需要花费大量的时间进行信息筛选和分析，需要必要的金融知识支撑。②我国个人和家庭投资人普遍的风险规避倾向也是金融知识水平不高的具体反映，不仅倾向于信任银行存款和具备储蓄性质的金融产品，即使在主要面向高净值群体、投资理性水平预期较高的营业信托投资场合，刚性兑付也常年成为业界潜规则。

第三，我国社会保障体系尚不健全，多数家庭须自行承担住房、教育、养老、医疗等长期或大额支出的全部或大部分，而包括养老金在内的社会保障基金已存在巨大缺口，对应的商业保险覆盖率仍相当不足，这进一步限制了家庭财富向非储蓄性金融产品的投资欲望。

站在国家金融监管的视角上看，非机构金融投资门槛的设置具有以金

---

① 刘洁：《中美日家庭金融资产结构的对比分析及启示》，载《理论月刊》2020年第11期。

② 曾志耕、何青、吴雨、尹志超：《金融知识与家庭投资组合多样性》，载《经济学家》2015年第6期。

融资产价值和金融投资经验为标准筛选投资者的考量，但这一筛选标准暗含着合格投资者金融认知“合格”的前提，而应然标准与现实情况差异很大，否则资管新规、九民纪要也不会先后明确规定资管产品刚兑条款无效，这一前提很多时候并不成立。对于一般投资者来说，虽然金融机构推销理财产品时都会强调“理财有风险，投资须谨慎”，但有关家庭金融决策的理财建议也被发现并不能对金融知识起到替代作用。[①] 我国家庭长期以来显著的储蓄性投资倾向也表明传承需求的稳固，而顺利传承的基本前提在于家庭生活和财富的安全保障。因此总体来看，风险控制既是我国家庭资产结构形成的主要原因，也是我国家庭金融投资配置转型的关键因素。

（三）资管类传承服务的从业特点

纯粹的资产管理服务和本书中的传承服务都是具有长期性、延续性的专业服务，两者对于业务可持续运营这一问题的立场是一致的，但资管类传承服务又包含区别与传统资管服务的特别要求。资管类传承服务必然具有体系内容的领域性，体现为法律规范的跨部门运用以及与业务内容的跨行业联动，但这并不意味着传承法务律师和其他法律服务者一定需要成为“全科”人才。

这一业务特点更多要求传承法务从业者充分理解本书第三章提出的传承法律服务的贯通性，即“为传承行为人提供专业法律服务并对接与传承有关的相关行业予以支持的法律实务”。贯通性要求传承法务从业者能够基于传承行为人的实际需求规划出连续而完备的传承法务方案，对预见的法律风险作针对性安排，提供预先统筹应对为主、争议解决为辅的法律服务。

除此之外，同样不应忽略这类业务之于传承法务从业者，尤其是依据律师法执业的传承法务专业律师自身的执业风险。传承法务从业者原则上不应承接超越自身职业身份的业务内容，例如，律师见证属于专家见证，对其要求及要承担的风险高于一般主体见证，但其证明效力是一样的，律师见证不能代替公证，公证的公信力及证明力更高。因此，因服务对象的需要而实施的带有信任特征或人情色彩的服务应当慎重，超越专业范围来增进专业深度往往并非明智。

---

① 吴锟、吴卫星：《理财建议可以作为金融素养的替代吗?》，载《金融研究》2017 年第 8 期。

二、传承法务与金融资产管理

家庭金融资产通常包括银行存款、保险、债券、股票、信托、证券投资基金、外汇、金融衍生品和其他理财产品。其中，商业保险和营业信托分别以其经济保障和资产隔离功能成为家庭财富管理和传承最常用的金融工具，两者的独特功能是其他金融产品所无法提供的，因此两者成为典型的综合性家庭资产管理和传承的基础性制度安排。

（一）传承法务与商业保险

1. 保险传承概述

风险在社会生活中无处不在，保险则是最普遍的转移风险的方式。保险是一种以风险转移和经济保障为基础的金融工具，集中投保人缴纳的保险费形成保险基金，在风险预测的基础上，由多数人分担因不确定事件产生的少数人的经济损失，从而实现普遍的风险转移和经济保障。保险作为金融工具具备的资源媒介功能衍生于其保障功能，保险的保障功能是保险区别于其他金融工具的本质特征。

保险业务依其市场性质可划分为由股份制保险公司以营利为目的经营的商业保险业务，以及以劳动者为保障对象、由政府强制实施的社会保险，若无特别说明，本节所指保险均为商业保险。商业保险根据保险标的的不同可划分为人身保险和财产保险。人身保险是以人的生命和身体健康作为保险标的的保险，通常包括人寿保险、健康保险和年金保险。财产保险又称为损害保险，通常包括以物质财产为标的的财产保险、以财产有关利益（间接损失）为标的的利益保险和以损害赔偿责任为标的的责任保险。

个体传承中，有效管理生活风险和财富风险的重要性不言自明，因此传承决策在某种意义上也是风险决策。商业保险中，健康保险和意外伤害保险可以平衡家庭成员可能遭受的疾病或事故风险，财产损失保险可以补偿家庭财产损失及与损失相联系的费用，人寿保险可以在家庭成员身故后提供其他家庭成员继续生活所需资金，年金保险则可用以防范由于长寿导致家庭经济资源耗尽的财务风险。保险的保障功能可以避免家庭财富的巨大损失和异常波动，这是传承所不可或缺的。除此之外，保险作为金融工具在回应个体传承三项需求的问题上亦具有显著的优势。

其一，保险实现风险转移效果的基本逻辑是对现金流进行跨期管理与配置。保险合同可以约定对保险金的分配比例和分配顺序，传者可以在不丧失财产控制权的前提下进行生前传承安排，甚至可以实现跨越代际的对家庭财富的长期管理。其二，以保险形式管理家庭资产更为稳健。保险对于保险公司的负债属性决定了保险公司在投资理念和经营上更倾向于长期投资和价值投资，从而能够穿越经济周期、抵御通货膨胀，实现财富的保值增值。[①] 其三，保险的经济保障和资金跨期配置功能天然契合养老需求。养老问题直接关系社会的稳定，养老保险也是各国社会保险体系的核心，开展商业养老保险业务具有长久广泛的实践基础和稳定真实的社会需求。

2. 保险实现传承模式

诸多种类的保险均与个人和家庭传承息息相关，但其中人寿保险和年金保险的传承特征最为典型。因此，以下将主要介绍人寿保险和年金保险实现传承的模式，并在此基础上阐述以保险为核心的混业财富管理与传承服务。

（1）人寿保险

人寿保险是在被保险人身故时支付保险金的保险，主要包括定期寿险、终身寿险和两全保险三种形式：定期寿险中，保险金给付的前提是被保险人在规定期限内发生死亡事故；终身寿险是不定期的死亡保险；两全保险则是生存保险和死亡保险的结合，被保险人不论在保险期内身故或是生存到保险期限届满，保险人都会给付保险金。由于终身寿险和两全保险的保单必然发生给付，两者的保单都具有现金价值，因此两种保险都具有储蓄性特点，这使得其不仅能满足经济保障这一传承的前提，还能够实现特殊的传承目的。

终身寿险通常有三种缴纳保费的方式：一是在被保险人的生存期间每年都缴纳保费；二是在一定的期限内每年缴纳保费，期满后不再付费；三是在投保时一次性缴清全部保费。不同的缴费方式影响着保单的现金价值，缴费的期限越短、每次缴费的数额越大，所累积的用以履行将来保险义务的金额就越多，保单的现金价值就越高。在一次性缴清全部保费的终身寿险中，保险的储蓄性意义实际上已经超过了经济保障价值。终身寿险和两全保险的储蓄性特点（保单的现金价值）不仅能够带来储蓄利益，保单还可以作为商业交易中的担保财产进而成为一种投资工具。而在两全保险中，被保险人本人是可能实际取得保险金的，被保险人可以用这笔保险金投资于养老保险或其他金融工具，实现养老储蓄或长期投资的目的，较终身寿险更为优越。

虽然终身寿险和两全保险都具有储蓄的功能，但保险的保额通常是固定的数额，因此这些保险对通货膨胀的回应效果较差，保险的保障作用也

① 周延礼、高皓：《保险在财富管理中的应用研究》，载《保险研究》2019 年第 11 期。

就有所减弱。为了解决这一问题，一些保险产品会约定分红以减少通货膨胀的不良影响，亦有保险公司推出了保费或保额可以变动的创新保险产品，包括变额人寿保险、可调整人寿保险和万能人寿保险：变额人寿保险的保费固定、保额变动，并拥有独立账户，保单的现金价值随着保险公司投资组合的调整而变化；可调整人寿保险的保费、保额、保险期限都可变动，给予了被保险人根据实际需要灵活调整的空间；万能人寿保险在可调整人寿保险的基础上，以市场利率决定保单现金价值利率。

(2) 年金保险

年金保险是在被保险人缴清全部保费后，保险公司根据保险合同的约定，在被保险人生存期间（或生存期间的确定期限内），以固定的金额和频率向被保险人支付保险金的生存保险，由于通常采取按年度支付的方式，故称为年金保险。年金保险下，被保险人可以获得因长寿所致的收入损失弥补，达到养老保障的目的。相较于健康状况不佳或预期生存年数不长的人群倾向于购买人寿保险，健康状况良好、预期生存较长的人群更乐于购买年金保险；相应地，人寿保险费率随着死亡概率的提高而上升，年金保险的费率则随着死亡概率的提高而降低。

在保费缴纳方式上，年金保险也分为一次性缴清保费和分期缴纳保费两种形式，分期缴纳保费也可以采取在一定范围内浮动缴纳的方式。与人寿保险相同，年金保险保费缴纳得越充足越及时，所产生的投资收益就越高，年金的累积价值就越高。需要注意的是，被保险人在领取年金前必须缴清所有保费。由于年金保险的保险责任是被保险人的生存，仍然存在被保险人在年金开始给付之前即身故，或被保险人在已领取的年金总额远少于保费时即身故的可能。若无任何保费的返还，将对被保险人及其家庭极其不利，因此保险公司亦开发了固定期间年金保险、带返还年金保险等类型，被保险人身故后保单指定的受益人可以在一定期限内继续领取年金或剩余保费。

除了面向个人养老需求的终身年金保险外，年金保险还包括面向多人的联合生存年金和具有非养老保障功能的其他定期年金。联合生存年金适宜两个以上被保险人的生存作为年金给付条件的保险，其主要有两种形式：一是以联合投保人的共同生存作为给付条件，称为共同生存年金保险；二是只要有一人生存年金就会继续支付，称为最后生存者年金保险。非以养老保障为目的的定期年金保险也具有传承价值，例如，父母为未成年子女投保定期年金保险，待子女成年后即可领取年金用于家庭教育开支。

（3）混业服务

银保监会数据显示，2019 年度我国保险业保费收入达到了 42645 亿元，其中，寿险保费收入 22754 亿元，相较 2018 年数据继续保持增长，国民对商业保险尤其是寿险附加的财富保障兼财富管理需求不断增长。然而目前内地保险业的保险供给或无法充分适应这一需求态势，以中国香港保监局发布的 2019 年度数据来看，全年内地访客新单总保费达到 434 亿港元，虽然总保费或因受政治因素影响相较 2018 年略有下降，但其中包括终身寿险和万用寿险在内的寿险保费比例达到了 70.9%，较 2018 年同期上升 4.1%，境外寿险产品因其丰富的附加功能和完善的配套制度仍具有较强的吸引力。

可以看到，若能充分发挥保险相较于其他金融投资产品的优势，在家庭财富管理和资产配置市场上保险将具有广阔的市场。对于个体传承来说，财富保值和财富安全相较于财富创造和财富增值愈加重要，选择长期稳健的理财投资产品将成为必不可少的投资安排，而保险则可成为家庭财富管理的基础金融工具。保险可以融通遗嘱、信托、私人银行等多种制度安排，将财富管理与健康保险、养老保险、企业年金等产品相结合，针对不同收入层次的服务对象设计家庭生活规划、财富传承规划、生命周期规划或医疗养老规划等金融混业和行业结合型财富管理和传承服务。

3. 保险传承的风险隔离

如前所述，很多保单是具有现金价值的。具有现金价值的保单不仅可以被保单所有人用于担保和融资，也可能被保单所有人的债权人甚至是保单受益人的债权人申请强制执行，后者情形下，保险将失去其保障作用。很多保险公司和保险代理人会宣传其人身保险产品具有债务隔离功能，实际上，保险和信托也是在财富管理和传承领域用来进行风险隔离的最常用金融工具。在特定情形下人寿保险确实可以规避强制执行，但这一风险隔离功能并不是绝对的，因此有必要对这一问题作进一步分析。

债权人申请强制执行人寿保险保单须针对保单项下的特定权益。人寿保险保单项下的权益包括保单的现金价值、保险金和约定的分红收益。现金价值只有在保险合同解除后才能成为一项确定的可被执行的财产权益，通常归属于投保人；保险金和分红收益则属于受益人的财产权益。现实中人寿保险的投保人和受益人的身份可以统一或分离，若投保人自身并非受益人，那么投保人的债权人原则上不得就归属于受益人的权益主张权利，对受益人的债权人来说同理，由此实现了投保人和受益人债务的相互隔离。

对受益人自身所负债务而言，保险在一定程度上也可起到债务隔离的作用。民法典第535条规定了债权人代位权，但第1款规定债权人代位行使权利的范围不包括专属于债务人自身的权利，而人寿保险金请求权通常即被认为属于专属于受益人的权利，由此保险可以排除债权人代位权的行使。

但投保人和受益人的债务隔离并非绝对的，以下场合中就无法隔离：

其一，受益人对投保人的债务承担连带责任。典型情形有二：一是投保人和受益人为夫妻，投保人的债务属于其与受益人的夫妻共同债务，则作为受益人的配偶有义务继续偿还夫妻共同债务，债权人亦有权就保单项下的财产权益主张强制执行；二是企业融资中，金融机构等投资方或贷款方通常会要求企业的实际控制人及其部分家庭成员提供保证责任担保，保证人须在其保证范围内承担保证责任，则其享有的保单项下财产权益就可能被追索。

其二，保险金属于被保险人的遗产。保险法第42条第1款规定，保险合同未指定受益人、受益人无法确定、已无受益人在世或已无享有受益权的受益人时，保险金将作为被保险人的遗产，那么在遗产分配前，依据民法典第1161条第1款，保险金将作为遗产的一部分用于清偿被保险人的债务。

其三，保险被退保。保险法赋予了保险人在数种情形下对保险合同的解除权，并均规定了保险人解除合同后应按照合同约定退还保险单的现金价值。由于保单的现金价值原则上属于投保人，法院则可能会应投保人的债权人或申请执行人的申请要求保险公司解除保险合同，并执行返还的现金价值。唯须注意一点，目前有部分地方法院发布了相关通知，规定法院可以强制保险公司退保，虽然这一做法尚存争议，但以恶意逃废债务的目的都是几乎不可能通过购买保险实现的。

其四，保险合同的设计不完备，保单中具有现金价值的部分可能被强制执行。

综上可见，人身保险的风险隔离作用本质来源于保险自身的不同主体分离的制度设计，保险的避债功能是相当有限的。保险作为财富管理和传承工具时，更应注重其特有的经济保障功能，充分结合不同金融传承工具的优势达到有效传承的目的。

（二）传承法务与营业信托

1. 信托制度概述

信托是现代金融体系的重要组成部分。我国信托法自2001年颁行以来已走过了20年，根据2021年2月4日中国信托登记有限责任公司发布的数据，截至2020年末，全行业信托产品存量规模达20.13万亿元，信托产品存量投资者达82.42万人，信托制度愈加为社会和投资者所重视。

信托法第2条规定，信托是指委托人基于对受托人的信任将其财产权委托给受托人，由受托人按委托人的意愿以自己的名义，为受益人的利益或者特定目的进行管理或者处分的行为。基于信托的法律定义，信托包括四大要素，即信托委托人、信托受托人、信托受益人和信托财产。[①] 目前我国内地的信托业务主要是指依据信托法和《信托公司集合资金信托计划管理办法》等银保监会的规范性文件开展的营业信托。理论上信托可以管理所有类型的资产，但目前国内营业信托主要以资金信托为主。

信托制度最典型的特征在于对信托财产的处理。现代信托发源于英国衡平法上"双重所有权"的创造，即信托受托人享有名义上和法律上的信托财产所有权，而信托受益人享有信托财产实质上的所有权。由于我国施行制定法体系和严格的物权法定原则，双重所有权理论是无法直接移植的，信托法第15条、第16条概括规定了信托财产与委托人未设立信托的其他财产和受托人的固有财产相区别，第17条规定了对信托财产强制执行的特别要求，九民纪要第95条就信托财产的诉讼保全事项对信托财产的独立性作出了进一步规定，由此实现了信托理论与我国法律体系的融合。

2. 信托传承的优势

信托因其独特的制度基础在家庭财富管理与传承中具有独特的优势，能够实现家庭资产的风险隔离、有效提升资产价值并实现跨代际的财富管理。[②]

（1）风险隔离

风险隔离，更准确地说是信托财产因自身在法律上独立于委托人、受托人和受益人的责任财产而与委托人、受托人和受益人的债务风险隔离，即所谓信托财产的独立性，是信托制度最主要的特征。虽然在资产证券化中基础资产会转移给特殊目的机构以实现破产隔离，但这种结构仅得到了

① 信托法第六章公益信托中还规定了信托监察人，信托监察人有权以自己的名义维护受益人的利益、有权根据具体情况变更信托受托人。我国公益信托的信托监察人在信托法理论中属于信托保护人，信托保护人同样属于信托应当具备的基本要素，但信托保护人在我国目前私益信托立法中是缺位的。民法典第1133条第4款首次明确了遗嘱信托的立法定位，遗产管理人在某种程度上承担了信托保护人的相应职责。

② 境外信托通常都具有降低税负的目的，不过我国现行有关信托税收和遗产税收的法律法规仍未明确，这一功能尚无体现。

证监会规章的确认而欠缺立法支持，特殊目的机构除非采用信托模式，否则以公司模式设立的特殊目的机构仍无法真正规避破产风险。因此，信托的风险隔离功能是其他金融工具所无法替代的，由此在传承中具有天然的优势。

在信托存续期间，委托人的债权人不能就委托人已经设立信托的财产主张清偿、不得申请对信托财产的强制执行，因信托财产自信托有效设立时即不再属于委托人的固有财产；进而，信托财产亦不会属于委托人的遗产或清算财产。但须注意，信托财产独立于委托人的其他财产存在三种例外：一是债权人在信托设立前即对信托财产享有优先受偿的权利；二是委托人以设立信托恶意逃废债务；三是委托人设立的是为自己利益的自益信托。①

类似地，信托财产独立于受托人的固有财产，不属于受托人的偿债财产、遗产或清算财产。由于受托人负有代委托人管理信托财产的义务，信托法特别规定了禁止债务抵销的规则②和分别管理与记账的要求，③ 从实际操作上确保信托财产能够独立于受托人的固有财产。

虽然受益人对信托财产享有受益权，但其受益权并非直接来源于信托财产，受益人本身也并不控制信托财产，因此信托财产亦独立于受益人的固有财产。不过，信托受益权本身作为财产性权益可用于偿债，受益人依受益权而获得的信托利益亦可被受益人的债权人主张。

（2）资产价值提升

信托的制度设计至少从两个层面上提升了信托财产的价值，即信托既实现了资产的聚合问题，又解决了资产的流动性问题。

前文所述，保险具有其他金融工具都不具备的经济保障功能，但保险又具有天然的劣势，即投保人只能以金钱投资保险，这致使保险自身的家庭资产管理能力大大受限。相比之下，依据信托法第 7 条，凡归属于委托人的合法、确定的财产及财产权益，包括货币、有价证券、特殊动产、不

---

① 根据信托法第 15 条规定，信托存续期间，在委托人死亡或依法解散、依法撤销或被宣告破产时，委托人为信托的唯一受益人的，信托应当予以终止，信托财产应当作为委托人的遗产或者清算财产。

② 根据信托法第 18 条规定，受托人管理运用、处分信托财产产生的债权，不得与其固有财产产生的债务相抵销；受托人管理运用、处分不同委托人的信托财产所产生的债权债务，也不得相互抵销。

③ 根据信托法第 29 条规定，受托人必须将信托财产与其固有财产分别管理、分别记账，并将不同委托人的信托财产分别管理、分别记账。

动产、股权甚至债权[①]均可信托。与信托在所管理财产种类上类似的制度安排是提存，但提存只适合短期保管，长期的管理只能通过信托实现。

通过分散的不同资产聚合和打包注入信托计划，并设立信托受益权实现投资回报，信托在某种程度上实现了信托财产的证券化，且这种资产证券化具有天然的破产隔离功能。除非信托协议另有约定，信托受益权自身可以份额计量、可灵活流通，那么信托就实现了不动产等基础资产的流动性约束问题，这种资产证券化而统一管理财产的过程也大大降低了单一资产投资的风险，通过优化资产的回报预期而有效提升了资产本身的价值。

信托对财产种类的包容性以及信托投资方式的多样性也使得信托能灵活地与其他金融工具相配合，集合发挥不同金融工具的优势，这其中就包括保险和信托两大金融工具结合的保险金信托，[②] 其产生的原因在于保险的投保人无法全面准确预测受益人未来可能遭遇的各种情况，保险人又必须严格依照保单条款和给付协议执行，如此或导致保险目的背离投保人的传承意志。[③] 诸如保险金信托在内的复合型金融产品能发挥 1 + 1 > 2 的传承效益。

（3）跨代际传承安排

信托有效设立后，除委托人自身属于信托受益人之一的情形外，委托人通常对信托财产本身不再享有权利，因此委托人人格的存续与否不影响信托的效力，信托由此可以实现跨越数代的传承安排。

表面上看，遗嘱或同样可以实现跨代际传承安排，但遗嘱中安排的遗产传承对象一般要求是确定的自然人或组织，[④] 将财产传承给不确定主体的遗嘱安排是难以执行的。此外，遗产管理人的职责更多地在于遗产的维护和分配而不是遗产的投资性管理，这决定了承者所获得的遗产价值自始确定。与之相比，信托受托人可以看作是承载了传者即委托人的传承意志对信托财产进行管理，信托受托人在信托约定的框架内具有极高的自主

---

① 唯须注意金钱债权作为信托财产的情形，因信托法第 11 条第 4 项明确禁止专以诉讼或者讨债为目的设立的信托。

② 有学者认为“保险信托”和“保险金信托”的概念有所区别，以现实的保险金为信托财产的信托不在本书讨论之列，故本书对两种表述不作区别。

③ 保险金信托在我国的实践仍存在不少法律上的障碍，例如，信托财产须确定存在并真实转移，而保险金信托设立时相关的赔付事件并未发生，只有在赔付事件确定会发生（例如，被保险人身故）且投保人放弃受益人变更权的情况下，保单收益权或保险金请求权才有可能被认定为具有确定性的财产性权利。

④ 民法典第 1155 条有关胎儿预留份的规定是法定例外情形。

权，由此既能够实现对承者的传承目的，也能实现信托财产价值保值增值的效果。

3. 信托传承的法律风险控制

信托虽然在传承中拥有诸多的优势，但这些优势背后存在的法律风险也是不容忽视的，若不能正确认识和利用信托风险隔离、资产价值提升和跨代际传承管理三大优势，信托将存在失效甚至无效的可能。

其一，信托是法律史上有关财富管理和传承的创造性制度成果，它不应成为非法牟利或侵害社会利益与法律秩序的工具，以专事讨债、逃废债务、恶意规避赋税等不合理甚至不正当目的利用信托的风险隔离功能会带来更大的风险。

其二，营业信托本质属于“受人之托，代人理财”，仍属于风险性投资活动。信托相较于其他金融产品较高且较为稳定的收益预期并不符合代人理财的基本逻辑，然而近年来信托业刚性兑付的隐形规则以及出现兑付危机时，信托公司自行垫资或寻求第三方兑付的普遍做法使得信托几乎成为一种零风险、高收益的金融产品。原银监会发布的《关于信托公司风险监管的指导意见》（银监办发〔2014〕99号）首次鲜明地提出按照“一项目一对策”和市场化处置原则进行风险处置，重点强调了“卖者有责”基础上的“买者自负”意识和第三方销售问题，监管层对打破信托刚性兑付的立场已然明了。

其三，不能无限制利用信托的超长期传承规划功能。英美衡平法上一直存在对私益信托存续期限的限制，禁止设立存续期间为永久而无限期的信托。[①] 虽然我国信托法没有对信托的期限作明确要求，但依据信托法第9条第2款，信托期限和信托终止事由均为可以在信托协议中载明的事项；若信托所跨家族代数过多，则信托亦可能出现信托法第11条第5款“受益人或受益人范围不能确定”之情形而被认定失效。

三、传承法务与非金融资产管理

（一）非金融资产的金融化管理

家庭资产结构的合理性影响着家庭财富传承的效益。在当前金融资产占比普遍不高的情形下，家庭资产管理中无疑应重视对金融资产以外的家庭资产的处置。本节采用“非金融资产”的表述，其内涵超过了本节第一

① 准确地说，主要针对以自然人为受益人的私益信托。公益信托不受期限限制，因公益信托存续越久，对社会利益的贡献也就越多。

部分所介绍的与金融资产对应的实物资产的范畴，不仅包括直接承载价值的实物资产以及没有实物形态的无形资产，还包括诸如家风、家庭精神在内的虽无市场价值，但对家庭传承具有重大影响的广义的家庭财富。

非金融资产相较于金融资产，其传承除了与金融资产相同的继承形式外，本无多少特殊的传承方式，其传承价值的发挥受到了一定限制。此外，非金融资产的流动性显著不及金融资产，其市场价值也不似金融资产一般便于精确计量，或其市场价值远不能与其对于家庭内部的传承价值相匹配，因此对承者的效用受市场价值评估的影响较大。为了解决这些问题，借助金融工具管理非金融资产的实践开始兴起。

对于具备市场交易价值的非金融资产，其金融化管理主要存在两种路径：一是间接融资的方式，即将资产作为担保物向金融机构申请融资支持；二是直接融资的方式，即以结构化方式提升资产的流动性或以非金融资产为基础发行标准化产品。由于个人或家庭申请银行贷款的门槛仍普遍不低，因此第一种路径的实践通常需要有力的国家政策支持；第二种路径的实践随着普惠金融和金融创新的探索也愈加丰富，但其效益的发挥仍需要大规模的资产集合，目前对于单个家庭的资产管理的价值更多的是指向性意义。

在具有实物形态的资产中，房产资产是当前绝大部分家庭最为重要的财富组成，其通过金融化管理释放传承价值具有重要意义；在无形资产中，知识产权具有长期性存续特征，尤其是著作权不仅权利客体广泛、权利确定的门槛较低，更承载着丰富的精神价值，具有丰富的传承内涵。房产资产和著作权资产的金融化管理也分别对应着间接融资和直接融资的路径，因此下文将分别从一般管理和金融化管理的角度阐述房产资产和著作权资产的传承问题，以为其他同类型资产金融化管理提供参考。

（二）房产资产管理

1. 一般管理：从所有权到居住权

根据前文数据，房产资产已成为我国家庭财富的主要部分，因此房产资产（特别是住房资产）的传承问题尤为重要。由于用于投资、生产或经商的商业地产通常并不附加人身属性，其传承也是单纯的财产传承，因此这里主要论述用于家庭居住生活的住房资产的传承问题。住房资产除具备一般的财产性传承特征外，还涉及“安居乐业”的核心传承追求，即住房在传承中的实际使用，民法典规定的居住权更是极大增强了住房的使用价值。

居住权是民法典新增的一项用益物权，指以满足生活居住的需要为目的，按照合同约定对他人的住宅享有的占有和使用的权利。[①] 民法典居住权制度的设立以住有所居为目标，民法典第 369 条规定，居住权不得转让和继承，居住权类似于专属于个人的特别权利且人身依附性更强而不能概括承受，具有突出的人役性特征。

在家庭传承事务中，居住权一般有两种应用途径：一是面向通常的传承场景，传者将房屋过户给家人或其他承者，或将房屋出售的同时，设立居住权以确保老有所居，出售房屋并保留居住权亦可保障养老的经济需求；二是面向婚姻发生变故或多个子女年龄差距悬殊等特殊传承情形，可将房屋所有权留给子女并为再婚配偶在房屋上设立居住权、为年幼子女在房屋上设立居住权，并约定居住权的期限或消灭条件，且居住权期限又无租赁合同二十年的期限约束，如此能稳定居住关系、有效平衡各家庭成员的利益。

居住权的权能中并不当然地包括收益权，虽然设立居住权可以同时约定合理对价甚至可以约定居住权人的出租权，但居住权一般以无偿设立为原则且相关约定须以生活居住需要的范围为限。居住权这一突出的人役性特征也在相当程度上限制了住房的市场交易功能，在买卖不破租赁的时期附有租赁合同的住房的担保价值即已受到影响，在居住权时代设有居住权的住房的交易价值更会受到抑制，传承时应审慎处理居住权问题；从另一方面来说，若传承所侧重者正在于住房的实际使用，那么就应确保居住权能够有效设立。[②]

2. 金融化管理：以房养老金融产品

为应对人口老龄化及其带来的养老问题，银保监会于 2014 年 6 月 17 日发布《关于开展老年人住房反向抵押养老保险试点的指导意见》，鼓励保险公司开展一种将住房抵押与终身养老年金保险相结合的“反向抵押养老保险”的创新型商业养老保险业务，即拥有房屋完全产权的老年人，将其房产抵押给保险公司，继续拥有房屋占有、使用、收益和经抵押权人同意的处置权，并按照约定条件领取养老金直至身故；老年人身故后，保险公司获得抵押房产处置权，处置所得将优先用于偿付养老保险相关费用。

---

① 在居住权出台前，类似的规则是原合同法第 229 条规定的“买卖不破租赁”、第 234 条规定的共同居住人的居住权和政府公租房的使用权规则，但这些“居住权”并不具备物权效力，在传承中很难有效地保障弱势家庭成员的居住利益。

② 依据民法典第 366 条、第 367 条第 1 款和第 371 条，居住权的权利基础有两种，一是书面的居住权合同约定；二是有效的遗嘱。民法典第 368 条规定，居住权自登记时设立，即拥有居住权合同或遗嘱等债权基础后，居住权作为一项物权，仍须公示才能发生物权效力。

然而，这一创新试点的成果并未达到预期，在先期试点的四个城市①中仅有一百余户家庭的老人参保。住房反抵押实施的受限主要有两个原因：一是将房屋留给子女的观念难以在短时间内打破，对于拥有多套房产的老人通常又不存在通过住房反抵押保障养老的需求；二是保险产品设计中房屋价值的评估和调整机制并不健全，房屋作为高价值商品，家庭和老人对于住房反抵押中可能遭受实际损失存在很大顾虑。

虽然住房反抵押试点的参与者不多，但该业务能够为每户提供平均月领养老金9000余元，最高一户月领养老金达2万元，② 显著提升了参保老人的养老金水平。因此这类产品仍具有不错的市场预期，唯须根据社会的实际需要提升产品的专业服务水平。依循住房反抵押养老的思路，可在设立居住权基础上开展以房养老的保险业务，后者相较于住房反抵押其具有的突出优势在于，保险公司直接取得了房屋的所有权，即相当于参保老人直接支付了年金保险的全额保费，由此既突破了非货币资产不能作为保费的固有限制，又能极大地提高保单的现金价值，为老人提供更丰厚的养老金。在此种售房换养机制的基础上，亦可发展以大换小等衍生业务，以平衡老人养老和住房保留与传承的需求。

（三）无形资产中的著作权管理

1. 著作权传承的一般问题

无形资产是没有实物形态但可辨认的非货币性资产，主要包括知识产权及类似权益（著作权、专利权、商标权、非专利技术、商业秘密、商号权等）、土地使用权、专营权等。无形资产的权属主要归于企业和其他机构而非个人，唯著作权因其自动取得原则和作为权利客体的作品的普遍性，更可能独立于企业和股权而成为家庭财富的直接传承对象，因此这一部分主要阐述归属于个人的著作权的传承问题。

广义的著作权既包括以作品为权利客体的著作权，还包括作品在传播过程中新产生的劳动成果上的专有权利，后者称为相关权或邻接权。③ 相关权包括出版者权、表演者权、录音录像制作者权和广播组织权，除表演者权外的其他三项权利通常并不存在传承问题。④

著作权是著作权人享有的一系列专有权利的总和，通常划分为作为精

---

① 首期试点城市为北京、上海、广州、武汉。

② 住房反抵押先期试点数据。

③ 我国著作权法称“与著作权有关的权利”。

④ 出版者权的主体只能为取得出版资格的法人或其他组织，录音录像制作者权的主体通常也不会是个人，广播者权的主体亦为经批准设立的广播组织。

神权利的著作人身权和作为经济权利的著作财产权。著作人身权包括发表权、署名权、修改权和保护作品完整权四项，著作财产权则包括十三项权利。[①] 著作人身权原则上不得转让或放弃，而著作财产权可以依法有偿许可使用或转让，两者性质上的差别也使得传承方式有所不同。

著作人身权是专属于作者的权利，随着作品的创作完成即为作者终生享有，不可转让、不可剥夺，但可以依法转移给合法继承人等，此处的转移是指继承人等继受者有权以自己名义以诉讼等方式保护著作人身权不受侵犯。著作人身权中除发表权外的其他三项权利的保护期不受限制，发表权的保护期截止于作者身故后第五十年的12月31日。需要注意的是，对于未发表的作品，只要作者生前未明确表示不发表，在发表权的保护期内，发表权仍可由继承人等继受者行使。

著作财产权的保护期与著作人身权中的发表权相同，均为作者终生及其死亡后五十年。在2012年著作权法修订草案第二稿中，还规定了艺术作品的追续权，即创作者基于作品原件的再次销售而获得收益的权利。追续权对艺术家的利益保护具有重要意义，不过现有实践中的权利保护尚未及于艺术家的后人，我国立法也尚未对此作出确认。

另一与著作权传承相关的问题是著作财产权的许可使用。专利法与商标法均设定了专利权和商标专用权转让不破许可的规则，虽然著作权法尚未引入类似的规则，但相关的风险仍不可忽视，尤其是著作权的排他许可和专有许可，对著作权人及其权利继受者行权具有重大的影响。

表演者权也包括表演者人身权和表演者财产权。表演者人身权包括表明表演者身份的权利和保护表演形象不受歪曲的权利，其传承问题与著作人身权中的署名权和保护作品完整权类似，保护期不受限制；表演者财产权包括四项许可权，其传承问题则与著作财产权的许可问题类似，不再赘述。

2. 著作权金融化管理：知识产权证券化

著作权证券化是以著作权的许可使用收益为基础发行资产支持证券的新型融资方式。著作权证券化中，用于融资的资产并不是著作权本身，而是著作权通过许可使用所产生的、具有可预期的稳定现金流的债权利益。

---

① 十三项权利具体为复制权、发行权、出租权、展览权、表演权、放映权、广播权、信息网络传播权、摄制权、改编权、翻译权、汇编权。由于科学技术的发展势必会扩展著作财产权的内容，著作权法规定著作财产权还包括“应当由著作权人享有的其他权利”。

著作权证券化能显著地提升著作权的价值，是著作权个体传承的一条全新路径。

著作权证券化的基本结构与通常的资产证券化并无很大差异，我国目前资产证券化在资产或权益真实转让以及破产隔离制度上的欠缺同样影响着著作权证券化产品的设计和实施。基于本书传承法务的主题以及著作权证券化当下对于单个家庭较弱的实践意义，本节不会对著作权证券化的具体内容进行展开，而会提出其真正应用于家庭传承时应当注意的三个问题。

一是著作权的许可使用问题。著作权证券化（或是知识产权证券化）资产池的组建通常需要承载不同客体的著作权（或多种类型的知识产权），由此才能保证资产池整体价值的稳定和著作权许可使用风险的可控。在权利人众多的情形下，著作权许可使用协议变更的成本会很高，因此著作权的原始权利人需要妥善做好著作权下各项子权利的许可使用管理工作。

二是著作权登记问题。虽然著作权无须登记即自动取得，但为了避免剽窃或擅权使用等著作权侵权纠纷影响著作权加入证券化计划，对于具有较高价值预期（尤其是可能涉及影音作品摄制或改编的）著作权，及时进行权属登记能有效维护著作权的公信力和安全性。

三是著作权价值评估问题。著作权的价值评估是其证券化的必要前置程序，通常而言这属于经济领域的问题，但从法律角度来说，必须高度关注知识产权的法律状况，[①] 知识产权的权利状态对其价值评估具有重要影响。这即是前述问题的具体反映：著作权许可使用状态须考察已经许可使用的排他性、已经许可使用的范围和数量；著作权登记则影响着著作权的期限确定和潜在法律纠纷的可能性。

第三节　传承法务中的养老 PPP

一、PPP 与养老 PPP 综述

（一）PPP 模式的背景

PPP（Public-Private Partnership）模式是政府与私人机构共同提供公共服务的一种模式，在我国称为政府与社会资本合作模式。PPP 模式是在传

---

① 吴凤君、李阳：《知识产权证券化的法学分析》，载《金融理论与实践》2012 年第 8 期。

统公私合作中发展起来的一种优化的项目融资和实施模式，以政府对民营企业等社会资本实体的公用事业运营授权为基础，意在提升公共基础设施建设效率和运营效用、推动政府职能转变与创新公共服务供给机制。

第十二届全国人大二次会议通过的预案决议[①]首次在国家文件中，提出要运用政府和社会资本合作模式鼓励社会资本参与城市基础设施投资运营。2015 年 5 月 19 日，国务院办公厅转发财政部发展改革委、人民银行联合发布的《关于在公共服务领域推广政府和社会资本合作模式指导意见的通知》（下称《推广 PPP 模式指导意见》），这是目前 PPP 领域效力级别最高的法律文件。截至 2020 年底，现行有效的直接与 PPP 相关的政策性法律文件已有近 60 件。[②]

目前，我国 PPP 项目管理和实施具有双轨制的特征：传统基础设施领域的 PPP 项目由国家发展改革委牵头负责，[③] 公共服务领域的 PPP 项目则由财政部牵头负责。[④] 不过，传统基础设施领域和公共服务领域并非相互对立的而具有诸多交叉，且不论是传统基础设施项目还是公共服务领域项目，其最终目的都是向公众提供公共服务，因此目前的划分是不够准确和明晰的。

不过，若从发展改革委和财政部的职能分别上来看待双轨制，仍可发现双轨制的可取之处：发展改革委主管国家政策研究和战略实施问题，因而具有放权的特征；财政部主管财政政策和财政预算收支问题，因而具有控权的特征。由此，PPP 项目的研究和实施不能为双轨制的形式所限，而应在融资结构、法律监管、项目运作等规则设计上达成逻辑互洽和实践共识。

（二）PPP 模式的一般特征

PPP 模式下政府和社会资本合作建设运营公共基础设施、提供公共服务的表述并不能构成对 PPP 模式的定义，这更多地是政府公共管理的一个方向。加之目前尚无高位的 PPP 立法，因此本章不会尝试在法学或金融学上对 PPP 模式作出定义，而会侧重于从特征的角度描述 PPP 模式和项目。

---

① 《关于 2013 年中央和地方预算执行情况与 2014 年中央和地方预算的决议》，中国政府网，http://www.gov.cn/xinwen/2014-03/13/content_2637993.htm，2021 年 7 月 17 日访问。

② 除《推广 PPP 模式指导意见》为行政法规外，其他文件均为发展改革委、财政部独立或联合其他部门等发布的部门规章。

③ 包括能源、交通运输、水利、环境保护、农业、林业以及重大市政工程领域等。

④ 包括能源、交通运输、市政工程、农业、林业、水利、环境保护、保障性安居工程、医疗卫生、养老、教育、科技、文化、体育、旅游领域等。本节论述的养老 PPP 项目由财政部主管。

PPP 模式和 PPP 项目具有三项主要特征：

第一，PPP 模式是政府方和社会资本方合作的一种模式，是国家借助民间资源发展公用事业的一种方式。国务院于 2017 年 3 月 7 日出台了《关于进一步激发社会领域投资活力的意见》，明确了在社会领域需求倒逼扩大有效供给的新形势下深化社会领域供给侧结构性改革的总体目标，而 PPP 模式正意在解决公共服务资源不足、地方政府债务不断增加的产业发展问题。

第二，PPP 项目的核心目的是公共服务交易。这首先决定着 PPP 项目的开展是以公共利益为根本导向，因 PPP 项目启动的实质是政府借助社会资本和私人力量履行公共职能、开展公共事业。此外，PPP 项目运营中社会资本的投资回报可能涉及公共财政支付或公共资源补助，但这种回报属于公共服务的对价，其价格水平、评价标准、支付程序等都与公共服务本身关联。

第三，PPP 项目对社会资本而言是一种高风险、高回报的投资活动。社会资本的投资回报是 PPP 项目所提供公共服务的对价，政府与社会资本的合作关系并非金融债权债务关系而类似于买卖关系。社会资本因 PPP 项目的实际运营和公共服务的有效提供而回收投资成本并获得投资收益，因而这是一种不固定回报，社会资本承担着额外的融资和运营风险；不过，借助政府的政策扶持和公共资源投入，社会资本方也有能力获得超过固定收益项目的回报。PPP 模式由此实现了投融资活动的良性金融激励和公共服务有效提供的多方共益。

（三）养老 PPP：PPP 的传承应用

根据 2021 年 5 月 11 日正式发布的第七次全国人口普查数据，我国 60 岁及以上人口占 18.70%，65 岁及以上人口占 13.50%。国际上目前普遍接受的联合国标准是：当一个国家或地区 60 岁以上老龄人口数超过人口总数的 10%①或 65 岁以上老龄人口数超过 7%，就意味着这个国家或地区进入老龄化社会；② 按照国际通用习惯，65 岁人口达到 14%，为老龄社会，超过 20% 则进入超老龄社会。据此标准，我国大部分地区都已经进入老龄社会，且未来一段时期将持续面临人口不均衡发展的压力；而与老龄化相伴而生的则是养老服务供求矛盾的不断扩大。

---

① 1982 年维也纳老龄问题世界大会，确定 60 岁及以上老年人口占总人口比例超过 10%，意味着这个国家或地区进入老龄化。

② World Health Organization. （2002）. *Active aging*：*a policy framework*. World Health Organization. https：//www. who. int/ageing/publications/active_ ageing/en/. Visited on July 17，2021.

从2016年起，面向老龄化应对和养老体系建设的国家政策开始陆续出台。“十三五”规划文件、党的十九大报告中都对养老体系建设提出了指导意见，[①] 2021年3月，“十四五”规划更是在第四十五章专章设置了《实施积极应对人口老龄化国家战略》，指出“推动养老事业和养老产业协同发展，健全基本养老服务体系，大力发展普惠型养老服务，支持家庭承担养老功能，构建居家社区机构相协调、医养康养相结合的养老服务体系”。应对人口老龄化问题、推进养老体系转型升级已经成为国家发展战略的一部分。

当前仅凭部分个人和家庭的经济支撑尚不足以解决普遍的养老资源供给不足问题，而社会养老保险作为目前养老保障体系的核心，其资金缺口也不断扩大，因此，以政府公营和公共财政作为唯一的养老资源供给方的养老体系建设模式已不现实，引入社会资本参与养老产业建设、带动民间力量提供养老行业服务的必要性日益凸显。PPP模式能在提升公共服务效益的同时优化财政结构，因而养老PPP也成为回应社会养老需求的创新思路。

2017年8月14日，由财政部、民政部、人力资源社会保障部联合发布的《关于运用政府和社会资本合作模式支持养老服务业发展的实施意见》是我国首个养老PPP专项政策。这一文件现行有效，其就养老PPP项目开展和实施的整体规划对现今养老PPP项目的实践仍具有很高的指引价值。

一是总体要求，意见强调养老PPP要坚持公共服务属性，以养老PPP来推动养老服务行业标准化建设、促进养老服务领域供给侧结构性改革、为民生改善和经济转型升级提供新动能。

二是服务领域，意见提出了三项优先支持的重点养老服务领域，包括养老机构（现有公办养老机构）、社区养老体系建设（城乡社区内养老服务网点和服务设施）和医养健融合发展（全生命周期养老服务链综合新业态）。

三是实施要求，意见指明了养老PPP项目开展和实施的三方面的重点要求，包括养老服务项目可行性论证（是否适宜采用PPP模式运作）、社

① 2016年3月，《中华人民共和国国民经济和社会发展第十三个五年规划纲要》提出“开展应对人口老龄化行动，加强顶层设计，构建以人口战略、生育政策、就业制度、养老服务、社保体系、健康保障、人才培养、环境支持、社会参与等为支撑的人口老龄化应对体系”；2017年10月18日党的十九大报告中指出，“积极应对人口老龄化，构建养老、孝老、敬老政策体系和社会环境，推进医养结合，加快老龄事业和产业发展”。

会资本方的选择（依法择优、消除本地保护主义和隐形门槛）和项目回报机制的构建（政府付费、使用者付费和开发性资源补偿）。

四是政策保障，意见特别指出要创新金融服务方式，鼓励金融机构支持养老 PPP 领域项目，支持社保资金和保险资金用于收益稳定、回收期长的养老服务 PPP 项目。

财政部政府和社会资本合作中心数据显示，截至 2021 年 7 月 31 日，全国通过物有所值评价和财政承受能力论证的养老 PPP 项目已达 102 项（示范项目 31 项），养老 PPP 项目投资总额达 610 亿元（示范项目投资总额 291 亿元）。总体来看，养老 PPP 项目数量和投资总额在全国 PPP 项目中的占比很低（全国 PPP 项目总数已逾万项，投资总额达 15.7 万亿元），当前养老 PPP 实践规模也难以匹配我国人口数量相应的养老需求，可见养老 PPP 仍有非常广阔的发展空间。

二、养老 PPP 模式分析

（一）养老 PPP 项目的服务领域

根据不同的标准，不同学者将养老 PPP 项目作出了不同的类型划分：从合作类型的视角上，养老 PPP 项目可划分为合作共建、特定项目合作、统一完善合作和服务外包四种类型；[①] 根据资金支持的不同，养老 PPP 项目可划分为政府购买无偿型、政府主导微利型、政企联合共建型和政府支持企业投资型四种类型；[②] 按照产权关系差异，养老 PPP 可划分为私有化、特许经营和政府购买服务三种类型。[③] 不一而足。

不过，合作类型、资金支持、产权关系等标准针对的是 PPP 项目的运行模式，并非养老 PPP 项目所独有。这些分类方式没有解决养老 PPP 项目的入场问题，即要开展何种养老 PPP 项目、应提供何种养老服务。参照财政部等三部门联合发布的养老 PPP 实施意见，养老 PPP 的服务领域或者称养老 PPP 项目的实施内容主要包括如下三类。

一是一般的养老机构。这类养老机构是传统公办养老机构的延续，负责接收老人安度晚年，配备简单的文娱医疗设施，体现了政府兜底社会养老的

---

① 王培培、李文：《PPP 模式下社会养老服务体系建设的创新与重构》，载《理论月刊》2016 年第 8 期。

② 韩烨：《养老服务 PPP 模式：运行机制、实现策略与对策研究》，载《兰州学刊》2019 年第 3 期。

③ 徐宏、岳乾月：《养老服务业 PPP 发展模式及路径优化》，载《财经科学》2018 年第 5 期。

职责，目前主要服务对象为城市“三无”老人、[①] 农村“五保”老人、[②] 其他低收入群体等困难家庭中的老人，未来也将保障社会基本养老服务。

二是医养健复合设施。医养健复合设施通常以医院为主体拓展养老服务功能或以养老院为主体强化医疗康复功能，旨在满足患病或失能老人对养老医护的专业化需求。[③] 除了在医疗或健康机构的基础上发展养老服务外，亦包括以现有养老机构为主体拓展专业的医疗健康服务的形式。

三是综合性养老社区。综合性养老社区以居住生活为基本功能，配套养老医疗、养老休闲及其他养老服务的地产建设，面向具有中高端养老服务需求的老年群体、定位中高端养老市场。

这三类服务领域的服务档次和市场功能定位不同，从一般养老机构保障养老服务的公共性，到医养健综合设施拓宽养老服务范围并提升养老服务质量，再到中大型养老社区提供全生命周期的综合性养老服务，其表现在项目的建设内容、资金需求、人才配套和运营持续性问题上都会有所区别，进而决定了不同的项目要素选择以及相应的实施和监管程序。

（二）养老 PPP 项目的基本结构

1. 项目参与主体

（1）政府方

政府方并不是单一的主体，主要包括主管政府和实施机构。PPP 项目主要由县级以上人民政府发起并主管，[④] 主管政府最主要的职责在于行政授权和财政授权，[⑤] 即审查和批准哪些项目可以采用 PPP 模式。主管政府一般不直接与社会资本方签订 PPP 合同，而是指定行政主管部门或授权其他部门或机构作为 PPP 项目的实施机构，代表政府方与社会资本方签订合同，并承受 PPP 合同项下政府方的权利和义务。

考虑到 PPP 项目须同时受到政府方的履约监管和行业主管部门的行政监管，以行业主管部门作为实施机构能避免多头监管、头头难管的问题；

---

① “三无”老人是指城镇居民中无劳动能力、无生活来源、无可靠的赡养人和扶养人的老人。

② “五保”老人是指由农村供养的、实行“保吃、保穿、保住、保医、保葬”措施的老人。

③ 孙涛、谢东明、赵志荣：《养老 PPP 的服务模式与融资结构研究》，载《吉林大学社会科学学报》2020 年第 2 期。

④ 财政部《政府和社会资本合作模式操作指南（试行）》（已失效），财金〔2014〕113 号，第 6 条和第 10 条。可一并参照 2019 年财政部办公厅《关于征求〈政府和社会资本合作模式操作指南（修订稿）〉意见的函》所附《政府和社会资本合作模式操作指南（修订稿）》，财办金〔2019〕94 号，第 3 条和第 7 条。

⑤ 由于 PPP 项目可能涉及公共财政的支付，因此应编制相应的预算案报请本级人民代表大会通过。

当 PPP 项目包含涉及多个行业的子项目或单一行政主管部门不能独立有效承受政府方的权利义务时，可以设置主次实施机构或平行实施机构，签订子合同或分项合同，亦可建立不同部门之间的协调机构统一政府方事权。

（2）社会资本方

社会资本方也不是单一的参与主体，一般包括 PPP 项目的实际投资人及其专门针对 PPP 项目成立的项目公司（特殊目的机构）；社会资本投资人和项目公司均应为具有独立法人资格的企业。[①] 地方融资平台公司经主管政府授权可以对项目公司出资和参股，政府方不论是以何种形式参股项目公司，其持股比例应当低于 50% 且不应具有实际控制权。

这里需要特别注意地方融资平台公司在 PPP 项目中的主体地位问题。原则上，国有企业或地方政府融资平台公司不得代表政府方签署 PPP 项目合同（主合同），[②] 以避免地方政府变相举债而有悖 PPP 模式的意旨；地方人民政府下属的政府融资平台公司及其控股的非上市国有企业不得作为社会资本方参与本级政府辖区内的 PPP 项目，否则可能有悖 PPP 项目公私合作的实质。不过，依据国务院办公厅《推广 PPP 模式指导意见》的精神，若地方融资平台公司承担的地方政府债务已经得到妥善处置且不再实质承担地方政府的举债融资职能，则可参与当地的 PPP 项目。

（3）其他主体

金融机构是 PPP 项目的另一重要参与主体，金融机构的参与主要是为社会资本方提供融资支持。参与 PPP 项目融资的金融机构并不限于商业银行。2017 年原保监会颁布了《关于保险资金投资政府和社会资本合作项目有关事项的通知》，开始引导保险公司参与 PPP 融资，保险资金不仅资金规模巨大，且倾向于长期稳定的投资，这与 PPP 项目基础设施建设和运营的特点相重合。[③] 随着金融实践的丰富和监管体制的健全，包括商业保险、私募基金在内的资产管理资金参与 PPP 项目融资的空间也愈加开放。

除金融机构外，项目的建设、维护和监管需要相应的承包商、分包商、运营商、供应商、中介服务机构等市场主体甚至非营利机构的配套。

2. 项目交易结构

PPP 项目的交易结构所反映的是 PPP 主要合同下各参与主体之间的关

---

① 参照 2014 年财政部《关于规范政府和社会资本合作合同管理工作的通知》所附《PPP 项目合同指南（试行）》，财金〔2014〕156 号。

② 见 2018 年财政部《关于进一步加强政府和社会资本合作（PPP）示范项目规范管理的通知》，财金〔2018〕54 号。

③ 罗传钰：《PPP 合作项目的保险资金模式》，载《经济体制改革》2018 年第 6 期。

系，其涉及的投融资结构在后文阐述。一般来说，不同行业领域、不同实施类型的 PPP 项目的整体结构都大同小异，可以简化如图 7-1 所示。

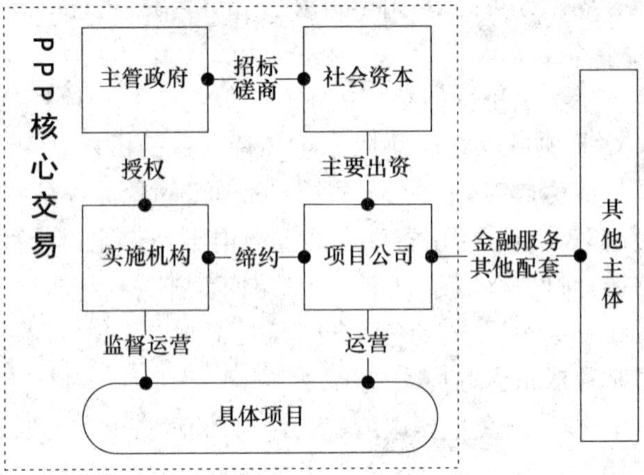

图 7-1　PPP 项目整体结构

在养老 PPP 项目中，专职社会福利与保障的民政部门作为政府方的实施机构，不论是在运营指导、政策落实，还是在行业监管上都具有天然的优势，民政部门的介入能有效地保证养老 PPP 项目本质上的公益性立场。对于涉及医疗保健设施建设的 PPP 项目，可根据主导业务选择由民政部门或卫生部门牵头；而在规模较大的养老 PPP 项目中，由于涉及区域规划、土地供应和多产业的配套，城建、工商等部门的主动介入则成为必要（见图 7-2）。

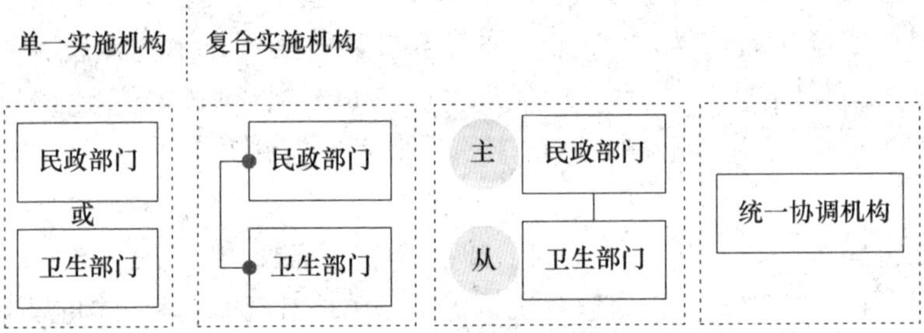

图 7-2　养老 PPP 项目实施机构类型

养老基础设施投资普遍呈现出投入高、回收周期长的特征，且随着养老 PPP 项目服务领域专业化的提升，项目的综合投入也会越大，因此仅仅依靠政府方少量的资本投入和社会资本方自筹资金是难以完成养老 PPP 项目的顺利建设和持续运营的，因此项目公司寻求外部的融资支持非常重要。前文提及的保险公司除参与融资外，亦会对项目建设和运营提供保险服务。

3. 项目资本结构

PPP 项目的资本结构主要包含资本来源构成和资本性质构成两部分。

其一，项目的资本来源构成，即不同主体对 PPP 项目的投资比例构成，主要为政府方出资、社会资本方的自筹资金和社会资本方向外部寻得的融资。其中，由社会资本方负责的资金占项目投资的大部分，且在养老 PPP 项目中，从一般养老机构、医养健复合设施到综合性养老社区，随着项目建设规模与运营专业化要求的提升以及项目运营市场化程度的提高，政府方的出资占比通常会逐步降低，对社会资本方的筹资要求也就逐步提高，但这也意味着项目的收益性也会相应地增强（见图 7-3）。

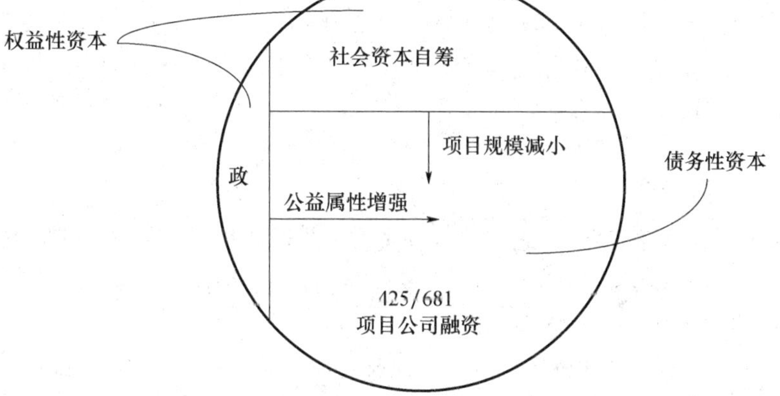

图 7-3　养老 PPP 项目融资结构

其二，项目的资本性质构成上，政府方出资和社会资本方自筹资金构成了 PPP 项目公司长期占有的非债务性资本，称为权益性资本；而社会资本方向金融机构的借款或通过其他途径所获融资则是以负债性质入账、需要按期付息偿还的资本，称为债务性资本。与前述资本来源构成类似，随着养老 PPP 项目投资所需资金规模的扩大，政府方出资的力度会降低，社会资本方自筹资金的难度会提高，社会资本方寻求外部融资支持的需求以及其承担的投资风险也会相应提升（见图 7-4）。

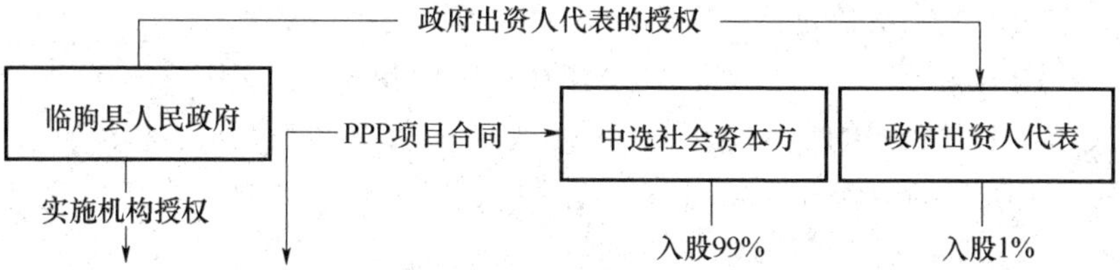

图 7-4　示例：（山东潍坊）临朐县景福养老护理院 PPP 项目投资比例

（三）养老PPP项目的构成要素

1. 项目运作模式

PPP项目的运作模式指政府方和社会资本方合作的具体机制，亦可理解为社会资本方参与项目投资、建设和运营的形式。财政部《PPP项目合同指南（试行）》中列出了如下类型：[①]

①BOT（Build-Operate-Transfer），建设—运营—移交

社会资本方承担项目的投资、融资和建设；在PPP项目合同约定的期间内，社会资本方负责项目的运营以回收成本并获取回报；期间届满后，社会资本方将项目基础设施无偿或有偿移交给政府方。BOT模式是我国最早落地的PPP模式。

②BOOT（Build-Own-Operate-Transfer），建设—拥有—运营—移交

BOT模式的变种之一，区别在于社会资本方在将项目移交给政府方前的运营期间内拥有项目的所有权，社会资本方即可以以项目为担保向金融机构融资。

③BOO（Build-Own-Operate），建设—拥有—运营

BOT模式的变种之一，社会资本方在项目竣工后拥有基础设施的所有权且不再移交给政府方。BOO模式具有公用事业产权高度私有化的特征，更能调动社会资本投资积极性。

④DBFO、DBFOT，突出了设计（Design）和融资（Finance）环节

⑤TOT（Transfer-Operate-Transfer），转让—运营—移交

政府方将存量资产所有权有偿转让给社会资本方，并由其负责维护和运营；合同期间届满后社会资本方将资产移交给政府方。TOT模式主要用于解决地方政府存量债务问题，并衍生出期满不移交给政府方的TOO模式。

⑥ROT、ROO、ROOT，将建设环节变更为改建（Rehabilitate）环节

TOT模式的衍生，社会资本方将对政府方存量资产进行改扩建。

⑦O&M（Operations & Maintenance）、MC（Management Contract），即委托运营和管理合同

这两种模式更接近传统的政府购买服务，运用相对较少。

我国的养老PPP项目主要采用BOT（包括BOOT）、BOO、ROT和TOT模式，前两者面向的是新增项目建设，后两者针对的是存量项目运营。

PPP项目的运营多会采用市场化机制，随着项目公共服务保障色彩的

---

① 除所列举者外，亦包括LOT（Lease，租赁）等其他变种。

减弱，项目的市场化特征也就愈加明显，这一层面上养老 PPP 项目与其他领域中的 PPP 项目并无二致。不过尤其值得注意的是，养老 PPP 领域中 BOO 模式的应用比例大幅提高，① 且采用 BOO 模式的项目绝大部分为医养健综合体或中高端养老社区项目，② 这意味着养老 PPP 项目运营市场化的同时伴随着相当程度的私有化。

2. 项目付费机制

首先，任何 PPP 项目中都不应忽略社会资本的投资回报属于公共服务之对价的实质，公共服务的有效提供是向项目公司付费的根本条件，对项目运营的绩效评价应作为社会资本方取得项目回报的依据，③ 财政部门也应依据绩效评价结果合理安排财政预算资金，对于绩效评价不达标的项目应扣减相应费用或补贴支出。④ 有关付费评价的具体内容将在后面部分阐述。

财政部《PPP 项目合同指南（试行）》将 PPP 项目的付费机制划分为政府付费、使用者付费和可行性缺口补助三类：政府付费机制是指政府根据社会资本方提供公共服务的效益向项目公司付费；使用者付费机制是指由最终消费用户直接付费购买公共产品和服务；可行性缺口补助则是在使用者付费不足以满足社会资本方收回成本并获得合理回报时，由政府方给予项目公司各类补助以弥补使用者付费之外的缺口。

上述划分并不能准确反映 PPP 项目付费机制的全貌。政府方对社会资本方的支持不仅包含资金补助，还应包含公共资源的投入，而 PPP 项目本身属于公用事业民营化的一种形式，很难与公共资源无涉，那么可行性缺口补助就会涵盖所有类型的 PPP 项目，上述划分也就失去了意义。财政部的划分应定位为货币计量下对付款主体进行的分类，而付费机制的另一要素是付费的载体，既包括货币也包括资源。需要注意的是，政府方支付的资源并非项目直接产生收益的资源，项目公司必须在资源的基础上进行再投资和管理才能产生收益，⑤ 资金和资源的支付场景应当予以区别。

PPP 项目选择政府付费还是使用者付费通常需要根据项目所提供公共

---

① 截至 2021 年 5 月 31 日，根据初步统计数据，BOO 模式（包括与其他模式共存的复合模式）的整体占比约为 5%，而在养老 PPP 领域中，这一比例达到了 30% 以上。

② 综合体类、中高端类占比达到了 95%。

③ 国家发展改革委《传统基础设施领域实施政府和社会资本合作项目工作导则》，发改投资〔2016〕2231 号，第 19 条第 1 款。

④ 财政部《政府和社会资本合作项目财政管理暂行办法》，财金〔2016〕92 号，第 28 条第 1 款、第 3 款。

⑤ 余文恭：《PPP 模式与结构化融资》，经济日报出版社 2017 年版，第 149 页。

服务的形式来决定：服务对象主要为个体、服务数量可以计量的情形适合采用使用者付费，而在服务数量无法计量或计量不经济的情形下政府付费或更容易实施。此外，付费价格的确定还包括计价控制，包括在项目前期论证程序中的事前控制以保证社会资本方的收益维持在合理区间内，以及在项目履约阶段中的事后控制用以合理分配政府方和社会资本方承担的风险。[①] 由于计价控制的内容与传承法务的主题关联性不强，因此不多阐述。

在养老 PPP 领域，不论何种养老基础设施，其提供的养老公共服务都是直接针对特定的老年用户及其家庭，因此养老 PPP 项目的回报机制原则上应以使用者付费为基础。而正如前文多次提及的，不同类型的养老 PPP 项目运营的市场化程度有所差异，对于医养健复合设施和综合性养老社区，其服务对象通常具有良好的付费基础，因此无须政府提供额外补助；而一般养老机构虽然同样服务于特定对象，但基于其兜底社会养老的定位，可行性缺口补助仍是必要的。不过，即使是市场化运营程度较深的养老 PPP 项目仍属于公用事业基础设施，考虑到地区的经济发展现状，基于养老设施持续运营和地区公众长久受益的目的，政府对这类 PPP 项目进行补贴亦不失妥当。

3. 运作模式组合

在确保 PPP 项目参与主体适格以及政府方不承担项目融资风险的根本前提下，PPP 项目可以根据具体需求灵活组合各种要素，如前文提及的政府方复合实施机构和不同条件下的可行性缺口补助，但实际上这两者通常都是依复合型的合作模式而设计。简单来说，PPP 主项目下可能搭配子项目，PPP 大项目亦可能以多个并行的小项目的形式实施，而主项目和子项目的合作模式可能并不一致，不同小项目的合作模式亦可能有所区别。

位于新疆阿克苏地区的新和县社会福利院和儿童福利院 PPP 项目即采用 TOT + BOT 模式。该项目的建设内容包括社会福利院、儿童福利院和托老院三部分，其中，社会福利院和儿童福利院属于存量设施，托老院属于新建设施，因此分别采用了 TOT 和 BOT 的运作方式。不过，TOT 下服务对象中主要为孤儿和残障人士，BOT 下服务对象中亦有相当数量的孤寡老人，这两部分群体对应的财务效益都极不显著，都需要政府的扶持，因此该项目 TOT 部分和 BOT 部分属于并行的两项内容，存量和新建的设施在前期建设或移交问题以外的重大事项安排上并没有显著区别（见图 7-5）。

一般来说，若 PPP 项目中采用不同运作模式的部分分别承担的公共服

① 余文恭：《PPP 模式与结构化融资》，经济日报出版社 2017 年版，第 135—137 页。

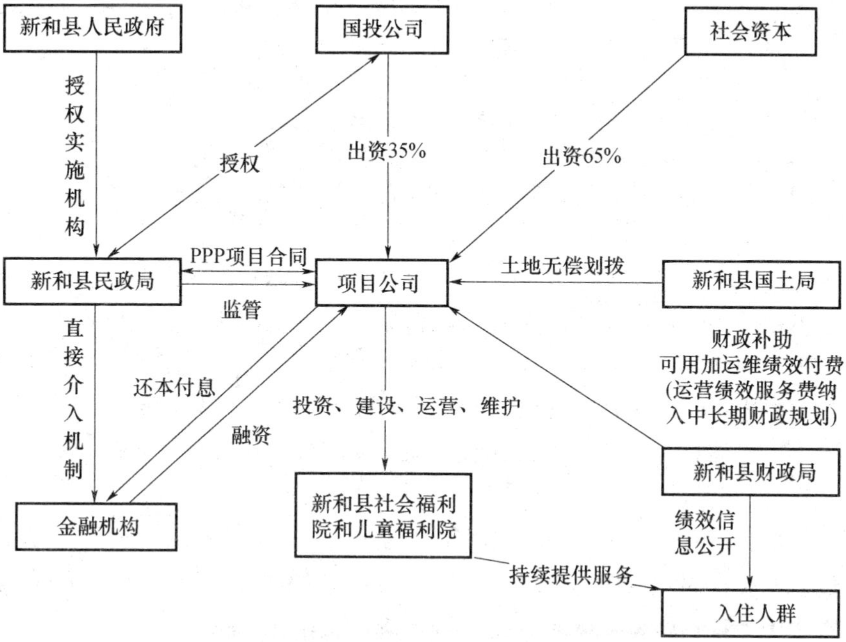

图 7-5 新和县社会福利院和儿童福利院 PPP 项目交易结构

务具有性质或功能上的显著差异，则可以认为不同的部分具有主次之分。位于四川南充的西充县川东北康养文化小镇 PPP 项目中，市政配套基础设施建设工程采用 BOT 模式且先行建设，其他区域建设则均采用 BOO 模式，这是性质差异产生的主次分别；位于山东省青岛市的南村镇养老公共服务设施建设 PPP 项目采用 BOT + BOO 的运作方式，BOT 模式下的项目包括养老院和康复医院，BOO 模式下的项目包括护养院、养老公寓、养生中心等，前者是后者建设必要的公益配套，这是功能层次差异产生的主次分别。

若某一 PPP 项目以医疗设施建设为核心，那么养老设施建设即成为配套，反之亦然；此外，采用不同运作模式部分对应的规划指标差异（如床位数量）也会成为确定主次的依据。对于主次分别不明显的并行项目也具有类似的意旨，典型者即为存量 + 新建的组合，通过新建设施带动存量设施的更新优化。

需要强调的是，确定主次并非目的而是观察研究的一种思路，因主次分别是复合型 PPP 项目设计的内在逻辑。不论是配套还是“搭便车”，主次分别反映着政府实施公共基础设施建设的优先意向，这既构成了政府地区规划或行业发展战略的一部分，又会直接影响 PPP 项目中回报机制和监督规则的设计；社会资本投资的主要目的一定是盈利，而政府也一定会通过PPP项目意图实现对其而言最优的社会和政治效益。

三、养老PPP相关法律问题

（一）养老PPP合同的争议解决方式

1. 过往实践：以民事程序为主流

养老PPP虽然以协商方式签订项目协议，但其以公共利益为根本导向，不论何种模式的养老PPP项目都存在着公共资源投入或公共财政支付的行为，由此体现了一定程度上的行政主体与行政相对人的关系。如此便引发了一个重要问题：PPP合同的法律属性如何确定？换句话说，当合同双方因PPP合同履行产生争议时，应当适用行政诉讼程序还是民事诉讼或仲裁程序？

目前，PPP模式相关制度的法律基础几乎均为政府部门的政策性文件，发展改革委和财政部作为PPP项目两大主管部门也都对PPP合同的法律性质作出了界定。国家发展改革委《PPP项目通用合同指南》规定，PPP合同各方均是市场机制下的平等主体，通过合同条款约定并保障权利义务；财政部《PPP项目合同指南（试行）》规定，PPP属于政府向社会资本采购公共服务的民事法律行为，双方构成民事主体之间的民事法律关系。基于这类规定，很多PPP合同都会约定当产生合同争议时适用民事诉讼程序或仲裁程序。

原《最高人民法院关于适用〈中华人民共和国行政诉讼法〉若干问题的解释》（法释〔2015〕9号，现已失效）首次明确将“政府特许经营协议”界定为“行政协议”。由于养老PPP项目可能涉及公办养老机构、公办医疗机构和社会福利机构，因此养老PPP主合同包含政府特许经营性质的内容，PPP合同存在被认定为行政协议的可能性，那么法院民事审判庭或仲裁机构就可能拒绝受理双方之间因这类条款产生的争议。不过特许经营重在为相对人提供具有独占和排他性的市场准入机制，[①] 而PPP合同约定的唯一性条款或类似条款更应解释为政府方同意不再为政府自己或他人投入资源，以保证社会资本方的回报预期，[②] 尤其是对于通常而言盈利甚微，并不具有独占或排他竞争特征的公共养老服务领域。

---

① 孙学致、宿辉：《PPP合同的法律属性：一个解释论的立场》，载《山东社会科学》2018年第7期。

② 余文恭：《PPP模式与结构化融资》，经济日报出版社2017年版，第23—24页。

不论 PPP 项目是否以特许经营为主要合作形式，都不可否认，PPP 更多地是由政府因受资源所限无法有效提供公共服务而主导启动，PPP 主合同本身具有经过平等协商达成合意的平等主体合同的性质,[①] PPP 并非是具体行政行为的替代而实质属于一种市场行为。出于吸引社会资本投资的考虑，地方政府也乐于认可以民事程序处理可能的争议，而民事程序相较于行政争议解决程序更利于实现双方的意思自治，也就更利于保持融洽和睦的合作关系。[②]

2. 新的变化：行政协议司法解释颁布

行政诉讼法解释修订时删去了前述规定，但最高人民法院于 2019 年 11 月 12 日又颁布了《最高人民法院关于审理行政协议案件若干问题的规定》(以下称《行政协议规定》)，其第 2 条规定，对于基于具有行政法上权利义务内容的 PPP 合同提起的行政诉讼，法院应当受理。PPP 合同本质目的是提供公共服务，那么政府方与社会资本方之间的约定必然涉及行政法上的权利义务，由此 PPP 合同几乎确定地被纳入了行政协议的范畴而应当适用行政争议解决程序。由于目前行政诉讼只能由行政相对人提起，政府方对 PPP 合同相关事项的处置会大大受限，政府方就更倾向于借助可能的行政优益权或合同约定之外的行政力量实现自己的目的，从而增加了社会资本方的履约风险。[③]

在尚无明确的 PPP 高位立法的前提下，《行政协议规定》的前述规定某种程度上逾越了司法解释的范畴，存在以司法代替立法之嫌，但以行政争议解决程序处理 PPP 合同纠纷或能为 PPP 法律制度建设提供新的思路。

首先毫无疑问，PPP 合同同时具备着显著的公法属性和私法属性，只要明确了 PPP 合同的争议解决路径而不引发民事程序和行政程序的适用模糊和冲突，PPP 合同的法律性质与其争议解决途径可以是两个相互独立的问题。[④] PPP 合同的公法属性具有替代行政行为的性质，至少对于养老公共服务领域，政府以缔结 PPP 合同的方式履行职责并不违反法律保留原则，也没有超过相关部门的行政权能和行政权限范围。[⑤] 由此，以 PPP 合同的公法属性为参考、通过行政争议解决途径处理 PPP 合同纠纷具有正当性。

---

① 焦洪宝：《政府与社会资本合作项目争议的解决方式》，载《政法论丛》2018 年第 4 期。

② 王春业：《行政协议司法解释对 PPP 合作之影响分析》，载《法学杂志》2020 年第 6 期。

③ 王春业：《行政协议司法解释对 PPP 合作之影响分析》，载《法学杂志》2020 年第 6 期。

④ 刘飞：《PPP 协议的法律性质及其争议解决途径的一体化》，载《国家检察官学院学报》2019 年第 4 期。

⑤ 参见王瑛：《行政协议认定标准探讨》，载《法商研究》2021 年第 3 期。

政府推行PPP项目并不意味着政府免除了提供公共服务的职责，因此不论是以PPP合同的公法属性还是私法属性为主导并采用相应的争议解决途径，政府方因其PPP合同上或所谓“社会契约”上的监管责任都势必会取得相对于社会资本方更为优势的地位。将PPP合同置于行政法律关系中，行政机关相对来说会受到公法制度的更多实体法与程序法的约束；换句话说，PPP模式下拟制的民事平等法律关系不见得对社会资本方更为有利。[①] 由此，通过行政争议解决途径处理PPP合同纠纷也具有合理性。

行政诉讼法第61条第1款规定，在涉及行政许可、登记、征收、征用和行政机关对民事争议所作的裁决的行政诉讼中，当事人申请一并解决相关民事争议的，人民法院可以一并审理。这已经初步体现出行政争议与民事争议一体化解决的制度构建，[②] 如此，通过行政争议解决途径处理PPP合同纠纷也具备实践的基本条件。综合来看，寻求养老PPP合同争议在公法程序中一体化解决未尝不是一种可行的安排。

（二）养老PPP项目监管

1. 项目监管的两大范畴

不论是站在市场经济活动的角度还是社会公共利益的角度，PPP项目的实施都需要政府监管，而政府监管则包括两大范畴。

一是政府对负责PPP项目建设、运营的社会资本方以及其他项目参与主体的监管，这里主要讨论对社会资本方的监管，这类监管是维护公共利益的必然要求。一般来说，政府的监管权一方面来自其作为社会管理者所应当具备的公法所赋予的监管权能；另一方面来自PPP合同约定的监管权能，[③] 前者包括对PPP核心交易（即PPP主合同事项）和社会资本方（项目公司）参与的其他交易（如保险合同）的监管，后者的监管范围以PPP主合同为限。这里尤其应注意两者交叉重合的部分，正如前文所述，PPP合同具有公私复合的性质，而不论是依行政法程序还是民商法程序处理合同争议，不论是确认意思自治还是行政约束，其重点都在于对双方合意的审查判断，因此对于两项权能交叉重复的部分，以合同约定作为监管标准

---

① 刘飞：《PPP协议的法律性质及其争议解决途径的一体化》，载《国家检察官学院学报》2019年第4期。

② 刘飞：《PPP协议的法律性质及其争议解决途径的一体化》，载《国家检察官学院学报》2019年第4期。

③ 肖华杰：《PPP模式下政府监管的立法逻辑与规则架构》，载《社会科学家》2020年第2期，第119页。

较为妥当。

二是政府对自身行为的监管，这既是法治的应有之义，也是在另一层面维护项目关涉的公共利益。虽然 PPP 属于市场经济活动，但 PPP 项目从立项到设计、从建设到运营都离不开政府的良性介入，诸如，违规立项（例如，修饰本无法通过物有所值评价评估或财政承受能力论证的项目）、变相举债（如以 PPP 之名行 BT 之实①）、政府违约（如不履行合同约定的协助社会资本方开展项目的义务）等情形都会直接损害项目关涉的公共利益，政府公信力的侵蚀和社会资本方利益的受损也将导致相关项目的推进难以为继。

2. 监管规则设计的逻辑：风险分配

政府方和社会资本方在 PPP 项目中共享收益并共担风险，由于政府方与社会资本方合作周期较长，因此合理的风险分担机制在 PPP 项目中起到十分关键的作用。② 风险分配一般依循以下三项原则：

（1）最优风险分配原则，即由对风险最有控制力的一方承担相应的风险，如此既能确保具有控制力的一方具有管理风险的动力，有利于优化控制风险花费的成本；

（2）风险收益对等原则，即风险大小与收益高低相匹配的原则；

（3）风险可控原则，即按参与主体的实际能力设定承担损失的上限，一方不承担超过其承受能力的风险，如此来保证双方合作关系的持续稳定。

承担风险的一方对所分配风险的控制力意味着其有能力将该风险合理转移，因此确保风险可控、不因风险恶意获利而成为承担风险一方的应然义务；另外，双方同时负有不与对方“交易”风险的义务，如不然，风险分配的目的必然落空从而对项目实施产生不利影响（如双方约定由政府方变相承担项目的运营风险，如此 PPP 项目将彻底失去意义）。在这个意义上，风险分配决定着监管规则（尤其是重点监管规则）的设计方向（见图 7-6）。

---

① 以往政府利用社会资本进行基础设施建设常采用 BT（Build-Transfer）模式，即建设—移交，但这种模式在实践中暴露出了重大财政风险。政府方为了吸引社会资本承建项目，往往会以自己或地方融资平台公司的名义违规为社会资本方向银行提供承诺函等具有担保性质的文件，并直接或间接地向社会资本方承诺固定回报，地方政府由此负担了大量的隐性债务。PPP 模式下政府支付以公共服务的提供为依据，理论上不会增加政府债务，但要严控地方政府通过保证回报或承诺回购等方式以 PPP 之名行 BT 之实。

② 韩烨：《养老服务 PPP 模式：运行机制、实现策略与对策研究》，载《兰州学刊》2019 年第 3 期。

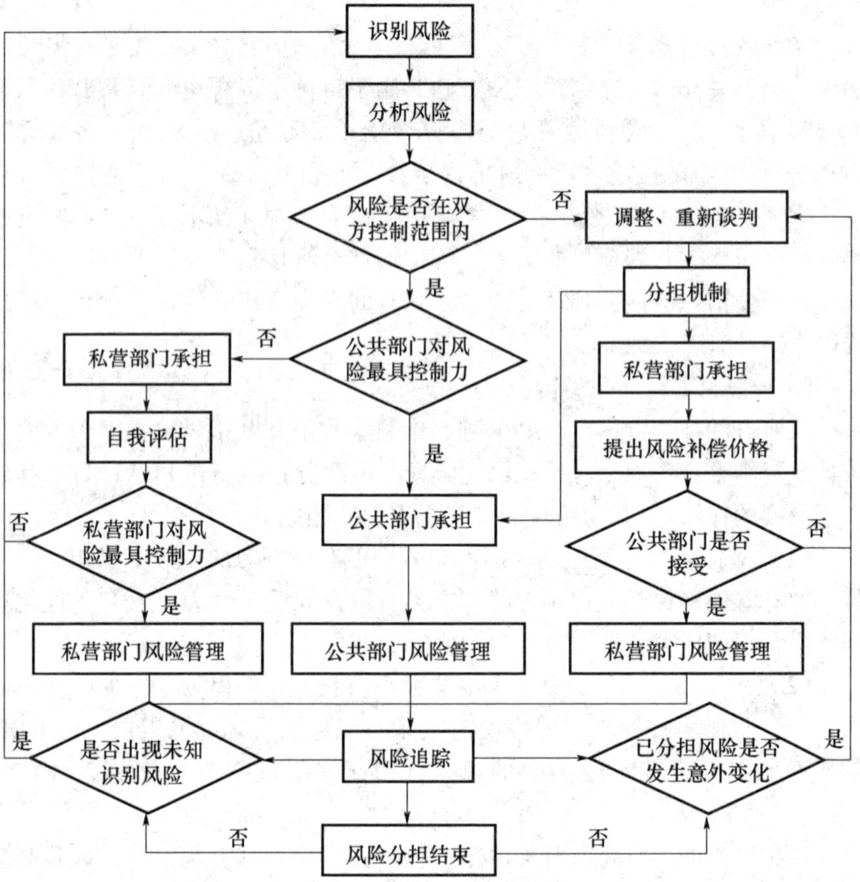

图 7-6 项目风险分配流程示例

3. 监管规则设计的核心：绩效考核

绩效考核是一种动态的评价和反馈机制，绩效考核评价结果既有利于发现并改进项目中存在的问题，也直接关联着社会资本方的投资回报从而对社会资本方尽职履责产生强约束。建立以绩效考核为中心的监管机制，使得政府方有尺可依，避免主观裁判和盲目决断，也使得社会资本方能够以明确的标准稳定而有效地开展运营活动、提供公共服务。[①] 绩效考核能否充分评价并切实影响公共服务的实效，关键在于绩效考核标准的设定是否合理；与诸多 PPP 项目共通的要素不同，绩效考核标准（尤其是项目运营阶段的绩效考核标准）鲜明反映着具体 PPP 项目的特征。

① 肖华杰：《PPP 模式下政府监管的立法逻辑与规则架构》，载《社会科学家》2020 年第 2 期。

对于养老 PPP 而言，由于其实施以软性服务为主，需要提供满足老年人对照料、陪伴、医疗的基本需求，甚至是包含临终关怀在内的特殊需求等服务事项，而实操层面的养老 PPP 项目多以养老或护理康养、医疗设施、器械等硬件设施作为绩效考核关键性指标，较少或缺乏对服务质量的考核，[①] 因此有必要将用户评价纳入考核，建立一套完善的养老服务业规范标准。不过养老项目的价格弹性较大、收费机制设计复杂、用户评价指标设定不易，不利于实现项目的标准化交易，因此需要进行不断的尝试、调整和完善。[②]

（三）传承法务的从业切入

即使存在绩效考核的约束，实践过程中仍出现了项目整体公益属性与商业属性失衡、[③] 服务对象不信任公私合作机构[④]等直接关切公共服务效益的问题，有学者指出 PPP 项目公共价值失灵的现象实际上是强调经济效益的要素配置而忽视社会价值创造的安排导致的相应后果。[⑤] 这一背景下，所谓 SPPP（Social Public Private Partnerships）模式应运而生，这一模式在通常的 PPP 核心交易结构中创造性地嵌入了社会慈善机构等第三方社会机构，第三方机构以专业协助、独立监督和跨界协商等方式全程维护 PPP 项目的公共性价值。

而在 PPP 项目的“幕后”核心交易即社会资本方融资结构上，随着我国基础设施领域不动产投资信托基金（REITs）领域正式政策文件的颁布，[⑥] 作为目前不动产融资领域最具生命力和发展前景的金融交易结构，REITs 无意将为 PPP 项目社会资本融资增添全新活力。在养老 PPP 领域，更可能实现个体传承资金投入群体传承基础设施建设、以传承促传承的良

---

① 徐宏、岳乾月：《养老服务业 PPP 发展模式及路径优化》，载《财经科学》2018 年第 5 期。

② 孙玉栋、郑垚：《老龄化背景下养老项目 PPP 模式研究》，载《中国特色社会主义研究》2018 年第 1 期。

③ 例如，很多养老 PPP 项目都倾向于往中高端服务发展以追求最快的投资回报和最高的投资利润，即使项目配套了公益性床位指标也往往不能获得同等硬件或软件配套，如此有悖发展养老 PPP 的宗旨。

④ 例如，在涉及医疗服务的 PPP 项目中，部分患者和家属可能会对社会资本方的参与产生道德担忧。

⑤ 李健、成鸿庚：《SPPP 模式与慈善创新：分析框架与政策因应》，载《社会科学》2021 年第 4 期。

⑥ 2020 年 4 月 30 日，中国证监会、国家发改委联合发布《关于推进基础设施领域不动产投资信托基金（REITs）试点相关工作的通知》（证监发〔2020〕40 号）；2020 年 8 月 7 日，中国证监会又发布《公开募集基础设施证券投资基金指引（试行）》以落实前述文件。上海证券交易所和深圳证券交易所也基于两份规范性文件公布了各自的 REITs 业务的相关规定。自此，公募 REITs 的试点工作正式展开。

性金融循环。

不论是主体安排上还是结构设计上有何种更新，对于养老 PPP 传承法务实务而言，PPP 项目的流程规范性总是其发挥法律和金融效益的基础，因此项目中的各类合同都是重中之重，而一线参与的传承法务律师和其他从业者也尤其应注重对关联合同、大型合同的风险把控能力。所谓术业有专攻，传承法务律师自身并不一定要成为金融专家，但一定需要具备在法律上落实技术设计和结构规划的能力——不论传承法务如何与金融结合，传承法务的本质都是法律而非金融服务。

曾有学者指出，我国养老 PPP 理论研究仅关注 PPP 的适用性条件和制度设计问题，却很少看到养老行业自身的需求特点和发展规律，实质上是将养老服务业作为 PPP 模式的应用拓展领域加以研究。① PPP 模式并非目的而是手段，不论是前端核心交易结构还是后端融资结构都必须不断发展变化，唯有聚焦传承目标、依托传承法务、构建更广泛更多元化系统平衡的资本项目架构，才能持续保持足够的保值增值能力，才能真正实现符合我国人口结构特征的传承事务相关的金融功能和服务保障。

---

① 孙涛、谢东明、赵志荣：《养老 PPP 的服务模式与融资结构研究》，载《吉林大学社会科学学报》2020 年第 2 期。

第八章　传承法务与多元化解纠纷

传承法务的重要功能之一就是预防和解决财富传承中的各类纠纷。随着社会经济的飞速发展，财富传承中的矛盾纠纷出现了许多新的变化和表现形态。矛盾纠纷的新变化要求我们必须适应纠纷的多元属性，及时转变解纷观念，综合运用诉讼与非诉讼等多种方式与手段，形成功能互补、程序衔接的矛盾纠纷化解体系。

本章主要介绍财富传承中的多元化解纠纷机制，与多种纠纷预防及解决方式。第一节传承法务与多元化解纠纷概述，介绍多元化解纠纷整体情况。第二节至第四节在前述基础上论述了诉讼、仲裁、调解与传承法务的关联性、工作流程和作用。第五节着重介绍了公证参与传承服务可以起到对公信力的提升作用。诉讼、仲裁、调解可以对接公权力对传承法律实务认可和支持，通过司法保障功能，达到预防传承纠纷、化解传承矛盾、打击侵犯传承权益的行为、维护合法传承权益的目的。

第一节　传承法务与多元化解纠纷概述

一、多元化解纠纷的政策法律

（一）多元化解纠纷相关政策

我国历来重视纠纷的多元化解决，新中国成立后，党和政府也高度重视矛盾纠纷的多元解决。多元化解纠纷主要是政策性和规范性文件，尚未有正式的法律法规对多元化解纠纷进行全面规定。进入新时代后，多元化解纠纷作为提升治理体系和治理能力的重要制度机制，其作用越来越重要。下面简要介绍有关多元化解纠纷的政策文件。

1. 中共中央关于全面推进依法治国若干重大问题的决定

2014 年 10 月 23 日，中国共产党第十八届中央委员会第四次全体会议通过《中共中央关于全面推进依法治国若干重大问题的决定》。会议指出，健全社会矛盾纠纷预防化解机制，完善调解、仲裁、行政裁决、行政复议、诉讼等有机衔接、相互协调的多元化纠纷解决机制。加强行业性、专业性人民调解组织建设，完善人民调解、行政调解、司法调解联动工作体系。完善仲裁制度，提高仲裁公信力。健全行政裁决制度，强化行政机关解决同行政管理活动密切相关的民事纠纷功能。

2. 关于完善矛盾纠纷多元化解机制的意见

2015 年 12 月 6 日，中共中央办公厅、国务院办公厅联合发布了《关于完善矛盾纠纷多元化解机制的意见》（中办发〔2015〕60 号，以下简称《意见》）。《意见》进一步明确矛盾纠纷多元化解机制。为贯彻落实党的十八届四中全会和《意见》精神，地方各级党委和政府联合出台了相应的地方规定。

（二）多元化解纠纷相关法律

1. 法律和行政法规

目前还没有关于多元化解纠纷的专门法律和行政法规。从广义上理解，与多元化解纠纷有关的法律可以包括传统意义上的程序相关法律，如民事诉讼法、仲裁法、人民调解法等。

2. 司法解释和文件

2016 年 6 月 28 日，最高人民法院出台了《关于人民法院进一步深化多元化纠纷解决机制改革的意见》（法发〔2016〕14 号）。2018 年 3 月，最高人民法院与侨联联合出台《关于在部分地区开展涉侨纠纷多元化解试点工作的意见》。

3. 部门规章或规范性文件

在行业性专业性调解工作的发展方面，司法部会同有关部门下发了一系列文件并且力促落实。就人民调解工作而言，由中央政法委、最高人民法院、司法部等六部门联合印发了《关于加强人民调解员队伍建设的意见》。人社部等八部门联合制定了《关于进一步加强劳动人事争议调解仲裁完善多元处理机制的意见》（人社部发〔2017〕26 号）等。

4. 地方规章和文件

例如，《山东省多元化解纠纷促进条例》《福建省多元化解纠纷条例》《武汉市多元化解纠纷促进条例》等。

二、多元化解纠纷的含义和意义

（一）多元化解纠纷的含义

多元化解纠纷是从国家治理体系角度出发，对社会矛盾的综合治理。一般认为，多元化解纠纷是指协调联动和解、调解、行政裁决、行政复议、仲裁、诉讼等纠纷解决途径，形成有机衔接、相互协调的纠纷化解体系，依法为当事人提供公平公正、便捷高效的纠纷化解服务。在传承法务中，化解纠纷的途径包括和解、调解、行政裁决、行政复议、仲裁、诉讼等六种。

（二）多元化解纠纷的意义

整体而言，深入推进矛盾纠纷多元化解机制，是实现国家治理体系和治理能力现代化的重要内容。多元化解纠纷是构建和谐社会的必然要求；符合中国传统价值观；有利于从源头进行社会治理；有助于社会关系的及时修复；有助于克服诉讼解决纠纷机制的弊端。

在传承法务领域，更适合多元化解纠纷，尤其是通过非诉化解纠纷。财富传承领域的纠纷，大多涉及传承人相互之间的矛盾，无论是传者与承者之间还是承者相互之间，或者是直系亲属，或者是近亲属，都有着血脉亲情，多元化解纠纷意义重大。一是有利于化解矛盾，非讼方式时间灵活，符合国人传统价值观，能更好地避免激化矛盾；二是有利于构建和谐社会，传承人相互之间联系紧密，纠纷解决后可能仍然在一起生活和工作，通过非讼方式解决纠纷当事人更容易接受，有利于从根本上解决矛盾，理顺社会关系；三是节约了司法资源，降低了社会成本；四是能解决诉讼中的“判而不决”难题，当事人自愿达成协议，更容易履行，能避免司法执行难。

三、　多元化解纠纷与多元化纠纷解决机制

（一）多元化解纠纷与多元化纠纷解决机制的异同

多元化解纠纷和多元化纠纷解决机制从本质上说并没有区别，都着眼于完善治理体系，提升治理能力，构建完善具有中国特色的多元化纠纷解决体系；具体的方式都包括和解、调解、行政裁决、行政复议、仲裁、诉讼等。从传承法务的角度观察，两者也有显著的区别。

1. 主导力量不同

多元化解纠纷坚持“党委领导、政府主导”，由地方政府主导，从全局角度来整体设计和考量。多元化纠纷解决机制一般认为是人民法院主导，以诉讼为中心来构建多元化纠纷解决体系。

2. 各种纠纷解决方式地位不同

多元化解纠纷中，各种方式并无高低层级之分，都纳入纠纷解决体系中整体考虑，诉讼仅仅是纠纷解决手段或方式之一。而多元化纠纷解决机制由人民法院主导，是以诉讼为中心构建纠纷解决体系，其目的是加强诉讼与其他纠纷解决方式的对接，提高纠纷解决效率。

3. 启动程序不同

多元化解纠纷坚持“党委领导、政府主导、司法推动、社会协同、公众参与、法治保障”的工作机制，相关职能部门各司其职、各负其责，具体纠纷解决途径由当事人自行选择。而多元化纠纷解决机制的启动必须以提起诉讼为前提，然后才能由人民法院引导当事人通过其他途径解决纠纷。

（二）传承法务与多元化解纠纷

在传承法务领域，因纠纷大多产生在传承人之间，当事人之间的关系不同于其他民商事纠纷。如上所述，选择非讼方式既有利于纠纷解决，也有利于维系当事人之间的亲情关系。在具体的模式选择上，应该适用多元化解纠纷。在传承法务实务中，首先应穷尽各种非讼手段解决纠纷，把诉讼作为最后的保留手段。

四、 传承法务中多元化解纠纷的具体形式

（一）协商与和解

协商就是共同商量以便取得一致意见，是处理传承人之间关系和矛盾的基本方法。和解就是传承人或传承相关主体之间自愿协商达成协议，解决纠纷，从而化解矛盾的活动。和解包括诉讼外和解及诉讼和解，诉讼和解又包括审理过程中的和解与执行程序中的和解。

（二）调解

调解是解决纠纷过程中优先和经常使用的一种重要手段，在中国传统的熟人社会的大环境下，用调解的手段解决当事人之间的纠纷，一直以来是纠纷解决的最佳选择，无论在民间还是司法过程中都将其作为首选，通过此方式解决的纠纷可永久性地杜绝缠讼等不良后果，体现息讼和节约诉讼成本的功能和优势。

当代中国的调解制度就调解途径而言，以人民调解、行政调解、诉讼调解、仲裁调解、社会调解、特邀调解为主的几种调解模式共同构成我国现代调解格局，形成了完整的调解体系。详细介绍见本章第四节。

（三）仲裁

从字面上看，“仲”是地位居中的意思，“裁”是裁决、判断的意思，仲裁就是居中裁断，亦称“公断”。从法律意义上看，仲裁是指当事人双方按照法律规定，在纠纷发生前或者发生后自愿达成协议，把他们之间的争议提交仲裁机构，由仲裁机构查明事实，分清是非，确定双方的权利义务关系，从而解决争议的方式。仲裁的“公断人”是仲裁机构，它在双方

当事人之间居中公平裁断。

平等主体的公民、法人和其他组织之间发生的合同纠纷和其他财产权益纠纷，可以仲裁。下列纠纷不能仲裁：（1）婚姻、收养、监护、扶养、继承纠纷；（2）依法应当由行政机关处理的行政争议。详细介绍见本章第三节。

（四）民事诉讼

民事诉讼俗称打官司，我国古代所谓“听讼折狱”“讼”即指民事诉讼。科学的定义是，人民法院在当事人及其他诉讼参与人的参加下，审理和解决民事案件、经济纠纷案件，其他特殊类型案件所进行的诉讼活动以及由此而产生的诉讼法律关系的总和。详细介绍见本章第二节。

（五）公证

公证是公证机构根据自然人、法人或者其他组织的申请，依照法定程序对民事法律行为、有法律意义的事实和文书的真实性、合法性予以证明的活动。

《最高人民法院关于人民法院进一步深化多元化纠纷解决机制改革的意见》明确提出：“加强与公证机构的对接。支持公证机构对法律行为、事实和文书依法进行核实和证明，支持公证机构对当事人达成的债权债务合同以及具有给付内容的和解协议、调解协议办理债权文书公证，支持公证机构在送达、取证、保全、执行等环节提供公证法律服务，在家事、商事等领域开展公证活动或者调解服务。……”由此可见，公证也是多元化纠纷解决机制的组成，详细介绍见本章第五节。

第二节　诉讼与传承法务

传承法务中的传承行为，是指为支持行为人依法自主处分生前身后财产权益的系统化制度化的综合法律行为，即“生前身后命与财的系统化制度化平衡”行为。在此过程中，涉及人身权与财产权的各种复杂关系，有可能产生各种类型的诉讼。本节主要介绍传承法务与诉讼，重点介绍传承法务与民事诉讼。

一、传承法务与诉讼

随着经济社会的发展，财富数量急剧增长，财富表现形式越来越多。与财富传承有关的诉讼也越来越复杂。传承法务中，民事、行政和刑事三大诉讼都有可能涉及。

传承法务中的行政诉讼，最典型的是与财产或财产权公示有关的诉讼。在下列情况下，传承法务中会产生行政诉讼，例如，不动产登记不作为、登记错误；股权登记不作为、登记错误等。

传承法务还有可能涉及刑事诉讼，例如，传者和承者之间的人身伤害案件、承者相互之间的人身伤害案件；与遗产或传承有关的诈骗案件；与伪造公证遗嘱有关的案件等。

传承法务中，更多地是民事诉讼，对遗产范围、继承人、遗产管理、遗产分割等环节中，都有可能产生争议，并引发相应的民事诉讼。

二、传承法务与民事诉讼

（一）传承法务中的民事诉讼主体

传承法务中的民事诉讼主体是指诉讼参加人，诉讼参加人包括狭义当事人（原告、被告）、共同诉讼人、第三人、法定代表人、诉讼代表人、诉讼代理人等。

在传承法务实践中，涉及不动产和企业股份等的继承较为复杂，涉及的主体较多。下面以一个房产继承案例简要介绍传承法务中的民事诉讼主体。房产继承是指按照民法典继承编的规定，依照法定程序把被继承人遗留房屋所有权及其土地使用权转移归继承人所有的法律行为。通过下列典型案例，可以帮助了解传承法务民事诉讼中的相关主体。

例如，李某夫妇育有一儿一女，儿子李甲男、女儿李乙女都已经成家并买了房子。剩下老两口居住在李某单位房改时买的两居室里。2007 年老伴不幸去世，剩下李某一个人。2010 年，李某亲笔书写了一份遗嘱，指定由儿子李甲男继承自己的房产。2011 年，李某被检查出患有肝癌并到晚期，住院期间女儿李乙女无微不至地照顾他，让李某心里很满意，打算给女儿写份遗嘱，但此时李某已经无法执笔，就由女儿请律师现场见证并制作了代书遗嘱，指定房产由女儿李乙女一人继承。李某去世后，李甲男、李乙女各执一份遗嘱发生争执，诉讼到法院。

1. 当事人

当事人有狭义与广义之分。这里所指的是狭义的当事人。当事人是指因民事上的权利义务关系发生纠纷，以自己的名义起诉、应诉，并受人民法院裁判约束的直接利害关系人。包括原告和被告。上述房产继承案例中，诉讼当事人就是承者李甲男、李乙女。

当然，在传承法务中，作为原被告的承者不仅仅局限于传统继承关系中的主体，而应大大拓展。正如第三章第一节所述，传承法务中的承者范围既包括继承语境下的近亲属、指定继承人，赠与语境下的被赠与人，也包括传者依法依意愿指定的任意人，既可以是自然人，也可以是法人、非法人组织甚至是国家，其涉及的法律关系既有可能是继承、赠与，也可能是信托、委托等其他法律结构安排。这些主体都可以成为传承法务中民事诉讼的主体。

2. 共同诉讼人

当事人一方或者双方为二人以上，其诉讼标的是共同的，或者诉讼标的是同一种类、人民法院认为可以合并审理并经当事人同意的，为共同诉讼。按诉讼标的的性质，共同诉讼可分为必要的共同诉讼和普通的共同诉讼。

在上述案例中，假若除李甲男、李乙女之外，还有其他的继承人，则可以作为共同原告或被告，构成共同诉讼人。除继承语境下的共同诉讼人，在传承法务的其他情形中，共同诉讼人出现的概率更大。

3. 第三人

第三人是指对当事人双方的诉讼标的认为有独立请求权，或者虽然没有独立请求权，但案件处理结果同他有法律上的利害关系的，因而参加诉讼的人。按照是否有独立请求权，分为直接利害关系人和间接利害关系人。

正如前述，在传者将涉及第三方权益的房产作为传承财产转移给承者时，此时因房屋所有权或涉及所有权归属于第三方，或属于和第三方共同共有房屋所有权，此时第三方可以独立主体身份对传者或是已继承房产的承者提起诉讼，请求返还所涉财产或是请求重新分配房屋权益。而当传承关系中所涉房屋不涉及权益纠纷时，若原承者或违反规定将因法定事实被剥夺继承权，此时传者的其他法定继承人可以独立主体身份对承者提起诉讼，请求剥夺其继承权。[①] 上述案例中，假设李某在生前已将房屋出卖给自然人 A，但尚未过户，或已将房屋抵押给 B 银行，在诉讼过程中，自然人 A 和 B 银行都可以作为第三人参加诉讼。

4. 诉讼代理人

诉讼代理人是以当事人的名义在法律规定或者当事人授予的权限范围内为诉讼行为和接受诉讼行为的人。诉讼代理人是以被代理人的名义，在法律规定或者当事人授予的权限范围内进行诉讼活动的人。

在上述案例中，作为承者的原被告双方都可以委托律师作为自己的诉讼代理人参加诉讼。

---

① 《中华人民共和国民法典》第 1125 条、第 1150 条、第 1144 条。

5. 其他诉讼参与人

随着社会经济的发展和财富的积累，传承的客体范围越来越广泛，涉及的专业领域越来越多。在传承法务中，传承参与人，包括遗产管理人、律师、公证机构、见证人、鉴证机构及财税、审计、评估、保险、信托等专业机构，都可以作为诉讼参与人参与诉讼。

在上述案例中，在分割遗产时，若双方对房屋价值不能达成一致意见，则须通过评估机构对房屋价值进行评估。这里的评估机构即为其他诉讼参与人。假若继承的文物、古玩或珠宝等，则须经专业人员进行鉴定，鉴定机构也是其他诉讼参与人。

（二）传承法务中的民事诉讼程序

传承法务以民法典及民事诉讼法等为基础，涉及的事项非常复杂，有法律关系明确具体的，也有法律关系复杂难辨的；有标的额巨大的，也有标的额微小的。传承法务中的民事诉讼程序，涉及民事诉讼法规定的各类程序，包括第一审普通程序、简易程序、特别程序、审判监督程序、执行程序等。

1. 第一审普通程序

第一审普通程序是人民法院审理第一审民事案件、经济纠纷案件规范适用的程序。具体包括起诉与受理、审理前的准备、开庭审理三个阶段。

传承法务中，起诉必须符合下列条件：

（1）原告是与传承有直接利害关系的公民、法人和其他组织，一般是传承法务中主体中的承者。例如，前述案例中的李乙女。作为原告的承者应有明确的诉讼请求。以继承为例，可以是要求按法定继承方式来继承和分割遗产。

（2）有明确的被告。起诉状列写被告信息应明确具体。被告一般是与原告就传承事项无法达成一致意见的相对人，例如，其他继承者。

（3）有具体的诉讼请求和事实、理由。诉讼请求应明确具体，与传承事务有关。事实和理由是与传承有关的事实，例如，上述案例的房产继承。

（4）属于人民法院受理民事诉讼的范围和受诉人民法院管辖。

（5）起诉的形式要件。起诉应当向人民法院递交起诉状，并按照被告人数提出副本。

2. 简易程序

简易程序是对第一审普通程序的简化，是基层人民法院和它派出的法庭审理事实清楚、权利义务关系明确、争议不大的简单的民事案件所适用的程序。简易程序有起诉方式简便、庭审程序简便、传唤方式简便、独任审理、审限短等特点和优势。传承法务中，适用简易程序的如赠与协议纠纷、居住权协议纠纷等。

3. 特别程序

我国民事诉讼法规定的特别程序是人民法院审理选民资格案件、宣告失踪或者宣告死亡案件、认定公民无民事行为能力或者限制民事行为能力案件、认定财产无主案件、确认调解协议案件和实现担保物权案件等所适用的程序。除选民资格案件外，其他案件在传承法务中都会发生。另外，指定遗产管理人、申请认定财产无主程序也属于特别程序。

（1）宣告失踪或宣告死亡程序

如传承人符合宣告失踪或宣告死亡条件，利害关系人都可以启动宣告失踪或宣告死亡程序。

（2）财产代管程序

《最高人民法院关于适用〈中华人民共和国民事诉讼法〉的解释》（自2021年1月1日起施行）第343条规定："宣告失踪或者宣告死亡案件，人民法院可以根据申请人的请求，清理下落不明人的财产，并指定案件审理期间的财产管理人。公告期满后，人民法院判决宣告失踪的，应当同时依照民法典第四十二条的规定指定失踪人的财产代管人。"失踪人的财产代管人经人民法院指定后，代管人申请变更代管的，比照民事诉讼法特别程序的有关规定进行审理。申请理由成立的，裁定撤销申请人的代管人身份，同时另行指定财产代管人；申请理由不成立的，裁定驳回申请。失踪人的其他利害关系人申请变更代管的，人民法院应当告知其以原指定的代管人为被告起诉，并按普通程序进行审理。

（3）指定遗产管理人程序

民法典第1145条至第1149条初步构建了我国的遗产管理人制度。民法典第1146条规定："对遗产管理人的确定有争议的，利害关系人可以向人民法院申请指定遗产管理人。"主要适用于以下四种情况：

第一，遗嘱未指定遗嘱执行人或遗产管理人，继承人对遗产管理人的选任有争议的；

第二，没有继承人或者继承人下落不明，遗嘱中又未指定遗嘱遗产管理人的；

第三，对指定遗产管理人的遗嘱的效力存在争议的；

第四，遗产债权人有证据证明继承人的行为已经或将要损害其利益的。

法院指定遗产管理人应当遵循传者指定、承者自治的原则，即首先，要满足遗嘱人传者的真实意愿；其次，是遗产承继人承者的合理主张，原则上不能超过法定遗产管理人的范围去指定。但民法典对指定遗产管理人的程序并未进行规定。借鉴域外立法和司法经验，从民事诉讼角度，指定遗产管理人适用特别程序应无疑义。

（4）申请认定财产无主程序

民事诉讼法规定，公民、法人或者其他组织均可以采用书面形式向法院提出申请认定财产无主。实务中，有关主体一般根据民事诉讼法的规定，通过特别程序认定遗产无主，由法院发出公告寻找继承人、相关利害关系人，经过司法程序谨慎地将遗产无主的事实固定下来，确定遗产无人继承也无人受遗赠。具体而言，经申请，法院受理后查明被继承人的遗产范围，确定是否存在法定继承人和没有法定继承人情况下申请人是否有权继承遗产，对无人继承也无人受遗赠的遗产作出处理。

实践中，请求法院确认财产无主的申请人分为四类：

第一，不属于被继承人的法定继承人范围内的朋友、近亲属、债权人；①

第二，被继承人所在地基层组织如村委会、居委会；

第三，民政部门；②

第四，被继承人所在单位。③

人民法院受理后，经调查核实遗产归属确属不明的，应当发出公告。在一年的公告期内，无人对财产提出请求，人民法院作出判决，如根据民法典第1160条，收归国家或集体所有。无主遗产的确认中，需要传承法务参与其中，辅助利害关系人完成无主遗产的确认。

4. 审判监督程序

审判监督程序是指人民法院对已经发生法律效力的与传承事务有关的判决、裁定、调解书，发现认定事实或适用法律上确有错误，依法进行再次审理并作出裁判的程序。申请再审的条件包括实质要件和形式要件。

（1）实质要件

第一，对已经发生法律效力的判决、裁定申请再审的事实和理由。

当事人对已经发生法律效力的判决、裁定，认为有错误的，可以向上

---

① 沈阳市铁西区人民法院（2020）辽0106民初4666号民事判决书；苏州市吴江区人民法院（2020）苏0509民特14号民事判决书。

② 上海市浦东新区人民法院（2020）沪0115民特46号民事判决书。

③ 贵州省安顺市西秀区人民法院（2019）黔0402民特22号民事判决书。

一级人民法院申请再审，当事人一方人数众多或者当事人双方为公民的案件，也可以向原审人民法院申请再审。当事人申请再审的，不停止判决、裁定的执行。

第二，当事人对已经发生法律效力的调解书申请再审的事实和理由。

当事人对已经发生法律效力的调解书，提出证据证明调解违反自愿原则或者调解协议的内容违反法律的，可以申请再审。经人民法院审查属实的，应当再审。

（2）形式要件

第一，当事人对已经发生法律效力的判决、裁定，认为有错误的，可以向上一级人民法院申请再审；当事人一方人数众多或者当事人双方为公民的案件，也可以向原审人民法院申请再审。当事人申请再审的，不停止判决、裁定的执行。

第二，当事人申请再审，应当在判决、裁定发生法律效力后六个月内提出。当事人对已经发生法律效力的调解书申请再审，应当在调解书发生法律效力后六个月内提出。

5. 执行程序

执行程序是人民法院执行生效法律文书必须依照的法律规定的步骤、措施、权利义务等法律规范的总和。执行是民事诉讼的最后阶段，保证已生效的判决、裁定、调解协议或其他法律文书的贯彻执行，使得到保护的合法权益得以实现，使违法的民事行为得到制裁。只有及时、正确地完成执行工作，才能使法律文书所确定的权利义务得以实现，才能使民事纠纷得到最终的解决。因此，民事执行具有极其重要的意义。

我国民事诉讼法第246条规定："申请执行的期间为二年。申请执行时效的中止、中断，适用法律有关诉讼时效中止、中断的规定。前款规定的期限，从法律文书规定履行期间的最后一日起计算，法律文书规定分期履行的，从最后一期履行期限届满之日起计算……"

三、传承法务中的诉讼文书范本

（一）民事起诉状

民事起诉状

原告：杨某某（曾用名王3），女，××××年××月××日生，×族，住……。联系方式：……。

法定代理人：秦某（原告女儿），××××年××月××日生，×族，住……。联系方式：……。

委托诉讼代理人：肖××，上海×××律师事务所律师。

委托诉讼代理人：郭×，上海×××律师事务所律师。

被告：王某1，女，××××年××月××日生，×族，住……。联系方式：……。

诉讼请求：

判决依法由原告继承：1. 被继承人王某4所有的上海市虹口区大连路×××弄×××号×××室房屋50%产权份额；2. 被继承人王某4名下的剩余养老金；3. 被继承人王某4名下的公积金。

事实和理由：

原告杨某某与被继承人王某4于1988年6月18日登记结婚，两人婚后未生育子女。2009年12月，原告和被继承人王某4以家庭共同财产购买了位于上海市虹口区大连路×××弄×××号×××室房屋，并于2010年1月25日办理产权登记，产权人为杨某某和王某4。2019年3月20日王某4因病去世。

王某4去世后，其妹妹王某1拿出一份以王某4名义书立的代书遗嘱。遗嘱内容为被继承人王某4将其所有的大连路房屋的产权（即房屋产权的50%）由王某1继承。但遗嘱的真实性无法判定。被告王某1以真实性无法确定的遗嘱主张分割被继承人遗产。

王某4父亲于1989年2月1日去世，母亲管某某于2002年11月8日去世。王某4生前未养育子女。因此，根据民法典继承编的相关规定，原告是被继承人王某4的唯一位于第一顺位的法定继承人，被继承人王某4的全部遗产应当由原告杨某某全部继承。

因原、被告无法就上述遗产继承协商一致，根据民法典和民事诉讼法的相关规定，故诉至贵院，请求贵院判如所请，维护原告合法权益。

证据和证据来源，证人姓名和住所：

证据1：王某4死亡证明

证据2：王某4火化证明

证据3：杨某某与王某4的结婚证

证据4：已注销王某4户籍的民户本

证据5：房屋产权证书

证据6：证人证言

……

此致

××××人民法院

附：本起诉状副本×份

具状人：（签名）

××××年××月××日

（二）民事判决书——以法定继承为例①

上海市虹口区人民法院
民事判决书

（2020）沪××××民初×××××号

原告：杨某某（曾用名王3）。

法定代理人：秦某（原告女儿）。

委托诉讼代理人：肖毅立，上海×××律师事务所律师。

委托诉讼代理人：郭旭，上海×××律师事务所律师。

被告：王某1。

被告：王某2。住××××，身份证号码：××××

二被告共同委托诉讼代理人：韦×，上海××律师事务所律师。

二被告共同委托诉讼代理人：贺×，上海××律师事务所律师。

原告杨某某诉被告王某1法定继承纠纷一案，本院于2020年9月14日受理立案后，依法由审判员李×独任审判，公开开庭进行了审理，本院在审理过程中依法追加王某2为本案共同被告参加诉讼。原告杨某某的法定代理人秦某及其委托诉讼代理人肖××，被告王某1、王某2的共同委托诉讼代理人贺×到庭参加诉讼，本案现已审理终结。

原告杨某某向本院提出诉讼请求：要求依法由原告继承：1. 被继承人王某4所有的上海市虹口区大连路×××弄×××号×××室房屋（以下简称大连路房屋）50%产权份额；2. 被继承人王某4名下的剩余养老金；3. 被继承人王某4名下的公积金。因原、被告无法就上述遗产继承协商一致故诉至法院，要求判如所请。

被告王某1辩称：原告杨某某与被继承人王某4于1988年6月18日登记结婚，大连路房屋系原告与被继承人王某4的夫妻共同财产，两人各占50%产权份额。王某4自2009年右眼失明后，其生活起居、看病住院主要由王某1负责照顾。且原告自2009年4月入住杨浦区精神病院至2020

① 上海市虹口区人民法院（2020）沪0109民初19901号民事判决书。

年5月，其每月探视、缴费、外出就诊及添置日常生活用品，也均由王某1负责办理。因王某4生前立有遗嘱，其名下所有财产由二被告继承，故不同意原告诉请。

被告王某2辩称：意见与王某1一致。

当事人围绕诉讼请求依法提交了证据，本院组织当事人进行了证据交换和质证。对当事人无异议的证据，本院予以确认并在卷佐证。经审理本院认定事实如下。

原告杨某某与被继承人王某4系夫妻关系，两人婚后未生育子女。原告系再婚，原告法定代理人秦某系原告与其前夫所生之女。被继承人王某4与二被告系兄妹关系，其父王某5于1989年2月1日报死亡，其母管某某于2002年11月8日报死亡。大连路房屋系杨某某与王某4在2009年12月共同购买的产权房，并于2010年1月25日登记在杨某某与王某4二人名下。2019年3月20日王某4去世。现原、被告为继承王某4名下遗产协商不成致诉讼来院。

另查明，二被告提供代书遗嘱一份（附视频资料），遗嘱内容为："立遗嘱人：王某4……见证人（代书人）余某某……见证人周某……因立遗嘱人年事已高，为防止立遗嘱人突然死亡后，其继承人发生遗产继承纠纷，立遗嘱人特立遗嘱如下：1. 王某4名下所有财产，在王某4过世后全部由其姐妹王某2（身份证号：××××）、王某1身份证（身份证号：××××）继承；2. 以上遗嘱是立遗嘱人真实意思表示，经余某某代书并经立遗嘱人确认无误，由代书人、见证人签名并生效。"王某4、余某某、周某分别在立遗嘱人、见证人（代书人）及见证人处签名，落款时间为2018年11月18日。视频时长3分56秒，视频显示："王某4半躺在一张病床上，余某某和周某围站在其床前，视频前1分40秒是余某某在向王某4宣读遗嘱，但无声音。之后视频突然出现声音并进入签名环节，王某4在余某某的指导下在遗嘱上签名，3分40秒签字结束，余某某提醒王某4看清楚遗嘱"。

再查明，原告杨某某患精神分裂症，系贰级×××残疾。原告自2009年4月入住杨浦区精神卫生中心至今。被继承人王某4自2009年起右眼失明，其生活起居、看病住院等主要由王某1照顾。经本院委托，司法鉴定科学研究院于2020年11月17日出具司法鉴定意见书：被鉴定人杨某某目前应评定为无民事行为能力。

还查明，自2019年起原告每月养老金为3678元。被告王某1于2019年4月从被继承人王某4的养老金账户中取款共计5700元，目前该账户余额为21.80元。被继承人王某4的公积金账户已于2012年4月11日提取销户。

审理中，证人余某某（1976年出生）来院表示："我是王某6朋友（王某6与王某4是兄弟关系，已于2020年8月18日报死亡），认识王某4，但不认识原告，另一见证人周某是我朋友。2018年11月的某天应王某6要求去写代书遗嘱，当天周某来找我玩，我就让他跟我一起去了医院（具体医院名字不记得了），当时由王某4说，我来记，记好之后我读给王某4听，然后签字，代书人签字是我签的，遗嘱人是王某4签的。"证人周某（1980年出生）来院表示："我和余某某是同学关系，我不认识王某4。2018年11月的某天，余某某让我帮忙去做个见证我就去了，当时去的是杨浦区的一家老人理疗院（具体医院名字不记得了），老人睡在床上，也可以坐起来，脑子是清楚的。遗嘱是由王某4对余某某说，余某某记录，写好后读给王某4听，然后王某4和我们两人都签了名。"

审理中，二被告表示：1. 遗嘱视频系王某6所拍，因其操作不好故视频开始有段时间没有声音；2. 为办理被继承人丧事及落葬，共计花费21653元，除王某1从被继承人养老金账户中取出的5700元外，余款由王某6、王某1、王某2三人凑钱支付，但该笔支出不要求在本案中处理；3. 对于被继承人的养老金余额21.80元不要求分割。对此，原告表示：1. 视频开始阶段没有声音，故不能证明是被继承人真实意思表示；2. 认可被继承人养老金余额为21.80元，亦不要求分割；3. 被继承人的丧事及落葬均由被告方办理，无法确定费用的真实性，且该费用应该是用原告养老金支付的。

以上事实，由户籍资料摘抄、独生子女证、原告病历、不动产登记信息、房屋买卖合同二份、公证书、司法鉴定意见书、代书遗嘱及视频资料、证人证言二份、原告残疾证、接警回执单、大连居委会证明、精神病院缴费凭证、原告养老金及残疾补助明细、被继承人王某4的养老金明细、住房公积金查询单、丧葬费发票及双方当事人陈述予以证实。

本院认为，当事人的继承权受法律保护。公民可以立遗嘱将个人财产指定由法定继承人中的一人或数人继承。代书遗嘱应当有两个以上见证人在场见证，由其中一人代书，注明年、月、日，并由代书人、其他见证人和遗嘱人签名。本案的争议焦点主要是系争代书遗嘱是否有效。对此，本院认为，系争代书遗嘱存在以下疑点：1. 代书人与见证人均系王某6为了被继承人起草代书遗嘱而临时找来，并非专业法律人士，且与被继承人本人也不相识。被继承人将订立代书遗嘱这种重大的法律行为交给仅仅刚刚认识的两个年轻人，既过于草率也不符合常理；2. 由于王某6与二被告系兄弟姐妹关系，虽然王某6本人并未作为继承人出现在代书遗嘱中，但二被告系遗产受益人。王某6作为被继承人与代书人、见证人的唯一纽带，且全程参与了代书遗嘱的视频拍摄，必然让人对代书人及见证人在遗嘱订立过程中的公正性和客观性产生合理怀疑；3. 从遗嘱内容来看，遗嘱文字过于书面化和专业化，甚至出现了二被告的身份证号码，明显与代书人、见证人所称的听写模式相矛盾，且无论是代书人还是见证人，均未提到在订立遗嘱时有修改或誊写的过程，故系争代书遗嘱更像是已事先写好只是带到被继承人面前宣读一下；4. 视频开始后有1分40秒的无声阶段，画面显示是代书人在宣读遗嘱，在宣读遗嘱结束时视频声音出现。被告解释是因为王某6操作不好所致，但本院认为如果确系操作原因，在没有显示操作人有调整操作的情况下，则整段视频均应无声。而宣读遗嘱的结束时间与视频声音出现时间的巧合亦让人对宣读内容的真实性产生合理怀疑；5. 视频显示签名环节约2分钟，包括被继承人看遗嘱及签名，代书人与见证人签名。签名结束至视频结束，被继承人有约20秒的时间再次观看遗嘱，对此本院认为被继承人作为一个右眼失明且身体虚弱的老人，其前后两次加起来只有1分多钟的时间来观看并确认遗嘱内容，显然较为仓促且不合理，故其签名的行为亦不能当然推定其明知遗嘱内容且予以确认。综上，本院认为，本案系争代书遗嘱不能确认是被继承人的真实意思表示，应认定为无效。本案系争遗产应按法定继承处理。

关于遗产范围及继承份额，本院认为：遗产是自然人死亡时遗留的个人合法财产。夫妻在婚姻关系存续期间所得的共同所有的财产，除有约定的以外，在分割遗产时，应当先将共同所有的财产的一半分出为配偶所有，其余作为被继承人的遗产。对继承人以外的对被继承人扶养较多的人，可以分给他们适当的遗产。被继承人死亡时其公积金已销户，其养老金余额只有21.80元，且原、被告均不要求分割，故本案不予处理。大连路房屋系原告与被继承人的夫妻共同财产，故其中50%产权归原告所有，剩余50%产权应作为被继承人遗产，由其第一顺序的法定继承人即原告继承。被告王某1表示其在被继承人去世后提取的养老金5700元已用于支付被继承人丧葬费用，并提供了相关证据，本院予以采信。考虑到原告本身是无民事行为能力人，被告王某1自2009年起对被继承人王某4及其家人尽了较多的扶养照顾义务，应分得适当的遗产。结合遗产性质及原告的身体与经济状况，本院认为，被继承人在大连路房屋中的50%产权由原告分得80%，被告王某1分得20%较为适宜。据此，依照《中华人民共和国民法典》第 1127 条、第 1131 条、第 1133 条、第 1143 条、第 1153 条之规定，判决如下：

一、自本判决生效之日起，上海市虹口区大连路×××弄×××号×××室房屋产权由原告杨某某占 90%，被告王某 1 占 10%；因办理该房屋产权变更手续而产生的税费由原告负担 80%，被告王某 1 负担 20%。

二、对原告其余诉讼请求不予支持。

案件受理费 13300 元，由原告负担 10640 元，被告王某 1 负担 2660 元。

如不服本判决，可以在判决书送达之日起十五日内，向本院递交上诉状，并按对方当事人的人数提出副本，上诉于上海市第二中级人民法院。

审判员×××

二〇二一年二月八日

书记员×××

第三节　仲裁与传承法务

人类争议解决的方式多种多样，其主要有诉讼、仲裁[①]以及替代争议解决方法（Alternative Dispute Resolution，ADR）。替代争议解决方法主要有协商、调停、斡旋、调解等。这些方法本质上属于私力救济，其所形成的解决方案不具备强制执行力，完全取决于当事人的诚信、善意合作的程度，道义力量是其基础，所以替代争议解决方法的适用范围有限，完全不能取代仲裁以及诉讼。民事诉讼是以国家强权为后盾，有较为完备的组织与程序，具有权威性与强制力。民事诉讼在解决传承法务中继承等具有身份属性的案件具有不可替代的作用。仲裁是指当事人各方将他们之间发生的或者将要发生的争议，根据争议双方当事人达成的仲裁协议自愿提交给中立的第三方裁决，该裁决对双方当事人有拘束力的争议解决方法。相较诉讼这样的传统纠纷解决方式，仲裁以其自愿性、保密性、终局性的特征，在传承法务中不涉及身份属性，仅仅涉及财产属性的纠纷，仲裁争议解决的方式逐步被人们所青睐，并在家庭财产传承纠纷解决中发挥重要的作用。

① 本书中的仲裁是指商事仲裁，不包括劳动仲裁等其他仲裁。

一、 仲裁介入传承法务的优势

仲裁介入传承法务主要有以下优势。

（一）自愿性

仲裁是以当事人的自愿为根本。当事人的同意是仲裁庭管辖权的依据，没有当事人的同意，仲裁庭无权审理当事人之间的争议。当事人的同意授予了仲裁庭解决商事争议的权力；仅仅在当事人同意的范围内解决争议，同时也限制了仲裁庭的权力。当事人的同意一般通过订立仲裁条款、仲裁协议书或者其他方式得到体现。一般情况下，当事人通常在他们之间的商业合同中订立仲裁条款，以书面形式表示同意将未来发生的任何争议提交仲裁。如果不存在仲裁协议，或者仲裁协议无效，当事人就不能将争议交付仲裁，仲裁庭就无权受理争议案件。当事人意思自治原则是整个仲裁赖以存在的基石。各国仲裁法律制度均确立当事人意思自治为仲裁的基本原则，在商事交往中，当事人在遇到法律纠纷时有权选择争议解决的机构。仲裁的自愿性既有利于稳定双方当事人的法律关系，也有利于提升纠纷解决的效率。

对于传承法务而言，主要是解决涉及家庭里作为长辈的传者与晚辈承者及家庭成员间的财产权益纠纷。相对于其他的社会关系，血缘关系最为特殊。血缘关系是个人与生俱来的关系，对社会生产及人们的生活起着决定性作用，具有先赋性，血缘关系给予“自家人”的支持与包容，是“外人”所享受不到的，而华人具有强烈的家族主义倾向。[①] 正因为如此，发生在血缘关系中的纠纷更需要尊重当事人的意愿，避免第三方的强行介入。相对于诉讼而言，具有血缘关系的当事人采取仲裁解决传承问题能够有更多的“自主权”。第一，当事人发生纠纷时，双方可以主动选择采取仲裁的方式解决；第二，双方能够选择仲裁的机构和地点，特别是在国际商事仲裁中，双方还可以选择境外的仲裁机构；第三，双方有权在仲裁机构的名册中选择仲裁员，这一点在法院诉讼中是无法实现的。

（二）保密性

仲裁的保密性，也被称为私人性，其基本内涵是指仲裁案件不公开审理，除非当事人约定要求公开审理。在通常情形下，与案件无关的人员在

---

① 李宗汉：《血缘、地缘、业缘：新市民的社会关系转型》，载《深圳大学学报（人文社会科学版）》2013 年第 4 期。

未得到仲裁当事人与仲裁庭许可之前，不得参与仲裁审理程序。[①] 当事人提起的仲裁申请、程序的进展情况、仲裁证据、仲裁庭开庭审理案件情况，均不得以各种形式进行披露，尤其不得在各种新闻媒体中披露，仲裁裁决结果也不公开。无论是仲裁员、仲裁机构或者其他相关人员，还是双方当事人，都应承担保密的义务，不能向第三人或社会公众披露任何与仲裁有关的信息。

对于传承法务而言，保密性对于家庭财富传承具有特别意义。首先，在中国传统文化中存在“财不露白”的意识，即钱财不向外人随意泄露，财产被认为是家庭的重要隐私之一；其次，有助于维护家庭的声誉，仲裁的保密性使家庭财产权益纠纷局限在一定的范围，防止当事人之外的人士知晓，裁决不像法院判决那样向社会公开，避免影响当事人的正常社会交往；最后，有助于维护家族企业利益，一旦知名企业发生家族财产纠纷，往往成为公众关注的焦点，特别是上市公司涉及信息披露，容易造成公司股价在资本市场引发异常波动。

（三）终局性

仲裁一般采取一裁终局，仲裁庭一旦作出裁决后，当事人不能就相同的事实，再向其他仲裁机构提起仲裁或向法院提起诉讼。当事人之所以选择仲裁的重要原因就是仲裁裁决具有终局性和约束力。仲裁庭一旦作出裁决，败诉方当事人一般自愿地履行仲裁裁决。如果败诉方不履行，胜诉方可以在法院申请强制执行，仲裁裁决与法院判决具有同样的法律效果，并且得到法院的执行。[②] 从仲裁的目的、作用的角度来看，仲裁的发展应该归功于商人注重实效的实践结果。[③] 我国仲裁法第 9 条第 1 款规定：“仲裁实行一裁终局制度。裁决作出后，当事人就同一纠纷再申请仲裁或者向人民法院起诉的，仲裁委员会或者人民法院不予受理。”我国立法明确了仲裁终局性的原则，突出仲裁解决商业纠纷具有便捷性、灵活性的特征。

由于我国的国情，特别是在农村家庭代际财产传承过程中，并不完全习惯现代的司法实践方式。有学者在农村家庭代际财产传承案件的调研中发现，在国家制定法与民间信仰、地方性知识的“习惯”出现不协调的情况，“习惯”迫使法院在纠纷解决中采取变通的方式，以避免失去对民间

---

① 郭玉军、梅秋玲：《仲裁的保密性问题研究》，载《法学评论》2004 年第 2 期。

② Margaret L. Moses, *The Principles and Practice of International Commercial Arbitration*, Cambridge University Press, 2008, p. 3.

③ 韩健：《现代国际商事仲裁法的理论与实践》，法律出版社 1993 年版，第 32 页。

纠纷的管辖力。[1] 可见，法院在处理农村家庭财产权益纠纷存在一定的局限，一方面是民间代际传承的习惯的根深蒂固；另一方面是司法在解决“家事”上程序烦琐、耗时过长，缺乏灵活性。因此，仲裁可以作为解决家庭传承纠纷的补充，仲裁能够逐渐消弭民间习惯与现代国家法之间的隔阂，在法律既定的框架下，将情理法相结合，最大限度地一次性灵活解决当事人之间的纠纷。

（四）自治性

当事人的意思自治原则不仅体现在当事人提交仲裁解决争议的自愿性，也体现在当事人解决争议方式的自治性。当事人的自治性在传承法务财产纠纷中显得尤为重要，其体现在：（1）当事人可以选择仲裁机构和仲裁的组织形式。当事人可以选择常设或临时性的仲裁机构。[2] 在常设性的仲裁机构中，当事人可以选不同的仲裁机构，也可以选择专业性仲裁机构。（2）当事人可以选择仲裁地点。在临时仲裁中，当事人基于便利、中立等因素的考虑，可以选择任意的仲裁地点。在机构仲裁中，除非该仲裁机构强制性规定仲裁地点，当事人可以选择仲裁机构所在地以外的地点作为仲裁地。（3）当事人可以选择审理案件的仲裁员。无论是常设机构仲裁还是临时仲裁，当事人可以按照约定的仲裁规则选择一名或多名仲裁员组成仲裁庭审理案件。（4）当事人可以选择仲裁审理的程序。当事人可以对仲裁申请的提出、仲裁员的指定、仲裁庭的组成、仲裁审理以及仲裁裁决的作出等程序问题进行约定。

此外，仲裁还具有民间性、专业性等优势，具有民事诉讼所不可比拟的优势。一般来说，仲裁机构具有民间性。在传承法务中，民间性的仲裁机构更容易被家族所接受，以解决家庭间的财产权益纠纷。当事人可以选择具有婚家股权、投资融资、债权债务纠纷等方面的专家，更好地处理他们之间的争议。

二、 仲裁介入传承法务的开展

从仲裁介入传承法务的实务来看，需要注意以下几个方面问题。

（一）仲裁介入传承法务的事项

关于传承的事项能否通过仲裁的方式解决，直接影响两个方面的内

---

① 余盛峰：《家庭代际财产传承的习惯法、国家法和西方法——以湖北省Z市S镇法庭纠纷处理为例》，载《私法》2005年第5辑第1卷。

② 需要说明的是，从我国仲裁法的条款来看，目前我国还没有承认临时仲裁。但从未来发展来看，我国承认临时仲裁是必然的趋势。

容。具体包括双方当事人仲裁协议的效力、仲裁裁决能否获得法院的承认与执行。在传承法务中，既涉及健康权、抚养权、人格权等人身权利，也涉及家族基金、家族信托、股权分割、财产赠与等财产权利。可仲裁事项直接关系到双方当事人仲裁协议的效力以及仲裁机构的管辖权。如果仲裁协议约定的事项与国家强制法律法规相违背，则该仲裁协议应认定为无效，因而法院可以撤销相关仲裁裁决。

整体上看，涉及社会公共利益的事项，国家立法均禁止仲裁介入。仲裁法第 3 条规定："下列纠纷不能仲裁：（一）婚姻、收养、监护、扶养、继承纠纷；（二）依法应当由行政机关处理的行政争议。"我国在立法上，禁止仲裁介入人身纠纷、劳动争议、农村集体经济组织内部的农业承包合同纠纷。可见，传承法务中涉及人身权的问题，均无法通过仲裁予以解决，仲裁只能解决传承中的合同纠纷与财产权益纠纷。在市场经济的情形下，财产是当事人可以自由处分的权利，故不一定需要法院的介入，而当事人选择仲裁可以减轻法院的负担，为国家节约司法资源。在传承中因侵权与合同产生的财产权益纠纷，只要双方当事人存在有效的仲裁协议，即可通过仲裁解决。具体而言，传承法务中的可仲裁事项主要包括以下几个方面。

第一，婚家股权仲裁。传承纠纷往往涉及股权问题，特别是属于夫妻共同财产的分割，在传承前必须解决分割问题。实践中，再婚的夫妻将股权传承给婚前所生子女，所产生的法律关系相对复杂。总体分为以下三类情况。其一，该股权属于一方婚前所有，即婚前个人财产，不会因为婚姻关系而转变为再婚后的夫妻共同财产，但婚后该股权产生的利润、溢价可能作为再婚后的夫妻共同财产，需要分割之后才能传承给婚前子女；其二，再婚后以个人财产获得的股权，投资收益属于夫妻共同财产，传承前需要分割；其三，再婚后夫妻共同财产购买的股权，除双方协商解决外，原则上采取一人一半的方式处理。

第二，投资融资仲裁。家庭投资主要涉及购买不动产以及各类理财产品，家庭融资主要包括银行贷款、民间融资。随着互联网技术的普及，家庭投融资的方式呈现便捷化与多元化，微信、支付宝等手机软件均能完成家庭投融资。针对新情况，作为传统线下仲裁的补充，国内仲裁机构也开始尝试互联网仲裁的模式，将举证、答辩等程序均通过线上完成，极大地缩短了立案到结案的时间，降低了当事人的仲裁成本，此外，也避免了近亲属之间"面对面"的尴尬局面。

第三，债权债务仲裁。我国民法典第 1161 条第 1 款对被继承人债务清偿的原则作出明确规定："继承人以所得遗产实际价值为限清偿被继承人依法应当缴纳的税款和债务。超过遗产实际价值部分，继承人自愿偿还的不在此限。"可见，在遗产继承过程中，继承人需要在获得遗产的范围内，偿还被继承人的债务。实践中，债权债务合同除诉讼外，通常可约定将纠纷提交仲裁机构解决。当然，其他的传承债权债务关系也可以通过仲裁解决。

（二）仲裁介入传承法务的仲裁协议

仲裁庭是否具有管辖权，是仲裁能否介入传承法务的前提。从本质上看，仲裁庭的管辖权来源于当事人之间的仲裁协议。仲裁协议是指当事人自愿将他们之间业已发生或将来可能发生的特定争议交付仲裁解决的共同意思表示。[①] 以仲裁协议书面形式的不同标准，可将其分为仲裁条款、仲裁协议书和其他形式的仲裁协议。仲裁条款（arbitration clause）是指当事人在合同中规定的将以后可能发生的争议提交仲裁的条款。仲裁条款是仲裁协议最常见，也是最重要的形式。仲裁法第5条规定："当事人达成仲裁协议，一方向人民法院起诉的，人民法院不予受理，但仲裁协议无效的除外。"可见，当事人之间有效的仲裁协议是仲裁介入传承法务的基本条件。

在传承法务中，当事人一般不会订立仲裁协议书，主要是在商事合同中订立仲裁条款，这就涉及仲裁条款与主合同中其他条款的关系问题。现代仲裁的发展表明，仲裁条款与合同的其他条款是可分离的，是脱离主合同而独立存在的。因为尽管其依附于主合同，作为主合同的一个条款，但由于其本身的独特性，作为解决合同争议的条款，可以与合同的其他条款相分离而独立存在。仲裁条款具有相对独立性，其有效性不受到主合同有效性的影响。即使主合同无效、撤销、终止或者变更，甚至主合同不存在，也不影响仲裁条款的效力。仲裁庭仍然可以依据该仲裁协议取得管辖权，并在仲裁条款所确定的提交仲裁解决的事项范围内，解决当事人之间的商事争议。这就是仲裁条款独立性理论，已经得到世界各国的广泛接受和采纳，成为现代仲裁的重要理论和实践。[②] 我国仲裁法第19条规定："仲裁协议独立存在，合同的变更、解除、终止或者无效，不影响仲裁协议的效力。仲裁庭有权确认合同的效力。"

从仲裁协议的法律性质来看，仲裁是非契约性、非司法性与非混合

① 黄进、宋连斌、徐前权：《仲裁法学》，中国政法大学出版社2008年版，第72页。

② 赵健：《国际商事仲裁的司法监督》，法律出版社2000年版，第76页。

性，是基于当事人的意思自治，也就是自主性。[①] 在传承法务中，有效的仲裁协议需要同时满足形式要件与实质要件。

首先，仲裁协议需要满足一定的形式要求，即书面形式。我国在立法中肯定了仲裁的自主性、民间性，给予当事人更多意思自治的空间。仲裁法第 16 条前半部分对仲裁协议的形式要件作出规定："仲裁协议包括合同中订立的仲裁条款和以其他书面方式在纠纷发生前或者纠纷发生后达成的请求仲裁的协议。"可见，我国仲裁法只认可书面形式的仲裁协议，排除口头或默示形式。在家庭财产传承中，如果以口头默示约定纠纷解决方式为仲裁，则可能影响仲裁协议的效力。

其次，仲裁协议有效性还需要符合实质要件，仲裁法第 16 条后半部分对仲裁协议应当具备的实质内容作出了规定，具体而言，仲裁的实质要件需要满足主要三个部分，即请求仲裁的意思表示、仲裁事项、选定的仲裁委员会。（1）请求仲裁的意思表示，意味着当事人需要具备完全民事行为能力，具有签署及履行仲裁协议的资格，同时当事人内心与在外行为相一致，不存在欺诈、重大误解、显失公平等行为，特别是在近亲属之间，相对于陌生人更容易出现违背真实意思表示的行为；（2）仲裁事项，主要是指不违反现行法律法规强制性规定的事项，例如，婚姻、收养、监护、抚养、继承纠纷等。除此之外，随着社会的发展，可仲裁事项的范围是逐步扩大的，可以说仲裁的发展史是仲裁事项不断扩大的历史；[②]（3）选定明确的仲裁委员会，关系到仲裁机构的管辖权。在签订家庭财富传承协议时，当事人在合同中需要在仲裁协议条款上明确争议解决的仲裁机构。

（三）仲裁介入传承法务的仲裁程序

仲裁的程序是指调整仲裁机构、仲裁协议的当事人以及相关人员与机构之间关系应当遵循的程序。当事人以及仲裁庭共同推进仲裁程序的进程，无论是当事人约定的仲裁程序，还是仲裁庭自由裁量决定的仲裁程序，该程序起始于仲裁申请的提起，终于仲裁裁决的作出。其过程主要包括：仲裁请求的提出、文书送达、仲裁请求的接受、回复与反请求的提出、仲裁庭的组成、仲裁员的回避、开庭前的准备、开庭审理、证据的提交、庭审过程以及仲裁员作出裁决。总体上看，在传承法务中仲裁的程序主要涉及以下三个方面。

---

① 刘晓红：《国际商事仲裁协议的法理与实证》，商务印书馆 2005 年版，第 19 页。

② 宋连斌：《国际商事仲裁管辖权问题研究》，法律出版社 2000 年版，第 136 页。

第一，仲裁程序的开始。

当事人将争议提交仲裁机构，则意味着仲裁程序正式启动。我国国内仲裁机构普遍在其仲裁规则中规定了仲裁程序开始的条件，除另有约定或约定违反强制性法律规定外，当事人对提交仲裁机构仲裁规则的默认。例如，北京仲裁委员会在其仲裁规则第 2 条第 1 款中规定：“当事人协议将争议提交本会仲裁的，适用本规则。当事人就仲裁程序事项或仲裁适用的规则另有规定，从其规定，但该约定无法执行或者与仲裁地强制性法律规定相抵触的除外。”同样，上海仲裁委员会在其仲裁规则第 4 条中规定：“当事人将争议提交仲裁委员会仲裁的，均视为同意本规则仲裁。”

第二，仲裁程序的进行。

当仲裁庭组成之后，对受理的案件进行独立、公正的审理。在主要的仲裁规则中，仲裁程序的步骤都已经得到合理的安排。仲裁规则中制定的步骤都是在该仲裁机构中得到了实践的充分检验，相对是比较完善的。不同仲裁机构的仲裁规则所规定的程序步骤有其自身的特点，但是从整个仲裁程序的步骤来看，大体上相同。首先，申请人需要提出并呈交由被申请人进行答复的仲裁请求或仲裁通知。根据相关规则和法律的规定，通知和答复必须包含具体的仲裁请求。其次，仲裁庭的组成程序。根据当事人的约定或仲裁规则的规定，双方当事人选择仲裁员或通过仲裁机构的指定，组成仲裁庭审理双方当事人的争议。再次，仲裁庭审理案件。案件可以进行书面审理，但是书面审理必须符合一定的条件。通常情况下，案件需要开庭进行审理。有些案件只需要一次开庭，有些案件需要多次开庭。开庭审理主要采取口头听审的形式。仲裁规则或仲裁机构庭审指南一般也都规定庭审的主要步骤，主要有开庭前的准备工作，宣布开庭，当事人陈述与答辩，仲裁员确定仲裁裁决的形式。这是基本的程序，但是不同的仲裁规则的规定以及不同的具体案件，仲裁程序却是多样化的，尽管当事人可以约定仲裁程序，仲裁规则也都规定了仲裁程序。无论是规定也好，还是约定也好，都不可能面面俱到，仲裁庭在仲裁程序的决定上有很大的自由裁量权。

第三，仲裁裁决的作出。

仲裁裁决具有终局性，裁决由仲裁员签字之后交给双方当事人。仲裁庭有权就涉及程序的事项作出决定，仲裁决定依据一致原则或多数原则作出。如果不能达成一致或多数意见，则依据首席仲裁员的意见形成最终仲裁决定。当事人应该自觉履行仲裁裁决，若其中任一方拒绝履行，另一方可以向具有管辖权的人民法院申请强制执行。

三、 仲裁介入传承法务的仲裁文书范本

由于仲裁保密性原则的存在，无法通过公开渠道查询获得与传承法务相关的仲裁案例。这也充分说明了在传承法务中，仲裁保密性原则对传承财产相关案件的隐私保护起到了良好的作用。以下只对仲裁介入传承法务的仲裁协议的拟定以及仲裁申请书作简要的示例。

（一）仲裁示范条款

仲裁构建了有别于法院解决民事争议的纠纷解决机制。在仲裁程序中，当事人具有相当的灵活性和程序性的权利。除了仲裁规则规定的权利外，当事人还可以在仲裁规则允许的范围内为自己量身定做适当的仲裁程序。当事人所要做的就是在拟定的仲裁条款中作出明确的约定。为了保障仲裁发挥其解决纠纷的功能，当事人在拟定仲裁协议（仲裁条款）时需要十分谨慎。规范有效的仲裁条款对当事人之间的争议，公平、高效、成功地解决起到尤为重要的作用。通常情况下，仲裁机构为了规范仲裁条款的拟定，都有示范仲裁条款，供当事人参考采用。

武汉仲裁委员会建议的示范仲裁条款是：

"因本合同引起的或与本合同有关的争议，应当提交武汉仲裁委员会（武汉国际仲裁中心），按申请仲裁时该会（中心）现行有效的仲裁规则进行仲裁。仲裁裁决是终局的，对各方均有约束力。"

北京仲裁委员会建议的示范仲裁条款是：

"因本合同引起的或与本合同有关的任何争议，均提请北京仲裁委员会/北京国际仲裁中心按照其仲裁规则进行仲裁。仲裁裁决是终局的，对双方均有约束力。"

对于国际商事仲裁，其示范仲裁条款是：

"因本合同引起的或与本合同有关的任何争议，均提请北京仲裁委员会按照该会现行仲裁规则进行仲裁。仲裁地在北京，仲裁裁决是终局的，对双方均有约束力。"

"All disputes arising from or in connection with this contract shall be submitted to Beijing Arbitration Commission for arbitration in accordance with its rules of arbitration in effect at the time of applying for arbitration. The seat of arbitration shall be Beijing. The arbitral award is final and binding upon both parties."

广州仲裁委员会建议的示范仲裁条款是：

"凡因本合同引起的或与本合同有关的任何争议，均提请广州仲裁委员会按照该会现行仲裁规则进行仲裁。仲裁裁决是终局的，对双方均有约

束力。”

如果当事人仅仅要求书面设审理，其示范条款为：

“凡因本合同引起的或与本合同有关的任何争议，均提请广州仲裁委员会按照该会现行仲裁规则进行书面审理。仲裁裁决是终局的，对双方均有约束力。”

如果当事人通过互联网进行仲裁，其示范条款为：

“凡因本合同引起的或与本合同有关的争议，双方均同意提请广州仲裁委员会，按照申请仲裁时该会现行有效的网络仲裁规则进行网络仲裁并进行书面审理。仲裁裁决是终局的，对双方均有约束力。

合同各方确认联络邮箱、手机号码为：

甲方：邮箱________________电话________________

乙方：邮箱________________电话________________

上述联络邮箱为各方之间往来及涉仲裁时仲裁机构送达相关材料的送达地址；以预留的手机号码，为短信通知号码。合同任何一方向对方及仲裁机构向各方发出的任何通知，以电子邮件或者短信等形式发出，送至约定邮箱或者手机号码，即视为送达。如一方需变更联络邮箱或者手机号码的，应当与对方协商一致，并提交平台确认。”

（二）仲裁申请书格式

申请人：单位名称（法人适用）

姓名、性别、身份证号码/国籍及护照号码（自然人适用）

法定代表人：（法人适用）

住所：

联系方式：

被申请人：单位名称（法人适用）

姓名、性别、身份证号码/国籍及护照号码（自然人适用）

法定代表人：（法人适用）

住所：

联系方式：

仲裁请求：（请求应具体明确，有利息、违约金的要求暂计至立案之日）

1. 请求裁决被申请人……；

2. 请求裁决被申请人……；

3. 请求裁决仲裁费由×××承担。

（利息模板：请求裁决被申请人按同期银行贷款利率支付从×年×月×日至实际给付之日止逾期付款利息，暂计至×年×月×日为×元）

事实和理由：（写明当事人双方合同签订、内容、履行、违约、损失等事实和求偿的法律依据。）

此致

××仲裁委员会

申请人：（签名或盖章）

年　　月　　日

第四节　调解与传承法务

随着社会经济发展，社会利益主体、社会关系和交往大量增加，矛盾纠纷数量呈井喷式增长，伴随社会主体维权意识及法律意识的提升，大量案件涌入法院，有限的司法资源难以跟上案件数量的攀升，加之诉讼固有的局限，已有的以诉讼为主的纠纷解决方式已无法满足社会纠纷解决的需求，通过非诉方式为法院分流与减压成为必然。[①] 与此同时，矛盾类型呈现出主体多元化、类型多样化等特征，急需多元化的纠纷解决机制以满足社会需求。调解作为多元化解纠纷机制中的重要一环，充分发挥调解的优势和作用，对于构建和谐社会和营造法治化的良好营商环境具有重要意义。

调解是解决纠纷过程中优先和经常使用的一种重要手段，在中国传统的熟人社会的大环境下，用调解的手段解决当事人之间的纠纷，一直以来是纠纷解决的最佳选择。无论在民间还是司法过程中都将其作为首选，通过此方式解决的纠纷可永久性地杜绝缠讼等不良后果，体现息讼和节约诉讼成本的功能和优势。

传承法务因其自身属性，受我国传统文化因素的影响，运用调解方式解决有关纠纷的实践极其广泛。调解因其自身强大的制度优势和特点，是我国古代对于传承法务中涉及有关纠纷解决的主要方式，也在当代的纠纷解决中发挥着不可替代的重要作用。

一、调解制度在传承法务适用中的历史考察

（一）调解的缘起和发展

任何一种制度形态的出现都是伴随相应的社会形态演变与发展而崭露

---

① 参见卢云华：《关于中国仲裁基础理论和发展方向的两点意见》，载《法制日报》2018年1月8日。

头角的，调解制度也是伴随着社会各种矛盾的凸显而生根发芽。[①] 早在原始社会，纠纷发生时只有武力或调和，而武力会对劳动力和原本就不发达的生产力造成极大的损害，是当时社会所不能承受的，调和就成了最佳的选择，通过调和的方式解决纠纷就成了人民选择解决方式的首选。

调解制度在古代一般被称为“调处”“和对”“调停”“休和”“劝释”等。西周时期就有了关于调解制度的记载，设置了“调人”之职，“掌司万民之难而谐和之”。春秋时期，孔子就竭力主张用调解方式处理家庭内部的讼争。

进入封建社会后，随着儒家思想与文化成为社会意识形态的主流，调解也随之注入了新的道德和文化的内涵，调解不仅是一种统治策略，还是古代中国家国一体的纽带，是人们追求无讼与和谐社会的理想路径，调解制度也随之逐步地得到完善。[②] 秦汉时期，调解制度发展为乡官治事的调解机制。县以下的基层组织有乡，乡设有秩、啬夫和“三老”，即农老、工老、商老，掌管封建道德“教化”，调处民间争讼。唐代在组织形式上有所变化，先由里正、村正、坊正调解，不能取决方交府县处理。我国传统调解制度实施的依据，在唐代之前多半是出于宗法伦理道德，强调“礼和”，从唐律开始，中国封建社会的法律开始注重“礼法合一”。[③]

宋代以后直至明清，商品经济迅速发展，利益主体增加，人们运用调解方式解决纠纷的需求也越来越多。宋朝以调处方式解决民事诉讼，称为“和对”，值得注意的是，宋朝的调处有期限限制，一般为五日，防止久调不决。调处结案之后，双方当事人须书写“和对状”或“无词状”即调处书，并将其报官存案。只有当双方当事人各持己见，不听教化，调解无效时，才采用判决的形式。统治者主张“宁人息讼”“厚人伦、美教化”。元代广泛运用调解方式解决民事纠纷，乡里设社长，负有调解职责，民间调解由基层社长负责对邻里间民事纠纷“以理喻解”，调解结果对当事人具有法律约束力，当事人一般不能再依同样的事实和理由提起诉讼。到了明代，有关调解的制度已渐趋完备，调解制度已在立法中进行规范，《大明律》中专门有“凡民间应有词讼，许耆老里长准受于本亭剖理”的规定，形成在乡一级设置机构。清代在官府的大力倡导和支持下，民间调解十分盛行，参与民间纠纷调解的主体多、范围广泛；民间纠纷调解的形式灵活

---

① 张潭：《试论中国古代调解制度》，载《法制博览》2016 年第 5 期。

② 王秋兰等著：《我国调解的立法、理论与实践问题研究》，中国政法大学出版社 2014 年版，第 39 页。

③ 刘斌：《“一准乎礼”——唐代调解及其依附的法律制度》，载《人民调解》2017 年第 5 期。

多样，家族调解享有程序上的优先权；民间调解的依据呈现出多元化的特征。除国家制定法外，儒家伦理道德和情理、家法族规、乡规民约、习惯、风俗等均发挥着重要的作用。[①]

（二）古代调解制度介入传承法务的形式

因我国古代封闭的小农经济和深厚的血缘地域关系，受封建礼制和传统宗法制度等的影响，在传承法务方面，以调处的方式处理传承法务问题较为普遍。我国古代调解制度介入传承法务的形式主要有如下几种。

1. 民间调解

民间调解的形式由来已久，是生活中应用最广泛、形式最多样的一种调解方式，主要包括宗族调解、邻里调解。主持民间调解中间人包括宗族长者、邻里以及有威望的长者或贤达人士。

宗族调解中，宗族长者是调解的主体，家法族规是族内成员必须遵守的行为规则，它是宗族首领用来调处、裁判族内民事纠纷的法律依据。当家族成员之间发生纠纷时，一般先由族长进行说服教育，然后再以事情本身的是非曲直进行调处。对违反家法族规的族人，族长有权处罚。例如，《大清会典事例》则明确指出：族长及宗族内头面人物对于劝道风化户婚田土竞争之事有调处的权力。家族、宗族调解的范围主要有婚姻家庭、分家析产、族产纠纷和族内人员的其他纠纷。

2. 官府调解

我国古代的官府集司法与行政于一体，故官府调解也常被称之为司法调解。在传统无讼思想的影响下，讼清狱结被作为考核地方官的重要标志，因此，调解劝和是官吏的普遍做法。同时由于官府为地方行政机构，具有维护社会秩序安定和谐的职能，因此官府调解中，行政官员总是会将道德规范与法律规范结合运用。与民间调解相比较，官府调解并不基于当事人完全的自愿，带有一定的强制性，当事人的意愿要服从长官的意愿。达成调解后，双方都必须具结保证接受官府的调解，日后不再滋事。在官府调解中，官府长官利用自己掌握的公权力以及长官的权威对当事人施加影响，直至调解成功。

3. 官批民调

官批民调是指对于情节轻微或涉及宗族伦理关系及当地风俗习惯等纠纷，便交与族长、乡保先行解决的一种调解制度。官批民调的形式，具有

---

① 春杨：《清代民间纠纷调解的规则与秩序——以徽州私约为中心的解读》，载《山东大学学报（哲学社会科学版）》2008 年第 2 期。

半官方的性质，乡保如调解成功，则上呈说明案件事实及处理意见，请求官府销案；调解不成，则须说明理由，然后交与官府处理。官批民调是一种具有半官方性质的调解，官府充当了一个“中间人”的角色。这样，有利于民间调处与官府调处的有机统一和协调，形成一种良性互动关系，既较好地平息了纠纷，又有效地维护了社会稳定。

二、调解意识成因的文化分析

中国古代选择调解作为解决民事纠纷的方式是多种因素共同作用的结果，是中国古代追求和谐、稳定社会状态的表现，是礼治社会、熟人社会中人们对于纠纷解决机制的本能选择。

（一）注重和谐的价值取向

“和谐是中华法系的价值理念，‘和谐—无讼—伦理和谐’构成了中华法系和谐理念的系统形态。”① “调解不但表现为一种解决纠纷的方式，同时也体现了一种社会秩序的安排，反映了传统文化追求自然秩序和谐的理想。”② 对于和谐的追求是中国传统社会乃至今天共同的目标，其重要的表现就是对于天人关系的追问，进而实现“天人合一”思想在整个社会传统中的认同。张中秋先生认为，对于天道的遵循与认同表现在对秩序的和谐的最终追求中。这种和谐表现于天地万物，一切都是那么有秩序、有规则、自然而然。和谐成了中国古代特有的“自然观”或者说“宇宙观”。

（二）传统礼制及宗族宗法制度的影响

“礼制”是中国古代的基本治国原则。“礼”讲求的就是人人各安其分，实现人与人之间关系的和谐，这种秩序注重修身，注重克己，生活各方面，人和人的关系，都有着一定的规则。长期的教育已把外在的规则化成了内在的习惯。理想的礼治是每个人都自动地遵守规矩，不必有外在的监督。这种对于礼治的认同使人们的生活趋于和谐、稳定，而纠纷的出现直接破坏了礼治秩序。为了自身秩序的恢复，从家族到乡里再到官府的纠纷解决链条上的每个环节，都倾向于可以通过非审判方式解决之，纠纷的发生，就意味着家族内部矛盾可能会一定程度上暴露在外，进而影响家族的声誉和权威，受“家丑不可外扬”思想的影响，在这样的社会传统中，以血缘为纽带的宗族就扮演着重要角色，赋予家族调解的权力也是自然的选择。

---

① 潘丽萍：《中华法系的和谐理念》，法律出版社2006年版，第1页。

② 范愉：《纠纷解决的理论与实践》，清华大学出版社2007年版，第421页。

（三）传统无讼等观念的影响

儒家的无讼观是古代调解制度形成的思想基础，孔子曰："听讼，吾犹人也，必也使无讼乎！""无讼"既是儒家学派追求的理想世界，也是几千年来在儒家思想支配下的执政者所追求的治世目标。纠纷的产生本是人类社会所不可避免的，为了追求无讼和维护和谐社会的需要，必然要选择能使纷争归于消弭的方法，所以，古代发达的民间调解既是"耻讼""贱讼"的结果，也是追求无讼的需要。我国古代的法律，也像其制度一样，服从文化的根本追求，作为中国传统诉讼文化之重要价值取向，古代中国人的"厌讼""贱讼"之诉讼心理正由此产生，并对人们的"调解"倾向起着推波助澜的作用。

三、现行调解制度在传承法务中的运用

当代中国的调解制度也是传统社会的传承和延续，就调解途径而言，以人民调解、行政调解、诉讼调解、仲裁调解、社会调解、特邀调解为主的几种调解模式共同构成我国现代调解格局，形成了完整的调解体系，古代的多元化调解在这个体系中得以更新。

（一）人民调解

人民调解是指在人民调解委员会的支持下，以国家的法律、法规、规章、政策和社会公德为依据，对民间纠纷当事人进行说服教育、规劝疏导、促使各方当事人互谅互让、平等协商、自愿达成协议，消除纠纷的一种活动。第十一届全国人民代表大会常务委员会第十六次会议于 2010 年 8 月 28 日通过人民调解法，对人民调解的性质、调解组织人员构成、调解的程序以及调解协议的效力等问题进行了较明确的规定。

人民调解是一种成本低廉的纠纷解决方式，当事人不用花费律师费、诉讼费等费用，程序简单、灵活，且人民调解员往往以平等协商的对话和非对抗性的斡旋来缓解当事人的对抗情绪，尽可能地使双方相互理解和尊重，有利于维持人际关系的长远和谐，是传承法务中当事人首选的争议解决方式。

人民调解另一突出特点就是能将矛盾纠纷解决在基层组织，是国家治理能力和治理体系现代化的重要体现，对于维护社会治安和谐稳定具有重要作用。但人民调解当前的主要弊端是：调解随意性大、权威性较弱，容易出现不规范情形；调解员队伍年龄结构不够优化，专业性有待进一步提升。

（二）行政调解

行政调解常常有两种意义上的理解：一种是指在行政机关主持下，对各种纠纷进行的调解；另一种是指有权机关对行政纠纷进行的调解，即调解行政纠纷。这两种意义上的行政调解名称一样，含义明显不同。第一种意义上的行政调解，强调行政机关是纠纷的调解者。从理论上讲，行政机关调解民商事纠纷既是对传统的继承，也符合行政机关从行政转向公共服务的发展趋势。在实践中，涉及传承法务的纠纷在行政调解的适用中，一般只适用于第一种情况。

行政调解是行政机关介入处理民事纠纷的重要方面，其目的在于及时有效地解决纠纷，维护社会稳定。与人民法院审判活动相同的是，行政调解也是国家机关处理案件的一种方式，但是诉讼与行政调解相比有很大差异性。诉讼公正和效益价值目标要求诉讼程序必须正当、公开、形式合理而且判决具有严格规范性，因此，诉讼就有程序的复杂性、费用高昂等不可克服的弊端。而政府有责任为社会公众提供服务，行政调解程序就相对灵活，可以统筹协调有关部门和资源，实现效益最大化，节约纠纷解决成本，更便利地解决案件。

（三）诉讼调解

诉讼调解即法院调解，法院调解一直是我国解决民事纠纷的重要方式，是指人民法院的审判人员按照民事诉讼法的相关规定，以双方当事人自愿为前提，组织当事人协商解决民事纠纷的一种诉讼活动。民事诉讼法规定：人民法院审理民事案件，应遵循查明事实、分清是非、自愿与合法的原则，调解不成，应及时判决。法院调解，可以由当事人的申请开始，也可以由人民法院依职权主动开始。调解案件时，当事人应当出庭，如果当事人不出庭，可以由经过特别授权的委托代理人到场协商。调解可以由审判员一人主持，也可以由合议庭主持，除法律规定的特殊原因外，一般应当公开调解。调解达成协议的，人民法院应当制作调解书。调解书应当写明诉讼请求、案件的事实和调解结果，由审判人员、书记员署名，加盖人民法院印章，送达双方当事人签收后，即具有法律效力。

在诉讼中，调解可以贯穿诉讼程序的始终，即在一审、二审和再审中都可以适用调解，且调解时间灵活，可以在开庭审理前、开庭审理时或开庭审理后进行。调解应当坚持自愿和合法的原则，应以事实为依据，法律为准绳，且调解协议的内容不得违反法律规定。

人民法院调解制度在民事审判实践中发挥着积极而重要的作用，对健全矛盾纠纷多元化解机制，增强司法服务能力，更好地服务我国新时代社会经济的稳定和发展具有重要意义。其主要优点是：具有较为规范的程序；法官作为调解的主持人员具有较为专业的法律知识，大大增强了调解的合法性和可操作性；达成的调解协议具有强制执行的效力。其弊端是："调审合一"的现状使"以判压调""久调不判"的情况无法彻底避免，当事人调解的自愿性降低；对当事人虚假诉讼，双方恶意串通调解损害其他第三方的利益，法官难以做到彻底的防范。

（四）仲裁调解

仲裁调解，是指在处理民商事纠纷的过程中，仲裁庭根据双方当事人的意愿，在查清事实的基础上，对各方当事人积极疏导，促使其在自愿协商、互谅互让的基础上达成合意，以解决纠纷的一种诉讼外纠纷解决方式。

普遍认为，仲裁调解是调解在仲裁程序中的运用，即在仲裁程序进行过程中，由仲裁员对案件进行调解，调解不成后或调解成功后再恢复进行仲裁程序。该做法最早起源于中国国际经济贸易仲裁委员会在 20 世纪 50 年代开始的仲裁实践。此种独特的做法，在国际上被誉为"东方经验"。1994 年颁布的仲裁法对该模式予以了确认，即第 51 条规定的仲裁庭在作出裁决前，可以先行调解。当事人自愿调解的，仲裁庭应当调解。调解不成的，应当及时作出裁决。调解达成协议的，仲裁庭应当制作调解书或者根据协议的结果制作裁决书，调解书与裁决书具有同等法律效力。随着实践的发展，仲裁调解除了上述形式外，还包括以下四种模式：（1）调解组织先行调解后向仲裁机构申请确认仲裁；（2）仲裁立案前的委派调解；（3）仲裁立案后的委托调解；（4）法院委派仲裁机构调解。

仲裁作为一种替代性的纠纷解决方式，与调解相结合具有强大的制度优势，但是因仲裁受案范围的限制，在传承法务中应注意的是涉及身份属性的纠纷一般无法通过仲裁调解的方式解决。

（五）社会调解

社会调解是指根据纠纷当事人的自愿选择，通过社会力量居中调解，促使双方当事人达成调解协议，从而化解社会矛盾纠纷的活动。社会调解可以更为有效地应对和化解各种矛盾纠纷，为群众提供高效、便捷的纠纷解决途径，降低群众的纠纷解决成本，是创新基层社会治理的有效举措，有利于弥补国家公权力救济的不足，促进政府与社会在纠纷解决领域的良性互动。关于社会调解，目前没有准确的定义，一般认为，除了法院司法调解、行政调解等公力调解以及仲裁调解类司法调解之外，其他的行业调解、商事调解、律师调解都属于社会调解范畴。

2009年印发实施的《最高人民法院关于建立健全诉讼和非诉讼相衔接的矛盾纠纷解决机制的若干意见》提出，“完善诉讼与仲裁、行政调处、人民调解、商事调解、行业调解以及其他非诉讼纠纷解决方式之间的衔接机制”。这是最高人民法院发布的文件中第一次将人民调解、商事调解、行业调解并称，即将商事调解、行业调解从传统的调解“三驾马车”格局中分离出来。同时，最高人民法院2016年印发的《关于人民法院进一步深化多元化纠纷解决机制改革的意见》，将多元化纠纷解决机制作为深化司法改革、实现司法为民公正司法的重要举措，明确提出“经行政机关、人民调解组织、商事调解组织、行业调解组织或者其他具有调解职能的组织调解达成的具有民事合同性质的协议，当事人可以向调解组织所在地基层人民法院或者人民法庭依法申请确认其效力”。社会调解因其自身特有的潜力和优势，将在今后的调解解决纠纷矛盾中发挥重要作用。

例如，律师调解，因其自身兼具律师协会的行业调解属性和以律师事务所为依托的商事调解属性，故能更好地诠释社会调解的优势和发展方向。2017年9月30日，最高人民法院、司法部联合发布的《关于开展律师调解试点工作的意见》（司发通〔2017〕105号，以下简称《律师调解工作意见》），在湖北等11个省市开展律师调解试点工作。2018年12月26日，为进一步推动律师调解试点工作的深入开展，最高人民法院、司法部发布《关于扩大律师调解试点工作的通知》（司发通〔2018〕143号），将律师调解试点工作扩大至全国范围。

传统上的律师调解是指律师代理一方当事人在诉讼、仲裁等程序中参加调解，此类律师调解属于律师的一种代理活动。但在当前律师制度改革的时代背景下，“律师调解”被赋予了新的含义，是指律师作为中立第三方，居中主持纠纷各方当事人进行调解以化解纠纷的一种活动。律师因其自身职业属性，在解决传承法务中涉及的人身和财产权益纠纷上具有独特的优势，《律师调解工作意见》建立了以下四种律师调解工作模式：

1. 在人民法院设立律师调解工作室

人民法院将律师调解与诉讼服务中心建设结合起来，在诉讼服务中心配备必要的工作设施和工作场所。有利于借助律师调解的作用，进行矛盾疏导，将纠纷消灭于萌芽状态，避免使其在此转入诉讼程序，减少司法资源有限和诉讼量激增之间的冲突。

2. 在公共法律服务中心设立律师调解工作室

由公共法律服务中心指派律师调解员提供公益性调解服务。此种模式下，公益性和基层性是其主要特征。相较于人民调解，基层的律师调解服务显然更具专业性，律师运用其专业的法律知识，促使当事人各自认识理解己方立场在法律上是否有理的“强弱”姿态，再帮助双方形成法律框架内利益相互兼容的解决方案。传承法务中涉及的民事纠纷多来自基层，这些纠纷本身也适宜以调解的方式解决，将律师调解服务普惠基层群众必能减轻群众诉累，形成息讼和谐的良好社会风尚。

3. 在律师协会设立律师调解中心

律师调解中心在律师协会的指导下，组织律师作为调解员，接受当事人申请或人民法院移送，参与矛盾化解和纠纷调解。律协作为中立的第三方，具有公正性保障，法院可更加放心地将案件移送律师调解中心。此外，作为行业协会，律协可以整合当地的律师资源，把真正具备较强专业素养、有强烈责任心的律师吸收到律师调解中心，并根据律师的专长进行业务领域的分工，促进纠纷的解决。

4. 律师事务所设立调解工作室

在律师事务所组成调解团队，可以将接受当事人申请调解作为一项律师业务开展，同时可以承接人民法院、行政机关移送的调解案件。此种律师调解模式是以上四种模式中最贴近市场的一种，也是国家培育和支持商事调解、律师调解服务市场的重要举措。实践中，对涉及法律关系复杂、涉案标的额巨大的纠纷，当事人需要具有专业实践能力的律师主持纠纷的调解，此种模式可以吸引擅长矛盾争议化解的律师人才参与纠纷解决调解服务。

（六）特邀调解

特邀调解是指人民法院吸纳符合条件的人民调解等调解组织或者个人成为特邀调解组织或者特邀调解员，接受人民法院立案前委派或者立案后委托依法进行调解，促使当事人在平等协商基础上达成调解协议、解决纠纷的一种调解活动。

特邀调解可以有效整合社会解纷资源，优化司法资源配置，实现诉讼与非诉讼纠纷解决方式的有效衔接。人民法院通过诉前导诉、案件分流、程序衔接，对纠纷进行分流，将适宜的案件引入调解程序解决，不仅为纠纷由诉讼转入调解提供便捷通道，减轻当事人诉累，也可以有效节约司法成本，合理配置司法资源，使进入诉讼程序的疑难复杂案件得到专业法官的细致审理，实现“繁简分流、诉非对接，简案快审、繁案精审”的目标。

1. 特邀调解组织和特邀调解员名册

特邀调解组织应当推荐本组织中适合从事特邀调解工作的调解员加入名册，并在名册中列明；在名册中列明的调解员，视为人民法院特邀调解员。依法成立的人民调解、行政调解、商事调解、行业调解及其他具有调解职能的组织，可以申请加入特邀调解组织名册。品行良好、公道正派、热心调解工作并具有一定沟通协调能力的个人可以申请加入特邀调解员名册。在法院公示栏、网站等平台公开特邀调解组织和特邀调解员名册信息，当事人可查询并选择特邀调解员进行调解。

2. 特邀调解流程

（1）对适宜调解的纠纷，经当事人同意，诉调对接中心在立案前可委派、立案后可委托特邀调解组织或者特邀调解员进行调解。特邀调解一般由一名调解员进行。当事人有正当理由的，可以申请更换特邀调解员。

（2）特邀调解员根据案件具体情况采用适当的方法进行调解，充分听取当事人的陈述，在当事人平等协商、互谅互让的基础上提出解决争议的方案建议，促使当事人自愿达成调解协议。

（3）经调解达成协议的，双方当事人和特邀调解员应当在调解协议书或者调解笔录上签名、盖章或者捺手印；由特邀调解组织主持调解达成协议的，还应当加盖调解组织印章。

（4）立案前委派调解达成调解协议，特邀调解员应当将调解协议送达双方当事人，并提交诉调对接中心备案。委派调解达成的调解协议，双方当事人可以向诉调对接中心申请司法确认或根据当事人的要求出具民事调解书。

（5）一方当事人拒绝履行司法确认裁定书和民事调解书的，对方当事人可以向人民法院申请执行。

（6）委派调解未达成调解协议的，特邀调解员应当将当事人的起诉状等材料退回诉调对接中心，由立案庭进行繁简分流，依法处理。委托调解未达成调解协议的，转入诉讼程序审理。

以上人民调解、行政调解、诉讼调解、仲裁调解、社会调解、特邀调解等多种调解方式并存且不可替代，在实践应用中，要注意发挥各自独特的作用和优势，注重运用调解的方式、方法，选择调解方式要因地制宜、因时制宜、因案制宜、因人制宜，灵活多样，并注意提高调解技巧，升华调解艺术，做到不轻不重，不紧不慢，不偏不倚，双方满意。同时也要注意处理好司法调解与司法裁判的关系、司法调解与社会调解的关系，对于案件能调则调，当判则判，及时高效；坚持自愿调解、依法调解、民主调解，使案件及时了结，当事人胜败皆服，最大限度实现定分止争。

四、调解文书范本

调解文书指的是当事人在调解组织主导下，通过协商达成和解、解决纠纷所需要的文书。调解工作的成果，主要体现为当事人自愿、合法达成的《调解协议书》；为保障调解工作的程序合法性，调解组织须制作《调解员谈话（调解）笔录》《无争议事实记载表》；为使《调解协议书》内容产生强制性的法律效力，当事人还须向法院提交《司法确认承诺书》《司法确认申请书》，人民法院审查后，出具《司法确认裁定书》确认其可申请执行的法律效力。

法院特邀调解，与其他社会调解相比，多了法院与调解组织的委派、委托关系，其他社会调解组织应按法院要求申请加入人民法院调解平台，经过审核开通网络平台后，当事人在网上申请调解并选定调解员，法院通过网络平台向调解员所在的调解组织推送《委派/委托调解函》《委派/委托调解回复函》《案件调解情况登记表》等文书，调解员与当事人按照调解平台设定的程序及提供的文书范本进行调解。本节以武汉市××人民法院特邀调解为例，对相应调解文书作简要的示例。

（一）委派调解函与回复函

××××人民法院

委派调解函

（202　）××诉前调　号

××××调解组织：

××与××________（案由）一案，我院于×年×月×日收到当事人的起诉材料并进行诉前调解登记。为及时、有效地解决该纠纷，妥善化解双方矛盾，经征得当事人同意，委派您（单位）对该纠纷进行调解。案卷电子材料已经人民法院调解平台移送。请依法主持调解，并将调解结果函复我院。

××××人民法院

×年×月×日

××××人民法院
委派调解回复函

（202　）××诉前调　号

××××人民法院：

贵院委派我（单位）调解的××与××________（案由）一案，经我（单位）调解，现各方当事人已达成调解协议。我（单位）已依法告知当事人可以申请司法确认或者申请出具调解书。随函附送《无争议事实记载表》《案件调解情况登记表》、调解笔录复印件及调解协议原件各一份，请查收。

调解员：

调解组织：（印章）
×年×月×日

××××人民法院
委派调解回复函

（202　）××诉前调　号

××××人民法院：

贵院委派我（单位）调解的××与××________（案由）一案，经我（单位）调解，现各方当事人争议较大（可具体写明调解不成原因），无法达成一致协议，调解不成，现将情况函告贵院。随函附送《无争议事实记载表》《案件调解情况登记表》、调解笔录复印件各一份，请查收。

调解员：

调解组织：（印章）
×年×月×日

（二）调解协议书

调 解 协 议 书
（供须申请司法确认的案件用）

申请人：
被申请人：

申请人________与被申请人____________因____________发生纠纷，申请人于×年×月×日向本调解组织提出调解申请，经本组织主持调解，双方协商，自愿达成协议如下：

一、

二、

三、

上述协议经本委审查，予以确认。本调解协议书由双方当事人签名或者盖章，经调解会议成员签名并加盖本调解组织印章后生效，对双方当事人具有约束力，当事人应当履行。双方当事人可以自本调解协议生效之日起三十日内共同向调解组织所在地的基层人民法院申请司法确认。

申请人：　　　　　　　　　　被申请人：

调解员：　　　　　　　　　　调解组织：

调解协议书
（供须出具调解书的案件用）

申请人：

被申请人：

申请人________与被申请人____________因____________发生纠纷，申请人于×年×月×日向本调解组织提出调解申请，经本组织主持调解，双方协商，自愿达成协议如下：

一、

二、

三、

四、本协议经双方和调解员（调解组织）签名或捺印后即生效。

五、本协议一式四份，由申请人、被申请人双方、调解员（调解组织）、人民法院各执一份。

申请人：　　　　　　　　　　被申请人：

调解员：　　　　　　　　　　调解组织：

（三）调解员谈话（调解）笔录

调解员谈话（调解）笔录

时间：

地点：

调解员：　　　　　　记录员：

申请人：

被申请人：

调解员：您好。我是调解员　　　　　，这位是记录员　　　　　。我们系接受××××人民法院的委托在诉前阶段为双方进行调解，我们的指导法官是审判员　　。请问对人民调解员、书记员和指导法官是否申请回避？（如申请回避请阐明理由）

申请人：

被申请人：

调解员：现向双方当事人告知人民调解基本程序和相关事项：

1. 诉前调解遵循合法、平等、自愿原则和保密原则。2. 调解时，由当事人依次陈述事实、出示证据、发表意见。3. 诉前调解期限一般为30天，双方均申请延期的，可延长至60天。4. 在诉前阶段进行调解，达成调解协议，可以申请司法确认或转立正式案件出具调解书；不能达成协议，则转办立案手续。听清了吗？

申请人：

被申请人：

调解员：下面开始调解，先由原告陈述事实。

申请人：

（四）无争议事实记载表

无争议事实记载表

案由		案号	
调解组织/调解员			
当事人基本情况	（姓名、性别、出生年月、民族、住址、身份证号码、联系电话）		
告知事项	1. 各当事人经调解未能达成调解协议，但对在调解中各方无争议的事实，在双方当事人同意的情况下进行记载确认。 2. 各方当事人须仔细阅读记载的无争议事实内容，记载不准确的可以提出修改，在确认无误后签字确认。 3. 本表记载的无争议事实经双方当事人签字确认后，在后续诉讼中各方当事人无须再就记载的事项举证。		

（续表）

无争议事实	1. 2. 3.
当事人确认签名	我已详细阅读以上告知事项，我同意对本案无争议事实记载，确认所记载的无争议事实无误。 签名： ________年________月________日
调解组织/调解员	签章或签名： ________年________月________日
备注	

（五）案件调解情况登记表

案件调解情况登记表
（供特邀调解组织、特邀调解员反馈调解结果使用）

委派/委托法院			委托时间		
接受委派/委托的调解员或调解组织					
案由			案号		
当事人基本情况	原告		委托代理人		
	被告		委托代理人		
	第三人		委托代理人		
基本案情					
调解时间		地点		次数	
未调解成功原因					
调解过程摘要					

（续表）

当事人最终调解意见	原告	
	被告	
	第三人	
对处理案件的建议、意见		
备注		

（六）司法确认承诺书

××××人民法院
司法确认承诺书

申请人：×××，……。

……

申请人：×××，……。

……

（以上写明申请人及其代理人姓名或者名称等基本信息）

申请人　　　　　　因　　　　　　　纠纷，于　　年　　月　　日经　　　　　　　主持调解，已达成调解协议。

申请人郑重承诺如下：

该协议系双方真实意思表示，不存在恶意串通、虚假调解的行为；所提交的材料真实、合法；如调解协议的内容损害了国家利益、社会公共利益或他人合法权益的，申请人愿意承担相应的法律责任。

此致

××××人民法院

承诺人：

承诺人：

×年×月×日

（七）司法确认申请书

司法确认申请书

申请人：×××，……。

……

申请人：×××，……。

……

（以上写明申请人及其代理人的姓名或者名称等基本信息）

申请人　　　　　因　　　　　　纠纷，于　　年　　月　　日经　　　　　　　　主持调解，达成如下调解协议：

（写明调解协议的内容或将调解协议附后）

现请求人民法院依法对上述协议予以确认。

此致

×××人民法院

附：（调解协议书及调解组织主持调解的证明等材料）

申请人：

×年×月×日

第五节　公证与传承法务

传承法务是新兴的运用领域法解决传承关系问题的法律实务，公证因其独特的属性，随着民法典继承编的实施，与这一领域相互衍生、关联支撑，公信力的作用因此得到进一步发挥，公证的职能得到了进一步彰显。

我国公证法第2条规定："公证是公证机构根据自然人、法人或者其他组织的申请，依照法定程序对民事法律行为、有法律意义的事实和文书的真实性、合法性予以证明的活动。"第6条规定："公证机构是依法设立，不以营利为目的，依法独立行使公证职能、承担民事责任的证明机构。"

家庭财富的传承是财富所有者为了使其财富得到顺利延续，通过预先的、系统化的统筹规划，综合运用各类财富传承工具和法律手段，将财富传给下一代或者下几代以实现家庭和睦、财富保值增值和家族文化、责任与爱的传承。因此，家庭财富传承既包括物质财富的传承，也包括家族文化与精神的传承，还包括责任与爱的传承。早期的公证人一方面记录公共事务、提供司法辅助；另一方面为普通民众起草遗嘱、契约和不动产转让文书，并提供职业化建议和帮助，可见公证介入家庭财富传承领域有着深厚的历史渊源。公证的核心价值在于预防纠纷、减少诉讼，公证员作为长期深耕于家事服务领域的法律专家，应积极整合各种财富传承工具，以"公证组合拳"的方式尝试探索家事公证服务系统化的新模式。

一、 公证与传承法务中常见的类型

公证实务中，与传承法务联系较为密切的类型主要有遗赠扶养协议公证、遗嘱公证、继承公证、意定监护公证、夫妻财产约定公证、遗产分割协议公证、家庭财产分割协议公证、未成年子女监护与扶养权变更协议公证、房屋赠与公证等。本节主要介绍前面四种类型。

（一）遗赠扶养协议公证

遗赠扶养协议是遗赠人和扶养人为明确相互间遗赠和扶养的权利义务关系所订立的协议。遗赠扶养协议公证是公证处依法证明当事人签订遗赠扶养协议真实、合法的行为。我国民法典第1123条规定："继承开始后，按照法定继承办理；有遗嘱的，按照遗嘱继承或者遗赠办理；有遗赠扶养协议的，按照协议办理。"可见，在继承开始后，遗赠扶养协议处于最优先的地位，公证机构在办理继承公证时，也遵循这一原则。

需要他人扶养，并愿将自己的合法财产全部或部分遗赠给扶养人的人为遗赠人，系传承法务里传出财产的传者，遗赠人必须是具有完全民事行为能力、有一定可遗赠财产、需要他人扶养的公民；对遗赠人尽扶养义务并接受遗赠的人为扶养人，系传承法务里财产的接受人即承者，扶养人必须是遗赠人法定继承人以外的公民或组织，并具有完全民事行为能力、能履行扶养义务。

遗赠扶养协议应包括下列主要内容：当事人的姓名、性别、出生日期、住址，扶养人为组织的应写明单位名称、住址、法定代表人及代理人的姓名；当事人自愿达成协议的意思表示；遗赠人受扶养的权利和遗赠的义务，包括扶养人照顾遗赠人的衣、食、住、行、病、葬的具体措施，责任田、口粮田、自留地的耕、种、管、收，遗赠财产的名称、种类、数量、质量、价值、坐落或存放地点、产权归属等；遗赠财产的保护措施或担保人同意担保的意思表示；协议变更、解除的条件和争议的解决方法；违约责任。

公证机构办理遗赠扶养协议公证，除《公证程序规则》规定的内容审查外，应着重审查下列内容：当事人之间有共同生活的感情基础，一般居住在同一地；当事人的意思表示真实、协商一致，协议条款完备，权利义务明确、具体、可行；遗赠的财产属遗赠人所有，产权明确无争议；遗赠人的债权债务有明确的处理意见；遗赠人有配偶并同居的，应以夫妻共同为一方签订协议；扶养人有配偶的，必须征得配偶的同意；担保人同意担保的意思表示及担保财产。

符合下列条件的遗赠扶养协议，公证处应出具遗赠扶养协议公证书：遗赠人和扶养人具有完全民事行为能力；当事人意思表示真实、自愿；协议内容真实、合法，条款完备、明确、具体、可行，文字表述准确；办证程序符合规定。

民法典第 1124 条第 2 款规定："受遗赠人应当在知道受遗赠后六十日内，作出接受或者放弃受遗赠的表示；到期没有表示的，视为放弃受遗赠。"第 1144 条规定："遗嘱继承或者遗赠附有义务的，继承人或者受遗赠人应当履行义务。没有正当理由不履行义务的，经利害关系人或者有关组织请求，人民法院可以取消其接受附义务部分遗产的权利。"公证机构在办理遗赠扶养协议公证时应将这些规定明确告知受遗赠人，避免因没有正确理解造成损失。

（二）遗嘱公证

遗嘱是遗嘱人生前在法律允许的范围内，按照法律规定的方式处分其个人财产或者处理其他事务，并在其死亡时发生效力的单方法律行为。遗嘱公证是公证处按照法定程序证明遗嘱人设立遗嘱行为真实、合法的活动。经公证证明的遗嘱为公证遗嘱。公证员在面对当事人的遗嘱公证咨询时，应通过解释和引导，让当事人意识到死亡虽然令人忌讳，但是我们每个人终究都会面临死亡，我们无法改变客观的自然规律，能做的就是调整好自己的心态，从预防纠纷的角度让当事人认识到遗嘱是留给家人的美好愿望与祝福。1997 年，英国戴安娜王妃因车祸死亡，举世震惊，幸运的是她在 32 岁的时候就留下了公证遗嘱，在遗嘱中，她除了对遗产进行了安排，还增加了一封"愿望信"，表示要把自己的珠宝平分给两个未来的儿媳，希望她们在结婚典礼上佩戴。2011 年 4 月 29 日，凯特王妃在威廉王子的结婚典礼上佩戴着戴安娜王妃遗留的珠宝步入婚姻殿堂。戴安娜王妃虽然逝去，但她留给自己孩子的祝福却没有缺席，她以这种特殊的方式见证了自己孩子的幸福时刻，并且把这种爱传承了下去。

民法典第 1142 条规定："遗嘱人可以撤回、变更自己所立的遗嘱。立遗嘱后，遗嘱人实施与遗嘱内容相反的民事法律行为的，视为对遗嘱相关内容的撤回。立有数份遗嘱，内容相抵触的，以最后的遗嘱为准。"这一规定打破了原继承法第 20 条"遗嘱人可以撤销、变更自己所立的遗嘱。立有数份遗嘱，内容相抵触的，以最后的遗嘱为准。自书、代书、录音、口头遗嘱，不得撤销、变更公证遗嘱"的规定。按照原继承法的规定，公证遗嘱具有效力优先性，遗嘱人无论变更遗嘱，还是撤销遗嘱，都不能以其他遗嘱变更或者撤销原来的公证遗嘱。虽然民法典从保护当事人遗嘱自由的角度取消了公证遗嘱的优先效力，但是公证遗嘱的真实性、合法性和专业性保障已经深入人心，体现为全国公证机构每年接近10万件的公证遗嘱量。当法庭上出现多份不同形式的遗嘱且不能直接证明遗嘱人的意思表示是否真实时，公证遗嘱仍然具有最强的证据效力，能够证明遗嘱人立遗嘱时的真实意思表示，一般会被法院优先采信。

遗嘱应当包括以下内容：遗嘱人的姓名、性别、出生日期、住址；遗嘱处分的财产状况（名称、数量、所在地点以及是否共有、抵押等）；对财产和其他事务的具体处理意见；有遗嘱执行人的，应当写明执行人的姓名、性别、年龄、住址等；遗嘱制作的日期以及遗嘱人的签名。遗嘱中一般不得包括与处分财产及处理死亡后事宜无关的其他内容。

公证员询问遗嘱人时，除见证人、翻译人员外，其他人员一般不得在场。公证员应当按照《公证程序规则》的规定制作谈话笔录，笔录应着重记录下列内容：遗嘱人的身体状况、精神状况；遗嘱人家庭成员情况，包括其配偶、子女、父母及与其共同生活人员的基本情况；遗嘱所处分财产的情况，是否属于遗嘱人个人所有，以前是否曾以遗嘱或者遗赠扶养协议等方式进行过处分，有无设立担保、被查封、扣押等限制所有权的情况；遗嘱人所提供的遗嘱或者遗嘱草稿的形成时间、地点和过程，是自书还是代书，是否本人的真实意愿，有无修改、补充，对遗产的处分是否附有条件；代书人的情况；遗嘱或者遗嘱草稿上的签名、盖章或者捺手印是否其本人所为；遗嘱人未提供遗嘱或者遗嘱草稿的，应当详细记录其处分遗产的意思表示；是否指定遗嘱执行人及遗嘱执行人的基本情况。

遗嘱公证应当由两名公证人员共同办理，由其中一名公证员在公证书上署名。因特殊情况由一名公证员办理时，应当有一名见证人在场，见证人应当在遗嘱和笔录上签名。公证人员在与遗嘱人谈话时一般都应当录音或者录像。

两个以上的遗嘱人申请办理共同遗嘱公证的，公证处应当引导他们分别设立遗嘱。遗嘱人坚持申请办理共同遗嘱公证的，共同遗嘱中应当明确遗嘱变更、撤销及生效的条件。

遗嘱公证卷宗应当列为密卷保存。遗嘱人死亡后，转为普通卷保存。公证遗嘱生效前，遗嘱卷宗不得对外借阅，公证人员也不得对外透露遗嘱内容。

（三）继承公证

财产继承公证是公证机构的传统业务，民法典继承编对原来的继承法作了大量修改，有不少创新和突破，给公证实务带来了新的机遇和挑战。

财产范围扩大，给公证发展带来了拓展空间。民法典第1122条规定："遗产是自然人死亡时遗留的个人合法财产。依照法律规定或者根据其性质不得继承的遗产，不得继承。"民法典对遗产范围采取概括式规定改变了原继承法采取的列举式规定，避免了在财产类型日益增加和财产形式不断丰富情形下造成遗产范围的不周延。另外，概括式的规定具有更好的涵摄力，开放性更强，能够适应市场经济发展和社会生活变化的需求。在概括式的遗产范围规定下，以前争议的"游戏账号、虚拟货币、手机号、QQ号"等虚拟财产，在符合法律规定的前提下，也可成为遗产。这意味着，只要是自然人合法取得的财产，除法律禁止性规定外都属于遗产，可以被继承。财产范围的扩大给公证行业带来更多的证源和业务拓展空间，改变了公证机构办理财产继承面过窄的局面，能满足日益发展的社会经济的需要，调整和解决一些新滋生的财产问题，更是解决了目前公证机构遇到当事人申请办理网络虚拟财产继承公证时，立法无据、无法可依的困境。

民法典扩大了法定继承人范围，公证机构办理继承公证的优越性愈加凸显。民法典第1128条规定："被继承人的子女先于被继承人死亡的，由被继承人的子女的直系晚辈血亲代位继承。被继承人的兄弟姐妹先于被继承人死亡的，由被继承人的兄弟姐妹的子女代位继承。代位继承人一般只能继承被代位继承人有权继承的遗产份额。"民法典继承编增加了被继承人的兄弟姐妹的子女适用代位继承制度，将侄子、侄女、外甥、外甥女作为最近的旁系血亲列为代位继承人，扩大了法定继承人的范围。这种代位继承仅适用于无第一顺序继承人的情况，不影响第一顺序继承。代位继承人一般只能继承他的父亲或者母亲有权继承的遗产份额。民法典继承编的立法意图是通过增加代位继承人，尽可能避免出现因为第一顺序继承人的空缺导致被继承人的遗产形成无主财产，有利于传承法务中传者的财产在更大范围的第二顺序家庭成员间传承，实质上体现了国家对公民私有财产的保护。

（四）意定监护公证

民法典第33条规定："具有完全民事行为能力的成年人，可以与其近亲属、其他愿意担任监护人的个人或者组织事先协商，以书面形式确定自己的监护人，在自己丧失或者部分丧失民事行为能力时，由该监护人履行监护职责。"

意定监护的初衷是保护被监护人的利益，最大限度地尊重被监护人的真实意愿。意定监护优先于法定监护，但意定监护并不是简单的一纸协议，更多地是意定监护人付出的爱、履行的职责，对被监护人的尊重、照护与协助。意定监护相比法定监护的优势还在于，签订意定监护协议时可就单方面解除监护关系达成约定。在被监护人精神正常、头脑清醒的情况下，被监护人与指定的监护人任何一方有解除监护关系的意愿时，都可以单方面行使解除权，而无须对方同意，更无须经过冗长的诉讼程序来终止监护关系，这对双方的生活保障和合法权益是一种快速有效的保护。

意定监护公证通过全方位规划监护事务，厘清双方职责来保障意定监护真正落地。办理意定监护公证本身是一个漫长的过程，往往还牵涉遗嘱、"以房养老"、资金监管等多种类型的公证。每次办理意定监护公证，公证员提供的是系列法律工具的组合，一套公证手续全部办下来，花费的时间和精力相当惊人。每一份意定监护公证都是一次漫长的马拉松，当事人办理意定监护公证时意识清醒，而意定监护职责正式启动却要等到当事人失能失智后，再加上可能存在的意定监护终止等情况，公证员必须对意定监护双方给予时刻关注，公证责任往往要到被监护人离开人世才能结束。

二、 实务案例及相应文书范本

（一）遗赠扶养协议公证

案例：马爹爹是一个孤寡老人，拥有一套房屋、一辆车和若干存款，他想让远房外甥覃某在他生前负责他的吃穿住行、医疗、养老等扶养义务，在生活上照顾、经济上给予帮助、精神上给予慰藉，去世后把这些财产留给覃某。覃某也愿意履行扶养义务。双方到公证处申请办理遗赠扶养协议公证。

附：遗赠扶养协议文本

遗赠扶养协议

甲方（遗赠人、被扶养人）：马××，男，×年×月×日出生，公民身份证号码：××。

乙方（受赠人、扶养人）：覃×，男，×年×月×日出生，公民身份证号码：××。

第一条　甲方愿意将本协议第一条中所有的个人财产遗赠给乙方，并由乙方承担扶养甲方的义务；乙方愿意承担扶养甲方义务，并愿意接受甲方遗赠的财产，为此，就遗赠扶养相关事宜，在双方平等自愿基础上，经协商一致达成如下协议，双方共同遵守：甲方所有的如下个人财产在甲方去世后赠与乙方：

（1）房产：____________________

（2）机动车：____________________

（3）存款：____________________

（4）其他财产：____________________

第二条　乙方扶养义务的约定。

乙方负责甲方的吃、穿、住、行、医疗、养老等扶养义务，扶养义务是指在生活上照顾、经济上给予帮助、精神上给予慰藉。具体为：饮食安排：乙方负责甲方一日三餐，饮食上应照顾甲方年纪和习惯。生活安排：保证甲方四季穿衣保障，衣物、被褥整洁、常洗常换。同时乙方应于每月10日前给付甲方生活费________元。医疗安排：甲方生病应及时安排治疗，住院等医疗费用由乙方承担。同时乙方应于每月10日前给付甲方医疗补助费　　元。其他安排：____________________。

第三条　遗赠财产所有权的转移。乙方在甲方生前不得转移、处置甲方个人财产，乙方应在甲方去世之后30日内办理遗赠财产的所有权转移手续。不须办理财产所有权转移手续的，乙方占有即视为已取得遗赠财产。

第四条　遗赠财产的保管、管理和维护责任。甲方应负责对遗赠遗产的保管和维护责任，不得单方处置上述第一条列明遗赠的财产（包括但不限于赠与、买卖、设置抵押等）。遗赠的财产损坏或者甲方单方处置给第三方，乙方有权要求甲方修理、更换或收回；甲方拒不修理、更换或收回的，乙方有权终止协议。因管理遗赠财产发生的费用以及遗赠的财产确须维修的，首先从甲方财产中支付，甲方财产不足以支付上述费用的，由乙方承担。

第五条　丧葬事务办理及费用承担。甲方过世后的丧葬事务由乙方负责，乙方应当按照当地政策和风俗办妥甲方丧葬事务。办理甲方丧葬事务的费用首先由甲方去世后留下的财物支付，不足部分由乙方承担。

第六条　遗赠扶养协议的执行。甲乙双方一致同意指定________负责监督本协议书的履行。

第七条　本协议的解除。

（1）双方协商一致可以解除本协议。

（2）一方当事人无正当理由拒绝履行协议内容，另一方可以解除本协议。

（3）如果乙方在甲方生前未经其同意处置（包括但不限于赠与、买卖、设置抵押等）甲方的个人财产，甲方有权解除该协议。

第八条　违约责任。

(1) 甲方单方处置遗赠的财产导致本协议解除，乙方有权要求甲方退还已支付的扶养费；

(2) 乙方无故不履行扶养义务导致本协议解除，不得享有受遗赠的财产，已支付的扶养费也不予退回。

第九条　本协议自双方签字之日起生效。本协议一式三份，具有同等法律效力。甲乙双方各执一份，××公证处留存一份。

甲方（签字）：　　　　　　　　乙方（签字）：

签订日期：　　　　　　　　　　签订日期：

（二）遗嘱公证

1. 案例一：遗嘱

王某和妻子共同拥有一套房屋，王某想在去世后由其子王小乙一人继承这套房屋中属于王某的份额，于是到公证处办理遗嘱公证。这是遗嘱公证最常见的形式，在王某去世后，家庭财产通过办理遗嘱继承公证得以传承。

附：遗嘱文本、遗嘱公证词文本。

遗　　嘱

立遗嘱人：王某，男，×年×月×日出生，公民身份证号码：××。

遗嘱受益人：王小乙，男，×年×月×日出生，公民身份证号码：××。(王小乙是王某的儿子)。

本人名下有一套房屋，该房屋位于×市×区×号×楼×室，《房屋所有权证》号：×字第×号，《国有土地使用证》号：×字第×号，建筑面积：××平方米（我的配偶是××，该房屋是我与配偶的夫妻共同财产）。

为防止身后财产继承发生纠纷，经慎重考虑，现我在××公证处公证员××、××面前订立遗嘱如下：

上述房产中属于我的份额，在我去世后由我的儿子王小乙一人继承。

本遗嘱行为没有受人胁迫和欺骗。我现在神志清醒、思维正常，上述遗嘱内容是我的真实意愿。

本遗嘱一式叁份，本人执贰份，公证处留存壹份。

立遗嘱人（签名、捺手指印）：

×年×月×日

公　证　书

公证书编号

申请人：王某，男，×年×月×日出生，公民身份证号码：××。

公证事项：遗嘱

兹证明王某于×年×月×日来到我处，在本公证员和公证员××的面前，在前面的《遗嘱》上签名、捺手指印，并表示知悉遗嘱的法律意义和法律后果。

××的遗嘱行为符合《中华人民共和国民法典》第一百四十三条及第一千一百三十九条的规定。

中华人民共和国×省×市××公证处

公 证 员

×年×月×日

2. 案例二：遗赠

王某和妻子共同拥有一套房屋，王某的儿子王小乙对王某不孝顺，于是王某想在去世后把这套房屋中属于王某的份额留给孙子王小丙，于是到公证处办理遗嘱公证。这种遗嘱的内容其实是遗赠。民法典第1133条第3款规定："自然人可以立遗嘱将个人财产赠与国家、集体或者法定继承人以外的组织、个人。"在王某去世后，孙子王小丙应向公证处申请办理接受遗赠公证，并持接受遗赠公证书到不动产登记部门按照赠与缴纳契税后办理王小丙名下的产权证件。

附：接受遗赠公证书文本。

公　证　书

公证书编号

受遗赠人：王小丙，男，××年×月×日出生，公民身份证号码：××，现住×省×市×区×路×号。

遗赠人：王某，男，××年×月×日出生，生前公民身份证号码：××，生前住×省×市×区×路×号。

公证事项：接受遗赠

受遗赠人王小丙因继承遗赠人王某的遗产，于××年×月×日向我处申请办理接受遗赠公证，并提供了以下证明材料：1. 申请人的身份证明；2. 户籍证明；3. 财产证明；4. 被继承人和申请人的关系证明；5. 被继承人的死亡证明；6. 公证遗嘱；7. 其他证明材料。

根据《中华人民共和国公证法》的规定，我处对受遗赠人提交的权利证明及相关证据材料进行了审查核实，并对受遗赠人及有关人员进行了询问，现查明如下事实：

一、遗赠人王某于××年×月×日死亡。其生前在××公证处立有公证遗嘱（公证书编号为××号），表示将下列房产中属王某所有的一半份额遗赠给王小丙：坐落于×省×市×区×路×号的房屋，《房屋所有权证》编号：×字第×号，《国有土地使用证》编号：×字第×号，建筑面积：××平方米。

二、王小丙具有民事权利能力和民事行为能力，并表示愿意接受遗赠人王某遗赠的上述财产。

综上，兹证明王某生前遗赠的上述财产，为受赠人王小丙按遗嘱确认的份额所有。

中华人民共和国×省×市××公证处

公 证 员

×年×月×日

（三）继承公证

1. 案例一：法定继承

王某、李某夫妻先后去世，遗有一套房屋。他们有一个独生子王小乙，王某、李某的父母均先于王某、李某去世，王某去世后李某未再婚。王某、李某生前无遗嘱，亦未与他人签订遗赠扶养协议。王小乙到公证处申请办理继承公证。这是最简单也最典型的法定继承公证，家庭财产通过这种继承公证得到传承。家庭关系较复杂的法定继承在厘清相应关系后即可参照如下公证书办理。

附：继承公证书文本。

公　证　书

公证书编号

申请人：王小乙，男，×年×月×日出生，公民身份证号码：××。

被继承人：王某，男，×年×月×日出生，公民身份证号码：××。

李某，女，×年×月×日出生，公民身份证号码：××。

公证事项：继承权

申请人王小乙因继承被继承人王某、李某的遗产，于×年×月×日向我处申请办理继承权公证，并提供了以下证明材料：1. 申请人的身份证明；2. 户籍证明；3. 财产证明；4. 被继承人和申请人的关系证明；5. 被继承人的死亡证明；6. 其他证明材料。

根据《中华人民共和国公证法》的规定，我处对申请人提交的权利证明及相关证据材料进行了审查核实，并对申请人及有关人员进行了询问，现查明如下事实：

一、被继承人王某、李某分别于×年×月×日、×年×月×日因病在×市死亡。

二、被继承人王某、李某的夫妻共同财产为：

坐落于×市×区×号×楼×室的房屋，《房屋所有权证》号：×字第×号，《国有土地使用证》号：×字第×号，建筑面积：××平方米。

三、被继承人王某、李某生前无遗嘱，亦未与他人签订遗赠扶养协议。继承人对被继承人生前均无遗嘱及遗赠扶养协议无争议，截至本公证书出具之日亦未有他人向本处提出异议。

四、被继承人王某、李某共育有子女一人：王小乙。被继承人王某、李某的父母均先于王某、李某死亡。据查，李某丧偶后未再婚。

五、现申请人王小乙表示要求继承被继承人王某、李某的上述遗产。

根据上述事实并依据《中华人民共和国民法典》第一千一百二十二条的规定，上述夫妻共同财产为死者王某、李某的遗产。根据《中华人民共和国民法典》第一千一百二十三条、第一千一百二十七条的规定，被继承人王某、李某的上述遗产应由其父母、配偶及子女共同继承。现被继承人王某、李某的父母均已先于其死亡，且李某丧偶后未再婚，因此，兹证明被继承人王某、李某的上述遗产由其子王小乙继承。

中华人民共和国×省×市××公证处

公 证 员

×年×月×日

2. 案例二：代位继承

王某、李某夫妻先后去世，遗有一套房屋。他们有一个独生子王小乙，但王小乙先于父母去世，王小乙有一个独生子王小丙。王某、李某的父母均先于王某、李某去世，王某去世后李某未再婚。王小丙到公证处申请办理继承公证。这是最简单也最典型的代位继承公证，家庭财产通过孙子取得财产得以传承。民法典第1128条第1款规定：“被继承人的子女先于被继承人死亡的，由被继承人的子女的直系晚辈血亲代位继承。”应注意，代位继承人一般只能继承被代位继承人有权继承的遗产份额。家庭关系较复杂的代位继承在厘清相应关系后即可参照如下公证书办理。

附：代位继承公证书文本

公　证　书

公证书编号

申请人：王小丙，男，×年×月×日出生，公民身份证号码：××。

被继承人：王某，男，×年×月×日出生，公民身份证号码：××。

李某，女，×年×月×日出生，公民身份证号码：××。

公证事项：继承权

申请人王小丙因继承被继承人王某、李某的遗产，于×年×月×日向我处申请办理继承权公证，并提供了以下证明材料：1. 申请人的身份证明；2. 户籍证明；3. 财产证明；4. 被继承人和其父王小乙的关系证明、申请人和王小乙的关系证明；5. 被继承人的死亡证明、其父王小乙的死亡证明；6. 其他证明材料。

根据《中华人民共和国公证法》的规定，我处对申请人提交的权利证明及相关证据材料进行了审查核实，并对申请人及有关人员进行了询问，现查明如下事实：

一、被继承人王某、李某分别于×年×月×日、×年×月×日因病在×市死亡。

二、被继承人王某、李某的夫妻共同财产为：

坐落于×市×区×号×楼×室的房屋，《房屋所有权证》号：×字第×号，《国有土地使用证》号：×字第×号，建筑面积：××平方米。

三、被继承人王某、李某生前无遗嘱，亦未与他人签订遗赠扶养协议。继承人对被继承人生前均无遗嘱及遗赠扶养协议无争议，截至本公证书出具之日亦未有他人向本处提出异议。

四、被继承人王某、李某共育有子女一人：王小乙，但王小乙先于王某、李某去世，王小乙有一个独生子王小丙。被继承人王某、李某的父母均先于王某、李某死亡。据查，李某丧偶后未再婚。

五、现申请人王小丙表示要求继承被继承人王某、李某的上述遗产。

根据上述事实并依据《中华人民共和国民法典》第一千一百二十二条的规定，上述夫妻共同财产为死者王某、李某的遗产。根据《中华人民共和国民法典》第一千一百二十三条、第一千一百二十七条、第一千一百二十八条的规定，被继承人王某、李某的上述遗产应由王小丙继承。因此，兹证明被继承人王某、李某的上述遗产由其孙王小丙继承。

中华人民共和国×省×市××公证处

公 证 员

×年×月×日

3. 案例三：转继承

王某、李某夫妻先后去世，遗有一套房屋。他们有一个独生子王小乙，但王小乙在其父母去世后也去世了，王小乙的配偶是林某，他们有一个独生子王小丙。王某、李某的父母均先于王某、李某去世，王某去世后李某未再婚。王小丙和林某到公证处申请办理继承公证，林某表示放弃继承权，最终由王小丙通过转继承得到上述财产。民法典第1152条规定："继承开始后，继承人于遗产分割前死亡，并没有放弃继承的，该继承人应当继承的遗产转给其继承人，但是遗嘱另有安排的除外。"家庭关系较复杂的转继承在厘清相应关系后即可参照办理。转继承公证书文本与代位继承公证书文本大体一致，故略去。

4. 案例四：遗嘱继承

案情接前述王某遗嘱公证，王某在立下公证遗嘱若干年后去世，其子王小乙持王某公证遗嘱到公证处申请办理遗嘱继承公证。公证员按照《公证程序规则》的规定进行核实后出具如下公证书。

附：遗嘱继承公证书文本

公　证　书

公证书编号

申请人：王小乙，男，×年×月×日出生，公民身份证号码：××。

被继承人：王某，男，×年×月×日出生，公民身份证号码：××。

公证事项：遗嘱继承

申请人王小乙因继承被继承人王某的遗产，于×年×月×日向我处申请办理继承权公证，并提供了以下证明材料：1. 申请人的身份证明；2. 户籍证明；3. 财产证明；4. 被继承人和申请人的关系证明；5. 被继承人的死亡证明；6. 公证遗嘱；7. 其他证明材料。

根据《中华人民共和国公证法》的规定，我处对申请人提交的权利证明及相关证据材料进行了审查核实，并对申请人及有关人员进行了询问，现查明如下事实：

一、被继承人王某于×年×月×日因病在×市死亡。

二、被继承人王某生前未与他人签订遗赠扶养协议，但王某生前立有公证遗嘱（编号为×证字第×号），王某的所有继承人对该遗嘱均予认可，截至本公证书出具之日亦未有他人向本处提出异议。

三、申请人王小乙向本处申请依据上述遗嘱继承被继承人王某生前的个人财产为：坐落于×市×区×号×楼×室的房屋中二分之一的产权份额，该房屋《房屋所有权证》号：×字第×号，《国有土地使用证》号：×字第×号，建筑面积：××平方米。

四、现申请人王小乙表示要求继承被继承人王某、李某的上述遗产。

兹证明被继承人王某生前所立公证遗嘱未违反《中华人民共和国民法典》的规定，真实、有效。根据被继承人王某的公证遗嘱，王某死亡时遗留的上述个人合法财产由其子王小乙继承。

中华人民共和国×省×市××公证处
公 证 员
×年×月×日

三、 公证介入传承法务的前景展望

根据我国公证法第 2 条的规定，公证程序根据当事人的申请而启动，公证机构无法依职权主动为当事人办理公证事项。我国目前尚没有法定公证事项，公证服务供给一般呈现零碎化、单一化的特点。随着我国经济体制变革向纵深发展，各种矛盾纠纷不断增加，人们对公证的需求趋于多样化、个性化。当前，公证行业面临的主要矛盾不断上升为公证需求与公证供给能力不足之间的矛盾，在传承法务公证发展方面，面临着公证发展理念与服务模式创新不够、服务能力供给不足等问题。

民法典确立了遗产管理人制度，对各种情形下遗产管理人的选任作出了明确规定，同时明确了遗产管理人的职责及所需要承担的责任。遗产管理人的协调可以有效减少各方争执，满足多元化遗产分配需求，利于社会稳定。但是从目前公证业态的现状看，公证参与遗产管理人的深度明显不够。意定监护制度为解决养老难、监护难等问题提出了可行方案，确保每一位公民都能有自己信任的监护人行使监护职责，但是意定监护公证在全国的公证机构里仍然显得举步维艰。民法典第 1133 条第 4 款规定："自然人可以依法设立遗嘱信托。"而遗嘱信托公证也未见大范围推广等。

公证和见证等其他相关业态相比，具有明显的自身优势：公证书依托国家公信力的支撑而拥有最强的证据效力；公证员作为见证人不用出庭作证；除非有直接相反的证据，公证书的证据效力不得推翻。房屋继承公证通常在 15 个工作日内就可以出具公证书，与诉讼或不动产登记部门公示的漫长程序相比，显得极其便捷。公证预防纠纷、减少诉讼的职能在传承法务领域也发挥了巨大的作用。对70岁以上老年人公证遗嘱免费，是政府购买公共法律服务，鼓励预先订立遗嘱减少家事纠纷的措施，也是公证公信力优势的具体体现。

在可预期的未来，公证服务方式应该向专业化和精细化转变。传承法务公证服务的专业化和精细化是传承法务公证服务系统化的重要内容，公证机构在充分评估公证员个人业务特色的基础上，指派部分公证员长期深耕于家事业务领域，针对当事人的多样化需求，坚持创新意识，强化问题导向，将传承法务做到精微、细致、极致，实现从“物理整合”向“化学反应”的深化，为老百姓提供高质量、个性化的公证服务产品。

公证的本源动力在于当事人的信任和公权力机关的认可。在当前形势下，公证人要有“创新驱动、转型发展”的意识，不断满足人民群众对家事公证法律服务的需求。家事公证是公证业务最初的出发点和基础，我们需要重新审视家事公证的价值，不能因家事公证所涉背景关系复杂、存在潜在风险多而推诿，也不能因盲目逐利而过分强调其他类型业务，应该用新的思维和新的方法让传统家事公证焕发出新的生机活力。尤其是当前婚姻家庭领域存在诸多不稳定性、社会财富传承已逐渐转入成熟期和交接期，市场前景比较广阔，公证行业应提前做好规划，通过运用系统化思维对传统家事公证进行供给侧改革，在获得稳定证源的同时取得良好的社会效果，实现经济效益与社会效益的统一。

第九章 传承法务中的涉外传承

通过本书第一章的学习，我们了解了传承法务的概念和特征，传承法务不仅包括境内财富与精神文化的传承，还包括延展到境外的涉外传承。本章主要探讨传承法务中的涉外传承，共分两节：第一节介绍涉外传承的概念、现状与特点、传承工具和主要相关问题；第二节通过几个典型涉外传承的案例，进一步说明涉外传承的概念特点和涉及的关键问题，以及在涉外传承实务中经常选择的两种涉外传承工具——家族信托与家族基金会。

第一节 传承法务中的涉外传承

一、 涉外传承概述

（一）涉外传承的定义

本书第一章已经给传承下了定义，传承的内涵包含财富传承，但不仅仅涉及前述的文化、事业、知识和家风的传承，更涉及传承法律实务应用更广泛的领域。本节涉及的“传承”概念，主要指涉外财富传承和精神文化传承。

涉外传承，顾名思义是指传承中含有涉外因素，或者说涉外传承就是具有涉外因素的传承。涉外因素主要体现在传承过程中的三个因素之中，即传承主体、传承客体和传承法律事实，只要其中之一含有涉外因素，就是涉外传承。涉外传承在实务上的表现，是以国际私法及相应外国法为基础，维护传承人生前身后人身权益与财产权益系统化制度化平衡的法律实务。

继承是传承的一种表现形式，谈到传承必然离不开继承。依据《最高人民法院关于适用〈中华人民共和国民事诉讼法〉的解释》第 522 条关于涉外继承案件的规定：“有下列情形之一，人民法院可以认定为涉外民事案件：（一）当事人一方或者双方是外国人、无国籍人、外国企业或者组织的；（二）当事人一方或者双方的经常居所地在中华人民共和国领域外的；（三）标的物在中华人民共和国领域外的；（四）产生、变更或者消灭民事关系的法律事实发生在中华人民共和国领域外的；（五）可以认定为涉外民事案件的其他情形。”也可以得出涉外传承的概念。由此可见，在传承法律关系中只要包含涉外因素，如主体涉外、客体涉外或与继承有关的法律事实涉外等，即是涉外传承。

涉外传承关系的构成要素中有一个或几个涉及国外的传承，是具有涉外因素的传承。

（二）涉外传承的现状与趋势

随着经济全球化的发展和国际人口的迁移融合，人们财富的配置与代际传承日趋国际化。在境外置业和配置资产的同时，必然要考虑合法有效的资产传承。

实践中，无论是涉外资产的配置，还是涉外籍继承人、跨境遗产以及境外遗嘱等因素的继承纠纷案件，都呈逐年上升趋势。这说明涉外传承在法律实务中已经越来越普遍。

据《2020 瑞银集团——普华永道亿万富豪年度调研》，中国内地 98% 的亿万富豪（财富规模 10 亿美元）系白手起家，相比之下，欧洲、中东和非洲地区仅为 61%，美国为 72%，财富多代传承的现象更为普遍。当前，中国私人财富正规模化崛起。据招商银行——贝恩公司《2017 年中国私人财富报告》数据，2016 年中国个人持有的可投资资产总体规模已达到 165 万亿元，2017 年将达到 188 万亿元，其中家族企业占比超过 70%。但是，在年龄结构上，我国高净值人群年龄大部分超过 40 岁，超高净值人群大部分在 50 岁以上，相当一部分人年龄已在 60 岁以上。① 随着我国创一代企业家群体年龄的增长，企业家对财富管理的需求将从个人财富的保值增值拓展至对家族成员、家族企业及家族整体财富保护、管理、治理与传承，以企业家为代表的高净值人群的财富管理日趋综合化、多元化。全球家族企业调研发现，在未来十年内，预计将有超过 300 万企业家达到退休年龄，其家族财富和家族企业随之将要面临越发迫切的继承问题，家族传承将逐渐进入窗口期。普华永道《2019 年全球新生代调研报告》显示，参与家族企业的经验尚浅以及专业知识水平的不足是阻碍“二代企业家”对企业经营发挥影响力的主要因素，传承的提早规划以及后代的接班教育也因此成为企业家格外看重的传承服务。

---

① 《传承 | 中国进入家族财富传承“窗口期”，如何有序传承》，搜狐网，https：//www. sohu. com/a/220470438_ 100014622，2021 年 7 月 17 日访问。

随着中国老龄化趋势的凸显，企业家在家族财富及家族企业两个方面均面临日益迫切的财富传承需求，对于定制化的财富传承工具与专业服务诉求增强，越来越多的企业家希望避免家族出现代际传承风险，实现财富的平稳过渡。因此，了解涉外传承相关知识并投身实践，具有很强的现实意义。

与普通传承不同的是，涉外传承包含涉外因素，法律关系更为复杂。例如，在通过诉讼途径实现涉外传承时，涉外继承案件通常涉及案件争议问题的识别、冲突规范指引、准据法适用以及外国法的查明等诸多法律问题，因此涉外传承具有其复杂性和特殊性。通常具有三大特征：第一，涉外财富传承中至少有一个涉外因素；第二，涉外财富传承主要是通过国际私法的冲突规范进行间接调整；第三，涉外财富传承关系的案件实行专属管辖。[①] 这里的专属管辖指的是根据遗产的类型，区分不同的人民法院管辖。民事诉讼法第 34 条第 1 款第 1 项、第 3 项规定："（一）因不动产纠纷提起的诉讼，由不动产所在地人民法院管辖；……（三）因继承遗产纠纷提起的诉讼，由被继承人死亡时住所地或者主要遗产所在地人民法院管辖。"

（三）涉外精神文化传承

除物质财富领域的涉外传承外，家族精神的传承也十分重要。对于家族企业而言，家风的传承关乎企业的运营；对于民众而言，家族精神的传承影响着后人的成长。家族传承不仅是财富的传承，也是精神的传承，将传者的精神传递给后辈承者，使其饮水思源，实现家族优良品质薪火相传。

美国第一家族——洛克菲勒家族传承七代至今依然兴盛，离不开其家族精神的传承。洛克菲勒家族对家族成员进行了严格的家庭教育，注重培养成员的独立人格、诚信精神、乐于奉献、坚持不懈等良好品格。而且，其家族已经逐渐发展出一系列价值观、传统和制度。家族成员到 21 岁就会被邀请参加家族论坛，参与讨论家族未来的方向。洛克菲勒家族的慈善传统也被传承下来，这不但使家族后代养成了正确的价值观，也扩大了家族的影响力。[②] 相比之下，由于家族内部缺乏长远目标和对公司的有效控制，全球著名新闻出版集团道琼斯公司于 2007 年易主，班克罗夫特家族不得不

---

① 《涉外继承》，百度百科，https：//baike. baidu. com/item/% E6% B6% 89% E5% A4% 96% E7% BB% A7% E6% 89% BF/3562098？fr = aladdin，2021 年 7 月 17 日访问。

② 《美国第一大家族——洛克菲勒家族：家族精神才是永恒的财富》，明德传承，https：//zhuanlan. zhihu. com/p/61681059，2021 年 7 月 17 日访问。

以56亿美元的价格出售公司。两个家族的不同命运足以显示出家族精神文化传承的重要性。

然而，随着经济的发展，中国传统社会大家庭的形式逐渐演变为小家庭，家族精神文化的传承也将受到经济社会发展的冲击。

二、 域外老年法治战略的主要经验与启示

涉外传承与域外老年法治战略关系密切，考察域外老年法治战略有利于我们更好地理解涉外传承的趋势和意义。

目前，我国正面临着“未富先老”的问题，在老龄化不断加剧的同时，经济增长却表现出下行态势。据统计，我国年均GDP增长率从1978—2011年的10.2%下滑到2012—2017年的7.2%，与此同时，养老保险系统供养人口却在不断增加，养老支出占GDP的比重从2000年前的0.8%陡升到4.9%，构成政府债务的重要风险。除我国外，还有不少国家面临着人口老龄化的问题，比如，美国、韩国、日本、德国等。这些国家在应对老龄化问题中作出了很多有益的尝试，他们的经验值得借鉴和学习。

（一）美国

与我国相似，美国也存在养老金支出压力大、养老服务资源供给不足、低收入群体保障服务覆盖不到位等问题。为解决这些问题，美国为养老服务建立了完备的法律、诚信、保险制度。[①]

第一，美国构建了多元化养老服务体系。

在政府的税收政策支持下，美国设置了基本涵盖全民的全民性养老计划，从政府处获取基本的养老保障，对低收入留守家庭老人提供基本的经济保障；美国还设置了企业退休金计划，由个人和企业共同缴纳基本的养老保险并通过私募投资的方式储蓄养老金。通过构建各种养老计划，美国形成了多元的养老服务体系，而且政府税收政策为这些计划的实施提供了保障。[②]

第二，美国鼓励养老服务社会化。

美国营利性养老机构占70%以上，市场化水平很高。主要存在以下几种养老服务的形式：（1）护理院；（2）老年公寓；（3）日间照护中心；

---

① 张孟强、任姗姗：《美国养老服务发展经验与启示》，载《中国民政》2019年第3期。

② 安秀芳、徐维祥：《探讨新时代养老健康服务体系的构建》，载《健康中国观察》2021年第5期。

(4) 家庭照护；(5) 养老社区。其中，护理院面向长期护理服务，老年公寓面向生活照顾服务，日间照护中心面向健康检查等活动，家庭照护提供上门服务，养老社区主推中高端居住及配套服务。① 美国的养老社区能够为老年人提供灵活、多层次的养老服务，能满足老年人独立生活、辅助生活、临终生活等多元的照料需求。②

第三，美国还形成了“时间银行”的互助养老模式。

时间银行指的是将养老服务提供者所付出的时间储存起来，使自己以后也能享受相同时数的志愿养老服务。这种互助养老模式减轻了政府的资金压力和管理压力，而且由于网络技术的发展，“时间银行”的运营也更加便捷，时间和地域对提供养老服务的限制逐渐减弱，缓解了老人不愿离开生活所在地所致养老的问题。③

第四，美国鼓励老年人继续工作。

除了提供多元化的养老服务体系外，鼓励老年人继续就业也是提高老年人生活水平、缓解社会养老压力的有效手段。为鼓励有能力的老年人继续工作，美国政府不但为年长工作人员制定了更加灵活的就业安排，而且增加了在年长工作人员培训方案方面的支出，使他们的技能可以赶上新的技术发展，充分挖掘和发挥老年人所拥有的知识、经验、资本和人脉资源。④

（二）韩国

韩国同样面临着严重的人口老龄化问题。在过去20年间，韩国老龄化比重快速增加，如果按照同样的趋势发展下去，韩国老龄人口的比重将在2040年达到33.9%，于2065年达到46.1%。在应对老龄化问题上，韩国存在以下实践。

第一，韩国不断加强人口政策顶层设计并完善养老保障体系。

2005年9月，韩国成立直属于总统的“低生育及老龄社会委员会”，负责推行针对低生育及老龄社会的政策，积极应对老龄化问题。在养老制度方面，韩国政府先后颁布《育儿支援法案》《低生育及老龄社会基本计划》《老龄亲和产业振兴法》等法律，并不断健全“国民年金制度”“退

---

① 张孟强、任姗姗：《美国养老服务发展经验与启示》，载《中国民政》2019年第3期。

② 陈泳全：《一种日常生活模式的延续——美国养老社区探析》，载《中国医院建筑与装备》2020年第11期。

③ 何茜：《国外互助养老模式对我国农村地区养老的借鉴与启示》，载《农业经济》2018年第6期。

④ 王承强：《美国养老保障制度的经验和启示》，载《大众日报》2013年9月1日。

休年金制度”“个人年金制度”等，完善养老保障制度体系，有助于让老年人维持一定的生活质量。此外，韩国还设立了“基础老龄年金制度”和“住宅年金制度”，为部分家庭发放补助并允许老年人通过抵押住宅领取养老金。①

第二，实现居家养老多元主体协同供给。

韩国的居家养老项目由政府、社会和市场共同提供。政府面向老年群体直接推出普惠性养老服务，如加大文化旅游等方面的老年人优待力度、提供免费医疗诊断服务、对无依无靠的老人提供救济支援等。为鼓励社会和市场共同参与居家养老项目，韩国政府进行了双面补贴。一方面，为吸引民间资本注资，韩国政府于1970年颁布了《社会福利事业法》，规定对民间资本投资的社会福利机构予以支持；另一方面，韩国政府推出养老服务凭单制度，为居家老人发放消费券或服务券并指定兑换机构，老年人可以自由选择居家养老服务机构兑换相应的服务，在此过程中政府实现了把居家养老服务“生产递送”责任转移给专业的社会组织和企业。②

（三）日本

作为全球老龄化率最高、老龄化速度曾经最快的国家之一，日本在应对养老问题上有以下几点经验。

第一，构建医养结合社会福利体系。

由于老年人往往存在对长期康复护理和基础医疗的需求，因此为其提供疾病预防、诊疗、康复护理等服务是重要的。为满足这一需求，日本于2000年率先建立了“介护保险”制度，即养老护理保险制度，强制40岁以上的全体国民加入养老护理保险，形成了医养结合的社会福利体系。③这种医养结合的体系能有效地将老年人的养老与医疗需求联系起来，从而更高效地满足老年人的需求。

第二，制定完善的法律法规体系。

为保障养老服务的有效性，日本政府先后通过了《生活保护法》、《国民健康保险法》和《国民年金法》，从而推动了全民养老以及医疗的广覆盖。1999年，日本政府先后制定和出台了《今后5年老年人保健福利政策的方向》《推进老年人保健福利10年战略》等重要政策文件，致力于促进

---

① 沈铭辉、李天国：《人口老龄化的影响及治理对策——以韩国为例》，载《人民论坛》2020年第32期。

② 吴飞：《居家养老服务多元主体协同供给策略研究——来自韩国的经验启示》，载《邵阳学院学报（社会科学版）》2020年第3期。

③ 张晓杰：《医养结合养老创新的逻辑、瓶颈与政策选择》，载《西北人口》2016年第1期。

养老服务全社会参与，兼顾老人的生存与发展需求。[①] 完善的法律体系为养老服务的高效运行提供了基础，也为养老服务的发展提供了方向。

第三，日本有发达的金融养老服务。

2019 年，日本的养老基金投资规模达 3 万亿美元，占全球的近 8.0%，足见日本金融养老的规模。目前日本的金融养老服务产品包括传统银行、信托公司等金融机构经营的住房反向抵押贷款产品等。住房反向抵押贷款养老服务是一种以信托为手段，以住房设定抵押进行财产管理，为有需求的老年人按照各自不同的意愿提供特定的养老生活保障。如今日本的金融服务养老非常普遍、发展水平非常高、养老者获得服务满意度也很高。[②]

（四）德国

德国的老龄化形势十分严峻，1991—2019 年，德国 65 岁以上人口数量从 1200 万增至 1800 万，占总人口的比例从 15% 升至 22%。[③] 据预测，21 世纪 60 年代初，德国有护理需求的人数将增加到 450 万人，这对德国的养老服务体系是不小的挑战。为积极应对老龄化问题，德国有以下几点尝试。

第一，推行护理保险制度。

老龄人口的增加带来了养老资金的短缺，为解决资金问题，德国于 1994 年通过了《护理保险法》，规定德国正规的长期护理服务资金通过征税和强制性缴纳社会保障费获得。国家、企业、个人和医疗保险机构是资金的主要来源。国家承担超过三分之一的资金，雇主和员工平均分担占税前工资总额的 1.7%。由于老龄化问题日益严峻，2008 年通过的《护理继续发展法》将缴费率由 1.7% 上调到 1.95%，为养老护理服务提供了更多资金。[④]

第二，实行弹性退休制度。

德国将退休年龄从 60 岁调整到 65 岁，规定工作满 45 年的劳动者可以选择在 62—67 岁的任意时间点退休并领取养老金。在养老金的计算中，65 岁之前退休的人，每提前退休一个月，养老金减少 0.3%；每延迟退休一个月，养老金增加 0.5%。弹性退休制度能够激励老年人延迟退休，达到

---

① 刘庆斌：《国外养老服务体系建设的经验借鉴及对我国的改革建议》，载《社会福利（理论版）》2021 年第 3 期。

② 江世银：《国外典型国家金融服务养老实践及其启示》，载《四川轻化工大学学报（社会科学版）》2021 年第 3 期。

③ 沈忠浩：《德国延迟退休“渐进灵活”》，载《经济参考报》2021 年 4 月 1 日。

④ 蒋道霞：《德国老年护理服务的措施及启示》，载《黑河学刊》2021 年第 3 期。

社保资金增收和节约开支的作用。①

第三，打造智能技术平台。

德国于2007年制订并实施环境辅助生活系统计划，它可以通过现代化的感应传输装置，将智能仪器共同连通在一个具有扩展性的智能技术平台上，对老年人的身体状态和生活环境作出即时反应。该系统适合养老院、社区和家庭的环境，老年人可以遥控房间的设施，而且该系统可以生成老年人日常健康日志，方便家属和护理人员查看老人的身体情况。② 这种智慧养老的模式能够提高老年人的生活幸福指数，方便老年人选择居家养老等各种养老模式，节约机构养老的成本。

（五）总结

以上介绍了国际上有代表性的几个国家为应对人口老龄化采取的不同策略和方法，其中有很多值得我国借鉴，我们可以从中获得如下启示和经验。

第一，构建多元化协同养老服务体系。

仅由政府负责提供养老服务是不够的，需要发挥市场和社会的力量协同参与。政府可以通过直接提供部分养老服务以及为民间资本提供补贴等方式，构建协同养老服务体系。而且，为满足不同类型老年人的养老需求，需要提供多元化的养老服务，如居家养老、机构养老、医养结合等不同形式。

第二，完善相关法律法规与政策构建。

不同国家在应对老龄化问题时都十分关注配套法律设施的构建。合理有效的法律法规不但有助于养老体系的高效运转以及养老服务的有效提供，而且能够为养老制度提供未来发展方向。

第三，大力发展精准化养老。

通过对老年人群体的精准定位与评估，可以了解当前所需的养老服务类型，从而及时进行相应的服务建设，有效满足老年人的养老需求。通过对养老服务体系的精准监管，可以保障养老服务的质量，实现高效服务。精准化养老服务体系相比于常规养老服务体系，能够有效避免资源浪费，提高服务质量与效率。

---

① 周心怡：《发达国家养老保险体系责任分担机制的基本经验及启示》，载《东南学术》2021年第3期。

② 赵宁、张健：《国外智慧养老发展模式的经验与启示》，载《社会科学动态》2020年第8期。

三、 涉外传承的工具

为达到传承目的，涉外传承采用了多种方式，例如，家族信托、家族基金会、遗嘱、赠与、婚内协议等都是相对常用的传承工具。其中，最具有代表性的是家族信托、家族基金会、遗嘱以及税务问题应对。本节将主要探讨几类工具在涉外传承中的作用。

（一）家族信托

根据信托法规定，信托是指委托人基于对受托人的信任，与受托人签订信托合同，将其财产所有权委托给受托人，由受托人按照委托人的意愿以自己的名义管理信托财产，并在指定情况下由受益人获得收益。而家族信托是指个人作为委托人，以家庭财富的管理、传承和保护为目的的信托，受益人一般为本家庭成员，以确保家庭成员的未来发展。

家族信托的雏形可以追溯到古罗马时期，当时的罗马人为了避开《罗马法》中外来人、解放自由人无遗产继承权的规定，选择将自己的财产委托给第三人，要求第三人为妻子、子女的利益而代行对财产的管理和处分，进而在实际上实现财产的传承。现代意义上的家族信托最早出现在第二个镀金年代（1982—2007）后的美国，使资产的所有权与收益权相分离，由信托机构代为管理家族资产，以实现财富管理和传承的目的。

家族信托在涉外传承领域具有显著优势，是高净值人士传承财富的良好选择。

第一，家族信托具有很好的风险隔离功能。在离婚分产、破产清算、意外死亡等情况下，信托财产可以独立存在，不受影响，因此可以很好地划清财产归属，避免财产纠纷。第二，在制定和变更方面，家族信托也具有很高的灵活性，例如，家族信托可设置其他受益人，可中途变更受益人，也可限制受益人的权利；在信托利益分配上可选择一次性分配、定期定量分配、临时分配、附带条件分配等不同的形式。第三，在涉外传承领域，家族信托以其在处理不同属地、不同类型的资产时的灵活性备受高净值人士青睐。客户可以选择将不同属地、不同类型的资产划入不同信托进行处理，可以保持各个资产之间的独立性，从而适应不同资产的管理需要以及涉外传承的具体需求。

（二）家族基金会

1. 家族基金会概述

家族基金会，是指资金主要来源于同一家族的多个成员的基金会，其往往以实现家族传承为宗旨，按照设立人的意愿对家族财产进行运作、保存、管理和投资，并为一个或多个与设立人具有亲属和利益关系的受益人利益对该财产及其收益作出有效安排，是国际高净值人士进行财富代际传承的良好选择。在具有较多境外资产时，家族基金会往往能够提供资产管理、财富传承、家族延续、金融法律和管家服务等服务内容。在实际操作中，家族基金会还可以与其他工具共同作用，发挥出更大的作用。例如，何享健慈善基金会同时利用慈善信托与家族基金会两种慈善工具，其中，慈善信托用于受让上市公司美的控股有限公司的股权，收益分配至家族基金会，由基金会具体开展慈善项目。在这种模式下，资金的来源、保值以及增值均由慈善信托完成，而家族基金会则注重于慈善活动的实施与监管，达到了 1 +1 >2 的效果。①

在美国，家族基金会起源于镀金时代洛克菲勒、摩根、卡内基等富豪家族为管理和传承家族资产成立的家族办公室。这些富豪家族的数代传承在很大限度上归功于他们以家族基金集中管理家族财富的方式。洛克菲勒在积累了巨大财富后，将一部分财富留在洛克菲勒家族基金，该基金会采用第三方投资的方式，由职业投资人为洛克菲勒家族和其他机构管理超过300 亿美元的资产。除了第三方投资的方式外，有些家族会选择成立自己的独立家族办公室管理家族基金。这种独立家族办公室的运营管理成本较高，通常管理资产需要超过 5 亿美元。而且，独立家族办公室的资产管理方式与家族的财富来源、所处行业、企业周期和家族的投资经验等有密切的关系。例如，两个希腊的船王家族主要的家族资产都是希腊的私人造船和航运企业。两个家族的船业产业在全球经济危机过程中受到重创以后，各自拿出 10 亿美元在纽约成立了一个双家族办公室，主要的投资方式是自营的美国大盘股票。因为两个家族的主要资产都固定在希腊船业上，所以希望家族基金的美国股票组合能够对冲企业的行业风险、低流动性风险和希腊的政治经济风险。

家族基金会在家族财富、精神的传承上都具有重要意义。一方面，家族基金会的建立能够让后人对家族产生更强的荣誉感和归属感，前辈的事迹能鼓舞后人继承先辈的奋斗精神，将家族精神代代传承；另一方面，家族基金会开展的慈善事业具有很强的教化功能，能够培养后人的慈善精神，扩大家族的社会影响力，而这种社会影响力本身就能够积累家族的社会资本，在无形中促进家族财富传承。此外，家族基金会能在家族成员之

---

① 刘红玉、高慧云：《家族基金会不应过度依赖家族，我国家族基金会可持续性发展面临的挑战与完善》，载《家族企业》2020 年第 1 期。

间起到重要的纽带作用，加强成员之间的交流沟通，有助于促进家族成员之间的团结合作。

此外，家族基金会还能起到优化企业税务结构的功能。根据我国税务总局财税〔2018〕15 号的规定，我国企业用于慈善活动、公益事业的捐赠支出，在年度利润总额 12% 以内的部分，准予在计算应纳税所得额时扣除；超过年度利润总额 12% 的部分，准予结转以后三年内在计算应纳税所得额时扣除。因此，家族基金会还具有减轻企业税收负担的作用。

目前，家族基金会是涉外传承家族精神文化的主要工具，而家族宪章则为家族基金会的设立提供了系统性的规范与指导。

2. 家族宪章

（1）概述

前文已经介绍了家族基金会的基本情况以及家族基金会对家族精神文化传承的重要意义。为设立家族基金会，需要一份书面形式的规范与指导，即家族宪章。家族宪章影响着家族基金会的效力，一份优秀的家族宪章可以使家族基金会更好地发挥其传承功能。

家族宪章是经家族成员一致同意的书面协议，记录了他们希望当下这一代以及后代在未来决策时须遵循的准则及要求。家族宪章并不属于法律文件，但却以书面形式记录了家族的需求和协定原则，可为家族提供制定法律框架的基础，用于确定总体财富规划需求、制订接班规划并确定企业所有权结构等。[①] 在家族传承中，家族宪章往往扮演了一个统领和总框架的作用。

家族宪章有助于家族有形及无形财富的传承。在制定家族宪章的过程中，家族成员能够受到家族精神的感染，达到凝聚家族精神、统一家族意识的作用。而且，家族宪章中可能包含的人才培养计划、风险隔离安排、成员权利与义务的归属、对财富传承的安排等内容则有助于解决家族企业可能面临的人才循环、所有权归属、权力滥用以及家族遗产传承纠纷等问题，助力家族有形财富的传承。[②]

（2）内容设置

家族宪章的内容一般由以下几个部分构成：

第一，序言：追溯家族历史，记录家族奋斗故事，达到激励后人的

① 洪永鑫：《成功家族代际传承中平稳掌舵的三种工具》，载《清华金融评论》2018 年第 10 期。

② 《利用家族宪章厘清家族企业传承的 5 大风险》，https：//www. pinluc. com/article/2019/06/2811/419267772833. html，2021 年 7 月 17 日访问。

作用。

第二，族谱：明确家族血亲、姻亲以及拟制血亲人员范围及权利范围，以及家族成员的权利与义务。

第三，家风家训：规定家风、家训并配以奖罚手段，达到树立与传承家族精神的目标。

第四，家族传承原则：包含对于家庭成员的奖罚机制，并对家族决策机制进行规定，比如，设立家族委员会、掌门人一票否决等制度，保障家族治理的进行。

第五，家族教育机制：对后代求学教育及创业进行规定，鼓励后代努力学习知识。

第六，其他个性化条款。①

以上为家族宪章的一般构架，在制定具体家族宪章时可以针对家族的具体情况进行增删。通过家族宪章的制定，可以为解决家族事务提供基本思路，对家族成员的责任与权利作出规定，并对家族精神文化以及财富的传承起到提纲挈领的作用。针对家族企业，家族宪章还可以包含家族企业治理、家族基金、家族慈善事业等条款，对家族企业的运营管理、家族基金的运行管理与决策机制等加以规定，从而保障家族人力资本、社会资本和金融财务资本得到相对稳定的跨代增长。

（3）制定流程

家族宪章的制定并非按照模板随意拟定的简单事项，一份优秀的家族宪章需要专业的家族治理人士以及家族成员共同编制。

家族宪章的制定需要经过家族核心成员访谈、独立问卷调查、家族成员研讨会等流程，在制定过程中，需要了解和分析家族历史和现状，讨论和记录家族愿景、使命和价值观，制定家族宪章框架和治理架构以及实施调整等。而且家族宪章的制定需要考虑财务、税务、法律和企业运营等多方面因素，并结合家族办公室、家族信托、股权结构等顶层设计综合制定。② 在制定家族宪章的过程中，家族成员能够对家族产生更强的归属感，也能对家族未来的发展方向有更深刻的认识，从而实现家族的有形和无形资产的有效传承。

由于在不同时间段，面对的市场环境、现实情况不同，因此家族宪章

---

① 《薛京律师：家族宪章的功能与运用》，https：//www. 163. com/dy/article/FCG5DH2B0519CD0B. html，2021 年 7 月 17 日访问。

② 《家族宪章如何助力家族传承？——对话家族企业》，https：//www. sohu. com/na/421774018_ 676545，2021 年 7 月 17 日访问。

有必要具有一定的灵活性，需要进行修订。家族委员会可以规定每隔几年对家族宪章进行一次审查修订，并征求家族成员意见；在家族委员会的授权下，也可以委派第三方进行审查修订，最终的修订草案须经过家族委员会投票通过。[①]

（4）宪章约束力

需要注意的是，家族宪章并非法律文件，不具有法律约束力，因此家族宪章需要搭配一系列的综合设计和法律工具，才能达到家族有效治理的效果。而且，当家族宪章中的条款表述与任何国家法律的规定相背时，家族宪章的约定就是无效的。[②] 因此在家族宪章的制定时，要辅以家族信托等手段促使家族宪章有效运行，并且注意避免出现家法与国法相背的情况。但是，虽然家族宪章不具有法律约束力，它依然可以对签署人有一定的约束效力。家族宪章中可以规定违反宪章的惩罚条例，对不遵守宪章的成员加以惩戒。例如，成立于1888 年的中国香港李锦记集团的家族宪章就对家族成员提出了“不要晚结婚、不准离婚、不准有婚外情”的要求，一旦家族成员违反最后两条，就会自动失去公司董事的资格。[③] 因此，家族宪章虽然没有法律约束力，但依然可以通过特殊规定对家族成员进行一系列行为上的限制。

3. 家族委员会

家族委员会是维护、监督、执行家族宪章的机构，通过选举产生委员会代表。家族委员会的运作类似于公司董事会，定期开会讨论家族重大决策事项。家族委员会可以讨论决定家族成员对家族企业股权的持有方式，进而决定是否采用家族信托、家族基金等辅助方式。

以李锦记集团为例，李锦记于2002 年建立了家族委员会制度，规定家族委员会的会议主持人由核心成员轮流担任，并制定了议事规则，以促进成员的良性沟通，确保家族内部的一致性。家族委员会的职责并非改善企业经营状况，而是对企业的长远发展进行战略规划。[④] 面对未来多变的现实环境，家族委员会能够在保障不违背家族宪章基本原则的前提下灵活处

① 《家族宪法：治家传业的根本法》，https：//wenku. baidu. com/view/b89155e4d1f34693daef3ecb. html，2021 年 7 月 17 日访问。

② 《家族宪法不是宪法》，https：//wenku. baidu. com/view/d4f2b42a05a1b0717fd5360cba1aa81144318fa2. html，2021 年 7 月 17 日访问。

③ 《家有家规——解密豪门家族宪法》，https：//wenku. baidu. com/view/2737c6d1680203d8cf2f242d. html，2021 年 7 月 17 日访问。

④ 《解密李锦记家族委员会和家族宪法》，http：//www. gywx. org/article/59，2021 年 7 月 17 日访问。

理现实事务，实现家族有形资产与无形资产的有序传承。

（三）涉外遗嘱

1. 涉外遗嘱的定义

遗嘱是遗嘱人生前在法律框架内，按照法律的相关规定对其所拥有的财产、事务作出的个人处分决定，并当遗嘱人死亡后立即发生法律效力的文件。作为一种传统且普遍的传承方式，遗嘱能够降低传承成本，避免法律纠纷，而且可以遵从财产所有人的心愿对财产进行处置。

涉外遗嘱，顾名思义，是含有涉外因素的遗嘱。其中，涉外可分为广义和狭义的“涉外”。广义的“涉外”指包括涉外因素的所有民事关系；狭义的“涉外”指涉外因素的存在使法律选择成为必要的民事关系。①

通过对“涉外”含义的分析，我们可以更好地理解涉外遗嘱的概念。涉外遗嘱指合法有效的遗嘱中部分要件具有涉外因素的遗嘱，即遗嘱的主体、主体的经常居所地、标的物或法律事实存在涉外因素的遗嘱。②

2. 涉外遗嘱的特征

涉外遗嘱与一般遗嘱一样具有遗嘱的普遍特征，诸如是遗嘱人的单方法律行为、是遗嘱人对其个人所有的合法财产的处分、在遗嘱人死后发生法律效力等。除此之外，涉外溃嘱不同于一般遗嘱的显著特征是遗嘱的要件含有涉外因素，而且只要求部分要件具有涉外因素，而不要求全部要件都具有涉外因素。

3. 涉外遗嘱的效力

在我国，判断一份涉外遗嘱是否有效，首先需要解决的是法律适用问题。根据《最高人民法院关于适用〈中华人民共和国涉外民事关系法律适用法〉若干问题的解释（一）》（以下简称《〈涉外民事关系法律适用法〉司法解释（一）》）第2条规定：“涉外民事关系法律适用法实施以前发生的涉外民事关系，人民法院应当根据该涉外民事关系发生时的有关法律规定确定应当适用的法律；当时法律没有规定的，可以参照涉外民事关系法律适用法的规定确定。”而我国大多数单行法对涉外民事关系的法律适用没有规定，因此，实践中通常根据涉外民事关系法律适用法的规定确定涉外遗嘱的效力。

依据涉外民事关系法律适用法的规定，确定涉外遗嘱的效力应考虑的因素主要有以下三个方面。

---

① 徐妮娜：《国际私法调整对象相关问题研究》，载《求索》2010年第2期。

② 罗丹：《涉外遗嘱继承法律适用问题研究》，黑龙江大学2019年硕士学位论文，第8页。

第一，遗嘱内容涉及财产的类型（动产或不动产）。

涉外民事关系法律适用法第 31 条中规定：“不动产继承，适用不动产所在地法律。”根据该规定，遗嘱的内容如果涉及不动产，其效力需要遵循不动产所在地法律。

第二，遗嘱的形式要件。

遗嘱的形式要件主要指遗嘱的方式。涉外民事关系法律适用法第 32 条规定：“遗嘱方式，符合遗嘱人立遗嘱时或者死亡时经常居所地法律、国籍国法律或者遗嘱行为地法律的，遗嘱均为成立。”根据该规定，遗嘱的效力与立遗嘱的方式有关，而遗嘱的方式是否成立则须符合遗嘱人立遗嘱时或者死亡时经常居所地法律、国籍国法律或者遗嘱行为地法律。

第三，立遗嘱人在立遗嘱行为时或死亡时的身份和所处地域。

涉外民事关系法律适用法第 33 条规定，“遗嘱效力，适用遗嘱人立遗嘱时或死亡时经常居所地法律或者国籍国法律”，该条明确了遗嘱的效力与立遗嘱时或死亡时的身份和所处地域有关。

综观世界对涉外遗嘱效力的判定，各国对涉外遗嘱形式要件和实质要件规定各不相同。例如，对于遗嘱能力的规定，虽然各国普遍适用立遗嘱人的属人法，但土耳其采用立遗嘱人立遗嘱时的属人法，匈牙利则采用立遗嘱人死亡时的属人法；对于遗嘱内容和效力的规定，日本和德国依立遗嘱人的本国法，泰国、阿根廷采用立遗嘱人住所地法。[①] 而英国则特别强调了遗嘱的见证人制度。

举例说明，如老王为立遗嘱人，其长期在英国生活居住，在英国有房产，但仍保留中国国籍。老王立遗嘱后在英国去世，依据涉外民事关系法律适用法第 31 条和第 33 条的规定，准据法全部指向英国法，因而本案在遗嘱方式、效力的认定上，应当适用英国法。而英国 1963 年《遗嘱法》规定，立遗嘱应当有两名以上见证人在场，否则遗嘱不能成立。所以，如果老王当年立遗嘱时没有见证人在场或见证人不适格，则该遗嘱无效。当遗嘱的效力遭到了法律的否定，继承方式则应当采取法定继承。

4. 涉外遗嘱的法律适用

由于世界各国的具体国情不同、立法不同，其遗嘱继承的法律适用也有所不同。对于涉外遗嘱的法律适用，主要涉及遗嘱能力、遗嘱的形式要件、遗嘱的实质要件和遗嘱的效力等。

---

① 赵宇芹：《我国涉外遗嘱继承中遗嘱效力的法律适用评析》，载《法制与社会》2015 年第 9 期。

（1）遗嘱能力

遗嘱能力指的是遗嘱人的行为能力，即遗嘱人是否存在立遗嘱的资格。立遗嘱人必须具有遗嘱能力，但是，如果立遗嘱时遗嘱人的住所与其死亡时的住所不一致，存在遗嘱能力的法律适用以哪一个住所为准的问题。目前国际立法通常认为对遗嘱能力的判定应当适用当事人的属人法，具体可分为：遗嘱人本国法；遗嘱人住所地法；多种连结因素指引准据法。[①]

然而，对于属人法的确定，各国的具体做法也不相同。比如，日本、波兰等国是依遗嘱人立遗嘱时的本国法；奥地利采取的是依遗嘱人立遗嘱时或者死亡时的本国法；瑞士采取的是选择适用遗嘱人的本国法或住所地法；英国、美国、法国等国家采取的则是区别制来确定遗嘱能力的准据法，即关于不动产的遗嘱行为能力问题，适用不动产所在地法；关于动产的遗嘱行为能力问题，则适用遗嘱人死亡时的住所地法。由于住所很容易变动，如果遗嘱人在遗嘱成立时依其住所地法有遗嘱能力，而在死亡时依当时的住所地法没有遗嘱能力，那么依英美法，这个遗嘱依然被认为无效。

（2）遗嘱的形式要件

遗嘱的形式要件主要指遗嘱的方式。关于遗嘱方式的准据法，可以分为区别制和同一制。区别制是对动产和不动产的继承分别适用不同的法律规定；同一制是不分动产和不动产，统一适用同一法律规定。

但是，各国关于遗嘱方式的准据法，也不是一成不变的，随着社会历史的发展，有的国家可能原来采取统一制，后来也选择同时适用区别制的现象。有资料显示，20 世纪 60 年代以来，许多国家及国际公约都普遍反映出了扩大遗嘱方式准据法范围的倾向。比如，1961 年 10 月 5 日签订于海牙，1964 年 1 月 5 日生效的《遗嘱处分方式法律冲突公约》中，就明确规定了遗嘱方式的多种准据法。不动产遗嘱方式，依财产所在地法；动产的遗嘱方式，可依下列任何一种法律：遗嘱人立遗嘱地法；遗嘱人立遗嘱时或死亡时国籍国法；遗嘱人立遗嘱或死亡时的住所地法；遗嘱人立遗嘱或死亡时的惯常居住地法。再如，英国传统判例对遗嘱方式采取区别制，分别规定了两个法律适用规则，即不动产的遗嘱方式按照不动产所在地法；动产的遗嘱方式依立遗嘱人死亡时的住所地法。1963 年，英国通过了《遗嘱法》，进一步扩大了遗嘱形式要件的法律适用范围，其第 1 条就规定："凡是依遗嘱设立地、遗嘱人立遗嘱时或死亡时的住所地、遗嘱人立遗嘱或死亡时的习惯居所地、遗嘱人立遗嘱时或死亡时国籍国的现行国内

---

① 白丹：《我国涉外遗嘱的法律适用》，载《知识经济》2012 年第 15 期。

法而作成之遗嘱，得视为恰当作成。”①

目前，采用区别制的国家对不动产涉外继承适用不动产所在地法律，对动产涉外继承则存在一个准据法逐步扩大的过程；采用同一制的国家对涉外继承适用遗嘱人本国法或者立遗嘱地法。②

此外，值得关注的是，法国、日本、瑞士等国无代书遗嘱的规定，而除我国和韩国外，几乎所有国家均无录音遗嘱的规定。

（3）遗嘱的实质要件及效力

所谓遗嘱的实质要件，主要是指遗嘱必须是遗嘱人的真实意思表示，在内容上不违反法律或者公序良俗。而所谓遗嘱的效力，是指遗嘱的生效以及遗嘱的法律效果。在世界各国的立法实践中，确定遗嘱实质要件和效力的准据法也有不同的做法。许多国家不分遗嘱处分的是动产还是不动产，统一适用立遗嘱人的本国法。对于遗嘱能力，各国多单独规定了法律适用规则，具有普遍性的规定是遗嘱能力适用立遗嘱人的属人法，而且多为立遗嘱人立遗嘱时的属人法。③

（4）遗嘱变更与撤销

对于遗嘱变更和撤销的法律适用，各国遵循的规则也不相同，通常采用的规则有以下三种。

第一种，完全相同的法律适用规则。指遗嘱变更和撤销适用的法律与遗嘱能力与形式适用的法律完全相同。例如，《奥地利联邦国际私法规范》第30条规定：“（1）立遗嘱的能力和遗嘱、继承契约，或抛弃继承的契约的有效性的其他要件，依死者为该法律行为时的属人法。如该法不认为有效，而死者死亡时的属人法认为有效时，以后者为准。（2）对这些法律行为的拒绝或撤销，类似适用第1款规定。”④

第二种，完全不同的法律适用规则。指遗嘱变更和撤销适用的法律与遗嘱能力与形式适用的法律完全不同。例如，《泰国国际私法》第42条规定：“撤销全部或部分遗嘱，依撤销时的遗嘱人住所地法。”第39条规定：

---

① 高璐：《涉外遗嘱继承的法律适用问题研究》，中国政法大学2007年博士学位论文，第84页。

② 田晓云：《涉外遗嘱继承形式要件的法律适用》，载《法学杂志》1997年第5期。

③ 高璐：《涉外遗嘱继承的法律适用问题研究》，中国政法大学2007年博士学位论文，第39—43页。

④ 吴庆国：《涉外遗嘱继承的法律冲突与法律适用》，华中师范大学2011年硕士学位论文，第17页。

“遗嘱的能力，依立遗嘱时遗嘱人的本国法。”①

第三种，部分相同、部分不同的法律适用规则。指遗嘱变更和撤销适用的法律与遗嘱能力与形式适用的法律部分相同、部分不同。例如，《英国遗嘱法》第2条第一项第C款规定：“撤销另一据本法可视为恰当做成之遗嘱的遗嘱、或撤销另一据本法可视为恰当之遗嘱中某一条文的遗嘱，如其做成，符合前一被撤销之遗嘱或条文被撤销之遗嘱所遵守之法律，视为做成。对于其他撤销遗嘱的方式，如销毁遗嘱等，不动产遗嘱撤销的准据法为不动产地法，动产遗嘱撤销的准据法为遗嘱人的住所地法。如果遗嘱人住所地在撤销遗嘱时和死亡时不同时，一般认为应该依遗嘱撤销时的住所地法。”②

除法律适用上的问题外，遗嘱还有一系列其他操作问题。首先，遗嘱仅是传承意愿的表达，其实现则有赖于遗嘱的效力，然而遗嘱的效力经常受到法律挑战。中国基层法院遗产纠纷案例统计显示，遗产争议中60%是因为遗嘱不符合法律要件或者形式内容违法而引起。其次，遗嘱需要经过继承权公证，确认程序相对复杂，可能会带来遗产缩水、隐私曝光等问题。③ 因此，有周密财富传承规划的高净值人士往往并不单独使用遗嘱，而是将遗嘱搭配其他传承工具共同使用。

（四）税务问题

由于各国的税制不同，在与涉外继承相关的涉外传承方面适用的税制也不相同，因此涉外传承涉及的税务问题值得关注。

目前，我国尚未开征遗产税，法律上也尚无对遗产税的明确规定。但世界上已经有100多个国家设立了遗产税制度，总体可分为总遗产税制、分遗产税制、总分遗产税三类。总遗产税制是对财产所有人死亡后遗留的财产总额综合进行课征。其纳税人是遗嘱的执行人或遗产管理人，规定有起征点，一般采用超额累进税率，不考虑继承人与被继承人的亲疏关系和继承的个人情况。其在表现形式上是“先税后分”；分遗产税制又称继承税制，是对各个继承人分得的遗产份额分别进行课征的税制，其纳税人为遗产继承人，形式上表现为“先分后税”，多采用超额累进税率；总分遗产税，也称混合遗产税，是对被继承人的遗产先征收总遗产税，再对继承人所得的继承份额征收分遗产税，表现形式是“先总税后分再税”，两税

---

① 吴庆国：《涉外遗嘱继承的法律冲突与法律适用》，华中师范大学2011年硕士学位论文，第17页。

② 吴庆国：《涉外遗嘱继承的法律冲突与法律适用》，华中师范大学2011年硕士学位论文，第17页。

③ 陈立辉：《财富传承选择哪种方式最明智》，载《理财》2020年第11期。

合征，互补长短。① 目前，美国、英国、新加坡等国家采用总遗产税制，日本、法国、德国等采用分遗产税制。

由于遗产税的存在，继承人可能会面临非常严重的赋税，导致遗产缩水，实际获得的遗产金额可能远小于预期。这不仅会让被继承人的财产流失，无法达到财富传承的效果，而且可能增加遗产传承后的各种风险。因此，节税避税成为财富传承中的重要考量。由于信托在节税避税上的诸多优势，因此，通过信托避税成为越来越广泛的避税方式。

第二节 传承法务中的涉外传承典型案例

本节将分析几个典型的涉外传承案例，借助案例深入分析涉外传承中常用的两种工具——家族信托和家族基金会。

一、家族信托案例

（一）SOHO 中国

1. 案例背景介绍

2002 年，SOHO 中国为了实现在海外上市，采用了信托持股的方式。潘、张二人先通过私人公司控制了 SOHO 中国（Cayman）股权；接下来，SOHO 中国（Cayman）设立了 7 家 BVI 公司，控制其境内 7 家地产项目公司。其中，潘石屹透过 Boyce（BVI）控制 SOHO 中国（开曼）47.39% 股权，张欣透过 Capevale（BVI）控制 SOHO 中国（Cayman）47.39% 股权，夫妻二人的股权共计 94.78%。此时，潘石屹和张欣分别拥有 SOHO 中国（Cayman）的均等股权。2005 年 11 月 14 日，潘石屹将其在 Boyce（BVI）的全部股份以馈赠方式转让给张欣。张欣把 Boyce 及 Capevale（BVI）的全部股份转让给 Capevale（Cayman）（特意为成立信托而注册的公司，由张欣全资拥有）；紧接其后，张欣把 Capevale（Cayman）的全部股份授予汇丰信托。这笔信托被设立为不可撤销的全权信托，张欣则是该笔信托的授予人、保护人及全权受益人。潘、张二人作为 Boyce 及 Capevale（BVI）的董事，通过对其控制，同时实现了将资产转移国外，和对 SOHO 中国的控制。② 在该案例中，张欣是家族信托的委托人以及全权受益人，汇丰信托

---

① 遗产税，https://baike.baidu.com/item/%E9%81%97%E4%BA%A7%E7%A8%8E/2975538?fr=aladdin，2021 年 7 月 17 日访问。

② 《中国家族信托成功案例解析》，http://www.360doc.com/content/16/0815/19/4623653_583444015.shtml，2021 年 7 月 17 日访问。

是唯一受托人。通过家族信托，原本由夫妻二人共同持有的SOHO中国收益权已基本转至张欣名下。作为Boyce（BVI）和Capevale（BVI）的唯一董事，张欣能对SOHO中国和该离岸信托的决策产生重大影响。

在SOHO中国境外上市过程中，张欣的中国香港特区永久居民身份能够成功避免关联并购商务部的审批以及SPV外汇登记。因此，通过境内自然人潘石屹将其在Boyce（BVI）的全部股份赠与中国香港特区永久居民张欣，二人成功实现了境外换手，张欣成了SOHO中国的外籍大股东。之后，通过将全部股份转让给Capevale（Cayman）并将其全部股份装入离岸信托，张欣即成为该家族信托的委托人、保护人、酌情受益人，潘石屹不拥有任何信托权益。①

2. 案例分析

在本案中，潘、张二人采用境外家族信托方式的主要原因是企业境外上市的需要。这种通过订立信托计划，并由信托持有上市公司股权的方式是家族财富管理的一种有效手段，与其他财富管理工具相比具有明显优点。

第一，家族信托有助于紧锁企业股权。

常规的遗嘱、赠与或法定继承等方式分配给相关家庭成员可能导致企业股权分散，进而出现控制权稀释、家族纷争等现象，导致企业经营混乱。而通过设立家族信托，可有效锁定企业股权，有利于企业长期稳定发展。② 在家族信托中，信托委托人享有信托财产的授予权，一般会给受托人非常大的权利，因此本案例中的家族信托也被称为全权信托。全权信托成立后，一般只在受托人与受益人存在法律关系，与创立人无关。③ 法律文件显示，本案中的信托计划的财产授予人、保护人、全权受益人均为张欣，因此通过如此信托运作，既能保障对公司的控制，又能实现股权的安全传承。

第二，家族信托有助于节税避税。

当今世界很多国家和地区设有高额的继承税与遗产税制度，而离岸信托很强的私密性有助于避开税制的监管，可以实现有效避税的目标。信托

---

① 《SOHO潘石屹：外籍老婆张欣和她的327亿海外家族信托》，https：//zhuanlan. zhihu. com/p/115845383，2021年7月17日访问。

② 范华、孟昊桀、史汝洁、王亚璐：《股权家族信托赋能企业治理传承》，载《中国金融家》2021年第1期。

③ 《谁的SOHO?》，http：//finance. sina. com. cn/roll/2018-09-01/doc-ihinpmnr056 8841. shtml，2021年7月17日访问。

持股的方式能够最大限度地保护股东的隐私，因为除非信托受益人在董事会或高管名单中，公司财报上不会显示信托受益人的信息。[①] 从 SOHO 中国设立离岸信托的企业运作来看，其将信托设立地点选择在 BVI、开曼等避税港地区，很好地发挥了离岸信托的避税功能。[②]

除以上种种家族信托自身的优势外，潘、张二人选择设立海外家族信托还有现实的考虑，即在中国大陆设立家族信托会在法律上面临种种困难。长期以来，中国大陆并没有家族信托这一法律架构，直到 2013 年平安信托才推出了大陆首单家族信托产品。因此在本案例中，潘、张二人不得不选用离岸家族信托。如今，境内家族信托依然面临着众多法律困境。一方面，国内的信托登记制度尚不完善。根据信托法的规定，设立财产信托，依法办理信托登记是信托生效的前提。但目前我国尚未建立统一规范的信托登记制度。另一方面，信托生效还需要将财产情况进行公示，以确认该信托关系不会影响第三人的利益，也无损社会公共利益。这种规定降低了家族信托的私密性，令许多高净值人士望而却步。[③]

（二）龙湖地产

1. 案例背景介绍

高净值人士在财富传承过程中经常面临种种风险，其中离婚风险颇为常见。家族信托在应对离婚风险方面也有独特的优势，龙湖地产董事长吴亚军和前夫蔡奎就利用家族信托规避了离婚风险，避免了离婚可能对企业带来的巨大冲击。

在龙湖地产上市之前，吴亚军与蔡奎已经委托汇丰国际信托机构设立了二者的家族信托，具体流程如下。

首先，在龙湖地产上市前，吴亚军与蔡奎在英属维尔京群岛注册成立了两家离岸投资公司作为两人持有部分公司股份的主体，并且在开曼群岛注册了龙湖地产（开曼）有限公司，作为拟在中国香港特区上市的主体。接下来，龙湖地产（开曼）下设的海外控股公司通过股权收购的方式持有嘉逊发展（香港）有限公司（吴亚军持股 60%，蔡奎持股 40%）100% 股权，由此完成龙湖地产（开曼）对嘉逊发展 100% 控股。接下来，两家离

---

① 《神秘家族信托——盘点富豪财富传承》，https：//xw. qq. com/cmsid/20210524A02O6100，2021 年 7 月 17 日访问。

② 史佳欣：《我国离岸信托的基本构造及适用困境》，载《延安大学学报（社会科学版）》2018 年第 1 期。

③ 姚冬琴：《5000 万元起步财富管理实现个性化定制“家族信托”：帮富人打理家族财富》，载《中国经济周刊》2013 年第 34 期。

岸投资公司分别收购该海外控股公司60%和40%的股权，完成对龙湖地产（开曼）的全部股权分割。接下来，由汇丰国际信托有限公司作为受托人，分别设立“吴氏家族信托”和“蔡氏家族信托”两个全权信托，吴亚军和蔡奎分别将各自的股权转让给汇丰国际信托的全资子公司。[①] 至此，吴亚军和蔡奎都不再直接控制龙湖集团的股权，二人分别把股权置入信托后实现了夫妻共同财产的隔离，两个信托都不再是二人的夫妻共同财产。经过上文所述的运作，吴氏家族信托的受益人是若干吴氏家族成员以及一个名为Fit All的信托，这个信托的受益对象为龙湖地产的员工及管理层，旨在进行股权激励；蔡氏家族信托的受益对象为若干蔡氏家族成员以及Fit All信托。如此一来，无论吴蔡两人的身份性质发生了何种变化，公司股权最终都需要通过家族信托基金汇于一体才能产生效力，在一定程度上保障了两大股东行动的一致性，避免因为离婚而导致的震动。[②] 正因如此，二人离婚后公司股价和估值均无剧烈波动，家族信托成功防范了离婚风险。

2. 案例分析

在本案例中，家族信托的财产安全隔离功能得到了很好的演绎。根据信托法第15条的规定，信托财产与委托人未设立信托的其他财产相区别。如果夫妻双方用信托方式来处理各自持有的公司股权，就可以避免离婚时财产分割的纠纷。在本案中，吴亚军与蔡奎在公司上市之前就设立两个全权信托，将各自所持股份装入信托之中，实现了夫妻共同财产的隔离，明确分割了二人各自所有股份，确立了清晰的财产关系，因此避免了离婚产生的股权纠纷以及公司估值震荡，有效地实现了财产传承的目标。

龙湖地产家族信托不仅体现了信托的一般安全隔离功能，而且将信托计划与员工的股权激励联系在了一起。本案中吴氏家族信托和蔡氏家族信托的受益人中涉及一个名为Fit All的信托，该信托的受益人为龙湖地产的员工及管理人员。根据招股说明书的数据，龙湖地产半数以上主力员工通过信托形式持有龙湖地产2.35%的股权，而且这部分股票的市值在龙湖地产上市时已经达到8亿多港元。[③] 因此，本案中的家族信托起到了“一箭双雕”的作用，不但成功规避了离婚风险，而且实现了股权激励的目标。

---

① 徐姗：《我国家族信托的法律研究——以“吴亚军、蔡奎家族信托”为例》，载《时代金融》2016年第23期。

② 刘筱攸、刘雁：《家族信托是富人的守财利器》，载《证券时报》2013年12月12日。

③ 张辉：《信托持股：龙湖地产股价平稳的奥秘》，载《经济参考报》2012年12月18日。

（三）总结

通过以上两个案例可以看出，家族信托在家族财富传承中的应用具有巨大的优势。

SOHO 中国的案例说明，家族信托在企业境外上市时紧锁股权、节税避税的重要意义；龙湖地产的案例则展示了家族信托在界定财产归属、明确财产关系以及实现财产安全隔离方面的作用，两个案例体现了家族信托在高净值人士实现财富传承上的优良特性。

然而，由于中国境内引进家族信托相对较晚，目前中国大陆的家族信托仍然存在种种法律和市场上的问题。例如，未设立专门的家族信托登记机构以及相关信托税务处理等同一般商业交易等，这就导致了很多高净值人士选择通过离岸家族信托满足财富传承需求。

二、 家族基金会案例

（一）李国贤基金会

1. 背景介绍

李国贤的父亲李志雄于 1945 年在中国香港地区创立了新兴行，服务内容为支援本地与国际船运公司的船务代理。李志雄辞世后，李国贤继任公司，新兴集团不断发展并涉足其他物流领域，例如，货仓、运输和货运业等。新兴集团其他业务扩展包括一家保险代理公司、服务其他物流企业的经纪公司和一家房地产公司。21 世纪初，新兴集团不断发展，业务伸延至信息科技管理解决方案、金融投资和训练与会议设施管理等领域。

李国贤基金会成立于 1985 年，主要经营各项慈善活动，每年将集团 10% 的年利润作为资金。基金会成立了法定董事会并委任了四位董事，李国贤保留了董事会的最终决定权。2007 年，李国贤决定在基金会内成立长者基金并为基金成立咨询委员会。

2010 年，李国贤去世后，其后人李敬恩与李嘉雯开展家族会议决定基金会的未来走向，并邀请了所有家族成员以及一位高级顾问。此次家族会议有两项重要议题：基金会未来的发展方向及其管治结构。会议决定继续资助长者基金，并设立儿童基金帮助清贫家庭儿童建立良好的学习基础。对于基金会的管理架构，与李国贤对董事会保留最终决定权不同，此次家族会议决定所有家族成员都可加入董事会，而且成为基金会董事的条件只有两个：年满 18 岁以及有成为董事会成员的意愿。董事会每年举行两到三次会议，以商讨基金和基金会未来的方向。而且，会议决定为基金会设立秘书处，负责实行董事会的决策，并决定聘请全职项目经理负责处理慈善事业的行政事宜。[①]

2. 案例分析

在开展家族会议以及制定家族基金会章程的过程中，李敬恩与李嘉雯聘请了第三方专业慈善活动高级顾问协助家族成员筹划长远的慈善策略。家族会议辨明了后续家族基金会的发展方向以及家族基金会的组织架构。更现代化的运营结构和管理流程使得家族基金会得以平稳运营、有序发展。在处理慈善事业的行政事宜时，家族基金会也聘请了全职项目经理，构建了更专业化、规范化的运营模式。

从上述案例中可以看出，家族基金会在家族精神文化的传承上具有重要意义。

第一，李国贤基金会大力开展各种慈善活动，能够增强家族成员的慈善精神，将奉献精神和对社会的责任感代代传承。在李国贤的儿女尚幼时，他们就已经受到了慈善精神的熏陶，经常随父亲参加慈善组织的聚会。成人之后，他们也积极投身慈善事业。李嘉辉接管了父亲的香港聋人福利促进会主席职位，李嘉雯青少年时期已加入国际特赦组织，成年后在职业上也继续关注社会。这种奉献社会的价值观在后辈身上也有体现。李国贤的孙子李敬恩作为沃顿商学院的本科毕业生，离开了前途大好的国际顾问公司，转而投身于中国香港特区的慈善组织工作。家族基金会将家族价值观代代传承，影响着后辈的思想与行为。

第二，家族基金会有助于增强家族凝聚力，维护家族和谐。在本案例中，李国贤去世之前，只有少数家族成员认真参与基金会事务，而基金会改制后，通过每年例行董事会以及家族会议，年满18岁的家族成员均能参与进来，平时交流有限的家族成员可以针对家族基金会未来的发展方向相互讨论、发表看法。家族基金会的设立能够直接促进家族成员之间的交流互动，增强家族凝聚力，维护和谐家族。

第三，家族基金会有助于培养家族成员的治理能力和管理能力，为家族企业的后备管理培养人力资源。在本案例中，家族基金会的董事会门槛很低，所有成年家族成员均可担任，而且基金会秘书处实行轮流委任制，所有家族成员都能得到管理基金会的机会。因此，在家族基金会中办公的经历能培养家族成员的管理能力，为将来家族成员管理家族企业奠定良好基础。

本案例中的家族基金会大力开展慈善活动，不仅传承了优良的家族精

---

① 彭倩：《基金会如何助力家族团结——以香港新兴集团为案例》，载《中国慈善家》2015年第10期。

神，而且扩大了家族的社会影响力，为家族积累了家族社会资本，在无形中起到了家族财富传承的作用。家族财富、家族精神以及家族的和谐关系如果都能得到传承，则家族基业更长青。因此，家族基金会往往被看作一种家族传承的“全能”工具。

（二）老牛基金会

1. 背景介绍

老牛基金会由蒙牛创始人牛根生创设。基金会以境外公益信托模式运作，即将股权捐献给基金会，基金会通过理财获得收益，由这笔收益作为慈善公益的资金来源。[①] 2005 年，牛根生承诺捐赠个人持有的全部蒙牛股份，并通过境内境外两种方式完成。境内每年以 25% 的股权比例捐赠给老牛基金会，境外是通过公益信托的方式来完成股权捐赠。该公益信托于 2010 年 12 月 28 日宣布设立，主要通过瑞士信贷信托公司下设的 Hengxin 信托来完成。该项信托的受益方包括老牛基金会在内的诸多慈善组织以及牛根生及其家人等非慈善受益方。[②] 基金会采用“理事会领导下的秘书长负责制”，由秘书长担任基金会的法定代表人，承担基金会运作中的责任与义务。牛根生担任基金会的荣誉会长，全程参与理事会活动但不干预基金会日常业务的开展。基金会理事、监事由来自全国各地不同行业热心公益的人士组成，包括管理团队负责人、投资理财专业人士、法务专业人士等。基金会下设投资委员会，并计划增设审计委员会、提名委员会等更多专业委员会。在具体运作中，基金会采用了定期会商机制，定期将基金会运作情况与牛根生沟通并听取意见，如果存在分歧，就将会商的建议和意见提交到理事会进一步讨论；同时，作为家族代表，牛根生将会商的问题带回家族与其他家族成员沟通讨论。[③]

2. 案例分析

在本案例中，老牛基金会采用了与公益信托相结合的方式，公益信托的运作保障了资金的来源与保值，保证了基金会慈善活动的正常开展。这种 1 +1 的运营模式兼顾了家族基金会的财富传承功能与精神文化传承功能，弥补了一般家族基金会在财富管理方面的缺口，有助于实现家族财富的自我有效管理。

老牛基金会采用的定期会商机制实现了在厘清创始人家族与基金会之

---

① 本刊编辑部：《牛根生：做公益基金会的“助跑者”》，载《中国企业家》2016 年第 23 期。

② 张映宇：《家族基金会的两大财富管理工具》，载《公益时报》2017 年 11 月 14 日。

③ 雷永胜：《家族基金会——机制在先，发展在后》，载《中国慈善家》2016 年第 3 期。

间的权力与责任的基础上，维护并尊重了创始人的捐赠意愿，充分了解并重视创始人家族对基金会发展的建议和意见。

基金会下设的投资、审计等专业委员会以及监事、理事中诸多专业人士有助于构建更专业化的基金会运作模式，由专业人士处理相关慈善活动事务，推动基金会高效运转。这种权力架构能使家族基金会处理事务更加专业，从而扩大其社会影响力，收到家族传承的效果。

（三）总结

家族基金会作为家族慈善的重要途径之一，通过其现代化的有效管理以及高系统性与持久性，能够极大地扩大家族的社会影响力，传承家族优良价值观并维护家族成员之间的和谐关系。与家族信托主要关注家族财富传承不同，家族基金会的设立更能让家族成员团结在一起，为延续家族荣光而奋斗，锻炼家族成员的组织管理能力，在精神层面实现家族永续传承。[①] 但是，家族基金会也可以与其他传承工具相结合，在关注精神传承的同时关注财富的自我管理。

---

① 宋厚亮：《金乐琦：家族基金会有助于家族价值观的传承》，载《中国慈善家》2014 年第 5 期。

第三编

传承法务与相关行业

第十章　传承法务与社区运行及联动

社区是我国最基本的单元。社区治理是国家治理的基本单元和关键环节，事关党和国家大政方针贯彻落实，事关人民群众切身利益，涉及各个领域各个方面。社区是传承法务工作的主要阵地，社区是连接传承人与传承法务的服务界面。本章论述了传承法务与社区运行及联动，涉及政府购买传承服务、传承法务与社区服务的梯次结构联动、社区中的老年人防骗及维权，通过政府对社区的治理与公共服务的提供，体现政府对社会的保障功能，是相关部门、行业对传承法务适用予以支撑与推广的关键环节。

第一节　传承法务与社区养老服务

社区是集人流、物流、信息流、资源流于一体的社会最重要的基础构成单元。社区中交互界面广泛复杂，缓冲带较少；社区单元具有微结构特征，以及服务和基础消费前沿界面的特点。单个社区的各项服务规模小，成本摊销难，服务品质难以提升；社区成员来源广泛，群体认知的一致性不高，众口难调。

在加强社会治理、贯彻落实为人民服务方面，政府各部门为满足国民经济发展及人民生活需要，在政治、经济、文化、科技发展等方面各自发挥着重要的作用。民政部是主管有关社会行政事务的国务院组成部门，在老龄事业及老年工作管理、基层治理和政府对基层服务的体系建设方面，民政工作需要主动改革与创新。社区是传承法务工作的主要阵地，加强对社区服务的支持与监管，引导传承法务对接到基层服务与管理中，构建传承法务与社区服务相关联的高效能低成本的梯次结构联动，将传承法务优质专业资源链接到社区管理和服务工作中，促进传承法务在基层推广适用并承担一定的社会责任，切实发挥依法维护老年人等弱势群体合法权益的作用。

一、　社区特征与社区功能

传承人主要生活在社区，传承法律服务也应主要在社区推广运用。社区的方方面面与传承法务有着密切的联系，开展传承法务工作，需要认真了解什么是社区，把握社区的特征和功能。

（一）社区的含义

社区是一个外来概念，最早由德国社会学家滕尼斯提出，经英文转译形成中文“社区”，强调是某一社会群体在一定地理区域共同生活的利益共同体。有学者提出：“社区是若干社会群体或社会组织聚集在某一领域里所形成的一个生活上相互关联的大集体，是社会有机体最基本的内容，是宏观社会的缩影。”① 一般认为，一个社区主要包括人口、地域、服务设施、文化教育和组织这些要素。社区就是这样一个“聚居在一定地域范围内的人们所组成的社会生活共同体”。

（二）社区的特征

1. 有一定的地理区域

社区是在某一特定领域内形成的，人们在该领域内生活，从事各种社会活动，一个村庄、一个乡、一个小区都是规模不等的社区。

2. 有一定数量的人口

社区无论大小，都有居民居住；居民之间交往密切，而且往往有共同的意识和利益。

3. 设有相应的组织或单位

例如，居民委员会、学校、党政机关、街道办事处等。

4. 有统一的管理机构

相应的管理机构是社区规范有序运行的基本保障，以及相应的社区管理服务制度。

5. 有独特的文化氛围

具有鲜明的地域文化特征，是人们精神家园的外在体现。

（三）社区的功能

根据我国社会发展状况，社区应该兼具管理功能、服务功能、教育功能、救助保障功能和安全稳定功能。

社区是党和政府联系、服务居民群众的“最后一公里”。② 社区的主要功能在于为本社区的居民提供各种服务，满足社区民众对服务态度、服务水平、服务事项、服务质量等不断增长的实际需求。其功能主要包括以下

---

① 吕颖超：《SM 社区商业发展影响因素研究》，山东大学经济学院 2018 年硕士学位论文，第 17 页。

② 侯玉、刘焕明：《基层社区提升应急治理能力的考量》，载《学校党建与思想教育》2021 年第 8 期。

几个方面。

1. 管理功能

主要表现为社区的成员进行自治管理，在政府部门的指导下，在社区党组织的领导下，通过自我教育、自我管理、自我服务、自我约束，对社区事务规划、组织、管理和协调，发挥自我管理功能和作用。

2. 服务功能

组织社区成员和志愿者队伍，引进社会服务资源，办理社区公共事务和公益事业，组织办好社区服务业。包括健康卫生、医疗教育、养老等方面为居民提供人力资源服务和其他服务以及提供相关产品。

3. 教育功能

依据国家的政策法规和文化传统，教育社区的居民遵纪守法，遵守公德、社会道德及家庭美德，自觉维护社区秩序，开展职业培训、文化娱乐和体育活动，开展“五好”文明创评活动，形成具有本社区特色的文化氛围，增强社区成员的归属感和凝聚力。对违法乱纪和破坏社会公德和家庭美德的人，通过教化和舆论监督的方式促使其自我纠正，走上正轨。同时监督政府部门依法履职尽责，更好地为社区居民服务。

4. 救助保障功能

协助落实城镇最低生活保障制度，开展优抚救济工作，提供生活服务和生活保障，使其共享社会发展的成果，对社区内因临时的天灾人祸而面临生产困难的居民给予救助，体现中华民族孝老扶残助弱的优良文化传统。

5. 安全稳定功能

依靠政府的支持，团结社区居民形成维护社区安全稳定的力量，依据法律法规，维护人们的合法权益，保障人们的生命和财产安全。预防和化解社会和家庭的矛盾与纠纷，协助政府及执法部门打击各类违法犯罪行为。

二、 社区主体及其在传承法务中的作用

社区的社区村（居）委会、社会组织、社工服务机构、社会工作者、社区志愿者、社区商业机构中介服务机构，依照各自的职能定位发挥作用，与传承法务进行连接，不仅可以发挥相应宣传、教育、推广作用，而且可以直接提供传承法务配合、联动服务，提供数据、信息及实践案例。

（一）社区村（居）委会及其作用

社区村（居）委会是我国在城市和农村按照居民的居住区域而建立起来的基层群众性自治组织。它是中国社会最基层的组织，与人民群众有着十分密切的联系，主要职责是维护本区域内居民和村民的合法权益。

传承法务进村（居）民委员会的作用体现在：首先，村（居）民委员会要加强对宪法、法律和国家有关传承法务政策的宣传，通过召开村（居）民会议、微信公众号、广播等形式，向广大群众宣传传承法务的知识及对传承人权益的保护作用。其次，根据宪法第 111 条第 2 款的规定，[①] 村（居）民委员会在调解家庭间的纠纷，促进家庭和睦方面也可发挥十分重要的作用。传承法务工作与村（居）民委员会下设的人民调解委员会联动，负责本区域内的调解工作，针对老年人生前关于家庭赡养问题的纠纷，以及子女之间的财产继承纠纷等，化解传承人之间及与他人的纠纷和矛盾，促进社区和谐稳定。

（二）社区社会组织及其作用

社区社会组织是指以本街道、城市居民委员会或者农村村民委员会所辖的地域为活动范围，以满足本街道、本村（居）委会村（居）民的不同需求为目的，由本街道、本村（居）委会村（居）民自主成立和参加的社会组织。

社区社会组织的主要作用是为社区提供服务，这些服务主要包括社区志愿服务、文化娱乐服务等。常见的几类社区社会组织包括社区老年合唱团、社区戏曲艺术团、社区老年大学、社区书法协会、老年人协会等。这些社区社会组织是党和政府及社区的重要帮手，能够参加社区治理、提供社会服务，可以弥补社区治理和服务力量的不足，与社区社会组织合作、宣传，使传承人广泛了解传承法务的意义作用、服务的内容和方式，扩大传承法务在社区的影响。社区社会组织有效合法地开展活动，也需要传承法务为其提供法律支持。

（三）社会工作服务机构及其作用

社会工作服务机构主要是民办社会工作服务机构，是经业务主管单位同意经民政部门登记成立的以社会专业工作人才为主体，坚持助人自助宗旨，遵循社会工作专业理论规范，综合运用社会工作专业知识、方法和技能，开展困难救助、权益维护、人文关怀、心理疏导、行为矫治、关系调适、资源链接的民办非企业单位。其主要服务对象为弱势、困难或边缘群体，这些组织在服务群众、帮助特殊群体、促进社会和谐稳定中发挥了独特作用，是政府和民政部门等大力发展的非营利性社会组织。

---

① 《中华人民共和国宪法》第 111 条第 2 款规定：“居民委员会、村民委员会设人民调解、治安保卫、公共卫生等委员会，办理本居住地区的公共事务和公益事业，调解民间纠纷，协助维护社会治安，并且向人民政府反映群众的意见、要求和提出建议。”

社区组织支持传承法务活动开展、服务对接联动，既助人解困，又宣传法律政策，不仅可增强传承人依法求助的法律意识，还可以相互配合、共同提供便捷、安心、温暖的传承服务。

（四）社会工作者及其作用

社会工作者是指社会政策的具体实施者。“正如医生治病救人、环卫工人保持城市的清洁卫生一样，养老机构中社会工作者同样要运用自己的专业知识技能，为服务对象提供身心各层面的持续支持与照顾。”[①] 社会工作者根据社会工作服务机构的委托完成各项社会服务工作，是社会服务工作的具体承担者，与社区各类组织各类工作人员一道共同做好社区工作，为传承人提供力所能及的相关服务。

（五）社区志愿者及其作用

志愿者是自愿为社区提供帮助的一类群体，他们一般都具有很强的责任心和同情心，能够真正为了老人的利益去提供帮助。志愿者们利用自己的业余时间，为老年人提供免费的志愿服务。他们在本社区内对老年人进行日常照顾，比如，陪老人聊天、打扫卫生、购物等。这些志愿服务在一定程度上增进了老人和志愿服务提供者的感情，在他们之间建立起信任的桥梁，促进了相互之间的沟通交流，丰富了老年人的晚年生活，缓解了部分孤寡老人的孤独感。

社区志愿者主要通过自己的技能和专业知识为传承人服务，可以通过宣传、推广、收集信息、案例等活动促进传承法律服务开展。有些志愿者本身就是律师或法律服务工作者，律师或法律服务机构也可通过进社区提供志愿服务，扩大在传承人中的影响，取得他们的信赖和支持，从而落地生根发展。

（六）社区营利机构及其作用

社区营利机构指的是社区商业服务机构。主要是指通过引入市场机制运作社区资源，提高社区管理效率和社区服务水平，满足社区居民的物质和精神文化等需求的营利机构。随着社会服务内容的变化，开始形成了面向社区单位的社会服务和社区居民的便民利民服务，在市场化影响下，这些服务逐步发展起来形成体系，例如，搬家公司、家政中介公司、社区医疗服务、驻区单位后勤保障等。

传承法务与社区经营机构既可各司其职也可合作联动，为社区居民提

---

① 孙越：《社会工作者在公办养老机构改革中的角色定位分析》，载《社会与公益》2021 年第 3 期。

供社会共同体制的福利性、公益性、权益性服务，实现二者的互补及差异支持。这种模式可以在社区养老、居家养老等方面，为老年人提供更优质的健康医疗、文体娱乐、生活保障等服务。

三、 社区的治理与建设

社区治理与建设的水平直接关系到社区成员的生产生活质量，直接关系到基层的和谐稳定，直接关系到社区各项功能和职能的开展。

（一）社区治理与建设的内涵

1. 社区治理

社区治理是指在法治化、规范化的前提下，政府及派出机构、社区组织及辖区单位、非营利组织等多元主体，基于公共利益、社区认同，团结协作，为社区提供公共产品，满足社区需求，不断优化社区秩序和运行机制。

社区治理的目标是通过多元权力对社区治理的参与，在多元权力格局职责分明而又相互依赖的基础上促进社区的良治，最终达到发扬民主、整合资源、促进社区建设的目的。随着我国人口老龄化进程加速，如何满足庞大的老年人群养老需求成为当前民生建设的重要任务之一。

2. 社区建设

社区建设是在党政领导下，依靠社会力量，利用社会资源，解决社区问题，促进社区政治、经济、文化等健康发展，不断提升社区公共服务产品质量的过程。改革开放以来，随着基层管理的实践需要，社区建设从最初的探索建立社会保障制度的角度而提出“社区服务”的概念，逐步发展到“社区建设”“社区治理”，并成为国家社会治理体系重要组成部分。社区建设是一个复杂的经济、政治和社会过程，社区建设是我国在社会转型过程中找到的修复社会机体、解决社会问题的一条途径，应利用社区组织，动员社区成员的广泛参与来解决存在于社区中的问题，并促使居民之间相互合作和认同，实现社会的共同归属。

（二）社区治理与建设的主体

从社区治理与建设的内涵中可见，社区治理与建设的主体是多元化的。社区治理的主体是社区利益相关者，即与社区需求和满足存在直接或间接利益关联的成员和组织的总称，包括政府、社会、市场的各类主体以及社区成员等。客体是社区里的各种社会关系。

（三）社区治理与建设的内容

社区治理与建设的内容就是社区公共事务。所谓社区公共事务，从宏观上说，凡是按照属地原则分担到社区，以社区为单位去组织、协调、运作的公共事务，即属于社区公共事务；从微观上说，社区经济、社区教育、社区卫生，以及社会福利、社区救济属于传统的社区公共事务。社区公共事务是纷繁复杂的，社区治理需要通过合作关系将政府、社区自治组织、非营利组织、营利组织等团结起来，整合各方资源，将政府、市场和社会三者的作用有机结合起来，形成社区内部的共同合力，更加有效地解决社区公共事务问题。

（四）社区治理与建设的发展趋势

1. 社区治理与建设法治化

坚持全面依法治国是新时代的要求，也是推进社区治理的基本保障。法治是社区治理的根本，随着社会文明水平的提高，社区成员极为关注自身利益，利益诉求多样化。我们要善于用法律解决问题。首先，社区管理机构和管理者要遵循现有的法律法规，依法管理社区重大事务。其次，加强法律法规的宣传力度，通过社区老年大讲堂、社区法务工作室、社区微信工作群等有效途径，采取多种多样的形式，宣传贯彻法治理念，解读法律知识，培育和强化社区成员的法治意识，使社区成员依法有序地参与社区治理，达到“共建”“共治”“共享”的目的。

2. 社区治理与建设多元化

随着社会转型，旧有一元治理模式将被多元共治模式所取代。政府不再是社区治理的唯一主体，它将把大量责任、权力转移给其他的治理主体，引导多元的治理主体互相合作，共同参与，并扶持社区中介组织和社会组织，激发社区成员的自治力，使社区形成一种多主体广泛共治的模式。将传承法务导入社区，在一定程度上讲就是创新社会治理体制，是加强依法治理、积极引导社会力量参与社会治理的具体体现。

3. 社区治理与建设智能化

云计算、互联网、物联网等信息技术催生了新型社区治理模式，促进智慧社区的建设，整合社区资源，提高社区服务质量。运用信息技术建立社区治理与服务网站，提高办事效率和社区成员的满意度。通过智慧城市的建设，有利于解决各方之间信息不对称的问题，推进多元治理主体的紧密协作。

4. 社区治理与建设专业化

社区治理动力的来源是基层社会自治，这就要求社区中介组织、社会组织参与社区治理，发挥积极的作用。政府在由前台转向幕后的过程中，需要社区中介组织与社会组织承担这部分职能。政府引导和支持，让社区中介组织与社会专业组织对接，整合社区资源，使社区自治能力不断提高，形成良好的自治体系。

由于传承法律实务涉及的是传承人的人身权益和财产权益，一旦处理方式不当，便会影响家庭和谐，进而影响社会稳定。在现实中，仍有相当一部分老年人的自我保护法律意识不强，法治观念淡薄，不懂得如何去维护自己的权益；有些老年人受家丑不可外扬的传统观念影响，当合法权益受到侵害时，多数不愿意利用法律武器来维护自己的合法权益。

社区作为传承法务工作的主要阵地，可导入传承法务对接到社区的服务与管理之中。在社区推行传承法务，需要发挥法律服务机构的作用，利用专业人员的知识和技能维护当事人合法权益，预防、化解矛盾和纠纷。在社区开展传承法务工作，可采取由政府购买公共服务的方式推行，既引导专业团队服务于社区成员，也实现了利用专业团队预防和化解矛盾纠纷，构建稳定和谐社会的目的。

第二节　传承法务与政府购买公共服务

一、 政府购买公共服务与传承法务概述

（一）传承法务与政府购买公共服务的关系

传承法务是以现行法律规范为基础，维护传承人生前身后人身权益与财产权益系统化制度化平衡的法律实务，也具有公共服务的属性。

政府购买公共服务是指政府通过公开招标、定向委托、邀标等形式将自身承担的部分公共服务转交给社会组织、企事业单位履行，以提高财政资金使用效率和公共服务的供给质量，改善社会治理结构，满足公众的多元化、个性化需求。[①]

传承法务与政府购买公共服务是关联互动的关系，传承法务可由政府购买作为公共服务，向传承人无偿、低价提供，同时接受政府的监管与考核；政府有履行服务社会的法定义务，须依法行政，传承法务的专业律师既要满足政府购买服务的要求，也要监督政府履行服务义务，监督依法行政的落实。传承法务的基本内容是维护传承人生前身后的人身权益与财产权益，政府购买公共服务的基本内容是由政府主导提供保障社会公众生存

---

① 徐家良、赵挺：《政府购买公共服务的现实困境与路径创新：上海的实践》，载《中国行政管理》2013年第8期。

与发展基本需要的公共服务,[①] 二者基本内容的关联体现为保障社会公众权益。传承法务面向的传承人以老年人居多的传者为主，政府购买公共服务面向的社会公众中老年人是重要的服务群体，二者面向群体的关联性体现为重视老年人群体。传承法务与政府购买公共服务的互动性体现为政府为老年人购买的公共服务，这类服务包含养老服务与公共法律服务以及未来可能增设的无主遗产管理人服务,[②] 将是传承法务的重要内容，可通称为政府购买的传承服务。政府购买的传承服务是维护老年人合法权益的服务，政府与社会力量相互支持、融合、联动，通过传承法务适用到政府购买的公共服务中，辅助实现政府对社会的治理与保障功能。

（二）政府购买公共服务的法律政策依据

2003 年 1 月，《中华人民共和国政府采购法》施行，正式将服务纳入政府采购范围；2015 年 3 月，《中华人民共和国政府采购法实施条例》施行，明确政府向社会公众提供的公共服务属于政府采购的范围。除上述法律法规外，国家围绕政府购买公共服务出台了一系列政策，主要有：2006 年，国务院发布《国务院关于加强和改进社区服务工作的意见》，要求探索通过购买服务等形式，调动社会组织积极参与社区服务；2012 年，国务院发布《国家基本公共服务体系“十二五”规划》，要求发挥社会组织在公共服务需求表达、供给和监督等方面作用，将适合由社会承担的基本公共服务事项以购买服务方式交由社会组织承担，同年，民政部、财政部发布《关于政府购买社会工作服务的指导意见》，明确政府购买社会工作服务的原则、目标、主体、对象等；2013 年，国务院办公厅发布《关于政府向社会力量购买服务的指导意见》，明确政府购买服务的意义、方向，以及有序开展的指导意见；2016 年，财政部、民政部发布《关于通过政府购买服务支持社会组织培育发展的指导意见》，提出扩大购买服务范围，培育一批运作规范、服务优质，具有良好公信力的社会组织；2017 年，国务院发布《“十三五”推进基本公共服务均等化规划》，要求政府不再直接承办能由政府购买服务提供的公共服务，相应服务内容交由具备条件的社会

---

① 《国务院关于印发“十三五”推进基本公共服务均等化规划的通知》，中国政府网，http：//www.gov.cn/zhengce/content/2017-03/01/content_ 5172013.htm，2021 年 7 月 17 日访问。

② 《中华人民共和国民法典》第 1145 条规定：“继承开始后，遗嘱执行人为遗产管理人；没有遗嘱执行人的，继承人应当及时推选遗产管理人；继承人未推选的，由继承人共同担任遗产管理人；没有继承人或者继承人均放弃继承的，由被继承人生前住所地的民政部门或者村民委员会担任遗产管理人。”第 1160 条规定：“无人继承又无人受遗赠的遗产，归国家所有，用于公益事业；死者生前是集体所有制组织成员的，归所在集体所有制组织所有。”

组织、机构、事业单位和企业承担；[①] 2020 年，财政部发布《政府购买服务管理办法》，对购买主体和承接主体、购买内容和目录、购买活动的实施规则、相关合同的制定及履行、监督管理和法律责任等内容作出规定；2021 年，国家发展与改革委员会发布了《国家基本公共服务标准（2021 年版）》，为“幼有所育、学有所教、劳有所得、病有所医、老有所养、住有所居、弱有所扶、优军服务保障、文体服务保障”等 9 个方面 80 个服务项目明确了服务对象、服务内容、服务标准、支出责任、牵头负责单位。国家政策法律依据与各地因地制宜的政策相结合，构成了我国政府购买公共服务的法律政策依据，指导相应实践工作系统开展，为传承法务与政府购买公共服务的关联互动打下了基础。

（三）政府购买公共服务的范围

《中华人民共和国政府采购法实施条例》明确“政府向社会公众提供的公共服务”属于政府购买服务范围，《政府购买服务管理办法》采用负面清单加指导目录形式确认了政府购买服务的范围，明确以下各项不得纳入政府购买服务范围：（1）不属于政府职责范围的服务事项；（2）应当由政府直接履职的事项；（3）政府采购法律、行政法规规定的货物和工程，以及将工程和服务打包的项目；（4）融资行为；（5）购买主体的人员招、聘用，以劳务派遣方式用工，以及设置公益性岗位等事项；（6）法律、行政法规以及国务院规定的其他不得作为政府购买服务内容的事项。

政府购买公共服务的具体范围和内容实行指导性目录管理，中央和省两级实行分级管理，财政部和省级财政部门分别制定本级政府购买服务指导性目录，各部门在本级指导性目录范围内编制本部门政府购买服务指导性目录，省级财政部门根据本地区情况确定省以下政府购买服务指导性目录的编制方式和程序。考虑到各地、各部门指导性目录差异性，本书参考《政府购买服务管理办法》确定的应当纳入政府购买服务事项，将政府购买的公共服务分为基本公共服务、社会管理性服务、行业管理与协调性服务、技术性服务、其他适宜由社会力量承担的服务事项五个大类，其包含的养老服务、公共教育、劳动就业、人才服务、社会保险、社会救助、社区建设、社会组织建设与管理、社会工作服务、法律援助等适宜由社会力量承担的服务事项，均属于政府购买公共服务的范围。

---

① 李光：《政府购买民生服务与社会组织互动发展研究》，东北财经大学公共管理学院 2019 年博士学位论文，第 37—48 页。

二、 政府购买传承服务

政府购买传承服务是指政府购买与传承人生活相关的公共服务，主要是政府购买养老服务、政府购买公共法律服务。

（一）政府购买养老服务

1. 政府购买养老服务的内容

政府购买养老服务是以政府向社会养老机构购买服务的方式，向无劳动能力、无法定赡养人、无经济来源的“三无”老人和生活困难、子女不在身边的困难“空巢”老人及失能、失智老人等符合条件的老年人提供养老服务。购买养老服务的内容主要包括基本生活照料、基础医疗保健服务、精神慰藉类服务、文化教育类服务四个方面。

（1）基本生活照料

养老服务的核心是满足老年人最基本的生存需要，也是养老事业底线。除最基本的家政服务外，还要加强与老年人沟通交流，为一些腿脚不便的老年人提供代为跑腿、处理其日常信息、收发快递等照顾服务。

（2）基础医疗保健服务

养老机构要为老年人建立专属的电子信息卡，记录老年人的身体状况，通过服务人员记录老年人测量值等基本信息情况，掌握一定的疾病预防知识和紧急救护能力，引导老年人更好地了解自身健康状况，减少外出就医的风险，最大限度地保障老年人的身体健康。

（3）精神慰藉类服务

随着社会上“421”家庭的广泛分布，“留守老年人”和“独居老年人”情况越来越突出，伴随肢体能力的退化与时代的高速变化，老年人容易与社会脱节，产生相应的心理问题。养老服务机构要提供专业的心理咨询服务，经常性地与老年人进行沟通交流，掌握老年人的心理动态与精神需求，必要时可以成为老年人与子女之间沟通的桥梁，通过“情感交流”热线等形式，让老年人感受到家庭的温暖。

（4）文化教育类服务

身体条件较好的老年人对文化教育活动有着较高需求，养老机构以老年活动中心等场所组织棋牌娱乐、书法绘画、知识讲座文体活动，有利于加强老年人相互之间的沟通交流，形成积极、和睦的生活氛围。对于行动不便的老年人，可提供为老年人读书读报、教老年人使用智能手机等上门服务。有条件的地区还可以提供法律维权服务、开办老年大学、组织各种兴趣爱好班等。实践中，根据各地区的实际情况，政府购买居家养老服务的内容可分为基本内容和个性化内容，老年人可以根据自己的身体状况、经济情况进行自由组合，满足自己的需要。

2. 政府购买养老服务的形式

（1）形式购买模式：以上海市普陀区为代表[①]

形式购买模式的特点在于依附性与非竞争性。依附性体现在主体关系上，作为居家养老服务承接主体的社会组织在政府主导下成立，高度依附于政府机构而存在，其资金来源和人员配备都是由其政府主管机构决定，虽然属于在民政部门登记备案的社会组织，但由于其高度结合政府组织并缺乏独立决策能力和宗旨目标，可看作是政府相关部门的职能延伸。非竞争性体现在购买程序上，由于社会组织是为承接政府购买服务而由政府主导设立的，因此会采用项目经费拨付或单一来源采购等非竞争的制度化购买程序。

（2）定向委托模式：以南京市鼓楼区为代表

定向委托模式的特点在于独立性与非竞争性。独立性体现在承接服务的社会组织是完全独立于政府机构之外的法人主体，具有专业、独立的服务供给、决策、目标，购买方的政府和承接方的社会组织在公共服务供给生产过程中的权责划分相对明确。非竞争性体现在购买程序上，政府侧重于定向委托专业水平高且具备社会美誉度的社会组织。

（3）竞标购买模式：以安徽省合肥市为代表

竞标购买模式是当前倡导的主流购买模式，特点在于独立性与竞争性。独立性体现在承接方的社会组织与购买方的政府机构两者之间关系是独立的，双方通过签订购买服务合同来划分权责，并根据服务质量、服务数量等条件结算相关费用。竞争性体现在购买程序是按照公开、公平的竞争机制进行的，政府通过向社会发布所需购买服务的项目公告来吸引或邀请社会组织参与竞标，筛选符合资质要求的最为适合的社会组织来承接服务项目，确定承接方后还会进行持续性的评估，实现动态奖惩。

（4）凭单购买模式：以北京市居家养老券为代表

凭单购买模式不同于前述三种模式，融合了政府筛选、市场竞争与消费者选择。政府是规则的制定者、服务的购买者以及监督者，政府通过按照居家养老服务内容及其规范标准与服务供应方的社会组织签订服务协议等方式，委托服务机构为符合资质的老年人提供服务。作为消费者的老年

---

① 李双全、张航空：《政府购买社会组织居家养老服务：典型模式、适用条件及潜在风险》，载《江淮论坛》2019 年第 6 期。

人可以从政府相关部门领取服务卡券，自主选择服务机构和服务项目进行消费。作为服务供给方的社会组织通过为居家老人提供的服务获取服务卡券，并与服务购买方进行结算相应补贴。

3. 政府购买养老服务中的评估问题

当前，我国养老服务领域存在一些供需不对称的问题：一是服务需求不足与服务过度供给的问题并存；二是重视老年人物质需求与忽视老年人精神服务需求的问题并存；三是养老服务总体供给不足与局部供给过剩的问题并存。这些问题存在的根本原因是没有实现养老服务供给与需求的有效匹配，养老服务资源没有得到最优配置，服务效率没有最大化。这就要求第三方主体的介入，借助其对养老服务的长期深入研究和专业知识，对老年人群体养老服务需求不同类型、紧迫程度、先后次序等进行科学研究，严谨排序和分配，并与养老服务供给相匹配。①

政府购买养老服务与政府采购办公用品等物质类产品存在很大区别，有必要加强对服务过程的监管和评估，而不是单单聚焦于服务结果的评估，需要建立对流程进行全过程、全方位评估的绩效管理机制，而现有政府自身评估部门因专业知识不足而难以完全实现，但第三方评估主体却具备专业优势。就养老服务而言，效果评估尤为重要，而效果评估又以服务需求方的满意度评估的结果最为重要，但是鉴于老年人群体在需求表达、利益维护等方面居于相对弱势地位的这些特殊性，其满意度的测量指标及测量方法一直不尽科学和合理。这就有必要借助第三方专业评估的力量，科学量化定性指标，持续研究和优化养老服务效果评估的指标体系和评估模型等。

（二）政府购买公共法律服务

1. 政府购买公共法律服务的内容

2014 年，司法部《关于加快推进公共法律服务体系建设的意见》一文，对公共法律服务具体的范围进行了列举：为全民提供法律知识普及教育和法治文化活动；为经济困难和特殊案件当事人提供法律援助；开展公益性法律顾问、法律咨询、辩护、代理、公证、司法鉴定等法律服务；预防和化解民间纠纷的人民调解活动等。

公共法律服务核心是全面法治建设，本质是实现公平正义，因此，需从公共性入手全面把握政府购买公共法律服务的内容。公共法律服务的公

---

① 李春、王千：《政府购买养老服务过程中的第三方评估制度探讨》，载《中国行政管理》2014 年第 12 期。

共性具有五个方面的特性，即服务的广泛性、覆盖性、普惠性、无偿性和便利性。[①] 具体来讲，广泛性是指供给主体，除了起主导作用的政府及其部门外，社会组织要承担重要的补充，公民个人甚至都可以参与进来，共同提供法律服务；覆盖性是指公共法律服务的受众，面向社会公众，没有高低贵贱之分；普惠性是相比专业的法律服务而言，公共法律服务则是一种基础的容易为社会公众所理解和接受的法律服务；无偿性是公共法律服务由政府无偿提供，不需要公众支付成本；便利性是公共法律服务获得方式和渠道的便捷。

广义的公共法律服务的供给主体包括人大、法院、检察院、公安、法制办、妇联、残联等单位。此外，还包括各种社会组织、人民团体等，比如律师事务所组织的公益性的法律咨询等；狭义的法律服务，则是从传统的法律服务提供者角度出发，司法行政机关作为传统的法律服务单位，已经为社会所广泛认可，承担的职能主要有法治宣传、法律咨询、律师服务、公证、司法鉴定及法律援助等。政府购买传承服务中的法律服务应从狭义理解，即政府购买的为老服务中与传承法律关系连接相关的公共法律服务，主要表现为对老年人群体的权益维护。

2. 政府购买公共法律服务的形式

政府自身不能直接提供，无法满足社会公众日益增长的公共法律服务需求。在有限的公共资源条件和财务资源下，需要通过政府购买公共法律服务产品，引入非营利性或营利性社会组织提供专业化的法律服务，建立多元化的公共法律服务机制，增强公共法律服务产品的供给数量和质量，从而有效地利用、配置好公共法律服务资源。本节从维护传承人权益角度出发，介绍政府购买公共法律服务的五种重要形式：村（居）法律顾问、法治宣传教育、法律援助、人民调解、公益性公证。

（1）村（居）法律顾问

村（居）法律顾问制度通过推动律师、基层法律服务工作者等专业的法律服务人员担任法律顾问，让广大的村（居）民足不出村（社区）即可以享受到相对专业的法律服务，消灭基层社区，尤其是农村“无人服务”的盲区。相较于现行的值班律师制度，村（居）法律顾问与人民群众的联系更为紧密，可以开展提供法律知识普及和法治文化活动，开展法律讲座，开设法律课堂，提供法律咨询，解答法律疑惑，参与化解社会矛盾，

---

① 曹吉锋：《公共法律服务范畴中政府购买服务政策与实践问题探析》，载《成都行政学院学报》2019年第1期。

参与重大群体性事件的处置，为基层的长治久安提供基础的法律保障。

（2）法治宣传教育

法治宣传教育体现为各地普法办、司法局等部门通过政府购买服务的形式，以政府购买服务成本、资助补贴、项目奖励等形式，发挥社团组织在法治文艺创作、法治文艺演出、法治宣传、法律服务等方面的积极作用，借助社会力量推进法治文化建设，普及民法典等与人民群众生活密切相关的政策法律，营造学法、尊法、守法、用法的社会氛围。

（3）法律援助、人民调解、公益性公证

法律援助、人民调解、公益性公证，都是政府满足人民群众法律需求化解社会纠纷的重要形式。政府购买法律援助是由政府设立的法律援助机构或通过补贴等形式组织法律援助的律师，为经济困难或特殊案件的人给予无偿提供的法律服务，在老年人防骗、权益维护等方面发挥着重要的兜底作用；政府购买人民调解是由政府组织引导社会力量参与人民调解，通过依法登记、备案的人民调解协会以及品牌人民调解工作室等社会组织，提供人民调解案件的化解、调解咨询、矛盾纠纷对象信息采集等服务，[①]是对现行人民调解活动的重要补充，有助于积极预防和化解民间纠纷；政府购买公益性公证，体现为向一部分特殊群体的公证需求提供补贴，从而减免公证费用，如各地正在开展的“为年满70岁老人免费遗嘱公证”。[②]人民群众尤其是老年人群体对公证有着庞大的需求[③]，公益性公证能有效降低他们的负担。

3. 政府购买传承法律服务

传承法律服务是公共法律服务中应增设并单独列明的种类，是指为维护家庭和谐及社会稳定、满足人民群众的传承需要，目前暂未明确列入政府采购指导性目录的法律服务，主要由律师、律师事务所等专业机构作为承接主体，内容包含见证服务、无主遗产管理人服务、临终关怀法律服务等。

（1）见证服务

政府购买见证服务即政府购买律师、见证员等具有专业资质或专门培训的群体，为符合条件的社区老年人的传承行为进行见证，以证明其所见

---

① 《关于政府购买人民调解服务的指导意见》，浙江省财政厅官网，http：//czt. zj. gov. cn/art/2018/9/29/art_ 1229135599_ 619860. html，2021年7月17日访问。

② 《重阳节公证“敬老”年满70岁老人可免费办理遗嘱公证》，央广网，http：//www. cnr. cn/sxpd/shgl/20191008/t20191008_ 524807191. shtml，2021年7月17日访问。

③ 徐迅：《政府购买公共法律服务化解社区矛盾问题研究——以上海市P区K镇为例》，华东政法大学2020年硕士学位论文，第80页。

到的行为人是精神正常的、具备清醒表达的行为能力、是真实意思的表示，支持行为人依法有效处理相关权益。见证服务包含意定监护协议见证、遗赠扶养协议见证、遗嘱见证、生前预嘱见证等事项，依托村（居）法律顾问及社区工作站、社群服务中心等建立联合工作站并配合服务，政府通过购买见证服务引导传承法务进社区，发挥专业力量与社区服务对接的优势，为社区老年人提供便捷、安心的传承法律服务，体现政府创新社会治理与服务保障的社会功能。

（2）无主遗产管理人服务

民法典第1145条规定："……没有继承人或者继承人均放弃继承的，由被继承人生前住所地的民政部门或者村民委员会担任遗产管理人。"第1160条规定："无人继承又无人受遗赠的遗产，归国家所有，用于公益事业；死者生前是集体所有制组织成员的，归所在集体所有制组织所有。"上述条文确定民政部门在一定条件下担任无主遗产的管理人，将其用于公益事业。可以预见，随着各地遗产管理人名录工作的推进，政府尤其是民政部门必然会综合考察社会力量，将遗产管理人服务纳入政府履职所需辅助性服务的购买范围，以应对老龄化、少子化社会越来越庞大的无主遗产管理需求，更好地促进社会公益。

（3）其他传承法律服务

人口老龄化及长寿时代的来临，老年人作为慢性病多发群体，身体健康状况复杂，并随着年龄逐渐增长自我照顾能力减弱、罹患急性或慢性疾病的风险显著增加，老年长期照护的风险已经很难为一般家庭所承受，家庭照护功能的减弱，相应的养老保障的社会化趋向则应增强；还有对于类似"空巢老人""失独"家庭等处于特殊情况下的家庭而言，老年人权益保障法所规定的家庭养老义务根本难以承担，传统家庭养老模式在此情形下难以为继；还有特殊人群生命周期"最后100米"的临终关怀服务等，都需要政府统筹考量，通过新增购买传承法务来辅助解决，体现政府服务与保障的社会功能。

三、 政府购买公共服务协议范本

政府购买公共服务与传承法务相关的协议类型，有《政府购买养老服务项目合同》《政府采购养老设施项目标书》《社区食堂管理服务协议》《照料服务合作协议》《紧急救援服务协议》《文体服务协议》《老年人精神慰藉服务协议》《志愿者须知》等十余种，本节仅介绍最具代表性的三种。

（一）政府购买公共服务项目合同

政府购买公共服务项目合同

购买服务合同（　）第　号

甲方（购买方）：××××。

通信地址：×××××××。

联系方式：×××××××。

乙方（服务方）：××××。

通信地址：×××××××。

联系方式：×××××××。

丙方（见证方）：××××。

通信地址：×××××××。

联系方式：×××××××。

根据《中华人民共和国民法典》和　　市　　区人民政府《　　　》（　　　　号）等有关规定。为保证所购的服务质量，明确双方的权利义务，甲乙双方在平等、自愿、协商一致的基础上，就有关事宜达成如下协议：

第一条　项目内容

第二条　服务项目及要求

1. 项目标准：

2. 量化指标：

3. 时间节点：

4. ××××

第三条　项目经费使用原则及支付方式

项目经费确保专款专用，支付方式为：

①分段划拨　　②按月划拨　　③按季划拨　　④项目成结算

1. 合同购买服务价款总额为：（大写）　　　元人民币。

2. 第一次划拨时间：　　　　　　　；金额　　　　　元。

3. 第二次划拨时间：　　　　　　　；金额　　　　　元。

4. 第三次划拨时间：　　　　　　　；金额　　　　　元。

5. 第四次划拨时间：　　　　　　　；金额　　　　　元。

本合同预留价款金额：　　　元。合同终止后根据绩效评估及合同履行中的过错或过失责任造成经济损失进行清算后支付。

第四条 合同期限与终止

1. 合同期限为 年 月，自 年 月 日至 年 月 日止。

2. 合同的终止：

（1）合同期满，双方未续签的；

（2）乙方服务能力丧失，致使服务无法正常进行的；

（3）在履行合同过程中，发现乙方不符合《 》（ 号）中规定的服务供应方应具备的条件，造成合同无法履行的。

第五条 项目绩效评估

乙方承接服务项目后，由丙方和有关部门对项目实施情况进行全程跟踪和监督。项目完成后，丙方会同相关部门和社会评估机构对项目的工作绩效、服务对象受益情况、公众满足等进行评估并对资金使用情况进行审计。

第六条 双方权利和义务

（一）甲方权利、义务

1. 项目为合同期内实施，甲方每季度了解掌握项目工作进度及资金运作情况，每半年对乙方资金的使用情况进行审核一次。

2. 协调乙方在提供服务过程相关的政府部门和单位。

3. 为开展绩效评估，甲方应对乙方制定具体的考评意见。

（二）乙方权利、义务

1. 乙方可要求甲方按本合同的规定按时足额拨付项目经费。

2. 乙方承接甲方的服务项目的资金，其溢出部分主要应用于乙方的再发展，不得挪作他用。

3. 乙方在履行合同过程中，不得将服务项目委托给第三人，应按本合同如实报告项目进展情况，按时、按标准完成项目任务。如乙方未能在合同期内完成全部项目的服务内容，合同结束后，应将相应款项返还甲方。

第七条 违约责任

在合同履行过程中，双方因违约或重大过失造成对方经济损失的应当赔偿。

第八条 协议解决

本合同在履行过程中发生争议，由甲、乙双方协商解决；协商不成的，可以向有管辖权的人民法院提起诉讼。

第九条 合同生效

本协议一式叁份，甲方、乙方、丙方各执一份，在丙方见证下经甲、乙双方法定代表人签章之日起生效。

甲方：（盖章）　　　　　　　　　乙方：（盖章）

委托代理人：　　　　　　　　　　委托代理人：

签约日期：　　年　月　日　　　　签约日期：　　年　月　日

丙方：（盖章）

委托代理人：

签约日期：　　年　　月　　日

附件：（签订具体合同时，若有附件应注明，并注明附件名称）

（二）“老年人小饭桌”管理服务协议

“老年人小饭桌”管理服务协议

甲方：×××居委会（村委会）。

负责人：×××。

住所地：××××××。

乙方：×××餐饮公司。

负责人：×××。

住所地：××××××。

为了发展本地老龄事业，为居家老年人提供质量上乘、环境优良、服务周到的健康饮食服务，经甲、乙双方协商，特签订本协议。

第一条　服务范围

1. 每天中午“老年人小饭桌”的膳食服务；

2. 主食食堂日常供应。

第二条　甲方的权利义务

1. 按照《中华人民共和国食品卫生法》《餐饮服务食品安全监督管理办法》等相关法律法规，对乙方的膳食管理工作进行监督和指导。

2. 将饮食服务中心现有的房屋及其各种附属设施、锅炉及其辅机设备以零租金租赁的方式提供给乙方使用。

3. 将用餐老年人提出的意见和建议定期向乙方反馈，并对反映较多的问题共同协商解决。

4. 负责对外与有关环保、节能等职能部门的工作接洽与协调。帮助乙方协调与有关职能部门的关系。

5. 根据社区实际情况和饮食服务工作运行状况，负责饮食服务中心现有房屋的大范围维修、锅炉及其辅机设备（单件在2000元以上）的添置、立项和报批。

第三条 乙方的权利义务

1. 乙方应认真贯彻执行《中华人民共和国食品卫生法》以及《餐饮服务食品安全监督管理办法》，并根据实际情况制定相应的配套制度和管理细则。

2. 乙方无偿使用饮食服务中心现有的房屋及各种附属设施。房屋内的各种设备，根据资产评估报告确定总价值为　　元，也无偿使用。设备明细详见《饮食服务中心资产价值评估说明和资产评估明细表》，未列入评估明细表的设备作报废处理。已列入评估明细表设备，到了报废年限的，按正常程序报废。

3. 今后由政府投资建设的居家养老餐厅和辅助设备设施，所有权归政府，乙方根据相关规定租用或者无偿使用。到了报废年限的，按正常程序报废。由甲方自行投资建设的餐厅及购买的各种设备，使用权归乙方。

4. 乙方应积极采取可行措施，加强管理，搞好成本核算，努力降低伙食成本。在饭菜的供应上，做到菜肴的品种不少于　　种，主食品种不少于3种。在制作上要高、中、低相互搭配，注重营养均衡。在价位上，米饭的价格比照相关标准执行；菜肴的价格应做到确保每餐都有一定数量和质量的　　元/份、　　元/份的低价位的菜肴出售。

5. 乙方应采取可行措施，建立责任体系，做好防火、防盗和防止食物中毒等安全工作。

6. 乙方应自觉接受政府职能部门对食品卫生、排污防污等的检测与监督。

7. 建立多渠道、多层面的民主监督制度，充分发挥饮食服务质量检查组的作用，定期召开老年人见面会，征求对饮食工作的意见，增加膳食管理的透明度。

8. 乙方须按规定组织炊管人员到卫生部门体检，确保人人持证上岗。

9. 乙方对食堂米、面粉、猪肉、食油等大宗物品，应在合法经销商处实行定点采购。采购食品及其原料时，应按规定索证，不得采购《中华人民共和国食品卫生法》规定禁止生产、经营的食品及其原料，确保质量。

第四条 购置设备所有权

新购置的设备，由甲方购置的归甲方所有；由乙方购置的归乙方所有。

第五条 违约责任

在协议履行过程中，双方因违约或重大过失造成对方经济损失的应当赔偿。

第六条 协议解决

本协议未尽事宜，由双方协商解决。本协议在履行过程中发生争议，由甲、乙双方协商解决，协商不成的，可以向有管辖权的人民法院提起诉讼。

第七条　协议期限

本协议有效期自　　年　　月　　日至　　年　　月　　日止。

第八条　协议生效

本协议一式两份，甲方、乙方各执一份。

甲方：（盖章）　　　　　　　　乙方：（盖章）

委托代理人：　　　　　　　　　委托代理人：

签约日期：　　年　月　日　　　签约日期：　　年　月　日

（三）老年人精神慰藉服务协议

老年人精神慰藉服务协议

（适用于社区和志愿者）

甲方：×××社区/居委会。

负责人：×××。

住所地：××××××。

乙方：（志愿者）姓名×××，性别×，年龄×，身份证号码：×××，工作单位：×××，家庭住址：×××，联系电话：×××。

为弘扬中华民族敬老爱老助老传统美德，关注高龄、空巢、患病等老年人的心理健康状况，进一步提高老年人的生活生命质量和心理健康水平，不断推进中国老龄事业持续健康发展。根据《中华人民共和国民法典》《中华人民共和国老年人权益保障法》《（地方）居家养老服务条例》的相关规定，经甲乙双方平等协商，就乙方志愿为甲方辖区内的独居、高龄老年人提供精神慰藉服务事宜，达成以下协议：

第一条　服务内容

1. 每天给老人拨打一个“爱心电话”，提醒老人随着气温变化加减衣服，询问老人身体状况等；

2. 一周两次上门探视、走访独居、高龄、空巢老人，陪老人聊天谈心、给老人讲故事、陪老人散步、购物等；

3. 协助甲方对有心理障碍的老人提供心理疏导咨询服务，及早进行心理干预，帮助其摆脱心理阴影；

4. 协助甲方组织一些针对空巢老人、失独老人的文体娱乐活动，比如：社区老年戏剧社、老年艺术团，丰富老人的精神生活；

5. 对于离退休综合征老人及失独老人提供针对性的服务，借助社会团体的力量，组织老人们参加一些有意义的社会慈善或义工活动，更深层次的比如针对贫困孩子的资助活动，通过参与活动增加老人们的心理满足感及社会价值感，让失独老人家庭精神世界重新丰满起来；

6. 对于活动不便、生活自理能力弱的老人提供上门排忧解难服务，提供日常生活帮助，倾听老人的需求，陪伴老人过节；

7. 协助甲方举办诸如“邻居节”“爱心敲门”“对门问候”等活动，鼓励老人走出家门，结识邻居，交友谈心，缓解精神寂寞与孤独。

第二条　协议期限

本协议期限为一年，自　　年　　月　　日至　　年　　月　　日止。

第三条　双方关系

乙方为甲方提供的是无偿志愿服务，乙方是志愿者而不是甲方的职员，甲乙双方之间不存在任何劳动关系、雇佣关系、借调关系或劳务派遣关系。

第四条　补贴发放办法

乙方志愿提供无偿服务。甲方不向乙方发放工资报酬，不提供劳动、医疗、工伤、失业等保险待遇，但甲方每月发给乙方交通、生活、通信等补贴，头6个月每月　　元，在此期间经考核确能胜任岗位服务的，从第七个月起每月补贴　　元。

第五条　甲方的权利和义务

1. 应为乙方安排合适的工作岗位，提供与正式工作人员同等的办公条件；

2. 应对乙方进行必要的业务指导和培训；

3. 协议期间，因乙方个人原因造成的损害、损失及由此产生的法律责任，由乙方个人承担，并按照国家有关法律、法规的规定处理。

第六条　乙方的权利和义务

1. 乙方服务期间，应爱岗敬业，尽职尽责，严格遵守国家法律、法规和政策；

2. 乙方应自觉遵守甲方及所服务社区的规章制度，服从甲方的统一管理、安排和部署，按时、优质完成约定服务事项；

3. 协议期间，因乙方个人原因造成的损害、损失及由此产生的法律责任，由乙方个人承担，并按照国家有关法律、法规的规定处理。

第七条　协议的解除和终止

1. 经甲、乙双方协商一致，本协议可以协议解除；

2. 乙方自愿辞去志愿者身份并提前30天书面向甲方提出的，本协议解除；

3. 甲方基于志愿服务的质量要求和服务对象的现实需求，无须乙方继续提供自愿服务时，可提前30天书面通知乙方解除协议；

4. 如乙方不服从甲方及所在社区管理，或无法按时按要求完成服务事项、不胜任服务岗位的，甲方可以提前30天书面通知乙方解除协议；

5. 服务期间乙方因违反法律、法规、相关政策、规章制度规定造成恶劣影响的，或因其他情况致使本协议书无法履行的，甲方有权随时解除协议。

第八条 其他

1. 本协议未尽事宜，由甲、乙双方协商签订补充协议，补充协议与本协议具有同等效力；

2. 本协议经甲、乙双方签字盖章即发生法律效力，双方必须遵照执行；

3. 本协议一式两份，甲乙双方各持一份。

甲方：（盖章） 乙方：（签字）

负责人：（签字）

签约日期： 年 月 日 签约日期： 年 月 日

第三节 传承法务与社区梯次结构联动

众所周知，国际上通常把60岁以上的人口占总人口比例达到10%，或65岁以上人口占总人口的比重达到7%作为国家或地区进入老龄化社会的标准。根据2021年5月11日正式发布的第七次全国人口普查数据，我国60岁及以上人口占18.70%，65岁及以上人口占13.50%，按联合国划分标准，我国大部分地区都已经进入老龄社会。在未来一段时期，将持续面临老龄人口与出生人口不均衡发展的压力背景下，解决传承问题的重要性日益凸显，传承法务的适用推广，能满足传承人多层面的服务需求，对家庭和谐、社会稳定具有重大的现实意义。

依据传承法务服务的对象不同，既要有对高净值人群提供服务的针对性，更要有对于社会普通群体，特别是老年群体和弱势群体提供服务的普适性。从单个的传承人的角度看，传承法务是对个人生前身后传承事务的综合性和平衡性的安排，包括财产权益及人身权益相关事务的依法统筹规划与落实。目前，我国的社会养老趋势逐渐呈现出“9073”养老服务模式，即90%的老年人在社会化服务协助下通过家庭照顾养老，7%的老年人通过政府购买社区照顾服务养老，3%的老年人入住养老服务机构集中养老，逐步建立起集中照料服务与社区居家服务互为补充的养老服务体系，推动老年福利范围由补缺型向适度普惠型转变。在中国家庭中，解决好老年人居家养老问题，维护好传承人的生前合法权益，并使其方便便利地获得传承法务的专业化服务，实现“六个老有”即“老有所养”“老有所医”“老有所乐”“老有所为”“老有所教”“老有所学”是当前及未来社区工作的重点和发展方向。

社区是传承法务推广应用的重要支撑平台。构建传承法务与社区服务相关联的高效能低成本的梯次结构联动，将传承法务优质专业资源链接到社区管理和服务工作中，可以实现：向传承人提供方便、便捷的个性化服务；让社区居民、社工、志愿者及工作人员既是传承法务的消费者、参与者和受益者，也是传承法务的宣传者、推广者和实践案例的提供者；促进传承法务在基层推广应用；发挥预防和化解传承事务的纠纷和矛盾，维护传承人合法权益，促进家庭和谐，维护社会安宁，加强社会治理的效用；发挥数据化、智能化系统的优势，将相关的社区信息和案情动态实时分流处理；为法学研究者、立法部门、执法检查等部门数据化、专业化的决策起到辅助支持作用。

一、 传承法务的社区梯次联动

（一）梯次结构思维简述

当前中国在社区的基层管理，从全基因立体化多元的微结构模型及实验模型，发展到内循环外循环兼具的双循环理论模式，已经形成了相对成熟的模式，引起了国际的关注和研究，这其中就包含有梯次结构思维的应用。

中国的基层治理结构与国外相比，人口结构、地域范围等因素存在着明显差异；中国政府执政理念是以人民为中心，注重社会公平，在医疗、教育、就业等民生方面尽量做到“一个都不能少”的全面覆盖；而各项服务生产要素的开发成本、运行成本需要规模分摊，这些都对基层治理服务体系的成本效能设计提出了更高的要求。梯次结构的设计，则兼顾协调了类似这样的民众需求和服务运行成本等元素之间的关系。

为便于理解梯次结构思维，以分级诊疗为例简略说明。所谓分级诊疗，就是按照疾病的轻重缓急及治疗的难易程度进行分级，不同级别的医疗机构承担不同疾病的治疗，逐步实现从全科到专业化的医疗过程，其内涵包括基层首诊、双向转诊、急慢分治、上下联动。在分级诊疗模式下，患者就医次序为：患者首诊到基层医疗机构由全科医生（社区医疗服务站点、家庭医生）完成必要的诊疗，如果患者病情超出其诊疗能力，则由全科医生将患者转诊到上级综合医院，接受上级专科医生进一步诊疗；患者疾病进入稳定期后，再由上级专科医生将患者转回基层医疗机构，接受康复治疗；患者如果需要急诊服务，可以直接前往大医院寻求诊疗服务。简单地说，分级诊疗就是要形成“小病在社区，大病进医院，康复回社区”的理想就医格局。因此，分级诊疗被视为新医改攻坚阶段的重头戏和有效降低医疗费用、缓解“看病难、看病贵”问题的重要举措。

目前，全国各地均已推行梯次医疗工作，随处可以发现身边很多医疗机构已经挂牌医疗联合体、医共体等。对此，略加研究梳理，归纳为如下几个梯次。

第一个梯次，为已经拥有强大医疗实力的高端重点医院。以此为核心建立医联体、医共体等运营结构，将高新精尖医疗技术应用、高难度高风险手术等需要动用稀缺资源的医疗服务放在核心医院，减少巨额的重复投资，也便于医疗行业、专业积累培养相关高精尖人才。

第二个梯次，为市区县直属的常规医院。以此为平台枢纽，承上启下地解决、负责接收社区基层医疗机构转移的病患，指导协助基层医院补充补强诊疗手段，向基层医院提供设备、培训、督导等；完成常规的医疗救治，积累相应健康数据，公共卫生隐患预警等事务；向核心重点医院筛选输送疑难杂症病患，以专业级护理、转社区康复等工作配合重点核心医院专注于手术。

第三个梯次，为社区医院、诊所、健康馆等。以此网点承担“治疗小病和基础康复不出村/社区”“基础公共卫生保健普及”；健康者到病患者之间的前端预防、筛查等工作；建立全民健康档案，结合智能大数据等技术做到“防未病、治小病”；依据医联体运行协议机制，向大中型医院转移输送需要重点手术与中高级护理的病患等。该模式既可便民利民、增强民众幸福感获得感，又可提供社区就近创业就业机会，同时也可配合优化精准分流，减少核心重点医疗资源无效低效的运营消耗。

关于梯次结构思维和分级诊疗的论述，有专著阐述更为准确详细。以上仅以普通民众视角感受予以描述，以便读者简易迅速地理解梯次结构思维及其在工作中的应用。

（二）传承法务在社区的梯次联动

1. 梯次构建的维度

基于传承法务在社区平台的推广和应用，构建社区的传承法务梯次联动，应厘清和建立以传承法务理论体系为指导，界定实务的范畴与边界，建立完整的信息收集和反馈渠道，整合各方资源，引入专业服务力量，有效地控制服务过程，提升专业服务品质，优化成本摊销，探索建立服务标准和及时总结经验的工作思路。传承法务在社区的梯次联动可分为四个维度，分别是社工与客户、案源与处理、执行体系构建和传承法务。

2. 梯次联动

（1）从社工与客户维度的梯次联动

①社工机构人员发现传承法务的客户需求，传递信息移交对接。

②驻点法务工作者借助信息系统完成传承法务前置工作，例如：意定监护、生前预嘱、遗嘱见证程序准备及文书草拟。

③传承法务专业机构对接、完成见证及文书制作、保管、数据录入等。

④疑难案件与争议案件触发后续承办人员或专家智库支持介入。

⑤如有必要，督导团等非常态处置人员介入。

⑥信息数据等支持环节的预设程序化动态实时分流处理。

（2）从案源与处理维度的梯次联动

①线上线下咨询。

②社区的商务接洽。

③传承法务的业务处理。

④动态监管督导。

⑤异态处理。

⑥数据存储及分析，案例总结备案。

⑦案件信息的预设程序化动态实时分流处理。

（3）从执行体系构建维度的梯次联动

①社工机构人员。

②驻点法务人员或智能化法务机器人。

③传承法务专业人员及机构，主要指见证、文书与督导两个核心模块。

④相关专业与机构引入与支撑，主要指调解、公证及登记办证等机构。

⑤专家智库及司法系统配套。

⑥数据分析与学术研究链接。

（4）从传承法务维度的梯次联动

①社区服务窗口：传承法务与社区服务联动，社区组织与律所建立联合工作站、工作室，联合驻点律师、调解室、司法服务所、老年大学、活动中心等，宣传、推广传承法律服务。

②专业服务机构：传承法务满足传承人专业服务需求，传承法务专业律师及律所作为专业力量，支持、落实传承法律服务需求。维护权益、解决纠纷、提供个性化传承服务方案等。可引入公证、调解、中介机构等联动服务。

③学术智库：理论指导实践，实践促进研究与立法完善。

共同提供实践案例、数据、信息，传递到法学研究者与立法实践者，让法律通过实施的反馈得到优化、补强、完善。

④服务与监管：形成阶梯式的专业联动服务与监管模式。

传承法务与社区工作，在权益设计和维护、医疗康复事务等方面的工作关联度较高。作为传承法务从业者，应知应会传承法务与社区工作的梯次结构联动的嵌入模式、运营机制等基础知识和技巧，才能更好地切实担当传承法务“生前身后命与财系统化平衡”的使命。

二、 案例及点评

（一）传承法务与武汉汉广社区的为老服务

根据《民政部关于同意将北京市石景山区等单位确认为全国社区治理和服务创新实验区的批复》（民函〔2019〕41 号）精神，汉广社区作为武汉市江岸区创建“全国社区治理和服务创新试验区”的重点社区，积极响应探索“民有所呼，我必有应”模式下“构筑同心圆，服务不打烊”基层社会治理新模式，完善社区治理和服务功能，提升社区治理体系和治理能力现代化水平，进一步加强“政治、法治、德治、自治、智治与服务一体化”基层社会治理体系建设。

汉广社区成立于 2017 年 9 月，地处后湖经济商圈核心地带，辖区面积 0.6 平方千米，属于典型的“商业体 + 社区”的现代化新型社区。下辖汉口城市广场 1—6 期、紫澄花园、幸福万象三个小区；辖区规划户数 7368 户，实际入住 3864 户，居住人口 1 万余人，企业商户 1000 余家。社区按新的网格规划服务标准，在原有的 12 个网格的基础上，将辖区内综合商业体、银行、餐饮、电影院等也同步纳入网格，重新划分为 13 个网格。

1. “汉广颐养”模式的优势与特色

汉广社区作为武汉市首批社区老年人服务中心试点的社区，逐步完善了社区老年人服务中心的运行体系和各项服务功能，同时正在积极探索社区养老新模式。2019 年汉广社区形成自己的“文化养老”和“人文养老”特色的“汉广颐养”新模式——“家庭养老院”。这种模式符合绝大多数老年人，希望在家里、在社区里，在一个更为熟悉的环境中，安享晚年的社会现象和现实。

“汉广颐养”模式，文化理念秉承“康、养、育、救、助”一体化的服务体系，营造“人文养老”和“文化养老”的社区氛围。社区居民相亲相爱、同舟共济、包容和善、真心诚意、无私专注。弘扬中华民族传统美德，打造社区和谐共享家园。服务宗旨就是“让老人在社区、在自己家里，有尊严、有保障地生活”。

“汉广颐养”模式，运用“互联网+”思维模式，以居家为基础，以社区为依托，以专业服务人员为补充，以企事业养老机构为支撑，以现代化运营相匹配，以服务不断拓展为延伸，形成统一管理、统一内容、统一规范、统一模式的运营体系。横向联合社区“民呼我应”服务中心，打通服务信息壁垒；以“五社联动”为工作机制，有效地将社区健康服务站、社区老年大学、社区幸福食堂、家政服务、专业社会工作人员、社区志愿者服务站及辖区内的公益服务力量有效结合，营造真正社区居家养老的新格局典范。

“汉广颐养”模式以社区老年服务中心为服务中枢，设立“三专”——专人、专线和专项微信号（群）；整合链接辖区内外爱心慈善企业单位、医疗科技机构、权威顾问专家等社会力量建立服务网络；制定服务清单，设计制作了《汉广社区老年服务中心服务指南》分发给社区居民，借用社区老年大学和社区“微邻里”网络平台，做好社区为老服务的线上线下服务宣传工作。

2. “汉广颐养”模式的主要服务内容

（1）定期性服务

每月定期为社区长者开展孝老生日会、免费理发、修脚、按摩等基础服务；与辖区内医疗卫生服务机构合作，定期为社区老年人和居民开展义诊；与汉口城市广场院线达成公益影院合作，利用影院空档期和社区多功能厅举办夕阳院线，解决社区老年居民观影难的问题；还邀请国家（国际）专家开展权威健康养生、科普、防诈骗的讲座。目前已与国家营养师协会、顶级院士主导的细胞治疗中心、拥有三个诺贝尔奖获得者工作站的微生物科研基地等高规格医疗科研院所达成合作，并得到大力支持。

（2）周期性服务

为社区老年人开展精神慰藉、特困照顾、送餐服务等服务项目。对部分老人因健康问题严重，如长年卧病在床、聋哑、行动不便等长者，中心的工作人员、社区网格员和社会专业力量多方配合，做到周周有探访，记录生活需求反馈到服务中心，安排上门进行“三助一护”等服务。

（3）便民家政服务

为适应社区居民需求多样性的特点，服务内容也呈现出多样化的发展态势。传统的保洁清理、清洗油烟机、门窗换纱、家电维修、搬家等项目不断细化，月嫂、陪护、聊天、代购代办、康复保健等服务，也成为社区老年人服务中心的主要服务内容。真正做到“让老人在社区、在自己家里，有尊严、有保障地生活”。

（4）社区老年大学

汉广社区老年大学是在江岸区教育部门的支持和指导下开办的，首个正式建制的社区级老年大学。汉广社区老年大学在积极办学、创新管理的同时，不断发掘社区和学员中的民间“能人”“达人”“高人”，不仅自己学，还要把自己的“看家本领”奉献、传授出来，让身边的老年学友们都能有所收获。同时还邀请、导入武汉音乐学院、省地方戏曲剧团、省体育局和省武术协会的专业人士前来教学、指导。汉广社区老年大学现在有声乐班、合唱班、太极（拳剑）班、手拍鼓、舞蹈班、书画班、戏曲班、形体班、电钢琴等10个班级（科目），220多名学员。汉广社区老年大学组织发动学员骨干和党员，于2019年9月成立了社区社会组织“汉广社区志愿者服务站”。目前，负责社区老年大学日常运营管理工作的都是社区的党员骨干和“汉广社区志愿者服务站”的志愿者。

（5）传承法务工作站

2020年底，汉广社区借助《中华人民共和国民法典》颁布实施的契机，依托社区律师工作站，导入传承法务服务项目，有效补充了老年人服务法律专业方面的短板。首先，社区与传承法务项目组建立了联系，经过项目组的实地考察，双方经过协商决定将汉广社区作为传承法务推广试点社区。其次，依托社区律师工作站，对专业律师、社区工作者和管理者制订了传承法务学习培训计划，并将依据培训效果有针对性地开展相关课程的培训。通过培训组建社区传承法务工作队伍。再次，在社区老年大学增设《传承法务》讲堂，普及传承法务服务相关知识，传承法务工作站驻点律师积极开展宣传民法典和传承法务相关的知识，提供专业咨询服务，让更多的社区居民能够了解和享受到专业的传承法律服务，为社区老年人和居民解决相关法律方面的困惑，维护其合法权益，预防和化解矛盾和纠纷。最后，培育社区传承法务宣传员，规划汉广社区的社区养老、社区教育、传承法务与社区治理融合发展路径，切实强化了社区治理工作，调动社区居民的自动自发参与的积极性，共建平安、和谐、幸福社区。

通过社区教育，不断提高居民的凝聚力、自治意识和自治能力，使居民充分行使当家作主的权利，发挥其积极参与社区建设与治理，对社区工作、社区事务和社区党员干部进行民主监督。通过“民呼我应”服务机制，建立和畅通居民反映问题通道，让居民可以及时反映社区建设中存在的各种问题，让社区干部和上级政府相关部门能及时收集社区信息，准确了解基层情况，有效解决存在的问题。同时积极开展各项惠民服务活动，融洽了居民关系，促进了相互进步，真正实现幸福和谐社区总体目标。

3. 案例评析

湖北武汉的汉广社区经过多年努力，探索构建了“汉广颐养”项目的社区治理新模式。通过对社区养老、社区教育、社区法律服务与社区治理融合发展路径的探索，取得了一些成果和经验，成为多方关注的调研案例。在此基础上，汉广社区的管理者敏锐地意识到：通过在社区中引入和推广传承法务，既可以引入法律和相关专业的专业化服务，满足社区居民对传承事务的需求，有效化解相关矛盾和纠纷，同时也为社区补齐专业化服务能力不足的短板，为提升社区的管理能力产生积极作用。

（二）王大爷的梯次传承联动服务

1. 案例介绍

王大爷是退休干部，只有一个定居国外的儿子王先生。老伴去世后，王大爷因不适应国外生活，选择在社区居家养老。考虑到自己年事已高且儿子又不在身边，就主动向社区传承法务工作站咨询解决方案。经工作站驻点律师耐心解惑后，王大爷决定与工作站合作律所签订意定监护协议，由律所指派刘律师担任意定监护人与遗嘱执行人，对王大爷的生活照管、医疗救治、财产管理、维权诉讼、死亡丧葬及遗嘱执行等传承服务中事项进行约定，并确定由王大爷的儿子王先生担任意定监护监督人。签订协议时，社区工作站委派两名见证员在场，通过聊天、试错等方式，确认了王大爷神志清醒，对意定监护协议、遗嘱的内容表示清楚、明白；并对全过程进行录音录像，相关文件、资料保存在工作站合作对接的遗嘱登记机构，由数据中心备份。

传承法律服务关系建立后，刘律师按照王大爷的意愿，组合社区资源，链接社区食堂、家政服务、文化讲座、保健护理、心理慰藉等居家养老服务，满足了王大爷的物质生活及精神文化需求。之后，王大爷丧失自理能力，刘律师作为意定监护人及时介入，王大爷因旧疾复发需要手术治理，刘律师送王大爷住院并聘请专业护工照料，为日常生活及医疗护理需要支付费用。手术愈合出院后，王大爷由刘律师接到了社区护理院，针对性地进行康复护理，王大爷的状况也逐渐好转。随着王大爷身体功能老化衰竭，因医治无效去世。刘律师协助安排了丧葬事务后，作为遗嘱执行人担任遗产管理人，开展遗产的清算分配工作，按照王大爷遗嘱处分了遗产，履行了合同约定的相关义务。

2. 案例评析

随着我国人口老龄化的加深，老年人数量逐年增多，老年人更多选择在家养老，需要社区养老服务配套予以支持成为必然的趋势。创新社会治理，全面保障老年人的权益，成为整个社会关心和思考的问题。

如何让老年人在丧失或部分丧失行为能力后，仍然能按照其意愿生活，能够有尊严地度过晚年生活，是传承法务要解决的社会现实需求，而传承法务律师是主导相关梯次联动的最佳人选。

上述案例展示说明了社区服务与传承法务两个层面的梯次联动与传导。

（1）社区服务与医疗护理的分级诊疗与传导

王大爷在社区居家养老身体正常时，享受社区的养老配套服务与医疗保健服务，当其丧失自理能力后需要手术治疗时送到综合医院救治，住院治疗结束后回到社区医院康复护理。其中，提供意定监护服务的律师，参与了医院治疗及社区康复护理期间的照护安排及费用支付等协议约定工作。

（2）传承法务的梯次服务与传导响应

王大爷身体健康精神正常时，主动到社区传承法务联合工作站进行咨询，随后在见证员在场时与律所签订意定监护协议并指定遗嘱执行人，当王大爷丧失自理能力后指定的意定监护律师开始履行意定监护义务，直至王大爷去世履行遗嘱执行人约定。其间，意定监护律师在履行协议时，连接了社区服务、医院治疗及康复护理机构，实施了梯次传承法律服务与分级治疗对接的传导响应，全面满足了王大爷生养死葬及遗嘱执行的服务需求，王大爷的儿子作为意定监护监督人可以参与并监督协议的履行。体现了针对传承人的具体需求，可以制定不同行业、岗位参与的梯次传承法务事项，构建适应个性传承意愿的分工传导机制，为传承人提供更加全面、周到的服务，实现专业服务与不同行业分工合作的融合联动。

第四节　传承法务与社区中老年人防骗及维权

一、传承法务与社区中老年人防骗

（一）中老年人受骗现状

腾讯公司2019年10月9日发布《中老年人反欺诈白皮书》（简称白皮书）中指出，目前诈骗手法种类名目繁多，其中的交易诈骗、返利诈骗、交友诈骗是让中老年人“屡屡中招”的三大骗局，占比超过60%；兼职诈骗、仿冒诈骗、金融诈骗的占比则紧跟其后。中老年群体人均受骗金额在万元以上，行骗地点主要发生在被骗人群容易聚集、集中居住的社区及周边活动场所。

白皮书数据还显示，涉及钱财类诈骗占比高达84%，以骗取钱财为主要目的的电信网络金融诈骗将会爆发性地增长。因网络购物、投资理财引发的涉老纠纷也逐渐涌现，高龄离婚案件亦逐渐增多。一些犯罪分子利用中老年人的心理需求，职业化、团伙化骗取中老年人钱财的现象越发普遍。

从司法角度来看，涉老案件主要案由为房屋买卖合同纠纷、民间借贷纠纷、金融借款合同纠纷、买卖合同纠纷、离婚纠纷、追索劳动报酬纠纷等。涉老受害人案件罪名主要有非法集资罪、诈骗罪、销售伪劣产品和药品罪等。为此，政府部门要支持传承法务进社区，首要任务就是宣传、促进老年人保护好养老钱、看病钱、救命钱，要老有所居、老有所乐，倡导预先平衡安排生前及身后人身及财产权益，防范钱财、房屋等被欺诈，避免上当受骗、老无所依、引发家庭矛盾、影响社会稳定。

（二）常见类型的骗局防范

1. “以房养老”骗局

“以房养老”骗局对中老年人的伤害极为恶劣，往往致中老年人住无定所，严重破坏社会秩序，影响社会安定。该类骗局在世界各地均有发生，美国也不例外，甚至有公证处、律师事务所参与其中。

骗子公司通常以赠送小礼品、提供免费餐饮、健康讲座等方式，将中老年人聚集起来，由所谓的“理财师”利用中老年人认识的短板开展免费理财讲座，进行洗脑。利用中老年人希望老有所为，还能自我创造价值，不给下辈增添负担，甚至希望自己有能力帮助下辈的心态，描绘了一幅老年人能自食其力、老有所为的情景。骗子公司更是将自己包装成有民政部、全国老龄委、中国老龄事业发展基金会等大力扶持的假象，向中老年人散发以房养老的各种宣传材料，在显著位置印制上述机构部门名称，使人误以为该骗子公司有国家养老机构支持，营造由政府支持、背景深厚的假象。

骗子公司还租赁场地，设立养老服务总部，一站式养老服务大厅，规模浩大，给中老年人营造公司财力雄厚、骗局项目合规合法的假象。骗子公司还常常利用公证处、律师或其他具有社会影响力的人士为其站台，让人陷入骗子公司导演的骗局幻象中，警惕防范松懈后，骗子公司就许诺给予高额利息，并承诺保本保息，提供所谓可靠的公司担保，让人更加深信其保本保息的投资承诺可行可靠，诱骗中老年人将自己房产交给骗子公司进行抵押，贷得款项交给骗子公司，美其名曰由理财师提供贴心的专业投资理财服务。

“以房养老”骗局的实质是骗子公司用中老年人房产为骗子公司的借贷提供了抵押担保，骗子公司获取钱款，或直接占用贷款，或用贷款进行冒险投机，由骗子公司占用或控制贷款。中老年人因抵押了房产成为钱款出借人的抵押债务人，是借款债务实际承受人，成为真正的借款承受主体。当借款到期后，出借人要求中老年人偿还借款并对抵押房屋主张行使抵押权，此时，中老年人即使报案、信访、诉讼也没有用，诈骗老人的是骗子公司，不是银行或出借人，也避免不了用已抵押的房屋拍卖后清偿银行或借款人借款的责任。大多数结果是中老年人几百万元的房子，只得到了几万元或几十万元的蝇头小利，房子却没有了。

2. 项目投资骗局

骗子公司往往编造“认领驴、牛、羊、树、农场、草原”等投资项目，虚构高额的投资回报，然后到社区吸引中老年人，通过投资理财讲座等方式，以免费赠送食品、组织免费旅游考察、参观的方式为手段对中老年人进行洗脑。

然后，向中老年人发放宣传资料，灌输其编造的所谓投资意义、前景和丰厚回报虚假信息，通过签订合同、办理公证、律师见证等方式骗取中老年人钱财。

被骗中老年人以为认养一头驴或几棵树按份出资就可获得丰厚的回报，等到被骗几万元甚至几十万元后，骗子得手就消失得无影无踪。

3. 炒股理财骗局

骗子公司通过手机交友软件添加受害中老年人，骗子公司员工将自己包装成专业的理财讲师、炒股大神，不断向中老年人灌输炒股理财信息，取得信任后，开始将中老年人拉入某个炒股软件，指导老人如何操作，一旦进入骗子公司圈套后，不久就会出现各种提现困难或是亏空，导致血本无归。之后，骗子公司便溜之大吉，联系方式拉黑，公司跑路，使得中老年人损失惨重。武汉市公安局通报，2020 年 7 月，武汉警方受理的中老年人被骗警情中，平台投资类诈骗占 43.9%，发案最高。① 其次，依次为虚假网站、链接诈骗，贷款、代办信用卡类诈骗，冒充购物客服退款诈骗和虚假购物消费诈骗。受损资金几乎全部通过网络渠道损失，被骗人中 79.8% 是离退休人员。

---

① 《投资“炒股 APP”古稀老人几十万有去无回　平台投资类诈骗占 7 月老年人被骗警情四成》，https：//cj. sina. com. cn/articles/view/1704103183/65928d0f02001tx98？from = finance，2021 年 7 月 17 日访问。

退休老人手上一般都有一定的存款，但因缺乏理财的门路，喜欢在网上寻找理财途径，这给犯罪分子可乘之机。随着年纪增大，老年人的知识、信息结构明显跟不上社会的发展，分析判断能力减弱，对日益翻新的骗术识别能力也有所降低，易被迷惑，从而成为犯罪分子诈骗的目标。

4. 集资骗局

有些骗子公司，往往伪装成金融机构，在银行门口拿着高利息回报的宣传单，发送给出入银行的老人。一旦有中老年人被高息回报吸引至目标地，骗子公司会摆上几台电脑，招募统一着装的员工，摆着各种高大上的资质证书或是与知名人士的合影照片，给中老年人营造一种公司资金实力雄厚的错觉。投资前，骗子公司会通过各种各样的渠道进行虚假宣传，承诺保本、定期付息，虚构或者夸大自己的投资项目，甚至会拿出一本像模像样的合同让中老年人签署，诱使中老年人乖乖掏钱。中老年人投资以后，骗子公司会发放几期甜头，让中老年人拉拢更多身边的人来此“投资”，等到积累的数额达到一定金额后，往往都是人去楼空。

5. 电信、网络诈骗

（1）冒充公检法机关进行诈骗

骗子公司利用老年人对政府公检法机关的信任，冒充“公检法”等国家工作人员，称老年人或其亲属涉嫌犯罪，吓唬老年人，为了证明清白，老人就根据骗子提示，将自己账户的钱转到所谓的“安全账户”接受调查，结果被骗。

（2）中奖骗局

骗子公司采取发短信、微信消息等方式，告知中老年人中奖的信息，培养职业员工使用预先设计好的话术，引导中老年人进行后续“领奖操作”，实质是开始了诈骗。多是拿捏住了中老年人爱贪便宜的普遍心态，以“免费”“无偿”为噱头，待中老年人上钩后，点开带有病毒的链接或页面，个人信息就会随之泄露，任由骗子宰割。

（3）转款诈骗

电信网络诈骗受害人一旦中招，往往深陷其中、无法自拔。最常见的比如“猜猜我是谁”电话诈骗，犯罪分子通过不法手段获悉受害人的姓名及电话号码，打通电话后以“猜猜我是谁”的形式，假冒受害人多年不见的朋友，以借钱救急等形式骗钱。

6. 保健品诈骗

骗子在社区内租一个门店，用免费体检、免费送礼的借口吸引中老年人来上养生课，在上课的过程中兜售所谓的“保健品”，甚至号称这些保健品“包治百病”。然而，这些保健品不但价格不菲，甚至还会对中老年人的身体健康造成更大的伤害。这类骗子往往都是“打一枪换一个地方”，等到中老年人亲属去找的时候，早已不见踪影。

7. 交友、婚恋诈骗

夕阳无限好，“黄昏恋”却可能成为“大坑”。近年来，以婚恋为名的诈骗案件，在老年群体中逐渐爆发。老人本想在晚年寻找到能够与自己相互扶持的伴侣，却往往遇人不淑，最终人财两空，着实令人唏嘘。老年人的晚年生活往往比较空虚，再加上警惕性和识别能力的下降，使老年人成为诈骗分子“关注”的“重点对象”。在五花八门的骗术面前，一个不小心便容易落入陷阱，给自己造成经济上的损失。

二、 常见被骗典型案件解析

（一）曹某某集资诈骗案①

1. 案情简介

被告人曹某某先后成立并实际控制江苏爱晚投资股份有限公司、江苏华晚老龄产业发展有限公司等多家“爱晚系”公司，以年化收益率8%—36%的高额回报为诱饵，以签订“居家服务合同”“艺术品交易合同”等合同，提供居家养老服务、进行艺术品投资等为由，在江苏、浙江、山东、安徽、天津等18个省、市向社会不特定公众非法集资。经审计，曹某某累计吸收公众资金132.07亿元，至案发时，造成55169名集资参与人共计46.98亿余元本金未归还。案发后，公安机关对“爱晚系”关联公司，以及曹某某、徐某某二人名下资产予以查封、扣押、冻结。经审计、评估，财产价值7.2亿余元。

2. 裁判结果

南京市中级人民法院认为，被告人曹某某以非法占有为目的，使用诈骗方法非法集资，数额特别巨大，其行为构成集资诈骗罪。根据曹某某的犯罪事实、性质、情节和社会危害程度，南京市中级人民法院于2019年11月26日以集资诈骗罪判处曹某某无期徒刑，剥夺政治权利终身，并处没收个人全部财产。查封、扣押、冻结的财物依法处置后，按比例返还集资参与人；不足部分责令曹某某继续退赔。根据法律及司法解释规定，退赔集资参与人损失优先于财产刑的执行。一审宣判后，曹某某提出上诉，

---

① 《江苏法院2020年度十大典型案例》，江苏长安网，http：//www.jszf.org/fzjs/202101/t20210113_54686.html，2021年5月25日访问。

二审法院于2020年6月12日驳回上诉，维持原判，判决已生效。

3. 典型意义

本案系以“养老服务”为幌子实施非法集资犯罪骗取老年人财物的典型案件。随着我国人口老龄化的发展，养老服务需求巨大且不断增长。部分有养老服务需求的老年人闲散资金较多、投资渠道较少，一些犯罪分子利用这一社会现状，以“养老服务”为幌子，虚构投资、服务项目，招揽老年人投资，借此骗取钱财。本案中，被告人曹某某骗取钱财后并未投入实际生产经营活动，只是用后期集资参与人投入资金归还前期集资本息，以此维系资金运转，此种方式不可持续，必然导致资金链断裂，造成众多老年人巨额财产损失。在此提醒寻求专业养老服务的老年人，要注意甄别拟投资项目的合法性、真实性，不为高额回报所诱惑，守护好自己的养老钱。

4. 防范建议

日常生活中，面对以高息为诱饵的借款项目时，老年人切不可盲目参与出借，贪图高息，殊不知骗子们多是仅支付几个月的高息后，便会销声匿迹或是拖欠本息，常常是连同本金一块儿亏空。超出法律保护范围内的利息，不仅法院不予支持，很可能借出的本金最终也无法收回。

老年人在出借资金前一定要擦亮双眼，审查借款人或借款公司的偿还能力，是否能够提供抵押或担保，也可委托专业机构对借款人的财产状况以及信用资格进行前期尽职调查，以此来规避一定的风险。同时，在出借资金过程中，应当保留好转款凭证、借款合同，避免采用现金支付的方式，以免日后诉讼中面临举证困难的不利局面。

（二）黄某诈骗案①

1. 案情简介

被告人黄某组织多人，先以赠送鸡蛋、枇杷膏等小礼品吸引老年人注意，然后以百元现金尾号抽奖、为携带一定金额现金的老年人发放鼓励奖等方式，吸引老年人携带大量现金参加其举办的“展销会”“答谢会”。后黄某以老板、演员、星光大道评委等身份出场，夸大所销售保健品功效，允诺购买多盒保健品赠送黄金项链再全额返现，使参会老年人产生可全额返现并获赠礼品的错误认识。在高价销售保健品得款后，黄某等人迅速从现场撤离。通过上述方式，黄某等人先后在常州、无锡、镇江等地骗得

---

① 《为老年人披上法治“盔甲”》，上海法治报网，http://www.shfzb.com.cn/html/2020 11/10/content_996923.html，2021年5月25日访问。

192 名老年人 130 余万元。案发后，全部违法所得已退缴在案。

2. 裁判结果

江阴市人民法院认为，被告人黄某以非法占有为目的，与他人共同成立犯罪集团，多次骗取老年人财物，数额特别巨大，其行为已构成诈骗罪。江阴市人民法院根据黄某的犯罪事实、性质、情节，于 2020 年 5 月 12 日以诈骗罪判处其有期徒刑十一年六个月，并处罚金，退缴在案的违法所得发还被害人。一审宣判后，黄某服判未上诉，判决已生效。

3. 典型意义

本案系以销售保健品为幌子，专业化、集团化诈骗老年人钱财的典型案件。当前经济社会飞速发展，各类新事物层出不穷，但老年人信息获取渠道单一，对信息的分辨能力不足，往往难以识破各类新式骗局。一些犯罪分子抓住老人这一弱点，专门针对老人实施诈骗犯罪。本案中，被告人黄某将犯罪行为设置为准备造势和具体实施两个阶段，逐步引诱老年人步入其精心设计的骗局，最终受到了法律的严惩。在司法机关严厉打击诈骗犯罪、维护老年人合法权益的同时，老年人也需注意加强自身的信息识别能力，遇到与处分财物有关事项时，多与子女、有专业知识的亲友或有关部门交流，避免误入骗子圈套。

4. 防范建议

在小区里、社区街道门面中，不乏有以老年群体为对象，表面上采取听课、免费赠送小礼品的形式，实质上推销保健品、理疗仪、按摩课程等产品的职业骗子。他们所销售的产品，多是假冒伪劣产品，根本无法达到广告宣称的神奇效果，更有甚者，还会延误疾病的最佳治疗时间，造成不可弥补的后果。

老年人应当培养个人的兴趣爱好，不扎堆、不凑热闹、不占小便宜，让自己的晚年生活变得更加丰富多彩，而不是奔波在“展销会”“答谢会”“×××健康养生大讲座”中，不仅耗时耗力，常常还会被忽悠买回一堆假冒伪劣商品。

三、老年人权益保护典型案例解析

（一）运用居住权保护规定保障老年人老有所居

民法典第 366 条规定：“居住权人有权按照合同约定，对他人的住宅享有占有、使用的用益物权，以满足生活居住的需要。”居住权是民法典新设定的一项民生性基本权益。

居住权设定的目的在于将房屋居住权在居住人和所有人之间进行分

配，从而满足各自不同的需求，既可以实现特定弱势群体的住房保障，也可以灵活地满足当事人的其他住房需求。

将民法典所规定的居住权运用得当，即能在实现老年人将房产所有权转移给晚辈后，仍然能保证老年人的居住权；能化解和避免诸多家庭纠纷如子女不孝、家庭变故导致的老人住无定所等弊病，维护社会稳定。

司法案例：唐某三人诉俞某某返还原物纠纷案①

1. 基本案情

案涉房屋原系唐某三人的父亲唐某某与母亲韩某某的夫妻共同财产。2007 年，韩某某去世。2008 年，唐某三人通过继承遗产及唐某某的房屋产权赠与，取得案涉房屋所有权，并出具承诺书，承诺：父亲唐某某及其续弦未离世前，有终身无偿居住该房屋的权利，但此房只能由唐某某及其续弦居住，其无权处置（出租、出售、出借等），唐某三人无权自行处置该房产。后俞某某与唐某某登记结婚，共同居住案涉房屋。2016 年 1 月，唐某某去世，64 岁的俞某某仍居住在内。同年 6 月，唐某离婚，其以无房居住为由要求入住该房屋，遭俞某某拒绝。唐某三人提起本案诉讼，要求判令俞某某立即返还唐某三人名下的案涉房屋。

2. 裁判结果

安徽省合肥市庐阳区人民法院认为，唐某三人在取得案涉房屋所有权时作出的承诺系其真实意思表示，且不违反法律强制性规定，俞某某依据该承诺享有继续在案涉房屋居住的权利，唐某三人应按承诺履行其义务。同时，俞某某不存在违反承诺书中对案涉房屋出租、出售、出借的行为，故对唐某三人要求俞某某立即返还其名下案涉房屋的请求，不予支持，判决驳回唐某三人的诉讼请求。

3. 典型意义

物权人将房产赠与他人，受赠人承诺允许赠与人及其再婚配偶继续居住使用房屋至去世。在现行法律规定下，该承诺应视为赠与人作出赠与房产时所附的赠与义务，或称之为附条件的赠与。在房产已经转移登记至受赠人后，受赠人无权单方撤销承诺。本案纠纷发生时我国法律并未直接对居住权作出规定，在此情况下，应充分尊重当事人的意思自治。本案的裁判结果不仅符合情理，也与新颁布实施的《中华人民共和国民法典》关于居住权规定的相关精神一致，即不动产过户后，原物权人继续使用不动

---

① 《唐某三人诉俞某某返还原物纠纷案》，中国法院网，https：//www.chinacourt.org/article/detail/2021/02/id/5818110.shtml，2021 年 5 月 25 日访问。

产，该种保留房屋居住使用权的赠与，可视为设立居住权的合同，新产权人亦无权单方撤销该合同。这一审判思路贯彻了党的十九大提出的加快建立多主体供给多渠道保障住房制度的要求，有利于解决老年人赡养、婚姻家庭生活中涉及的房产问题，保障老有所居，切实保护老年人的权益。

这几年，“以房养老”问题层出不穷。所谓以房养老，是指老人将房子抵押给金融机构，获得养老金直到去世。一些机构以此为名，骗取老人房产，导致老人不知不觉中房产被贱卖，最终赔了房子又失去了住所。如果在签订“以房养老”协议的同时，保障老人居住权，不到去世，这一权利就一直存在，有生之年谁都无法剥夺，这无疑也能让许多金融骗局无处藏身。

（二）金融机构应对老年人进行合理风险评估和提示义务

老年群体因其生理上、心理上有别于大众群体，自身抗风险能力较弱，尤其在金融理财领域，认知水平在某种程度上处于劣势，面对这类特殊客户群体，金融机构有义务对老年客户投资理财进行科学、谨慎的指导，更不能利用老年客户的弱势地位，欺骗、诱导其购买不适合的理财产品，老年客户因金融机构未经风险提示义务而遭受损失的，金融机构应当承担其过错范围内的赔偿责任。

在社会中，金融机构应当做好示范作用，爱老、敬老，为老年客户匹配适合的理财产品，让他们能在可承受的风险范围内，获得一定的理财收入，实现共赢，营造良好的社会理财、投资氛围。

司法案例：王某诉中国工商银行股份有限公司北京某支行财产损害赔偿纠纷案①

1. 基本案情

2015 年，62 岁的王某在北京某银行处申购 HT 集合资产管理计划产品（金额 100 万元）和 HA 基金产品（金额 70 万元），其签订的申请书载明：“……不是我行发行的理财产品……可能产生风险，无法实现预期投资收益……投资风险由您自行承担……”该行测评王某风险承受能力为平衡型，HT 为低风险，HA 为高风险，HA 风险级别高于王某的风险承受能力。王某签署电子风险揭示书，后收取分红收益 5 万元。2017 年其申请赎回时份额约 100 万份，金额约 80 万元。王某起诉请求判令该行赔偿本金约 23

① 《王某诉中国工商银行股份有限公司北京某支行财产损害赔偿纠纷案》，中国法院网，https：//www. chinacourt. org/index. php/article/detail/2021/02/id/5818112. shtml，2021 年 5 月 25 日访问。

万元、利息16万元并三倍赔偿68万元。

2. 裁判结果

北京市第二中级人民法院认为，案涉《资产管理合同》及《风险揭示书》等均系银行依循的规范性文件或自身制定的格式合同，不足以作为双方就案涉金融产品相关情况充分沟通的凭证。银行对王某作出的风险承受能力评估为平衡型，但案涉金融产品合同中显示的风险等级并非均为低风险，该行违反提示说明义务，未证实购买该产品与王某情况及自身意愿达到充分适当匹配的程度；未能证明其已经对金融消费者的风险认知、风险偏好和风险承受能力进行了当面测试并向其如实告知、详尽说明金融产品内容和主要风险因素等，应当承担举证不能的法律后果。同时，王某有投资理财经验，应当知晓签字确认行为效力；本案投资亏损的直接原因是金融市场的正常波动，并非该行的代理行为导致，王某亦应对投资损失承担一定的责任。故判决银行赔偿王某7万元。

3. 典型意义

首先，明确规则尺度，保护老年人金融消费安全，首案效应突出。本案是《全国法院民商事审判工作会议纪要》（以下简称《会议纪要》）发布后首批维护金融消费者权益案件之一，指出银行应就投资者的年龄、投资经验、专业能力进行审查并考虑老年消费者情况等，对老年投资者应给予特别提示，结合民商事法律、《会议纪要》精神和社会发展实际提出了金融机构提示说明义务和金融消费者注意义务等判断标准。对如何为老年人提供更加合法、安全的投资理财消费环境，具有积极意义。其次，回应人民需求，弘扬社会主义核心价值观，体现时代发展。随着经济快速发展和人口老龄化程度加剧，针对老年群众的金融理财产品层出不穷。要将社会主义核心价值观具体贯彻到审判中，妥善处理和回应金融产品消费与信息化结合中产生的新问题，贯彻民法典立法精神，保护老年消费者的契约自由，为构建良好金融市场秩序、切实维护老年人权益树立典范。再次，践行司法改革，创新审理模式，助力社会治理。本案适用百姓评理团辅助审判，更好地结合法官专业性和公众的价值理念。

（三）向“强行啃老”说不，保护老年人财产

一般而言，老人对子女的付出都是真心的。当成年子女遇到经济方面的困难，父母大都会倾其所有进行帮助，比如，对子女买房首付、结婚彩礼、大病救治等大额费用的经济帮助，大部分父母都不会说是赠与还是借贷，但这种情况也属于“啃老”现象。子女“啃老”是较为普遍的社会现象，如果老人愿意是“你情我愿”，也无可厚非。然而，近年来，子女违背老人意愿“强行啃老”的现象屡见不鲜，严重侵犯了老年人的合法权益。

面对老人长期真心地付出，有些子女普遍认为，这是父母对子女应尽义务的延伸，不需要归还。我国法律明确规定，父母抚养子女的义务，仅限于未成年子女或不能独立生活的子女。因此，对于独立生活的成年子女，父母并没有抚养的法定义务。

司法案例：周某诉龚某侵权责任纠纷案①

1. 基本案情

2017 年 1 月 13 日，龚某华及其女儿龚某将龚某华的母亲，92 岁的周某，带至农村信用社某营业厅，对其账户进行挂失，取出存款 24 万元并存入龚某账户。周某系文盲，上述柜台业务办理均由龚某操作，银行业务员需要周某拍照确认时，龚某将坐在轮椅上的周某推到柜台摄像头前拍照，再推回等候席，将材料让周某捺完指印后再交给银行业务员。龚某、业务员均未和周某进行交流。周某诉至法院称，龚某华及龚某以帮助办理银行存款为由，将其骗至银行并转走存款，周某得知后，要求龚某返还，遭到拒绝，故诉请龚某返还上述款项。

2. 裁判结果

浙江省嘉兴市南湖区人民法院认为，周某在龚某华将其存款取出并转移时对该项事实并不知情，龚某华在未取得周某同意的情况下，擅自将周某的存款转移到个人账户占有，其行为侵害了周某的财产所有权，应当返还存款，该院判决龚某返还周某 24 万元。

3. 典型意义

公民对个人的财产依法享有占有、使用、收益和处分的权利。老年人由于身体状况、行动能力等原因，往往难以有效管理、处分，在此情况下，子女不得以窃取、骗取、强行索取等方式侵犯父母的财产权益。本案体现了反对子女“强行啃老”的价值导向，符合中华民族传统美德和社会主义核心价值观。人民法院在审理此类侵犯老年人权益的案件时，应当充分查明老年人的真实意愿，坚持保障老年人合法权益，秉持保护老年人合法财产权益的原则进行判决。

---

① 《周某诉龚某侵权责任纠纷案》，中国法院网，https：//www. chinacourt. org/index. php/article/detail/2021/02/id/5818131. shtml，2021 年 5 月 25 日访问。

第十一章 传承法务与科技应用

“科技是国之利器，国家赖之以强，企业赖之以赢，人民生活赖之以好。”新一轮科技革命正在引领人类社会生活发展新方向，以互联网、大数据、人工智能、区块链、云计算、传感技术、虚拟现实等为代表的电子技术、信息技术和以基因技术等为代表的生物技术正在不断融入人类生活，逐渐渗透到社会生活的方方面面，影响着我们每一个人，并深刻影响着国家政治、经济、文化、社会生活，重塑着人类社会的发展演变与治理格局。

根据2020中国互联网大会数据，截至2019年底，我国数字经济增加值达到35.8万亿元，占据我国GDP总量的36.12%，位居世界第二，而电子商务交易规模达到34.81万亿元，居世界首位。我国4G基站总规模达到544万个，占据全球4G基站总量50%以上。

传承法务在科技革命大潮里也将被重塑，科技将广泛运用于传承主体确认、电子身份认证、电子数据存证、数据存储、财富管理、司法协同等诸多领域。科技对于传承法务的促进不是目前人们感受到的仅仅局限于渠道等浅层次表象，而是“传承法务+科技”的深层次融合，使科技在财富传承中广泛运用。

第一节 科技应用与传承法务相关的政策法律

一、 科技应用与传承法务相关国家政策

（一）“互联网+”相关政策

2015年，我国政府在《政府工作报告》中提出“互联网+”概念，要求制订“互联网+”行动计划。[①] 自2015年开始，中央和地方各级政府在每年的政府工作报告中，都会部署“互联网+”相关的工作；各行业也都出台了相关的落实意见和具体安排。2021年，工信部发布《工业和信息

---

① 马化腾等：《互联网+：国家战略行动路线图》，中信出版社2015年版，第18页。

化部办公厅关于进一步抓好互联网应用适老化及无障碍改造专项行动实施工作的通知》（工信厅信管函〔2021〕67 号，2021 年 4 月 6 日发布）。

法律服务行业也已与互联网深度融合，业务的各个环节都已在互联网上广泛开展。传承法务作为法律服务的基础内容之一，其各种工作场景也已在互联网上实现。例如，传承法务的业务管理，可以借助专业的业务软件，在互联网上高效地完成各项工作，其他如资料保存、调查取证等也能通过使用互联网完成。

（二）大数据和人工智能相关政策

2015 年，国务院颁布了《国务院关于印发促进大数据发展行动纲要的通知》（国发〔2015〕50 号，2015 年 8 月 31 日发布），对大数据产业发展作出了全面部署。2020 年 4 月，中共中央、国务院发布了《关于构建更加完善的要素市场化配置体制机制的意见》，正式将数据作为生产要素写进了国家政策文件。数据在国家战略、产业和个人生活中，都扮演着越来越重要的角色。数据不仅可以治国，数据还可强国，更关乎国家安全。与此同时，数据权利归属、数据安全保护等问题也引起法律界的关注和讨论。对于法律人来说，2013 年被视为法律大数据元年。是年，最高人民法院设立中国裁判文书网。海量数据公开使得法律数据资源化，影响着法学研究模式，也影响着传承法务的业务模式。

人工智能是另外一个热点。2017 年，国务院印发了《国务院关于印发新一代人工智能发展规划的通知》（国发〔2017〕35 号，2017 年 7 月 8 日发布）；工业和信息化部《促进新一代人工智能产业发展三年行动计划（2018—2020 年）》的通知（工信部科〔2017〕315 号，2017 年 12 月 13 日发布），对人工智能的发展作出了部署。2017 年 2 月 6 日，工业和信息化部、民政部、国家卫生计生委共同发布《智慧健康养老产业发展行动计划（2017—2020 年）》，专门对智慧健康养老产业发展进行部署。

（三）区块链相关政策

区块链是国家战略性技术之一。2016 年 10 月，工业和信息化部发布《中国区块链技术和应用发展白皮书（2016）》；2016 年 12 月，国务院发布《国务院关于印发"十三五"国家信息化规划的通知》，区块链首次被作为战略性前沿技术、颠覆性技术写入国家信息化规划。此后，区块链日益受到我国政府的重视和关注，各地政府纷纷出台有关区块链的政策指导意见及通知文件。

2019 年 10 月 24 日，中共中央政治局就区块链技术发展现状和趋势进行第十八次集体学习，强调"区块链技术的集成应用在新的技术革新和产业变革中起着重要作用"，要求"要探索'区块链'+在民生领域的运用""要抓住区块链技术融合、功能拓展、产业细分的契机，发挥区块链在促进数据共享、优化业务流程、降低运营成本、提升协同效率、建设可信体系等方面的作用"。各地方政府高度重视党中央和国务院的战略决策和部署，积极落实，将区块链的发展纳入政府工作报告中，杭州市政府更是明确提出要打造区块链第一城，并出台各项优惠政策，为区块链的落地提供巨大政策扶持。

二、科技应用与传承法务相关法律

这里的法律是广义上的法律，既包括狭义上的法律，也包括行政法规、部门规章、地方法规和地方规章，还包括相关的司法解释。

传承法务中科技应用的相关法律，目前主要集中在互联网领域。这些法律和决定主要有《中华人民共和国网络安全法》《中华人民共和国电子商务法》《中华人民共和国密码法》《中华人民共和国电子签名法》《全国人民代表大会常务委员会关于加强网络信息保护的决定》《中华人民共和国数据安全法》等。

《中华人民共和国网络安全法》于2016年11月7日通过，自2017年6月1日起施行。其宗旨是保障网络安全，维护网络空间主权和国家安全、社会公共利益，保护公民、法人和其他组织的合法权益，促进经济社会信息化健康发展。

《中华人民共和国电子商务法》于2018年8月31日通过，自2019年1月1日起施行。其宗旨是保障电子商务各方主体的合法权益，规范电子商务行为，维护市场秩序，促进电子商务持续健康发展。

《中华人民共和国密码法》于2019年10月26日通过，自2020年1月1日起施行。《中华人民共和国密码法》是中国密码领域的综合性、基础性法律。其宗旨是规范密码应用和管理，促进密码事业发展，保障网络与信息安全，维护国家安全和社会公共利益，保护公民、法人和其他组织的合法权益。

《中华人民共和国电子签名法》于2004年8月28日通过，自2005年4月1日起施行；2019年4月23日修正。其宗旨是规范电子签名行为，确立电子签名的法律效力，维护有关各方的合法权益。

《全国人民代表大会常务委员会关于加强网络信息保护的决定》2012年12月28日第十一届全国人民代表大会常务委员会第三十次会议通过。

《中华人民共和国数据安全法》于2021年6月10日通过，自2021年

9 月 1 日起施行。其宗旨是规范数据处理活动，保障数据安全，促进数据开发利用，保护个人、组织的合法权益，维护国家主权、安全和发展利益。

国务院也发布了有关的行政法规，如《进一步深化“互联网 + 政务服务”推进政务服务“一网、一门、一次”改革实施方案的通知》《国务院办公厅关于促进“互联网 + 医疗健康”发展的意见》《国务院关于深化“互联网 + 先进制造业”发展工业互联网的指导意见》等。

国家互联网信息办公室于 2019 年 1 月颁行《区块链信息服务管理规定》。

最高人民法院颁布的相关司法解释，也有与传承法务有关部分，如《最高人民法院关于互联网法院审理案件若干问题的规定》《最高人民法院关于涉网络知识产权侵权纠纷几个法律适用问题的批复》等。最高人民法院颁行的《最高人民法院关于互联网法院审理案件若干问题的规定》第 11 条第 2 款规定：“当事人提交的电子数据，通过电子签名、可信时间戳、哈希值校验、区块链等证据收集、固定和防篡改的技术手段或者通过电子取证存证平台认证，能够证明其真实性的，互联网法院应当确认。”

第二节　传承法务与科技应用

一、 信息技术在传承法务中的应用

（一）互联网技术在传承法务中的应用

互联网作为 20 世纪最伟大的发明使得人类的生产和生活方式发生了翻天覆地的改变。到目前为止，互联网技术走过了三个发展阶段：PC 互联网、移动互联网和万物互联网。互联网能为传承法务搭建一个快速、高效、低成本、高度信息化的基础平台，以互联网为平台构成的新模式快速、便捷、边际成本接近于零。随着移动互联技术的普及，互联网因素的引入为传承法务的创新提供了更多的可能。

1. 电子遗嘱的运用

进入互联网时代，传者对自己身后事进行安排的遗嘱的形式将重大改变。遗嘱可以电子数据形式出现，可称之为数字遗嘱。数字遗嘱的起草、订立、保管、更新（包括变更、撤销或新立等）、开示、检认、执行（包括继承、接受遗赠等），必然与传统遗嘱有区别，都依赖新技术的发展和应用。如下文的区块链技术，就对数字遗嘱的保存提供了技术支持。

2. 网上办理传承法务事务

传统的传承法务工作和流程，能更多地通过互联网方式进行，如各类工作文稿的起草、保存证据、调取资料等。

3. 物联网用于传承法务

随着互联网技术发展到第三代——物联网，人类社会进入万物互联的新时代。在万物互联的新生态中，企业不再是社会经济活动的最小单位，个人才是最小的细胞。企业将更加注重与个体用户的“细胞级连接”，通过“互联网+”，传者和承者的个性和需求被关注，个性化产品和服务成为可能。人们都倾向于追求个性化的生活，倾向于个人定制，追求更加多样化、个性化的消费选择。因此，在传承法务领域，传者和承者也会根据自身的财富情况，提出财富管理和传承的全流程个性化私人定制服务。

（二）大数据在传承法务中的应用

数据（DATA）这个词在拉丁文里是“已知”的意思，也可以理解为“事实”。《中华人民共和国数据安全法》第3条第1款规定：“本法所称数据，是指任何以电子或者其他方式对信息的记录。”徐子沛认为：“数据是对客观世界进行量化和记录的结果。”① 麦肯锡全球研究所对大数据的定义是：“一种规模大到在获取、存储、管理、分析方面大大超出了传统数据库软件工具能力范围的数据集合，具有海量的数据规模、快速的数据流转、多样的数据类型和价值密度低四大特征。”

大数据已经成为现代社会基础设施的一部分，就像公路、铁路、港口、水电和通信网络一样不可或缺。就其价值特性来说，大数据和物理化的基础设施不同，不会因为人们的使用而折旧或贬值。维克托·迈尔-舍恩伯格教授指出：“大数据时代来临使人类第一次有机会和条件，在非常多的领域和非常深入的层次获得和使用全面数据、完整数据和系统数据，深入探索现实世界的规律，获取过去不可能获取的知识，得到过去无法企及的商机。”

大数据技术已经应用到经济、社会的各个领域，为我们的生活创造前所未有的可量化的维度。数据挖掘不仅仅成为公司竞争力的来源，也将成为国家竞争力的一部分。世界各国政府高度重视大数据运用。美国政府创建Data.gov网站，为大数据敞开大门；英国、印度也有数据公开运动，如同工业革命要开放物质交易、流通意义，开放、流通的数据是时代趋势的要求。因庞大的人群和应用市场，复杂性高、充满变化，使得中国成为世

---

① 徐子沛：《大数据》（第三版），广西师范大学出版社2015年版，第1页。

界上最复杂的大数据国家。大数据技术的推广应用，必将对传承法务产生深刻影响。

1. 大数据作为传承法务拓展手段

大数据技术能为传承法务从业者提供强有力的业务宣传推广、业务开展手段。

从业务承揽来说，通过大数据能为传者和承者精准“画像”，分析传者和承者的个性化需求，从而为其提供更具个性化的私人定制传承法律服务。传承法务从业机构可以关注传者和承者搜索的网页关键词，例如，“离婚”“继承”等，不断优化自身服务，提供给传承业务客户更高品质的产品服务，从而形成自己的核心竞争力。

从业务开展来说，新的法律法规不断涌现且变化更快，案件数量呈几何级数增长，新问题层出不穷，单靠传统的人工检索效率低下。通过大数据技术，传承法务从业者能从各个角度生成传承法务的相关分析报告，更好服务传承业务客户。如国内律所广泛使用的各种办案辅助系统、综合数据库等。

2. 用大数据锁定传承法务客户

财富管理和传承服务领域现实中主要是定位于高端客户，实际上也是服务于高端客户能够实现更大的收益。

大数据技术的应用能够将服务面拓展到长尾客户，普通传者和承者也能享受传承服务。在互联网高速发展的今天，需要实现由“以产品为中心”到“以传承人为中心”的转变，以传者和承者需求为第一要务，不断满足传者和承者需求。传承法务业务机构可以利用大数据，实现对传者和承者的精准定位，从而更好地满足传者和承者的需求。

3. 大数据引领传承法务服务方向

2020 年，中共中央、国务院发布了《关于构建更加完善的要素市场化配置体制机制的意见》，正式把数据作为生产要素写进了国家的政策文件。随着大数据时代的到来，数据正成为巨大的经济资产，成为新世纪的数据矿产。

数据的生产、权属、使用和流转等都是全新的课题，既对传承的客体范围提出了新课题，也对传承业务的开展提出了新要求。大数据已经广泛运用于传承法务领域，势必会给传承法务带来新的可能。因为数据的收集和反馈能更加完善服务，进而激发传承法务新产品和新型服务。

（三）人工智能在传承法务中的应用

人工智能（AI，Artificial Intelligence）是研究、开发用于模拟、延伸和扩展人的智能的理论、方法、技术及应用系统的一门新的技术科学。人工智能正在逐步走入人类的生活，并将从根本上改变我们的生活。同样，人工智能也广泛用于传承法务业务。

传承法律实务涉及对传者生前身后人身权益与财产权益的维护、处分，包含养老维权、税务统筹、家族基金、家族信托、遗嘱规划、遗嘱见证等传统法律实务，以及意定监护协议、居住权设计、遗产管理人等新兴法律实务。人工智能的最大优点在于，一方面能迅速剔除各方面如情感、情绪因素的干扰，完全通过数据来分析走势与期望；另一方面，能够让风险可量化，成本更低，极大提升传承法务的效率和普惠度。

1. 改善传者和承者的生活方式

人工智能的推广应用，将极大地改变传者和承者的生活方式。包括在学习领域，学习培训、脑机接口技术的应用；在日常生活领域，保健食品、智慧家电、外卖配送及支付、智能家政配套服务的应用；在旅游出行领域，智能旅游出行及酒店预订、无人驾驶技术的应用；在医疗领域，医疗救治的高科技检测产品、先进的手术设备、基因及细胞生物科技、仿生科技穿戴及护理用具应用等。随着智能移动终端的性能大幅度提升，下文提及的生物识别也已经走入传者和承者的日常生活，如指纹识别和人脸识别用于智能手机身份认证。

2. 优化养老服务

人工智能在养老服务领域已经得到广泛应用。养老服务领域已呈现供需对接精准化、服务管理智慧化、服务产品智能化和资源整合平台化的特征。[①] 人工智能在养老服务中的具体应用，主要包括以下几个方面：（1）养老服务模式的智能化改革。在政策引导下，我国逐步探索出了智慧居家养老服务、智慧医疗养老服务、智慧机构养老服务和智慧城市养老服务等人工智能养老服务模式。（2）养老服务产业的智能化转型。（3）养老服务管理的智能化变革。[②]

3. 优化传承诉讼服务需求

各级人民法院为了顺应信息化时代发展大趋势，依托“智慧法院”建设，提升诉讼服务智能化水平，纷纷引进集法律咨询和法律服务工具于一体的智能机器人满足传承诉讼服务需求。

---

① 鲁迎春、唐亚林：《数字治理时代养老服务供给的互动服务模式：特质、问题及其优化之策》，载《南京社会科学》2020 年第 7 期。

② 苏炜杰、徐智华：《人工智能对养老服务法律制度的挑战及其完善路径》，载《宁夏社会科学》2021 年第 3 期。

传承法务服务机构也推出了相应的法律服务产品。如安徽天贵律师事务所开发的新型法律服务产品——传承法律机器人，已经可以将传承法务中的法律疑问映射匹配到专业法律场景，全面覆盖传者和承者关心的离婚、继承等高频法律纠纷问题，自动生成《咨询意见书》《民事诉状》等法律文书，为传者和承者提供专业、便捷、准确的法律服务。

4. 电子身份识别便捷传承业务开展

生物识别是人工智能技术中智能识别领域的一项基础应用。人工智能技术发展促使生物识别技术迅速走向成熟和普及；生物识别的普及，又促进人工智能技术进入传承法务领域。生物识别是通过计算机采集特定主体的特定图像特征或动作特征，和数据库预先录入的相应特征比较，判断是否是同一主体。主要的生物识别技术包括指纹识别、人脸识别、视网膜识别、虹膜识别等。

传承法务领域中生物识别的主要应用是将其用于身份认证。传者和承者都有一个唯一的数字化身份标识，用于IT系统中对人、组织、现实主体等进行唯一标注。电子身份认证的核心是数字签名技术，它保证了用户身份的唯一性和合法性。电子身份认证是司法存证主体及用户的反欺诈认证的基础，使用电子身份可以准确地记录行为方主体、操作人员信息，是电子数据有效性的基础保障。电子身份认证可以通过权威机构信息认证、大数据、人工智能方式等对行为人的真实性进行验证，也可以直接在区块链上进行构建。

（四）云计算在传承法务中的应用

现代信息技术的核心是计算能力。云计算是基于互联网的相关服务的增加、使用和交付模式，通过互联网提供动态易扩展且经常虚拟化的资源。美国国家标准与技术研究院（NIST）定义云计算是一种按使用量付费的模式，这种模式提供可用的、便捷的、按需的网络访问，进入可配置的计算资源共享池。

“云计算是一种新的计算资源使用方式，云端本身还是IT系统。”① IT系统的逻辑组成分为四层，自下而上依次是基础设施层（如机房、各种硬件设备）、平台软件层（操作系统、数据库等）、应用软件层和数据信息层。相应地，根据提供的服务内容不同，云计算的服务模式包括IaaS、PaaS和SaaS三种。IaaS（Infrastructure as a Service）意指基础设施即服务（IaaS），云计算服务提供商向服务对象提供计算资源中的基础设施部分，

① 王良明：《云计算通俗讲义》（第三版），电子工业出版社2019年版，第42页。

如硬件服务器、虚拟主机、存储或网络设施等；PaaS（Platform as a Service）意指平台即服务，为开发人员提供通过全球互联网构建应用程序和服务的平台，为开发、测试和管理软件应用程序提供按需开发环境；SaaS（Software-as-a-Service）意指软件即服务，是通过互联网提供按需软件付费应用程序，云计算提供商托管和管理软件应用程序，并允许其用户链接到应用程序并通过全球互联网访问应用程序。①

云计算具备超大规模、虚拟化、高可靠性、通用性、高可扩展性及廉价性等特点，这些特点使得云计算赋予了用户具备前所未有的计算能力，能够对大数据进行分析。

在传承法务领域，需要的云计算服务是第三层服务 SaaS，即应用软件服务。传者和承者的各种相关业务或活动，能通过云计算服务更方便、快捷地得到满足。例如，各地政府已运用云计算服务应用满足电子政务新需求，政务云上线，实现在网上为民众办公，传承人办理民政、社保等事项，不必跑去办事大厅，可以直接在网上或就近的社区服务中心办理。

传承法务的相关业务也可在云端开展，以提高传承法务业务效率，降低传承法务业务成本。例如，通过云端召开相关业务会议，不受时空限制；相关业务小组在云端共同完成相关文件、法律文书的协同编辑，极大地提高了效率、节约资源；在云端存储传承法务相关业务资料，例如，传承文件、证据、影像等资料。

（五）区块链在传承法务中的应用

区块链（Blockchain）是一种由多方共同维护，使用密码学保证传输和访问安全，能够实现数据一致存储、难以篡改、防止抵赖的记账技术，也称为分布式账本技术（Distributed Ledger Technology）。典型的区块链以块—链结构存储数据。区块链系统由六个层级构成，分别是数据层、网络层、共识层、激励层、合约层和应用层。一般认为，区块链具有去中心化、分布式、开放性、信息不可篡改、匿名性、自治性等特征。

作为一种在不可信的竞争环境中低成本建立信任的新型计算范式和协作模式，区块链凭借其独有的信任建立机制，正在改变诸多行业的应用场景和运行规则，是未来发展数字经济、构建新型信任体系不可或缺的技术之一。利用区块链及其扩展技术可以在电子数据的生成、收集、传输、存储的全生命周期中，对电子数据进行安全防护、防止篡改，并进行数据操作的审计留痕，从而为相关机构审查提供有效手段。

---

① 王良明：《云计算通俗讲义》（第三版），电子工业出版社2019年版，第42—59页。

区块链具有的时效性、可溯源和不可篡改性，使其在传承法务领域得到广泛应用。

1. 财富权属的区块链证据

一位居住在洪都拉斯的老太太，住在自己家的房子里30多年，某天忽然来了两个警察要将她赶走，因为国家财产局的记录显示，该房子为另一个人所有。住了30多年的房子，忽然属于另一个人！如何证明我的房子就是我的呢？老太太出具的土地凭证，法院也未予采信，并依据国家财政局的记录为准，将房屋判给另外一个人。老太太很无奈，眼睁睁地看着自己居住了几十年的房子被拆毁。直到被拆毁后，才有人发现财政局记录有误，房子确实是老太太的。

类似这位老太太一样因数据错误导致财产被不当处置，世界各地时有发生，政府只有加强数据管理、防止数据错误，才能避免类似悲剧发生，否则会导致政府公信危机。区块链技术能较好地解决类似问题。区块链技术会在最初房产确权时，将信息生成单一文件，以区块链模式分储于网络。如传承人与他人发生纠纷，只需要简单对一对手中的区块链，核对一下记录信息的种类和大小，就可以判断权属的最终归属。

使用区块链进行信息记录和确认的过程中，区块链会自动对所有信息进行分布式存储，传承人不必为那些凭证丢失或交易过程消失而烦恼甚至遭受财产损失，可以更加自由和潇洒地从事各种交易活动。

2. 主体身份的区块链证据

《中国纪检监察报》曾报道，2018年7月，河南省洛阳市安乐镇村民李某因《集体土地建设用地使用证》“土地使用者”一栏名字中的错字，向洛龙区国土资源局申请变更为身份证上的名字，被告知需要其所在村委会开具相关证明、镇国土资源所初审盖章，再报区国土资源局审核更正。李某到村委会开具证明后，到安乐镇国土资源所初审，又被告知无法证明两个名字是同一人，要求出具证明。李某奔波20余天，往返区国土资源局、镇国土资源所近20次，错字仍没有更正。无奈之下，2018年8月，李某将《苍天啊，谁来帮我证明“我是我”》一文发到网上，引发热议。随后，洛龙区国土资源局和安乐镇国土资源所相关人员到李某家中现场办公，办理更正手续，并当面向李某赔礼道歉。

“奇葩证明”给民众带来困扰，在办事过程中浪费大量的时间成本和经济成本，惹得民怨不断，有没有一种模式可以彻底解决这个问题呢？全社会的分布式信息证明体系，可以将人们真实信息、底层数据和基于政府的复杂管理系统的各种有效文件，都保存在一个区块链中且保密存储。当需要身份信息时，只需要输入对应的提取编码，就可以提取信息，形成一个包含了所有信息的区块组合来证明我们是谁。过去，传承人经常往返各个政府部门之间经历证明自己身份，现在这项区块链技术的应用可以大大便利传承人，减少不必要的苦恼。

3. 遗嘱的区块链保存

借助AI人脸识别系统、身份验证系统、指纹扫描、智慧机器人等技术，可以使传者订立遗嘱的真实性得到有力保障。如可利用人脸识别系统、智慧机器人等技术将传者面貌、声音、指纹等生物信息和传者的身份信息（如身份证号码）等载入数据系统，然后统一上链，进行链上确权存证，后期诉讼中人民法院可将链上存证调取出来作为证据。

4. 电子遗嘱的区块链保存

2020年5月28日，十三届全国人大第三次会议表决通过了《中华人民共和国民法典》，宣告中国“民法典时代”正式到来。民法典进一步修改完善了遗嘱继承制度，其中特别引人注目的是增加了打印、录像等新的遗嘱形式，但遗憾的是早已进入人们视野的电子遗嘱没有被写进法律。

电子遗嘱法律效力的最大阻碍在于其真伪。相较于传统遗嘱，电子遗嘱缺少见证人及见证程序，而且仅靠电子签名来认定真伪存在极大不确认性。区块链技术的应用，使电子遗嘱入规入法将成为可能。下列技术的使用将确保电子遗嘱的真实性。

（1）非对称加密技术

区块链的非对称加密技术保证了遗嘱在设立过程中必须得到相关主体的确认才能写入，此过程既可以用电子签名，还可以辅之以人脸识别、虹膜识别、声纹识别等技术。非对称加密技术使得传者在订立最初的遗嘱时就有其特定的哈希值，任何对电子遗嘱的非正常修改都将无法进行，从而确保了电子遗嘱的安全和真实。

（2）可追溯的分布式账本

区块链技术将电子遗嘱的相关内容记录在一个个区块上，再将一个个单独的区块通过节点链接起来形成一条主链，并且盖上对应的时间戳，该主链上的数据信息一旦形成就是固定的、不可篡改的，任何试图修改、删除、替换数据的行为都会被监控察觉，形成了可以追溯的记录。即使传者本人想要修改也必须通过公钥和私钥的配合进行验证解密才能进行，从而确保电子遗嘱的内容不被盗取和篡改，能有效地保护电子遗嘱的信息安全。

（3）点对点技术

点对点技术有利于打破信息壁垒，便利司法活动。点对点技术作为区块链技术的核心之一，它的“去中心化”特点就是要减少信息传输的中间节点，实现数据的高效传递和共享。通过点对点技术将相关数据信息上传司法电子证据云平台，在法院、律所、传者和承者之间实现数据的同步共享，对遗嘱的真伪、遗产的分割、财产的执行实现一键化操作，最大限度地实现司法活动的公平公正。

5. 电子数据区块链存证

随着数字化发展，电子证据在世界各国的司法证明活动中的作用日益突出，电子证据已成为证据体系中不可忽视的重要部分，社会开始步入“电子证据时代”。在政府引导和政策支持下，目前，区块链电子数据存证已开始推广应用于我国司法与社会存证领域，全国已有吉林、山东、天津、河南、四川等12个省（直辖市）的高院、中基层法院、北京互联网法院以及杭州互联网法院上线区块链电子证据平台。①

相对于物证时代的“科学证据”而言，电子证据的科技含量无论在广度还是深度上，都大大超出了一般物证的水平。区块链以特殊的存储方式进行电子数据存证，以无利害关系的技术作为第三方（技术和算法充当虚拟第三方），将需要存证的电子数据以交易的形式记录下来，打上时间戳，记录在区块中，从而完成存证的过程。在数据的存储过程中，多个参与方之间保持数据一致性，极大降低了数据丢失或被篡改的可能性。区块链电子数据存证技术会进一步推动传承法务进步。

（1）电子身份认证

在任何财产或法律事务中，传者和承者可通过区块链验证其他人的身份，例如，一位女性可以验证，她的未婚夫在此时是否已经和其他女性保有婚姻关系，由此可以有效地防止欺诈案件的发生。

（2）时间戳服务

时间戳不仅可以准确地标示出行为的发生时间，还可以通过时间的先后顺序构建可信的、完整的证据链条，是电子数据存证的重要技术服务。

可信时间戳是将电子数据摘要和权威时间源绑定，由国家授时中心负责授时和守时，并由可信的时间戳服务机构对电子数据摘要和权威时间记录进行数字签名生成时间戳。通过可信时间戳可确定电子文件生成的精确时间，并防止电子文件被篡改，为电子数据提供可信的时间证明和内容真实性、完整性证明，作为证据使用具有权威性和可信赖性，符合电子签名法要求，在法律上具备证明效力。

---

① 《首部〈区块链司法存证应用白皮书〉出炉》，载《人民法院报》2019年8月5日。

2019年6月11日，云南省昆明市中级人民法院审理的苏进松、谢礼荣名誉权纠纷中，就被告对原告所提供的风语者科技（北京）有限公司电子数据存证证明的证明力及效力问题，法院作出释法："根据《最高人民法院关于互联网法院审理案件若干问题的规定》第11条第2款关于'当事人提交的电子数据，通过电子签名、可信时间戳、哈希值校验、区块链等证据的收集固定和防篡改的技术手段或者通过电子取证存证平台认证，能够证明其真实性的，互联网法院应当确认'的规定，本案中原告所提供的电子数据存证证明系电子取证存证平台所认证，并能够证明其真实性，本院依法予以确认。"

（3）数据加解密

数据加解密是使用加密算法将明文数据转变为无法直接读取并理解的密文数据，拥有解密权限的人可以通过解密算法将密文恢复为明文数据。数据加解密应用在数据的传输、存储环节，保证数据在传输、存储中的安全性。加解密也是电子数据存证系统对于数据隐私保护的重要支撑。

（4）数据存储

区块链链上通常为了控制数据传输量，只记录原始数据的哈希值，以达到电子数据保全的目的。还须对在区块链上固化的电子数据原文进行安全存储。数据存储系统使用安全的存储方式，同时拥有数据高并发、动态扩容等能力。

（5）智能合约

智能合约以代码的方式实现既定的复杂业务逻辑，智能合约由合约参与方共同制定和维护，一旦部署则自动执行。智能合约具有自动执行的特性，可降低人为干扰和人工成本。智能合约技术为区块链用于复杂业务场景，支持垂直行业业务提供了支撑。一旦约定的条件得到满足，系统将自动实施强制交付，所有的联结点也会见证和确认这一过程，容不得背信弃义行为的发生。

2020年9月16日，上海市第二中级人民法院审理了一起继承纠纷案件：被继承人陈某某的配偶金涛先于陈某某死亡，陈某某自金涛去世后未再婚，陈某某的父母亦先于其死亡。陈某某育有两个子女，分别是金1、金2。后继承人金1起诉要求分割被继承人陈某某名下财产。

此案的争议焦点在于，陈某某去世前给付金2的30万元售房款是否属于遗产范围。据法院查明：2018年4月28日，被继承人陈某某至中国工商银行股份有限公司上海市沪南路支行，通过柜面交易，经其本人电子签名确认后，将系争的30万元转账给金2。但金1认为该交易凭证上陈某某签名的笔迹与其日常签名不同，非本人所签，要求法院对笔迹进行鉴定。但法院认为："随着互联网的发展及普及，在线电子签名逐步取代传统的纸质签名，因载体不同，由同一人所签的电子签名与纸质签名笔迹难免有所差异。银行为确保在柜面办理业务的是客户本人，除由银行工作人员人工审核外，还通过人脸识别系统与公民身份证信息进行联网核查比对，并将办理业务人的视频截图存档，审查严格、手续完备。根据工商银行五星路支行提供的被继承人陈某某办理30万元转账业务时的交易凭证、联网核查结果及其本人视频截图，足以证明该笔交易系被继承人本人办理，故对提出30万元转账凭证上的签名非被继承人本人所签并要求进行笔迹鉴定的主张，本院不予采纳。"在此案中，虽然被继承人的电子签名与纸质签名笔迹有一定差异，但配合互联网核查、人脸识别系统以及对被继承人陈某某的视频截图几项技术手段，最终法院确认30万元转账凭证上的签名系被继承人本人所签。

二、生物技术在传承法务中的应用

生命科学、生物技术的飞速发展使民法调整的社会关系和社会现象日趋复杂化、专业化，对法律和法律伦理提出了新的挑战。分子生物学的研究成果证明，人、动物、植物都是通过DNA的遗传信息才得以繁殖，DNA的机能对所有生物都是共同的。因此，法律上被作为物的人以外的生物（权利的客体）与人（权利的主体）在DNA的意义上不存在差别。

传承法务作为处理传者和承者关系的法律服务，生命科学和生物技术的发展必然会对其带来直接影响。现代生物技术在传承法务中的应用主要体现在辅助生育和亲子鉴定中。前者关系到承者的有无问题，后者关系到承者的适格问题，都是传者关心的核心问题。

（一）辅助生殖与传承法务

根据中华人民共和国原卫生部颁行的《人类辅助生殖技术管理办法》和《人类辅助生殖技术规范》，人类辅助生殖技术是指运用医学技术和方法对配子、合子、胚胎进行人工操作，以达到受孕目的的技术。人类辅助生殖技术包括人工授精和体外受精—胚胎移植及其各种衍生技术两大类。

传承法律实务中，主要关注的是人体胚胎相关的法律问题。人体冷冻胚胎第一案——无锡人体冷冻胚胎权属纠纷案揭示，此类案件的处理关键在于对胚胎性质的认识。由于缺乏法律的明确规定，传承法律实务中对此并无明确的规则可遵行，只能根据民法一般原理和民法典的相关规定进行处理。

广州市越秀区人民法院曾适用民法典审理了这样一起有关生命科学、生物基因技术的案件，这也是广东首例适用民法典处理的冷冻胚胎返还案：

马先生与刘女士于2013年登记结婚。2016年4月、5月，刘女士在广州市某医院实施采卵手术，医院为马先生、刘女士成功配型两枚胚胎，并以冷冻技术保存。现刘女士龄逾50岁，已无生育能力，无法继续实施胚胎移植手术。2021年1月4日，马先生、刘女士向越秀法院提起诉讼。原告夫妇表示，其与医院订立的医疗服务合同目的已无法实现，而两枚冷冻胚胎对两人具有精神和情感上的价值，故主张解除与医院之间的冷冻胚胎保存协议，并要求医院返还两枚冷冻胚胎。医院答辩称，院方确实储藏保管了原告提供的冷冻胚胎，但由于胚胎返还之后可能产生法律和伦理风险，故医院无权答应或者拒绝原告的要求，请求法院根据法律和政策予以综合评判后作出判决。2021年1月20日，越秀法院对该起医疗服务合同纠纷进行一审宣判，判决支持马先生、刘女士的诉讼请求，确认解除两原告与医院订立的医疗服务合同，医院向两原告返还两枚冷冻胚胎。

法院认为：两枚冷冻胚胎是刘女士的卵子和马先生的精子结合而产生的，含有两原告的DNA遗传信息。尽管人体胚胎的法律性质尚无定论，但不能否认两原告在生命伦理上与两枚胚胎具有最密切的联系，是理所当然的权利人，享有保管、处置胚胎的民事权益。原告与医院订立医疗服务合同是为了完成胚胎移植，实现生育目的。现原告刘女士无生育能力，合同目的已无法实现。所以，用于胚胎移植的涉案两枚胚胎应当交由其权利人。根据民法典第1009条规定，从事与人体基因、人体胚胎等有关的医学和科研活动，应当遵守法律、行政法规和国家有关规定，不得危害人体健康，不得违背伦理道德，不得损害公共利益。该案审理过程中，法院依据上述法律规定，要求原告在取得涉案胚胎后，不得使用胚胎从事代孕等违背伦理道德、损害公共利益的医学活动。马先生和刘女士明确表示知晓相关法律后果，并承诺遵循法庭的告诫。

（二）亲子鉴定与传承法务

我国民法典第1071条第1款规定："非婚生子女享有与婚生子女同等的权利，任何组织或者个人不得加以危害和歧视。"第1127条第3款规定："本编所称子女，包括婚生子女、非婚生子女、养子女和有扶养关系的继子女。"由此可见，我国法律赋予非婚生子女法定继承人的资格，使之与婚生子女、养子女和有扶养关系的继子女一样，享有同等的继承权，任何人不得加以歧视、限制或者剥夺。

DNA 鉴定在传承法务领域的主要应用体现在以下几个方面：（1）子女的血缘鉴定；（2）非婚生子女的血缘鉴定；（3）怀疑婴儿被调换；（4）子女户口登记；（5）失散子女的血缘鉴定；（6）证实孩子是否是亲生；（7）被领养的孩子寻找亲生父母；（8）帮助寻找失散的家庭成员；（9）鉴别双胞胎是否来自同一父亲；（10）帮助妇女从孩子生父处获得子女抚养费用；（11）帮助父母亲取得亲生子女的监护权和探视权；（12）试管婴儿的血缘鉴定，鉴别经体外授精获得的试管婴儿有无实验室的差错；（13）财产继承纠纷；（14）其他情况需要进行 DNA 亲子鉴定。

在传承法律实务中，进行亲子鉴定须注意以下两点。①

1. 申请亲子鉴定属于身份权范畴，通过亲子鉴定证明传承法律关系的主体应严格受到限制，亲子继承的主体适用婚生子女推定原则。

运用亲子关系鉴定处理亲子关系纷争，必须要综合权衡各方当事人的利益，要注重保护相关人员的个人尊严及家庭的安定和谐，在尊重当事人私生活的同时尤其要考虑对于子女特别是未成年子女的利益。请求否认亲子关系属于身份权。身份权具有专属性和排他性，只能由特定的民事主体自己享有和行使，不得转让，也不能由他人继承。基于身份权属性，有权提出否认亲子关系的权利主体仅限于有完全民事行为能力的父母与成年子女本人。

2. 亲子鉴定在继承问题的处理上首先应该坚持意思自治原则，充分尊重传者的意愿，尊重和保护私人财产权。

法定继承是常态下被继承人意志的法律推定，而遗嘱继承是特殊个案中被继承人意志的个别表达，尊重被继承人意志原则是贯穿民法典继承编始终的基本原则。根据婚生子女推定原则，在合法婚姻关系存续期间受胎或出生的子女，若无遗嘱排除其继承权，又无丧失继承权的法定情形的，应当享有继承权。父母若要排除其继承权，必须凭借遗嘱以明示的方式予以排除。

（1）案例一②

河南省富翁李某，由于身体疾病，身处弥留之际。在此同时，李某的 3 个子女因为遗产继承闹得不可开交。起因是家里的一段积怨，李某与前妻生育有 2 个子女，8 年前，前妻去世，李某再婚。李某再婚后与妻子郑

---

① 参见《人民政协报》，2021 年 4 月 16 日。

② 《司法亲子鉴定报告书有什么用途》，DNA 亲子鉴定中心，http：//www. qinzidna. com/wenti/2015752. html，2021 年 7 月 17 日访问。

某育有一子，由于李某再婚时已经71岁，所以李某的长子怀疑未满8周岁的弟弟不是父亲的亲生儿子，不允许其继承遗产。李某的公司都由长子把持，郑某为了证明自己的清白，也为了给儿子争取遗产，特委托律师事务所申请亲子鉴定。接到委托后，工作人员前往河南，采集了李某及其妻子郑某、幼子的血痕样本。通过DNA检测，确定了李某与其幼子的生物学父子关系，维护了郑某和孩子对于遗产的合法继承权。

（2）案例二①

基本案情：

刘某某于2010年8月15日死亡，遗留房屋、汽车等遗产共计1900余万元，未留遗嘱。

刘某某于1989年8月与藏某红结婚，生育一女藏某某。1995年2月，刘某某与藏某红协议离婚，约定：藏某某由藏某红抚养，刘某某每月负担抚养费1000元，藏某某为双方当事人今后各自拥有财产的合法继承人之一。1997年12月刘某某又与姚某某结婚，生育子女刘某1、刘某2。

刘某某死后，藏某某主张继承遗产。姚某某私自采取藏某某的头发与刘某某生前使用牙刷中的遗留物，隐名送鉴定机构进行DNA检测，结论排除二人有亲子关系，遂拒绝分配遗产给藏某某。

藏某某向法院提起诉讼，请求继承刘某某的遗产。姚某某等人则向法院主张对藏某某与刘某某之间是否存在亲子关系进行鉴定，若存在亲子关系，则藏某某享有继承权；若无亲子关系，则藏某某不享有继承权。藏某某不同意进行鉴定。

法院判决：

一审法院认为，在原告拒绝鉴定时，推定原告不享有继承权无法律依据，也不符合我国婚姻、家庭、道德观念的原则。因此，不同意被告的鉴定申请，原告在该案件中享有继承权。

二审法院对姚某某等人的亲子关系鉴定的请求仍不予支持，除改判确定遗产中房屋所有权的归属外，其余维持一审判决。

再审法院认为，亲子鉴定具有很强的伦理性，涉及父母、子女的隐私权。因此，主张亲子鉴定应当严格限定于父母与成年子女本人，被继承人刘某某生前并未提起否认亲子关系的诉讼，而是依离婚协议履行对藏某某的抚养义务。另外，子女与父母有自然血亲关系，不是享有继承权的必备

---

① 《一案一说丨继承人需要证明有血亲关系吗?》，人民政协网，http：//www.rmzxb.com.cn/c/2021-04-18/2832056.shtml，2021年7月17日访问。

条件，形成抚养关系的继子女、养子女，没有自然血亲关系也可享有继承权。因此，一、二审不支持姚某某等人亲子鉴定的主张，是依法对藏某某及其母亲名誉权、隐私权的保护，也是对逝者刘某某名誉的尊重，是正确的。

本案为民法典实施之前的案例。现在，民法典进一步完善了遗嘱自由原则。民法典第1133条规定："自然人可以依照本法规定立遗嘱处分个人财产……可以立遗嘱将个人财产指定法定继承人中的一人或者数人继承……可以立遗嘱将个人财产赠与国家、集体或者法定继承以外的组织、个人……"

第三节　科技应用为传承法务赋能的展望

互联网、大数据、人工智能、区块链、云计算对现代社会来说犹如历史上的电力使用，这些新技术的应用使传承法务能够充分挖掘和满足传承人的需求。由于科技的广泛应用，传承法务的智能化模式越来越明显，科技赋能为未来行业的发展提供了更多想象空间。但科技在给人们生活带来便利、提高人类福祉的同时，也在悄悄地重塑社会规则和人们的生活方式，从而对财富传承带来新的挑战。

一、传承环境的变革

（一）空间概念的延展

随着互联网的普及和其他信息技术的广泛使用，"物理—数字世界""物理—电子空间""现实—虚拟生活"的双重架构成为可能，一方面极大扩展了传者、承者的传统生活活动空间，也极大地拓展了传承法务从业者的物理空间范围和活动能力；另一方面创设出了一个无限延展的虚拟空间，使得传者和承者可以实现即时连接的生活、社交、娱乐等，传承法务工作者的工作时空也极大扩展。

（二）人机共处的关系

随着数字化和智能化的发展，人工智能开始逐渐走进人们的生活。自然人主体与机器之间的关系不能再仅仅以"人与工具"的关系来概括和认定，而是伴有智慧化的互动情境。在可见的未来，医疗机器人、陪伴机器人、导游机器人等角色会大量涌现，人机共处将成为生产生活关系的常态，这必然会引发关于主体身份、法律关系、责任体系等法律秩序的重大变革。[①]

① 肖薇：《人工智能时代法律实务的变革与展望》，载《人民法治》2019年第17期。

二、传承法务的相关法律制度面临挑战

（一）财富传承相关主体扩大

法律关系是法律实务中的核心和首要考虑的问题。财富传承相关法律实务中，同样首先要考虑法律关系。传统的法学理论中，法律关系中的主体是具有相应权利能力和行为能力的人，具体包括自然人、法人和其他组织三类。

然而，随着科技的不断发展，尤其是人工智能的发展，传承法务工作者不得不面临一个新的问题：人工智能是法律关系中的主体还是客体？其能否获得主体资格？若人工智能获得主体资格，它又属于哪一类主体？其权利能力和行为能力又如何界定？法律主体资格需要具备一定的实质要件和形式要件，而人工智能是否具备特定意志能力与独立的财产存在较大争议，这导致其法律主体地位评价陷入困境。①

2017 年 10 月 25 日，沙特阿拉伯正式授予机器人 Sophia 以公民资格。从世界范围来看，在不久的将来，赋予强智能机器人一定的主体地位可能会成为现实。

（二）传承财富范围扩张

随着网络社会和以数字经济为基础的人工智能时代的到来，从生产生活方式到商业运营模式，经济发展业态开始全面迈向去中心化的分布式升级，从自动驾驶到股权分配，科技所起的作用越来越大。未来社会，算法可能会逐渐占据中心地位。财产不再局限于传统法律上的有型财产，以下财产已经走进了现实生活。

1. 网络虚拟财产

网络社会出现了大量的虚拟财产，如域名、网络游戏装备、虚拟货币（如 QQ 币），各类互联网账户及账户里的数字化信息等。这些虚拟财产能否作为遗产继承？如果能作为遗产继承，又应当如何继承？

2. 数据和信息权利

2021 年 4 月，围绕美国新能源汽车公司生产的特斯拉智能汽车产生的一系列争议，关于数据的相关争议走进大众视野。在人工智能用于医疗服务和养老服务过程中，相关公司或主体会随时收集传者的身份信息、健康状况、运动轨迹等数据。这些数据兼具人格属性和财产属性，是传者和承

---

① 苏炜杰、徐智华：《人工智能对养老服务法律制度的挑战及其完善路径》，载《宁夏社会科学》2021 年第 3 期。

者的重要权利。随着大数据时代来临，数据资源日益成为重要生产要素和社会财富。但数据和信息的性质、分类、权属、使用规则和法律责任等，在现有法律规则中都没有明确规定。

3. 人工智能作品

知识产权是一项重要的财产。传统的知识产权都是由自然人创造，权属相对明确。但随着人工智能的发展，人工智能也参与知识产品的创造。人工智能在新闻、音乐、美术等领域的应用日渐广泛，例如，美联社与AI公司合作研发的人工智能新闻写作平台Wordsmith，已可以达到每季度几千篇新闻稿件的产量；腾讯公司开发的新闻写作机器人Dreamwriter不仅能批量撰写财经类新闻报道，还能根据不同受众群体生成差异化的风格和版本。人工智能作品的知识产权归属问题引起了很大争论。

可以预见，未来肯定会有包括但不限于上述的种种新型财产走进我们的生活，传承财富的范围将急剧扩张。

（三）传承相关的隐私和安全保护

信息化和数字化给传承人和传承法务工作者的隐私权带来严重威胁。个人数据的不当采集、大量泄露与非法使用正在使人的隐私、财产等权益受到日益严重的侵害。在互联网、大数据与人工智能三者共同作用下，我们将毫无隐私可言，未来也许不再会有绝对意义上的隐私存在。人工智能的使用需要依靠传者和承者大量的隐私信息来提高服务精准性。人工智能技术极大地提升了智能机器对传者和承者隐私信息的获取能力。这也将使侵害传者和承者隐私的行为更加隐蔽，且伤害更大。用户在使用人工智能产品的同时极可能成为个人信息及隐私的直接“泄密者”，而对数据处理者和使用者又缺乏制约与监管，导致大量的隐私数据处于无法律保护的“裸奔”地带。

另外，科技的发展，还会带来新的安全问题。进入网络社会和信息化、数字化社会，传统的安全观发生了深刻变化。数据安全成为安全内容的重要组成部分。不仅是个人信息存在随时泄露的风险，传承法务工作中形成的各种材料，多以数字化和电子化的形式存在，且随着云计算、云存储技术的发展和推广，这些档案材料都存储在云端，不能完全由传承法务工作者自身所控制，产生一系列新的风险。

2021年6月10日，全国人大常委会颁布《中华人民共和国数据安全法》，通过立法保障数据安全，加强数据保护。2021年7月6日，深圳市颁布《深圳经济特区数据条例》，将于2022年1月1日起实施，均是国家、政府加强对数据隐私及安全的有力保护。

（四）传承法务及司法实务的与时共进

科技发展对传承法务相关的司法工作同样会带来新的困扰。

1. 传承法务工作者和司法人员的业务能力面临挑战

由于科技的应用，社会关系越来越复杂，传承法务工作者和司法人员要学习的知识和技能越来越多，且变化很快。这就使得传承法务工作者和司法人员会因为专业知识的欠缺，难以就复杂的事实问题进行判定，只能在工作中依赖专家证人或拥有专业知识的一方当事人，强化分工合作。

2. 司法管辖面临新的问题

由于互联网技术所筑起的网络空间具有超越现实领土与自然国界的虚拟性，使得传统的级别管辖和地域管辖出现盲区，迫使我们不得不重新思考网络空间的法律效力，[①] 重新定义“长臂管辖权”概念，扩大词语外延。

三、 加强传承法务高新科技应用监管

（一）重视科技和法律伦理

科技赋能传承法务，要高度重视科技和法律伦理建设，遵循法律和伦理共同规制原则。利用科技为传承法务服务，必须在科技和法律伦理的规则下进行。2018 年，发生了震惊世界的基因编辑婴儿事件。此事件也使得科技伦理这个过去非常陌生的词汇为公众所知。技术无罪，但失控的技术可能带来灾难。与财富传承密切相关的生物克隆技术、基因技术、人工智能等，若没有相应的伦理规则约束，会给人类带来深重灾难。在生物技术和高新科技相关的立法和司法活动中，同样要坚持法律伦理原则。传承领域立法须坚持立法技术符合伦理正当性要求；必要时应同步设立相关科学技术在传承领域利用的伦理审查委员会。如果没有法律伦理，法律的纯粹技术性功能可能会产生负面效应。[②]

（二）构建新旧融合的法律体系

解决传承法务上述的诸多问题和挑战，从法律角度来看，首要的是要加强相关领域的立法。要通过立法来明确主体地位、新型财产范围及其取得、使用、传承等问题。一方面按照现有法律理念和规则逻辑补充立法、扩展司法解释，以尽量适用于人工智能网络时代的新问题；另一方面顺应时势，充分尊重新兴权利和法益诉求，探索建立专门法律体系和司法机构，内在地反映时代行为规律、社会发展趋势和新型法律关系，共同促进

---

① 肖薇：《人工智能时代法律实务的变革与展望》，载《人民法治》2019 年第 17 期。

② 孙笑侠：《法律伦理的特殊性》，载《人民日报》2007 年 7 月 13 日。

科学技术与法治社会健康、有序发展。[①]

（三）提高行政执法的智能化水平

科技时代的法律变革，政府执法部门应加强科技应用的监管；同时也要求执法部门转变执法方式。这首先要提高执法队伍的能力和水平，使之尽快适应新形势的需要。其次要提升执法的数字化、智能化，跟上网络化、数字化社会发展的新需要。例如，智能辅助，自主进行的图像识别、身份识别、证据认定、资料检索、瑕疵审查、流程监督等；智能服务，如智能化的大数据分析、政策咨询服务、电子查询系统等；智能执行，如智能化电子警察、完善的社会征信系统等。[②]

（四）促进司法的智能化发展

科技时代的法律变革，同样要求财富传承相关的司法方式进行与其相适应的转型升级。应该看到，经过近几年建设，司法部门的信息化、数字化建设取得了很大的成绩。但随着数字化和智能化发展，对财富传承的司法提出了新的更高的要求。基于数据和算法、反映智能互联发展规律的智能化执法司法方式，会成为社会治理的一种变革趋势。

---

① 肖薇：《人工智能时代法律实务的变革与展望》，载《人民法治》2019 年第 17 期。

② 肖薇：《人工智能时代法律实务的变革与展望》，载《人民法治》2019 年第 17 期。

第十二章　传承法务与相关产业

传承法务中的传承人包含传者、承者，在传承过程中需要各行各业为传承人提供相关的服务、产品，担负传承法律服务之外的传承服务及传承事务的社会分工。传承产业就是既聚焦于传者人身权益和财产权益维护的需求，为传者提供产品和服务，也关注到承者的培育及服务于代际资源分配等需求，由此而形成的系统化的传承产业体系，以避免财富被动地回归社会，实现财富按照传者的意愿传承。

传承法律服务在支持传承人维护合法权益的同时，与传承过程中提供服务及产品的各行各业密切关联，传承法务已与相关产业进行链接，形成融合联动发展的态势。

第一节　传承法务与相关产业概述

一、传承产业概述

面对日益突出的老龄化问题，中国急须发展为传者服务的各项产业，通过政府引导、市场化运作的方式来解决长寿时代传者的社会化养老及传承问题。这些产业的发展必然以维护传承人的人身权益和财产权益为基础，将关注传承人财富传承的需求与满足，而形成新的产业形态，称之为传承产业。

随着国民消费能力逐年提高，生活模式和价值观的转变，传者中的老年人生活水平不断提高，老年人消费观念、消费理念以及消费结构都发生了很大变化，老年人的消费需求也日趋多元化和个性化，传承产业开始迅速发展。快速增加的老龄人口规模以及其所带来的稳定的需求，政府对可控资源的调配能力，都为传承产业的发展奠定了坚实的市场基础，也为传承产业的快速发展带来光明的发展前景。

传承产业所涉及的主体，不仅仅局限于传者中的老年人需求群体，还应当扩展到所有需要传承服务的传者、承者，以及传承服务提供的群体。例如，传承培训产业、金融服务、文体娱乐、健康养生、法律服务等，以满足长寿时代传者对美好生活的需求，在养老的过程中安排传承事务，全面保障合法权益，防患于未然，未雨绸缪。

（一）传承产业概念与相关概念

1. 传承产业概念

产业是具有某种同一属性的企业或组织的集合，是国民经济以某一标准划分的生产领域。产业是社会分工和生产力不断发展的产物。产业是社会分工的产物，它随着社会分工的产生而产生，并随着社会分工的发展而发展。产业由利益相互联系的、具有不同分工的各个相关行业组成，尽管它们的经营方式、经营形态、企业模式和流通环节有所不同，但是，它们的经营对象和经营范围是围绕着共同产品而展开的，并且可以在构成业态的各个行业内部完成各自的循环。

在当前人口老龄化的发展背景下，围绕着服务人们安居乐业、生养死葬的需要，可以认为形成了新的产业领域，即传承产业。传承产业的概念在学界并没有界定，与此相关的概念主要有“老龄产业”“养老产业”“养生产业”，在国外还常用“健康产业”与“银发产业”等概念。从广义上讲，“传承产业”的概念更接近“老龄产业”，比“养老产业”“养生产业”外延更大，它涉及支持行为人依法自主处分，生前身后人身权益与财产权益的相关产业，包括满足老年人人身权益需求的养老服务产业，也包括与传承财富相关的金融服务产业、房地产产业、慈善信托产业等。考虑到传承产业涉及全生命周期的特点，还应扩展到传承教育培训产业、公益传承产业等行业。

由于传承产业概念与“老龄产业”在包含内容上高度重合，所以某些场合上，又可以通用。传承产业是围绕老年人的养护、养生和传承财富需求的满足而展开的，由利益相关、分工不同的，并以养老和财富传承为最终价值实现的相关行业所组成的具体产业。

“十四五”规划纲要中提出推动养老事业和养老产业协同发展，强调提出加快发展健康、养老等服务业，加强公益性、基础性服务业供给，扩大覆盖全生命期的各类服务供给。加快完善养老、家政等服务标准，健全生活性服务业认证认可制度，推动生活性服务业诚信化职业化发展。[①] 这些涉及适应老龄化社会发展需求的产业，都是传承产业的范畴。

---

① 《中华人民共和国国民经济和社会发展第十四个五年规划和2035年远景目标纲要》，中国政府网，http：//www. gov. cn/xinwen/2021-03/13/content_ 5592681. htm，2021年7月17日访问。

2. 与相关概念的比较

（1）养老服务业与养生服务业

养老服务业指的是各种为满足老年人群生活、健康、休闲、学习、投资等活动提供必要服务的多行业总称。

养生就是保养生命，以培养生机、预防疾病、争取健康长寿为目的。养生保健服务业，是集饮食养生、运动养生、医药养生、环境养生、文化养生、美容养生等健康养生管理服务于一体的产业，根据人体健康需求，养生服务可分为生理养生、心理养生等。

因此，养老与养生服务业是不同的，具体来看，消费市场不同，注重养生的人群一般收入较高，而以养老为主的人群收入相对低；从服务对象看，养生的人群认知能力和行为能力没有明显障碍，群体相对年轻，而养老为主的人群多需要治疗与看护，群体相对年龄大；从需求角度看，养生人群的需求是调节身体机能，从而达到延年益寿，而养老人群的需求是治疗疾病过好晚年生活。

所以，养老服务业与养生服务业是传承产业中不同的产业，传承产业应该关注两类产业服务内容和服务对象的不同，并形成合理的产业结构。

（2）老龄产业与老龄事业

老龄产业是指那些能为老年人群提供生活学习所需的各种物品和服务，以及相应供应机构的总和。

老龄产业是一个经济学概念，它是以老年人群为服务对象的各种经济活动的总称。老龄产业甚至比其他任何一个产业的覆盖面都广泛，从广义上讲，老龄产业涉及国民经济体系中的绝大多数行业。老龄产业是将产品使用对象的需求作为参考依据，从一、二、三产业衍生出的特殊的综合型产业，它的特殊性在于只为老龄人提供产品和服务。

养老事业是指在政府主导下人们所从事的那些由国家财政购买，为全体公民服务的公益性活动，如文化、卫生、基础科学研究和教育等。

养老事业的基本特征是非营利性、公益性。老龄事业的针对性更强，它是以老年人群为主要服务目标，以满足老年人群的精神物质需求而存在的。老龄事业所需要的各种设施、物资等一般均由国家出资购买，服务于广大国民，带有鲜明的公益性色彩。可以将老龄事业解释为由公共财政负担的非营利性、公益性养老活动、养老项目。

老龄产业与老龄事业的服务对象都是一致的，都是面向广大老年人群的服务，满足老年人群的各种生活需求。但是，老龄产业性质上是指独立经济活动主体的市场经营活动。而老龄事业性质上是社会公共管理的政府行为活动，是政府行为的一种体现。就中国国情而言，老龄事业是为适应市场经济的表现形式。概括地讲，老龄事业主要是通过政府行为满足老年人有关养老、养生的需求，而老龄产业主要是以市场化的经济手段实现满足老年人各项有关养老、养生的需求。一个主要以政府为依靠，一个则主要依靠市场。传承产业在主要依靠市场化的经济手段为老年人的需求服务这些方面和老龄产业是一致的，但从全生命周期的角度考虑，传承产业的概念的内涵和外延更为宽泛，更为关注传承关系相关的经济活动，对承者主体资格和行为的关注范围是超出老龄产业范畴的。

（二）传承产业的主要模式

1. 单业态运作的产业发展模式

单业态运作传承产业是传统产业发展思维的产物，是主要依托单一资产、产品或服务开展单一重点业务为主、其他少数业务为辅的产业发展形态。

例如，在金融产业领域，主要表现为信托业和商业保险业。在老龄用品产业领域，主要表现为中老年保健用品生产或销售模式，殡葬用品生产或销售模式。在老龄服务产业领域，主要表现为面向半失能或完全失能老年人的单体医养结合式老龄服务模式、依托社区以照料服务为主要内容的老龄服务模式等。在老龄宜居产业领域，主要表现为以“养老地产”为主的老龄房地产模式、适老化建筑改造的老龄房地产模式。

2. 混业态运作的产业发展模式

混业运作的产业发展模式是指将物质形态的产品和非物质形态的服务联动发展的模式。当前比较常见的模式主要有：

（1）银行储蓄 + 老龄服务的混业模式

其核心在于资本品与服务品的融合，既扩大了自身传统储蓄的业务能力，又为客户提供了前所未有的老龄服务。

（2）保险 + 房地产 + 老龄服务的混业模式

其关键在于保险资本品、房地产和老龄服务的融合，不仅保险业务能力得到提升，三者融合也为老龄产业提供了新的业态。

（3）房地产 + 老龄服务的混业模式

其主要创意在于，在为客户提供房产的基础上承诺市场上稀缺的老龄服务（特别是医养结合服务、老年教育服务、休闲养生服务等），为房地产运营提供了新的发展领域。

（4）本土化的 RIETS 模式

主要是在资产证券化等金融运作基础上的房地产 + 老龄服务模式，简称“金融 + 房地产 + 老龄服务模式”。

（5）物业 + 老龄服务的混业模式

我国正大力支持物业服务企业开展老年服务、餐饮服务、定期走访等养老服务，推行“物业 + 养老”模式。通过解决高龄、空巢、独居、失能老年人的日常护理和长期护理等问题，使社区养老服务有效供给到社区，满足广大老年人多层次、多样化的养老服务需求。

3. “互联网 + 老龄产业”的发展模式

自从电子技术、芯片技术、互联网技术和信息传播广为发展和普及后，“互联网 + 老龄产业”的模式也迅速涌现。

（1）互联网 + 老龄金融的发展模式

主要是银行、保险、基金等领域的金融机构利用互联网，特别是智能手机 App 面向中青年客户开展老年期金融准备活动的发展模式，目前也出现了金融机构利用智能手机 App 面向老年人开展基金、理财等老龄金融服务。

（2）互联网 + 老龄用品的发展模式

围绕适合老年人的衣、食、住、行、医、文化娱乐等需要，开发智能化的老年用品用具和服务产品。新一代信息技术的快速发展推动养老产品不断革新。智能传感技术、大数据技术、物联网技术的跨越式发展，使低功耗的智能健康养老终端、人性化交互的简洁应用平台以及高效的信息架构变成现实。养老产品向低功耗、微型化、智能传感、室内外精准定位等方向不断完善，突破现有的健康生理检测、监测技术和分析技术。养老产品将向实时化、场景化、智能化、定制化等方向发展。另外，利用互联网和智能手机 App 开设老龄用品网店开展网上销售，老龄产品制造业厂商利用互联网开展网上咨询销售活动也是互联网与老龄产品融合的一种产业形式。

（3）互联网 + 老龄服务的发展模式

互联网 + 养老成为现代新型的模式，是利用先进的互联网、云计算、可穿戴等新一代信息技术手段，构建物联网系统与信息平台，为养老提供更便捷、高效、灵活的公共管理创新服务模式。当前，各类老龄服务机构利用互联网搭建服务信息平台，一些地方政府和地方老龄产业行业组织也搭建老龄服务信息平台，吸纳老龄服务机构开展服务。

（4）互联网 + 老龄房地产

主要是养老地产商和适老化改造机构搭建信息平台，开展老龄房地产服务和适老化改造服务。在大的互联网战略下，以地产作为实现产业协同的平台，搭建一个包括家电、家居、物流、金融、地产等全产业链的生态圈，房地产给用户提供全方位智能化的生活方式。

（5）互联网 + 老龄用品 + 老龄服务的发展模式

主要是老龄制造业厂商利用互联网和智能手机 App 连接智能化老龄用品开展老龄服务以及信息监测服务。本质上就是老龄产业链数字化的过程，用大数据来匹配需求，优化整个产业链的供需关系，运用智能老龄产品和相应的老龄服务，通过互联网大数据技术实现需求和供给的匹配。

二、 传承产业体系的社会定位

传承产业是人类迈入长寿时代、进入老龄社会阶段的必然产物。随着老龄社会从低级阶段迈向高级阶段，人类社会的经济结构将从适应漫长年轻社会的形态逐步转向适应老龄社会的新形态。

与此相应，产业体系也将同步发生历史性转变，形成适应老龄社会的新的产业体系，从面向老年期的产业构架经由基于全生命周期的连续性产业构架实现新产业构架的转型，从而形成适应老龄社会的经济体系需要新的社会产业体系。①

（一）养老产业的三维划分法和五维划分法

1. 养老产业的三维划分法

根据日本学者鞠川阳子（2009）关于养老产业的三维产业链理论，②可以将养老产业分为本位产业、相关产业以及衍生产业三部分。

（1）本位产业

养老本位产业的主要内容包括养老所需要的设施、机构、住房、服务业、保健医疗等。

（2）相关产业

养老相关产业是指除了本位产业之外的一切与养老相关的产业。具体包括养老机构的附属供应产业、服务行业对应的技能培训和劳务市场、保健医疗产业所相关的护理、健康咨询和治疗、健身锻炼等，还包括了老年休闲娱乐产业等。

（3）衍生产业

养老的衍生产业是指老年人储蓄投资理财产品、老年地产的倒按揭等

---

① 党俊武：《新时代中国老龄产业发展的形势预判与走向前瞻（上）》，载《老龄科学研究》2018 年第 11 期。

② ［日］鞠川阳子：《银发产业三维产业链的潜力》，载《第一财经日报》2009 年 10 月 30 日。

金融产品，寿险产品证券化产权产品、长期护理保险产品。

2. 养老产业的五维划分法

2006年《中国老龄事业》白皮书提出的“老有所养”“老有所医”“老有所乐”“老有所学”“老有所为”这五个为人所熟知的方面，将整个老龄产业划分为五个维度。事实上，这五个维度与老年人之间的关系，如结合马斯洛的需求层次理论，“老有所养”（养维度）对应生理需求，“老有所医”对应的是安全需求（医维度），“老有所乐”对应的是社会需求（乐维度），“老有所学”对应的是尊重的需求（学维度），“老有所为”对应的则是自我实现的需求（为维度）。根据以上这五维度，对整个老龄产业进行划分：由于养维度最为基础，所以将其设定为第一老龄产业，而其他的医维度、乐维度、学维度、为维度依次为第二、第三、第四、第五老龄产业（见表12-1），具体来说：

第一老龄产业：这一层次包含所有与老人生理生存有关的产业，用以满足老年人对食物、水、住所等生理方面的需求。例如，健康的食品业、健康饮水业、养老地产业、老年家政业等。

第二老龄产业：这一层次上包含所有能够保证老人生命安全的产业，例如，医疗设备及精密仪器制造业、老年人护理服务业、医疗保健、营养保健、心理咨询等。

第三老龄产业：这包括满足老年人社会需求需要的产业，例如，体育健身服务业、休闲服务业、旅游服务业等。

第四老龄产业：这包括满足老年人尊重需求需要的产业，例如，老年教育培训、老年文化产业、老年大学等。

第五老龄产业：这是满足老年人高层次需要，即自我实现需要的产业，比如，养老金融、养老投资、老年人再创业等。

表12-1　老龄产业的维度界定

基础服务类老龄产业	地产建筑业（养老地产、养老社区）；餐饮业（健康食品业等）；老年家政业；老年服装业等
医疗保健类服务产业	医疗设备及精密仪器制造业；老年护理服务业；老年医疗养生业；老年营养保健业等
休闲娱乐类老龄产业	老年文化娱乐业；老年旅游业；老年教育业等
社会化服务类老龄产业	评估咨询业；金融服务业；法律服务业等
支持服务类老龄产业	信息管理业；技术培训业；营销广告业等

（二）传承产业的体系

从宏观层面讲，传承产业是以服务老年群体为核心的一系列生产、制造、销售、服务、健康、文化等活动的总集合，其横跨第一、第二、第三产业，是为了满足老年人群生活健康的综合性体系。

随着时代的发展，考量传承产业的基本价值目标，传承产业的体系结构主要分为以下三个部分。

1. 为老服务产业

为老服务产业属于发展性的概念，其产生于劳动分工，随着社会经济发展而与时俱进。传承产业中，为老服务业是主体，是主要服务于60岁以上老年人的。随着人们生活质量的提高，以及中国人平均寿命的延长，为老服务业的内涵也由原来简单的服务行业拓展到具有更为广阔内涵的“银发经济产业”。一般来说，要达到75岁以上的人，才在认知能力和行动能力上出现明显的障碍，需要特殊的看护和治疗康复，是非活跃型的养老人群，是真正的养老人群；而60—75岁的人智力认知和行动能力、行为能力没有出现明显障碍，是养老消费产业的活跃型人群。

为老服务产业与老年人的生活直接密切相关，主要是为老年人直接提供衣食住行的产业，其中，包括来自“第一产业”领域的养老食品和“第二产业”的养老用品。随着经济的发展，老年人个性化消费需求的增加，在满足基本养老服务的基础上，还延伸出与养老本位产业供应链上相关产业，不仅包括来自“第二产业”的护理专用品和治疗康复器械等（主要包括养老日常生活及护理用品，例如，洗澡椅、坐厕椅、护理床等；医疗器械，如血压、血糖仪，助听器等以及保健品、药品等），还有来自“第三产业”的护理与服务；再教育和培训行业，帮助老年人实现自我价值。例如，老年大学、再就业教育培训中心、人才服务等；文化和娱乐行业，帮助老年人享受生活、提高生活质量，例如，老年旅游、老年文化乐园等。

2. 代际传承产业

代际传承产业侧重于服务代际传承需求，侧重于承者的生存、发展需求。一方面要注重承者主体的培育、培养，建立高质量的教育培训产业，侧重承者知识体系的构建和良好的家风与道德品质培养，例如，学历、知识教育培训、留学计划与教育资金准备，以及相关的职业规划、接班实训等教育培训产业。

另一方面是财富管理和传承产业，主要是指老龄金融产业。老龄金融既是金融体系的重要组成部分，又是老龄产业的重中之重，关系到未来整个金融业的发展方向。老龄金融产业是指经营老龄金融商品和提供老龄金融服务的特殊产业。老龄金融是一种长期资本累积和运用的金融类型，在年轻时将余钱以存款、证券、基金、保险等形式储存起来，进行长期理财。等到老年之后，这些积累的资本就可以用来养老并且可以传承。财富管理不仅包括与养老有关联的储蓄投资机制，例如，社会基本养老保险、企业年金、商业养老保险、养老储蓄、住房反向抵押贷款、养老信托、养老基金等金融服务，也包括继承、赠与、保单、家族信托、家族基金等为主要工具的财富传承服务及产业，还有通过签订股份、基金、证券、投资等赠与协议、代持协议、代管协议、委托协议等方式，对财富进行专业化的管理分配与处置以保障财产安全传承的服务产业。

老龄金融产业是对老年人全生命周期的财富进行规划。2019 年 4 月，《国务院办公厅关于推进养老服务发展的意见》明确提出，“支持老年人投保意外伤害保险。支持银行、信托等金融机构开发养老型理财产品、信托产品等养老金融产品，依法适当放宽对符合信贷条件的老年人申请贷款的年龄限制，提升老年人金融服务的可得性和满意度”。这为老龄金融产业的发展提供了政策支持，也为传承产业新业态指明了发展方向。

3. 其他衍生产业

指从为老服务产业和代际传承产业衍生出来的为传承人权益维护、衣食住行等提供配套服务或产品的产业。

例如，考虑到新型智能信息技术支撑的各种产业模式，为传承产业现代化发展提供支撑的科研机构、科技产品及服务等产业，渗透到传承产业的各个领域和各个环节，也成为传承产业的重要组成部分。

三、 传承产业相关主体

传承产业中主体主要包括需求主体（主要是传者中的老年人和其家庭）、经营主体（主要包括各类产业组织）和政府。

其中，产业组织是产业发展的主体，是人才、资本、土地和技术等所有产业要素的整合者，是产业从零散、自发、碎片状态走向连锁化、集团化、行业化进而走向规模化、集群化、系统化直至宏大产业体系的核心担当者，是产业从起步走向繁荣进而走向成熟鼎盛的主角，更是未来老龄产业巨大市场潜能的挖掘者、变现者和实现者。

（一）传承产业需求主体

老龄化社会的到来，虽然给社会带来了诸多不利影响，但也孕育了一个潜力巨大的老年消费市场。人口老龄化为传承产业提供了数量巨大的需求主体。中国老年人口规模已居世界之首，这将支撑全球最大的传承产业群。

据测算，中国老龄产业产值将在2050年突破100万亿元，占届时GDP的三分之一以上，这是未来待开发的新经济，也是未来中国乃至世界经济持续发展的稳定驱动力之一。[①] 传承产业是由老龄消费群体促使老年消费市场增长带动而形成的新兴产业。目前，传承产业尚处于起步阶段，随着我国老年人口迅速增加，传者中的老年人对传承相关的需求会越来越高（见图12-1）。

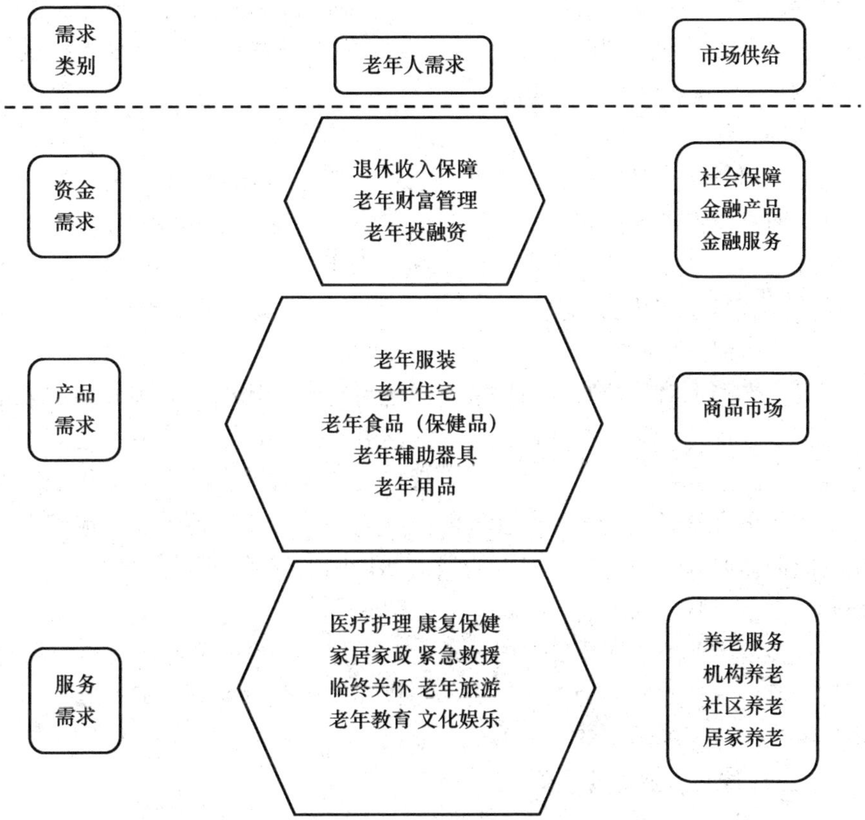

图12-1　传承产业需求

人到老年，各方面都发生了很多变化，主要变化有以下几种：（1）50—60岁，往往是老年人中的大多数退出或即将退出社会经济活动，生活能够完全自理，但出现亚健康状态，老年人开始逐渐意识到养生，另外欢度晚年逐渐成为其退休后的主要生活内容；（2）60—75岁，随着年龄的不断增

①　党俊武：《新时代中国老龄产业发展的形势预判与走向前瞻（上）》，载《老龄科学研究》2018年第11期。

长，老年人的智力认知、行为能力还属于基本正常状态，大多数老年人随着其闲暇时间增多对养老服务需求更加旺盛并呈现多样性；（3）75 岁以上，老年人认知能力和行动能力开始出现明显障碍，老年消费群体根据个人的健康状况需要一些辅助产品，确保老年人能自助健康地生活。[①] 总体来说，不同的年龄层次对传承产业需要也各不相同。

就服务对象而言，根据老年人的身体状况，可以分为活力老人（主要指健康状况良好、有自理能力的老人）、生活协助型老人（主要指需要生活照料的老人）及失能失智老人（主要指失能失智或需要康复治疗的老人）。传承产业是一个跨行业的产业，但经营者当前提供的产品和服务还比较单一，相关产品研发和服务远远滞后于老年人的需求，向老年人提供的产品及服务单一且技术含量过低。老年人有高端消费需求，但是市场上缺乏针对高端需求的更多服务。

在我国，老年人节俭的观念正在逐步改变，数以百万计的退休人员更加接受发达国家或地区的“核心家庭”观念，即退休后过属于自己的生活，享受生命的最好时光。

而且老年人对精神层面的需求也会越来越高。比如，老年人参加老年旅行团、补拍婚纱照、补办婚礼等，就是老龄人口试图补偿由于之前受家庭经济原因或家庭观念影响而未能实现的消费需求。老龄产业文化娱乐方面的市场也有待开发完善。许多低龄老年人更加渴望亲情关注，他们有大量的时间需要开发适合自身特点的消遣和休闲的娱乐项目，比如，老年俱乐部、老年棋牌室以及老年阅览室等。

在传承产业中，还需要考虑对承者的主体资格的培育培养方面，考虑到传承服务的特殊性，为承者的需求提供相关的教育培训、遗产管理、财产信托、法律服务等服务。

（二）传承产业经营主体

1. 传承产业经营者

为满足老年人需求而推出的为老服务业产品和服务的主体即为传承产业经营者。近年来，传承产业经营种类日渐丰富，进入这个行业的资本力量也逐渐增加，不少企业开始尝试开展相关养老产品和服务业务。多家上市公司已尝试介入居家养老设施、养老服务和养老大健康领域，也有上市公司从事养老地产项目开发。也有企业看中代际传承产业的新商机，积极介入高端教育培训、财富管理传承领域。

---

① 刘禹君：《中国老龄产业市场化发展研究》，吉林大学 2017 年博士学位论文，第 93 页。

为老服务经营者既可以通过专业分工，提供为老服务其中一项或几项服务，也可以作为综合性为老服务机构针对老年人的全部需求提供全过程服务。

例如，有些地产经营者跨界进入为老服务业，以地产为基础，进行高端住宅产品开发。同时，结合优良健康管家及养老运营服务，从日常起居、饮食餐饮到医疗护理、文体娱乐活动等，为老年人提供“一站式”的养老服务；并且结合老年人所有的房产，提供理财、保险、信托等一揽子财富传承规划安排。现在一些金融机构与地产企业联合起来，在不同阶段实施不同的资源配置方式，按照“专业分工、利益均衡、各取所需”的原则，建立“地产企业开发社区 + 金融机构对接金融服务 + 养老机构标准化运营与服务”的经营模式，形成传承新产业形态。

2. 传承产业从业人员

从广义产业来讲，直接和间接从事传承产业的人员非常宽泛，涉及许多不同领域的职业需求。

传承产业是一个多元化的产业体系，产业辐射面广，直接涉及的有养老服务、养老用品、老年医疗、养老地产、养老金融业、慈善信托等，这些行业中为传承产业提供服务的从业人员，也是传承产业的从业人员。

从传承产业发展前景来看，其潜在的市场需求非常大，需要大量高素质的从业人员，包括生活照顾类、医疗护理类、技术服务类、科技研发类、机构管理与教育培训类等多方面人才。而且对特定领域，还需要获得专业职业资质才能从事相关工作，如传承金融从业人员需要取得相应的金融从业资格许可；传承地产的从业人员也需要取得相应的建筑业从业资格许可。

为适应传承产业对从业人才的需求，应进行相应的人才培养。传承产业从业人员培养培训应坚持“市场开放、专业实施、层级分类、政府支持、社会参与”的原则，通过职业技能培训、专业技术培训等方式开展。

（三）传承产业中政府的作用

传承产业的健康发展必须依赖于政府职能和市场职能的共同发挥。

传承产业提供的产品和服务，在性质上属于准公共属性的产品，需要政府和市场共同来提供，单独依赖任何一方都不能很好地满足老年人的实际需求。在传承产业的不同领域中，要合理分配政府职能和市场职能，找到均衡点，“两只手”互相协作、各司其职，满足不同老年人养老阶段的各种传承需求，提高老年人的福利水平。

政府的作用主要是顶层政策规划、完善的政策体系支持以及对市场化交易机制的保障。政府应承担以下角色：制度制定者；监督管理者；发展引导者；基础设施、公共用品（劳务）供给者。

1. 传承产业政策和法律的制定

在实施积极应对人口老龄化国家战略过程中，从中央到地方的各级政府及相关部门应意识到传承产业发展的重要性，制定促进传承产业的政策，明确传承产业的发展方向、发展模式，在财政、税费、土地、金融、人才、基础设施、机构审批、建设标准等多个领域制定有利于传承产业发展的经济政策。

国家应该从社会化和产业化的角度发展传承产业，运用市场机制满足老年人的各项需求，推动老龄事业和老龄产业共同发展。应加快研究制定传承产业的管理办法和行业标准，颁布相关的法律法规对传承产业的发展予以引导，规范经营者的行为，建立行业标准和相应的评价机制，加快形成统一开放、竞争有序的市场体系，保障公平竞争，改善营商环境，支持创业创新，激发市场活力，提高传承产业的质量和效率。

2. 鼓励社会资本进入传承产业

民营化、市场化是未来传承产业的主要发展方向，政府各项工作都应该重点鼓励社会资本对传承产业的投入，鼓励社会资本参与为老服务领域，为民营资本进入老年服务机构扫清制度障碍，特别是在对那些失能孤独老人的服务领域，支持采取股份制、股份合作制、PPP 等模式建设或发展养老机构。

对那些由民营经济出资建设的公益性养老事业单位或机构，根据其服务覆盖面积、所接纳的老人数量以及服务口碑等评价指标，由财政对其进行适当的资金补贴，提供相应的土地、金融、财政政策支持。比如，对中小型传承产业经营者给予融资上的政策放宽；建立相关交易平台，降低民营企业交易成本；加强政府的工作效率，减少非必要的行政收费等。

3. 政府购买公共养老服务

政府通过购买公共养老服务方式提供为老服务，是文明社会的一项政府职责。公共养老服务使政府不再是为老服务的直接供给者，而成为公共服务的出资人和委托人。

从本质上说，政府购买公共服务是国家为了履行社会服务的职能，履行宪法规定的老有所养责任，在政府主导下由社会力量参与，通过市场购买服务的方式，以满足社会对为老服务方面的需求。通过政府、市场、社会之间的良性互动，使得财政投入能够得到更有效的利用，节省行政成本，使得资源得到最优化的配置。

4. 培养传承产业人才

各级政府应加快传承产业人才队伍的建设，进行人才培养，为养老服务提供优质专业的从业人员。

制定人才培养政策时，应当从三个方面考虑：一是拓宽传承产业人才培训的渠道，鼓励社会培训机构加强对相关人员的培训，提高从业人员的职业道德、服务意识和业务能力。给予一些培训机构优惠政策，让它能够更好地宣传、培训专业人员；加强对传承产业从业人员的岗前培训及定期培训，使其掌握传承产业的专业知识和相关法律法规、政策和标准。二是鼓励各类院校特别是职业院校（含技工学校）设置传承产业相关专业或开设相关课程，在普通高校开设传承产业等相关专业。推进传承产业实训基地建设。落实学生资助政策。对学习的人员给予学费的资助以及优惠的学生贷款条件，并创新一些还贷方式。三是鼓励社会资本投资传承产业人才建设，给予相关培训机构和从业人员财政补贴以及相关的金融、税费优惠政策。

总之，传承产业的发展方向，应该是连锁化经营、集团化发展，实施品牌战略，培育形成一批各具特色、管理规范、服务标准的龙头企业，加快形成产业链长、覆盖领域广、经济社会效益显著的为老服务产业集群。使得传承产业与健康、养生、旅游、文化、健身、休闲、法律等产业融合发展，丰富为老服务产业新模式、新业态。鼓励金融、地产、互联网等企业进入传承产业，利用信息技术提升传承产业质量和效率。

第二节 传承法务与传承地产

传承地产，在本节主要是指养老地产，是我国养老产业的重要组成部分，是保障老有所居，供养传者中的老年人和承担养老服务的重要载体和场所。传承财产中房地产的价值占比很大，老龄化社会实践中，传承地产在房地产行业的比重将会逐步增大，为维护传承人的财产权益，需要传承法务专业律师提供相关的法律服务。

一、 传承地产的概念

近十年来，我国持续提高对地产行业的宏观调控力度，房地产开发风险及准入门槛不断提高，而在实施积极应对人口老龄化国家战略形势下，传承地产将成为房地产产业的重要组成部分，这是房地产行业发展的必然趋势。房子是用来住的，房子也是可以传承的，传承地产是长寿时代人民对美好生活品质提升的需要，是社会发展的实际需求。

传承地产，是指为满足老年人需求特点而规划、设计和建造适合老年人居住和使用的房地产，是以实现“房地产”和“养老”两种产业有机融合的一种新型房地产。传承地产必须适合老年人居住，适合老年人心理和生理特点，能满足老年人的休闲、文化娱乐等社会活动需求，能够为老年人提供良好的健康管理、医疗护理、饮食服务等相关基础设施保障。传承地产基本形式主要有：老年人原有住宅、老年公寓、老年社区、养老院等，也包括适老化改造的相关房地产项目。

传承地产与普通自有房产的最大不同在于，前者的功能核心是提供养老服务，服务的质量和水准对传承地产的运营管理和盈利模式具有重要影响作用。传承地产具有产品和服务的双重属性，不仅具备传统的居住功能，同时还能为老年住户提供及时、专业的健康护理和医疗服务。与传统房地产项目相比，传承地产项目更加注重针对适合老年人的硬件设施设计，软件上更强调或侧重项目交付后的服务功能。传承地产物业除了应具备常规服务功能外，还应具备各种老年特色服务功能，例如，生活照料、家政服务、康复护理、精神慰藉、安宁疗护等。

传承地产是综合性系统工程，地产项目的建筑设计不仅要便利传者的适老生活，还要建设包括老年人康复医疗、老年文化教育、休闲娱乐等相关配套设施，房地产企业一般受开发和建设能力的限制，需与其他老龄产业合作共同建设。对此，国家应当加强顶层设计，充分发挥政府在行业发展的引领作用，引导和规范房地产企业与其他企业建立合作。

二、 传承地产的种类

传承地产既包括适合养老的商品住宅项目，也包括只租不售的集中养老社区项目，还包括具有社会福利性质的机构养老地产、社区养老设施、适老化改造设施等。当然也包括为低收入的老年人提供低租金的保障住房，为中等偏低收入的老年人提供较低租金的保障住房或为其提供购房资金补助，等等。

（一）传承商业地产

传承商业地产，是指为满足老年人需求特点规划、设计和建造适合老年人居住和使用的商品房地产项目。传承商业地产，是将养老与亲情相结合，可以是老年人和子女共同居住，家庭生活、安心养老兼顾。

以北京东方太阳城项目为例，该地产项目设计的客户群年龄为55—70

岁的健康老人，小区以中央景观为中心，沿景观带布置养老住宅、养生养护中心、接待中心及辅助用房等配套设施。传承地产以四合院、独栋和双排别墅为主，还有多层公寓、复合公寓等类型。社区内有医疗、护理等服务配套以及高尔夫球场、娱乐中心等多种娱乐设施，花草树木、人造水系的覆盖率相对较高。由于我国老龄化发展速度较快，适合养老的商业地产资源稀缺，既能与家人一起生活居住又可以传承给后人，所以东方太阳城项目的房价要比周边普通地产项目稍高。

传承商业地产，目前已成为部分家庭投资养老服务并且兼顾财富传承的一个重要选择。

（二）集中养老社区

集中养老社区，是指为满足老年人生活需求而建设的适合离退休老年人居住和使用的传承地产项目。与传承商业地产相比，集中养老社区的户型以一居、两居、三居户型为主，并且只租不售。

与普通地产相比，传承地产需要建设大量的与老年人相关的建筑及配套设施，是典型的重资产行业。传承地产的后期维护费用、折旧摊销等成本较高，需要聘用大量专业康养护理人员，在养老配套设施及服务供给方面的支出较大。而且传承地产具有投资大、回收周期长、行业成本高的特点。所以，集中养老社区一般租期约定都是20年，往往还需预存不菲租金才能入住。

泰康保险集团下属的系列泰康养老院多采用集中养老社区模式。

（三）机构养老地产

机构养老地产，是指为了兴建养老机构而建设或使用的传承地产。与集中养老社区生活相比，机构养老的房间以单间和合住形式为主，餐饮为集中供应，包括众多福利院、敬老院、养老院等养老机构，也包括在此基础上发展起来的服务更大区域的养老福利机构，是目前机构养老的主要形式，根据举办形式不同享有一定的政府补贴、社会基金支持，具有社会福利性质。

近年来，国家不断加大力度积极扶持社会力量建设养老机构，在土地政策、资金补助、税费减免等方面出台了相应的优惠政策，养老机构设立许可也改为了备案制，简化了相应程序。国家要求“完善养老服务设施供地政策。举办非营利性养老服务机构，可凭登记机关发给的社会服务机构登记证书和其他法定材料申请划拨供地，自然资源、民政部门要积极协调落实划拨用地政策。鼓励各地探索利用集体建设用地发展养老服务设施。存量商业服务用地等其他用地用于养老服务设施建设的，允许按照适老化设计要求调整户均面积、租赁期限、车位配比及消防审验等土地和规划要求”。①

（四）社区养老设施

社区养老设施，是指建设在居民生活小区或小区周边的支持居家养老或者提供老年人日间照料等服务的传承地产。

国家要求有关部门和各级政府，“要落实养老服务设施分区分级规划建设要求。2019年在全国部署开展养老服务设施规划建设情况监督检查，重点清查整改规划未编制、新建住宅小区与配套养老服务设施‘四同步’（同步规划、同步建设、同步验收、同步交付）未落实、社区养老服务设施未达标、已建成养老服务设施未移交或未有效利用等问题。完善‘四同步’工作规则，明确民政部门在‘四同步’中的职责，对已交付产权人的养老服务设施由民政部门履行监管职责，确保养老服务用途。对存在配套养老服务设施缓建、缩建、停建、不建和建而不交等问题的，在整改到位之前建设单位不得组织竣工验收。按照国家相关标准和规范，将社区居家养老服务设施建设纳入城乡社区配套用房建设范围。对于空置的公租房，可探索允许免费提供给社会力量，供其在社区为老年人开展日间照料、康复护理、助餐助行、老年教育等服务。市、县级政府要制定整合闲置设施改造为养老服务设施的政策措施；整合改造中需要办理不动产登记的，不动产登记机构要依法加快办理登记手续。推进国有企业所属培训中心和疗养机构改革，对具备条件的加快资源整合、集中运营，用于提供养老服务。凡利用建筑面积1000平方米以下的独栋建筑或者建筑物内的部分楼层改造为养老服务设施的，在符合国家相关标准的前提下，可不再要求出具近期动迁计划说明、临时改变建筑使用功能说明、环评审批文件或备案回执。对养老服务设施总量不足或规划滞后的，应在城市、镇总体规划编制或修改时予以完善，有条件的地级以上城市应当编制养老服务设施专项规划”。②

（五）居家自有房产的适老化改造

实施老年人自有房产适老化改造工程，能巩固家庭养老基础地位、促进养老服务消费提升、推动居家养老服务提质扩容，对构建居家社区机构相协调、医养康养相结合的养老服务体系具有重要意义。

自有房产适老化改造，是指对家庭自有住宅进行适老化智能改造、设施改造，加装电梯和无障碍设施建设等传承地产现代化升级改造。包括无

---

① 《国务院办公厅关于推进养老服务发展的意见》（国办发〔2019〕5号）。

② 《国务院办公厅关于推进养老服务发展的意见》（国办发〔2019〕5号）。

障碍通道和地面、防滑地板、过道扶手、开关位置、马桶扶手、浴室安全、家具高度、扶手门、感应夜灯、电源位置等，提升老年人居住的安全性和舒适度；利用信息技术提升适老化智能化水平，通过互联网技术和电子信息技术，建立智慧居家养老信息管理平台，在老人的居室、卫生间、厨房等位置安装智能跟踪系统、紧急呼救装置和智能报警仪器等。

实施老年人居家适老化改造的目标，是坚持需求导向，政府重点支持保障特殊困难老年人最迫切的居家适老化改造需求，以满足其居家生活照料、起居行走、康复护理等需求为核心，改善居家生活照护条件，增强居家生活设施设备安全性、便利性和舒适性，提升居家养老服务品质。

我国老年人特有的“金窝银窝，不如自己的狗窝”理念，使大多数老年人更愿意选择自己原有住宅居住。传统的养老观念也是“养儿防老”，多数老年人愿意与子女同住，是居家自有房产养老的主要形式。

在自有传承地产改造中，可以设计“老少居”住宅。“老少居”是指两代人的住宅各自方便，老人与子女尽可能各自拥有独立、完整的生活空间，具有“分得开，住得近”的特点。这是目前适合国内家庭和养老理念的住宅改造设计，既方便子女就近照顾老人的生活，又能使年轻人保持相对独立的生活空间。

（六）倒按揭以房养老回收住宅的全面升级改造

倒按揭形式的以房养老，是一种将住房抵押与终身养老年金保险相结合的创新型商业养老保险产品，老年人将房产抵押给保险公司后，可按照约定条件领取养老保险金直至终身，同时可以继续拥有房屋占有、使用、收益和经抵押权人同意的处分权。这种以房养老保险产品在我国已经试点推出七年，响应者很少，个别老人还选择了赎回房产并退出以房养老计划，反映出此模式市场接受度不高。但是，社会现实中另一个场景是，不法分子借以房养老之名，趁机诈骗老年人钱财却屡屡得手，也让老年人对以房养老模式更加谨慎。

房产是我们大多数老年人的重要资产，如果能够将部分房产转为稳定的现金流以支持养老，无疑可明显提升老年人的生活品质。如何摆脱以房养老推行难的长期窘境？既要发挥传承法务功能防止老年人陷入以房养老骗局，维护好老年人的合法权益，“又要在事后管理好所遗房产，投入必要的修缮资金，注重遗房的智慧功能与环保安全，促使房屋的保值增值，保障好后人的合法权益”。[①] 可以采取对以房养老回收商品住宅进行全

① 陈洪忠、陈子钧、韩洪：《老年人防骗维权攻略》，中国法制出版社2019年版，第303页。

面升级改造，由政府投入部分资金普及环保、智慧家装，提升普通民众居住的幸福感，大幅提升再造房屋的市值，从而促进以房养老市场的大力发展。

倒按揭以房养老既可以在每个月获得不菲的养老金补充，老年人对房屋的占有、使用、收益权利还可以不受影响，去世后房产变卖还贷，残值可以继承。倒按揭以房养老回收商品住宅的全面升级改造，是指政府事先对环保、智慧家装进行专门研发，投入一定资金对遗房安全检查和升级改造，依靠国家的信誉和力量，使遗房“华丽转身”成为商品房市场中的炙热吉房，从而提升市场价值。比如，老人生前以房养老消费了房产价值的2/3，若遗房经过统一环保、智慧家装升级后再销售，这时，可以继承的部分仍可能相当于原房产价值的2/3许，从而将助推家人更加看好长辈以房养老举措。关于升级改造资金，可以采取国家引导规范市场运作，也可以由国家福利支持。

三、 传承地产中的相关法律服务

传承地产合同有别于普通的买卖等民事合同，在缔约能力、约定内容、形式要件等合同要素方面，不仅涉及私法规范的规制，也涉及养老政策和公法规范的规制，而且房地产合同标的额大、履行周期长，其效力能否正常维护、权利义务能否正常履行，对传承地产市场交易安全、秩序和养老都影响巨大。在法律适用层面，更是横贯民法典合同编、民法典物权编、老年人权益保障法等几大法域。同时，事关实施积极应对人口老龄化国家战略，短期内相关政策的市场调节也是主要依据。因此，传承地产法务更加复杂，传承法务专业律师提供相关服务时，应当更加认真、专业、审慎，并考虑长远。

（一）传承土地使用权转让、出租、抵押中的法律服务

1. 传承土地使用权出让时的法律事项

传承土地使用权出让，应当签订书面出让合同，根据不同情况可以依法采取拍卖、招标或者双方协议的方式。采取拍卖、招标方式是原则，双方协议方式是例外。采取双方协议方式出让土地使用权的出让金不得低于按国家规定所确定的最低价。传承土地使用权转让的具体流程因出让方式的不同也会有所不同。传承土地使用权出让合同，应当由市、县人民政府土地管理部门与土地使用者签订。

2. 传承土地使用权出租时的相关法律服务

传承土地使用权出租，是指土地使用者将土地使用权单独或者随同地

上建筑物、其他附着物租赁给他人使用，由他人向其支付租金的行为。分为出让取得土地使用权的出租和划拨取得土地使用权的出租。

土地使用权出租的传承法务专业律师需要审查和办理如下事项。

（1）出租人必须是通过出让依法取得国有土地使用权的受让人，持有国有土地使用权证书且在土地使用权期限内，才能对土地使用权具有处分权，合法地转移或出租其土地使用权，出租人和承租人应当签订土地使用权租赁合同；

（2）土地使用权出租时，出租人具有土地使用权证的同时，要具有地上建筑物、其他附着物的所有权证，即土地使用权人和房屋所有权人必须是一致的，出租人应将地上建筑物、其他附着物随同土地使用权同时租赁；

（3）土地使用权出租时，以出让方式取得土地使用权的原土地使用权人必须按土地使用权出让合同规定的期限和条件投资开发和利用土地；

（4）土地使用权出租不得违反土地使用权出让合同的规定；

（5）出租人应当办理登记。

3. 传承土地使用权抵押时的法律问题

传承土地使用权抵押，是指债务人或第三人向债权人提供土地使用权作为清偿债务的担保，而不转移占有的行为。土地使用权抵押关系成立后，债务人到期不能履行债务时，抵押权人应申请人民法院拍卖作为抵押物的土地使用权，以拍卖款抵偿债务，如有剩余，应退还给抵押人，不足时仍可向债务人继续追索。

传承土地使用权抵押的特点是：

（1）土地使用权抵押时，其地上建筑物、其他附着物随之抵押，地上建筑物、其他附着物抵押时，其使用范围内的土地使用权随之抵押；

（2）土地使用权抵押，抵押人与抵押权人要签订抵押合同，抵押合同不得违反国家有关法律、法规及土地使用权出让合同的规定；

（3）抵押人到期不履行债务或者在抵押合同有效期间宣告解散、破产的，抵押权人有权依照法律、法规和抵押合同的规定，处分抵押财产，处分抵押财产所得，抵押权人有优先受偿权；

（4）土地使用权抵押、地上建筑物、其他附着物抵押，要依法办理抵押登记，抵押因债务清偿或者其他原因消灭时，要依照有关规定办理注销抵押登记的手续。

（二）传承地产项目投融资、转让、开发经营中的法律服务

传承房地产若发生纠纷则案件标的额较大，动辄百万元、千万元甚至上亿元，直接影响涉房当事人基本的生活状况和根本利益，当事人往往互不相让，特别是房地产企业因资金链断裂，导致烂尾楼情况发生时，矛盾纠纷化解的难度较大。此外，房地产企业因民间借贷、担保、破产引发的纠纷标的额亦较大，利益主体众多，且审理周期较长。

提供传承房地产项目投资、融资、转让、开发经营时的法律服务内容：

1. 从法律和老龄政策上论证将要开发的传承房地产项目的可行性，出具《项目投资法律意见书》；

2. 梳理提供与传承房产开发建设相关的法律、法规、政策及政府相关部门的规章、规定等；

3. 对合作伙伴就投资信誉、资金运作等状况进行资信调查，对合作方案进行法律策划，提供具有建设性及可操作性合作方案；

4. 参与转让、开发经营项目谈判，提供相关法律意见；

5. 协助获得建设用地规划许可证、土地使用权证、建设工程规划许可证、施工许可证；

6. 资金监管法律服务，对资金的运作出具书面法律意见；

7. 审查项目贷款合同、抵押合同等。

（三）养老公寓预售、买卖、按揭、租赁中的法律服务

近年来，在传承房地产领域，以养老为名的非法集资案频发，群体性纠纷增多。在传承商业地产买卖、集中养老社区地产租赁、物业服务，以及建设工程企业的农民工讨薪、房地产企业破产等事项都存在引发群体性纠纷的隐患，需要专业的传承法律服务支持。

在养老公寓的租赁中，有的户型、朝向、配套设施，以及医疗支持、商业配套与前期宣传不符，有的养老地产开发项目采用售后返租的形式，约定固定收益回报，当开发商承诺的投资回报无法实现时，可能引发退租和诉讼。传承地产合同纠纷案件类型不断增多，居间合同、国有土地使用权出让转让、建设工程施工合同、民间借贷、劳动争议等与房地产市场及政策调控密切相关领域的案件也在逐年增多。传承地产的预售、买卖、按揭、租赁，不仅要符合相关法律、法规的规定，还需要符合当地的限购政策。

法律服务工作主要有：

1. 审查传承商业地产销售广告等宣传资料，提供法律意见；

2. 开盘前对现场销售人员、客户服务人员进行法律培训；

3. 起草、审查、修改传承商业地产预售合同、销售合同或集中养老社区的租赁合同；

4. 参与公司与客户的签约谈判，根据需要派出律师现场办公，随时提供法律意见或建议，协助公司处理销售过程中日常法律性事务；

5. 协助办理传承商业地产按揭及抵押贷款、解除开发商的担保责任等；

6. 为房屋的交付提供法律帮助，对交付过程中产生的争议提出处理意见；

7. 代理传承地产预售、买卖、按揭、租赁而产生纠纷进行诉讼、仲裁或调解。

（四）养老建筑工程项目中的法律服务

在养老建筑工程开发及建设工程项目的施工过程中，起草、审查有关合同，做好养老建筑工程勘察设计、发包、承包、招标与投标合规审查。

1. 代为起草和审查工程勘察合同、设计合同、施工合同、设备安装合同、设备材料采购合同、项目管理合同等相关文本，代为审查相关单位的专业资质和经营资格，参与或代理合同谈判，协助开展合同管理事务协助办理项目勘察、设计、施工、监理等招投标事宜，协助签订、监督合同履行；

2. 参与项目公司与相关单位的实质性谈判，并提供法律意见或建议；

3. 为建设工程的工程承包企业提供招投标咨询，代为办理相关招投标手续，审查有关招投标文件，提供招投标见证服务，并为评标等事务提供专业法律服务；

4. 对建设工程的分包提供法律意见，审查分包方的专业施工资质和经营资格，参与或代理分包合同的谈判，协助分包合同的签订；

5. 对建筑工程勘察设计、发包、承包、招标与投标中出现的争议进行调解，并提供法律依据；

6. 就项目建设过程中存在的问题（如工期延误、工程质量、工地安全、验收程序等）提供法律意见；

7. 协助进行工程决算，并提供法律意见。

（五）涉外传承地产中的相关法律服务

我国老龄社会到来相对较晚，养老服务借鉴西方国家经验比较多，引进外资发展传承地产也在不断发展。涉外传承地产的法律服务主要内容为：

1. 为国内传承地产与建设工程引进国外资本、采用国外优良技术、引进国外先进养老设计理念、对外招标等提供法律服务；

2. 为境外资本投资国内传承地产或中外合作开发养老地产提供法律服务，代为起草、审查、修改、翻译有关合同；

3. 为港澳台同胞及外籍人士在内地购房置业提供法律咨询，代为办理各种手续、处理有关纠纷；

4. 审查境内外投资养老地产项目的可行性报告，为外商在华投资项目出具法律意见书，选择合适的投资形式和保险方式，进行产权交易；

5. 进行境内外公司的资信调查，参与境内外商务谈判，为工程开发传承地产项目提供法律意见，参与国际招投标的筹备、标书制作及发布、谈判、签约等事宜。

（六）传承房地产公司的运营、并购与重整中的法律服务

传承房地产公司在设立、运营、税务筹划时，不可或缺地需要传承法务专业律师提供法律服务工作。商品房销售是房地产企业的重要资金来源，随着宏观调控导致商住地产销售量的下滑，房地产企业财务成本增大，大型房企挤占市场份额，烂尾楼项目不断增多，更多的中小房地产企业因资不抵债而濒临破产，不少中小房地产开发企业迫于资金压力转让股权、债权，抛售房产、在建项目等实物资产，断腕求生，烂尾楼被收购转养老地产业务有增多趋势。

近年来，许多资金流向传承地产，一些大型房地产开发企业也转向开发传承地产，推出各种优惠，进一步挤压中小房地产开发企业的生存和利润空间，创造了利于兼并的条件，借助实施积极应对人口老龄化国家战略的机遇，在市场上开展兼并收购，日趋活跃的兼并转让引起房地产业的新一轮洗牌，进而可能引发连锁反应，一边是传统的房地产开发企业破产增多，一边是传承地产行业发展壮大明显，相关的传承法律服务需求越发强烈。

（七）传承地产使用权、房产所有权纠纷中的法律服务

传承地产在住宅地产中比重最大，在传承财产中的地位权重也很大，传承地产使用权、房产所有权、居住权的确权等对遗嘱处分权都事关重大。

当发生传承地产使用权、房产所有权的确权及争议纠纷时，需要聘请传承法务专业律师代理案件，依法维权。

（八）传承项目物业管理中的法律服务

传承项目物业管理涉及传者房产的生前管理、保管，还事关传者的身后遗留房产的管理。

法律服务主要是在起草、修改相关法律文本，例如，业主（临时）公约、（前期）物业管理服务合同、住宅使用说明书、住宅质量保证书、房屋交接单等。

第三节　传承法务与慈善信托

慈善信托作为家族财富传承路径之一，不仅理论可行，而且现实可行。这主要是因为，慈善信托在我国具有稳定的法律保障。我国有关慈善信托的法律包括信托法和慈善法。尤其是慈善法，设立专门的一章，对慈善信托的关键方面给予了系统性规定。《慈善信托管理办法》等部门规章的出台，使慈善信托的规定更具体、更可行。所有这些公共政策的出台，为慈善信托搭建了可操作的制度构架和保障，使财富人士通过慈善信托投身慈善事业时拥有稳定的行为预期，能够通过慈善信托实现家族财富传承目标。本节将介绍慈善信托在财富传承中体现的相关作用，律师的慈善信托法律实务。

一、 慈善信托概述

慈善信托又称为公益信托，是指出于公共利益的目的，为使社会公众或者一定范围内的社会公众受益而设立的信托。根据慈善法的定义，慈善信托是指委托人为慈善目的，根据委托人的意愿，以受托人的名义依法对其财产的受托人进行管理和处分，并进行慈善活动的行为。慈善信托必须具有绝对的慈善性，目的是实现社会公共利益，否则就是违法的利益输送。目前的慈善信托对家族传承能够发挥直接影响的是对家族后人精神品质的提高，通过后人精神品质提高对财富积累实施间接影响。

我国 2001 年颁布的信托法在第六章用 15 条的篇幅对公益信托作了专门规定，鼓励利用公益信托制度大力发展我国的公益事业。根据信托法及对于公益信托的定义，它涉及救济贫困、救助灾民、扶助残疾人、发展教育、科技、文化、艺术、体育、医疗卫生、环境保护等社会公益事业。相对于一般意义上的信托来说，公益信托具有信托目的的公共性以及受益人不确定等特点，具有一定的特殊性。

（一）我国慈善信托业现状

近年来，我国公益慈善信托逐步发展。2001 年颁布并实施的信托法明确表明国家鼓励发展信托，明确规定信托公司可以根据法律法规开展公益信托活动，从而为信托公司开办信托业务提供了法律基础。在发生汶川地震、玉树地震等自然灾害的情况下，不少信托公司积极探索运用公益信托制度为灾区贡献一份力量。据不完全统计，2010 年我国社会慈善捐赠总额达 700 亿元，彩票发行筹集的公益金达 489 亿元，两项相加，2010 年捐赠款物与彩票公益金合计为 1189 亿元，这已粗具规模。但是，对筹集到的公益资金的管理，较少采用公益信托制度，目前已成功发行的公益信托项目屈指可数，而得到公益信托审批及设置监察人的信托计划更是凤毛麟角。

乐善好施是中华民族的传统美德，“天下为公”“先大家后小家”等慈善理念传承了数千年。公益信托具有基金会无可比拟的优势，而在我国的发展却比较滞缓，归根结底，有以下原因使公益信托的发展遇到了困境。

1. 我国慈善信托起步晚

与西方发达国家相比，我国现代制度化公益信托起步较晚，并且公益信托法律制度属于“舶来品”，缺少与中国传统法律文化的融合，社会民众对“洋”公益信托不甚了解，公益信托计划也未有普遍的宣传和推广，因此需要一段时间被社会认可。

2. 我国慈善信托立法制度未完善

第一，公益信托的设立需要“有关公益事业管理机构批准”的规定，容易造成行政审批效率的低下。我国信托法并未明确规定公益事业管理机构的范围，当某个公益信托涉及多个信托目的时，必须经过多个主管机关的许可方可设立；若涉及的公共利益范围相当广泛难以区分时，各个主管机关的审批界限无法明确划清，可能出现各部门相互推诿的现象，给公益信托的设立申请设置了很大的障碍。第二，信托法配套实施细则的缺失，没有对由谁提出申请、具体的审批程序、应提交的文件、审批标准、审批的时间限制等进行明文规定，令行政主管部门在审批时无据可依，自由量裁权被无限放大。

3. 慈善信托监察人的规定不明确

公益慈善信托监察人代表公益信托不特定的受益人监督公益信托项目运行，保证有效实现公益信托目的。但是，如何选用合适的监察人，督促信托监察人勤勉尽职，对信托监察人不履行职责或者不当履行职责时应承担的责任和救济途径未进行明确规定。如何建立一套体系完备的监督体制，例如，进一步明确信托监察人对相关报告不予认可时的法律后果，包括对公益信托的法律后果、对受托人的法律后果，诉讼费用和诉讼结果的承担等都有待进一步明文规定。

4. 慈善信托相关税制缺位

公益慈善信托的设立是为了实现公益目的，是对政府公共服务职能的辅助，政府应鼓励其发展并给予一定的税收优惠。但国家相关的鼓励措施尤其是税收优惠措施并未出台，影响了委托人设立公益信托的积极性；信托税制中重复征税的问题使得公益信托活动的实际税负相对较重，高额税负显然也是制约我国公益信托发展的重大不利因素。

公益信托面临着大量具有社会公益职能的半官方机构和民间团体的业务竞争。

我国现代慈善事业发展经历了由政府主导到民间逐步参与的过程。自中华人民共和国成立以来设立了很多带有浓重官方色彩的慈善机构，它们肩负着向社会和政府募集资金，帮助特定弱势群体的任务。经过一段时间的发展，这一类型的机构无论是在公众认可度、人际资源还是媒体宣传等方面都掌握着绝对的优势，初出茅庐的公益信托根本无法与之抗衡，更别说取而代之了。

（二）慈善信托的财富传承功能

财富传承的最高境界是传承精神财富。慈善信托的设立和运作，能够保障家族控制财富使用权，约束家族成员行为，传承家族精神财富，培养家族成员能力，增加家族社会资本，实现家族慈善事业永续。所有这些，均有助于推动家族物质财富的持续增长。

1. 家族控制财富使用权

中华民族具有帮贫济困、乐善好施的传统。许多富裕后的财富家族会在国家和社会处于危难之时，将自身财富用于慈善事业，帮助家族之外的弱势大众，共渡难关。慈善行为源远流长、经久不息，表明我国历代财富家族已经具备一定程度的财富共享价值观。扶危济困的慈善行为蕴含着财富人士向善的道德情操和深厚的家国情怀。财富人士投身慈善的方式，经历了从早期个人将财富捐赠给受助者、定期开办施舍铺、捐赠给慈善组织，到其后专门建立并管理私人基金会这样的发展历程。之所以选择成立私人基金会，是因为传统的慈善捐赠在捐赠行为结束后，捐赠者即失去了对财富的控制权和管理权。捐赠之后，捐赠人没有特定的制度渠道可以继续参与，以防止慈善财产被挪用或被浪费，确保所捐赠的财富能够最终实现捐赠人的意愿。

尽管我国建立了比较完善的慈善法律法规和政策体系，但由于监督机制不完善，我国慈善组织丑闻频发，这引起了社会公众、财富人士对捐赠和慈善组织的质疑和信任危机，促使财富拥有量较大的慈善人士转而寻求替代性慈善方式，以弥补传统捐赠的不足。成立私人基金会，组建专业的慈善管理团队对慈善财产进行投资运营和管理，成为财富人士的新选择。私人基金会的成立，有助于实现财富人士对慈善资产使用的控制，降低慈善财产被滥用风险，保障慈善目标的实现。成立私人基金会具有较高门槛，在慈善法出台以后，慈善信托成为私人基金会之外，广受关注的新型慈善形式。和成立私人基金会类似，在慈善信托的制度安排下，委托人意愿能够得以尊重，财富人士能够介入管理慈善财产，实现慈善财产的规范性使用。而且，相比成立私人基金会，慈善信托制度灵活，设立门槛低，普通人都可以参与其中，不一定是财富高净值人士，这一制度设计有助于推动普通人参与慈善事业。

信托法规定，信托财产与委托人未设立信托的其他财产相区别。在慈善信托设立之后，家族并不拥有慈善信托财产的所有权。尽管如此，根据慈善信托的制度安排，家族依然可以实现对财富的控制权。只不过，这种控制权集中体现在对财富的使用权上。委托人能够规定慈善信托财产的使用领域、使用方式，受益对象可以是哪些不特定群体，受益对象如何产生，如何确保慈善信托财产得到公平、公正、高效的使用等，从而依法对慈善信托财产的使用施加影响，确保委托人意愿的满足。慈善信托保障委托人的知情权、确定或解任受托人的权利、变更管理财产方式的权利、撤销慈善信托的权利等诸多权利。家族成员可以通过加入慈善信托管理委员会，或通过担任监察人等，切实介入管理慈善信托。所有这些，都使得在慈善信托设立后，家族依然可以持续影响慈善信托，监督慈善信托，使慈善信托按照委托人意愿运行，最终实现慈善目标。

2. 约束家族成员行为

财富是一把“双刃剑”，财富既可以成就事业，也可能会带来诸多风险。尤其是继承者事业心不强、不思进取等导致坐吃山空；家族争斗导致家族事业衰微、财富缩水。家族传承的诸多风险，归根结底是人的风险。也就是，如果财富人士的后代没有能力、不思进取，那么再多的财富也会逐代烟消云散，最终子孙泯然众人矣，正所谓“君子之泽，五世而斩”。基于这样的教训，凡事预则立，不预则废。家族传承中，最重要的是约束家族成员的行为，培养能干事、能干成事的人。这里的家族成员，既包括现有家庭成员，也包括后代家庭成员。降低人的风险，可以在最大程度上降低家族财富传承的不确定性。

对于家族成员的行为约束，除国家制定的正式规则外，家族祠堂、家诫家训等非正式制度传统上对家族成员行为起到重要的约束作用。唐人陈崇认为："治家不可以不立纲纪，夫纲纪不举，则条目不张；纲纪一振，则条理秩然矣。"[①] 诸葛亮《诫子书》，也是在进行家庭教育，劝诫儿子要注重修身养性，注意行为规范。家诫家训等劝诫形式可以起到教育后代的作用，不过，言传不如身教，对后代的行为教育，既需要说教，更需要特定的实践平台，以实际行动去锻炼后人，帮助其培养良好的品行、进取心和工作能力。慈善信托为财富人士及其后代介入管理慈善信托提供了具体的制度设计。家族成员可以通过担任慈善信托董事会成员、参与慈善项目设计、实施和监督等，在慈善信托中实现决策权、控制权和参与权。这样的制度设计和管理实践，提供了家族成员（包括后人）的能力锻炼平台和社会责任感的提升机会，使家族成员在管理慈善信托事务的过程中，约束自身行为，提升个人品质，提升做事的能力，既做好事，又做好人。这种做人、做事习惯和能力的培养，有助于保障家族事业的继任者拥有足够的能力、视野、品质和责任感，保障家族事业的可持续发展，进而实现高质量的家族传承。

3. 传承家族精神财富

家族精神财富比物质财富更宝贵，因为如果仅仅"富贵传家"，往往"不过三代"。将物质财富传递给子女，容易导致子女养成坐享其成、不劳而获的习惯，产生懒惰、依赖心理，缺乏奋斗意识，阻碍能力提升。继任者能力不足，则家族物质财富将难以增值，甚至会因为人为原因而不断耗散，使家族从兴盛走向衰败。因此，随着财富人士对家族传承思考的不断深入和成熟，越来越多的财富人士意识到，要打破"富不过三代"，必须突破富贵传家的局限，从重视物质层面，发展到重视精神层面，精神层面的传承，是在传承家族的灵魂，是在构建家族的内在学习机制。通过传承家族精神财富，可以实现优良家风的传承；而优良的家风，则能够保障家族的物质财富和基业长青。

家族精神财富包括很多方面。其中，最重要的精神财富是创富一代的人生观、价值观、艰苦奋斗精神、创新精神、社会责任感、爱国情怀等。家族精神财富，可以通过很多方式去实现传承。基于家族财富的慈善信托事业，在设立之时的制度设计中，就饱含着家族的财富价值观、慈善理念和家国情怀，既是财富家族投身国家慈善事业的新型方式，也是家族精神财富传承的重要途径。它既是在利他，又是在利己。这种家族行善方式，有助于培养家族成员，尤其是后代的社会责任感和正确的财富共享价值

---

① 张占力：《明代家法族规对家族保障探究》，载《兰台世界（下半月）》2009年第18期。

观，使其认识到家族财富来自社会，需要回报社会。社会责任感的培育有助于激发接班人的奋斗意识、创新意识和进取精神，而这正是创富一代精神财富的重要体现。家族精神财富得以传承，家族的生命力才可以得到延续，影响力才会持续提升。通过慈善信托事业的纽带，家族成员共同参与规划、设计、决策、实施慈善信托，在实现家族慈善理想的过程中，还推动着家族成员团结，提升着家族的凝聚力和向心力。总之，家族精神财富传承，是家族传承的必由之路。通过慈善信托，通过“善过三代”，可以克服富贵传家的局限，助力家族长盛。

4. 提升家族社会资本

财富具有社会性，将财富用于社会，用于更多、更需要的人，有助于实现财富价值的最大化。以家族名义设立慈善信托，开展慈善活动，是利他主义的表现，但同时，这种利他行为也是在利己。慈善信托也是如此。通过慈善信托，将家族财富贡献于社会，使更多、更需要的人得到帮助，有助于向公众展示良好的向善家族形象，增强公众对家族企业的认同和信任，形成家族与社会公众之间的良性互动关系，提升家族的社会资本，降低社会中的仇富心理，为家族事业发展创造安全稳定的社会基础。家族社会资本的提升，有助于从根本上保障家族财产和利益。

慈善信托不仅在推动家族与社会互动过程中提升家族的社会资本，还在家族与政府的良性互动中提升家族社会资本。扶危济困，保障社会中弱势群体能够共享发展成果，保障社会公平，是政府的重要责任。但政府的财力往往有限，单纯依靠政府，往往导致生育、教育、医疗、养老等领域公共服务的供给不足，难以满足特殊群体的个性化需求，阻碍全面建成小康社会目标的实现。家族慈善活动，弥补了政府不足，对政府公共管理构成了强有力的支撑。因此，政府往往鼓励并支持家族开展慈善活动。通过慈善信托，帮助那些政府顾及不到的老人、儿童、穷人、残疾人、灾民等弱势群体，提升他们的获得感，帮助贴补育儿成本，促进人口结构的均衡，都是对政府职能的有效补充。这种补充有助于形成政府对家族的良好印象，提升政府对家族的信任度和认同感，形成政府与家族（或家族企业）间的良性互动关系。与社会和政府之间形成良性互动关系，是现代商业文明的应有之义。[①] 这有助于家族事业的稳步发展。因此，通过慈善信托的安排，家族的社会资本得以增进，社会影响力得以扩大，慈善信托的利他，最终兼顾了利他和利己的双重目标。

---

① 王振耀：《家族慈善：如何善其身，济天下?》，载《博鳌观察》2014 年第 4 期。

5. 实现家族慈善事业永续

成功的企业家不管起点如何，终点一定会意识到社会财富来自社会，需要回报社会，并最终走向财富共享和社会责任。根据亚当·斯密的观点，无论是生产、消费，还是慈善，都是向社会作贡献的社会责任履行方式。但与前两者相比，慈善更能体现出个人对社会的责任担当，其对社会的贡献更具直接性。免征遗产税、避免遗产纷争、实现税收优惠等或许是现实中财富人士开展慈善活动的内在激励，但无论怎样，家族财富有流向慈善事业的动力，财富向善是全球性发展趋势，更是中国企业家“天下为公”慈善理念的外在表现。洛克菲勒家族、福特家族的慈善事业源远流长、经久不息；比尔·盖茨、扎克伯格等富豪们“裸捐”的做法影响着世界范围内富人的财富价值观。改革开放以来，随着我国企业家群体的崛起，越来越多的企业家开始意识到财富并不局限于个人和家庭，逐渐从企业家走向慈善家，家族慈善在我国已经兴起。财富家族通过多种方式，关怀弱势群体，帮助政府减小贫富差距，推动财富社会共享，推动着我国的经济秩序稳定和社会进步。

根据招商银行和贝恩公司的研究，我国创富一代的慈善事业关注点，主要是青少年教育、贫困帮扶以及家乡建设，而二代继承人的慈善事业关注点则更广泛，已经扩展到环境保护、动物保护等新兴领域。对财富人士而言，慈善已不仅是在帮助他人，更是在满足财富人士内心的需要，[①] 是在为财富人士提供更多的社会成就感。在行善方式方面，财富人士除延续传统的捐赠和建立私人基金会外，越来越多的人开始关注并建立慈善信托。相较于其他慈善方式，慈善信托具有多种制度优势。而延续创始人的慈善信托理念和制度安排，实现家族慈善事业永续，保障家族慈善事业长盛不衰是其中的重要方面。在单一捐赠的行善方式下，捐赠具有瞬时性，一旦捐赠结束，家族直接参与的慈善活动即停止，家族尽管捐出了财富，但家族慈善活动的影响非常有限，不可持续，更谈不上永续。如果想持续具有影响力，需要不断进行新的慈善捐赠。而在慈善信托下，家族慈善事业永续非常容易实现。信托制度拥有持久运作的先天优势，一旦设立，可以长时间存在，只要委托人愿意，可以一直存续下去。甚至，即使委托人去世，其在生前所作的慈善信托安排也不会因为委托人的去世而消亡，原有的制度设计和规则可以继续被遵照执行，家族几代人都可以加入慈善信托事业，使慈善事业不会因委托人的去世而终止。这样的制度安排，有助

① 招商银行、贝恩公司：《2017 中国私人财富报告》，第 28 页。

于确保家族慈善事业世代相传，家族慈善精神永存，慈善信托持续发挥其在家族传承中的积极作用。

二、慈善信托典型案例

（一）我国首个家族慈善信托

万向信托·乐淳家族慈善信托，总规模2000万元，是中国第一家家庭慈善信托（见图12-2）。2016年9月26日在杭州市民政局备案。委托人保密，备案期限为永续。其特点是永续性、委托人家族参与决策、委托资产可扩大。[①] 该信托模式采用双重信托结构，即基金由两层信托构成，第一层信托目的是保值和增值，解决资金来源问题，所产生的收益将完全置于第二层的慈善信托。该基金完全开放，面向社会接受捐赠，捐赠形式不仅仅限于现金，还可以通过在中华遗嘱库订立遗嘱，或将保单受益人指定为该慈善基金的形式进行捐赠。[②]

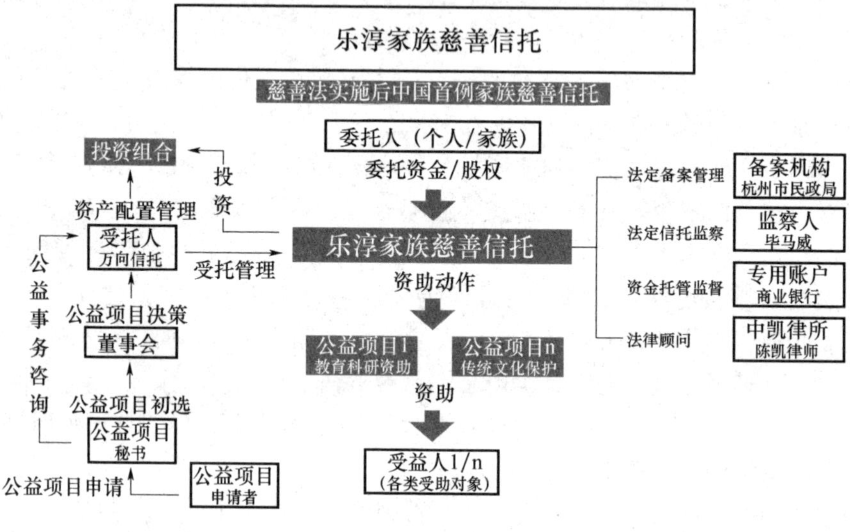

图12-2 乐淳家族慈善信托示意

（二）比尔和梅琳达盖茨基金会

比尔和梅琳达盖茨基金会由比尔·盖茨于2000年创立，捐赠580亿美

---

① 《中国首个家族慈善信托面世——走入慈善信托2.0模式》，载《公益时报》2018年6月22日。

② 《个案分析：万向信托“幸福传承慈善信托”中的法理问题》，https：//www. sohu. com/a/192836193_ 690952，2021年7月17日访问。

元。2006 年，它被改造成基金会 + 比尔和梅琳达信托的双重实体结构，基金会作为慈善信托人，管理信托财产（见图 12-3）。①

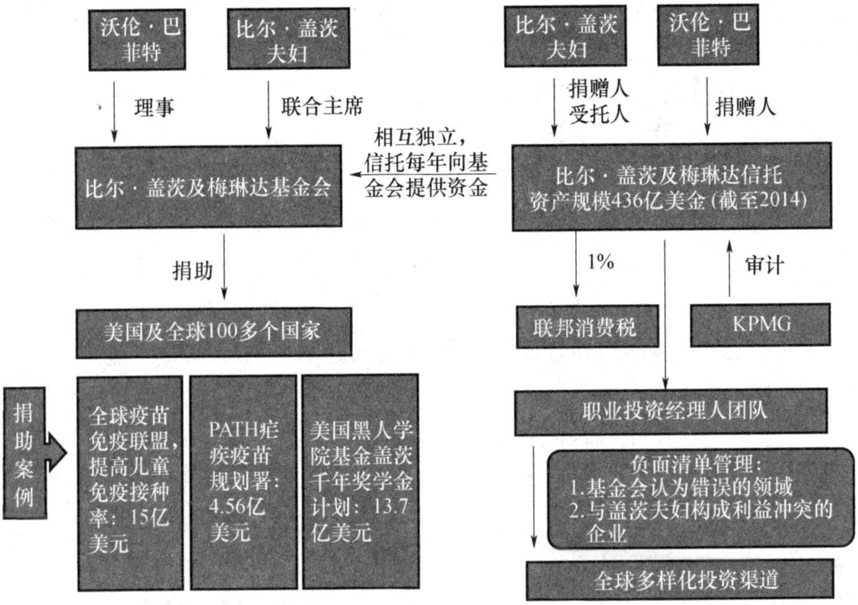

图 12-3　比尔和梅琳达盖茨基金会示意

双层信托的第一层信托（Bill & Melinda Gates Foundation Trust）根据信托文件有义务向基金会（BILL & MElinda Gates Foundation）即第二层信托拨款，整体看来，双重信托全部是慈善信托。比尔·盖茨夫妇创立的“家族慈善信托 + 家族慈善基金会”的双驱动立体模式受到富豪家族的广泛关注。②

三、 律师的慈善信托法律实务

（一）慈善信托方案规划与设计

律师在为客户设计慈善信托的方案规划时，可以根据委托人的需求定制慈善信托方案，并对委托人和信托资产进行合规性和真实性的尽职调查，为客户提供专业的法律意见。

而委托人可以根据律师的专业意见，选择合适的慈善组织或信托公司作为受托人，亦可以采取双受托人的模式（例如，由北京市企业家环保基

① 《慈善新模式：全球商业大佬爱上公益信托》，载《公益时报》2014 年 5 月 8 日。

② 《个案分析：万向信托“幸福传承慈善信托”中的法理问题》，https：//www. sohu. com/a/192836193_ 690952，2021 年 7 月 17 日访问。

金会和中信信托有限责任公司共同担任受托人的“中信·北京市企业家环保基金会 2016 阿拉善 SEE 华软资本环保慈善信托”)。有条件的委托人可以优先选择经验相对丰富的受托人，因为有经验受托人对向民政部门备案的流程及材料都更为熟悉，有利于慈善信托的顺利设立。

（二）慈善信托设立与信托财产的管理

慈善信托的设立，受托人应按照信托目的、信托文件、委托人的要求管理和处分信托财产，及时向委托人报告信托事务处理情况、信托财产管理使用情况，而作为委托人往往没时间、没精力也没经验操持此事。因此，委托人就需要专业律师为其做好相关程序审查把关，以确保信托财产按照委托人意愿持续管理。

受托人需要根据信托合同的要求，进行慈善信托的管理。慈善信托一般可以分为管理型的公益信托和资助型的公益合同。若为资助型的公益信托，受托人只需要按照合同指定给付即可，主要承担事务管理类的工作；而管理型的公益信托则需要承担更多责任，比如，公益信托财产的增值管理、运用管理建议等。因此，律师在此环节可发挥其专业优势，代表委托人向受托人（一般为慈善组织或信托公司）提出建议，以规避慈善信托执行过程中所遇到的法律或政策上的风险，有效保护委托人的合法权益。

（三）担任慈善信托的受托人

慈善事业本身具有一定的规律和规则需要遵守，在信托的架构设计中，涉及方方面面的法律问题，需要通盘考虑，律师作为慈善信托的受托人，起到的作用是可以协助委托人的慈善事业更加专业、精细和周到，尽可能地起到资助与关爱作用并避免慈善行为对受益人产生误解或伤害。

根据《中国银监会办公厅关于鼓励信托公司开展公益信托业务支持灾后重建工作的通知》和慈善法的规定，信托公司设立慈善信托或者公益信托，应当订立慈善信托或者公益信托文件，并报受托人所在地银监部门和县级以上人民政府民政部门备案。然而，慈善组织作为慈善信托的受托人是否需要向所在地银监部门报备，尚没有明确的规定，在实务操作中，律师可与当地银监部门进行沟通，结合相关法律法规，为客户提供专业意见，以确保慈善信托设立的合法性。

（四）担任慈善信托的监察人

慈善信托的受托人，一般由委托人确定其信赖的慈善组织或者信托公司担任。而根据慈善信托的委托人的需要，可以确定监察人。监察人对受托人的行为进行监督，依法维护委托人和受益人的权益。监察人发现受托人违反信托义务或者难以履行职责的，应当向委托人报告，并有权以自己的名义向人民法院提起诉讼。如果委托人事务繁忙、时间有限甚至因为各种原因受限，则委托人可以将专业监察事务的履行委托给律师事务所或者其他第三方适格机构，以便由监察人督促受托人按照信托文件履行职责，而律师具备天然的专业优势，如成为慈善信托的监察人，能更好地确保委托人、受益人的利益得到及时、充分和适当的保护。

（五）处理信托的终止和清算等事项

如果慈善信托的终止事由发生，那么受托人应当将终止事由、日期、剩余信托财产处分方案和有关情况报告备案的民政部门，并依法进行清算。没有信托财产权利归属人或者信托财产权利归属人是不特定的社会公众，经备案的民政部门批准，受托人应当将信托财产用于与原慈善目的相近似的目的，或者将信托财产转移给具有近似目的的其他慈善信托或者慈善组织。

律师作为专业提供法律服务的群体，在慈善信托终止和清算的实施过程中能起到实质的影响，律师可以其专业的法律知识，一方面切实维护委托人、受益人的合法权益；另一方面可以保障清算程序的依法进行。

（六）慈善信托纠纷法律服务

在慈善信托中，信托受益人行权往往会因为受益人的不特定性、信托所有权的归属未被明确以及信托受益权的定性不明而陷入困境；又或者信托委托人行权会因为信托财产的独立性、信托委托人主体资格门槛低而受阻，除以上实体性权利以外，如信托发生诉讼，后续所带来的一系列法律程序、管辖权、举证等问题均需要专业律师协助维权。

第四节　传承法务与文旅康养

文旅康养是集合了旅游、养生、养老及文化等服务类型一体化的新型产业模式，尤其是将康养产业与美丽乡村建设、生态农业、生态文旅结合后形成的“康养谷”模式，是传承法务与相关行业链接或联动发展的范例。与“康养谷”模式链接联动，传承法务可以为传者在从城市社区到乡村新社区养老和旅居过程中提供合法权益保障，支持传者财富传承意愿的依法实现。

本节论述了传承法务与其他法律服务的区别，梳理了传承法务与传承服务及传承产业的关系，明确提出：传承法务需要与相关行业、产业进行链接或嵌入，相辅相成融合联动发展，共同构成为传承人提供传承事务处理需要的传承法务体系。

传承法务以新时代全面依法治国、为民服务为出发点和落脚点，以探索老龄社会解决方案、守护小康时代人民群众的家庭和谐和幸福生活为目标；传承法务是践行“我的生活我作主，我命由我定，我财由我分”，展示人民当家作主，以人民为中心，促进社会进步发展、实现共同富裕、实现中华民族伟大复兴中国梦的具体体现。

一、 文旅康养的国家政策及社会需求

（一）文旅康养产业的国家政策

1. 文旅康养上升为国家战略

国务院发布的《“健康中国2030”规划纲要》中指出，应积极促进健康与养老、旅游、互联网、健身休闲、食品融合，催生健康新产业、新业态、新模式。

解决人口老龄化问题，让老年人拥有一个安详与和谐的晚年生活，是社会发展的客观要求。而文旅康养作为近年来全国经济发展与转型的焦点之一，在中央和地方政府的全力支持下，已经发展成具有旅游、养生、养老及文化等服务类型一体化的新型产业模式。以康养产业与特色小镇、美丽乡村建设结合后形成的“康养小镇”“康养谷”模式，将成为老龄化社会的一种生活模式。

由于文旅康养产业对我国社会经济发展及弥补社会养老服务缺口具有重要推动作用，因此，中央政府和地方政府频繁出台利好政策，以推动田园康养、森林康养快速发展。在内容方面提供了健康政策、养生政策及养老政策。在政策传导机制方面，中央政府给予地方政府高度自治性，允许省级、市级及县级行政单位自由制定相关执行政策。政策支持涉及金融支持、环境支持、设施支持及产业支持，包括养老补贴、有老家庭减税及基础设施建设完善等。从政策出台的时间线及主要内容来看，我国康养产业发展经历了鼓励社会资本进入、鼓励跨界融合、实现创新康养及全面建设养老服务体系及开放养老市场等过程。

2. 乡村振兴与农业农村优先发展是必由之路

党的十九大报告中指出了将实施乡村振兴战略作为建设现代化经济体系的重要战略之一。按照乡村振兴战略要求，坚持农业农村优先发展，是实现乡村产业兴旺、生态宜居、乡风文明、治理有效、生活富裕的主要途径。

2021年2月21日，《中共中央　国务院关于全面推进乡村振兴加快农业农村现代化的意见》，即2021年中央一号文件发布。文件指出，民族要复兴，乡村必振兴。要坚持把解决好“三农”问题作为全党工作重中之重，把全面推进乡村振兴作为实现中华民族伟大复兴的一项重大任务，举

全党全社会之力加快农业农村现代化，让广大农民过上更加美好的生活。农业—农村—农民三者间形成一个良性的循环，促进“三农”问题的解决，这就是乡村振兴的灵魂和动力。

在美丽乡村开展田园养老和森林康养的建设，能够成为乡村振兴的产业振兴先导。发挥好市场机制的有效性、社会机制的活力性、政府调节的适度性，可以在文旅康养产业发展中增强市场机制、社会机制、政府机制的相互作用、相互支撑和相互贯通，在服务受众的同时为乡村振兴提供支持。

3. 共同富裕是市场和经济发展的推动力

2021 年 8 月 17 日召开的中央财经委员会第十次会议，专题研究了扎实促进共同富裕问题。会议强调，共同富裕是社会主义的本质要求，是中国式现代化的重要特征，要坚持以人民为中心的发展思想，在高质量发展中促进共同富裕。

党中央把逐步实现全体人民共同富裕摆在更加重要的位置，采取有力措施保障和改善民生，打赢脱贫攻坚战，全面建成小康社会，为促进共同富裕创造了良好条件。我国正在向第二个百年奋斗目标迈进，适应我国社会主要矛盾的变化，更好地满足人民日益增长的美好生活需要，必须把促进全体人民共同富裕作为为人民谋幸福的着力点，不断夯实党长期执政基础。

共同富裕是全体人民的富裕，是人民群众物质生活和精神生活都富裕，不是少数人的富裕，也不是整齐划一的平均主义，要分阶段促进共同富裕。要鼓励勤劳创新致富，坚持在发展中保障和改善民生，为人民提高受教育程度、增强发展能力创造更加普惠公平的条件，畅通向上流动通道，给更多人创造致富机会，形成人人参与的发展环境。要促进人民精神生活共同富裕，强化社会主义核心价值观引领，不断满足人民群众多样化、多层次、多方面的精神文化需求。要促进农民农村共同富裕，巩固拓展脱贫攻坚成果，全面推进乡村振兴，加强农村基础设施和公共服务体系建设，改善农村人居环境。

（二）文旅康养市场的发展历程及未来

纵观中国文旅康养市场发展，大致可以分为三个阶段。

第一，1.0 时代：靠气候资源，卖候鸟生活。

候鸟式康养，像鸟儿一样随着气候变换、季节变化而选择在不同的地域环境、不同的地方康养。这种始于 2000 年的三亚康养旅游模式在 2009 年以后出现急剧上升，也带来了三亚、海南房地产市场的井喷。2018 年春节前后的整个冬季，“海南候鸟”高达 165 万人，其中，60 岁以上老人有 93 万人，外来的候鸟老人相当于海南人口的十分之一。“三亚候鸟”是文旅康养1.0的代名词，但结合医疗专家和医疗机构的研究，候鸟式康养其实并不那么“全民健康”。其一，细菌跟着你一起候鸟养生；其二，深度自我调节机能会衰退；其三，生活环境改变易水土不服，如果不及时调理，就会威胁健康。此外，长期生活在北方的老年人，身体生长已经适应四季分明的气候环境，如果避开北方严寒冬季跨入海南炎热的夏季气候，会改变人体长期适应的生物钟的运行，会对老年人身体健康产生不利影响。

第二，2.0时代：靠医疗概念，卖康养地产。

2010年前后，伴随三亚候鸟式康养市场的愈演愈烈，带动了全国康养度假地产市场的火热，开启了中国文旅康养2.0时代。一时间，各类康养概念、医疗概念满天飞，真正落地的屈指可数。无论是医疗养生、禅修养生、文化养生，还是瑜伽运动养生，本质上是基于文旅市场的外延，是泛地产时代向文旅产业的延伸，是传统地产业在相关功能与产品形态上的多元渗透，是为了增加文旅地产的竞争力而做的资源整合，不是真正的文旅康养。

第三，3.0时代：乡村文旅康养时代。

正如全面小康不仅是物质生活层面，更需要文化精神生活的富足，全民健康也一样，必然是“健康生态、健康文化、健康生活、健康人居”的四态融合，是“生态中国、健康中国、宜居中国、文化中国”四位一体的战略聚合。

新的文旅康养时代，必须树立自然和谐、绿水青山就是金山银山的大生态观，必须树立统筹城乡、回归美好生活品质的大人居观，必须树立全民健康、民族医药走向世界的大健康观，也必须树立身心兼修、精神健康铸就健康民族的大文化观。

文旅康养3.0时代准确地说应该是乡村文旅康养时代，即把广袤的拥有绝佳自然生态的美丽乡村，与广大长期居住城市而具有“盛世乡愁”的市民链接起来，让城市的市民到农村享受田园生活和生态康养，让农村的农民因为城市“康养客”的到来而获得各种消费红利。

（三）中国养老格局的改变出路在乡村新社区

目前，中国养老服务呈现“3790”格局，即3%机构养老，7%社区养老，90%居家养老。3%的机构养老相对而言费用较贵，7%的社区养老配套不够，而90%的居家养老实际上就是依靠家庭成员养老，政策保障及社会供给严重不足。

要想改变未来中国养老产业的格局，在机构养老和社区养老共计占比10%的范围内改变空间有限，而占比90%的居家养老可以改变为40%在农村养老，50%在城市社区养老，从而形成新的“374050”格局。

“康养谷”模式就是改造农村/农民闲置的房屋，引入城市养老人群和当地村民一起，建立一个农村新社区。通过生态农业、生态文旅、生态康养“三生产业”综合体，将留守村民、返乡回流村民，加上“康养谷”引入的城市养老人群和康养旅居人群，共同形成农村新社区。

二、“康养谷”模式介绍及实例解析

（一）“康养谷”模式概述

1. “康养谷”是什么

“康养谷”是一种康养产业的新模式；是一个生态农业、生态文旅、生态康养“三生产业”的综合体；是一条“乡村振兴”国家战略实施的新途径。

2. “康养谷”的落地形态

在全国各城市、各景区周边一小时车程内，选择生态环境及资源优良的美丽乡村，利用村集体闲置的宅基地和村民闲置的老宅，打造“一宅一院一块田”式的五星级田园康养院落。

引进具有康养理念和乡村情结的“城市三种人”，即2.5亿城市离退休人员；4亿左右城市中等收入人群；以“80后”为主要构成的城市白领和中小企业主。从事健康养生，生态养老、慢病调理、生态旅游、生态农业、“认种、认养、认购”等“三生产业”活动。

3. “康养谷”的配套服务

第一，建立“康养谷”四级医疗体系。从市（县）三甲医院—乡镇卫生院—村卫生所—康养大院医务室，让康养人群能够获得便捷的医疗保障，让乡村生态康养无后顾之忧。

第二，丰富的乡村体验活动。“康养谷”的康养生活内容包括参与农活、了解农事、体验民俗、文化娱乐、农家食疗等。一句话概括为：吃健康产品，过有机生活，享受高品质生活方式。

第三，提供养生运动指导和慢病调理。对接包括太极、瑜伽、五禽戏、六字诀、易筋经等各种养生功法，让正确的养生方法来保障健康养生的效果。对于慢性病的调理则结合中医的手段，将养生、养心、养身、养性完美结合，达到身心灵的健康。

4. “康养谷”模式的亮点及特色

第一，“康养谷”模式的6个“三”。三生合一（生态、生产、生活）、三产融合（一产、二产、三产）、“三农”并举（农业、农村、农民）、三业联动（农业、旅游、康养）、三位一体（消费者、投资者、经营者）、三生有幸（一群优秀的人，做着优良的产品，过着优雅的生活，称为“三生有幸”）。

第二，轻资产，重运营。利用村集体闲置的宅基地和村民闲置的老宅，以极低的代价，打造“一宅一院一块田”式的五星级生态康养院落提供给城市三种人，从而产生极高的性价比。

第三，“康养谷”与所在村集体深度合作。与农民合作社共同成立“康养谷”二级公司，负责康养小院的建设和经营。农民合作社负责流转土地、租赁房屋资源及提供劳动力等方面的操作，“康养谷”负责出资、建设和经营。资产所有权属于村集体，“康养谷”拥有使用权和经营权。农民合作社在“康养谷”二级公司占股，每年获得分红收入。

第四，“康养谷”耕读学堂。利用闲置的乡村学校校舍，开办“耕读学堂”，由城里来康养的“三种人”作为自愿者教师，对乡村留守人员免费进行继续教育和职业教育；学时政、学文化、学科技、学习农事活动技能，城里人和村民互为师生、教学相长。

第五，多种康养模式共存。康养小院模式、康养小品模式、康养小店模式、村域旅游模式、生态农业模式、康养教育模式、康养公益模式等。

（二）随州国际银杏康养谷实例分析

1. 打造“三生产业”综合体，形成乡村振兴的创新模式

武汉康养谷大健康产业有限公司经过多年探索形成“康养谷”的完整模式与初步实践，在湖北省随州市曾都区洛阳镇采取村企合作模式，成立随州银杏山居康养有限公司作为项目运营公司，利用洛阳镇千年古银杏群落资源和独特的生态环境，分三期打造三生产业综合体——随州国际银杏康养谷。以村集体闲置的宅基地和闲置的村民房屋为对象，打造以“一宅一院一树一田”为特征的康养大院，引入大中城市的离退休人员、城市中等收入人群和中小企业家到农村来，在获得所需要的康养生活的同时，带动农村的产业发展。他们集投资者、经营者和消费者于一身，为广大农村贫困地区注入发展动能，形成了精准脱贫的创新模式和乡村振兴的落地模式。

2. 构建城乡结合共同富裕新模式

经过两年多时间对随州国际银杏康养谷一期工程“银杏山居康养大院”的建设运营，从村集体和村民从中受益的情况来看，取得了明显的社会效益和经济效益。具体概括为“五个带来”和“五个新增”。

（1）五个带来

为“康养谷”项目落地的行政村带来资金、带来产业、带来市场、带

来文化、带来全新的生活方式。

（2）五个新增

让“康养谷”项目落地村的村民新增五项收入。一是房租和土地流转收入；二是建设过程中的建筑劳务收入；三是村民剩余农产品的变现收入；四是村民作为员工的工资收入；五是作为合作公司股东的分红收入。

3. 展现文旅康养的文化亮点

（1）打造“千年古银杏书院”及“古银杏博物馆”

在龚店村佛手地3000年古银杏树下的古宅遗址上，修建“千年古银杏书院”，举办高规格的中华优秀文化讲座和经济主题论坛，同时打造以3000年银杏树王和树后为主要馆藏的“古银杏博物馆”，把随州的“古银杏”名片擦亮，以确立随州国际银杏康养谷的文化占位。

（2）创办“耕读学堂”

利用洛阳镇各村废弃多年的小学校舍创办“耕读学堂”，把农民教育和“新农人”教育作为解决“三农”问题的重要途径，以实现随州国际银杏康养谷文化养生的重要功能。

（3）随州国际银杏康养谷

随州国际银杏康养谷计划分三个阶段建成一个国际化、高标准的“康养谷特色小镇”：一个国家级“康养产业示范基地”（田园综合体）；一个大型古树文化主题的“乡村全域旅游度假区”（国家古树公园）；一个高端文化工程“千年古银杏书院”和康养谷“耕读学堂”，实现随州国际银杏康养谷的定位目标。

三、传承法务与文旅康养产业的链接及适用

“康养谷”模式作为养老产业的模式，是在我国养生需求常态化、养老需求刚性化及养老服务供给不足的背景下所进行的产业创新，主要满足广大传者的养老服务需求，对实现乡村振兴、健康中国、推动优秀文化创新发展具有重要理论和实践价值。对文旅康养的传者在乡村养老提供优质的商业配套服务的同时，适用传承法务全面维护其人身权益及财产权益，满足传者在养老的过程中依法实现财富传承的意愿，对预防家庭纠纷、促进家庭和谐、保护合法经营、加强社会治理，具有重要的现实意义。

（一）构建传承法务与乡村新社区联动服务机制

1. 在乡村新社区建立传承法务联合工作站

这里的乡村新社区，是指由乡村原村民与城市来康养的三种人，共同居住在原乡村地域内而建立的新社区。同样可以依托政府购买的公共法律

村（居）法律顾问服务，在村委会或党群服务中心等建立联合工作站，由派驻法律顾问或法律工作者对接传承法律服务，引导传承法务进入乡村新社区。发挥专业力量与新社区服务对接的优势，让村民及康养者足不出村即可以享受便捷、安心的传承法律服务，覆盖农村“无人服务”的盲区，体现政府创新社会治理与服务保障的社会功能。

2. 在社群服务中心和耕读学堂增设《传承法务》讲堂

可以开展提供法律知识普及和法治文化活动，开展法律讲座，开设法律课堂，普及传承法务相关知识，提升传承意识。传承法务工作站驻点律师开展提供专业咨询服务及见证服务，解答法律疑惑，参与化解社会矛盾，让更多的乡村新社区居民能够了解和享受到专业的传承法律服务。

3. 培育宣传员、调解员及见证人，联合公证及调解配套

依托传承法务工作站，对康养服务工作者、管理者、原村民或来康养的志愿者、社工机构工作者等，制订传承法务学习培训计划，有针对性地开展相关课程的培训。通过培训组建新社区传承法务宣传员、调解员及传承服务见证人，联合公证及调解组织提供配套法律服务，预防并化解矛盾或纠纷，加强传承法务与康养产业治理融合发展路径，共建平安、和谐、幸福的乡村新社区。

（二）传承法务与文旅康养中财产权益的保障

1. 居住权益的维护与保障

“康养谷”模式最核心的价值是到乡村养老取得房屋长期使用权并得到相应配套的养生服务，其中最关键的、需要稳定保障的就是居住的权益。“康养谷”模式中房屋的使用权，是通过与农村合作社签订集体用地房屋或是与村民签订宅基地房屋的租赁合同，进行投资建设后，向城市三种人提供的。值得注意的是，纳入城市建设计划的新农村改造住房，可以通过房屋登记机构申请居住权登记获得居住权，但是，农村合作社的集体用地房屋及村民宅基地房屋，登记部门是否可以进行居住权登记，民法典及释法解释尚未明确。所以，康养服务商流转并投资的房屋，如果不能依法进行居住权登记，就要在法律不禁止范围内，通过签订合同方式确定房屋使用权并约定各方的权利义务。

由上可见，通过签订合同确定的使用权不是依法登记设立的居住权，对“康养谷”的服务商及入住的康养者来说，可能会有一定的法律风险或变化。其中，康养服务商存在的风险涉及：第一，集体土地或村民宅基地流转变更期限的不确定因素；第二，集体土地或村民宅基地上建造的房屋权属可能存在争议的不确定因素；第三，土地登记政策或土地性质变化引

起权属或动迁安置争议等因素；都可能联动影响向康养者提供房屋使用权的不稳定。另外，通过合同取得20年甚至更长期限使用权的康养者，存在的风险或变化因素涉及：第一，来自自身出现伤亡事件需要变更权益人；第二，进行房屋使用权转让或租赁；第三，因故不能按约正常托管经营；第四，需要作为继承或赠与权益办理传承事项等。前述双方的不确定因素，都可能导致合同双方主体难以从始至终持续不变。

以上这些权利义务的处理及服务的保障，超过了常规康养服务合同的约定范围，但直接关系到双方的切身利益，需要传承法务专业律师针对“康养谷”模式“签订合同确定使用权”的特殊性提供专项传承法律服务，并随着政策法律的变化或完善予以配套跟进服务，以支持“康养谷”模式得以持续健康发展。同时，作为提供传承法务的律师也将关注康养服务商在整个产业中可能面临的法律风险和经营风险，为其提供专业性和综合性的相关法律服务。

2. 传承财富的统筹安排

社会现实中，多数的传者是在养老过程中安排、确定其财富传承的。选择“康养谷”模式的传者就是主动加强自我养老，提高了对养老过程中文化娱乐、健康养生、居住环境等投入的比例，再将部分财产留给法定继承人，还有部分财产捐赠给慈善机构或不特定的受益人，即将其财产权益用于传者本人、传承给了家人或者家人以外的他人。由于传承财富的处置方式多种多样，处分行为既包括传者为自身人身权益维护作出财产权益处分的安排，也包括传者就生前身后财产权益为他人所作出的安排。需要从不同的层面或环节予以考虑，而且涉及的法律领域及具体规定复杂，所以需要传承法务专业律师提供相应的服务，支持传者对其财富传承的个性安排依法实现。

本书第五章就专门从传者生前身后财产权益维护角度论述了传承法务中的传承财富保障、保险与家族信托、居住权、遗产、无主遗产、遗产管理人、遗嘱、遗嘱登记的相关内容，提供传承法律服务时需要科学地设计、规划、应用不同的传承工具，支持传者实现对个人合法财产的有效管理，并在不同承者之间有效分配，最终达成财富的有序传承。传承法务专业律师可以依据传者的个性意愿或不同群体的需求，提供不同系列或定制化的财富传承服务产品。

（三）传承法务与文旅康养中人身权益的保障

1. 康养与医疗的权益保障

民以食为天，饮食安全与健康是康养的基础保证。作为养老服务及养生产品的提供者，应将来自当地农产品及食品的品质与安全，将养生项目及服务范围、标准、价格组成等作为合同义务写入康养服务合同，保障消费者的身体健康及合同权益。另外，在乡村长居养老，最需要的就是医疗保障，但医疗保障服务不是由养老服务商直接提供的，要建立医疗配套联动服务机制。

传承法务可以为康养服务双方构建梯次服务的传导响应。例如，在“康养谷”长居的传者身体健康、精神正常时，主动到乡村新社区的传承法务工作站进行咨询，在见证员在场时与律所签订《康养服务监督协议》并指定紧急联系人，当发生康养服务违约或医疗救助服务需要时，监督律师按约履行相应义务。律师通过连接康养服务、乡村社区服务、医院治疗及康复护理机构，实施梯次传承法律服务与分级治疗对接的传导响应，保障传者的康养与医疗的权益。

2. 文旅康养意外伤亡的预防与应对

“康养谷”模式中不论是长居还是短住的传承人，在乡村康养或是旅游中，可能发生自己不小心或是外界的意外伤害或伤亡事件，除了增强自我防范意识、参照养老机构或酒店、旅游管理购买人身意外保险服务之外，可以通过定制传承法务的专项法律服务产品达到预防或应对作用。例如，如果发生意外伤害后可能造成生活无法自理但是意识清晰，本人又坚持在“康养谷”继续养老，就需要提前建立意定监护协议，指定康养服务商之外的第三人或律师担任监护人或监督人；有的传者甚至可能需要提前做好生前预嘱或生前契约，事先安排自身的生命、身体处置事项及后事安排事项，做到“向死而生”以防不测，这些人身权益维护服务可以由传承法务专业律师或新社区工作站协助提供。

本书第四章就专门从传者生前身后人身权益维护角度，论述了传承法务中的意定监护、生前预嘱、遗赠扶养协议、搭伴养老、以房养老、居家养老与机构养老及生前契约的内容，提供传承法律服务时需要对生前身后的人身权益及财产权益进行统筹维护与安排。传承法务专业律师可以依据传者的个性意愿或不同群体的需求，提供不同系列或定制化的人身权益法律保障产品。

四、传承法务与相关行业融合联动的探讨

（一）商业服务监督与法律服务保障

“康养谷”模式是从一、二、三产业衍生出的特殊的综合型产业，它的特殊性在于只为到乡村来养老、养生的传承人提供当地的产品和相应的

配套服务。由于提供产品或服务者具有不同的分工，而且由各个相关行业组成，更需要对各自提供的产品或服务品质予以保障，所以，加强文旅康养行业的监督成为政府管理的需要，也是康养服务消费者合法权益保障的现实需要。

主动设置客户投诉及服务监督机制，是预防并化解因产品或服务产生纠纷的优选解决方案，可以提升文旅康养的产品及服务品质，在此基础上链接传承法务提供普适性的或定制性的法律权益保障产品，不仅加强了商业服务的监督，给消费者增加了增值服务，更是加强社会治理、保障合法经营及各方合法权益的有效措施。

（二）传承法务与其他法律服务的区别

传承法务是支持传者，对自身人身权益及生前身后财产权益统筹安排，平衡解决传与承、生与死、命与财的传承问题，使传者意思自治的传承意愿依法得以实现的法律实务。传承法律实务的体系中，传承法务专业律师的服务是整个传承法律服务业态体系的主干，公证、调解、仲裁、诉讼既是公信力与公权力的体现，也是传承法务司法实践的重要组成。传承法务是有边界的，止步于依法解决传承人的生与死、命与财的传承问题；在传承过程中传承人的传承行为及传承关系，必然会与为传承人提供产品和服务的相关行业、产业、职能部门、社会各界产生关联与链接。但是，传承法务以维护传承人的合法权益及实现传承意愿为边界，相关行业、职能部门等各界的经营、管理、服务及产品提供所需要的相关法律服务，比如公司法务、项目合规管理、政府法律顾问等，不是传承法务的服务范围和服务对象，是其他领域或专业分类的法律服务。

（三）传承法务与传承服务及传承产业

在传承过程中，需要各行各业为传承人提供相关的服务、产品，担负传承法律服务之外的传承服务及传承事务的社会分工。传承法律服务在支持传承人维护合法权益的同时，与传承过程中提供服务及产品的各行各业密切关联，传承法务已与相关行业、产业进行链接并嵌入，相辅相成形成了融合联动发展，共同构成为传承人提供传承事务处理需要的传承法务体系。

为满足长寿时代人民美好生活的需要，传承法务伴随振兴乡村的“康养谷”模式与各行各业融合联动，保障传承人养老过程中的合法权益，支持其财富传承意愿依法实现。同时，跟进全体人民走向共同富裕道路的节拍，将传承法务推广适用到现代城市及美丽乡村的千家万户，让其落地生根、开花结果、永续传承。

后　记

传承法务立足于传统文化思维基因，立足于当前正处于百年未有之大变局历史转换的时代节点，立足于中国政法工作从法学法务的探索到依法治国全民运用的司法实践，致力于解决亿万家庭的“传承问题”，促进社会和谐稳定，是在发展中不断完善的传承领域法学理论研究与实践应用一体的法律实务。

本书的编写分工如下：

陈　珺，撰写绪论，第一章第二节，第三章第二、三节，第十章第二节。

陈洪忠，撰写第四章第一、二、三、六、七、八节，第五章第一、四、五、七节，第十二章第二节。

张　军，撰写第一章第一节，第十章第四节。

程　滔，撰写第二章。

王永强，撰写第三章第一节。

田　野，撰写第四章第四节。

刘　建，撰写第四章第五节。

吴红樱，撰写第五章第二、八节，第九章。

陈　凯，撰写第五章第三、九节，第十二章第三节。

罗卫国，撰写第五章第六节，第十章第一节。

冯加庆，撰写第六章。

胡　涛，撰写第七章。

石先钰，撰写第八章第一、二节。

徐伟功，撰写第八章第三节。

柳正权，撰写第八章第四节。

龙　锐，撰写第八章第五节。

尹　明，撰写第十章第三节。

黄中梓，撰写第十一章。

郑　翔，撰写第十二章第一节。

刘建设，撰写第十二章第四节。

全书由陈珺修改、统合、定稿。

本书的编写过程为：先由主编及传承法务项目组成员拟定大纲，经全体作者认真讨论、反复沟通、商定分工后组成编委会；作者按照各自分工的章节及编著要点撰写，初稿提交后再统合理顺、精心打磨、多次修订，最后由主编统稿。

本书出版之前，国内没有一本统一、系统论述传承法务的概念、研究对象、适用范围、传承法务体系等内容的教材，本书的出版填补了这一空白。《传承法务》是国内第一部教材，可作为高等院校法学、社会工作、法律文书写作的专业课程或选修课程的教材或参考用书，也可供律师、法务工作者、民政和社区管理者在岗培训和社会读者参考选用。期望通过教学、实务及各界参与研究、达成共识、推广运用；相信能促进、推动政法及民政相关专业的教学创新与改革。

本书的出版得到了中国法学会法律文书学研究会马宏俊会长及各位领导的关心和支持，你们的支持给我增添了信心。感谢刘桂明、许身健两位副会长担任本书的主审，有两位大咖审核把舵，给了我勇挑重担、探索前行的勇气。刘桂明副会长还特别用心地为本书撰写序言，您的激励、鼓励与全力帮助，使我能坚持初心、克难攻坚、不负期望，完成了国内首部传承法务教材的编著出版。

本书的作者是来自知名高校、专业律所、司法行政部门、专业调解机构、关联行业以及基层组织的理论研究及实务专家。由于传承法务是个全新的法律概念，国内没有相关的研究成果参考借鉴，作者们集各自多年的研究成果和实践积累，在创作中摸索。大家小心求证、谦虚谨慎、反复推敲，都付出了艰辛的努力。本书是共同探讨、集体创新创作的研究成果。回想起与各位真诚交流、互相鼓劲撰稿的那段日子，由衷地感谢大家对我的支持与理解。大家崇尚法律、严谨治学、对社会负责的精神，对我们共同打造传承法务新概念、新领域、新学科研究的认同，给了我开拓进取的力量。统稿过程中，我与每位作者多次交流，向大家学习、讨教，结识了许多新朋友，大家是作者更是我的良师益友。可以说，本书倾注了每一位作者的心血，是大家精诚合作、集体智慧的结晶。作为主编，我是学习最多、受益最多的那个人。

本书从2021年3月组建编委会，到2021年12月底提交编校，从春到冬，历经四季。回顾历程，实在有太多要感谢的人。感谢合作主编陈洪忠，一位开创老龄法律研究领域并有丰富实战经验的专家律师。我十分庆幸能够遇到这样的合作者，无私奉献其多年的研究与实践成果，细心引导我一起探求传承法务的专业问题，是本书编著内容最多的作者。感谢传承法务项目组的张雄飞与张明两位老师，你们不仅是本书章节体系构建的设计参与者，更是全程关注、跟进，从组稿到统稿的紧密伙伴。我还要感谢参与本书资料收集、初稿撰写、编排校对的每一位工作者，感谢一直在身边支持我的王京祥和吴炜律师、助理李欣烨及李佳，感谢北京市京师（武汉）律师事务所的王涛律师、安徽天贵律师事务所的余丙南及施岚律师、上海市海华永泰（武汉）律师事务所的程芳律师、中华遗嘱库的谭钰翔律师，感谢武汉博大科技集团的周会、段俊熙，感谢杨路的参与，感谢中国政法大学的李宇迪同学、武汉大学的张肖铮同学，衷心感谢各位，你们的加入与付出为本书成稿提供了有力的配合、切实的支持。

本书的出版还要特别感谢中国民主法制出版社的逯卫光老师及编辑团队，你们一丝不苟、细致入微、高效率、负责任的态度是本书如期出版发行的重要保障，你们的职业精神让我深受感动。

在编著过程中，由于时间紧任务重，我深感能力与水平有限，面对理论与实务的前沿问题，虽然殚精竭虑、全力以赴，仍难免有错误及疏漏之处。因此，真诚欢迎各位读者交流、批评、指正，以期在今后修改再版时使本书不断更新和完善。

本书面世前夕，传承法务项目的实践落地工作也逐步启动了。在国家、社会、家庭和市场对传承法务有需求的背景下，传承服务相关行业如何转型和转轨，形成“互惠、互利、高效”合作，更好地为人民群众提供便捷、优质的法律服务，也是本书期待解决的重大课题之一。本书的出版只是传承法务项目工作的开始，后续宣传推广、教学培训、服务产品化等大量工作需要开展。随着传承法务的适用与推广，为满足人民新时代美好生活的传承服务需求，我们会继续努力，超越自己，创新创作出更多的作品及成果。

陈　珺

2021年冬月于武汉